Jürgen Schäfer

Intermediäre Kräfte nachhaltiger Gesellschaftspolitik

Zur Politikvermittlung europäischer Nicht-Regierungs-Organisationen

GRIN - Verlag für akademische Texte

Der GRIN Verlag mit Sitz in München und Ravensburg hat sich seit der Gründung im Jahr 1998 auf die Veröffentlichung akademischer Texte spezialisiert.

Die Verlagswebseite http://www.grin.com/ ist für Studenten, Hochschullehrer und andere Akademiker die ideale Plattform, ihre Fachaufsätze und Studien-, Seminar-, Diplom- oder Doktorarbeiten einem breiten Publikum zu präsentieren.

Dokument Nr. V79700 aus dem GRIN Verlagsprogramm

Jürgen Schäfer

Intermediäre Kräfte nachhaltiger Gesellschaftspolitik

Zur Politikvermittlung europäischer Nicht-Regierungs-Organisationen

GRIN Verlag

Bibliografische Information Der Deutschen Bibliothek: Die Deutsche
Bibliothek verzeichnet diese Publikation in der Deutschen Nationalbibliografie; detaillierte bibliografische Daten sind im Internet über http://dnb.ddb.de/ abrufbar.

1. Auflage 2006
Copyright © 2006 GRIN Verlag
http://www.grin.com/
Druck und Bindung: Books on Demand GmbH, Norderstedt Germany
ISBN 978-3-638-80382-3

INTERMEDIÄRE KRÄFTE NACHHALTIGER GESELLSCHAFTSPOLITIK

Zur Politikvermittlung europäischer Nicht-Regierungs-Organisationen

Jürgen Schäfer

*Der Begriff 'Europa' war uns lieb und teuer,
etwas unserem Denken und Wollen Natürliches.
Er war das Gegenteil der provinziellen Enge,
des bornierten Egoismus,
der nationalistischen Rohheit
und Unbildung.
Er meinte Freiheit, Geist und Güte.*

Thomas Mann (1942)

Inhaltsverzeichnis

DANKSAGUNG 5

1 EINLEITUNG 7
1.1 Problemdimension 7
1.2 Leitende Forschungsfragen und Gliederung der Arbeit 13

2 UNTERSUCHUNGSFELDER: KOORDINATION UND KOMMUNIKATION EUROPÄISCHER NACHHALTIGKEITSPOLITIK 21
2.1 Europäische Willensbildungsprozesse und NGOs 22
2.2 Nachhaltige Gesellschaftspolitik für Europa 25
2.3 Untersuchungsdesign: Theoriebausteine und empirische Felder 27

3 THEORIEBAUSTEINE: POUVOIRS INTERMÉDIAIRES – VERMITTLER INTERSYSTEMISCHER KOMMUNIKATION 33
3.1 Exkurs: Kommunebewegung und „nichtlegitime Herrschaft" – Max Weber 34
3.2 Die Theorie der Zwischengewalten – Charles de Montesquieu 36
3.3 Zwischengewalten und despotische Demokratie – Alexis de Tocqueville 40
3.4 Zwischengewalten als moralische Instanz – Emile Durkheim 44
3.5 Intermediäre Instanzen in der Soziologie der Gegenwart: Typen, Funktionen, Strukturen 49
3.6 Die Theorie der ökologischen Kommunikation – Niklas Luhmann 55
3.7 Steuerungspessimismus! Die Strukturationstheorie als theoretische Alternative? 59
3.8 Strukturelle Kopplung und intersystemische Kommunikation durch Organisationen 62

4 ORGANISATIONEN IN DER WISSENSGESELLSCHAFT 69
4.1 Organisationen und gesellschaftlicher Wandel 69
4.2 Von der virtuellen Organisation zur gesellschaftlich legitimierten Institution 73
4.3 Wissensmanagement und Wissensgemeinschaften 76
4.4 Nachhaltige Wissensgesellschaft 80
4.5 Wissen als Ereignis 82
4.6 Wissensnetze: Schnittstellen im Willensbildungsprozess 83
4.7 Organisationen und Nachhaltigkeit 86

5 NGOs: Netzwerke der Politikvermittlung 91

- 5.1 Zivilgesellschaft und NGOs 92
- 5.2 NGOs als interorganisationale Netzwerke 96
- 5.3 Politikvermittlung als wechselseitige Kommunikation 98
- 5.4 NGOs – Phänomen der Globalisierung 101
- 5.5 Governance und NGOs: Wege aus der globalen Anomie 104
- 5.6 Exkurs: Die andere Seite der Medaille – Terror und die Asymmetrien globaler Ordnung 107
- 5.7 Steuerungsoptionen in Zeiten der Globalisierung 109
- 5.8 Steuerungsoptionen nachhaltiger Entwicklung 115

6 NGOs: Akteure im Europa jenseits der Nationalstaaten 121

- 6.1 Der europäische Integrationsprozess 122
- 6.2 „Der Flirt mit der Zivilgesellschaft" – NGOs und europäische Politik 125
- 6.3 Dimensionen des Lobbyismus in Europa 128
- 6.4 Ebenen der Lobbyarbeit in Europa 133
- 6.5 Techniken der NGO-Arbeit und Kooperationen 135
- 6.6 Standpunkte: Öffentliche Finanzierung am Beispiel europäischer Umwelt-NGOs 138
- 6.7 Aspekte und Probleme demokratischer Legitimation 144
- 6.8 Wissensmanagement in Umwelt-NGOs 148

7 Der Reformprozess Europäisches Regieren 153

- 7.1 Die Reformen der Prodi-Kommission 155
- 7.2 Das Weißbuch „Europäisches Regieren" als zentrales Element der Reformen 158
- 7.3 Formen und Foren der Partizipation 161
- 7.4 Formalisierung von Schnittstellen 162
- 7.5 Einschätzungen: Online Konsultationen und Internetforen 167
- 7.6 Der Wirtschafts- und Sozialausschuss als Repräsentationsorgan der Zivilgesellschaft? 169
- 7.7 „Glocal Governance" und die Reformen von Maastricht 172
- 7.8 Neue Medien und politische Öffentlichkeit in Europa 175

8 Nachhaltige Gesellschaftspolitik für Europa 181

- 8.1 Nachhaltige Entwicklung: Historischer Kontext 181
- 8.2 Etymologische Bedeutungsbestände und Probleme der Konzeptionalisierung 183

8.3	Zur Veränderung ökologischer Kommunikation – NGOs und politische Resonanz	187
8.4	Die „Greening the Treaty Kampagne" und der Vertrag von Amsterdam	190
8.5	Meilensteine der Integration – von Amsterdam nach Göteborg	194
8.6	„Generation Attac" und „Die Krise der Umweltbewegung"	196
8.7	Interorganisationale Vernetzung und intersystemische Kooperationen	201
8.8	Nachhaltigkeit für die EU – Blockaden und Chancen	205

9 ZIVILGESELLSCHAFT UND KONVENTSFORUM – EMPIRISCHE BEFUNDE I ... 213

9.1	Der Europäische Verfassungskonvent	214
9.2	Das Konventsforum: Organisation und Strukturen	216
9.3	Bemerkungen zu Auswertung und Operationalisierung	218
9.4	Forum komplett: Akteure und Beiträge im Detail	221
9.4.1	Zuordnung der Akteure zu Ländergruppen	224
9.4.2	Beziehungen zur Europäischen Union	225
9.4.3	Akteure mit 10 und mehr Beiträgen	226
9.4.4	Prozentuale Verteilung der Akteure nach Rubriken	227
9.4.5	Prozentuale Verteilung der Beiträge nach Rubriken	228
9.4.6	Forumsrubriken im Vergleich: Anteile der EU-Akteure	229
9.5	Untersuchungsfeld Rubrik 1: Akteure im Detail	229
9.5.1	Herkunft der Akteure	229
9.5.2	Betätigungsfelder der Akteure	230
9.6	Forum Rubriken 3 und 4: Wichtige Akteursgruppen	232
9.7	Analyse: Beteiligung und Defizite	233

10 NACHHALTIGKEIT UND KONVENTSFORUM – EMPIRISCHE BEFUNDE II ... 239

10.1	Bemerkungen zu Auswertung und Operationalisierung	239
10.2	Forum und Nachhaltigkeit: Akteure und Beiträge im Detail	242
10.2.1	Herkunft der Akteure	242
10.2.2	Betätigungsfelder der Akteure	243
10.2.3	Nachhaltigkeitsbezüge nach Betätigungsfeldern	243
10.2.4	Verhältnis von Nachhaltigkeitsbezügen zu Akteuren und Beiträgen	245
10.2.5	Beiträge mit Nachhaltigkeitsbezügen: Wichtige Akteursgruppen	245
10.2.6	Themencluster: Ein Spektrum nachhaltiger Entwicklung	247
10.2.7	Anteile der Akteure und Beiträge mit Nachhaltigkeitsbezügen	250
10.2.8	Nachhaltigkeitsbezüge nach Herkunft der Akteure	251

10.3	Nachhaltigkeit und der Konventsprozess	251
10.4	Details: Nachhaltigkeit als Ziel der Union	255
10.5	Konventsprozess und Kooperationsimpulse	258
10.6	Befunde: Nachhaltigkeit und Konventsprozess	263

11 SCHLUSSBETRACHTUNG ... 267

11.1	Intermediäre Kräfte in Europa	267
11.2	Organisationsmacht und politische Dynamik	270
11.3	Zwischen Totalitarismusgefahr und Globalisierungskatastrophe	274

LITERATUR ... 279

ANHANG ... 302

A.1 Verzeichnis der Abbildungen ... 302

A.2 Verzeichnis der Tabellen ... 304

A.3 Abkürzungsverzeichnis ... 305

A.4 Ausgewertete Quellen ... 307

A.4.1 Tabellen der Forumsakteure zur Bestimmung ihrer Anzahl, Betätigungsfelder und Ländergruppenzugehörigkeiten ... 307

A.4.1.1 Rubrik 1: „Sonstige, Zivilgesellschaft, NRO und Bewegungen" ... 307

A.4.1.2 Rubrik 2: „Hochschulen und Think Tanks" ... 318

A.4.1.3 Rubrik 3: „Politik/ öffentlich-rechtliche Körperschaft" ... 321

A.4.1.4 Rubrik 4: „Wirtschaft und Gesellschaft" ... 324

A.4.2 Tabelle der Forumsakteure aus Rubrik 1 zur Bestimmung der Anzahl von Beiträgen mit Nachhaltigkeitsbezügen, der Zuordnung zu Ländergruppen und der Zuordnung der Nachhaltigkeitsbezüge zu Themenclustern ... 326

A.4.3 Dokumentation zum Konventsforum auf Daten-CD ... 339

A.5 Interviews und Konferenzteilnahmen ... 341

A.5.1 Verzeichnis der InterviewpartnerInnen und Organisationen ... 341

A.5.2 Informationen zu den Interviewprotokollen ... 342

A.5.3 Informationen zur Anwendung des Interview-Leitfadens ... 343

A.5.4 Interview-Leitfaden ... 344

A.5.5 Konferenzteilnahmen ... 346

A.6 Bildrechte ... 347

Für Itzy, die immer für mich da war

Danksagung

Mit der Veröffentlichung dieser Dissertationsschrift endet für mich ein Lebensabschnitt, der im Februar 1994 mit der „Einschulung" in das Ruhr-Kolleg zu Essen begann. Erst die am zweiten Bildungsweg erlangte allgemeine Hochschulreife öffnete mir die Türen in die Welt der Wissenschaft und zur akademischen Qualifikation.

Es war kein leichter Weg – er war oft steinig und hart. Daher möchte ich all jenen danken, die meine Talente und Kompetenzen gesehen und gefördert haben und mir die Freiräume ermöglichten, die zur persönlichen Entfaltung nötig sind. Ich danke all jenen Menschen, die mich auf diesem Weg mit freundschaftlichen Gesprächen und Diskussionen begleitet und gespiegelt haben – damit ich daran wachsen konnte.

Besonderer Dank gilt meinem Doktorvater Prof. Dr. Eckart Pankoke, der das Promotionsprojekt von Beginn an begleitet hat. Ohne seine Unterstützung wäre diese Dissertation wohl nie geschrieben worden.

Herzlich danken möchte ich dem Präsidenten des Sustainable Europe Research Institutes (SERI) in Wien, Dr. Friedrich Hinterberger, der durch seine einmalig kollegiale Art wichtige Impulse lieferte für die Ausrichtung meiner wissenschaftlichen Arbeit und durch dessen Vertrauensvorschuss ein Einblick in die praktische Forschungsarbeit erst möglich wurde. Danken möchte ich auch Prof. Dr. Raimund Bleischwitz und Dr. Philipp Schepelmann vom Wuppertal Institut für Klima, Umwelt, Energie. Sie ermöglichten mir im Rahmen einer herzlichen Atmosphäre die Mitarbeit an Projekten auf internationaler Ebene. Manche Tür wurde so aufgestoßen und mancher wichtige Kontakt geknüpft.

Ich danke meinen Freunden, die mir bei der Erstellung der Doktorarbeit wertvolle Hilfe geleistet haben. Insbesondere Robert Kruk danke ich für die kritischen Fragen und Kommentare, Michel Buse für die erstklassige Gestaltung und Realisierung der Daten-CD und Dr. Pauli und meiner ganzen Familie für ihre wertvolle Unterstützung.

Mein Dank gilt auch den Interviewpartnern, die wertvolle Informationen bereitstellen konnten, die sich für den Blick auf die Praxis als unverzichtbar erwiesen.

Ferner gilt mein Dank der Deutschen Forschungsgemeinschaft und dem Vorsitzenden des Graduiertenkollegs „Europäische Gesellschaft" an der Universität Duisburg-Essen, Prof. Dr. Wilfried Loth; insbesondere für die Zweitbegutachtung meiner Arbeit. Erst die durch das Promotionsstipendium ermöglichte Unabhängigkeit schaffte den finanziellen Freiraum für die Arbeit an der Studie.

Und schließlich – aber doch an allererster Stelle – danke ich Itzy, die mich seit dem Ruhr-Kolleg auf meinem Lebensweg begleitet, die immer an mich geglaubt und mich immer wieder motiviert hat, die immer an meiner Seite stand und auch in schwierigen Situationen die richtigen Worte fand – oder einfach nur für mich da war.

Essen, im April 2006

Jürgen Schäfer

1 Einleitung

1.1 Problemdimension

Seit etwa Anfang der 1990er Jahre gewann der Begriff Globalisierung in der Folge revolutionärer politischer und technischer Veränderungen enorme Popularität. Neue Kommunikationstechnologien, die Überwindung der in zwei Blöcke geteilten Welt und das Entstehen eines neuen Weltwirtschaftsraumes in Ost- und Südasien bieten der Finanzwelt völlig neue Möglichkeiten der Geldanlage, des Geldtransfers und der Spekulation. Effizientere Transporttechnologien und eine enorme Vergrößerung der Welthandelsflotte ermöglichen den schnelleren Austausch von Rohstoffen und Gütern und beschleunigen den Prozess der global positionierten und internationalen Arbeitsteilung.[1] Die zivile Nutzung des Internet sorgte für eine Kommunikationsrevolution mit stetig im Wachsen begriffenen Datentransferkapazitäten, die den weltweiten und sofortigen Austausch von Information und Wissen ermöglichen. Der Begriff der Globalisierung charakterisiert die Verquickung dieser Entwicklungen, die eine neue Epoche begründet zu haben scheinen und seither die Weltordnung tief greifend verändern.

Die Postmoderne sei angebrochen, so MENZEL (1998: 8), und führe mit der Auflösung der alten Ordnungsmuster zu einer neuen Unübersichtlichkeit, „in der die Welt als ein Tollhaus" erscheine. Eine erste, allerdings sehr allgemeine und dadurch „profilarme" Definition von HÖFFE (1999: 13 ff.) bestimmt „Globalisierung als Zunahme und Verdichtung der weltweiten sozialen Beziehungen." Und ZÜRN (1998: 73 ff.) beobachtet „in den letzten zwei bis drei Jahrzehnten" eine Verdichtung von „wirtschaftlichen Handlungszusammenhängen innerhalb der OECD-Welt" und vertritt die These, dass der Begriff der Globalisierung aufgrund der „OECD-Zentriertheit" dieser Veränderungen nicht angemessen sei.[2] FÜRSTENBERG / OESTERDIEKHOFF (2004: 7 f.) plädieren jedoch für ein weiteres Verständnis von Globalisierung, um gegenüber „diesen verkürzten Sichtweisen" etwa anhand einseitiger ökonomischer Kriterien eine umfassendere und grundlegendere „Perspektive zu konzipieren und zu begreifen." TEUSCH (2004: 16) fasst den Globalisierungsdiskurs so zusammen, dass weithin darin Einigkeit bestehe, „dass sich im Zuge der Globalisierung überkommene Grenzen auflösen, dass sie porös oder zumindest problematisch werden oder sich in ihrem Verlauf ändern." Betroffen seien „insbesondere die Grenzen zwischen Staaten bzw. einzelner Gesellschaften, zwischen dem also, was *innerhalb* dieser Staaten und Gesellschaften geschieht, und dem, was *außerhalb* von ihnen geschieht."[3]

---

[1] Von 1990 bis 2002 stieg das Weltseehandelsvolumen um knapp 40 %. Vgl.: Flottenkommando der Deutschen Marine (Hg.) (2003): Fakten und Zahlen zur maritimen Abhängigkeit der Bundesrepublik Deutschland. Jahresbericht 2003. 16. Auflage. Hgg. im Auftrag des Bundesministeriums der Verteidigung. Glücksburg, S. 2 -1.

[2] Zürn bevorzugt daher den Begriff der „gesellschaftlichen Denationalisierung". Vgl.: Zürn, Michael (1998): Regieren jenseits des Nationalstaates. Globalisierung und Denationalisierung als Chance. Frankfurt am Main, S. 65 ff.

[3] Teusch, Ulrich (2004): Was ist Globalisierung? Ein Überblick. Darmstadt, S. 16. Hervorhebungen im Original.

Das Globalisierungsphänomen vereint somit die Verdichtung sozialer Beziehungen mit Entgrenzungstendenzen und „immer mehr ökonomische, politische, kulturelle und soziale Phänomene haben oder erzeugen globale Effekte und sind auf globale Strukturen angelegt und ausgerichtet."[4] Globalisierung und die damit verbundenen Möglichkeiten beschleunigter globaler Kommunikation, der grenzüberschreitenden Berichterstattung der Medien nahezu in Echtzeit und der globale Tourismus begründen auch die Entgrenzung von Problemlagen, die aus dem engen Blickfeld der Lokalität weichen und das Bewusstsein für globale Prozesse schärfen. Gleichzeitig sind die Auswirkungen der Globalisierung ein erheblicher Teil des Problems, dass durch sie selbst erst beobachtbar wird. Stichworte wie der Nord-Süd Konflikt, das Problem der digitalen Teilung, die Debatte um das Ozonloch, um die Biodiversität oder die Klimaerwärmung sind solche Phänomene, die als entgrenzte und globale Problemdimensionen gelten.

„Die so genannte "Postmoderne" sei nicht frei von postkolonialen und fundamentalistischen Machtansprüchen", so FÜRSTENBERG / OESTERDIEKHOFF (2004: 9). Daher stellen sie unter den Bedingungen einer fortschreitenden Globalisierung eine ganz zentrale gesellschaftspolitische Frage:

> „Welche durchsetzbaren Ordnungsmuster für die gesellschaftliche Dynamik zeichnen sich ab, ohne das Innovationspotenzial der sozialkulturell vermittelten Freiheitsräume zu gefährden?"
> FÜRSTENBERG / OESTERDIEKHOFF (2004: 9)

Es liegt auf der Hand, dass die gleichzeitige Verdichtung und Entgrenzung sozialer Handlungszusammenhänge in ihrer globalen Dimension eine neue Qualität von Steuerungsproblemen mit sich bringt, die Formen und Foren transnationaler Willensbildung erfordern. Die durch die Globalisierung wirksam werdenden Kräfte und die grenzüberschreitenden Auswirkungen der Entscheidungen weltweit operierender Akteure bedürfen einer neuen Ordnungspolitik, die auf globaler Ebene über das System zwischenstaatlicher Beziehungen hinausgeht und zur Bewältigung der damit einhergehenden Probleme entsprechende Strukturen der Problembearbeitung sicherstellen muss.[5] Es besteht mithin eine Tendenz zum Ökonomismus: Der Verdrängung der Politik durch den Markt.[6] Konsequenz daraus wäre, dass nicht mehr Staaten, sondern Märkte die Regeln und Grenzen von Morgen definieren mit allen Konsequenzen auch für soziale, ökologische und kulturelle Entwicklungen.

Gerade bei der Gestaltung einer neuen Ordnungspolitik ist die Zivilgesellschaft[7] herausgefordert, sich an transnationalen Willensbildungsprozessen und am Aufbau von Strukturen der Problemlösung zu beteiligen. Ebenso wie die Marktakteure profitiert auch die Zivilgesellschaft von den neuen technischen Möglichkeiten der Vernetzung und es entstehen neue Arenen politischer Öffentlichkeit.

---

[4] Fürstenberg, Friedrich; Oesterdiekhoff, Georg W. (Hg.) (2004): Globalisierung ohne Grenzen? Soziologische Beiträge zum Entgrenzungsdiskurs. Vorwort. Hamburg, S. 8.
[5] Vgl.: Messner, Dirk; Nuscheler, Franz (1996): Global Governance. Organisationselemente und Säulen einer Weltordnungspolitik, in: Dies. (Hg.): Weltkonferenzen und Weltberichte. Ein Wegweiser durch die internationale Diskussion. Institut für Entwicklung und Frieden (INEF). Bonn, S. 17 ff.
[6] Vgl.: Höffe, Otfried (1999): Demokratie im Zeitalter der Globalisierung. München, S. 26.
[7] Der Begriff der Zivilgesellschaft wird in dieser Arbeit im Rahmen der Beschäftigung mit intermediären Instanzen (insbes. Kapitel 3.5) und im Zusammenhang mit NGOs (insbes. Kapitel 5.1) näher betrachtet.

1.1 Problemdimension

Relativ unverbindliche Verantwortungsstrukturen auf globaler Ebene erzeugen ein Machtvakuum jenseits nationalstaatlicher Einflusssphären, sorgen für Intransparenz und verschleiern die Zurechenbarkeit von Entscheidungen. Angesichts der potentiell erzeugten multidimensionalen Problemlagen erfordern die weit reichenden Konsequenzen der Entscheidungen einzelner Akteure jedoch transnationale Legitimität. In diesem Prozess der Politikgestaltung spielen die Nicht-Regierungs-Organisationen (NRO, NGOs)[8] zunehmend eine tragende Rolle.[9]

Die „Proliferation nicht-staatlicher Akteure auf der Weltbühne" und ihr Einfluss „auf die Gestaltung und Formulierung staatlicher Politikinhalte" stünden zusammen mit „der These von der Entgrenzung und Entterritorialisierung politischen Handelns" im Mittelpunkt der Globalisierungsdebatte, so BEHR (2002: 59). BECK (2002: 186) identifiziert „im Ringen um ein globales Regelsystem" plakativ die „Akteursgruppen [...] Kapital, globale Zivilgesellschaft" und „Staaten". Doch während sich Akteure der Zivilgesellschaft und Staaten „in einem öffentlich-politischen Prozeß [...] erst konstituieren müssen, um als Mitspieler Macht auszuüben", legitimiert sich das Handeln der „Kapitalseite" anhand der Kriterien ökonomischer Vernunft und bedarf keiner politischen Rechtfertigung.[10]

Im Sinne des klassischen, kausalen Machtbegriffes von Max Weber, wonach Macht jede Chance bedeutet, „innerhalb einer sozialen Beziehung den eigenen Willen auch gegen Widerstreben durchzusetzen, gleichviel worauf diese Chance beruht"[11], bilden die NGOs ein Gegengewicht zu den „stummen Zwängen" (KARL MARX, 1890 / 1968: 765) des globalen kapitalistischen Produktionsprozesses;[12] sie bewirken Wirkungen gegen Widerstand.[13] Sie vermögen es, durch den Einsatz von Wissen zu Partnern im Problemlösungsprozess zu werden und diesen aufgrund ihrer kommunikativen Profile unter Umständen durch die Herstellung und Sensibilisierung politischer Öffentlichkeit erst auf den Weg zu bringen. Gleichzeitig profitieren die NGOs von dem Verlust staatlicher Steuerungsmacht, der mit der Verschiebung und Aufhebung alter Grenzen einhergeht. Die Machtfaktoren der NGOs begründen sich so zum einen durch ihre Fähigkeit, Legitimationsdruck zu erzeugen, und zum anderen durch den gezielten Einsatz von Wissen in einzelnen Regelungsfeldern, die durch die Staatsgewalt alleine nicht mehr gesteuert werden können oder nicht mehr gesteuert werden sollen. NGOs vertreten als intermediäre Organisationen die Interessen verschiedener gesellschaftlicher Gruppen und sind damit potentiell dazu befähigt, im internationalen Kontext und losgelöst von wirtschaftlichen oder nationalstaatlichen Interessen zu agieren und unter Einsatz ihrer Ressourcen einen Teil des Machtvakuums zu relativieren.

---

[8] Nicht-Regierungs-Organisationen werden hier i. d. R. mit der Abkürzung NGO(s) bezeichnet (Non-Governmental-Organisations). Die Diskussion des Begriffes wird vertieft in Kapitel 5 dieser Arbeit.

[9] Vgl.: Walk, Heike; Brunnengräber, Achim; Altvater, Elmar (2000): Einleitung, in: Altvater, Elmar; Brunnengräber, Achim; Haake, Markus; Walk, Heike (Hg.): Vernetzt und verstrickt. Nicht-Regierungs-Organisationen als gesellschaftliche Produktivkraft. 2. Auflage. Münster, S. 10 f.

[10] Vgl.: Beck, Ulrich (2002): Macht und Gegenmacht im globalen Zeitalter. Neue weltpolitische Ökonomie. Frankfurt am Main, S. 186 f.

[11] Weber, Max (1921 / 1980): Wirtschaft und Gesellschaft. Grundriss der verstehenden Soziologie. 5., revidierte Auflage, besorgt von Johannes Winckelmann, Studienausgabe. Tübingen, S. 28.

[12] Exemplarisch für entgrenzte gesellschaftliche Kräfte. Vgl.: Alber, Erdmute (2003): Machttheorien, in: Sociologus – Zeitschrift für empirische Ethnosoziologie und Ethnopsychologie. Jg. 53, Heft 2, S. 154.

[13] Vgl.: Luhmann, Niklas (1988): Macht. 2., durchgesehene Auflage. Stuttgart, S. 1.

Auf globaler Ebene haben sich NGOs insbesondere auf dem Gebiet des Umweltschutzes Gehör verschafft und verdient gemacht. Vor allem seit dem Erdgipfel in Rio de Janeiro 1992 forcierten die NGOs den „Trend zur Vernetzung"[14] und es begann die „Konjunktur der Supernova am Firmament globaler Politik."[15] „Am Medienhimmel ist ein neuer Stern aufgegangen", jubeln WALK / BRUNNENGRÄBER / ALTVATER (2000: 10), und beschreiben so die Zunahme des öffentlichen Interesses an NGOs und die damit verbundene verstärkte öffentliche Kommunikation über NGOs.

Spätestens nach der Rio-Konferenz wurde das Konzept der nachhaltigen Entwicklung als ein gesellschaftspolitischer Entwurf geprägt durch die Herausforderung, die Dimensionen Ökologie, Ökonomie und Soziales miteinander zu verknüpfen. Nachhaltigkeit als Querschnittsaufgabe sollte die strukturell erzeugten Ungleichgewichte als Resultat eines funktional-differenzierten Gesellschaftssystems ausgleichen oder zumindest abmildern.[16] Damit war der Umweltschutz, wenngleich für die Genese des Konzepts die genuine Grundlage, nunmehr eine von drei Problemdimensionen. Diese Konstellation war zugleich Auftrag an die NGOs, Strategien der Kooperation und Vernetzung zu entwickeln die sie in die Lage versetzen, die erhöhte Komplexität des mehrdimensionalen Konzeptes bewältigen zu können. Die so veränderte Rolle und Funktion der Umwelt-NGOs ließ sie auf europäischer Ebene zu kompetenten Akteuren für eine nachhaltige Gesellschaftspolitik werden und die Verarbeitung erhöhter Komplexität spiegelt sich in den interorganisational angelegten Netzwerken wider.

Gleichzeitig konnte die Rolle der NGOs insbesondere im Nachhaltigkeitsdiskurs institutionell stabilisiert werden, denn ein grundsätzlicher Auftrag der Agenda 21 ist die Gewährleistung einer möglichst umfassenden Beteiligung der Öffentlichkeit sowie die Forderung nach einer tatkräftigen „Mithilfe der nichtstaatlichen Organisationen (NRO) und anderer Gruppen".[17] Und ein separates Kapitel der Agenda 21 widmet sich speziell der „Stärkung der Rolle der nichtstaatlichen Organisationen" als „Partner für eine nachhaltige Entwicklung" und fordert ausdrücklich eine „echte Mitwirkung" und partnerschaftliche Beteiligung von NGOs, um „ein gemeinsames Zielbewusstsein im Namen aller gesellschaftlichen Bereiche zu aktivieren".[18]

Zu Beginn des 21. Jahrhunderts sehen sich die europäischen Gesellschaften einem zunehmenden Reformdruck ausgesetzt. Die Sicherung der Sozialsysteme, die ökonomische Wettbewerbsfähigkeit und der Umgang mit natürlichen Ressourcen sind zentrale Anliegen der öffentlichen Diskussion auf der nationalstaatlichen wie auch europäischen Ebene. Vor dem Hintergrund der Osterweiterung der Europäischen Union (EU) und der damit verbundenen Integrationsaufgabe sind ebenfalls die Fragen der Gestaltung einer gemeinsamen Außen- und Sicherheitspolitik sowie die Rolle von Europa in

---

[14] Altvater, Elmar; Brunnengräber, Achim; Haake, Markus; Walk, Heike (Hg.) (2000): Vernetzt und verstrickt. Nicht-Regierungs-Organisationen als gesellschaftliche Produktivkraft. Vorwort, S. 7.
[15] Walk, Heike; Brunnengräber, Achim; Altvater, Elmar (2000): Einleitung, S. 10.
[16] Vgl.: Schneidewind, Uwe (2002): Nachhaltige Wissensgesellschaft, in: Bleicher, K.; Berthel, J. (Hg.): Auf dem Weg in die Wissensgesellschaft. Frankfurt am Main (erschienen 2001), S. 193.
[17] Vgl. Kapitel 1.3 der Agenda 21, (Präambel).
[18] Vgl.: Kapitel 27 der Agenda 21.

1.1 Problemdimension

der Welt wichtige Felder europäischer Politik, die, wie auch die Umsetzung einer nachhaltigen Entwicklung, allgemein akzeptierte Lösungen und Antworten erfordern.

> **Nachhaltige Entwicklung**
>
> Die Verwendung der Begriffe nachhaltige Entwicklung, Nachhaltigkeit und ihrer englischsprachigen Synonyme sustainable development und sustainability basiert zunächst auf der zentralen Definition des Brundtland-Berichtes der Weltkommission für Umwelt und Entwicklung aus dem Jahre 1987[19]:
>
> *„Dauerhafte Entwicklung ist eine Entwicklung, die die Bedürfnisse der Gegenwart befriedigt, ohne zu riskieren, daß künftige Generationen ihre eigenen Bedürfnisse nicht befriedigen können."* HAUFF (1987: 46)
>
> Im Verlauf der Studie wird jedoch eine intensivere Diskussion notwendig, die sich der zunehmenden Verwendung des Begriffes als Teil der politischen Programmsprache widmet, in deren Rahmen sowohl das politisch-administrative System als auch verschiedenste gesellschaftliche Gruppen versuchen, den Begriff oft interessengeleitet mit Inhalt zu füllen und als Leitbild zu instrumentalisieren.

Die Vereinigung europäischer Staaten und der Aufbau von supranationalen Strukturen in der Europäischen Union kann durch die zwei Merkmale (1) verdichteter ökonomischer, politischer, kultureller und sozialer Handlungszusammenhänge und (2) als Entgrenzungsprozess der sich zunehmend von kongruenter nationalstaatlicher Verfasstheit lösenden Mitgliedsstaaten charakterisiert werden. Durch die Verschiebung von Souveränitäten zwischen Nationalstaaten und Europäischer Union stellt sich auch hier die Frage nach der Dimension und Qualität staatlicher Steuerungsmacht in entgrenzten Regelungsfeldern und, damit verbunden, die Frage nach der Gestaltung politischer Prozesse unter Einbezug nicht-staatlicher gesellschaftlicher Kräfte. Strukturell entgrenzt, aber räumlich begrenzt, verdeutlicht das ‚Laboratorium' Europäische Union alle Probleme einer die herkömmlichen Arenen politischer Willensbildung verlassenden und die Grenzen der Nationalstaaten überschreitenden Politikgestaltung.

Neben der Kritik an der Bürokratisierung und den Legitimationsdefiziten einer „Eurokratie" existieren zahlreiche Interessen und Widerstände für und wider die europäische Integration und ihrer Ziele.[20] Die Möglichkeiten für eine kohärente europäische Politik hängen somit von den Fähigkeiten zur Integration ab, die sich nicht auf die bloße technische Integration neuer Politikfelder in den bestehenden Apparat oder auf immanent strukturelle Anpassungen auf supranationaler Organebene durch veränderte Rechtsgrundlagen beschränken kann. Die Fähigkeit zur Integration der Bürgerinnen und Bürger Europas und der organisierten gesellschaftlichen Interessen ist vital für die Zukunft

---

[19] World Commission on Environment and Development (WCED); nach der Vorsitzenden der Kommission und damaligen norwegischen Ministerpräsidentin Gro Harlem Brundtland auch Brundtland-Kommission genannt.
[20] Vgl.: Messner, Dirk; Nuscheler, Franz (1996): Global Governance. Organisationselemente und Säulen einer Weltordnungspolitik, S. 26.

der Union. Teilhabe schafft Demokratie und Transparenz, bietet Identifikationsanlässe und den Raum für eine europäische Teilidentität. Die „Meinungs- und Interessenvermittlung, Willensbildung und Entscheidungsfindung, Stabilitäts- und Legitimitätssicherung, aus der gesellschaftlicher Zusammenhalt erwächst", können dabei nicht alleine von staatlichen Organen bewirkt werden.[21]

> „Diese sind dabei vielmehr auf die vielfältigen intermediären Strukturen innerhalb der Gesellschaft angewiesen, die sich zwar auf staatliche Institutionen beziehen, von diesen aber weder garantiert noch ersetzt werden können." GRIMM (1995: 38)

Die zunehmende Verdichtung der europäischen Suprastrukturen durch eine Ausweitung von Zuständigkeiten und Regelungsfeldern kam Ende der 1990er Jahre mit der Realisierung von Binnenmarkt und Währungsunion zusammen. Das so durch die Vollendung des Binnenmarktprojektes „befreite europapolitische Engagement" setzte nun auch konzeptionelle und intellektuelle Energien frei, die 1999 zu einer „neuen Europadebatte" führten, „in der es um den Sinn der europäischen Integration geht, um Leitbilder von ihrem Endzustand."[22] Die so wieder angestoßene Diskussion um eine europäische Verfassung, „die eine ständige Begleiterin des Integrationsprozesses seit seinen Anfängen ist",[23] bekam nun neuen Aufwind. Und ab 1999 beschäftigten sich auch die politischen Eliten Europas ernsthaft mit der Frage einer europäischen Verfassung und den diesbezüglichen Fragen zur Zukunft der Europäischen Union.[24]

Bereits im Zusammenhang mit den Diskussionen über den Vertrag von Maastricht wurde die europäische Verfassung zum Thema, denn spätestens mit den Veränderungen durch Maastricht „ging die Entdeckung des europäischen Demokratiedefizits einher", so GRIMM (1995: 14).[25] Mit den Fragen zur Zukunft der Gemeinschaft im Fahrwasser von Maastricht und verstärkt durch die Einführung des Subsidiaritätsprinzips und des Konzepts des Europas der Regionen, begann auch die Diskussion um die Rolle der intermediären Institutionen im europäischen Integrationsprozess, die „alle [...] nationalstaatlich organisiert" waren und sich an „nationalstaatlichen Entscheidungsprozessen" orientierten.[26] SCHARPF (1994: 42) meint, dass sich Interessengruppen und politische Bewe-

---

[21] Grimm, Dieter (1995): Braucht Europa eine Verfassung? München (= Themen; Bd. 60), S. 38. Diese Publikation geht zurück auf einen Vortrag in der Carl Friedrich von Siemens Stiftung am 19. Januar 1994 in München.

[22] Marhold, Hartmut (2001): Die neue Europadebatte, in: Ders. (Hg.): Die neue Europadebatte. Leitbilder für das Europa der Zukunft. Hgg. von Hartmut Marhold für die Europäische Bewegung Deutschland. Bonn, S. 9.

[23] Kimmel, Adolf (1995): Vorwort des Herausgebers, in: Ders. (Hg.): Verfassungen als Fundament und Instrument der Politik. Baden-Baden (= Veröffentlichungen der Deutschen Gesellschaft für Politikwissenschaft (DGfP); Bd. 13), S. 7.

[24] Hartmut Marhold hat diesbezüglich wichtige Stellungnahmen zusammengetragen von Joschka Fischer, Karl Lamers und Wolfgang Schäuble, Jean-Luc Dehaene/ David Simon/ Richard von Weizsäcker, Johannes Rau, Jacques Delors, Valéry Giscard d'Estaing und Helmut Schmidt, Michel Barnier, Tony Blair und José Maria Aznar, François Bayrou und Daniel Cohn-Bendit, Alain Juppé und Jacques Toubon, Jacques Chirac, Willi Görlach/ Jo Leinen/ Rolf Linkohr. Vgl.: Marhold, Hartmut (Hg.) (2001): Die neue Europadebatte.

[25] Zur Verfassungsdebatte im Zusammenhang mit dem Vertrag von Maastricht und darüber hinaus vgl. u. a.: Wildenmann (1991), Zellentin (1993), Wessels (1993), Scharpf (1994), Preuß (1994), Grimm (1995), Weidenfeld (1995), Frey (1997), Schnoor (1998).

[26] Vgl.: Lepsius, M. Rainer (1991): Nationalstaat oder Nationalitätenstaat als Modell für die Weiterentwicklung der Europäischen Gemeinschaft, in: Wildenmann, Rudolf (Hg.): Staatswerdung Europas? Optionen

gungen solange nicht effektiv europäisieren könnten, wie „die nationalen Regierungen in Europa das Heft in der Hand behalten". Da der Einfluss der Interessengruppen und politischen Bewegungen durch nationale Instanzen vermittelt werden müsse, „werden auch spezifisch nationale Interessendefinitionen und Organisationsformen konserviert und verstärkt".[27] So stellt GRIMM (1995: 39) fest, dass sich auf der europäischen Ebene „intermediäre Strukturen [...] noch kaum gebildet" haben und auch BEYME (1995: 104) konstatiert ein Organisationsdefizit im „intermediären Bereich", das auch zehn Jahre später – im Jahr 2005 – noch nicht zufrieden stellend gelöst scheint.[28]

Die „Schwäche oder erst recht gänzliche Abwesenheit" von intermediären Institutionen kann „den Bestand einer gesunden Demokratie" gefährden.[29] Oder es kann sich, wie im Falle der Europäischen Union angenommen, erst gar keine „gesunde Demokratie" entwickeln. So sieht auch SCHMIDT (1999: 9) das Problem eines freiheitlichen europäisierten Willensbildungs- und Entscheidungsprozesses u. a. im „Fehlen lebensfähiger europäisierter intermediärer Organisationen" begründet.

1.2 Leitende Forschungsfragen und Gliederung der Arbeit

Vor dem Hintergrund dieses Problemaufrisses konstruiert sich der Untersuchungsrahmen der Studie, um die Voraussetzungen und Möglichkeiten der Politikvermittlung unter Einbezug der organisierten Zivilgesellschaft im mehrschichtigen politischen System der Europäischen Union zu untersuchen. Die Arbeit gliedert sich in insgesamt 11 Kapitel. Dabei werden auf drei Analyseebenen gesellschaftstheoretische, gesellschaftspolitische sowie empirische Aspekte und Befunde bearbeitet. Die Analyseebenen ergeben sich aus drei zentralen Forschungsfragen:

1. „Organisationssoziologie ist eine Soziologie weitgehend ohne Gesellschaft", meint KNEER (2001: 48), und beschreibt somit das Defizit an Untersuchungen über das Verhältnis von Organisationen und Gesellschaft. Daher widmet sich die Studie nicht nur der einzelnen Organisation als klassischer Analyseeinheit der Organisationstheorie unter wissens- und organisationssoziologischen Aspekten der Organisationsentwicklung bei veränderten Umweltbedingungen, sondern auch der gesellschaftstheoretischen Dimension einer Beteiligung von Organisationen an strukturellen Kopplungen in der intersystemischen Vermittlung funktionaler Subsysteme. Neben den Fragen nach der Beteiligung der Organisationen an strukturellen Kopplungen (vgl. LUHMANN, 2000: 397) gewinnt dabei in differenzierungstheoretischer Perspektive der Typ der „intersystemischen Organisation" (BODE / BROSE, 2001) sein

---

für eine Europäische Union. Baden-Baden (= Studien zur gesellschaftlichen Entwicklung (SGE); Bd. 9), S. 29.

[27] Scharpf, Fritz W. (1994): Optionen des Föderalismus in Deutschland und Europa. Frankfurt am Main / New York (= »Theorie und Gesellschaft«; Bd. 31), S. 42.

[28] Vgl.: Grimm, Dieter (2005): Der Vertrag. Die „europäische Verfassung" ist keine echte Verfassung – aus der Europäischen Union wird kein Bundesstaat, in: FAZ Nr. 109, 12. Mai 2005, S. 6.

[29] Vgl.: Luckmann, Thomas (1998): Gesellschaftliche Bedingungen geistiger Orientierung, in: Ders. (Hg.): Moral im Alltag. Sinnvermittlung und moralische Kommunikation in intermediären Institutionen. Gütersloh, S. 36.

Gewicht, dem bislang in der „einschlägigen Organisationsliteratur" nur wenig Aufmerksamkeit geschenkt worden sei.[30] Die hybride Funktion und der intermediäre Charakter von NGOs zwischen europäischer Politik, nationalstaatlicher Mitgliederbasis und als Teil interorganisationaler Netzwerke, lassen sie als Gegenstand der Untersuchung interessant werden, um das nur defizitär erforschte Verhältnis zwischen Organisationen und Funktionssystemen unter die Lupe zu nehmen.[31]

2. Für die Soziologie sei die „europäische Integration bislang ein Randthema", so BACH (2001: 147), und auch die „Forschungsliteratur zum Themenfeld »organisierte Interessen und europäische Integration« sei keineswegs dicht gesät", konstatiert PLATZER (2002: 410). ZIMMER / SITTERMANN (2005: 18) stellen ein Forschungsdefizit fest hinsichtlich der Fragen, „ob, wie und in welchem Ausmaß" die Organisationen der Zivilgesellschaft auf Demokratiebildung und Integration in der Europäischen Union einwirken können. Ziel dieser Studie ist es, im Rahmen einer empirisch gestützten Auswertung des parallel zu den Verhandlungen zur europäischen Verfassung für die organisierte Zivilgesellschaft eingerichteten Konventsforums Erkenntnisse zu gewinnen zum einen über Struktur und Organisationsgrad organisierter europäischer Zivilgesellschaft und zum anderen, um die Kenntnisse von Praktiken in politischen Vermittlungsprozessen eines komplexen und sich entstaatlichenden Gemeinwesens vor dem Hintergrund aktueller globaler und europäischer Strömungen zu vertiefen.

3. Die dritte leitende Forschungsfrage zielt auf die Veränderungen organisationaler und politisch-administrativer Strukturen aufgrund der Notwendigkeit der Bearbeitung von komplexen Problemlagen. Dafür wird als Untersuchungsgegenstand das Politikfeld der nachhaltigen Entwicklung ausgewählt, um den Wandel der Organisationen der Umweltbewegung hin zu profilierten Akteuren im europäischen Nachhaltigkeitsdiskurs sowie die Reaktionen des institutionellen Systems der Europäischen Union auf veränderte gesellschaftliche und organisationale Rahmenbedingungen zu analysieren. Dabei stellen sich vor dem Hintergrund der Europäisierung intermediärer Organisationen vor allem Fragen nach Strategien der Vernetzung, zu ihrer Rolle im europäischen Lobbyismussystem sowie nach dem Einfluss von „alternativem" Wissen als Steuerungsimpuls.

Theoretische *Prämissen und Paradigmen* einer veränderten Struktur der Willensbildung werden in den Kapiteln 2 bis 4 diskutiert. Gleichzeitig wird in diesem Abschnitt die *gesellschaftstheoretische Grundlegung* der Arbeit entworfen. Dazu erfolgt zunächst die systematische Aufarbeitung der Theorie der Zwischengewalten Montesquieus bis hin zur Bedeutung intermediärer Kräfte für die soziologische Forschung der Gegenwart. Nach der so ermöglichten gesellschaftlichen und staatstheoretischen Verortung von

---

[30] Vgl.: Bode, Ingo; Brose, Hanns-Georg (2001): Zwischen den Grenzen. Intersystemische Organisationen im Spannungsfeld funktionaler Differenzierung, in: Tacke, Veronika (Hg.): Organisation und gesellschaftliche Differenzierung. Wiesbaden, S. 113. Vgl. exemplarisch als Beispiel neuerer Forschungsarbeiten zu diesem Thema die empirische Studie von: Guggenheim, Michael (2005): Organisierte Umwelt. Umweltdienstleistungsfirmen zwischen Wissenschaft, Wirtschaft und Politik. Bielefeld.

[31] Hinsichtlich einer stärkeren Verknüpfung von Gesellschafts- und Organisationstheorie vgl. auch: Tacke (2001), Simsa (2002), Drepper (2003).

1.2 Leitende Forschungsfragen und Gliederung der Arbeit 15

NGOs wird daran anschließend für die Analyse der Integration von Politikfeldern vor dem Hintergrund der Fragen politischer Steuerung eine differenzierungstheoretische Perspektive fruchtbar gemacht. Hierbei setzt die Theorie der „Ökologischen Kommunikation" von Niklas Luhmann den Bezugsrahmen, um die Probleme der Integration von Politikfeldern sowie die strukturellen Blockaden und Chancen ihrer Kommunikation am Beispiel einer nachhaltigen Gesellschaftspolitik in und für die europäische Politik zu diskutieren.

In Kapitel 2 werden die Untersuchungsfelder der Studie abgesteckt und die zentrale Fragestellung nach Gründen für die Veränderungen europäischer Willensbildungsprozesse und der diesbezüglichen Rolle von NGOs als intermediäre Organisationen in Form von Arbeitshypothesen zugespitzt. Im Vordergrund stehen hier die Fragen nach den Rahmenbedingungen für Prozesse, in welchen sich die Einflussnahme wissensbasierter und zivilgesellschaftlich organisierter Gestaltungsmacht im Feld der Umsetzung und Institutionalisierung von Nachhaltigkeitszielen ausdrückt. Kapitel 2 gibt abschließend einen Überblick über die methodischen Überlegungen und das Design des empirisch gestützten Teils der Untersuchung.

Kapitel 3 widmet sich der gesellschaftstheoretischen Relevanz intermediärer Kräfte. Hier wird zunächst die Genese und Entwicklung des Konzeptes der intermediären Gewalten in historisch-theoretischer Perspektive erarbeitet und seine Bedeutung für die heutigen Sozialwissenschaften beleuchtet. Beginnend mit einem Exkurs zur Entstehung der Kommunebewegung im Hochmittelalter steht dann die Beschäftigung mit Montesquieus Theorie der Zwischengewalten im Zentrum der Analyse. Nachgezeichnet wird die Entwicklung der Zwischengewalten zunächst als Sicherungsstrukturen gegen Despotie (Montesquieu), dann als Gegenmacht einer zu Verwaltungsdespotie neigenden Demokratie (Tocqueville) und als Basis moralischer Kommunikation und Solidarität gegen Anomie und kapitalistische Despotie in der funktional-differenzierten Gesellschaft (Durkheim). Im Rahmen der Aufarbeitung des sozialwissenschaftlichen Diskussionsstandes werden dann die strukturellen und funktionalen Merkmale intermediärer Instanzen herausgearbeitet und unter demokratie- und gesellschaftstheoretischen Aspekten diskutiert. Im Anschluss wird die Theorie der ökologischen Kommunikation von Niklas Luhmann eingeführt, um im Hinblick auf die Konsequenzen der funktionalen Differenzierung die Probleme gesellschaftlich vermittelnder Kommunikation vor dem Hintergrund des Nachhaltigkeitsdiskurses zu problematisieren. In diesem Rahmen wird die Kritik an der Luhmannschen Systemtheorie exemplarisch referiert und die Strukturationstheorie Giddens als theoretische Alternative diskutiert. In den Problemfeldern gesellschaftlicher Integration spielen Organisationen eine herausragende Rolle. Am Beispiel der intersystemischen Organisation werden organisationale Potenziale für Prozesse intersystemischer Vermittlung in differenzierungstheoretischer Perspektive erarbeitet. In diesem Zusammenhang wird der Luhmannsche Strukturbegriff der Kopplung als zentrales Theoriestück hinsichtlich der Möglichkeiten gesellschaftlicher Kommunikationen durch Organisationen auf der Basis des Autopoiesis-Konzeptes diskutiert.

Kapitel 4 analysiert die Rolle von Institutionen und Organisationen in der Wissensgesellschaft und legt das organisations- und wissenssoziologische Fundament der Studie. Den Organisationen der Gesellschaft kommt in einer funktional-differenzierten Gesellschaft eine besondere Bedeutung zu, da sie gleichzeitig Bedingung und Ursache enormer teilsystemischer Effizienz sind; ebenfalls aber – zwar i. d. R. einem Teilsystem zurechenbar – durch ihre kommunikativen Profile immer auch systemfremde Beziehungen haben und haben müssen. So können Organisationen als zentrale Schnittstellen zwischen Mikro- und Makroebene der Gesellschaft den gesellschaftlichen Wandel nachvollziehen und auch initiieren. Vor dem Hintergrund der Bedingungen für eine nachhaltige Wissensgesellschaft wird die Rolle von Organisationen als den Orten der gesellschaftlichen Wissensproduktion diskutiert. Mit der Theorie der Wissensgemeinschaften wird exemplarisch ein modernes Organisationskonzept aus der betriebswirtschaftlichen Literatur eingeführt. Wissensgemeinschaften als Motor und Ergebnis zugleich charakterisieren organisationalen Wandel unter veränderten Umweltbedingungen als Modell einer lernenden Organisation. Anschließend wird die Wirkung von als Ereignis kommuniziertem Wissen für die Wechselbeziehungen zwischen gesellschaftlichen Teilsystemen betrachtet und die Bedeutung von Organisationen für die Gestaltung und Umsetzung nachhaltiger Entwicklung erarbeitet.

Die Kapitel 5 bis 8 beschäftigen sich mit *Programmen und Prozessen* europäischer Willensbildungsprozesse und dem Kern veränderter gesellschaftlicher und institutioneller Rahmenbedingungen für die Partizipation der organisierten Zivilgesellschaft. In diesem Abschnitt wird die *gesellschaftspolitische Grundlegung* der Studie erarbeitet. Dazu dient eine durch Interviews gestützte Analyse der NGO-Arbeit vor dem Hintergrund der Darstellung der Reformbemühungen „Europäischen Regierens". In diesem Zusammenhang sind dann die Entwicklungen für eine nachhaltige Gesellschaftspolitik in Europa zu sehen, die im Wesentlichen ab der Revision des Maastrichter Vertrages nachgezeichnet werden.

Kapitel 5 übernimmt dabei eine Scharnierfunktion, um die gesellschaftstheoretischen Perspektiven mit den gesellschaftspolitischen Rahmenbedingungen zu verbinden. Hier widmet sich die Untersuchung zunächst den Kriterien zur Definition von NGOs im Rahmen der Zivilgesellschaftsdebatte. Die Gründe des zunehmenden Einflusses von NGOs als professionalisierte Organisationen in der Tradition der „neuen sozialen Bewegungen" in Politikvermittlungsprozessen werden vor dem Hintergrund des Globalisierungsprozesses analysiert. Anschließend wird der Formwandel politischer Willensbildungsprozesse mit Blick auf die von der Systemtheorie befruchtete Steuerungsdebatte diskutiert. Relevante steuerungstheoretische Impulse ermöglichen so die Analyse entstehender Probleme und Chancen einer veränderten zivilgesellschaftlichen Einflusssphäre sowie der Wechselwirkungen zwischen der Organisation des intermediären Bereichs und den Strukturveränderungen im politischen System. Hierbei gewinnen die Aspekte interorganisationaler Kommunikation und ihre Potentiale in Steuerungsprozessen an Gewicht, die durch die Erarbeitung netzwerktheoretischer Grundlagen vertieft werden. Insbesondere im Hinblick auf das Konzept einer nachhaltigen Entwicklung wird hier die Funktion von Leitbildern als Symbolsysteme der Steuerung diskutiert. NGOs als Governance-Partner werden dann identifiziert als wissensbasierte Netzwerke, die bei gleichzeitig veränderten gesellschaftlichen Rahmenbedingungen eine wichtige

1.2 Leitende Forschungsfragen und Gliederung der Arbeit

Schnittstelle in Prozessen der Politikvermittlung „in beide Richtungen"[32] darstellen und neue Kommunikations-, Identifikations- und Integrationspotentiale ermöglichen.

In Kapitel 6 steht der entgrenzte europäische Willensbildungsprozess im Vordergrund und der Fokus richtet sich auf die Praktiken und die Praxis der NGOs als intermediäre Akteure in europäischen Politikvermittlungsprozessen. Nach einer Einführung hinsichtlich der Bedeutung von NGOs unter Aspekten des fortschreitenden europäischen Integrationsprozesses werden Rolle und Funktion von NGOs im Geflecht des ausgeprägten europäischen Lobbyismussystems untersucht und die sich durch NGOs eröffnenden Chancen für europäische Demokratiebildung herausgearbeitet. Dabei werden die verschiedenen Machtmittel, Strategien und Techniken der Lobbyarbeit analysiert und die Abhängigkeiten problematisiert. Mit der Erarbeitung von Kapitel 6 beginnt gleichzeitig die Auswertung der im Rahmen dieser Studie durchgeführten leitfadengestützten Interviews mit Fachleuten aus Zivilgesellschaft, Wissenschaft und Politik, die insbesondere im Hinblick auf ihre Expertise für den europäischen Nachhaltigkeitsdiskurs ausgewählt und befragt wurden.

Kapitel 7 widmet sich dem Reformprozess „Europäisches Regieren" und den in diesem Rahmen insbesondere durch die Prodi-Kommission angestoßenen Reformbemühungen zur Integration der organisierten Zivilgesellschaft in europäische politische Prozesse. Die Analyse dieser Reformbemühungen ist ein zentraler Bestandteil der Studie, weil hier die Reaktion des institutionellen Apparates der Europäischen Union auf veränderte gesellschaftliche und organisationale Rahmenbedingungen beschreibbar wird. Zunächst werden die Gründe der Reformen beleuchtet und die Maßnahmen ihrer Umsetzung erarbeitet. Bei den Formen und Foren der Partizipation im Rahmen der Reformen handelt es sich fast ausschließlich um elektronisch basierte Plattformen und Kanäle, die den Forderungen nach mehr Transparenz und dem Abbau des Demokratiedefizites in der Union Rechnung tragen sollen. Vor diesem Hintergrund werden Probleme im Zusammenhang mit der Formalisierung von Schnittstellen diskutiert und in Bezug auf die Zielsetzung der Reformen die Rolle der EU-Organe Wirtschafts- und Sozialausschuss (WSA) und Ausschuss der Regionen (AdR) hinterfragt. Anschließend werden die Chancen und Restriktionen zur Entstehung einer politischen Öffentlichkeit in Europa durch den Einsatz neuer Medien und Partizipationsschienen problematisiert.

Im Zentrum von Kapitel 8, das mit einer Darstellung des historischen Kontextes zur Entstehung des Nachhaltigkeitskonzeptes beginnt, steht die Beschäftigung mit nachhaltiger Gesellschaftspolitik für Europa. Im Anschluss an den historischen Kontext werden etymologische Bedeutungsbestände des Begriffes und Probleme der Konzeptionalisierung diskutiert und im Hinblick auf die interessengeleitete Verwendung des Begriffes durch verschiedene gesellschaftliche Gruppen damit entstehende Definitionsprobleme verdeutlicht. Bevor die Erfolgsgeschichte der Verankerung des Nachhaltigkeitsprinzips im Vertrag von Amsterdam und diesbezüglich auch die „Greening the Treaty Kampagne" europäischer Umweltverbände thematisiert werden, erlaubt vor dem Hintergrund der bis dahin erarbeiteten Ergebnisse die Reflexion auf die Theorie der ökologischen Kommunikation eine Einschätzung der Chancen für kommunikative Vermittlung durch

---

[32] Generell: Zwischen System und Individuum und umgekehrt. Vgl. die Ausführungen in Kapitel 3 und 5.3.

NGOs unter veränderten organisationalen und gesellschaftlichen Bedingungen. Nachdem am Beispiel der „Generation Attac" und der „Krise der Umweltbewegung" die Bedingungen sektorübergreifender Ansätze zur Bearbeitung komplexer Problemlagen bei gleichzeitiger Absicherung des Organisationserfolges analysiert werden, erfolgt eine Bestandsaufnahme der Möglichkeiten interorganisationaler Vernetzung und intersystemischer Kooperation durch Akteure einer nachhaltigen Gesellschaftspolitik anhand des G 10-Netzwerkes und der beiden im Rahmen dieser Studie auch durch die Experteninterviews näher untersuchten Think Tanks. Im Anschluss werden die in der europäischen Nachhaltigkeitsstrategie anvisierten Ziele einer institutionellen Reform überprüft und die Leistungsfähigkeit der Leitbildfunktion von Nachhaltigkeit analysiert. Die Ergebnisse münden in Thesen gerichtet sowohl an die EU-Organe als auch an die Organisationen der Zivilgesellschaft mit dem Ziel, die bestehenden Blockaden konstruktiv als Chancen für die Gestaltung und Umsetzung der Querschnittsaufgabe zu operationalisieren.

Empirische Analysen der Akteure und Kontexte bilden in den Kapiteln 9 und 10 den Kern der *empirischen Grundlegung* der Studie. Am Beispiel des Konventsforums, das zur Beteiligung der organisierten Zivilgesellschaft als Partizipationskanal an den Verhandlungen des Europäischen Konvents zur Ausarbeitung einer Europäischen Verfassung eingerichtet wurde, werden die ambitionierten Reformen „Europäischen Regierens" abgeglichen mit den Möglichkeiten der organisierten Zivilgesellschaft, an diesem Prozess teilzuhaben. Der Fokus liegt hier auf der Analyse beteiligter Akteure und Netzwerke und der Gewichtung von Beiträgen für eine nachhaltige Gesellschaftspolitik. Gleichzeitig erlaubt die Analyse, die Möglichkeiten und Defizite einer Partizipation durch elektronisch basierte Plattformen für die Gestaltung der europäischen Politik, bzw. des Referenzrahmens Verfassung, herauszuarbeiten.

Kapitel 9 widmet sich generell der Beteiligung der organisierten Zivilgesellschaft am Konventsforum, das der organisierten Zivilgesellschaft von Ende Februar 2002 bis Ende Juli 2003 offen stand. Nach einleitenden Worten zum europäischen Verfassungskonvent werden die Gründe für die Einrichtung des Forums sowie die Modalitäten der Teilnahme aufgearbeitet, um dann die Organisation und die Strukturen der Teilnahme näher zu untersuchen. Angelegt als Akteursanalyse wird das Forum hinsichtlich seiner Teilnehmer nach deren Herkunft und der Art ihrer Betätigungsfelder analysiert. Der Schwerpunkt der Auswertung ist dabei gesetzt durch die gezielte Analyse der Rubrik 1 des Konventsforums mit den dort vorgefundenen Akteuren aus dem Bereich „Sonstige, Zivilgesellschaft, NRO und Bewegungen". Ein weiterer Schwerpunkt liegt auf der Untersuchung möglicher Indikatoren, die eine Vernetzung der Teilnehmer erkennen lassen. Die Explikation der Akteursanalyse und die Prämissen der Operationalisierung finden sich in den einleitenden Bemerkungen zur Auswertung. Am Ende des Kapitels werden die Ergebnisse des ersten Teils als Analyse der Beteiligung und Defizite zusammengefasst.

Kapitel 10 widmet sich ausschließlich den Forumsakteuren der Rubrik 1 des Konventsforums und ihren Beiträgen mit Bezügen zu einer nachhaltigen Gesellschaftspolitik für Europa. Nach den Bemerkungen zu Auswertung und Operationalisierung werden die in Kapitel 9 gewonnenen Erkenntnisse vertieft. Zunächst werden Herkunft und Betäti-

1.2 Leitende Forschungsfragen und Gliederung der Arbeit

gungsfelder der für die weitere Auswertung relevanten Akteure ermittelt, um dann durch eine Inhaltsanalyse der Forumsbeiträge Nachhaltigkeitsbezüge zu identifizieren. Gleichzeitig verschafft die Analyse, im Rahmen des Fallbeispiels der Rubrik 1 des Konventsforums, einen Überblick von am europäischen Nachhaltigkeitsdiskurs interessierten gesellschaftliche Gruppen sowie ihrer Vernetzung, die u. a. anhand ihrer Einordnung zur EU-Ländergruppe verdeutlicht werden kann. Anschließend werden aus den Nachhaltigkeitsbezügen „Themencluster" gebildet, deren Reihenfolge sich aus der vorgefundenen Häufigkeit der nachhaltigkeitsbezogenen Inhalte ergibt. Vor dem Hintergrund der Bemühungen, das Nachhaltigkeitsziel im europäischen Verfassungsentwurf zu verankern, werden der Konventsprozess und die Möglichkeiten der Beteiligung, die das Forum geboten hat, überprüft. Bevor die Kooperationsimpulse, die vom Konventsprozess ausgingen, auf verschiedenen Ebenen analysiert werden, erfolgt eine vertiefte Beschäftigung mit den Details der Nachhaltigkeit als Ziel der Union. Dabei wird der Frage nachgegangen, warum Nachhaltigkeit letztlich doch in der Verfassung verankert werden konnte und welche Wirkungen davon ausgehen. In einer Zusammenfassung werden die Befunde der Untersuchung des Konventsforums bilanziert.

In der Schlussbetrachtung werden die Ergebnisse der Untersuchung vor dem Hintergrund der der Studie zugrunde liegenden Leitfragen zusammengefasst. Dabei geht es darum, aus den gewonnenen Erkenntnissen sowohl einen theoretischen Ertrag als auch einen praktischen Nutzen gewinnen zu können. Dazu werden sowohl die Arbeitshypothesen mit den Untersuchungsergebnissen abgeglichen als auch die für die Untersuchung des Konventsprozesses gesetzten Themenschwerpunkte überprüft, die in Kapitel 2.3 formuliert werden. Sofern die Überprüfung der Arbeitshypothesen bereits Bestandteil vorangegangener Kapitel war, werden die Ergebnisse im Kontext der Leitfragen noch einmal kurz dargestellt. Um dem Anspruch gerecht zu werden, durch die Analyse gleichzeitig die Konzeption neuer Ideen für einen gestaltenden Umgang mit dem durch die globale und europäische Transformation entstehenden Problemdruck voranzutreiben, werden zentrale Untersuchungsergebnisse aufgegriffen und daraus resultierende Probleme und Chancen formuliert.

2 Untersuchungsfelder: Koordination und Kommunikation europäischer Nachhaltigkeitspolitik

Die der Studie zugrunde liegende zentrale Fragestellung nach Einflussmöglichkeiten von NGOs auf europäische politische Prozesse leitet sich ab aus der Zeitdiagnose vermehrt prozessabhängiger und kommunikativ beschleunigter politischer Dynamiken heutiger Steuerungs- und Legitimationsversuche zur Herstellung von Verbindlichkeit. Als politische Dynamik wird dabei der Zusammenhang zwischen den sich verselbstständigenden Auswirkungen bestimmter Entscheidungen, Ereignisse und Entwicklungen auf die Gestalt eines politischen Referenzrahmens – auf Umwelten und Strukturen oder auf Programme wie etwa der Gesetzgebung, verstanden.

Als Beitrag zur sozialwissenschaftlichen Europaforschung bearbeitet die Studie das bislang erst unzureichend erforschte Feld der Auswirkungen zivilgesellschaftlich organisierten Engagements für Demokratiebildung und Integrationsprozesse auf europäischer Ebene.[33] Dabei ist der Fokus entsprechend der differenzierungstheoretischen Grundlegung gerichtet auf interorganisationale, bzw. intersystemische Beziehungen in Bezug auf die Resonanzfähigkeit des europäischen politisch-administrativen Systems. Die Entwicklung der Umwelt-NGOs als Kristallisationspunkte der Umweltbewegung hin zu aktiven Gestalterinnen einer nachhaltigen Gesellschaftspolitik wird in diesem Zusammenhang anhand ihrer Rolle in neuen Koordinationsmodellen des Regierens untersucht.

Die Relevanz der Untersuchung ergibt sich aus einer zunehmenden Entgrenzung der gesellschafts- wie umweltpolitischen Problemlagen und der darauf antwortenden Vernetzung gesellschaftlicher Akteure. Bei dieser Vernetzung werden territoriale wie auch thematische Systemgrenzen überschritten und es entstehen neue Bindungen und Akteurscluster jenseits der klassisch-funktionalen Differenzierung von Politikfeldern. Als Wesentlich im Hinblick auf das Arbeitsergebnis der Studie wird jedoch nicht nur die theoretisch fundierte Analyse bestehender Verhältnisse erachtet. Darauf aufbauend ist es mindestens ebenso wichtig, die Konzeption neuer Ideen für einen gestaltenden Umgang mit dem durch die globale und europäische Transformation entstehenden Problemdruck voranzutreiben.

Praktisch stellt sich die zentrale Frage, was NGOs als interorganisationale Wissensnetzwerke auf der Ebene nationaler und europäischer Nachhaltigkeitspolitik bei der Herstellung kollektiver Verbindlichkeit in den intermediären Feldern zwischen offiziell etablierter Politik und einer sich partizipativ als Protest, Diskurs und Expertise einbrin-

---

[33] Vgl.: Zimmer, Annette; Sittermann, Birgit (2005): Brussels Civil Society. Publikation der Nachwuchsgruppe Europäische Zivilgesellschaft. Institut für Politikwissenschaft. Universität Münster, S. 18 f; vgl. auch: Platzer, Hans-Wolfgang (2002): Interessenverbände und europäischer Lobbyismus, in: Weidenfeld, Werner (Hg.): Europa-Handbuch. 2. aktualisierte und völlig überarbeitete Auflage. Gütersloh, S. 410; vgl. auch: Bach, Maurizio (2001): Beiträge der Soziologie zur Analyse der europäischen Integration. Eine Übersicht über theoretische Konzepte, in: Loth, Wilfried; Wessels, Wolfgang (Hg.): Theorien europäischer Integration. Opladen, S. 147.

genden Nicht-Regierungs-Politik bewirken können und bewirken sollen. Aktuelles Interesse gewinnen in diesen Netzwerken und Lernprozessen die modernen Kommunikationsmedien – vor allem die elektronischen Plattformen als Partizipationskanäle für die Kommunikation zwischen den Organisationen der Zivilgesellschaft und den europäischen Institutionen. Diesbezüglich werden die Reaktionen des politisch-administrativen Systems der EU auf veränderte gesellschaftliche, organisationale und technische Bedingungen zur Beteiligung der organisierten Zivilgesellschaft an europäischen politischen Prozessen analysiert.

Als Bezugsfeld der empirischen Untersuchung dient vor dem Hintergrund des Reformprozesses „Europäisches Regieren" das anlässlich der Erarbeitung einer europäischen Verfassung für die Teilhabe der Zivilgesellschaft eingerichtete Konventsforum als neue Form einer Arena gesellschaftlicher Auseinandersetzung. Die Möglichkeiten der Teilhabe an europäischen politischen Prozessen lassen sich so demonstrieren durch eine Akteursanalyse zu ihrer Zusammensetzung und Vernetzungsstruktur sowie durch eine themenpolitische Analyse nachhaltigkeitsrelevanter Beiträge.

Ziel der Arbeit ist die soziologische Beobachtung und Beurteilung der Bedingungs- und Wirkungszusammenhänge „ökologischer Kommunikationen" in den Relationen zwischen der Selbst-Organisation sozialer Bewegung und der institutionellen Systembildung von Politik und Verwaltung. Dies wird am Beispiel der Kommunikation von Wissen und Werten und der normativ basierten Integrationskraft von nachhaltiger Entwicklung als Leitbild und Symbolsystem der Steuerung in und für Europa untersucht. Dabei geht es um die Auswirkungen von neuen Verfahren des Dialoges und der Konsultation im Hinblick auf themenpolitische Forderungen der Zivilgesellschaft sowie der Organisation und Kommunikation von „alternativem" Wissen.

2.1 Europäische Willensbildungsprozesse und NGOs

Die beiden langfristigen Entwicklungstrends „Internationalisierung und funktionale Differenzierung" können heute für die fundamentalen Veränderungen

> „der Möglichkeiten und Formen von Regieren verantwortlich gemacht werden. [...] Diese Entwicklungstendenzen betreffen sowohl den Nationalstaat als auch das internationale System und üben einen Veränderungsdruck auf die überkommenen Formen politischer Institutionen aus. Sie stellen eine grundlegende Herausforderung für die Effizienz und Problemlösungsfähigkeit politischer Institutionen einerseits und für ihre Verantwortlichkeit und Responsivität andererseits dar." JACHTENFUCHS (2002: 15)

Gleichzeitig organisiert sich die Zivilgesellschaft mit steigender Tendenz in NGOs. Globale Konzepte wie die Idee des ‚Global Governance' unterstützen diese Prozesse ausdrücklich.[34] Sich im Wesentlichen aus der sozialen Bewegung der frühen 1960er und 70er Jahre entwickelnd haben sich Funktion und Rolle der NGOs seit den 1990er Jahren verändert. Vor allem die Umwelt-NGOs sorgten seit der Rio Konferenz 1992 für einen NGO-Boom und waren zugleich Motor und Ergebnis einer veränderten Realität

---

[34] Vgl. z. B.: Messner, Dirk; Nuscheler, Franz (1996): Global Governance. Organisationselemente und Säulen einer Weltordnungspolitik. Das Konzept wird vertieft diskutiert in Kapitel 5.4.

2.1 Europäische Willensbildungsprozesse und NGOs

der Politikverflechtung. Insbesondere moderne NGOs in der Tradition der ‚neuen sozialen Bewegungen' weisen kommunikative und kooperative Profile auf, die sie in Prozessen des ‚politischen Managements' zu gewichtigen Verhandlungspartnern machen. Ihr Einfluss gründet sich u. a. auf der Ressource Wissen und auf den Fähigkeiten zu interorganisationaler und internationaler Vernetzung. NGOs vermitteln als intermediäre Kräfte zwischen Markt und Staat und ergänzen die klassischen Steuerungsinstrumente durch Medien sozialer Steuerung und mit durch Wissen ausgelösten Steuerungsimpulsen. Der Einfluss der NGOs auf die Politikgestaltung ist losgelöst von traditionellen, nationalstaatlichen Willensbildungsprozessen; wirft aber gleichzeitig auch Fragen nach ihrer demokratischen Legitimation und nach Abhängigkeiten der Akteure auf.

Der u. a. durch die Globalisierung von Problemlagen verstärkte NGO-Boom lässt die These plausibel werden, dies hänge mit den offensichtlich nicht mehr ausreichenden Problemlösungskompetenzen der Nationalstaaten zusammen.[35] In diesem Falle müsste nicht mehr nur die demokratische Legitimation der NGOs kritisch hinterfragt werden. Vielmehr offenbart sich dann auch eine Legitimationskrise der Nationalstaaten, die u. a. dadurch verdeutlicht wird, dass von den NGOs der praktische Beitrag zur Lösung der Probleme teilweise eher erwartet wird als von nationalen Regierungen.[36]

Der EU-Einigungsprozess wird in diesem Zusammenhang zu einem kontinentalen Spiegelbild der gegenwärtigen globalen Integrationsbemühungen. Die zu beobachtenden Entwicklungen bezeichnen eine Übergangsphase aus alten Ordnungsstrukturen in neue Formen der transnationalen Kooperation. Charakteristisch für diese Übergangsphase sind die Legitimationskrise der Nationalstaaten und die Existenz eines noch nicht gelösten Demokratiedefizits auch aufgrund dieser evolutionären Entwicklungen hin zu einer neuen Ordnungspolitik. So konstatieren MESSNER / NUSCHELER (1996: 26), die EU könne als „fortgeschrittenes Laboratorium für die Fähigkeit zu Global Governance verstanden werden." Dabei sieht sich die EU-Kommission selbst als Impulsgeberin im Global Governance Prozess:

> „Der erste Schritt, den die Union unternehmen muss, ist die erfolgreiche Reform der Governance im eigenen Hause, damit sie um so überzeugender für einen Wandel auf internationaler Ebene eintreten kann."
> EUROPÄISCHE UNION: DIE KOMMISSION (2001b: 34)

Europäische Sichtweisen lösen nationalstaatliches Denken ab und befördern das Gemeinschaftsbewusstsein. Die Abtretung von Teilsouveränitäten erfolgt zugunsten einer erhöhten Problemlösungsfähigkeit durch gemeinsames Handeln[37] mit der Folge, dass im ‚Laboratorium Europa' auch die NGOs mit dieser neuen Architektur experimentieren. Durch die Ausweitung der Politikbereiche hat die Europäische Kommission zusätzliche Aufgaben übernommen was auch zur Folge hatte, „daß die Zahl der innerhalb und außerhalb Europas tätigen NRO stetig anstieg und sich diese NRO weiteren Arbeitsfel-

---

[35] „Die beliebte These, nationale Regierungen könnten immer weniger die nur im Weltmaßstab lösbaren Probleme bewältigen, ist sogar zirkulär; genuin globale Aufgaben lassen sich nicht regional lösen." Höffe, Otfried (1999): Demokratie im Zeitalter der Globalisierung, S. 14.

[36] Vgl.: Altvater, Elmar; Brunnengräber, Achim; Haake, Markus; Walk, Heike (Hg.) (2000): Vernetzt und verstrickt. Nicht-Regierungs-Organisationen als gesellschaftliche Produktivkraft. Vorwort, S. 7.

[37] Vgl.: Messner, Dirk; Nuscheler, Franz (1996): Global Governance. Organisationselemente und Säulen einer Weltordnungspolitik, S. 26.

dern zuwandten. Typisch für diesen Trend" seien einzelstaatliche NGOs, „die europäische Verbände und Netze ins Leben rufen" oder sich bereits den in Brüssel ansässigen europäischen Netzwerken anschließen.[38] Die Kommission nimmt diesen Prozess zur Kenntnis und ist dazu bereit, die ‚partnerschaftliche Zusammenarbeit' mit den NGOs fortzusetzen und auszubauen. Denn: „NRO gelten zunehmend als wichtiger Bestandteil der Zivilgesellschaft und als wertvolle Stützen eines demokratischen Regierungssystems."[39] Gleichzeitig stellt die Kommission aber fest, dass die dafür erforderlichen „Strukturen und Verfahren" nicht genügend weiterentwickelt wurden.[40] Die Notwendigkeit für Veränderungen ergibt sich auch daraus, den Prozessen der Globalisierung Rechnung zu tragen, „Akteure zu identifizieren und den Aktionsrahmen für konkrete Vorschläge in einem institutionellen Umfeld abzustecken", um strukturelle Reformen in Gang zu setzen.[41]

Ein zentrales Element diesbezüglicher Reformbemühungen ist das Weißbuch der Kommission aus dem Jahre 2001 über „Europäisches Regieren", in welchem die Zeitdiagnose und die Reformvorschläge in Leitlinien für die Governance-Reform gegossen sind.[42] Im Weißbuch wird die Bedeutung zivilgesellschaftlicher Organisationen als wichtiger Elemente für die Stärkung der partizipativen Demokratie in Europa unterstrichen. Die durch die Prodi-Kommission eingeleiteten Maßnahmen einer verstärkten Institutionalisierung zivilgesellschaftlicher Partizipation finden ihren Ausdruck im Wesentlichen durch die Öffnung neuer Partizipationsschienen in der Form von elektronisch gestützten Plattformen und Foren.

Die Notwendigkeit zu institutioneller Innovation lässt sich vor dem Hintergrund eines sich verändernden Verhältnisses zwischen dem politisch-administrativen System der EU und den NGOs in folgenden Thesen zuspitzen:

- NGOs als interorganisational angelegte Kooperationen in Form von Netzwerken gleichen die Komplexitätslücke staatlicher Aufgabenerfüllung angesichts globaler und entstaatlichter Problemlagen aus. Ihre Relevanz verdankt sich zum einen der Unterkomplexität institutioneller Problemlösungsfähigkeit klassischer Nationalstaaten und zum anderen den veränderten technologischen Rahmenbedingungen und den damit verbundenen Möglichkeiten zur Vernetzung von Wissensressourcen.

- Insbesondere durch den Einfluss der Organisationen der Zivilgesellschaft entsteht eine politische Dynamik, die gesellschaftliche Partizipationsmöglichkeiten neu definiert. Aufgrund der am Gemeinwohl orientierten Gestaltungsmacht von NGOs in

---

[38] Europäische Union: Die Kommission (2000a): Ausbau der partnerschaftlichen Zusammenarbeit zwischen der Kommission und Nichtregierungsorganisationen. Diskussionspapier der Kommission. Brüssel, KOM(2000) 11, S. 2.
[39] Ebda., S. 5.
[40] Ebda., S. 2.
[41] Europäische Union: Der Wirtschafts- und Sozialausschuss (1999): Stellungnahme des Wirtschafts- und Sozialausschusses zum Thema „Die Rolle und der Beitrag der organisierten Zivilgesellschaft zum europäischen Einigungswerk", in: Amtsblatt der Europäischen Gemeinschaften. Brüssel, 1999/C 329/10, S. 30.
[42] Europäische Union: Die Kommission (2001b): Europäisches Regieren. Ein Weissbuch. Brüssel, KOM(2001) 428.

diesen Prozessen reicht der Begriff des Lobbyismus nicht mehr aus, um die Entwicklung hinreichend zu beschreiben.

- Elektronisch basierte Partizipationskanäle sind in diesem Zusammenhang das Resultat einer gesteigerten Prozessabhängigkeit heutiger Steuerungs- und Legitimationsversuche in politischen Prozessen. Sie sind ein Mittel zur Verarbeitung erhöhter Komplexität und dienen der Sichtbarkeit von Problemlösungen und Akteuren und nicht der Institutionalisierung von Protest. Elektronische Foren sind zugleich eine neue Plattform europäischer Öffentlichkeit.

Die Umsetzung der Reformen in die Praxis wirft gleichzeitig Fragen nach ihrer Gestaltung auf. Daher ist es ein zentrales Anliegen dieser Studie, anhand der o. g. Thesen und am Beispiel des Konsultationsprozesses im Rahmen der Verhandlungen zur europäischen Verfassung, die Verbindlichkeit a) der Reformen für die Gestaltung partizipativer Demokratie und b) die Möglichkeiten der Einflussnahme und die damit verbundene verbindlichkeitserzeugende Wirkung zivilgesellschaftlichen Gestaltungspotenzials, zu überprüfen.

Als Untersuchungsfeld der Beziehungen zwischen neuen Formen europäischen Regierens und der Integration von Politikfeldern widmet sich der nächste Abschnitt dem Beispiel der Gestaltung und Umsetzung einer nachhaltigen Entwicklung in Europa.

> „Die Entwicklung neuer partizipativer Formen von Dialog und Kommunikation sowie Diskussions-, Kommunikations- sowie Problemlösungsverfahren wird dezidiert als die Voraussetzung für die Ausgestaltung des Nachhaltigkeitsdiskurses bezeichnet."
> KRÜGER (2002: 274)

2.2 Nachhaltige Gesellschaftspolitik für Europa

Im Juni 2001 verabschiedete der Europäische Rat auf seinem Treffen in Göteborg die Strategie für eine nachhaltige Entwicklung. Vorausgegangen waren entscheidende und von den Organisationen der Zivilgesellschaft mitgestaltete Änderungen auf der Ebene der europäischen Vertragswerke in den 1990er Jahren, die einen hohen Verbindlichkeitscharakter haben. ‚Nachhaltige Entwicklung' wurde im Art. 2 (EUV) des Amsterdamer Vertrages bereits 1997 als Ziel der Europäischen Union verankert. Ihre herausragende Bedeutung für die Union wurde durch den Europäischen Konvent im Entwurf des Vertrages über eine Verfassung von Europa in Art. 3, Absatz 3, als Ziel der Union bestätigt. Erstmals im Vertrag von Maastricht benannt, gewann der Prozess der Integration von Nachhaltigkeitszielen insbesondere mit den Verträgen von Amsterdam an Fahrt. Genannt seien hier beispielhaft der ‚Cardiff-Prozess' zur Integration der Umweltdimension in die Unionspolitiken und die Verabschiedung der europäischen Nachhaltigkeitsstrategie in Göteborg 2001. Am Entstehungsprozess der im Juni 2001 in Göteborg vom Europäischen Rat verabschiedeten Strategie für eine nachhaltige Entwicklung waren die Organisationen der Zivilgesellschaft in erheblichem Maße beteiligt. Ihr Erfolg drückt sich aus in der Legitimation einer nachhaltigen Entwicklung als strategischem Ziel der

Union und generell als ein Beispiel der Integration gesellschaftspolitischer Policy-Felder in das europäische politische System.

Die gängige Verortung des Nachhaltigkeitsprinzips geschieht durch das Drei-Säulen-Modell der ökologischen, sozialen und ökonomischen Integration mit dem Ziel, die strukturell erzeugten Ungleichgewichte als dem Resultat funktional-differenzierter Systemtrennung auszugleichen. Nachhaltige Entwicklung als normativ-moralisches Konzept äußert sich auf der Werteebene und fordert eine grundlegende Überprüfung bisher geltender Normen, Werte und Praktiken in allen Policy-Feldern aktiver Gesellschaftspolitik. Nachhaltige Entwicklung ist daher auch eine zentrale kulturelle Herausforderung, deren Erfolg von einer politischen Kultur abhängt, die Gestaltungskompetenzen der organisierten Zivilgesellschaft insbesondere vor dem Hintergrund des Subsidiaritätsprinzips und des damit kompatiblen Mottos der Agenda 21 „global denken, lokal handeln", mit einzubeziehen vermag.

Noch immer ist aber im Drei-Säulen Modell der Nachhaltigkeit die Diskussion der ökonomischen Dimension dominant gegenüber der ökologischen und sozialen Dimension (vgl. HINTERBERGER / ZACHERL, 2003: 7ff.).[43] Dies gilt auch für den wissenschaftlichen Diskurs, der insbesondere das Spannungsfeld Ökonomie↔Ökologie aufgreift, während soziologische Analysen zur Prozessqualität institutionalisierter Entscheidungs-, Vermittlungs- und Beteiligungsprozesse noch kaum vorliegen. In der neueren Diskussion wird dem bekannten Drei-Säulen-Modell der Nachhaltigkeit einer ökonomischen, ökologischen und sozialen Integration als vierte eine institutionelle Dimension hinzugefügt.[44] Vor dem Hintergrund offener Forschungsfragen nach der Gestaltung und dem Wandel der institutionellen Ordnung zur Akzeptanz und Umsetzung einer nachhaltigen Entwicklung gewinnen Aspekte der Partizipation gesellschaftlicher Gruppen und damit Machtfragen an Gewicht (vgl. SPANGENBERG, 2003).

Auf der Grundlage der Leitfragen der Studie und den zu stellenden steuerungstheoretischen Fragen dienen die folgenden drei Thesen als Rahmen zur Anwendung der Leitfragen auf das Politikfeld Nachhaltigkeit:

- Die Schwierigkeiten der politischen Integration von Nachhaltigkeitszielen entstehen im Hinblick auf die Komplexität und den Anspruch durch die Mehrdimensionalität des Konzeptes, das Veränderungen in vielen, wenn nicht allen gesellschaftlichen Regelungsfeldern impliziert. Das Prinzip Nachhaltigkeit erfordert einen grundlegenden Wertewandel, um in funktionaler und struktureller Dimension institutionalisierbar zu sein. Nur intersystemische Beziehungen können die Kommunikation und Koordination von entsprechenden Kontexten gewährleisten, damit Nachhaltigkeit institutionalisierbar und damit zur Grundlage verbindlicher Modelle des Handelns wird. Nur so wird verhindert, dass sich systemimmanente und vom Gesamtsystem abgekoppelte Interessen und Funktionslogiken durchsetzen.

---

[43] Hier diskutiert vor dem Hintergrund konkreter Richtlinien zur Umsetzung der Nachhaltigkeitsstrategie in der EU.

[44] Vgl. u. a. Schneidewind et al (1997), Kopfmüller et al (2001), Spangenberg (2003).

- Das Steuerungsdilemma nachhaltiger Entwicklung in systemischer Perspektive besteht darin, dass es einer Kontrollinstanz bedarf, die intendierte und nicht intendierte Auswirkungen gesellschaftlicher Entwicklungen zu berücksichtigen weiß, allerdings so aufgrund der Kontingenz möglicher Zukünfte nicht beherrschbar wäre. Die Kopplung von Steuerungsmedien und ihre intersystemische Kommunikation durch interorganisational vernetzte Strukturen entschärft jedoch die Notwendigkeit zentraler Steuerung – die insbesondere nach Luhmann ohnehin unmöglich ist – und ersetzt diese durch legitimierte Verhandlungssysteme der Selbststeuerung.[45]

- Nachhaltigkeit dient als Kooperationsimpuls der Vernetzung intermediärer Organisationen und ist eine themenpolitische Bühne des politischen Ringens um gesellschaftliche Konzepte und Zielvorstellungen (vgl. KRÜGER, 2002). Somit bietet Nachhaltigkeit als Leitbild Identifikationsanlässe und erzeugt im europäischen Einigungsprozess integrative Wirkungen. Damit wird das Leitbild Nachhaltigkeit zum Symbolsystem der Steuerung und ist ein Element europäischer Governance-Strukturen (vgl. SCHNEIDEWIND, 2003).

Die bislang in Kapitel 2 angesprochenen Untersuchungsfelder konkretisieren die Eckpunkte der europäischen und themenpolitischen Dimension der dieser Studie zugrunde liegenden Fragestellung. Sie bilden gleichzeitig den Ausgangspunkt für das Untersuchungsdesign der Studie, dessen methodische Grundlagen im nächsten Abschnitt skizziert werden.

2.3 Untersuchungsdesign: Theoriebausteine und empirische Felder

Die sozialwissenschaftliche Analyse von Organisationen und ihrer gesellschaftlichen Kommunikationsmöglichkeiten in den praktischen Feldern europäischer Politik erfordert den praxisbezogenen Einsatz soziologischen Wissens und impliziert damit Theoriebedarf. Zwar wird die Bezugnahme auf konkrete Gegenstände durch die „extreme Distanz" soziologischer Beschreibungen erschwert; dennoch erlaubt gerade die Distanz einen „ungewohnten Blick" auf die Welt.[46] Die Soziologie verschafft einen Einblick „in die Eigenlogik von gesellschaftlichen Teilbereichen", und profitiert dabei „mit ihren Beschreibungen an den Folgeproblemen" gesellschaftlicher Ausdifferenzierung.[47] In den Konfliktfeldern gesellschaftlicher Teilbereiche könne „sich die Soziologie moderierend und aufklärend profilieren", meint KÜHL (2004: 8). Dabei wird der Soziologie im Gegensatz zu anderen und konkret gegenstandsbezogenen Disziplinen die Fähigkeit zur Fremdbeschreibung konstatiert. Im Gegensatz zur Selbstbeschreibung, bei der die „O-

---

[45] Selbststeuerung: Hier nicht verwandt im Luhmannschen Sinne zur Bezeichnung eines vor allem kommunikativ exklusiven Prozesses sich selbst steuernder gesellschaftlicher Teilsysteme, sondern angelehnt an den alltagssprachlichen Gebrauch im Sinne von Selbstregulierung/Selbstorganisation inklusive der positiven Autonomiedisposition, die es gerade zulässt, dass Kommunikationen nicht exklusiv bleiben.

[46] Vgl.: Kühl, Stefan (2004): Warum sich soziologisches Wissen so schwer in der Praxis umsetzen lässt – und weswegen das auch ganz gut sein kann, in: Journal Praxis, Jg. 2, Heft 1, 2004, S. 7.

[47] Vgl.: Ebda., S. 8.

peration der Beschreibung mit dem beschriebenen System zusammen" fällt, ist die Soziologie damit in die Lage, „Konflikte zwischen Funktionssystemen zu beschreiben", ohne sich selbst dabei einem Funktionssystem zuordnen zu lassen.[48] Das macht die Soziologie zur gesamtgesellschaftlichen „Reflexionstheorie" und begründet ihre Bezeichnung als eine „Partei der Aufklärung", wie Adorno sie nannte.[49]

Die Werkzeuge dieser Beschreibungen, die der Soziologie gleichzeitig die Distanz ermöglichen, sind die Theorien. Die Soziologie als „Perspektivenwissenschaft [...] stellt ein Repertoire von erprobten Sichtweisen und Theorien zur Verfügung."[50] Dabei muss sich die Theorie „von der Praxis entfernen, um die Probleme behandeln zu können, die sich in der Praxis selbst nicht behandeln lassen."[51] Theorie als durch Denken gewonnenes Wissen drückt sich aus als ein „System von Begriffen, Definitionen und Aussagen", um „Erkenntnisse über einen Bereich von Sachverhalten zu ordnen, Tatbestände zu erklären und vorherzusagen."[52] Damit dient die Theorie als „ein logischer Zugang zur Welt" dazu, die Wirklichkeit als soziale Konstruktion zu beobachten und ermöglicht so erst das Erkennen von Problemen durch Reflexion auf ein systematisiertes Modell.[53] Zwar kann die Theorie die Probleme nicht lösen; sie kann aber je nach Blickwinkel den Fokus auf die Bruchstellen und die neuralgischen Punkte gesellschaftlicher Problemfelder richten und entsprechende Handlungsempfehlungen formulieren und Lösungswege vorschlagen, um das Bewusstsein über die Probleme zu schärfen.

So ist auch die differenzierungstheoretische Perspektive, die in dieser Studie fruchtbar gemacht werden soll, um die Rolle von Organisationen im Zusammenhang mit den Problemen der Integration von Politikfeldern in und für die europäische Politik zu diskutieren, nach SCHIMANK (2000: 17), „ein Werkzeug soziologischer Gesellschaftsforschung." Zur Beschreibung der Rolle von Organisationen für gesellschaftliche Kommunikationsprozesse wird sie hier insbesondere durch den Luhmannschen Strukturbegriff der „Kopplung" sowie den Organisationstyp der „intersystemischen Organisation" vertieft. Für die themenpolitische Analyse liegt der differenzierungstheoretische Schwerpunkt auf der Theorie der ökologischen Kommunikation von Niklas Luhmann als Anwendung seiner Theorie der sozialen Systeme auf ökologische Fragestellungen.

Dabei lenkt die differenzierungstheoretische Perspektive das Interesse auf die Möglichkeiten gesellschaftlicher Kommunikationen, deren Qualität sich mit Blick auf das Ganze nicht in, sondern zwischen den Teilsystemen entscheidet. Angewandt auf die Problemfelder der Studie bedeutet dies, dass im gesellschaftlichen Machtgefüge die Peripherie

---

[48] Kühl, Stefan (2003): Das Theorie-Praxis-Problem in der Soziologie, in: Soziologie, Jg. 32, Heft 4, 2003, S. 8 f.
[49] Vgl.: Ebda., S. 9.
[50] Feldmann, Klaus (2000): Soziologie kompakt. Eine Einführung. Wiesbaden (= WV Studium; Bd. 188), S. 11.
[51] Schülein, Johann A.; Reitze, Simon (2002): Wissenschaftstheorie für Einsteiger. Wien, S. 208 f.
[52] Wienold, Hanns (1994): Art. „Theorie", in: Fuchs-Heinritz, Werner; Lautmann, Rüdiger; Rammstedt, Otthein; Ders. (Hg.): Lexikon zur Soziologie. 3., völlig neu bearbeitete und erweiterte Auflage. Opladen, S. 676.
[53] Schülein, Johann A.; Reitze, Simon (2002): Wissenschaftstheorie für Einsteiger, S. 208 f.

2.3 Untersuchungsdesign: Theoriebausteine und empirische Felder

und nicht das Zentrum eine „herausragende Rolle" spielt.[54] Die von Klaus Lang 2002 als politischem Planungschef der IG-Metall zur Beschreibung des Verhältnisses zwischen Gewerkschaften und der SPD formulierte These, dass die „Politik der Mitte" nicht rot, sondern „blutleer" sei, gewinnt so, differenzierungstheoretisch interpretiert, eine neue Bedeutung.[55] Die blutleere Mitte wird zur Metapher einer funktional-differenzierten Gesellschaft „ohne Spitze und ohne Zentrum", wie sie LUHMANN (1981: 22) beschreibt, in deren Konsequenz seine umstrittenen Thesen zur Funktion des politischen Systems und der damit verbundenen Unmöglichkeit staatlicher Steuerungs- und Gestaltungsoptionen in der modernen Gesellschaft zu verstehen sind.

Im Rahmen der Studie kommt die Theorie aber nicht nur zur Anwendung, um Beschreibungen kommunikativ bedingter gesellschaftlicher Problemfelder zu ermöglichen und aus dieser Erkenntnis heraus möglicherweise Handlungsempfehlungen zu formulieren. Zentrale Begrifflichkeiten wie Zivilgesellschaft, Nicht-Regierungs-Organisationen und Nachhaltigkeit sind keineswegs eindeutig definiert und auch hinsichtlich der differenzierungstheoretischen Perspektiven besteht mitnichten immer Einigkeit über die Konsistenz der Erklärungsmodelle. Daher können die Arbeitsergebnisse der Studie auch selbst zur Theoriebildung beitragen. Insbesondere die systematische Aufarbeitung der Theorie der Zwischengewalten in ihrer historischen Dimension und die Erarbeitung des Forschungsstandes der in dieser Tradition stehenden Konzepte der intermediären Instanzen und ihrer Verwendung in der Soziologie der Gegenwart bieten für die Reflexion der Funktion und Legitimation von Nicht-Regierungs-Organisationen fruchtbare Perspektiven. Auch die Analyse der durch zivilgesellschaftliche Organisationen auf europäischer Ebene entstehenden Kommunikationssysteme können hinsichtlich der gesellschaftlichen Rolle von Organisationen insbesondere die system- und steuerungstheoretische Debatte nach der „autopoietischen Wende" Luhmanns (vgl.: BRODOCZ, 2003: 81) befruchten.

Neben der zentralen differenzierungstheoretischen Perspektive werden im Hinblick auf thematische Schwerpunkte in den einzelnen Kapiteln einschlägige Theoriestücke verwandt, um die Ergebnisse der empirischen Untersuchung zu spiegeln. Damit die Theorie ihren Nutzen erbringen kann und die Wirklichkeit als soziale Konstruktion zu beobachten ist, aber auch um die gesellschaftlichen Problemfelder zu identifizieren und bestenfalls Impulse zu deren Lösung zu ermöglichen, sowie um der Soziologie zu ihrer moderierenden und aufklärenden Funktion zu verhelfen, muss das Wissen über die Welt selbst verlässlich sein und erfordert daher seine methodisch kontrollierte Gewinnung. Im Rahmen dieser Untersuchung sind dafür verschiedene Methoden der empirischen Sozialforschung miteinander kombiniert worden.

Der Zugang zum Forschungsfeld erfolgte durch die Sichtung und Auswertung von offiziellen Dokumenten der EU-Organe Kommission, Rat, Wirtschafts- und Sozialaus-

---

[54] Vgl.: Hofmann, Gunter (2002): Siezen oder duzen? Zu Beginn der Streiksaison: In der radikal veränderten Arbeitswelt steckt die IG Metall in der Defensive. Ein Sittenbild, in: DIE ZEIT Nr. 15, 4. April 2002, S. 6 f.

[55] Lang, Klaus (2002): Die Politik der Mitte ist nicht rot, sondern blutleer. Die Gewerkschaften sind von der Arbeit der rot-grünen Bundesregierung enttäuscht. Klaus Lang legt einen Forderungskatalog für die nächste Wahlperiode vor, in: Frankfurter Rundschau Nr. 54, 5. März 2002, S. 14.

schuss (WSA) und Ausschuss der Regionen (AdR). Relevanzkriterium war zunächst der Bezug zum Reformprozess „Europäisches Regieren", den die Kommission im Jahr 2001 mit ihrem gleichnamigen Weißbuch eingeleitet hat. Zentrale Bezugspunkte waren die Forderungen der Kommission nach mehr Demokratie, Transparenz und Effizienz. Um den Prozess der Reform und die eingeleiteten Reformmaßnahmen zu untersuchen, wurden im Verlauf weitere Papiere der EU-Organe interessant. Hier waren die beiden Kriterien der Auswahl zunächst begründet durch die Notwendigkeit, den historischen Kontext der Reformen aufzuarbeiten und sich dann den konkreten Maßnahmen insbesondere zur Integration der Zivilgesellschaft durch elektronisch gestützte Plattformen zu widmen. Zeitgeschichtlich ist das Quellenstudium im Wesentlichen begrenzt auf die Jahre der Amtszeit der „Prodi-Kommission" von 1999 – 2004. Zur Darstellung des historischen Kontextes wird aber auch auf wichtige und weiter zurückliegende Schriften zurückgegriffen. Dies betrifft in der Regel Dokumente, Vertragswerke und Entscheidungen zu institutionellen Arrangements. Im Rahmen des Quellenstudiums wurden insbesondere die Ursachen, Maßnahmen und Ziele der Reformen exemplarisch herausgearbeitet. So konnten die inhaltlichen Forderungen der ausgewählten europäischen Institutionen und ihre Vorschläge für die Umsetzung der Reformen in Bezug gesetzt werden zu den veränderten Partizipationsmöglichkeiten, die sich in Form von Ansprüchen oder institutionellen Innovationen in der Folge der Reformen niedergeschlagen haben. Dasselbe Verfahren wurde angewendet, um den Stellenwert und die historische Dimension des themenpolitischen Schwerpunktes nachhaltige Entwicklung im europäischen Kontext aufzuarbeiten. Weiterhin wurden Dokumente insbesondere des Konventssekretariats im Rahmen des Verfassungsprozesses gesichtet und in den Kontext der Untersuchung eingearbeitet.

Eine konzentrierte Beschäftigung mit Fragen nach zivilgesellschaftlichem Engagement auf europäischer Ebene erfolgt dann als Fallbeispiel durch eine Untersuchung des Forums für die organisierte Zivilgesellschaft als zentralem Gegenstand der empirischen Untersuchung mittels einer Akteursanalyse. Das Forum wurde im Rahmen der Verhandlungen zur europäischen Verfassung eingerichtet und stand von Februar 2002 bis Juli 2003 allen zivilgesellschaftlichen Organisationen offen. Das Forum als Anwendungsfeld der Akteursanalyse wird vor dem Hintergrund der Reformbemühungen „Europäisches Regieren" analysiert, wo ausdrücklich eine verbesserte Beteiligung der organisierten Zivilgesellschaft an politischen Prozessen gefordert und angestrebt wird. Die Förderung der Teilhabe, hier: der organisierten Zivilgesellschaft, sollte die Akzeptanz und Legitimität des europäischen politischen Systems fördern und angewendet auf die Gestaltung und Ausarbeitung einer europäischen Verfassung einen partizipativen Prozess gewährleisten. Dabei ist vor dem Hintergrund zivilgesellschaftlichen Engagements in Europa zunächst von Interesse, wer sich beteiligt hat, welchen gesellschaftspolitischen Betätigungsfeldern diese Gruppen zuzuordnen sind und welcher Ländergruppe sie angehören. Hier ist auch von Bedeutung, welche Politikbereiche der Konvent selbst als wichtige Felder zivilgesellschaftlicher Beteiligung angesehen hat, was u. a. anhand der eingerichteten „Kontaktgruppen" beurteilt werden kann. Die durchgeführte Akteursanalyse dient zunächst der Identifikation von zivilgesellschaftlich organisierten Akteuren durch ihre Charakterisierung hinsichtlich einer Zuordnung zu Betätigungsfeldern und der Zugehörigkeit zu Ländergruppen. Anschließend werden entsprechend

2.3 Untersuchungsdesign: Theoriebausteine und empirische Felder

der Operationalisierungskriterien und der vorgefundenen Ergebnisse die Vernetzungsstrukturen der Akteure betrachtet.

Untersuchungsgegenstand der Inhaltsanalyse sind die Beiträge in der mit Abstand umfangreichsten Rubrik 1 des Konventsforum „Sonstige, NRO, Zivilgesellschaft und Bewegungen", um die Themen der Bezüge zum Nachhaltigkeitsthema zu identifizieren. Im Hinblick auf den themenpolitischen Schwerpunkt nachhaltige Entwicklung werden dann erneut die Fragen nach Akteurskonstellationen, Vernetzungsstrukturen und Ländergruppenzugehörigkeiten beantwortet. Anschließend werden die Nachhaltigkeitsbezüge entsprechend der vorgefundenen Häufigkeit zu „Themenclustern" zusammengefasst und geordnet.

Als viertem Baustein der empirischen Fundierung der Studie wurden mit Vertretern aus Zivilgesellschaft, Wissenschaft und Politik leitfadengestützte und problemzentrierte Interviews durchgeführt. Die Auswahl der InterviewpartnerInnen erfolgte aufgrund ihres Expertenwissens in Bezug auf den europäischen Nachhaltigkeitsdiskurs sowie hinsichtlich ihrer Kenntnisse des Verfassungsprozesses. Die Befragung orientierte sich vor dem Hintergrund der Leitfragen der Studie an den Positionen, Zielen und Handlungsstrategien der befragten Personen und ihrer Organisationen und diente sowohl der Rekonstruktion des Verfassungsprozesses als auch der Bestimmung von Rolle und Funktion der jeweiligen Organisation und ihrer Beziehungen zum politisch-administrativen System der EU.

Die leitfadenorientierten Interviews vertiefen vor allem Fragen der Diskursqualität und Verbindlichkeitswirkung zivilgesellschaftlichen Engagements vor dem Hintergrund der Relevanz des nationalen wie europäischen Kontextes. Die Interviews dienen zum einen der Überprüfung der Arbeitshypothesen und zum anderen der Stabilisierung der durch die Auswertung des Konventsforums gewonnenen Erkenntnisse und fließen in die Kapitel 6 bis 10 dieser Arbeit ein.

Zusammenfassend ergibt sich die empirische Basis dieser Studie damit aus vier Bausteinen:

1. Kriteriengeleitetes Quellenstudium offizieller EU-Papiere als Grundlage für die weitere Untersuchung;
2. Akteursanalyse des Konventsforums;
3. Inhaltsanalyse der Beiträge aus Rubrik 1 des Forums entsprechend dem Selektionskriterium „nachhaltige Entwicklung";
4. Leitfadengestützte und problemzentrierte Interviews mit Akteuren aus Zivilgesellschaft, Wissenschaft und Politik hinsichtlich ihrer Expertise für den europäischen Nachhaltigkeitsdiskurs.

Stellvertretend für die der Studie zugrunde liegenden Leitfragen und eingebettet im Kontext von Theorie und empirischen Bausteinen kann der Konventsprozess somit auf folgende Themenschwerpunkte hin überprüft werden:

- Gründe, Initiativen und Maßnahmen institutioneller Veränderungen im politisch-administrativen System der EU;

- Beteiligung, Rolle und Einflusspotenziale zivilgesellschaftlicher Organisationen;
- Grad und Charakter der Vernetzung;
- Bedeutung von Wissen und Organisationsstrukturen;
- Bedeutung neuer Medien;
- Verschiebung von Machtverhältnissen;
- Funktion von Leitbildern als Symbolsysteme der Steuerung;
- Akteure und Themen nachhaltiger Gesellschaftspolitik.

Auf die Schilderung der Einzelheiten der Operationalisierung wird in diesem Abschnitt aus Gründen der Übersichtlichkeit verzichtet. Die Details der Operationalisierung insbesondere für die Auswertung des Konventsforums mittels Akteurs- und Inhaltsanalyse finden sich jeweils zu Beginn der Kapitel 9 und 10 und stellen damit im jeweiligen Kontext den konkreten Problembezug zum Untersuchungsfeld her.

Dort finden sich dann auch die für die Untersuchung nötigen Arbeitsdefinitionen der Begriffe Akteure/ Akteursgruppen, Betätigungsfelder, Ländergruppen und die Informationen betreffend der Zuordnung der Akteure/ Akteursgruppen zu Ländergruppen sowie die Operationalisierungskriterien des Nachhaltigkeitsbegriffes für die Inhaltsanalyse.

Auch auf explizite Informationen zu den Interviews, zum Leitfaden und zu seiner Anwendung wurde im Rahmen dieser Einführung verzichtet. Ausführliche Informationen zu den Interviews sowie der Leitfaden finden sich in Anlage A.5.

3 Theoriebausteine: Pouvoirs Intermédiaires – Vermittler intersystemischer Kommunikation

> *„Damit man die Macht nicht missbrauchen kann,*
> *müssen die Dinge so geordnet werden,*
> *daß die Macht die Macht aufhält"*[56]
> MONTESQUIEU (1748)

Die modernen Begriffe der „intermediären Organisation" und im Kontext dieser Studie die gesellschaftspolitisch wirkenden „intermediären Kräfte" stehen im Wesentlichen in der Tradition der auf Montesquieu (1689–1755) zurückgehenden „Theorie der Zwischengewalten" als einem wesentlichen „Element seiner politischen Philosophie."[57] So greift etwa KAUFMANN (1987: 9) für die Beschreibung von sozialpolitisch tätigen Akteuren im *„Spannungsfeld* von Staat und Gesellschaft" den Ausdruck der „corps intermédiaires" auf, einem „älteren Begriff", auf den die Bezeichnung von Akteuren als *„intermediäre Instanzen"* zurückgehe.[58] BERGER (1996: 460) hebt die Bedeutung intermediärer Instanzen für die Demokratie hervor und verweist diesbezüglich auf die Theorietradition frühmoderner Gesellschaften, die begründet u. a. auf John Locke (1632–1704) und Edmund Burke (1729–1797) als Theoretiker des englischen Liberalismus sowie auf den frühen französischen Amerika-Analytiker Alexis de Tocqueville (1805–1859) zurück gehen.[59]

Um dem soziologischen Interesse der Gegenwart und insbesondere im Rahmen dieser Studie Rechnung zu tragen, erfolgt zunächst eine Aufarbeitung der historisch-theoretischen Genese der Begriffe. Damit verknüpft ist das Verständnis von „intermediären Gewalten" als einem wichtigen Bestandteil der gesellschaftstheoretischen Fundierung der Arbeit, da hier die Fragen staatlicher Gewaltenkontrolle und gesellschaftlicher Machtbalance einen ihrer Ursprünge für das moderne Demokratieverständnis finden. Die Geschichte „intermediärer Gewalten" und ihre heutige Bedeutung für die Soziologie

---

[56] Montesquieu, Charles de Secondat Baron de la Brède et de (1748): De l'esprit des lois, Buch XI, Kapitel 4, in: Montesquieu, *Oeuvres complètes. Tomes I et II.* Edition établie et annotée par Roger Callois. Paris 1951, S. 395. Hier zitiert nach und ins Deutsche übersetzt von: Campagna, Norbert (2001): Charles de Montesquieu – Eine Einführung. Düsseldorf, S. 142.

[57] Troper, Michel (1989): Die Zwischengewalten in der politischen Philosophie Montesquieus, in: Merten, Detlef (Hg.): Gewaltentrennung im Rechtsstaat. Zum 300. Geburtstag von Charles de Montesquieu. Vorträge und Diskussionsbeiträge der 57. Staatswissenschaftlichen Fortbildungstagung 1989 der Hochschule für Verwaltungswissenschaften Speyer. Berlin (= Schriftenreihe der Hochschule Speyer; Bd. 106), S. 55 f.

[58] Kaufmann, Franz-Xaver (1987): Zur Einführung: Ein sozialpolitisches Schwerpunktprogramm der DFG – und was daraus wurde, in: Ders. (Hg.): Staat, intermediäre Instanzen und Selbsthilfe. München (= Soziologie und Sozialpolitik; Bd. 7), S. 9 (Hervorhebungen im Original).
In Zusammenhang mit der Theorie der Zwischengewalten sind die beiden Ausdrücke „corps intermédiaires" und „pouvoirs intermédiaires" gleichbedeutend. Vgl.: Troper, Michel (1989): Die Zwischengewalten in der politischen Philosophie Montesquieus, S. 56.

[59] Berger, Peter L. (1996): Demokratie und geistige Orientierung. Sinnvermittlung in der Zivilgesellschaft, in: Weidenfeld, Werner (Hg.): Demokratie am Wendepunkt. Die demokratische Frage als Projekt des 21. Jahrhunderts. Berlin, S. 460.

kann dabei bis zur Zeit der okzidentalen Städteblüte im Hochmittelalter zurückverfolgt werden. Für das historische Verständnis gewinnen vor allem die Theorien der klassischen Staatsrechtslehre sowie der Soziologie des 19. und frühen 20. Jahrhunderts und ihre Reflexion in der Literatur der Gegenwart an Bedeutung.

Um die Konsequenzen der von den Klassikern eingeführten theoretischen Analysen für heutige Gesellschaften unter dem Primat der funktionalen Differenzierung als zentralem Kriterium ihrer Modernität zu hinterfragen, wird dann die Operationsform gesellschaftlicher Teilsysteme problematisiert. Im Gegensatz etwa zu einem Klassiker wie Durkheim, der funktionale Differenzierung noch auf Fragen der gesellschaftlichen Arbeitsteilung beschränkte,[60] werden mit der modernen Systemtheorie vielmehr die Fragen nach „der Ausbildung eigenständiger und eigensinniger Kommunikationsmedien" interessant, die nicht nur „als Spezialsprachen und als Kommunikationsverstärker die Ausbildung einer multilingualen Kommunikationsgesellschaft" vorantreiben, sondern es erleichtern,

> „bereichsspezifische Kommunikationen immer stärker auf leicht anschließbare bereichsspezifische Kommunikationen auszurichten, bis schließlich am Ende einer langen Entwicklung zunehmender Autonomie selbstreferentielle Kommunikationen zum Normalfall werden und genau darin die operative Schließung gesellschaftlicher Funktionssysteme sich durchsetzt."   WILLKE (1999: 145)

Den Bezugsrahmen zu Fragen nach Operationsformen moderner Gesellschaften setzt dabei die Systemtheorie Niklas Luhmanns, um Kommunikations- und Integrationsprobleme bei funktionaler Differenzierung zu diskutieren. Hier ist insbesondere die Debatte über das Verhältnis von Organisationen und Gesellschaft bzw. von Organisationen und den gesellschaftlichen Teilsystemen von Bedeutung. Fragen nach zivilgesellschaftlichem Einflusspotenzial können so verknüpft werden mit den Theorieperspektiven intersystemischer Kommunikationen durch interorganisationale Netzwerke. Dabei gilt das Interesse nicht nur den Möglichkeiten der Beeinflussung gesellschaftlicher Abläufe durch die Politik, sondern vielmehr den Fragen nach der Beeinflussung politischer Abläufe durch die Organisationen der Zivilgesellschaft. Diesbezügliche Chancen und Potenziale bilden die Grundlage für Konzepte zur Analyse von Prozessen gesellschaftlicher Selbststeuerung und weisen auf Entwicklungs- und Gestaltungsmöglichkeiten zivilgesellschaftlicher Organisationen des intermediären Bereichs unter veränderten Umweltbedingungen.

3.1 Exkurs: Kommunebewegung und „nichtlegitime Herrschaft" – Max Weber

LEPSIUS (1990) führt uns mit Max Weber auf die Spuren der Differenzierung institutioneller Ordnung zurück bis ins Hochmittelalter. Grundlegend neu war zu dieser Zeit die „Ausformung der okzidentalen Stadt" zu einem „eigenständigem Herrschafts- und Sozialgebilde innerhalb der patrimonialen und feudalen Gesellschaftsordnung."

---

[60] Vgl.: Willke, Helmut (1999): Systemtheorie II: Interventionstheorie. Grundzüge einer Theorie der Intervention in komplexe Systeme. 3., bearb. Auflage. Stuttgart (= UTB für Wissenschaft; 1800), S. 145.

3.1 Exkurs: Kommunebewegung und „nichtlegitime Herrschaft" – Max Weber

„Die entscheidenden Elemente der damit einsetzenden institutionellen Differenzierung sind die Schaffung eines Herrschaftsverbandes kraft Satzung durch die Verbandsgenossen (Autonomie) nicht kraft Eigenrecht des Herrschers, die formale Gleichheit der Verbandsgenossen (Verbrüderung zwischen Familiengruppen) und ihre Teilhabe an der Verwaltung der Herrschaftsbeziehungen (Autokephalie)."

LEPSIUS (1990: 54)

Damit trat „eine strukturelle Heterogenität der politischen und sozialen Ordnung ein, die auf gegensätzlichen Ordnungsprinzipien mit prinzipieller Ranggleichheit beruht." So etablierte sich neben dem patrimonialen und feudalen „Ordnungsmodell [...] das republikanische und demokratische Ordnungsmodell." Daher sei die okzidentale Stadt „zunächst „nichtlegitime Herrschaft", insofern sie den Legitimationsprinzipien der sie umgebenden Herrschaftsprinzipien widerspricht."[61]

Das Wachstum und die Entstehung der Städte im Hochmittelalter waren maßgeblich gekennzeichnet durch zentrale Neuerungen der städtischen Selbstorganisation und durch neue, vor allem ökonomisch bedingte Elemente der Stadtfunktion. Insbesondere die Entstehung der Kommunebewegung als Ausdruck des städtischen Freiheitswillens markiert einen Paradigmenwechsel in der „stark herrschaftlich geprägten Gesellschaft" des Mittelalters hin zu „einem neuen Verständnis von persönlicher Freiheit und politischer Mit- bzw. Selbstbestimmung".[62] In Italien mit der Mailänder „Pataria" in der Mitte des 11. Jahrhunderts beginnend, ist die räumliche Verbreitung der „abendländischen Kommune" zunächst in Westeuropa zu beobachten. Von der lombardischen über die nordfranzösische Städtegruppe erreichte sie die rheinischen Bischofsstädte und schließlich die Städteregion in Flandern und die Städte in England „mit London an der Spitze."[63] Die berühmte Magna Charta Libertatum (1215) markiert einen Höhepunkt der okzidentalen Kommunebewegung im Hochmittelalter. Hier sind u. a. die politischen Freiheiten des Adels gegenüber dem englischen König verbrieft, welche damit verbindlichen Charakter gewannen. Die Kommunebildung unterstützte Prozesse, die den Gedanken der Repräsentation durch Wahl in die feudale Welt einführten. Sie war Ausdruck der Beteiligung der Stände am Stadtregiment, führte zur Ausbildung des Prinzips der Gleichheit und schaffte die Grundlage für Rechtssicherheit qua Konstitution. Mit der hochmittelalterlichen Kommunebewegung wird der Übergang von der legitimen Herrschaft traditionalen Charakters (gebunden an Tradition und Person) auf die legitime Herrschaft rationalen Charakters (gebunden an Satzung und unpersönliche Ordnung) eingeleitet, die „auf dem Glauben an die Legalität gesatzter Ordnungen und des Anweisungsrechts der durch sie zur Ausübung der Herrschaft Berufenen ruhen."[64]

Max Weber analysiert in seiner „Typologie der Städte" „die nichtlegitime Herschafft" durch die Entstehung des mittelalterlichen Stadtverbandes als Übergangsphase:

---

[61] Lepsius, M. Rainer (1990): Interessen, Ideen und Institutionen. Opladen, S. 54.
[62] Ein sehr guter Überblick über das Thema der Kommunebildung im Europa des Hochmittelalters findet sich bei: Schulz, Knut (1995): „Denn sie lieben die Freiheit so sehr ..." Kommunale Aufstände und Entstehung des europäischen Bürgertums im Hochmittelalter. 2., verbesserte Auflage. Darmstadt. Hier zitiert aus S. 5.
[63] Ebda., S. 6 ff.
[64] Vgl. die drei reinen Typen „legitimer" Herrschaft, deren „Legitimitätsgeltung" primär rationalen, traditionalen oder charismatischen Charakters sein kann. Weber, Max (1921 / 1980): Wirtschaft und Gesellschaft, S. 124.

> "Bei originärer Entstehung war der Bürgerverband das Ergebnis einer politischen Vergesellschaftung der Bürger trotz und gegen die „legitimen" Gewalten, richtiger: das Ergebnis einer ganzen Serie von solchen Vorgängen. Die formalrechtlich entscheidende Bestätigung dieses Zustandes durch die legitimen Gewalten trat dann später – übrigens nicht einmal immer – hinzu." WEBER (1921 / 1980: 749)

Zwar kennt „das Mittelalter [...] die Gewaltenteilung nur als Konkurrenz subjektiver Rechte (Privilegien oder feudaler Ansprüche) und daher keine gesonderte Behandlung eines Staatsrechts."[65] Dennoch wurden hier die Grundlagen geschaffen für den Übergang von feudaler zu konstitutiver Gewaltenteilung. Zwar „nicht in der Form eines Paktierens zwischen dem Herrn und den Beherrschten [...]," aber „in der ganz wesentlich anderen eines Vertrages zwischen dem Herrn und den Trägern der von ihm abgeleiteten Gewalt."[66]

> „Der Feudalismus bedeutet eine „Gewaltenteilung". Nur nicht, wie diejenige Montesquieus, eine arbeitsteilig-qualitative, sondern eine einfach quantitative Teilung der Herrenmacht. Der zum Konstitutionalismus leitende Gedanke des „Staatsvertrages" als der Grundlage der politischen Machtverteilung ist in gewissem Sinn primitiv vorgebildet." WEBER (1921 / 1980: 634)

Die moderne, spezifizierte Gewaltenteilung, begründet sich nicht auf bloße Kompetenzverteilung. Sie zeichnet sich vielmehr aus als „rationale, durch Satzung (Konstitution) gegründete Form der Gewaltenteilung", die den Kompromiss der legalen Autoritäten als Mittel erfordert, damit zwischen den verschiedenen Inhabern, auf welche die „Herrengewalten" verteilt sind, „Anordnungen legitim zustande kommen."[67]

> „Geschichtlich ist der Zustand in Europa aus der ständischen Gewaltenteilung entwickelt, theoretisch in England durch Montesquieu, dann Burke, begründet. Weiter rückwärts ist die Gewaltenteilung aus der Appropriation der Herrengewalten und Verwaltungsmittel an Privilegierte und aus den steigenden regulären ökonomisch-sozial bedingten (Verwaltungs-) und irregulären (vor allem durch Krieg bedingten) Finanzbedürfnissen erwachsen, denen der Herr ohne Zustimmung der Privilegierten nicht abhelfen konnte." WEBER (1921 / 1980: 166)

3.2 Die Theorie der Zwischengewalten – Charles de Montesquieu

Das freiheitliche Staatsmodell von Montesquieu, der bis heute als einflussreichster Vordenker der politischen Ordnungskonzeption der Gewaltenteilung gilt[68], weist in seinem Kern weniger auf die strikte Teilung der Gewalten im Sinne einer Trennung, sondern ist vielmehr als ein System der Balance zur gegenseitigen „Kontrolle, Hemmung und Bindung" zu verstehen; d. h. als „eine im Wege der Ausgleichung erzielte Ein-

---

[65] Ebda., S. 394.
[66] Ebda., S. 634.
[67] Ebda., S. 165 f.
[68] Montesquieu gilt zwar nicht als Erfinder der Gewaltenteilung, jedoch habe er das Prinzip als erster systematisch ausgearbeitet. Vgl.: Muhlack, Ulrich (1989): Montesquieu in seiner Zeit, in: Merten, Detlef (Hg.): Gewaltentrennung im Rechtsstaat, S. 37.

3.2 Die Theorie der Zwischengewalten – Charles de Montesquieu

heit."[69] „Freiheit und Gleichgewicht stehen bei Montesquieu und Burke in einem engen Zusammenhang. Ohne „Balance" kann es keine Freiheit geben."[70] Dabei ist die Machtteilung

> „kein ausschliessliches Merkmal des freiheitlichen Staatsmodells. Alle gemässigten Staatsformen sind machtteilig. Freiheitlich ist ein gemässigter Staat erst dann, wenn die Staatsmacht in bezug auf alle drei Gewalten geteilt ist und wenn alle gesellschaftlichen Kräfte an ihr beteiligt sind." RIKLIN (1988: 38)[71]

Um die Freiheit des Einzelnen zu sichern, wurden der öffentlichen Gewalt durch die Bindung an allgemeine und nachprüfbare Gesetze in Form einer Konstitution Schranken gesetzt. In dieser Tradition stehen die heutige Garantie der Grundrechte durch die Verfassung, die unabhängige richterliche Gewalt und der Rechtswegeanspruch der Bürger.[72] So bedeutet politische Freiheit zunächst einmal Rechtssicherheit für die Bürger. „Was Freiheit ist" formulierte Montesquieu wie folgt:

> „Freiheit ist das Recht, alles zu tun, was die Gesetze erlauben. Wenn ein Bürger tun könnte, was die Gesetze verbieten, so hätte er keine Freiheit mehr, weil die anderen ebenfalls diese Macht hätten."
> MONTESQUIEU (1748 / 1951: GdG 1, XI, 3, S. 212 f.)[73]

Montesquieus freiheitliches Staatsmodell mit dem Konzept der Gewaltenteilung und Gewaltenverschränkung „erfüllt alle Wesensmerkmale einer Mischverfassung."[74] Das bedeutet eine institutionelle Mischung aus monarchischen, aristokratischen und demo-

---

[69] Vgl.: Schmitt, Carl (1928 / 1978): Die Diktatur. Von den Anfängen des modernen Souveränitätsgedankens bis zum proletarischen Klassenkampf. Vierte Auflage. Unveränderter Nachdruck der 1928 erschienenen zweiten Auflage. Berlin, S. 103.

[70] Vgl.: Chaimowicz, Thomas (1985): Freiheit und Gleichgewicht im Denken Montesquieus und Burkes. Ein analytischer Beitrag zur Geschichte der Lehre vom Staat im 18. Jahrhundert. Wien / New York (= Forschungen aus Staat und Recht; 68), S. 1.

[71] Die drei Gewalten sind die legislative, exekutive und rechtsprechende Gewalt. Die gesellschaftlichen Kräfte sind der König, der Adel und das Bürgertum („das niedere Volk [...] gilt dem Zeitgeist entsprechend nicht als gesellschaftliche Kraft"). Als gemäßigter Staat wird z. B. die Monarchie verstanden, „in denen der König über die legislative und die exekutive Gewalt verfügt, die rechtsprechende Gewalt aber von ihm getrennt ist". Despoten, unfreie Staaten, werden als nicht gemäßigte Staaten verstanden. Vgl.: Riklin, Alois (1988): Montesquieus freiheitliches Staatsmodell. Institut für Politikwissenschaft der Hochschule St. Gallen. St. Gallen (= Beiträge und Berichte; 120/1988), S. 10 f., 20, 25. Mehr zu den Missverständnissen der Montesquieu-Rezeption und zur Verzahnung der drei Gewalten mit den gesellschaftlichen Kräften und den Staatsorganen als Modell des Staatsverständnisses von Montesquieu in: Ebda.
Die Analogie von nicht gemäßigtem Staat = Despotie und gemäßigtem Staat = Monarchie ließe aus heutiger Sicht den Schluß zu, dass es sich bei einem freiheitlichen Staat denn um eine Demokratie handeln müsse. Jedoch sind „Demokratie und Aristokratie [...] ihrer Natur nach keineswegs freiheitliche Staaten. Politische Freiheit findet sich nur in gemäßigten Regierungsformen. Aber sie ist nicht immer in den gemäßigten Staaten vorhanden. Sie findet sich dort nur dann, wenn man die Macht nicht mißbraucht; aber es ist eine ewige Erfahrung, daß jeder, der Macht hat, ihrem Mißbrauch geneigt ist: er geht soweit, bis er auf Schranken stößt. So unwahrscheinlich es klingt: selbst die Tugend bedarf der Begrenzung. Um den Mißbrauch der Macht zu verhindern, muß vermöge einer Ordnung der Dinge die Macht der Macht Schranken setzen." Montesquieu (1748 / 1951): Vom Geist der Gesetze. In neuer Übertragung eingeleitet und herausgegeben von Ernst Forsthoff. Erster Band. Tübingen, Buch XI, Kapitel 4, S. 213. Mehr zum Thema gemäßigter Staat (Gouvernement modéré) bei Montesquieu in: Kuhfuß, Walter (1975): Mäßigung und Politik. Studien zur politischen Sprache und Theorie Montesquieus. München (= Münchener Romanistische Arbeiten; Heft 42), insbes. ab S. 131 ff.

[72] Vgl.: Hugelmann, Frank (1992): Die Anfänge des englischen Liberalismus. John Locke und der first Earl of Shaftesbury. Frankfurt am Main (= Europäische Hochschulschriften, Reihe III, Geschichte und ihre Hilfswissenschaften; Bd. 514), S. 1.

[73] Hinweis zur Zitierweise: GdG 1, XI, 3 = Vom Geist der Gesetze, Band 1, Buch XI, Kapitel 3.

[74] Vgl.: Riklin, Alois (1988): Montesquieus freiheitliches Staatsmodell, S. 29.

kratischen Elementen, wobei „das monokratische Element" den König, „das oligokratische Element" das Parlament und „das demokratische Element" das Wahlvolk bezeichnet.[75] „Und das Ganze ist durchdrungen von den vorgegebenen sozialen Kräften."[76] Vor dem Hintergrund der despotischen Erscheinungen des Absolutismus im Frankreich des 18 Jahrhunderts war Montesquieu davon überzeugt, dass es ohne „pouvoirs intermédiaires" kein politisches Gleichgewicht geben könne. Diese Zwischengewalten als Adel, Klerus und Parlament sollten die „Wächter und Interpreten der Gesetze" sein.[77] Die „pouvoirs intermédiaires", die Zwischengewalten, sind nach Montesquieu ein notwendiges Merkmal der monarchischen Regierungsform,

> „in welcher ein einzelner nach Grundgesetzen regiert. [...] Diese Grundgesetze erfordern mit Notwendigkeit verbindende Kanäle, durch welche die Macht fließen kann; denn wenn in einem Staat nur der von Augenblickslaunen diktierte Wille eines einzelnen gilt, so kann es keine feste Regel und daher auch kein Grundgesetz geben."
> MONTESQUIEU 1748 / 1951 (GdG 1, II, 4, S. 28)

Als natürlichste Zwischengewalt gilt für Montesquieu der Adel, der „gewissermaßen zum Wesen der Monarchie" gehöre, „deren Hauptgrundsatz" laute: „*Ohne Monarch kein Adel, ohne Adel kein Monarch.* Sonst hätte man einen Despoten."[78] Im Verlauf von Kapitel 4 in Buch II („Von den die Natur der monarchischen Regierung betreffenden Gesetzen") seines Werkes „De l'Esprit des Lois" (Vom Geist der Gesetze) werden im Zusammenhang mit der Aufhebung von „Herrenrechten" „in einigen Staaten Europas" und insbesondere in England weitere Zwischengewalten identifiziert. Dazu zählen die „Geistlichkeit", die „Städte"[79], die „Patrimonialgerichtsbarkeit", „politische Körperschaften" und „die Stände als Mittler".[80]

> „Es genügt nicht, daß in einer Monarchie Stände als Mittelglieder vorhanden sind, sondern es muß auch ein sicherer Hort für die Gesetze da sein. Dieser Hort kann nur in den politischen Körperschaften liegen, welche die erlassenen Gesetze verkünden und in Vergessen geratene wieder in Erinnerung rufen. Die dem Adel eigene Unwissenheit, seine Gleichgültigkeit und seine Mißachtung gegenüber der bürgerlichen Verwaltung erfordern eine Körperschaft, die unaufhörlich die Gesetze aus dem Staube, darin sie vergraben werden, wieder hervorholt. Der Rat des Fürsten ist kein geeigneter Hüter der Gesetze denn er ist seinem Wesen nach das Werkzeug des augenblicklichen Willens des Fürsten, der die vollziehende Gewalt ausübt, und nicht der Hüter der Grundgesetze. Außerdem wechselt der Rat des Monarchen beständig, er hat keine Dauer und kann nicht zahlreich sein; er besitzt auch nicht in genügendem Maß das Vertrauen des Volkes. Daher ist er nicht imstande, in schweren Zeiten das Volk aufzuklären oder zum Gehorsam zurückzuführen."
> MONTESQUIEU 1748 / 1951 (GdG 1, II, 4, S. 30 f.)

Die Theorie der Zwischengewalten kommt in Montesquieus „De l'Esprit des Lois" viermal vor. Erstens „in der berühmten Typologie der Regierungsformen bei der Definition der Monarchie" und in diesem Rahmen, zum Zweiten, „im Zusammenhang mit dem

---

[75] Vgl.: Ebda.
[76] Vgl.: Ebda.
[77] Vgl.: Chaimowicz, Thomas (1985): Freiheit und Gleichgewicht im Denken Montesquieus und Burkes; S. 1.
[78] Vgl.: Montesquieu (1748 / 1951): Vom Geist der Gesetze, Band 1, Buch II, Kapitel 4, S. 28 (Hervorhebung im Original).
[79] Als Lokalregierungen.
[80] Vgl.: Montesquieu (1748 / 1951): Vom Geist der Gesetze, Band 1, Buch II, Kapitel 4, S. 28 ff.

3.2 Die Theorie der Zwischengewalten – Charles de Montesquieu

Freiheitsbegriff."[81] Zum Dritten im Zusammenhang mit der Gesetzgebung und diesbezüglich „der Vortrefflichkeit der monarchischen Regierung"[82] sowie viertens bei einem Vergleich monarchischer und despotischer Gerichtsbarkeit:

> „In den despotischen Staaten kann der Fürst selbst richten, in den Monarchien dagegen nicht, denn sonst wäre die Verfassung zerstört und die vermittelnden Gewalten ausgeschaltet; man würde das Aufhören aller Förmlichkeiten der Rechtsprechung erleben und Furcht würde sich der Herzen aller bemächtigen; man würde bleichen Schrecken auf allen Gesichtern lesen, und es würde kein Vertrauen, keine Ehre, keine Liebe, keine Sicherheit und keine Monarchie mehr geben."
> MONTESQUIEU (1748 / 1951: GdG I, VI, 5, S. 112 f.)

Auch der aufgrund seiner Nähe zu den Nationalsozialisten umstrittene Staatsrechtler Carl Schmitt hat sich in seiner Schrift „Die Diktatur" den „intermediären Gewalten" gewidmet. Im Hinblick auf die ständische Tradition und die frühe theoretische „Formulierung des Widerstandes" durch intermediäre Gewalten „gegen Zentralismus und Absolutismus"[83] geht SCHMITT (1921 / 1928: 19 f.) zunächst zurück bis ins 16. Jahrhundert und benennt die Monarchomachen[84] „als die Verteidiger der bestehenden ständischen Rechte", die „der absolutistischen Staatsraison mit rechtsstaatlichen Argumenten entgegen" traten.[85] „Sie wollen, wie sie sagen, den machiavellistischen Geist bekämpfen."[86] Neben Stephanus Junius Brutus, „der wohl der bedeutendste der Monarchomachen" war,[87] und seiner 1579 in Edinburgh erschienenen Schrift „Vindiciae contra tyrannos",[88] hebt Schmitt auch Charles de Montesquieu hervor.[89]

HAMACHER (2001: 160), der das Verhältnis von Diktatur und intermediären Gewalten in der Lehre Schmitts problematisiert, billigt ihm zu, er zeige in seiner Schrift „Die Diktatur" „durchaus unterschwellig Sympathie für das politisch-staatsrechtliche Konzept der in-

---

[81] Vgl.: Troper, Michel (1989): Die Zwischengewalten in der politischen Philosophie Montesquieus, S. 56.
Vgl.: Montesquieu (1748 / 1951): Vom Geist der Gesetze, Band I, Buch II, Kapitel 4, S. 28 f.

[82] Hier verwendet Montesquieu, wie auch schon im Zusammenhang mit dem Freiheitsbegriff (Vgl.: GdG 1, Buch II, Kapitel 4, S. 30), den Begriff der „puissances intermédiaires", der ebenfalls mit dem Begriff „Zwischengewalten" übersetzt wird. Vgl.: Montesquieu (1748 / 1951): Vom Geist der Gesetze, Band 1, Buch V, Kapitel 11, S. 84.

Zur Überprüfung der Verwendung von Begriffen durch Montesquieu im französischen Original und zum Vergleich mit ihren deutschen Übersetzungen wurde auf folgende Quelle zurückgegriffen: Montesquieu (1748 / 2002): De l'Esprit des Lois. Partie 1 à 6 (Livres I à XXXI) (Digitalisate), in: Tremblay, Jean-Marie (Hg.): "Les classiques des sciences sociales", Université du Quebec à Chicoutimi, Chicoutimi (Québec, CA). Adresse der zuletzt am 19. August 2005 aufgerufenen Webseite: http://www.uqac.uquebec.ca/zone30/Classiques_des_sciences_sociales/index.html.

[83] Vgl.: Hamacher, Hendrik (2001): Carl Schmitts Theorie der Diktatur und der intermediären Gewalten. Neuried (= Reihe politisches Denken; Bd. 6), S. 160 f.

[84] „Die Monarchomachen (=Monarchenbekämpfer) [...] sind Autoren, die im letzten Drittel des 16.Jahrhunderts die immer weniger an rechtliche Schranken gebundene Fürstenmacht theoretisch bekämpften und sich nicht grundsätzlich gegen die Existenz eines Monarchen, aber doch, zumeist auf ältere Rechtsbegriffe sich berufend, für eine starke Beteiligung der Stände resp. des ständisch repräsentierten Volkes am politischen Geschehen aussprachen." Ausführlich in: Ebda.

[85] In diesem Zusammenhang verwende Schmitt allerdings nicht den Begriff der intermediären Gewalten, sondern spreche vielmehr „konkret von "Ständen", der "ständischen Repräsentation" und den "ständischen Beauftragten". Vgl.: Ebda.; Vgl. Schmitt, Carl (1928 / 1978): Die Diktatur, S. 20 f.

[86] Vgl.: Ebda., S. 19.

[87] Vgl.: Hamacher, Hendrik (2001): Carl Schmitts Theorie der Diktatur und der intermediären Gewalten, S. 160 f.

[88] Vgl.: Schmitt, Carl (1928 / 1978): Die Diktatur, S. 19.

[89] Vgl.: Hamacher, Hendrik (2001): Carl Schmitts Theorie der Diktatur und der intermediären Gewalten, S. 183.

termediären Gewalten" und bemerkt seine „Antipathie gegen das Konzept einer Eliminierung der intermediären Gewalten bei Voltaire und den Physiokraten".[90] SCHMITT (1928 / 1978: 104) ist der Ansicht, dass Montesquieu in seinem „Kampf gegen die Übermacht des königlichen Absolutismus [...] noch in der ständischen Tradition" stehe. Er habe „der über alle staatlichen Mittel verfügenden Macht des Königs, der mit einem Griff die ganze Maschine des Staates bedienen kann [...] die intermediären Gewalten entgegen" gesetzt.

> „Despotismus bedeutet bei Montesquieu und in der ganzen von ihm beeinflussten Literatur die Aufhebung der richtigen »balance«. In gewisser Hinsicht wäre es aber noch besser, statt von einer Balancierung der Gewalten von einer »Mediierung« der plenitudo potestatis zu sprechen. Die staatliche Allgewalt soll niemals in ihrer ganzen effektiven Machtfülle an einem beliebigen Punkte eingreifen können, sondern immer nur vermittelt, intermediiert, durch ein zuständiges Organ mit festen Kompetenzen, ein pouvoir borné, das neben anderen ebenfalls vermittelnden Gewalten eine nicht beliebig aufzuhebende Kompetenz hat. Auch die höchsten Gewalten, Legislative und Exekutive, sollen sich in ihrer Macht gegenseitig beschränken. Der Erfolg ist, daß die bürgerliche Freiheit vor der in einem Netz begrenzter Kompetenzen festgehaltenen Allmacht des Staates geschützt ist." SCHMITT (1928 / 1978: 105)

Ist dies nicht der Fall, so komme es zu der „Vernichtung der bürgerlichen Freiheit."[91]

3.3 Zwischengewalten und despotische Demokratie – Alexis de Tocqueville

Der französische Aristokrat und frühe Amerika-Analytiker Alexis de Tocqueville (1805-1859) hat knapp 100 Jahre nach Montesquieu – nun nicht am Beispiel Englands, sondern am Beispiel der USA – die sich auf vielfältige intermediäre Kräfte stützende bürgerschaftliche Mitverantwortung in den Vereinigten Staaten des frühen 19. Jahrhunderts analysiert. In seinem Werk „Über die Demokratie in Amerika" („De la démocratie en Amérique"; Band 1: 1835; Band 2: 1840) überträgt er die Theorie der Zwischengewalten von Montesquieu auf das demokratische System der USA. Er beschreibt die Notwendigkeit von „pouvoirs intermédiaires" als Sicherungsstrukturen gegenüber einem „demokratischen Despotismus" und erweitert damit Montesquieus monarchiezentrierte Theorie.[92] Tocqueville, den John Stuart Mill „als ersten Theoretiker der modernen Re-

---

[90] Zur Kritik an Schmitt, der „in den Abgrund des nationalsozialistischen Staates" stürzte, vgl. Theo Pirker, der die Auffassung Hamachers nicht teilt: Pirker, Theo (1991): Soziologie intermediärer Institutionen, in Weinert, Rainer (Hg.): Theo Pirker – Soziologie als Politik. Schriften von 1949 bis 1990. Berlin, S. 249 f.

[91] Vgl.: Schmitt, Carl (1928 / 1978): Die Diktatur, S. 105.

[92] Den Begriff der Zwischengewalten (pouvoir(s) intermédiaire(s)) verwendet Tocqueville dabei zweimal. Vgl.: DA I, Teil 1, Kapitel V, in: Tocqueville, Alexis de (1835 / 1959): Über die Demokratie in Amerika. Erster Teil. Aus dem Französischen neu übertragen von Hans Zbinden. Stuttgart (= Alexis de Tocqueville, Werke und Briefe; Bd. 1), S. 91 und DA II, Teil 4, Kapitel IV, in: Tocqueville, Alexis de (1840 / 1962): Über die Demokratie in Amerika. Zweiter Teil. Aus dem Französischen neu übertragen von Hans Zbinden. Stuttgart (= Alexis de Tocqueville, Werke und Briefe; Bd. 2), S. 322.
Synonym zum Begriff „pouvoirs intermédiaires" verwendet Tocqueville den Begriff „pouvoirs secondaires", der als „Gewalten zweiter Ordnung", als „mittelbare Gewalten" und als „mittelbare Befugnisse" übersetzt wird. Vgl.: DA II, Teil 4, Kapitel II (S. 313), IV (S. 323), V (S. 327 + 328 (2x)) und VI (S. 340), in: Tocqueville, Alexis de (1840 / 1962): Über die Demokratie in Amerika. Bd. 2.

3.3 Zwischengewalten und despotische Demokratie – Alexis de Tocqueville

präsentativverfassung" rühmte und der von Pierre Paul Royer-Collard als „Montesquieu des 19. Jahrhunderts" geadelte wurde,[93] war ein einflussreicher Vordenker hinsichtlich des Prinzips zivilgesellschaftlicher Selbstorganisation und ihrer Bedeutung als kollektive Kontrollinstanz gegenüber staatlicher Macht.

Tocquevilles Erfahrungen mit der Volksherrschaft waren geprägt von den Entwicklungen der französischen Revolution in den 90er Jahren des 18. Jahrhunderts, der Schreckensherrschaft unter Robespierre, der Konzentration der Macht auf den vom französischen Nationalkonvent eingerichteten Wohlfahrtsausschuss und die damit einhergehende Entstehung eines dirigistisch-radikaldemokratischen Staatswesens. Das Ausschalten der Zwischengewalten und die Entmachtung des Adels im Frankreich des ausgehenden 18. Jahrhunderts schien Montesquieus Auffassung hinsichtlich der Notwendigkeit intermediärer Gewalten zur Gewährung politischer Freiheit und damit auch die Regierungsform der Monarchie zu bestätigen.

> „Ich sagte, daß in den demokratischen Völkern die Regierung dem menschlichen Geist naturgemäß nur in der Gestalt einer einzigen und zentralen Gewalt entgegentritt und daß die Zwischengewalten ihm nicht vertraut sind. Das trifft namentlich für die demokratischen Nationen zu, die gesehen haben, wie der Grundsatz der Gleichheit mit Hilfe einer gewaltsamen Revolution siegte."
>
> TOCQUEVILLE (1840 / 1962: DA II, 4, IV, S. 322)[94]

In den Vereinigten Staaten von Amerika jedoch erlebte Tocqueville ein aufgrund seiner Genese völlig anders konstituiertes demokratisches Gemeinwesen, dessen nachdrückliche Wirkung auf ihn gleich im ersten Satz der Einleitung seiner Schrift „Über die Demokratie in Amerika" dokumentiert ist:

> „Unter den neuen Erscheinungen, die während meines Aufenthalts in den Vereinigten Staaten meine Aufmerksamkeit erregten, hat keine meinen Blick stärker gefesselt als die Gleichheit der gesellschaftlichen Bedingungen."
>
> TOCQUEVILLE (1835 / 1959: DA I, Einleitung, S. 5)

Diese Beschreibung der Gleichheit gesellschaftlicher Bedingungen gründet in seiner politischen Dimension auf dem Anspruch der Bürger auf gleiches Recht. Tocqueville verbindet die Gleichheit, die über die Qualität der Bedingungen allerdings alleine nichts auszusagen vermag und auch als Unterwerfung aller als Merkmal in einer Despotie zu beobachten wäre, mit dem politischen Wert der Freiheit. „Das heißt, daß die politische Gleichheit nur dann sinnvoll ist, wenn sie gleiche Freiheit im Staat für alle bedeutet."[95]

Ebenfalls wird der Begriff der „puissance(s) intermédiaires" verwandt, der als „Mittelsmächte", „mächtige Mittler" und „mittelbare Gewalt" übersetzt wird. Vgl.: DA II, Teil 1, Kapitel XVII (S. 85 + 88) und DA II, Teil 4, Kapitel II (S. 315), in: Ebda.

Zur Überprüfung der Verwendung von Begriffen durch Tocqueville im französischen Original und zum Vergleich mit ihren deutschen Übersetzungen wurde auf folgende Quellen zurückgegriffen: Tocqueville, Alexis de (1835 / 2002): De la Démocratie en Amérique I. Première et deuxième parties (Digitalisate), in: Tremblay, Jean-Marie (Hg.): "Les classiques des sciences sociales"; Tocqueville, Alexis de (1840 / 2002): De la Démocratie en Amérique II. Partie 1 à 4 (Digitalisate), in: Ebda. Adresse der Webseite: http://www.uqac.uquebec.ca/zone30/Classiques_des_sciences_sociales/index.html; zuletzt aufgerufen am 19. August 2005.

[93] Vgl.: Herb, Karlfriedrich (2001): Alexis de Tocqueville (1805–1859), in: Maier, Hans; Denzer, Horst (Hg.): Klassiker des politischen Denkens. Zweiter Band. Von John Locke bis Max Weber. Völlig neu überarbeitete Ausgabe des 5., gebundenen Auflage. München, S. 146.

[94] Hinweis zur Zitierweise: DA II, 4, IV = Über die Demokratie in Amerika, Band II, Teil 4, Kapitel IV.

[95] Vgl.: Uhde, Ute (1978): Politik und Religion. Zum Verhältnis von Demokratie und Christentum bei Alexis de Tocqueville. Berlin (= Beiträge zur Politischen Wissenschaft; Bd. 29), S. 43.

FELDHOFF (1968: 72) sieht im Spannungsverhältnis zwischen Gleichheit und Freiheit in der Demokratie und der konkreten „Frage nach Gefährdungen und Spielräumen freiheitlichen politischen Verhaltens" den „Schlüssel der Tocquevilleschen Untersuchung."

Der von Tocqueville „sowohl in der historischen wie in der systematischen Untersuchung" nachgewiesene Zusammenhang, dass die Zentralisierung politischer Gewalt eine „unmittelbare Begleiterscheinung des demokratischen Prozesses" ist, mündet in der Kritik gegenüber einer zentralen Verwaltungsorganisation als Herrschaftsmittel des Staates, die geneigt ist, alle Einzelheiten des sozialen Lebens zu regeln.[96] Tocqueville warnt vor dem „demokratischen Despotismus" und vor einer „Verwaltungsdespotie" als einer gewaltigen, bevormundenden Macht, die die Oberfläche der Gesellschaft „mit einem Netz verwickelter, äußerst genauer und einheitlicher kleiner Vorschriften" bedeckt, „die die ursprünglichsten Geister und kräftigsten Seelen nicht zu durchbrechen vermögen".[97] Um dennoch eine relative „Autonomie der Glieder eines politischen Systems gegenüber der zentralen Machtinstanz" zu gewährleisten, betont er „das strukturelle Element" der „mittelbaren Gewalten."[98] Dabei überwindet er die Vorstellung von der Rolle der Aristokratie in der Monarchie und begreift „wohl, daß man heutzutage nicht zum gleichen Mittel greifen kann".[99]

> „In der Erkenntnis dessen, was ihm wirklich frommt, verstünde das Volk, daß man sich, um die Vorteile der Gesellschaft zu genießen, ihren Verpflichtungen unterziehen muß. Der freie Zusammenschluß der Bürger könnte dann die persönliche Macht des Adligen ersetzen, der Staat wäre vor Tyrannei und Willkür geschützt."
> TOCQUEVILLE (1835 / 1959: DA I, Einleitung, S. 11 f.)

Tocqueville nennt als demokratisches Verfahren zur Dezentralisierung von Verwaltungsbefugnissen deren Übertragung an mittelbare, „aus Bürgern vorübergehend gebildeten Körperschaften".[100] Als solche Körperschaft gilt für Tocqueville zunächst die Gemeinde (la commune), die er nicht zufällig zuerst untersucht hat, wie er schreibt.[101] Die Gemeindeeinrichtungen als die Grundlage der öffentlichen Verwaltung

> „sind für die Freiheit, was die Volksschulen für die Wissenschaften sind; sie machen sie dem Volke zugänglich; sie wecken in ihm den Geschmack an ihrem freiheitlichen Gebrauch und gewöhnen es daran. Ohne Gemeindeeinrichtungen kann sich ein Volk eine freie Regierung geben, aber den Geist der Freiheit besitzt es nicht."
> TOCQUEVILLE (1835 / 1959: DA I, 1, V, S. 68)

---

[96] Bei der Zentralisierung der politischen Gewalt wird die Zentralisierung der Verwaltung von der Zentralisierung der Regierung abgegrenzt. Letztere, die die allgemeinen Aufgaben der Nation betrifft, wie die allgemeine Gesetzgebung oder die Außenpolitik, werde von Tocqueville „als unbedingt notwendig für eine zielbewußte und wirksame nationale Politik" angesehen. Vgl.: Feldhoff, Jürgen (1968): Die Politik der egalitären Gesellschaft. Zur soziologischen Demokratie-Analyse bei Alexis de Tocqueville. Opladen, S. 72 ff. Siehe auch: Tocqueville, Alexis de (1840 / 1962): Über die Demokratie in Amerika. Bd. 2, Teil 4, Insbes. Kapitel II bis VII, S. 313 – 354.

[97] Vgl.: Tocqueville, Alexis de (1840 / 1962): Über die Demokratie in Amerika. Bd. 2, Teil 4, Kapitel VI, S. 342 f.

[98] Feldhoff, Jürgen (1968): Die Politik der egalitären Gesellschaft. Zur soziologischen Demokratie-Analyse bei Alexis de Tocqueville, S. 91.

[99] Vgl.: Tocqueville, Alexis de (1840 / 1962): Über die Demokratie in Amerika. Bd. 2, Teil 4, Kapitel VII, S. 347.

[100] Vgl.: Ebda., Bd. 2, Teil 4, Kapitel VI, S. 347.

[101] Vgl.: Ebda., Bd. 1, Teil 1, Kapitel V, S. 67.

3.3 Zwischengewalten und despotische Demokratie – Alexis de Tocqueville

Die Gemeinde als intermediäre Instanz übernimmt die Funktion der zwischen den einfachen Bürgern und der Regierung vermittelnden Macht. Je mehr aber die Voraussetzungen für eine bürgerschaftliche Selbstorganisation abnehmen, desto wahrscheinlicher wird die Übertragung vermittelnder Macht durch größere Verwaltungseinheiten:

> „Wie wir sahen, ist in Massachusetts die Gemeinde die Grundlage der öffentlichen Verwaltung. Die Gemeinde ist der Herd, der die Interessen und Neigungen der Menschen um sich versammelt. Das hört aber auf, je mehr man in die Staaten kommt, wo die Bildung nicht so allgemein verbreitet ist, und wo infolgedessen die Gemeinden weniger Gewähr für weise Entscheide und schlechtere Voraussetzungen für die Verwaltung bieten. In dem Grade, wie man sich von Neuengland entfernt, geht gewissermaßen das Gemeindeleben an die Grafschaft über. Die Grafschaft wird der große Verwaltungsmittelpunkt und bildet die zwischen der Regierung und den einfachen Bürgern vermittelnde Macht." TOCQUEVILLE (1835 / 1959: DA I, 1, V, S. 91)

Tocqueville bezeichnet die Gemeinde als eine Vereinigung (association), auf der die Gesellschaft aufbaue.[102] Neben den Gemeinden, Städten und Grafschaften gebe es noch eine Menge anderer Zusammenschlüsse, „die ihre Entstehung und Entwicklung nur dem Willen einzelner verdanken."[103] Im Zusammenhang mit der Theorie der intermediären Gewalten ist bei Tocqueville sicher das Kapitel „Über den Politischen Verein in den Vereinigten Staaten"[104] von herausragender Bedeutung. Denn mit dem „Phänomen der britisch-amerikanischen Vereinsfreiheit berührt Tocqueville einen der entscheidensten Punkte seiner Analyse der amerikanischen Demokratie."[105] Dabei ist die „freie Assoziation, wie sie sich etwa seit dem Ende des 17. Jahrhunderts" in England „voll zu entfalten begann, nicht eine bloße Fortführung mittelalterlicher Genossenschaftsbildung." Entscheidende Merkmale sind die Freiwilligkeit der Mitgliedschaft und der Zusammenschluss für einen selbst bestimmten und begrenzten Zweck. Zusammen mit „dem Recht der Gründung und Auflösung war" die Assoziation „bereits Ausdruck der individualistischen Komponente moderner Gesellschaftsstruktur"[106] und markierte den Übergang von der „ständischen zur bürgerlichen Gesellschaft".[107]

> „Die politischen Vereine[108] können [...] als große unentgeltliche Schulen angesehen werden, in denen sämtliche Bürger die allgemeine Lehre von der Vereinigung erlernen." TOCQUEVILLE (1840 / 1962: DA II, 2, VII, S. 134)

---

[102] Ebda.
[103] Vgl.: Ebda., Bd. 1, Teil 2, Kapitel IV, S. 216.
[104] Tocqueville selbst spricht von „Association". Vgl.: Anmerkung des Übersetzers in: Tocqueville, Alexis de (1835 / 1959): Über die Demokratie in Amerika, S. 216.
[105] Vgl.: Anmerkung des Herausgebers, in: Ebda.
[106] Birke, Adolf M. (1978): Voluntary Associations. Aspekte gesellschaftlicher Selbstorganisation im frühindustriellen England, in: Böckenförde, Ernst-Wolfgang; Grawert, Rolf; Ossenbühl, Fritz; Quaritsch, Helmut (Hg.): Gesellschaftliche Strukturen als Verfassungsproblem. Intermediäre Gewalten, Assoziationen, Öffentliche Körperschaften im 18. und 19. Jahrhundert. Berlin (= Beihefte zu „Der Staat" : Zeitschrift für Staatslehre, Öffentliches Recht und Verfassungsgeschichte; Heft 2), S. 79 f.
[107] Nipperdey, Thomas (1972): Verein als soziale Struktur in Deutschland im späten 18. und frühen 19. Jahrhundert, in: Boockmann, Hartmut; Esch, Arnold; Heimpel, Hermann; Ders.; Schmidt, Heinrich (Hg.): Geschichtswissenschaft und Vereinswesen im 19. Jahrhundert. Beiträge zur Geschichte historischer Forschung in Deutschland. Göttingen (= Veröffentlichungen des Max-Planck-Instituts für Geschichte; Bd. 1), S. 42.
[108] Politische Vereine = Les associations politiques.

Freie Assoziationen auf der Gemeindeebene und die politischen Vereine sind somit die Grundlagen bürgerlicher Gesellschaft[109] und dienen als Schulen der Demokratie.[110] Sie sind der „Kern der Zivilgesellschaft mit demokratisierendem Potenzial".[111] Sie haben als Vertreter von Partikularinteressen eine „überragende Bedeutung" für das demokratische System insbesondere bei „drohender Totalitarismusgefahr". Als autonome Organisationen im gesellschaftlichen Raum stehen sie „zwischen dem Staat und dem Individuum" und bilden eine Gegenmacht zur drohenden „Verwaltungsdespotie". Sie stärken den Föderalismus und dezentralisieren öffentliche Gewalt durch lokale Selbstverwaltung.[112]

> „Wenn zu allen Zeiten die Bildung den Menschen eine Hilfe ist, um ihre Unabhängigkeit zu verteidigen, so trifft dies für die demokratischen Zeiten vor allem zu. Wenn alle Menschen sich ähnlich sind, ist es leicht, eine einzige und allmächtige Regierung zu errichten; die natürlichen Antriebe genügen. Die Menschen brauchen aber viel Verstand, Wissen und Können, um unter den gleichen Umständen mittelbare Gewalten zu schaffen und zu erhalten und angesichts der Unabhängigkeit und Schwäche der einzelnen Bürger freie Vereinigungen zu bilden, die imstande sind, ohne Zerstörung der Ordnung gegen die Tyrannei zu kämpfen."
> TOCQUEVILLE (1840 / 1962: DA II, 4, IV, S. 323)

Damit hebt Tocqueville die Bedeutung von Wissen als Machtmittel intermediärer gesellschaftlicher Kräfte hervor. Die Verbindung von Wissen und Macht wird im weiteren Verlauf der Studie auch mit dem Ziel der Analyse von politischen Vermittlungsleistungen durch NGOs unter verschiedenen theoretischen und politischen Aspekten diskutiert.

3.4 Zwischengewalten als moralische Instanz – Emile Durkheim

Auch der Soziologe Emile Durkheim steht in der Tradition älterer sozialphilosophischer Überlegungen „über den Schutz, den intermediäre gesellschaftliche Strukturen gegen Despotie gewähren."[113] Seither sei „die Hoffnung der sozialwissenschaftlichen Theorie",

---

[109] Hier verwendet Tocqueville den Begriff „société civile", der im Wesentlichen mit „bürgerliche Gesellschaft" und „Bürgergesellschaft" übersetzt wird. Im Zusammenhang mit den Beschreibungen über das Verhältnis von Demokratie und Militär finden sich aber auch die Begriffe „nichtmilitärische Gesellschaft" und „zivile Gesellschaft" als Übersetzung von „société civile". Vgl. letztere in: DA II, 3, XXIII, S. 292 und XXIV, S. 296.

[110] Nipperdey konstatiert für das Deutschland des 19. Jahrhunderts: Das „Hineinwachsen der Vereine ins Öffentliche beförderte zugleich die Emanzipation des Individuums vom Staat; die Vereine wurden zu Schulen bürgerlicher Selbsttätigkeit im öffentlichen Bereich." Vgl.: Nipperdey, Thomas (1972): Verein als soziale Struktur in Deutschland im späten 18. und frühen 19. Jahrhundert, S. 31.

[111] Schade, Jeanette (2002): „Zivilgesellschaft" – eine vielschichtige Debatte. INEF Report, Institut für Entwicklung und Frieden der Gerhard-Mercator-Universität Duisburg, Heft 59 / 2002, S. 13.

[112] Vgl.: Fraenkel, Ernst (1973): Universitas litterarum und pluralistische Demokratie (1967), in: Ders.: Reformismus und Pluralismus. Materialien zu einer ungeschriebenen politischen Autobiographie. Zusammengestellt und herausgegeben von Falk Esche und Frank Grube. Hamburg, S. 367.

[113] Luckmann führt hier Montesquieu und Tocqueville an. Vgl.: Luckmann, Thomas (Hg.) (1998): Moral im Alltag, S. 7.

3.4 Zwischengewalten als moralische Instanz – Emile Durkheim

dass diese Strukturen einer „zunehmenden Desintegration und (moralischen) Desorientierung (Anomie) moderner Gesellschaften entgegenwirken" würden.[114]

NIPPERDEY (1972: 23 ff.) beobachtet das Phänomen gleichzeitiger „Spezialisierung und Entpartikularisierung" am Beispiel der deutschen Vereinsgeschichte im 19. Jahrhundert. Ebenso wie die Differenzierungsprozesse „ökonomisch-sozialer Interessen" hat auch die „für die Entfaltung der bürgerlichen Welt" charakteristische „Spezialisierung des Vereinswesens" zugenommen und „seine Ausbreitung [...] begünstigt." Gleichzeitig weisen die Vereine Elemente auf, die „auf das Allgemeine des Lebens gerichtet" einem wechselseitigen Austausch und der Orientierung seiner Mitglieder dienten. „Gesang, Bildung und Geselligkeit" sind dabei die Merkmale der i. d. R. wenig spezialisierten und allgemein gerichteten frühen Vereine des späten 18. und beginnenden 19. Jahrhunderts. Diese Elemente und „ein gewisses Maß an Universalität" blieben den Vereinen „im Prozess der Spezialisierung" erhalten. Sie drückten sich aus in der Form des Vereinslebens, das „die Verbindung von Engagement für einen Sachzweck mit allgemeiner Geselligkeit und politischen Zielsetzungen" verband. Die Prozesse der Arbeitsteilung haben so gleichzeitig die Möglichkeiten des Einzelnen in der bürgerlichen Gesellschaft differenziert und erweitert.

> „Wir können von der Spezialisierung und der Entpartikularisierung als zwei gegenläufigen Prozessen innerhalb der bürgerlichen und allgemein der modernen Gesellschaft sprechen. [...] Beide Prozesse spiegeln sich in der Entwicklung des Vereinswesens, beide Prozesse sind aber auch durch die Entwicklung des Vereinswesens mitbedingt, ja beschleunigt worden." NIPPERDEY (1972: 29)

Bei den Fragen gesellschaftlicher Differenzierung und Systembildung gewinnt die Arbeit von Emile Durkheim (1858–1917) „Über soziale Arbeitsteilung" („De la division du travail social", 1893) ihre Bedeutung. Durkheim, der seine erste Dissertation (1892) über Montesquieu geschrieben hat, analysiert anhand der Arbeitsteilung Fragen der System- und Sozialintegration. Dabei stellt er zwei zentrale Fragen an den Anfang seiner Analyse:

1. „Wie geht es zu, daß das Individuum, obgleich es immer autonomer wird, immer mehr von der Gesellschaft abhängt?"

2. „Wie kann es zu gleicher Zeit persönlicher und solidarischer sein?".[115]

Durkheim beantwortete beide Fragen mit der Arbeitsteilung und einer damit verbundenen veränderten sozialen Solidarität. Dabei unterscheidet er in „mechanische" und „organische Solidarität." In Gesellschaften mit einem starken Kollektivbewusstsein wird eine Solidarität erzeugt, die aus Ähnlichkeiten entsteht und „den Einzelnen *direkt* in die Gemeinschaft integriert."[116] Im Gegensatz zu dieser mechanischen Solidarität entsteht

---

[114] Ebda.
[115] Durkheim, Emile (1930 / 1992): Über soziale Arbeitsteilung. Studie über die Organisation höherer Gesellschaften. Mit einer Einleitung von Niklas Luhmann: Arbeitsteilung und Moral. Durkheims Theorie. Mit einem Nachwort von Hans-Peter Müller und Michael Schmid: Arbeitsteilung, Solidarität und Moral. Eine werkgeschichtliche und systematische Einführung in die »Arbeitsteilung« von Emile Durkheim. Frankfurt am Main (= suhrkamp taschenbuch wissenschaft; 1005), S. 82.
[116] Vgl.: Müller, Hans-Peter (1999): Emile Durkheim (1858–1917), in: Kaesler, Dirk (Hg.): Klassiker der Soziologie. Band 1. Von Auguste Comte bis Norbert Elias. München, S. 157 (Hervorhebung im Original).

in der modernen Gesellschaft die „organische Solidarität" aus den funktionalen Unterschieden und „bindet den einzelnen *indirekt* an die Gesellschaft, indem sie ihn in seinen beruflichen Tätigkeitsbereich integriert."[117] In der Folge der mit der Differenzierung einhergehenden Individualisierung der Gesellschaftsmitglieder steigt jedoch die Unwahrscheinlichkeit ihrer Integration „durch ein einheitliches Kollektivbewusstsein". Gleichzeitig differenziert sich dasselbe aber in funktionsspezifische Wert- und Normkodizes aus, „die gleichwohl ihren moralischen Charakter behalten. [..] Der Funktionsdifferenzierung folgt also die Moraldifferenzierung auf dem Fuße."[118] Durkheim sieht in der Arbeitsteilung „nicht nur den Wesenszug, mit dessen Hilfe wir Moralität definieren", sondern er sieht sie auch als wesentliche „Bedingung der sozialen Solidarität". Eine arbeitsteilige Gesellschaft lasse den Menschen

> „jenen heilsamen Druck [...] spüren, der seinen Egoismus mäßigt und aus ihm ein moralisches Wesen macht. Eben hier besteht der moralische Wert der Arbeitsteilung. Durch sie wird sich der Mensch seiner Abhängigkeit gegenüber der Gesellschaft bewußt; ihr entstammen die Kräfte, die ihn zurückweisen und in Schranken halten. Mit einem Wort: Dadurch, daß die Arbeitsteilung zur Hauptquelle der sozialen Solidarität wird, wird sie gleichzeitig zur Basis der moralischen Ordnung."
> DURKHEIM (1930 / 1992: 471)

Gleichzeitig diagnostiziert Durkheim aber auch eine schwere moralische Krise in der Gesellschaft des 19. Jahrhunderts, die er auf die tief greifenden strukturellen Veränderungen „innerhalb sehr kurzer Zeit" zurückführt. Dabei haben sich in der Übergangsphase zur modernen Gesellschaft die strukturellen Bedingungen für eine neue moralische Ordnung noch nicht entsprechend ausgeprägt[119]

> „um den Raum zu füllen, den die andere in unserem Bewußtsein hinterlassen hat. Unser Glaube ist erschüttert; die Tradition hat ihre Herrschaft eingebüßt; das individuelle Urteil hat sich vom Kollektivurteil gelöst. Andrerseits aber haben die Funktionen, die sich im Verlauf des Umschwungs voneinander getrennt haben, noch keine Zeit gehabt, sich einander anzupassen; das neue Leben, das sich plötzlich entfaltet hat, hat sich noch nicht vollständig organisieren können."
> DURKHEIM (1930 / 1992: 479)

Mit dem Begriff der Anomie[120] bezeichnet Durkheim jene Defekte einer nicht gelingenden Arbeitsteilung die entstehen, „wenn neue Organe und Funktionen sich rasch entwickelt haben, ohne daß sich Regeln der Kooperation und sozialen Bande etabliert haben."[121] Es kommt dann zu einer „moralischen Anomie", wenn

> „die ökonomischen Funktionen [...] den größten Teil der Bürger absorbieren, [...] deren Leben fast ganz in einem industriellen und kommerziellen Milieu verläuft. Daraus

---

[117] Vgl.: Ebda. (Hervorhebung im Original).

[118] Vgl.: Ebda.
Dabei sind bei Durkheim Solidarität und Moral „kongruent gebrauchte Begriffe. Man kann auch sagen: Moral wird in dieser Theorie als Solidarität konzeptualisiert." Vgl. die Einleitung von Niklas Luhmann (1992): Arbeitsteilung und Moral. Durkheims Theorie, in: Durkheim, Emile (1930 / 1992): Über soziale Arbeitsteilung, S. 24.

[119] Müller spricht hier von der „*Ungleichzeitigkeit im Transformationsrhythmus* zwischen Struktur (Arbeitsteilung) und kollektiv verbindlichen Regeln (Moral)". Vgl.: Müller, Hans-Peter (1983): Wertkrise und Gesellschaftsreform. Emile Durkheims Schriften zur Politik. Stuttgart. S. 132.

[120] Müller verweist im Zusammenhang mit dem Begriff der Anomie als einem temporären Systemdefekt auf Karl Marx: „Anomie heißt Durkheims Diagnose der aktuellen Krise, nicht Zwang und Ausbeutung wie bei Karl Marx." Vgl.: Müller, Hans-Peter (1999): Emile Durkheim, S. 159.

[121] Vgl.: Ebda.

3.4 Zwischengewalten als moralische Instanz – Emile Durkheim

> folgt, daß, weil ihr Milieu nur schwach von Moralität geprägt ist, der größte Teil ihrer Existenz außerhalb jedes moralischen Handelns verläuft."
>
> DURKHEIM (1930 / 1992: 44)

Durkheim relativiert seine zunächst positive Einschätzung zur Überwindung der anomischen Arbeitsteilung bereits im Vorwort zur zweiten Auflage von „De la division du travail social." Und auch in seinem Werk „Der Selbstmord" („Le suicide", 1897) werde Durkheims frühere und zuversichtliche Position „von einer resignierenden Problemschau [...] verdrängt", so MAY (1985: 82).[122] Hier zeichnet Durkheim anhand der Untersuchung von Selbstmorden als Form „kollektiver Krankheit" ein düsteres Bild moralischer und ökonomischer Anomie in der funktional-differenzierten Gesellschaft.[123] Die „Krise und Anomie" sei „zum Dauerzustand und sozusagen normal geworden."[124] Die Industrie ist „das erhabenste Ziel des einzelnen und der Gesellschaft geworden" und werde nicht „weiter lediglich als Mittel zu einem höheren Zweck betrachtet".[125] Die „Vergötzung des Wohlstandes" entfesselte die Begierden und „jede Autorität entfiel", um sie im Zaume zu halten.[126] Dabei hat nicht nur „die Religion den größten Teil ihres Machtbereichs eingebüßt", auch „die Regierung ist von einer Regelinstanz des wirtschaftlichen Lebens zu dessen Instrument und Diener geworden."[127] „Damit die Anomie ein Ende findet", so DURKHEIM (1930 / 1992: 45), müsse

> „also eine Gruppe existieren oder sich bilden, in der sich das Regelsystem herausbilden kann, das augenblicklich fehlt. Weder die politische Gesellschaft in ihrer Gesamtheit noch der Staat können diese Funktion erfüllen."

Hier verweist Durkheim auf die Vermittlungsleistung von Berufskorporationen als intermediäre Organe[128] zur Vermittlung moralischer Orientierung und zur Stärkung organischer Solidarität. Er spricht von einer Korporation als einheitlichem Aggregat in Form einer abgegrenzten und organisierten Gruppe. „Mit einem Wort, eine öffentliche Einrichtung."[129] Dabei misst Durkheim der korporativen Organisation eine gesellschaftliche Rolle bei, die nicht alleine begründet ist

> „wegen der ökonomischen Dienste, die sie leistet, sondern wegen des moralischen Einflusses, den sie haben könnte. Wir sehen in der Berufsgruppe vor allem die moralische Kraft, die die individuellen Egoismen zügeln, im Herzen der Arbeiter ein lebhafteres Gefühl ihrer Solidarität erhalten und das Gesetz des Stärkeren daran hindern

---

[122] 1897 erschien das Buch „Der Selbstmord" (Le suicide) von Emile Durkheim. Die zweite Auflage der Schrift „De la division du travail social" erschien nach „Le suicide". Vgl.: Durkheim, Emile (1930 / 1992): Über soziale Arbeitsteilung, S. 58.

[123] Durkheim, Emile (1897 / 1983): Der Selbstmord. Übersetzt von Sebastian und Hanne Herkommer. Frankfurt am Main (= suhrkamp taschenbuch wissenschaft; 431), S. 20.

[124] Ebda., S. 292.

[125] Ebda.

[126] Ebda.

[127] Ebda., S. 291.

[128] Durkheim spricht hier von „organes intermédiaires". Vgl.: Durkheim, Emile (1930 / 1992): Über soziale Arbeitsteilung, S. 275.
Zur Überprüfung der Verwendung von Begriffen durch Durkheim im französischen Original und zum Vergleich mit ihren deutschen Übersetzungen wurde auf folgende Quelle zurückgegriffen: Durkheim, Emile (1893 / 2002): De la Division du Travail Social, Livres I, II et III, (Digitalisate), in: Tremblay, Jean-Marie (Hg.): "Les classiques des sciences sociales". Adresse der Webseite: http://www.uqac.uquebec.ca/zone30/Classiques_des_sciences_sociales/index.html; zuletzt aufgerufen am 19. August 2005.

[129] Vgl.: Durkheim, Emile (1930 / 1992): Über soziale Arbeitsteilung, S. 47.

kann, sich derart brutal auf die gewerblichen und kommerziellen Beziehungen auszuwirken."
DURKHEIM (1930 / 1992: 51)

Durkheim warnt in Anlehnung an überkommene Vorstellungen von einer Korporation davor, sie nur als Organisationen zu betrachten, die „ihre Entstehung kurzlebigen Interessen" verdankt und lediglich zur Erfüllung eines speziellen Nutzens dient. Dabei betont er ihre gesamtgesellschaftliche und soziale Funktion:[130]

> „Wenn sich also Individuen in Kenntnisnahme gemeinsamer Interessen vereinigen, so geschieht das nicht nur, um diese Interessen zu verteidigen, sondern um sich zu assoziieren, um sich nicht länger inmitten von Gegnern verloren zu fühlen, um das Vergnügen zu haben, zu kommunizieren, um eins zu sein mit anderen, d. h. definitiv nichts anderes, als um gemeinsam ein und dasselbe moralische Leben zu führen."
> DURKHEIM (1930 / 1992: 56 f.)

Gegen Ende der Einleitung zur zweiten Auflage gleicht Durkheims Schilderung der korporativen Organisationen schon einem flammenden Appell für die Notwendigkeit intermediärer Kräfte in der modernen Gesellschaft. Jenseits der politischen Funktion von Korporationen äußere sich ihre kollektive Tätigkeit nicht nur als

> „moralische Autorität, die das Leben ihrer Mitglieder lenkt, sie ist auch eine Lebensquelle *sui generis*. Aus ihr strömt eine Wärme, die Herzen anregt und belebt, die sie für die Sympathie öffnet und die Egoismen zergehen läßt."
> DURKHEIM (1930 / 1992: 69)

Mit dem Konzept der Berufsgruppen als dezentraler Regelungsinstanz, die zwischen dem Staat und der Masse der Individuen als intermediäre Organe vermitteln, knüpft Durkheim an Montesquieu und Tocqueville an[131] und legt damit die Spuren für die Anwendung der Theorie „intermediären Gewalten" Montesquieus in der funktionaldifferenzierten Gesellschaft. Dabei geht es dann nicht mehr um die Abwehr despotischer Regierungs- und Verwaltungssysteme, sondern um die Ordnungsfunktionen intermediärer Kräfte als Gegengewicht zu den zerstörerischen Kräfte eines drohenden kapitalistischen Despotismus, mit dem Entwicklungen der Anomie und der „Hyperindividualisierung" verbunden sind.[132] Systemtheoretisch interessant wird die Theorie Durkheims auch im Hinblick auf eine „kommende organische Solidarität, auf eine neue Moral und auf ein Wiedererstarken professionell-korporativer Bindungen." Die Arbeitsteilung impliziert, dass sie ein Netz von Interdependenzen schafft und ihre Prämisse ist, „daß Kontakte Moral generieren."[133] Wenn man akzeptiere, so LUHMANN (1992: 34) in seiner Einleitung zu Durkheims „Über soziale Arbeitsteilung", dass die

> „Arbeitsteilung zu einer Vervielfältigung lebensnotwendiger Kontakte führt, erscheint in der Tat die Erwartung einer Art interaktioneller Wiedergesundung der Gesellschaft als begründbare Zukunftsperspektive."

---

[130] Vgl.: Ebda., S. 51.
[131] Vgl. das Nachwort von Hans-Peter Müller und Michael Schmid (1992): Arbeitsteilung, Solidarität und Moral. Eine werkgeschichtliche und systematische Einführung in die »Arbeitsteilung« von Emile Durkheim, in: Durkheim, Emile (1930 / 1992): Über soziale Arbeitsteilung, S. 518.
[132] Dabei schreibe Durkheim „das unkontrollierte Ansteigen der menschlichen Bedürfnisse der »menschlichen Natur« und nicht etwa der kapitalistischen Marktwirtschaft zu." Vgl.: Loo, Hans van der; Reijen, Willem van (1997): Modernisierung. Projekt und Paradox. 2., aktualisierte Auflage. München, S.99.
[133] Vgl. die Einleitung von Niklas Luhmann (1992): Arbeitsteilung und Moral. Durkheims Theorie, in: Durkheim, Emile (1930 / 1992): Über soziale Arbeitsteilung, S. 34.

3.5 Intermediäre Instanzen in der Soziologie der Gegenwart: Typen, Funktionen, Strukturen

KAUFMANN (1987: 40) bemängelt, dass nur in „wenigen Projekten" den Handlungszusammenhängen zwischen Staat und intermediären Instanzen „analytische Aufmerksamkeit zuteil" würde. PIRKER (1991: 248) wundert sich in seinem 1989 erschienen Aufsatz „Autonomie und Kontrolle" darüber, dass „intermediäre Institutionen, die 'autonome' gesellschaftliche Teilbereiche" kontrollierten bzw. regulierten, „in der Geschichte der sozialwissenschaftlichen Forschung – mit wenigen Ausnahmen wie z.b. die Gewerkschaften – einen erstaunlich geringen Raum" einnähmen. Und FINGERLE (2000: 28) konstatiert, „dass der Begriff nicht im Zentrum" soziologischer Theoriebildung stehe. Insbesondere ab der zweiten Hälfte der 1980er Jahre ist dennoch eine Differenzierung sozialwissenschaftlicher Auseinandersetzung mit intermediären Instanzen zu beobachten, die über die Theorieexegese mit unterschiedlicher Akzentuierung im Rahmen der Klassiker-Rezeption hinausgeht.[134]

Sicherlich steht die Beschäftigung mit intermediären Institutionen nicht im Mittelpunkt soziologischen Forschungsinteresses. Dennoch gibt es eine Fülle von Arbeiten, die sich auf das Konzept beziehen und sicherlich noch viele mehr, die das Konzept quasi als gegeben voraussetzen und sich bei der Verschriftlichung nicht explizit darauf beziehen. Dazu zählt auch die noch junge NGO-Forschung. Verwunderlich scheint daher der lexikalische Befund, denn in den einschlägigen Lexika und Wörterbüchern zur Soziologie finden sich nur zwei Einträge zu dem Begriffsfeld und das im gleichen Lexikon:

> „**Institution, intermediäre**, auch: intermediäre Organisation, bezeichnet halbstaatliche und politische Einrichtungen und Gruppen, die zwischen den verfassungsmäßigen Organen der Willensbildung und verschiedenen Teilgruppen der Bevölkerung Informationen, Entscheidungsalternativen und Orientierung vermitteln."[135]

> „**intermediär**, auf mittlerem Niveau angesiedelt, beispielsweise zwischen dem Individuum und einer zentralistisch-bürokratischen Politikstruktur."[136]

In der einschlägigen Literatur werden die Intermediäre oft synonym als Instanz, Institution oder Organisation bezeichnet. Dabei wird der Begriff der „intermediären Instanzen [...] meist als ein deskriptiver Strukturbegriff verwendet."[137] Als intermediäre Institutionen werden Organisationen mit Dauerfunktion bezeichnet, also anerkannte Problemlösungsstrukturen als verbindliche Modelle des Handelns.[138]

---

[134] Die Aufarbeitung des sozialwissenschaftlichen Diskussionsstandes orientiert sich im Wesentlichen an der Verwendung der Begrifflichkeit intermediärer Organisationen/ Institutionen/ Instanzen in der einschlägigen Literatur und beginnt mit den Publikationen von Kaufmann und Streeck (beide 1987). Dabei beansprucht die Darstellung des Diskussionsstandes keinen Anspruch auf Vollständigkeit. Intention ist es vielmehr, exemplarisch die Grundzüge und Forschungsfelder sozialwissenschaftlicher Auseinandersetzung mit intermediären Organisationen/ Institutionen/ Instanzen jenseits der Beschäftigung mit den Klassikern nachzuzeichnen.

[135] Fuchs-Heinritz, Werner (1994): Art. „Institution, intermediäre", in: Ders. et al (Hg.): Lexikon zur Soziologie, S. 302 (Hervorhebung im Original).

[136] Lautmann, Rüdiger (1994): Art. „intermediär", in: Fuchs-Heinritz, Werner et al (Hg.): Lexikon zur Soziologie, S. 313 (Hervorhebung im Original).

[137] Vgl.: Luckmann, Thomas (1998): Gesellschaftliche Bedingungen geistiger Orientierung, S. 36.

[138] Der Fokus in diesem Abschnitt ist primär gerichtet auf Fragen der Intermediarität und nicht auf die Unterscheidung der Begriffe Institution und Organisation. Die Problematik der Unterscheidung, auf die auch die synonyme Nennung im oben zitierten Lexikonartikel hindeutet, wird in Kapitel 4.2. vertieft. Vgl. zu

Intermediäre Instanzen dienen zunächst generell, dass hat die historische Analyse gezeigt, als Gegenmacht und Sicherungsstruktur zur Eindämmung staatlicher Willkür sowohl in der Monarchie als auch in der Demokratie. In beiden Systemen erfüllen sie die Aufgaben der Sicherstellung individueller Rechtsansprüche, damit der politischen Freiheit und der Willensbildung durch Kompromiss. Als Orte gesellschaftlicher Auseinandersetzung sind sie die Schulen der Demokratie und die Plattformen der politischen Öffentlichkeit. Teilt man die Interpretation der Thesen von Durkheim kann weiterhin angenommen werden, dass intermediäre Instanzen einem zum Despotismus neigenden kapitalistischen Wirtschaftssystem entgegen wirken, gegen Tendenzen einer Hyperindividualisierung für soziale Solidarität sorgen und als moralische Instanzen Orientierungsleistungen erbringen.

Diese zentralen Aspekte intermediärer Instanzen spiegeln sich auch in der jüngeren Forschungslandschaft wider. Je nach Forschungs- und Theorieschwerpunkt sowie entsprechend der jeweiligen Gewichtung funktionaler und struktureller Gesichtspunkte werden dabei verschiedene Institutionen und Organisationen als Intermediäre analysiert. Zunächst beschäftigen sich eine Reihe von Arbeiten mit intermediären Instanzen und ihrer Rolle und Funktion in modernen Gesellschaften unter sich verändernden Umweltbedingungen.[139] Dabei stehen die Fragen der „Sozialintegration nach innen" sowie der „Systemintegration nach außen" im Vordergrund.[140] Hier geht es zum einen – auch in Anlehnung an Durkheim – um funktionale und wissenssoziologische Aspekte intermediärer Institutionen als Vermittler von Sinn durch „moralische Kommunikation". Damit dient die Kommunikation von Werten und Wissen als gesellschaftliche Bedeutungsbestände zunächst der Orientierung des Individuums in der pluralistischen Gesellschaft.[141] Nach LUCKMANN (1998: 36) ist eine Institution nur dann „intermediär", wenn „die Sinnvermittlung in beide Richtungen", d. h. zwischen Gesellschaft und Individuum und umgekehrt, gewährleistet ist.

Zum zweiten werden intermediäre Institutionen unter demokratietheoretischen Aspekten behandelt, die ihren strukturellen Charakter betonen und sie als Bestandteile einer „civil society" akzeptieren, die für eine funktionierende Demokratie notwendig seien.[142] Die strukturellen Implikationen können dabei vor dem Hintergrund des staatlichen Formwandels als Dezentralisierung, Entbürokratisierung und Privatisierung staatlicher Aufgaben generalisiert werden.[143] Die verfassungs- und staatsrechtlich-politikwissenschaftlich orientierte Perspektive betont dabei die intermediären Organisationen als Bedingung für die Demokratie und identifiziert u. a. „Parteien, Verbände, Assoziationen, Bürgerbewegungen und Kommunikationsmedien" als intermediäre Strukturen, wobei deren Leistung für Prozesse der politischen Integration hervorgehoben

---

diesem Thema: Esser, Hartmut (2000): Soziologie. Spezielle Grundlagen, Band 5: Institutionen. Frankfurt am Main / New York, S. 2 ff.; Pirker, Theo (1991): Soziologie intermediärer Institutionen, S. 244.

[139] Vgl. exemplarisch Streeck (1987), Pirker (1991), Berger (1996), Bauer / Grenzdörffer (1997), Luckmann (1998).

[140] Vgl.: Streeck, Wolfgang (1987): Vielfalt und Interdependenz. Überlegungen zur Rolle von intermediären Organisationen in sich ändernden Umwelten, in: Kölner Zeitschrift für Soziologie und Sozialpsychologie, Jg. 39, S. 474.

[141] Luckmann, Thomas (1998): Gesellschaftliche Bedingungen geistiger Orientierung, S. 19 ff.

[142] Vgl.: Ebda., S. 36 (Hervorhebung im Original).

[143] Vgl.: Berger, Peter L. (1996): Demokratie und geistige Orientierung, S. 464 f.

wird.¹⁴⁴ Die Verbände- und Korporatismusforschung beschäftigt sich in diesem Zusammenhang mit der Funktion und Struktur organisierter Interessenvermittlung wie z. B. der Arbeitgeberverbände und Gewerkschaften, der Ärzteverbände und Krankenkassenvereinigungen und der Wohlfahrtsverbände auch unter steuerungstheoretischen Fragen im Rahmen von politischen Ordnungsmodellen.¹⁴⁵

Die sozialwissenschaftlich orientierte Forschung ergänzt die ordnungspolitischen und steuerungstheoretischen Aspekte der Systemintegration mit Blick auf die Vermittlungsleistungen sozialer Integration. Dabei verbindet die Dritt-Sektor-Forschung die Strukturkomponente von Organisationen „zwischen Markt und Staat" mit den Potentialen für bürgerschaftliches Engagement durch Selbstorganisation. Einen Forschungsschwerpunkt bildet diesbezüglich die Beschäftigung mit der Zukunft des Wohlfahrtsstaates.¹⁴⁶ Dazu gehört der Bereich der Sozialpolitikforschung als ein charakteristischer Politikbereich, dessen Struktur sich durch „das Vorherrschen von Akteuren" auszeichnet, „die weder dem Staat im engeren Sinne noch dem Bereich privater Organisationen [...] zuzurechnen sind."¹⁴⁷ Neben Wohlfahrtsverbänden sind längst auch Initiativen wie Bürgerstiftungen, Bildungseinrichtungen und lokale Initiativen oder Gruppen als intermediäre Organisationen in das Blickfeld der Dritt-Sektor-Forschung gerückt.

Das Interesse am gestalterischen Moment intermediärer Institutionen führte insbesondere im Rahmen des deutschen Einigungsprozesses zu einer Reihe von Arbeiten, die die Voraussetzungen und Entwicklungen bei der Gestaltung des intermediären Bereichs in der ehemaligen DDR analysierten. Interessant war Ostdeutschland deswegen, da „es in der DDR auf offizieller staatlicher Ebene keine intermediären Institutionen gegeben hat" und die vorhandenen „Verbände und Großorganisationen [...] allesamt den Charakter von Transformationsriemen" hatten und vom System instrumentalisiert wurden.¹⁴⁸ Lediglich die Kirchen übten in der DDR intermediäre Funktionen aus.¹⁴⁹ In diesem Kontext und mit Hinblick „auf die soziale Verankerung von Wohlfahrtsverbänden"

---

¹⁴⁴ Vgl.: Grimm, Dieter (1995): Braucht Europa eine Verfassung? S. 38 f.

¹⁴⁵ Vgl. exemplarisch: Schmitter, Philippe C. (1994): Interests, Associations and Intermediation in a Reformed Post-Liberal Democracy, in: Streeck, Wolfgang (Hg.): Staat und Verbände. Politische Vierteljahresschrift, 35. Jg., Sonderheft 25/1994, S. 160 – 171; siehe auch: Streeck, Wolfgang (1994): Einleitung des Herausgebers. Staat und Verbände: Neue Fragen. Neue Antworten? In: Ders. (Hg.): Staat und Verbände, S. 7 – 34.

¹⁴⁶ Vgl.: Evers, Adalbert (1990): Im intermediären Bereich – Soziale Träger und Projekte zwischen Haushalt, Staat und Markt, in: Journal für Sozialforschung, 30. Jg., Heft 2/1990, S. 189 – 210. Siehe auch hinsichtlich der Definition und Klassifikation intermediärer Nonprofit-Organisationen: Anheier, Helmut; Salamon, Lester M. (1993): Die internationale Systematik der Nonprofit-Organisationen: Zur Definition und Klassifikation des "Dritten Sektors" intermediärer Organisationen, in: Bauer, Rudolph (Hg.): Intermediäre Nonprofit-Organisationen in einem Neuen Europa. Rheinfelden / Berlin (= Gesellschaft, Erziehung, Bildung; 34 : Studien zur vergleichenden Sozialpädagogik und internationalen Sozialarbeit; Bd. 9), S. 1 – 16.

¹⁴⁷ Als Ausgangspunkt diesbezüglicher Forschungsarbeiten kann das DFG-Schwerpunktprogramm „Gesellschaftliche Bedingungen sozialpolitischer Intervention: Staat, intermediäre Instanzen und Selbsthilfe" angesehen werden. Vgl.: Kaufmann, Franz-Xaver (1987): Zur Einführung: Ein sozialpolitisches Schwerpunktprogramm der DFG – und was daraus wurde, in: Ders. (Hg.): Staat, intermediäre Instanzen und Selbsthilfe, S. 9 – 40. Vgl. ebenfalls mit sozialpolitischem Fokus: Brinkmann, Volker (1998): Intermediäre Engagements als Herausforderung an die Sozialpolitik in Deutschland. Münster (= Sozialpädagogik/Sozialarbeit im Sozialstaat; Bd. 9).

¹⁴⁸ Vgl.: Fingerle, Jörg (2000): Die Kirche als intermediäre Institution. Grundlinien einer theologischen Theorie zur Sozialgestalt der Kirche. Dissertation: Humboldt-Universität zu Berlin, S. 31.

¹⁴⁹ Vgl.: Ebda., S. 32.

analysieren BACKHAUS-MAUL / OLK (1992) intermediäre Organisationen im Prozess der deutschen Einigung.[150] Auch der europäische Einigungsprozess wurde zum Thema der Beschäftigung mit intermediären Nonprofit-Organisationen.[151] In diesem Rahmen beschäftigt sich HERRMANN (1993), der die europäische Dimension auch als solche und nicht primär im nationalstaatlichen Kontext reflektiert, mit den Handlungsoptionen von Wohlfahrtsverbänden und formuliert vor dem Hintergrund des mit dem Vertrag von Maastricht eingeführten Subsidiaritätsprinzips die These einer „Freisetzung von Dezentralität durch Zentralisierung" und damit verbunden auch eine Freisetzung von Räumen für Engagement im europäischen sozialpolitischen Integrationsprozess.[152]

Ebenfalls mit „Intermediären Strukturen in Ostdeutschland", aber nicht mehr eindeutig der Non-Profit-Forschung zuzurechnen, beschäftigt sich die gleichnamige Studie der „Kommission für die Erforschung des sozialen und politischen Wandels in den neuen Bundesländern e. V. (KSPW)". Hier tritt neben das Interesse an Organisationen des dritten Sektors die Untersuchung funktionaler und struktureller Aspekte des intermediären Systems im ostdeutschen Transformationsprozess nach der Vereinigung. Neben Verbänden werden auch Parteien und Bürgerbewegungen sowie Medien und Kirchen hinsichtlich ihrer Vermittlungsleistungen bei der „Formulierung, Implementation und Kontrolle politischer Entscheidungen" als „zentrale Aufgaben des intermediären Systems" zwischen gesellschaftlicher Mikro- und Makroebene analysiert.[153]

„Jenseits von Markt und Staat"[154] hat die Forschung über „neue soziale Bewegungen" zu einer weiteren Ausdifferenzierung der Beschäftigung mit intermediären Organisationen beigetragen. Obwohl es „zahlreiche Parallelen" und auch eine „gemeinsame zeitliche Konjunktur" von Bewegungs- und Dritt-Sektor-Forschung gebe, so ROTH (1992: 12), kann doch grundsätzlich zumindest der Untersuchungsgegenstand unterschieden werden. „Protest und soziale Bewegungen einerseits, freiwillige und gemeinnützige Vereine, Genossenschaften und Wohlfahrtsverbände andererseits", markieren hier die Trennlinie der beiden Forschungskonzepte.[155] Mit der Bewegungsforschung werden

---

[150] Backhaus-Maul, Holger; Olk, Thomas (1992): Intermediäre Organisationen als Gegenstand sozialwissenschaftlicher Forschung. Theoretische Überlegungen und erste empirische Befunde am Beispiel des Aufbaus von intermediären Organisationen in den neuen Bundesländern, in: Schmähl, Winfried (Hg.): Sozialpolitik im Prozeß der deutschen Vereinigung. Frankfurt am Main / New York (= Schriften des Zentrums für Sozialpolitik; Bd. 1), S. 91 – 132. Siehe diesbezüglich auch: Angerhausen, Susanne; Backhaus-Maul, Holger; Schiebel, Martina (1993): In "guter Gemeinschaft"? Die sozial-kulturelle Verankerung von intermediären Organisationen im Sozialbereich der neuen Bundesländer. Zentrum für Sozialpolitik der Universität Bremen. ZeS-Arbeitspapier Nr. 14/93.

[151] Bauer, Rudolph (Hg.) (1993): Intermediäre Nonprofit-Organisationen in einem Neuen Europa.

[152] Vgl.: Herrmann, Peter (1993): Intermediäre Organisationen im Spannungsfeld von Zentralisierung und Dezentralisierung: Die Rolle der Wohlfahrtsverbände im Prozeß der „EG-isierung", in: Bauer, Rudolph (Hg.): Intermediäre Nonprofit-Organisationen in einem neuen Europa, S. 99 – 123.

[153] Niedermayer, Oskar (1996): Vorwort, in: Ders. (Hg.): Intermediäre Strukturen in Ostdeutschland. Opladen (= Beiträge zu den Berichten der Kommission für die Erforschung des sozialen und politischen Wandels in den neuen Bundesländern e.V.; Beiträge zum Bericht 3 : „Politisches System"; Bd. 3.2), S. 9 – 10. Mit ähnlich breitem Spektrum wurden im Rahmen der Osteuropaforschung u. a. intermediäre Instanzen im demokratischen Transformationsprozess postkommunistischer Staaten untersucht. Siehe bei: Ziemer, Klaus (Hg.) (2000): Die Neuorganisation der politischen Gesellschaft. Staatliche Institutionen und intermediäre Instanzen in postkommunistischen Staaten Europas. Berlin (= Osteuropaforschung; Bd. 40).

[154] Vgl.: Roth, Roland (1992): Jenseits von Markt und Staat. Dritter Sektor und neue soziale Bewegungen, in: FJNSB (Forschungsjournal Neue Soziale Bewegungen), 5. Jg., Heft 4, S. 12.

[155] Ebda.

damit u. a. auch Initiativen der Frauen-, Friedens-, Menschenrechts- und Umweltbewegung als intermediäre Organisationen für den wissenschaftlichen Diskurs relevant.[156]

RUCHT (1997: 382) kommt zu der Einschätzung, dass soziale Bewegungen neben Parteien und Verbänden „eine wichtige und weithin vernachlässigte Rolle im Vermittlungsprozeß zwischen Bürgerschaft und dem politischen Entscheidungssystem" einnehmen. Dabei betont er den Aspekt der politischen Partizipation sozialer Bewegungen und nennt dieselben eine „demokratische Produktivkraft".[157] Systemtheoretisch befruchtet wird die Bewegungsforschung durch die Wahrnehmung sozialer Bewegungen als Vermittler moralisch basierter „Protestkommunikation"[158] und am Beispiel von Verbänden wird deren intersystemische Funktion in Prozessen der strukturellen Kopplung gesellschaftlicher Teilsysteme vor dem Hintergrund der neueren „Diskussion zum Verhältnis von Organisationen und Gesellschaft" analysiert.[159]

Die „politische Soziologie vermag heute weniger denn je trennscharf die Grenzen zwischen Bewegungen, Verbänden und Parteien zu ziehen."[160] Dies äußert sich insbesondere in der kaum noch überschaubaren Fülle der Literatur über das Konzept der Zivilgesellschaft. Hier werden die Fragen der Selbstorganisation bürgerschaftlichen Engagements und ihre Implikationen bezüglich der politischen Teilhabe und Interessenvermittlung unter den verschiedenen historischen, theoretischen, funktionalen und strukturellen Aspekten diskutiert. Die Grenzen zwischen politischer Soziologie und Politikwissenschaft sind dabei teilweise fließend. In diesem Rahmen orientiert sich die Debatte zunehmend an der internationalen Dimension des Zivilgesellschaftskonzeptes vor dem Hintergrund globaler Steuerungsprobleme und der Entstehung neuer Verhandlungsregimes.[161]

Abschließend seien noch Forschungsfelder genannt, die sich auch in benachbarten Disziplinen mit intermediären Organisationen beschäftigen. Hier finden sich Ansätze

---

[156] Zu Unterscheidung und den Gemeinsamkeiten von Dritt-Sektor-Forschung und Bewegungsforschung vgl. z. B.: Ebda., S. 12 – 20.

[157] Vgl.: Rucht, Dieter (1997): Soziale Bewegung als demokratische Produktivkraft, in: Klein, Ansgar; Schmalz-Bruns, Rainer (Hg.): Politische Beteiligung und Bürgerengagement in Deutschland. Möglichkeiten und Grenzen. Baden-Baden, S. 382 ff.

[158] „Wenngleich zu fragen bleibt, ob es sich bei Moral tatsächlich um den Kommunikationscode der neuen sozialen Bewegungen handelt." Vgl.: Hellmann, Kai-Uwe (1996): Systemtheorie und neue soziale Bewegungen. Identitätsprobleme in der Risikogesellschaft. Opladen, S. 87 ff.

[159] Vgl. u. a.: Brodocz, André (1996): Strukturelle Kopplung durch Verbände, in: Soziale Systeme, Jg. 2, Heft 2, S. 361 – 387.

[160] Hellmann, Kai-Uwe; Klein, Ansgar; Rohde, Markus (1998): Editorial: Neue Soziale Bewegungen – Impulse, Bilanzen und Perspektiven, in: FJNSB, Jubiläumsausgabe: 10 Jahre Forschungsjournal NSB, 11. Jg., Heft 1, S. 5.

[161] Der Diskussionsstand zur Zivilgesellschaftsdebatte soll hier nicht vertieft werden. Einen Überblick in den Diskurs geben exemplarisch folgende Publikationen: Michalski, Krzysztof (Hg.) (1991): Europa und die Civil Society. Castelgandolfo-Gespräche 1989. Institut für die Wissenschaften vom Menschen. Stuttgart. Cohen, Jean L.; Arato, Andrew (1995): Civil Society and Political Theory. 3. Auflage. Cambridge (= Studies in Contemporary German Social Thought). Zimmer, Annette; Nährlich, Stefan (Hg.) (2000): Engagierte Bürgerschaft. Traditionen und Perspektiven. Opladen (= Bürgerschaftliches Engagement und Nonprofit-Sektor; Bd. 1). Klein, Ansgar (2001): Der Diskurs der Zivilgesellschaft. Politische Hintergründe und demokratietheoretische Folgerungen. Opladen (= Bürgerschaftliches Engagement und Nonprofit-Sektor; Bd. 4). Zimmer, Annette; Weßels, Bernhard (Hg.) (2001): Verbände und Demokratie in Deutschland. Opladen (= Bürgerschaftliches Engagement und Nonprofit-Sektor; Bd. 5). Schade, Jeanette (2002): „Zivilgesellschaft" – eine vielschichtige Debatte.

etwa in der Finanzwissenschaft oder Finanzsoziologie,[162] „die sich nie zu einem integralen Bestandteil der soziologischen Forschung und Theorie entwickelt" habe, „sondern im Prinzip eine Soziologie der Finanzwissenschaft, oder besser: der Finanzwissenschaftler geblieben ist."[163] Dabei handelt es sich bei den so genannten Parafiski als intermediäre Finanzgewalten wie Wohlfahrtsverbänden, gesetzlichen Sozialversicherungen oder Religionsgruppen um Organisationen, die der öffentlichen Finanzkontrolle unterliegen. Aus wirtschaftswissenschaftlicher Perspektive dienen sie der Güterversorgung der Menschen zwischen privatem und öffentlichem Bereich und eine „soziologische Durchdringung der Finanzprobleme"[164] führte sicher zu aufschlussreichen Ergebnissen hinsichtlich der Relationen zwischen politischem Willen und öffentlichem Interesse. Auch in theologischen Forschungsfeldern findet sich die Auseinandersetzung mit intermediären Instanzen wieder. So beschäftigt sich FINGERLE (2000) in seiner Dissertation mit dem Begriffsfeld im Rahmen einer theologischen Analyse zur Sozialgestalt der Kirche. Auch die städtische Milieuforschung widmet sich dem Organisationstypus, untersucht urbane Quartiere und fragt hinsichtlich der Entstehung neuer Wohnprojekte, sozio-kultureller Initiativen und Projekte zur ökologischen Stadterneuerung nach den Gründen, die zur Entstehung intermediärer Organisationen führen.[165] Und im Bereich der Landespflege findet sich eine Analyse, die sich der Rolle und Funktion intermediärer Organisation für eine nachhaltige Regionalentwicklung widmet.[166]

Neben den bereits in der Einleitung skizzierten, europazentrierten und eher verfassungsrechtlichen sowie staatsrechtlich-politikwissenschaftlichen orientierten Themenkomplexen eröffnet sich somit ein breites Spektrum wissenschaftlicher Auseinandersetzung mit dem intermediären Bereich. Fasst man die bislang erarbeiteten Befunde über den Diskussionsstand zu intermediären Institutionen zusammen, so können funktionale und strukturelle Merkmale unterschieden werden. Funktional wirken sie zunächst als gesellschaftliche Kohäsionskräfte, die soziale Ordnung und Stabilität begünstigen, die moralisch kommunizierend der Vermittlung von Sinn in beide Richtungen dienen und dem Individuum Orientierung ermöglichen. Damit erbringen intermediäre Institutionen politische und soziale Vermittlungsleistungen zwischen den Individuen und der Gesellschaft; präziser gesagt: zum einen zwischen den Individuen und dem Staat und zum anderen zwischen Individuen und dem Markt.[167] Die Vermittlungsleistung beschränkt sich dabei nicht nur auf die Interessenvertretung und −aggregation „von unten nach oben", sondern erfolgt „auch als Umsetzung von gesetzlichen Regelungen und politischen Vereinbarungen von „oben nach unten."[168] Intermediäre Institutionen eröffnen

---

[162] Tiepelmann, Klaus; Beek, Gregor van der (Hg.) (1997): Politik der Parafiski. Intermediäre im Balanceakt zwischen Staats- und Bürgernähe. Hamburg.

[163] Vgl.: Pirker, Theo (1991): Soziologie intermediärer Institutionen, S. 253.

[164] Vgl.: Ebda., S. 254.

[165] Vgl.: Selle, Klaus (1992): Neue Institutionen für die Entwicklung städtischer Quartiere, oder: Warum entstehen intermediäre Organisationen? In: FJNSB, 5. Jg., Heft 2, S. 48 − 61.

[166] Vgl.: Gustedt, Evelyn (2000): Nachhaltige Regionalentwicklung durch intermediäre Organisationen? Erwartungshaltungen, Hemmnisse und Möglichkeiten, dargestellt vor dem Hintergrund intermediärer Organisationen in vier peripheren, touristisch orientierten Regionen. Stuttgart.

[167] Vgl.: Angerhausen, Susanne; Backhaus-Maul, Holger; Schiebel, Martina (1993): In "guter Gemeinschaft"? S. 8.

[168] Vgl.: Ebda.

Integrationspotenziale durch Teilhabe, sozial wie auch politisch, und gewährleisten durch ihre Vermittlerrolle Chancen für Partizipation.

Strukturell sind sie als nicht-staatliche und nicht-privatwirtschaftliche Organisationen angesiedelt auf der Mesoebene der Gesellschaft und in all ihrer Pluralität stellen sie auch ein Abbild der Zivilgesellschaft dar. Intermediäre Organisationen zeichnen sich aus durch eine „relative Autonomie im Verhältnis" a) zueinander, b) zum Staat und c) zu (ggf. anderen) Marktteilnehmern.[169] Ein weiteres strukturelles Merkmal intermediärer Organisationen ist ein ihnen zur Verfügung stehender „Dispositions- und Handlungsrahmen", der zwar durch rechtliche Vorschriften begrenzt ist, ihnen „aber unreglementierte Handlungsoptionen offen läßt."[170] Eine wichtige Voraussetzung ihrer autonomen Disposition ist die Verfügbarkeit und Akquisition ökonomischer Ressourcen, die sich je nach Organisation sehr unterschiedlich zusammensetzen können. Die mit der Finanzierung verbundene Problematik der Unabhängigkeit wird am Beispiel der NGOs in Kapitel 6.6 vertieft.

Den theoretischen Fragen der gesellschaftlichen Kommunikationsmöglichkeiten intermediärer Organisationen widmen sich die nächsten Abschnitte des Kapitels. Im Besonderen vor dem Hintergrund der Systemtheorie Niklas Luhmanns und den damit verbundenen Prämissen für die Operationsweise moderner Gesellschaften werden kommunikative Chancen und Restriktionen problematisiert.

3.6 Die Theorie der ökologischen Kommunikation – Niklas Luhmann

Vor dem Hintergrund der Kommunikation des Leitbildes einer nachhaltigen Entwicklung – und der Kommunikation als einem grundlegenden Element ihrer Umsetzung – ist es von Bedeutung, die Bedingungen der Funktionsweise und die Kommunikationsprobleme gesellschaftlicher System- und Strukturbildung theoretisch abzubilden, um mögliche Blockaden zu erkennen und Reformen zu ermöglichen. In der Theorie Luhmanns stellen dabei die Fragen gesellschaftlicher Kommunikationsmöglichkeiten das Kernproblem intersystemischer Vermittlung dar.

> „Wenngleich die Systemtheorie Niklas Luhmanns den Glauben an eine gesellschaftliche Steuerung stark erschüttert hat, scheint gerade sie für die Nachhaltigkeitsdebatte von größter Wichtigkeit. Denn ohne die Beantwortung der von der Systemtheorie aufgeworfenen Fragen ist nicht einsehbar, wie eine realistische Gestaltung von Institutionen erfolgen könnte, die einerseits erfolgreich den Weg in eine nachhaltige Entwicklung eröffnet, ohne andererseits zentralistische (und letztendlich der Gefahr totalitärer Mechanismen ausgesetzten) Strukturen zu schaffen."
> KOPFMÜLLER ET AL (2001: 308; Fußnote)

In diesem Zusammenhang gewinnen zivilgesellschaftliche Organisationen als intermediäre Kräfte und vermittelnde Instanzen ihre zentrale Bedeutung als Impulsgeber von

---

[169] Gormsen, Erdmann; Thimm, Andreas (1992): Vorwort, in: Dies. (Hg.): Zivilgesellschaft und Staat in der Dritten Welt. Mainz (= Interdisziplinärer Arbeitskreis Dritte Welt, Veröffentlichungen; Bd. 6), S. 5.
[170] Ebda.

auf Werten und Wissen basierender intersystemischer Kommunikation. Damit auf elementare Weise verbunden sind die Fragen nach der Gestaltung und Aktivierung von Ebenen und Akteuren für verbindlichkeitserzeugende Prozesse gesellschaftlicher Selbststeuerung.

Die Theorie der ökologischen Kommunikation von Niklas Luhmann problematisiert die Kommunikation speziell ökologisch relevanter Fragen in den Beziehungen gesellschaftlicher Systembildung. „Ökologische Kommunikation" wird hier mit LUHMANN (1990: 62) zunächst als gesellschaftliche Kommunikation über die Umwelt und als Möglichkeit der Kommunikation über „ökologische Gefährdungen" bezeichnet. Auch wenn nach der Meinung von DIEKMANN / JAEGER (1996: 21) Luhmanns „Ökologische Kommunikation" als Anwendung seiner Theorie sozialer Systeme auf ökologische Fragestellungen „eine recht eigenwillige Variante systemtheoretischen Denkens" sei und es „reichlich unklar" bleibe, „wie die Theorie ‚ökologischer Kommunikation' mit dem in empirischen Untersuchungen angestrebten Erfahrungswissen verknüpft werden kann", befruchtet seine provozierende Position (vgl.: BENZ, 1997: 89) und sein radikales Denken (vgl.: SCHARPF, 1989: 10) auch heute noch die Debatte um Fragen gesellschaftspolitischer Steuerung in der politischen Soziologie.[171]

Grundlage der Systemtheorie Luhmanns ist die Ausdifferenzierung der modernen Gesellschaft in funktionale Teilsysteme. Die funktionelle Differenzierung in struktureller Hinsicht sei „das allgemein akzeptierte Merkmal „moderner" Gesellschaften" und ist gekennzeichnet „durch die Entwicklung funktioneller Subsysteme [...] auf der gesellschaftlichen Makro-Ebene."[172] Die Teilsysteme der Gesellschaft mit ihren je eigenen spezifischen Kommunikationscodes bilden „somit jene operationell geschlossenen, selbstreferentiellen Systeme", die eine gesamtsystemische Kommunikation verhindern.[173]

> „Als Differenzierung im allgemeinen lässt sich jede Steigerung der Komplexität eines Systems durch Untersystembildung bezeichnen. Eine funktionale Differenzierung liegt vor, wenn die Untersysteme nicht als gleiche Einheiten nebeneinandergesetzt, sondern auf spezifische Funktionen bezogen und dann miteinander verbunden werden."
> LUHMANN (1997b: 242)

Es sind so genannte autopoietisch operierende Systeme, die ihre Elemente und damit sich selbst durch ein Netzwerk eben dieser Elemente selbst reproduzieren. Elemente sind z. B. Kommunikationen, Handlungen oder Zahlungen. Für autopoietische Systeme sind diese Elemente aber zugleich immer *Ereignisse*.[174] Diese Systeme schließen ihre

---

[171] Vgl. u. a.: Hellmann, Kai-Uwe; Schmalz-Bruns, Rainer (Hg.) (2002): Theorie der Politik. Niklas Luhmanns politische Soziologie. Frankfurt am Main; Hellmann, Kai-Uwe; Fischer, Karsten; Bluhm, Harald (Hg.) (2003): Das System der Politik. Niklas Luhmanns politische Theorie. Opladen.

[172] Mayntz, Renate (1993): Policy-Netzwerke und die Logik von Verhandlungssystemen, in: Héritier, Adrienne (Hg.): Policy-Analyse. Kritik und Neuorientierung (= Politische Vierteljahresschrift; Sonderheft 24/1993), S. 41.

[173] Vgl.: Groß, Matthias (2001): Die Natur der Gesellschaft. Eine Geschichte der Umweltsoziologie. Mit einem Vorwort von Wolfgang Krohn. Weinheim / München, S. 210.

[174] Vgl.: Krause, Detlef (2001): Luhmann-Lexikon. Eine Einführung in das Gesamtwerk von Niklas Luhmann. 3., neu bearbeitete und erweiterte Auflage. Stuttgart, S. 122.

3.6 Die Theorie der ökologischen Kommunikation – Niklas Luhmann

Selbstreproduktion durch intern zirkuläre Strukturen gegen die Umwelt ab.[175] Damit sind autopoietische Systeme geschlossene Systeme, die sich selbst reproduzieren und steuern. Diesen selbstreferentiellen Systemen werden zunächst „weder von außen Informationen [...] zugeführt noch senden sie Informationen [...] an ihre Umwelt."[176]

> „Man muß mindestens auch mit der Möglichkeit rechnen, daß ein System so auf seine Umwelt einwirkt, daß es später in dieser Umwelt nicht mehr existieren kann. Die primäre Zielsetzung autopoietischer Systeme ist immer die Fortsetzung der Autopoiesis ohne Rücksicht auf Umwelt, und dabei wird der nächste Schritt typisch wichtiger sein als die Rücksicht auf Zukunft, die ja gar nicht erreichbar ist, wenn die Autopoiesis nicht fortgesetzt wird."
> LUHMANN (1990: 38)

Im Falle sozialer Systeme stellt die Kommunikation als eigenständige autopoietische Operation das Medium der Abgrenzung dar.[177] Dabei ist die Operation der bloße „Vollzug einer augenblicklichen und als solcher nicht wiederholbaren Unterscheidungshandlung." Gleichzeitig ist die Operation ein *Ereignis*.[178]

> „Die wichtigsten Funktionssysteme strukturieren ihre Kommunikation durch einen binären, zweiwertigen Code, der unter dem Gesichtspunkt der jeweils spezifischen Funktion universelle Gestaltung beansprucht und dritte Möglichkeiten ausschließt."
> LUHMANN (1990: 75 f.)

Teilsysteme mit spezifischen Codes kommunizieren dann auf ihre spezifische Weise und selektieren so ihre Umweltwahrnehmung. Damit scheidet zwar „eine Gemeinsamkeit von Elementen zwischen Systemen" aus; „nicht aber eine Gemeinsamkeit von Ereignissen, die je systemrelativ anders codiert [...] werden."[179] Der binäre Code des Systems Wirtschaft z. B. ist Haben bzw. Nichthaben; Geld ist das Medium und „vermittelt ausschließlich die systemeigenen Operationen."[180] Im Teilsystem Politik heißt das Medium Macht und der binäre Code drückt sich aus durch das „Innehaben bzw. Nichtinnehaben von Positionen, in denen öffentliche Gewalt ausgeübt werden kann [...]."[181] Die Medien werden dabei als „symbolisch generalisierte Kommunikationsmedien" bezeichnet und haben die Funktion, „die Teilnahme von Systemen – in der Form von Personen oder Organisationen – in der Umwelt des in einem bestimmten Medium operierenden Systems zu ermöglichen."[182] U. a. WILLKE (1998b) setzt die generalisierten Kommunikationsmedien mit Steuerungsmedien gleich,[183] zu denen neben Geld und Macht auch die Solidarität „als dritte wichtige Steuerungsform" gezählt wird.[184] Somit ermöglichen die Medien nicht nur eine Teilnahme an Systemen sondern sind auch steuerungstheoretisch relevant. Für das soziale System „Protestbewegung" etwa be-

---

[175] Luhmann, Niklas (1990): Ökologische Kommunikation. Kann die moderne Gesellschaft sich auf ökologische Gefährdungen einstellen? 3. Auflage. Opladen, S. 40.
[176] Krause, Detlef (2001): Luhmann-Lexikon, S. 25.
[177] Luhmann, Niklas (1990): Ökologische Kommunikation, S. 266 f.
[178] Vgl.: Krause, Detlef (2001): Luhmann-Lexikon, S. 179.
[179] Vgl.: Ebda., S. 123.
[180] Luhmann, Niklas (1990): Ökologische Kommunikation, S. 103.
[181] Ebda., S. 170.
[182] Krause, Detlef (2001): Luhmann-Lexikon, S. 41 f.
[183] Vgl. z. B. auch: Mayntz, Renate (1997): Soziale Dynamik und politische Steuerung. Theoretische und methodologische Überlegungen. Frankfurt am Main / New York (= Schriften des Max-Planck-Instituts für Gesellschaftsforschung Köln; Bd. 29), S. 189.
[184] Vgl.: Ebda.

zeichnet KRAUSE (2001: 43) die Steuerungsmedien als „Besorgnis, Betroffenheit, Angst", die durch „besorgt sein/ nicht besorgt sein" codiert werden.

„Jedes System muß Umweltkomplexität reduzieren – vor allem dadurch, daß es die Umwelt selbst nur beschränkt und kategorial vorformiert wahrnimmt."[185] Dabei gewinnt die Komplexität an Bedeutung als Differenz zwischen System und Umwelt. Luhmann unterscheidet in zwei Arten von Umweltbeziehungen. Zum einen die „gesellschaftsinterne Umwelt" eines Teilsystems innerhalb des Gesellschaftssystems, die aus den anderen Teilsystemen besteht. Zum anderen besteht für die Teilsysteme und für das System als Ganzes die natürliche Umwelt in Form von Mensch und Natur.[186] So erlangt jedes System eine eigene Rationalität und der Begriff Natur z. B. hat in den Systemen eine Bedeutung mit jeweils unterschiedlicher Relevanz. Für das Wirtschaftssystem bedeutet Natur Rohstoffe, für die Politik hat sie eine räumliche Funktion und für eine Religion ist sie etwas Göttliches.[187] Luhmann beschreibt „das Verhältnis von System und Umwelt mit dem Begriff der *Resonanz*."[188] Ein System kann aber nur in Ausnahmefällen durch Faktoren der Umwelt irritiert werden. Es kann dann „aufgeschaukelt" und in „Schwingung" versetzt werden. „Eben diesen Fall bezeichnen wir als Resonanz."[189] Diese Irritationen können ein System zwar in „Schwingung" versetzen, aber nur unter der Voraussetzung, dass sie überhaupt in das System hineingelangen.

Autopoietische Systeme besitzen in ihren symbolisch generalisierten Kommunikationsmedien unterschiedlich schwingungsfähige codierte Sensoren, die eigenselektiv auf Umweltanreize ansprechen.[190] Mit dem Begriff der „Kopplung" bezeichnet Luhmann die Form der selektiven Beziehungen des Systems mit seiner Umwelt. Er spricht von „Kopplung" um zu verdeutlichen, dass es „nirgends vollständige Punkt-für-Punkt-Übereinstimmungen zwischen Systemen und Umwelt gibt." Daher stellt das System zu seiner Umwelt nur sehr selektive Zusammenhänge her, auch weil es „sich durch seine Grenzen immer auch gegen Umwelteinflüsse abschirmt".[191] „Wäre diese Selektivität der Resonanz oder der Kopplung nicht gegeben, würde das System sich nicht von seiner Umwelt unterscheiden, es würde nicht als System existieren."[192]

> „Systeme sind darum zwar von ihrer Umwelt abgeschlossen, doch können sie deshalb keinesfalls ohne Umwelt existieren, ansonsten wäre schließlich die Beziehung zur Umwelt nicht nötig. Systeme sind also *autonom*, aber gerade nicht *autark*. Der Begriff der strukturellen Kopplung antwortet also auf die Frage, wie ein System sich auf seine Umwelt beziehen kann, ohne dabei seine Autonomie zu verlieren."
> BRODOCZ (2003: 80)

Informationen über ökologische Probleme etwa müssen also vom System selektiert werden. Angewandt auf Fragestellungen „der ökologischen Bedingtheit und den ökolo-

---

[185] Luhmann, Niklas (1990): Ökologische Kommunikation, S. 33.
[186] Vgl.: Luhmann, Niklas (1981): Politische Theorie im Wohlfahrtsstaat. München (= Analysen und Perspektiven; Bd. 8/9), S. 57; Luhmann, Niklas (1990): Ökologische Kommunikation, S. 22 f.
[187] Vgl.: Groß, Matthias (2001): Die Natur der Gesellschaft, S. 210.
[188] Luhmann, Niklas (1990): Ökologische Kommunikation, S. 40 (Hervorhebung im Original).
[189] Ebda.
[190] Vgl.: Krause, Detlef (2001): Luhmann-Lexikon, S. 194.
[191] Luhmann, Niklas (1990): Ökologische Kommunikation, S. 41.
[192] Ebda.

gischen Gefährdungen des gesellschaftlichen Lebens" bedeutet das, dass es „aufs Ganze" und „systemtheoretisch gesehen eher unwahrscheinlich" sei, dass „Sachverhalte und Veränderungen der gesellschaftlichen Umwelt in der Gesellschaft Resonanz finden."[193] Nur „wenn ökologische Problemlagen diese Doppelfilter der Codierung und Programmierung durchlaufen, gewinnen sie systeminterne Relevanz und gegebenenfalls weitreichende Beachtung – so und nur so!"[194] Das bedeutet: Soll die Umwelt auf die Systeme, zurückwirken, so muss sie „kommunikativ angeschlossen werden", um zu bewirken, „daß sich soziale Systeme zu Problemen der Ökologie in ein rationales Verhältnis setzen."[195]

> „Es mögen Fische sterben oder Menschen, das Baden in Seen oder Flüssen mag Krankheiten erzeugen, es mag kein Öl mehr aus den Pumpen kommen und die Durchschnittstemperaturen mögen sinken oder steigen: solange darüber nicht kommuniziert wird, hat dies keine gesellschaftlichen Auswirkungen. Die Gesellschaft ist ein zwar umweltempfindliches, aber operativ geschlossenes System. Sie beobachtet nur durch Kommunikation. Sie kann nichts anderes als sinnhaft kommunizieren und diese Kommunikation durch Kommunikation selbst regulieren. *Sie kann sich also nur selbst gefährden*."
> LUHMANN (1990: 63)

Luhmanns Theorie ist ohne Frage insbesondere hinsichtlich des Autopoiesis-Konzeptes und der Gleichordnung des politischen Systems mit anderen Systemen der Gesellschaft nicht unumstritten und stößt auch in der Literatur zur Nachhaltigkeitsdebatte häufig auf Kritik. Daher widmet sich der nächste Abschnitt dem Luhmannschen Steuerungspessimismus und der möglichen theoretischen Alternative durch die Strukturationstheorie von Anthony Giddens. Dies begründet sich durch zahlreiche Hinweise in der einschlägigen Literatur, aber auch durch den von Luhmann selbst aufgeworfenen Zweifel:

> „Die Theorie funktionaler Systemdifferenzierung ist ein weitreichendes, elegantes, ökonomisches Erklärungsinstrument für positive und negative Aspekte der modernen Gesellschaft. Ob sie auch zutrifft, ist natürlich eine andere Frage."
> LUHMANN (1990: 74)

3.7 Steuerungspessimismus! Die Strukturationstheorie als theoretische Alternative?

Im Rahmen der Scharpf / Luhmann Kontroverse zu Fragen politischer Steuerung in der Politischen Vierteljahresschrift konstatiert SCHARPF (1989: 10) eine „konsequent fortschreitende Radikalisierung, Zuspitzung und Vereinfachung des Luhmannschen Denkens." „Der radikale Steuerungs-Pessimismus" finde „seine Begründung [...] in der funktionalen Differenzierung moderner Gesellschaften, [...] deren Elemente weder durch Menschen noch durch Handlungen, sondern durch Kommunikation gebildet werden."[196]

---

[193] Ebda., S. 41 – 42 (Hervorhebungen im Original).
[194] Mit Programmierung meint Luhmann hier, dass Problemlagen Niederschlag finden in den Programmen der Systeme, „zum Beispiel durch Theorien oder durch Rechtsgesetze, durch Investitionen oder durch Festlegung parteipolitischer Ausrichtungen." Ebda., S. 220.
[195] Ebda., S. 200.
[196] Scharpf, Fritz W. (1989): Politische Steuerung und Politische Institutionen, in: Politische Vierteljahresschrift, 30 Jg., Heft 1, S. 10.

Und in der Tat finden sich bei Scharpf die zentralen Elemente der Kritik an der Luhmannschen Theorie, die auch in der Literatur zur Nachhaltigkeitsdebatte immer wieder zu finden sind.[197] Luhmanns Theorie sei vor dem Hintergrund des Autopoiesis-Konzeptes in steuerungstheoretischer Perspektive ein eher provozierender als realitätsgerechter Gegenentwurf zu der Fiktion „eines hierarchisch übergeordneten Staates."[198]

> „Die von ihm begründete Systemtheorie wendet sich entschieden gegen die Vorstellung einer Überordnung des Staates. Sie geht davon aus, daß dieser bzw. das »politische System« ein mit spezifischen Funktionen versehenes Teilsystem der Gesellschaft ist, das den anderen gesellschaftlichen Teilsystemen nicht über-, sondern gleichgeordnet ist und nur begrenzt auf sie einwirken kann [...]. Die kooperativen Verflechtungen zwischen staatlichen und gesellschaftlichen Akteuren mag sie aber nicht zu erfassen."
> BENZ (1997: 89)

Jenseits der konkreten Kritik am Luhmannschen Denken spiegeln sich in der Debatte die zentralen Bezugspunkte der „zwei Soziologien"[199] wieder. Zum einen die individualistisch-subjektiven Positionen der akteurszentriert-handlungstheoretischen Ansätze und zum anderen die kollektivistisch-objektiven Modelle des Funktionalismus, Strukturalismus und der Systemtheorie, die Strukturen, Funktionen und Systeme betonen. Systemtheorie und Handlungstheorie, welche „mit dem Gegensatzpaar ‚System' versus ‚Akteur' gekennzeichnet werden."[200]

Jedoch scheinen beide Sichtweisen – für sich genommen – nicht geeignet, in realistischer Weise ein Abbild der gesellschaftlich-kulturellen Sozialisation des Menschen zu vermitteln, „wenn man von dem interaktionistischen Denkansatz der wechselseitigen Beeinflussung von Person und Umwelt im Handeln ausgeht."[201] Offensichtlich ist vielmehr eine Synthese beider Theoriestränge geeignet, um eine adäquate theoretische Abstraktion zu gewährleisten. Unter anderem habe Anthony Giddens (1984 / 1995) mit der Strukturationstheorie einen einflussreichen Versuch unternommen, diesen Gegensatz zu überwinden, so DIEKMANN / JAEGER (1996: 22). So findet Giddens Theorie in der Forschung zur Nachhaltigkeitsdebatte große Beachtung.[202] GIDDENS (1995: 55) geht davon aus, dass „die reflexive Steuerung des Handelns seitens des Akteurs [...] ein integraler Charakterzug des Alltagshandelns" sei und sich nicht nur auf das eigene Verhalten des Akteurs, „sondern auch auf das anderer Akteure" richte. Somit steuern die Akteure „kontinuierlich den Fluß ihrer Aktivitäten" und „kontrollieren routinemäßig ebenso die sozialen und physischen Aspekte des Kontextes, in dem sie sich bewe-

---

[197] Generell zur Kritik vgl. z. B.: Scharpf (1989); Braun (1993); Metzner (1993); Diekmann / Jaeger (1996); Benz (1997); Mayntz (1997); Schneidewind (1998); Diekmann / Preisendörfer (2001); Groß (2001).

[198] Benz, Arthur (1997): Kooperativer Staat? Gesellschaftliche Einflussnahme auf staatliche Steuerung, in: Klein, Ansgar; Schmalz-Bruns, Rainer (Hg.): Politische Beteiligung und Bürgerengagement in Deutschland. Möglichkeiten und Grenzen. Baden-Baden, S. 89.

[199] Vanberg, Victor (1975): Die zwei Soziologien. Tübingen, zitiert nach: Diekmann, Andreas; Jaeger, Carlo C. (1996): Aufgaben und Perspektiven der Umweltsoziologie, in: Dies. (Hg.): Umweltsoziologie. Opladen (= Kölner Zeitschrift für Soziologie und Sozialpsychologie; Sonderheft 36), S. 22.

[200] Diekmann, Andreas; Jaeger, Carlo C. (1996): Aufgaben und Perspektiven der Umweltsoziologie, S. 22.

[201] Vgl.: Siebenhüner, Bernd (2001): Homo sustinens – Auf dem Weg zu einem Menschenbild der Nachhaltigkeit. Marburg, S. 232 f.

[202] Die Strukturationstheorie ist erwähnt u. a. bei Schneidewind (1998; 2001; 2003), Schneidewind / Petersen (1998), Siebenhüner (2001) und Kopfmüller et al (2001).

3.7 Steuerungspessimismus! Die Strukturationstheorie als theoretische Alternative? 61

gen."[203] Mit der „Dualität von Struktur" bezeichnet Giddens den wechselseitigen Einfluss von Subjekt und Struktur. Strukturen als Regeln und Ressourcen organisieren soziale Systeme und bestimmen das Handeln; das Handeln wiederum kann Einfluss nehmen auf die gesellschaftlichen Strukturen.[204] Damit, so LAMLA (2003: 256), zerfalle „die Differenz zwischen der gesellschaftlichen Institutionenordnung" und dem individuellem Handeln „nicht in einen [...] Dualismus", sondern beide Seiten blieben sich „nah und in gewisser Weise auch transparent", weil sie aufeinander angewiesen seien und sich wechselseitig konstituierten.[205] Die sozialen Systeme sind nach Giddens die reproduzierten „Beziehungen zwischen Akteuren oder Kollektiven" und „als regelmäßige soziale Praktiken" organisiert. Sie werden durch Interaktionszusammenhänge produziert und reproduziert. Somit können erlernte Regeln – vom System bestimmt – auf die Subjekte zurückwirken. Umgekehrt können die Subjekte Einfluss darauf nehmen, was gelernt wird.[206] Damit greife Giddens „den berühmten Gedanken von Karl Marx auf, wonach sich die menschlichen Akteure ihre Geschichte selbst gestalten, obgleich sie dies »nicht unter selbstgewählten, sondern unter unmittelbar vorgefundenen, gegebenen und überlieferten Umständen« [...] tun."[207]

Bei einem Vergleich der Strukturationstheorie von Giddens mit der Systemtheorie Luhmanns fällt auf, dass beide Theorien hinsichtlich ihrer Strukturbegriffe einmal der „Dualität von Struktur" und zweitens der „strukturellen Kopplung" scharfe Gegensätze aufweisen.[208] Der heuristische Nutzen beider Theorien „für die konkrete Gesellschaftsanalyse" solle nicht bestritten werden, meint LAMLA (2003: 268). Jedoch seien die „Diagnosen zur Gesellschaftsstruktur" von Giddens „längst nicht auf das wissenschaftliche Differenzierungsniveau der Systemtheorie gebracht." Luhmann dagegen liefere in seinen „Analysen zur Entwicklung des Gesellschaftssystems [...] wertvolle Hypothesen zur institutionellen Dynamik und zur Unverfügbarkeit des gesellschaftlichen Strukturzusammenhangs."[209]

Im Rahmen der Leitfragen, die der Studie zugrunde liegen, gewinnen so vor allem zwei Aspekte Luhmannscher Systemtheorie ihr heuristisches Gewicht, denen sich der nächste Abschnitt der gesellschaftstheoretischen Grundlegung widmet:

1. Die Unmöglichkeit staatlicher Steuerung;

2. Die Steuerungsmöglichkeiten durch Luhmanns Konzept der strukturellen Kopplung.

---

[203] Giddens, Anthony (1995): Die Konstitution der Gesellschaft. Grundzüge einer Theorie der Strukturierung. 2., durchgesehene Auflage. Frankfurt am Main / New York, S. 55.

[204] Ebda., S. 67 – 81.

[205] Lamla, Jörn (2003): Kopplung versus Dualität. Ein Vergleich der Strukturbegriffe von Niklas Luhmann und Anthony Giddens, in: Hellmann, Kai-Uwe; Fischer, Karsten; Bluhm, Harald (Hg.): Das System der Politik, S. 256.

[206] Zur Kritik an Giddens wiederum siehe u. a.: Diekmann, Andreas; Jaeger, Carlo C. (1996): Aufgaben und Perspektiven der Umweltsoziologie, S. 22.

[207] Lamla, Jörn (2003): Kopplung versus Dualität, S. 256. Lamla zitiert hier Marx aus folgender Schrift: Marx, Karl (1972): Der achtzehnte Brumaire des Louis Bonaparte, in: Marx, Karl; Engels, Friedrich: Ausgewählte Werke in sechs Bänden; Bd. 2. Berlin, S. 299 – 417.

[208] Vgl.: Lamla, Jörn (2003): Kopplung versus Dualität, S. 256.

[209] Ebda., S. 268.

3.8 Strukturelle Kopplung und intersystemische Kommunikation durch Organisationen

Die These der Systemtheorie ist, dass die Politik nicht anderen Systemen übergeordnet ist, sondern ein Funktionssystem neben anderen Funktionssystemen. Im Hinblick auf mögliche politische Steuerung bedeute die Ausdifferenzierung der Gesellschaft in Funktionssysteme zugespitzt, dass die Gesellschaft „*über keine Zentralorgane* verfügt. Sie ist eine Gesellschaft *ohne Spitze* und *ohne Zentrum*. [...] Die moderne Gesellschaft ist ein System ohne Sprecher und ohne innere Repräsentanz."[210] Allerdings, so LUHMANN (1998: 778), entstehe eine Schieflage, „wenn man allein die autopoietische Dynamik der Funktionssysteme in Betracht zieht." Die Korrektur des Problems, das „in der klassischen soziologischen Diskussion von Durkheim bis Parsons [...] mit dem Schema Differenzierung/Integration behandelt" wurde, führte dann zur „Suche nach Formen der Integration, die zu funktionaler Differenzierung passen."[211] Luhmann ersetzt „dieses Schema durch die Unterscheidung von Autopoiesis" als Differenzierungsleistung „und struktureller Kopplung" als Integrationsleistung des Systems/ der Systeme.[212] „Die Ausdifferenzierung operativ geschlossener Funktionssysteme erfordert eine entsprechende Einrichtung ihrer gesellschaftsinternen Umweltbeziehungen".[213] Daher seien faktisch „alle Funktionssysteme durch strukturelle Kopplung miteinander verbunden".[214]

Der Luhmannsche Strukturbegriff der Kopplung wird im Rahmen der systemtheoretisch befruchteten Steuerungsdebatte interessant, insbesondere wenn es um die Rolle von Organisationen und ihrer Möglichkeiten zur Kommunikation von Steuerungsimpulsen geht.[215] Luhmann, der mit seiner Systemtheorie die kollektivistische Position besonders betont, gesteht „den Individuen keinen eigenen, außerhalb der Funktionsprinzipien der sozialen Systeme liegenden Gestaltungsspielraum" zu.[216] Eine gesellschaftliche Funktion von Organisationen bezeichnet er allerdings als „*Verdichtung von strukturellen Kopplungen* zwischen Funktionssystemen".[217] Strukturelle Kopplung meint hier die kausalen, nicht operativen Interdependenzen zwischen System und Umwelt.[218] Die Auswirkungen kausaler Interdependenzen – bspw. Umweltprobleme – können durch Organisationen verstärkt werden. Diese „mehrsprachigen Organisationssysteme" können sich „dank eigener Autopoiesis (und nur so!) durch mehrere Funktionssysteme irritieren las-

---

[210] Luhmann, Niklas (1981): Politische Theorie im Wohlfahrtsstaat, S. 22 (Hervorhebungen im Original).
[211] Vgl.: Luhmann, Niklas (1998): Die Gesellschaft der Gesellschaft, 2 Bände. 1. Auflage. Frankfurt am Main (= suhrkamp taschenbuch wissenschaft; 1360), S. 778.
[212] Vgl.: Ebda.; siehe auch: Bode, Ingo; Brose, Hanns-Georg (2001): Zwischen den Grenzen, S. 113.
[213] Luhmann, Niklas (1998): Die Gesellschaft der Gesellschaft, S. 779.
[214] Ebda.
[215] Die Fragen der Steuerung werden in Kapitel 5.7 und 5.8 vertieft.
[216] Siebenhüner, Bernd (2001): Homo sustinens – Auf dem Weg zu einem Menschenbild der Nachhaltigkeit, S. 232.
[217] Luhmann, Niklas (1994): Die Gesellschaft und ihre Organisationen, in: Derlien, Hans - U.; Gerhardt, Uta; Scharpf, Fritz W. (Hg.): Systemrationalität und Partialinteresse. Festschrift für Renate Mayntz. Baden-Baden, S. 195 (Hervorhebungen im Original).
[218] Mehr zur Unterscheidung struktureller und operativer Kopplung und ihrer Relevanz für die systeminterne Differenzierung bei: Luhmann, Niklas (1998): Die Gesellschaft der Gesellschaft, S. 788; vgl. auch: Drepper, Thomas (2003): Organisationen der Gesellschaft. Organisation und Gesellschaft in der Systemtheorie Niklas Luhmanns. Wiesbaden, S. 190.

3.8 Strukturelle Kopplung und intersystemische Kommunikation durch Organisationen 63

sen".[219] Luhmann bezweifelt insbesondere in seinen früheren Schriften trotzdem, dass durch solche „Sensibilitäten" Steuerungschancen verbessert werden könnten. Erklärungen zur zukünftigen Politik etwa oder Eingriffe in den Finanzmarkt wirken als Steuerungsereignisse. „Und da die Ereigniseffekte rascher wirken als die intendierte Änderung der Bedingungen künftigen Handelns, macht die Steuerung die Steuerung selbst oft obsolet."[220] Dennoch: LUHMANN (1994: 196) gesteht den Organisationen zu, als „Impulsgeber" wirken zu können und zwar im Prozess der Reproduktion der Systeme durch anschlussfähige Kommunikation.

> „Systeme bestehen aus Operationen, das heißt aus Ereignissen. Im üblichen Steuerungskonzept denkt man nur an die Änderung der *Bedingungen* künftigen Handelns, also der Strukturen, der Programme, der Parameter. Man müsste zusätzlich mehr auf die *Einführung* dieser Änderungen achten, das heißt: auf Steuerung als *Ereignis*."
>
> LUHMANN (1989: 8)

Die „Theorie geschlossener, selbstreferentieller Systeme" ist „vor allem mit Arbeiten des chilenischen Biologen Humberto Maturana verbunden". Und auch die Begriffe der Autopoiesis als Bezeichnung der Selbstreproduktion sozialer Systeme und der strukturellen Kopplung als Begriff für die Beziehungen jener autopoietischen Systeme zu ihren Umwelten gehen auf Maturana zurück.[221] Bei Maturana bezeichnet der Begriff Beziehungen („Interaktionen") „zwischen System und Umwelt."[222] Durch diese Beziehungen könne zwar nicht „strukturdeterminierend in das System" eingegriffen werden, was die Kompatibilität mit dem Autopoiesis-Konzept sicherstelle, „aber langfristig gesehen" werden „die im System selbst produzierten Strukturen" beeinflusst.[223] Zur Kopplung der Teilsysteme des Gesellschaftssystems konstatiert LUHMANN (2000: 397) für das „Regime funktionaler Differenzierung", dass es „je nach Art der beteiligten Systeme zu sehr verschiedenen strukturellen Kopplungen" komme, „sodass sich dafür kein einheitlicher Mechanismus mehr angeben" lasse. Auch die Organisationen sind an diesen strukturellen Kopplungen beteiligt, um zwischen den Teilsystemen zu vermitteln.[224]

> „Strukturelle Kopplungen sind Konsequenzen der funktionalen Gesellschaftsdifferenzierung. Sie stellen sich ein, weil mit dieser Differenzierungsform sowohl die Abhängigkeiten als auch die Unabhängigkeiten der Funktionssysteme im Verhältnis zueinander steigen. Sie sind auf der Ebene des Gesellschaftssystems angesiedelt und als solche nicht eine Funktion von Organisationen. Aber sie wären in der notwendigen Komplexität und Differenziertheit kaum möglich, wenn es nicht Organisationen gäbe, die Informationen raffen und Kommunikationen bündeln können und so dafür sorgen können, dass die durch strukturelle Kopplungen erzeugte Dauerirritation der Funktionssysteme in anschlussfähige Kommunikation umgesetzt wird."
>
> LUHMANN (2000: 400)

---

[219] Luhmann, Niklas (1994): Die Gesellschaft und ihre Organisationen, S. 196.

[220] Vgl.: Luhmann, Niklas (1989): Politische Steuerung: Ein Diskussionsbeitrag, in: Politische Vierteljahresschrift, 30 Jg., Heft 1, S. 8. Zu den Hoffnungen auf Steuerungschancen etwa durch „das Kommunikationspotenzial einer Zivilgesellschaft" und vor dem Hintergrund erheblicher ökologischer Schwierigkeiten, „die sich in absehbarer Zukunft zu ernsthaften Krisen auswachsen werden" vgl.: Luhmann, Niklas (1998): Die Gesellschaft der Gesellschaft, S. 776 f.

[221] Vgl.: Hellmann, Kai-Uwe (1996): Systemtheorie und neue soziale Bewegungen, S. 78 f.; Vgl.: Luhmann, Niklas (2000): Organisation und Entscheidung. Opladen, S. 397; Siehe auch: Simsa, Ruth (2002): Strukturelle Kopplung: Die Antwort der Theorie auf die Geschlossenheit sozialer Systeme und ihre Bedeutung für die Politik, in: Hellmann, Kai-Uwe; Schmalz-Bruns, Rainer (Hg.): Theorie der Politik, S. 149 und Drepper, Thomas (2003): Organisationen der Gesellschaft, S. 238.

[222] Vgl.: Luhmann, Niklas (2000): Organisation und Entscheidung, S. 397 f.

[223] Ebda.

[224] Vgl.: Ebda.

„Das Konzept der strukturellen Kopplung tritt bei Luhmann an die Stelle, die in anderen Gesellschaftstheorien mit dem Begriff der Integration besetzt ist", so BODE / BROSE (2001: 117). KRAUSE (2001: 56) meint, „Kopplung [...] könnte aber ebensogut durch den Begriff Beziehung ersetzt werden." Und LAMLA (2003: 255) ist der Ansicht, dass „mit struktureller Kopplung [...] letztlich kaum mehr bezeichnet" werde, „als daß Systeme in einer Umwelt überleben können, über die sie eigentlich nichts wissen", und so primär auf die Grenze zwischen System und Umwelt verwiesen werde. „Dennoch gilt, daß die strukturellen Kopplungen Effekte und weittragende Konsequenzen für die jeweiligen systeminternen Strukturbildungen haben.[225] Und die „Organisationen sind am Vollzug dieser Kopplungen beteiligt, ja, sie ermöglichen sie durch ihre Fähigkeit der Raffung und Verdichtung von Kommunikation."[226]

> „Die Übernahme des Begriffs struktureller Kopplung von der Biologie in die Theorie sozialer Systeme kann als theoretische Antwort auf Herausforderungen, welche die Annahme der Geschlossenheit sozialer Systeme mit sich bringt, interpretiert werden. Diese hat hohe theoretische Brisanz und weitreichende Folgen für Fragen des Umweltkontakts sozialer Systeme, der gesellschaftlichen Integration und letztlich auch der Politik."
> SIMSA (2002: 149)

In Bezug auf die gesellschaftliche Kommunikationsleistung von Organisationen wird die These von KNEER (2001: 407) plausibel, „Organisationen nicht als Teil von Funktionssystemen, sondern als Teil der Umwelt von Funktionssystemen zu begreifen." Dieser Vorschlag einer Modifikation der Luhmannschen Theorie basiert auf den Veränderungen, die Luhmann selbst in seinen späten Schriften vornimmt, und wo er „in eine auffallende Nähe zu steuerungs- und gesellschaftstheoretischen Vorstellungen" kommt, „die Kritiker lange Zeit gegen die Systemtheorie ins Feld geführt hatten."[227] So konstatiert LUHMANN (2000: 52), dass „die Gesellschaft [...] die Möglichkeit innergesellschaftlicher Kommunikation über Subsystemgrenzen hinweg zur Verfügung" stellt. Diese Kommunikation wird ermöglicht durch die Doppelbindung von Organisationen, die in gesellschaftstheoretischer Perspektive einerseits durch ihre funktionale Bindung an die Logiken der Teilsysteme und zum anderen durch ihre kommunikative Anschlussfähigkeit zu anderen Systemen durch strukturelle Kopplung besteht.

> „Begreift man Gesellschaft als das umfassende System aller sinnhaften Kommunikationen, kann es Organisationen nur innerhalb des Gesellschaftssystems geben. Einzelne Organisationssysteme haben dann eine doppelte Beziehung zur Gesellschaft: Einerseits vollziehen sie mit jeder ihrer Kommunikationen Gesellschaft; andererseits gibt es auch in ihrer Umwelt Kommunikation, also Gesellschaft."
> LUHMANN (2000: 383)

Eine Überschreitung der Systemgrenzen der Organisation wird deshalb durch Kommunikation möglich. Somit findet eine Organisation „immer in einem Doppelsinne Gesellschaft vor: in sich und in ihrer Umwelt."[228] Zwar sei es nach wie vor unmöglich, dass die Funktionssysteme „als ganze" direkt mit ihren Umwelten kommunizieren können, je-

---

[225] Lamla, Jörn (2003): Kopplung versus Dualität, S. 255.
[226] Bode, Ingo; Brose, Hanns-Georg (2001): Zwischen den Grenzen, S. 117.
[227] Kneer, Georg (2001): Organisation und Gesellschaft. Zum ungeklärten Verhältnis von Organisations- und Funktionssystemen in Luhmanns Theorie sozialer Systeme, in: Zeitschrift für Soziologie, Jg. 30, Heft 6, S. 409. Brodocz (2003: 81) spricht von der „autopoietischen Wende".
[228] Luhmann, Niklas (2000): Organisation und Entscheidung. Opladen, S. 383.

doch bestehe die Möglichkeit interfunktionaler Kommunikation durch Organisationen.[229] Somit ist „eine zumindest partielle gesellschaftliche Integration auf dem Wege der interorganisatorischen Abstimmung zwischen den gesellschaftlichen Teilsystemen" möglich und vermittelnde „intermediäre Sphären" mildern „die harte Logik funktionaler Differenzierung."[230] So orientiere sich etwa auch „das Konzept des kooperativen Staates [...] an einer *integrationstheoretischen* Perspektive."[231]

Mit dem Modell der „intersystemischen Organisationen" beschreiben BODE / BROSE (2001) einen Organisationstypus, um die Vermittlung zwischen Organisationen und Gesellschaft zu charakterisieren. Dabei bietet das Luhmannsche Konzept der strukturellen Kopplung „Anknüpfungspunkte für die Analyse von Organisationen, die innerhalb des Gesellschaftssystems systemübergreifend operieren bzw. kommunizieren."[232] Die Organisationsgesellschaft bestehe aus strukturell unterschiedlichen Organisationen, die „nicht selten an mehreren Funktionssystemen gleichzeitig orientiert sind."[233] BODE / BROSE (2001: 112) vertreten die These der Koexistenz von „mehr oder weniger an spezifischen Systemreferenzen" ausgerichteten und damit systemtypischen „Organisationen einerseits" mit systemübergreifenden und multireferentiellen „Organisationen andererseits." Intersystemische Organisationen verknüpfen „Referenzen aus unterschiedlichen Funktionssystemen" und wiesen dadurch „– gerade weil sie das leisten – einen spezifisch multireferentiellen Charakter auf."[234]

> „Intersystemische Organisationen liegen [...] zwischen den (System-)Grenzen und vermitteln unterschiedliche systemspezifische Funktionslogiken. Ihre Entwicklung ist zugleich Ausdruck gesellschaftlicher Dynamik: Denn sie erweisen sich als in besonderer Weise beweglich und nicht auf eine bestimmte Mischung ihrer Referenzen festgelegt."
> BODE / BROSE (2001: 113)

Das entscheidende Merkmal intersystemischer Organisationen ist, dass sie „keinem Funktionssystem *eindeutig* zugerechnet werden können sowie *konstitutiv* mit pluralen Referenzen operieren."[235] Dadurch vermitteln sie „zwischen mehreren Teilsystemen" und „sind gewissermaßen institutionalisierte Katalysatoren der Einbettung."[236] Intersystemische Organisationen zeichnen sich aus durch „hybride Strukturen, universalistische Zielsetzungen und intermediäre Funktionen."[237]

Vergleicht man nun die Profile der intersystemischen Organisationen mit denen der intermediären Organisationen fällt auf, dass es insbesondere hinsichtlich der Zurechenbarkeit zu Funktionssystemen Unterschiede zwischen beiden Organisationstypen zu geben scheint. Zählt man neben den in Kapitel 3.5 identifizierten intermediären Organisationen wie Parteien, Ärztevereinigungen oder Krankenkassen auch die kommunalen Spitzenverbände, die Bauern- und andere Berufsverbände sowie die bereits von

---

[229] Vgl.: Kneer, Georg (2001): Organisation und Gesellschaft, S. 409.
[230] Ebda., S. 409 f.
[231] Ebda., S. 422 (Hervorhebung im Original). Mehr zum Begriff des kooperativen Staates in Kapitel 5.7.
[232] Bode, Ingo; Brose, Hanns-Georg (2001): Zwischen den Grenzen, S. 117.
[233] Ebda., S. 112.
[234] Ebda., S. 114
[235] Ebda., S. 118 (Hervorhebungen im Original).
[236] Ebda.
[237] Ebda., S. 135.

den „Klassikern" genannten „intermediären Gewalten" wie z. B. die Gerichte, Universitäten und Lokalregierungen hinzu wird deutlich, dass eine Reihe dieser Institutionen zwar eine vermittelnde Aufgabe zwischen Individuum und Gesellschaft wahrnehmen, diese aber auch zu einem guten Teil fest in den jeweiligen Funktionssystemen verwurzelt sind und – in der differenzierungstheoretischen Perspektive betrachtet – keineswegs generell an oder sogar zwischen den Grenzen gesellschaftlicher Teilsysteme angesiedelt sind.[238]

Dieser theoretische Befund weist auf die notwendige Unterscheidung von intermediären und intersystemischen Organisationen mit der Konsequenz, dass die Kommunikationsprofile intermediärer Organisationen nicht in jedem Falle auch intersystemischen Charakter aufweisen müssen. Intermediäre Organisationen vermitteln vielmehr primär zwischen Mikro- und Makroebene der Gesellschaft und nicht generell zwischen den Funktionssystemen. Dabei impliziert der Begriff der Intermediarität in seiner historischen Dimension für den Fall der intersystemischen Vermittlung zwischen Funktionssystemen zunächst eine Kopplung mit dem politischen System. „Der besondere Charakter intersystemischer Organisationen" ist aber gerade nicht zu reduzieren auf diese Kopplung, sondern beschreibt auch die Vermittlungsleistungen zwischen anderen Funktionssystemen.[239] Vorausgesetzt, dass die Kommunikationen intermediärer Organisationen etwa durch interorganisationale Vernetzung auch intersystemischen Charakter erreichen können, ermöglicht dies aber gerade aufgrund der Kopplung an das politische System Innovationen im Kommunikationsprozess gesellschaftlicher Problemlösung. Mit Blick auf die Vermittlungs- und Steuerungsleistungen intermediärer Organisationen wird damit ihre besondere Rolle im gesellschaftlichen Kommunikationsprozess untermauert. Gleichzeitig wird durch diese Diagnose dass Gestaltungspotenzial der intermediären Organisationen deutlich, das aus entsprechend ausgerichteten Kommunikations- und Koordinationsstrategien erwachsen kann, da die Systemgrenzen vor allem dann porös werden, wenn die Vermittlungsleistungen intersystemischen Charakter aufweisen. Diese Vermittlungsleistungen und Kooperationen deuten dann auf eine erhöhte Komplexität, eine emergente Ebene der Problembearbeitung hin, und implizieren Entdifferenzierungstendenzen durch gesellschaftliche Integration.[240]

Dabei bezeichnet der Begriff der Integration allerdings einen widersprüchlichen Prozess. Integration bedeutet zugleich immer das Auflösen alter Grenzen, wodurch neue Grenzen entstehen. HERRMANN (1993: 115) charakterisiert diesen Prozess als dialektisches Perpetuum mobile: „Differenzierung produziert Widerspruch; dieser das Bemü-

---

[238] Als Beispiel seien hier die politischen Parteien genannt, die auf den ersten Blick als Bestandteil des politischen Systems identifiziert werden können. Vgl. hierzu die kritische Analyse von Reese-Schäfer: Reese-Schäfer, Walter (2002): Parteien als politische Organisationen in Luhmanns Theorie des politischen Systems, in: Hellmann, Kai-Uwe; Schmalz-Bruns, Rainer (Hg.): Theorie der Politik, S. 109 – 130. Vgl. auch das Kapitel 7 über „Politische Organisationen" in Luhmanns „Politik der Gesellschaft": Luhmann, Niklas (2002): Die Politik der Gesellschaft. Frankfurt am Main (= suhrkamp taschenbuch wissenschaft; 1582), S. 228 – 273.

[239] Vgl.: Bode, Ingo; Brose, Hanns-Georg (2001): Zwischen den Grenzen, S. 118.

[240] Vgl.: Kneer, Georg (2001): Organisation und Gesellschaft, S. 422. Zum Thema Entdifferenzierung vgl. auch: Bora, Alfons (2001): Öffentliche Verwaltungen zwischen Recht und Politik. Zur Multireferentialität der Programmierung organisatorischer Kommunikationen, in: Tacke, Veronika (Hg.): Organisation und gesellschaftliche Differenzierung, S. 170 – 191.

3.8 Strukturelle Kopplung und intersystemische Kommunikation durch Organisationen

hen um Entdifferenzierung; diese erneut Widerspruch und damit erneute Differenzierung usw." Im Zeitalter der Globalisierung lautet daher die These, dass vor allem interorganisationale Kooperationen die Komplexität „der Problemwahrnehmung und -bearbeitung steigern können und dass sie als Netzwerke in der funktionaldifferenzierten Gesellschaft durch ihre lose Kopplung eine Verstärkung der teilsystemischen Resonanzen bewirken können. Das Luhmannsche Konzept der strukturellen Kopplung bietet dabei „Anknüpfungspunkte für die Analyse von Organisationen, die innerhalb des Gesellschaftssystems systemübergreifend operieren bzw. kommunizieren."[241] Dabei gewinnen als Ereignis kommunizierte Werte und Wissen im Prozess systemischer Reproduktion auch in ihrer normativen Dimension an Gewicht.

Das folgende Kapitel der Studie widmet sich daher im Rahmen der gesellschaftstheoretischen Grundlegung zunächst der organisations- und wissenssoziologischen Analyse der einzelnen Organisationseinheit und verfolgt Strategien der Anpassung der Organisationsstruktur unter veränderten Umweltbedingungen in der Wissensgesellschaft am Beispiel der nachhaltigen Entwicklung.

---

[241] Bode, Ingo; Brose, Hanns-Georg (2001): Zwischen den Grenzen, S. 117.

4 Organisationen in der Wissensgesellschaft

„Tantum possumus, quantum scimus"
(wir vermögen soviel, wie wir wissen)
TOMMASO CAMPANELLA (1568–1639)

Organisationen bilden das Rückgrat jeder funktional-differenzierten Gesellschaft; sie sind zugleich deren Voraussetzung und Konsequenz. Organisationen erklären den „gewaltigen Leistungs- und Komplexitätszuwachs der modernen Gesellschaft" (LUHMANN, 1990: 74). Sie sind die Orte gesellschaftlicher Wissensproduktion und gesellschaftlicher Wissensvermittlung. Sie integrieren neues Wissen, um zukunftsfähige institutionelle Strukturen zu gestalten. Gleichsam vermittelnd zwischen Makro- und Mikroebene konstruieren sich Organisationen auf der Mesoebene der Gesellschaft auch als intermediäre Strukturen. Aus soziologischer Sicht erwächst ihnen dadurch eine zentrale Bedeutung als Schnittstellen zwischen System und Individuum. Prozesse der Vermittlung von Politik sind vorstrukturiert als Kommunikationen zwischen jenen Ebenen. Sie basieren auf der Notwendigkeit zur Anpassung bestehender Verhältnisse aufgrund sich verändernder Bedingungen. Politik ist gleichzeitig immer auch ein Wettbewerb der Vermittlung von Anschauungen, Werten und möglichen Zukünften, welche durch Wissen erst möglich werden.

Systemtheoretisch scheidet eine zentrale Steuerung der Gesellschaft aus; bzw. ist unmöglich. Den Organisationen der Gesellschaft kommt in diesem Zusammenhang eine besondere Bedeutung zu. Gleichsam als Rezeptoren des gesellschaftlichen Wandels stehen sie in einem system-intermediären Dialog- und Einflussbereich, der die Sicherung auch ihrer zukünftigen Existenz gewährleistet. Sie vernetzen den gesellschaftlichen Kommunikationsfluss und aufgrund ihrer Struktur der Doppelbindung sind sie in der Lage, den notwendigen Transfer zu codieren und auszulösen. Organisationen bilden somit gleichzeitig die Grundlage systeminterner Effizienz sowie die strukturellen Voraussetzungen institutioneller Innovationen, die sich als Wertemuster verfestigen und weiterentwickeln. Der Wandel staatlicher Aufgabenerfüllung und die veränderten organisationalen und technischen Entwicklungen stärken seit Anfang der 1990er Jahre auch die Rolle von Nicht-Regierungs-Organisationen in politischen Willensbildungs-, Entscheidungs- und Integrationsprozessen. Ihre zunehmende Bedeutung ist gleichzeitig Ausdruck ihrer Kompetenz in Vermittlungsprozessen intersystemischer Interdependenzen.

4.1 Organisationen und gesellschaftlicher Wandel

Organisationen sind Voraussetzung und Merkmal für funktional-differenzierte Gesellschaften. Sie sind soziale Gebilde, die auf spezifische Ziele ausgerichtet sind. Eine Organisation bezeichnet die „Gesamtheit aller geplanten und ungeplanten sozialen Prozesse, die innerhalb des sozialen Systems bzw. im Rahmen der Außenbeziehungen mit anderen organisatorischen Gebilden ablaufen [...]."[242] Das Ziel einer Organisation bestimmt seine Struktur. Es definiert Normen und Regelungen, bestimmt Kommunikationswege, Verantwortlichkeiten, Kompetenzen und Autoritätsbeziehungen. Die Organisation ist immer auch ein Herrschaftsverband. Organisationen stabilisieren und entlasten soziales Handeln, indem sie die Kontingenz beschränken, Komplexität reduzieren und Strukturen im Alltag bilden. Als Instrumente menschlichen Zweckhandelns sind Organisationen – ausgerichtet auf die Erfüllung bestimmter Funktionen – integrale Bestandteile der jeweiligen Teilsysteme der funktional-differenzierten Gesellschaft. Dabei kommt es zur Ausbildung eigener und sehr spezieller Sinn-Zusammenhänge innerhalb der auf „spezifische und nur für sie vorrangige" Funktionen eingestellten Teilsysteme.

> „Dieses Formprinzip erklärt den gewaltigen Leistungs- und Komplexitätszuwachs der modernen Gesellschaft; und es erklärt zugleich die Probleme der Integration, das heißt der geringen Resonanzfähigkeit sowohl zwischen den Teilsystemen der Gesellschaft als auch im Verhältnis des Gesellschaftssystems zu seiner Umwelt." LUHMANN (1990: 74)

Der Kompetenz der Subsysteme für ihre eigenen Zwecke und innerhalb ihrer eigenen Codes entspricht die Inkompetenz des Gesamtsystems. Die Eigenlogik der Teilsysteme führt zur Entkoppelung voneinander, sodass die mit einer ungeheuren Effizienz zu ermöglichenden Ziele bezogen auf das Gesamtsystem kontraproduktiv wirken können. Dieser Antagonismus war die Ursache der Nachhaltigkeitsdebatte und der Auslöser einer Suche nach Gleichgewichten, die die erheblichen ökologischen, sozialen und ökonomischen Nebenfolgen des wirtschaftlichen Fortschritts zu relativieren helfen.[243]

In den Teilsystemen „wimmelt" es nur so von Organisationen und „organisationsfreie Interaktionen", die sich zudem nur einem Teilsystem der Gesellschaft zuordnen lassen sind schwer zu entdecken.[244] Organisationen existieren innerhalb der Gesellschaft als eine besondere Form, „Gesellschaft durch verdichtete Kommunikation fortzusetzen."[245] Keine Organisation „ist in der Lage, den Zustand des jeweiligen Funktionssystems zu determinieren [...]"; durch Organisationen können aber wichtige Variablen der Funktionssysteme durch organisierte Kommunikation verändert werden.[246]

> „Organisationen sind die einzigen Sozialsysteme, die regulär als ‚kollektive Akteure' auftreten können; die einzigen Sozialsysteme, die im Kommunikationssystem Gesellschaft ‚im eigenen Namen' kommunizieren können." LUHMANN (1994: 191)

Die durch Organisationen entstehenden Entscheidungsspielräume, „die es andernfalls nicht gäbe", ermöglichen es, die Irritabilität eines Systems zu steigern.[247]

Für die programmatische Integration einer nachhaltigen Entwicklung kommt gerade deshalb den Organisationen eine besondere Rolle zu. Ihr Integrationspotenzial ist bereits durch ihre kommunikativen Profile im Gesellschaftssystem vorstrukturiert. Die Um-

---

[242] Ausführlich in: Zimmermann, Gunter E. (1998): Art. „Organisation", in: Schäfers, Bernhard (Hg.): Grundbegriffe der Soziologie. 5. Auflage. Opladen (= UTB für Wissenschaft 1416), S. 261 – 264.
[243] Vgl.: Schneidewind, Uwe (2002): Nachhaltige Wissensgesellschaft, S. 193.
[244] Vgl.: Luhmann, Niklas (1994): Die Gesellschaft und ihre Organisationen, S. 189.
[245] Vgl.: Ebda., S. 190.
[246] Ebda., S. 195.
[247] Ebda., S. 190.

4.1 Organisationen und gesellschaftlicher Wandel

setzung einer nachhaltigen Entwicklung erfordert dennoch weit reichende institutionelle Reformen und stellt eine große Herausforderung für die Fähigkeiten zur sinnhaften Kommunikation durch Organisationen dar. Denn: „Daß im Namen von Organisationen kommuniziert werden kann, lässt noch offen, was kommuniziert wird."[248]

WILLKE (1998a) schildert die Notwendigkeit des Umbaus der „traditionell tayloristischen Organisation" zur „intelligenten Organisation".[249] Der gegenwärtig laufende Übergang von der Industriegesellschaft zur Wissensgesellschaft transformiere Produkte und Dienstleistungen zu „wissensbasierten, *intelligenten* Gütern." Grundlage für den zukünftigen Erfolg von Organisationen sei die „Wissensarbeit", die in organisierter Form das Wissen zu einer Produktivkraft entfalten könne und „gegenwärtig dabei ist, die herkömmlichen Produktivkräfte (Land, Arbeit, Kapital) in ihrer Bedeutung zu überflügeln."[250] Doch nicht nur eine zum Großteil wissensbasierte Ökonomie kennzeichnet die Wissensgesellschaft. „Völlig neue Formen der gesellschaftlichen Organisation und Wertschöpfung" finden ihren Ausdruck in zeitlich und räumlich entkoppelten und virtualisierten Koordinationsprozessen, die mittels neuer Informations- und Kommunikationstechnologien für eine „erheblich Beschleunigung von Handlungen, Geschäfts- und Organisationsprozessen" führen.[251]

Um die Organisationsziele unter sich verändernden gesellschaftlichen Rahmenbedingungen weiterhin erfolgreich erfüllen zu können, müssen Organisationen ihre formale Struktur entsprechend anpassen. SIEBENHÜNER (2001: 417 ff.) unterscheidet hier zwei Möglichkeiten des organisationalen Anpassungsprozesses unter veränderten Umweltbedingungen. Zum einen den „als ‚sozialtechnologisch' kritisierten" Ansatz der Organisationsentwicklung und zum anderen den partizipatorisch orientierten Ansatz des organisationalen Lernens. Organisationsentwicklung bezeichnet den Anpassungsprozess an den gesellschaftlichen Wandel und drückt sich u. a. aus durch flache Hierarchien und einer „Verringerung der horizontalen *Differenzierung* innerhalb der Organisation zugunsten vernetzter Strukturen mit verstärkter horizontaler und vertikaler Kooperation [...]."[252] Die Dynamik der Veränderung generiere sich beim Modell der Organisationsentwicklung aber nicht aus „der Mitte des Unternehmens selbst".[253] Die Veränderung von Strukturen und Verhalten der Organisation sei dabei nur durch den Einsatz gezielt ausgebildeter Spezialisten möglich und wirke so zunächst von ‚außen' auf die Organisation ein. Organisationsentwicklung ist dann meist ein vom Management ausgehender ‚top-down' Prozess, der „die Mitarbeiter stark in eine Ausführungsrolle drängt."[254] Grundsätzlich stellt ein organisatorischer Wandel „ein besonderes Problem" dar, da sich evtl. die Organisationsziele ändern und ein veränderter Sinnzusammenhang direkt

---

[248] Vgl.: Ebda., S. 191.
[249] Willke, Helmut (1998a): Systemisches Wissensmanagement. Stuttgart (= UTB für Wissenschaft 2047), S. 1.
[250] Ebda., S. 5.
[251] Angelehnt an die Definition der Wissensgesellschaft von Schneidewind eines „breiteren ökonomischen und gesellschaftlichen Verständnisses"; vgl. Schneidewind, Uwe (2002): Nachhaltige Wissensgesellschaft, S. 199 - 200.
[252] Vgl.: Zimmermann, Gunter E. (1998): Art. „Organisation", S. 263 (Hervorhebung im Original).
[253] Siebenhüner, Bernd (2001): Homo sustinens – Auf dem Weg zu einem Menschenbild der Nachhaltigkeit, S. 417 f.
[254] Mehr zur Definition von Organisationsentwicklung und lernender Organisation siehe: Ebda.

auch die individuellen Interessen der Organisationsmitglieder betrifft. Ohne die Lösung der daraus entstehenden Konflikte wird die formale Struktur der Organisation im Hinblick auf ihre Ziele dysfunktional.[255] Zur Internalisierung veränderter Ziele scheint daher das Konzept des organisationalen Lernens besser geeignet, welches auf die kreativen Kräfte der Organisationsmitglieder setzt. Der kreative und selbst organisierte Lernprozess orientiert sich dabei weniger an konkret vorgegebenen Zielen, „sondern beinhaltet einen nicht – oder nicht vollständig – geplanten bzw. nicht planbaren Wandel".[256] Diese ‚bottom-up' Struktur einer lernenden Organisation zielt auf einen „permanenten Wandel der gesamten Organisation" und gerät u. U. auch „in Konflikt mit den Zielen des Managements".[257] Übergeordnetes Ziel organisationaler Lernprozesse ist der „Wissenszuwachs auf der kollektiven Ebene des gesamten Unternehmens".[258] SIEBENHÜNER (2001: 419) favorisiert im Hinblick auf eine nachhaltigkeitsorientierte Unternehmensführung den partizipatorischen Ansatz des organisationalen Lernens, wenngleich sich auch Elemente der Organisationsentwicklung für „kurzfristiger angelegte Veränderungsprozesse" eigneten.

Die Integration der Nachhaltigkeitsziele in den organisatorischen Wandel bedeutet hier die funktionale Anpassung von Struktur und Ziel der Organisation. Dieser Prozess erfordert neben der Steuerung der zu erwartenden Konflikte ein hohes Maß an Innovation auf organisationaler als auch auf institutioneller Ebene. Die Gestaltung dieser Prozesse als Verfahren, die eine erhöhte Komplexität zulassen (müssen), läuft dem Differenzierungsprinzip und damit auch der Minimierung von Unsicherheiten durch die Reduktion von Komplexität zuwider. Dieses Prinzip ist aber die Voraussetzung für die Erfüllung der speziellen Funktionen von Organisationen und ermöglicht ihre Rationalität. Vor dem Hintergrund der Prämisse, dass „Organisationen entstehen und sich reproduzieren, wenn es zur *Kommunikation von Entscheidungen* kommt"[259], dienen die „Zwecke einerseits und die Beschränkung der verfügbaren Mittel andererseits [...] dem System als sinngebende Richtlinien der Informationsverarbeitung".[260] Damit wird die Umweltkomplexität „für systeminterne Arbeitsvorgänge so weit" reduziert, dass diese organisiert werden können.[261] Luhmann ersetzt den Begriff der Zweckorientierung einer Organisation mit dem Begriff der Unsicherheitsabsorption als Entscheidungsprozess.[262] Die Bestimmung des Unbestimmten ist Entscheidung.[263] Zugleich kann

> „Nichtwissen nicht durch Wissen reduziert werden, sondern nur durch Entscheidungen, die ihrerseits natürlich auch die Richtung und Methode der Suche nach Wissen betreffen können."   LUHMANN (2000: 186)

---

[255] Eine Dysfunktion beschreibt diejenige Wirkung eines sozialen Elements, welche die Umweltanpassung, Integration, Zielverwirklichung und Strukturerhaltung des Systems beeinträchtigt. Vgl.: Reimann, Bruno W. (1994): Art. „Dysfunktion", in: Fuchs-Heinritz, Werner et al (Hg.): Lexikon zur Soziologie, S. 154; siehe auch: Zimmermann, Gunter E. (1998): Art. „Organisation", S. 263.
[256] Siebenhüner, Bernd (2001): Homo sustinens – Auf dem Weg zu einem Menschenbild der Nachhaltigkeit, S. 418.
[257] Ebda.
[258] Ebda.
[259] Luhmann, Niklas (2000): Organisation und Entscheidung, S. 63 (Hervorhebungen im Original).
[260] Ebda., S. 183.
[261] Ebda.
[262] Ebda., S. 186 f.
[263] Vgl.: Ebda., S. 424.

Für den Umgang mit erhöhter Umweltkomplexität bedeutet dies neue Herausforderungen im Umgang mit Unsicherheiten und für die Ausrichtung von Entscheidungsprogrammen.[264] Die beste Möglichkeit dafür sei,

> „sich an das zu halten, was bereits geschehen ist. Organisationen klären den Sinn ihres Tuns daher weitgehend retrospektiv. Das wiederum verführt sie dazu, dem jeweiligen Zustand der Umwelt wenig Beachtung zu schenken. Diese Ausdifferenzierung auf der operativen Ebene muss aber auf der strukturellen Ebene ausgeglichen werden."
> LUHMANN (2000: 48)

Vor allem die Organisationsformen alten Schlags, die „Apparate", scheinen auf veränderte Umweltbedingungen nur langsam reagieren zu können und ihr Innovationspotenzial wäre dadurch begrenzt. Durch den Erfolg vergangener Jahre, der allerdings unter anderen Bedingungen erzielt wurde, fällt es ihnen besonders schwer, den notwendigen organisationalen Wandel zu gestalten. Die starke Kultur des „großen WIR" verursacht eine ausgeprägte konsensuale Ordnung und Bindung an tendenziell überkommene organisationale Modi.[265] Die fest geschlossenen Strukturen und Kulturen klassischer Organisationsgesellschaften sind daher „wohl kaum noch einladend (für) freies Engagement und die Offenheit kreativen Lernens."[266] So blockiert die eigene Organisation den strukturellen Fortschritt. Organisationale Lernprozesse durchbrechen dann nur langsam die festen Strukturen, deren Stabilität den Erfolg von Gestern sicherte, den von Morgen aber nicht mehr garantiert.

4.2 Von der virtuellen Organisation zur gesellschaftlich legitimierten Institution

Ausdruck des organisationalen Wandels in einer zunehmend komplexen Umwelt ist die Entstehung von Netzwerkstrukturen, die geeignet erscheinen, sich „geänderten Umweltbedingungen in schneller und effektiver Art und Weise" anzupassen.[267] Sie sind zugleich Auslöser und Reaktion „einer gestiegenen Wissensvermehrung, einer erhöhten Wahlfreiheit von Individuen und Gruppen und einer damit größer gewordenen Komplexität von technischen und sozialen Interaktionen".[268] In zunehmender Zahl kooperieren kompetente Netzwerke, hochflexibel und innovativ auch über Organisationsgrenzen hinweg und lösen als die Testlabore organisationaler Entwicklung die alten Apparate mit ihren starren Strukturen ab. Sie etablieren sich als neue Signalgeber einer innovativen Organisationskultur. Virtuelle Wissensnetze bezeichnen solche neuen Organisationsformen, in welchen die Organisationsmitglieder neue Formen der Zusammenarbeit entwickeln. Eine Zusammenarbeit in Netzwerken ist gekennzeichnet durch das Herauslösen aus Organisationsstrukturen, die i. d. R. aufgrund des hohen Grades

---

[264] Vgl.: Ebda., S. 48; ausführlich diskutiert ab S. 256.
[265] Vgl.: Pankoke, Eckart; Stellermann, Rolf (2000): Werte und Wissen im Wandel. Zur kommunikativen Kultur organisationalen Lernens. Lehrforschungsprojekt im Studiengang ‚Praktische Sozialwissenschaft'. Universität Essen, S. 122.
[266] Ebda.
[267] Vgl.: Ebda., S. 16.
[268] Vgl.: Ebda.

der erreichten Arbeitsteilung für sehr spezielle Ziele angelegt sind und die die Reduktion von Komplexität maximieren. Die Komplexität wird durch die Zusammenarbeit in Netzwerken potentiell erhöht; insbesondere dann, wenn über Organisations- und Sachgebietsgrenzen hinweg kommuniziert wird. Eine Form mit charakteristischen Merkmalen dieser neuen Organisationstypen ist die „virtuelle Organisation".[269]

Ursprünglich bezeichnet das Wort virtuell etwas der Anlage nach als Möglichkeit Vorhandenes (Brockhaus). Abgeleitet vom lateinischen virtus = Tüchtigkeit als die Möglichkeit zu etwas in sich begreifend (Duden). Es existiert somit keine reale Eigenschaft einer Sache, sondern eine Möglichkeit. „Virtualität spezifiziert also ein konkretes Objekt über Eigenschaften, die nicht physisch, trotzdem ihrer Leistungsfähigkeit nach vorhanden sind."[270] Die heute gängige Bezeichnung von Virtualität ist eng verknüpft mit der Terminologie des Computerzeitalters und hat sich seit Mitte der 1990er Jahre „zu einem intensiv benutzten Schlagwort entwickelt."[271] Virtualität findet statt im virtuellen Raum – im Cyberspace: einer künstlich inszenierten Wirklichkeit, die als real erfahren wird. Und tatsächlich schafft die Informationstechnologie als Konsequenz der Computerisierung der Arbeitswelt solche computerbasierten Sphären, die scheinbar entgrenzt von Zeit, Raum und Kultur als Kommunikationsplattformen dienen; die zur ‚Heimat' der virtuellen Gemeinschaften geworden sind. Die virtuelle Organisation ist eine Konsequenz der „Suche nach Gestaltungsformen, die räumliche, zeitliche und funktionale Grenzen flexibilisieren und [...] aufweichen."[272] In der virtuellen Organisation verschwimmen die organisatorischen Grenzen und die Bildung und Abgrenzung organisatorischer Einheiten verändert sich. Diese Organisationsform ist gleichzeitig Ausdruck einer neuen Qualität organisatorischer Gestaltung und impliziert „eine neue Sichtweise auf Organisationen".[273] Eine nicht sehr trennscharfe, aber dennoch „wegweisende Grundauffassung von virtuellen Unternehmen", die noch immer Bestand habe, so SCHOLZ (2000: 324), lieferten BYRNE, BRANDT und PORT (1993: 36 ff.): „Danach ist es charakteristisch für diese Organisationsform, daß sich die involvierten Einheiten bis auf ihre Kernkompetenzen hin reduzieren, um sich dann flexibel zu neuen Einheiten zusammenschließen."[274]

Im virtuellen Raum konstituierte Organisationen und ihre Mitglieder profitieren von der höheren Geschwindigkeit des Informationsaustausches. Ihr Ziel ist die Vernetzung und die Vergrößerung der Wissensbasis. Virtuelle Organisationen erlangen Wettbewerbsvorteile durch geringere Kosten für die Infrastruktur, die ihrerseits als extensive Kommunikationsinfrastruktur Abstimmungsprozesse der Organisation verbessert und zu einer „effektiveren und effizienteren Ressourcennutzung" beiträgt.[275] Die relative Ungebundenheit weitgehend losgelöst von physischen Zwängen wie etwa von Gebäuden

---

[269] Ausführlich bei: Scholz, Christian (2000): Strategische Organisation. Multiperspektivität und Virtualität. 2., überarbeitete Auflage. Landsberg/Lech, S. 320 – 391.
[270] Ebda., S. 328.
[271] Ebda., S. 320.
[272] Ebda.
[273] Vgl.: Ebda.
[274] Vgl.: Byrne, John A.; Brandt, Richard; Port, Otis (1993): The Virtual Corporation, in: Business Week v. 8.2.1993, S. 36 – 40; zitiert nach: Scholz, Christian (2000): Strategische Organisation, S. 324.
[275] Vgl.: Scholz, Christian (2000): Strategische Organisation, S. 337.

4.2 Von der virtuellen Organisation zur gesellschaftlich legitimierten Institution 75

senkt nicht nur Kosten; sie ist auch Ausdruck einer größeren Flexibilität und Anpassungsfähigkeit.[276] Virtuelle Organisationen sind strukturell dazu befähigt, Expertenwissen flexibel zusammenzuführen. Ihre Konstitution scheint besonders geeignet in wissensintensiven Bereichen wie der Informationstechnologie und in Forschung und Entwicklung. Virtuelle Organisationen sind nicht länger „als Resultat eines organisationsstrukturellen Urknalls anzusehen, sondern als Ergebnis einer kontinuierlichen Entwicklung in einem mehrdimensionalen Raum."[277]

Als Plattformen für den Wissensaustausch können sie die Problemlösungskompetenz durch einen reflexiven Umgang mit multidimensionalen Problemlagen steigern sowie flexibel und schnell auf Veränderungen der Umwelt reagieren. Auch und gerade für NGOs ist diese Form der Vernetzung von Wissensträgern eine attraktive organisationale Alternative. „Virtuelle Organisationsformen stehen dabei erst am Anfang der Institutionalisierungsphase", so SCHOLZ (2000: 331). Ihre zunehmende Institutionalisierung als besonders für wissensintensive Prozesse geeignete Kommunikationsplattform wäre daher als Konsequenz zunehmender Wissensarbeit in einer Wissensgesellschaft anzunehmen.

Die vorindustriellen Institutionenlehren begründeten Institutionen als eine Erscheinung der „übergeordneten Macht, die in dieser Welt für Ordnung, Gestalt und Form sorgt."[278] Zu den Institutionen zählten der Ackerbau, die Ehe,[279] und natürlich Kirche und Staat, die als „die Schwerter Gottes" legitimiert waren und eine „außerordentliche Würde" genossen.[280] Übergeordnet als Zuchtmeister oder als Heilsweg waren Staat und Kirche Institutionen – von oben gegründet – und dem moralischen Wesen Mensch und all seinen Schwächen verordnet.[281] Auch heute prägen Institutionen das Zusammenleben in der Gemeinschaft. Sie sind soziale Einrichtungen, die auf Dauer bestimmen, „was getan werden muß'."[282] Sie sorgen für Strukturen, definieren Regeln und bestimmen Ziele. Der Begriff ist in der Soziologie auch heute noch ein nicht eindeutig geklärtes Konzept.[283] ESSER (2000: 2) definiert Institutionen zunächst als „eine *Erwartung* über die Einhaltung bestimmter *Regeln*, die verbindliche *Geltung* beanspruchen." Institutionen grenzen sich ab von Organisationen, „in denen soziale Regeln zwar angewandt werden, die aber nicht allein daraus bestehen." Organisationen sind für einen bestimmten Zweck menschlichen Handelns eingerichtete soziale Gebilde. Institutionen repräsentieren dagegen die in den Erwartungen der Akteure verankerten und sozial verbindlich geltenden Regeln des Handelns. Institutionelle Regeln „sind der Kern aller gesellschaftlichen Strukturen".[284] Institutionen sind der Versuch des Menschen, sich vor der Über-

---

[276] Vgl.: Ebda., S. 336 f.
[277] Ebda., S. 332.
[278] Jonas, Friedrich (1966): Die Institutionenlehre Arnold Gehlens. Tübingen (= Soziale Forschung und Praxis; Bd. 24), S. 2.
[279] Vgl.: Hegel, Georg W. F. (1821 / 1972): Grundlinien der Philosophie des Rechts. Hrsg. und eingeleitet von Helmut Reichelt. Frankfurt am Main et al, § 350, S. 298; § 203, Anmerkung, S. 181.
[280] Jonas, Friedrich (1966): Die Institutionenlehre Arnold Gehlens, S. 2.
[281] Vgl.: Ebda.
[282] Lipp, Wolfgang (1998): Art. „Institution", in: Schäfers, Bernhard (Hg.): Grundbegriffe der Soziologie, S. 148.
[283] Vgl.: Esser, Hartmut (2000): Soziologie. Spezielle Grundlagen, Band 5: Institutionen, S. 1.
[284] Ebda., S. 6 f.

komplexität der Welt zu schützen um durch individuelle Orientierung und kollektive Ordnung Alltagsprobleme lösen zu können. In einer funktionalistischen Perspektive sind Institutionen die Problemlösungen, die sich durchgesetzt haben, um die zentralen Aufgaben der Gesellschaft zu erfüllen.

Im Hinblick auf neu entstandenen Problemdimensionen ist der institutionelle Wandel eine notwendige Bedingung, damit institutionelle Rahmenbedingungen auch in Zukunft Sinn machen. „Institutioneller Wandel ist die Änderung einer bereits *bestehenden* institutionellen Ordnung."[285] Wird die Organisation von Nutzenproduktion ineffizient oder die Interessen der Menschen an der Geltung der Institution widersprüchlich, führt dies zu einer Änderung institutioneller Ordnung. Sozialer Wandel äußert sich auch in der Um- und Neugründung von Institutionen; in der Neudefinition ihrer normativen Wirkung zur Beschränkung der Beliebigkeit und Willkür sozialen Handelns und der Definition von Pflichten als Resultante und Steuerungsinstanz des Handelns.[286]

Organisationen und Institutionen sind Bestandteile und Ausdruck kultureller Evolution und es ist anzunehmen, dass sich durch neue Kommunikationskulturen Organisationsstrukturen und damit verbunden auch die Institutionen verändern werden. Institutioneller Wandel gehe von der „Basis" aus; sei also ein „bottom-up" Prozess, meint Esser (2000: 367). Neu entstehende Organisationen und Institutionen sind dabei das Ergebnis einer neuen Kultur der Kommunikation; aber auch einer neuen Kultur des Problembewusstseins und Problemverständnisses sowie der Notwendigkeit, multidimensionale Problemlagen angemessen bewältigen zum können.

Die Institutionalisierung, d. h. „die Einrichtung und Absicherung einer institutionellen Ordnung mit Geltungsanspruch",[287] hier: von virtuellen Organisationen, wird legitimiert durch „die auch subjektive Geltung der Institution bei den Akteuren als verbindliches und anerkanntes Modell des Handelns."[288]

4.3 Wissensmanagement und Wissensgemeinschaften

"Knowledge is power, but sharing information is progress"[289]

Wissen ist Macht – diese Redewendung geht zurück auf den englischen Juristen, Staatsmann, Philosophen und Schriftsteller Francis Bacon (1561 – 1626). Im lateinischen Original heißt es bei dem bedeutenden europäischen Denker der Übergangszeit von der Renaissance zur Neuzeit: „Ipsa scientia potestas est". Dem lateinischen Wort „potestas" kommt hier eine besondere Bedeutung zu; kann es doch nicht ohne weiteres

---

[285] Ebda., S. 367.
[286] Lipp, Wolfgang (1998): Art. „Institution", S. 148 ff.
[287] Esser, Hartmut (2000): Soziologie. Spezielle Grundlagen, Band 5: Institutionen, S. 38.
[288] Ebda., S. 9.
[289] Das Zitat ist entlehnt von einem Flyer „Subscription rates 2004" des Institute of Development Studies an der Universität von Sussex, Brighton, U.K.

4.3 Wissensmanagement und Wissensgemeinschaften

mit Macht übersetzt werden. Vielmehr beschreibt es das Vermögen – ein Potenzial – etwas bewirken zu können.[290] So interpretiert kann Wissen daher nicht zwangsläufig mit Macht gleichgesetzt werden. Im Sinne von Bacon muss dieses Potenzial erst genutzt, das heißt richtig angewendet, richtig verteilt und richtig zugänglich gemacht – also richtig gemanagt werden, um so zur Machtentfaltung zu verhelfen. In komplexen Organisationen wird diese Aufgabe heute mit dem illustren Begriff des Wissensmanagements abgebildet. Illuster deshalb, weil es *das* Wissensmanagement sicherlich nicht gibt und prinzipiell jede Organisation ein auf sie zugeschnittenes Bündel an Maßnahmen entwickeln muss, die Produktivkraft Wissen bei ihren Mitarbeitern zu bergen, um sie für ihren Zweck nutzen zu können.[291] Für den Umbau einer Organisation zu einer lernenden Organisation bedeutet Wissensmanagement damit die Operationalisierung organisationaler Lernprozesse.

Für das Wissensmanagement von Bedeutung ist die Unterscheidung des Wissens in explizites und implizites Wissen.[292] Implizites Wissen ist an Personen gebunden, die nicht unbedingt wissen müssen, dass sie dieses Wissen haben und die auch nicht erklären müssen, was sie können. Explizites Wissen dagegen ist formuliertes Wissen. „Ein Wissen also, von dem der Wissende weiß und über das er sprechen kann."[293] Für ein gelingendes Wissensmanagement ist es daher von Bedeutung, „die Übergänge zwischen implizitem und explizitem Wissen zu gestalten und in Bewegung zu bringen".[294] Eine wissensbasierte Organisation gelangt dann zu einer Generierung innovativen Wissens, wenn diese Übergänge in organisationale Prozesse gefasst werden die fördern, „daß individuelles Wissen artikuliert und durch Zugänglichkeit verbreitet wird."[295] Erst die Gestaltung dieser Prozesse ermöglicht als Voraussetzung organisationales Lernen. Wissensmanagement bedeutet also die Transformation von personalem Wissen in organisationales Wissen und umgekehrt. Das Wissen ist nicht mehr länger in den Köpfen der Menschen gespeichert, sondern „in den Operationsformen eines sozialen Systems."[296] Dabei ist zum einen die systemische Erfassung von Wissensbeständen z. B. in Datenbanken nötig; zum anderen aber auch die Gewährleistung des personalen Austausches zwischen den Organisationsmitgliedern z. B. in „Communities of Practice" als personalisierte Netzwerke. So „wird implizites Wissen vom Individuum gelöst und kollektiv nutzbar gemacht."[297] Ein systemisches Lernen gelingt nur im „anspruchsvollen Kontext gemeinsamen Lernens".[298] „Communities of Practice" bilden hier diese gemeinsam geteilte Erfahrungswelt.[299]

---

[290] Vgl.: Stehr, Nico (2001): Wissen und Wirtschaften. Die gesellschaftlichen Grundlagen der modernen Ökonomie. Frankfurt am Main (= suhrkamp taschenbuch wissenschaft; 1507), S. 62 f.

[291] Mehr zur Definition von Wissensmanagement siehe z. B.: Willke, Helmut (1998a): Systemisches Wissensmanagement; Probst, Gilbert; Raub, Steffen; Romhardt, Kai (1999): Wissen managen. Wie Unternehmen ihre wertvollste Ressource optimal nutzen. 3. Auflage. Wiesbaden.

[292] Willke, Helmut (1998a): Systemisches Wissensmanagement, S. 12 f.

[293] Ebda., S. 13.

[294] Ebda., S. 14.

[295] Ebda., S. 15.

[296] Ebda., S. 16.

[297] Vgl.: Pankoke, Eckart; Stellermann, Rolf (2000): Werte und Wissen im Wandel, S. 77.

[298] Willke, Helmut (1998a): Systemisches Wissensmanagement, S. 17.

[299] Vgl.: Pankoke, Eckart; Stellermann, Rolf (2000): Werte und Wissen im Wandel, S. 72.

Wissensnetze als soziale Netzwerke bilden ein Geflecht aus sozialen Beziehungen. Die sozialen Einheiten können Personen, Gruppen, Organisationen und Institutionen sein.[300] Der Begriff der sozialen Beziehung bezeichnet dabei die potentiell und real wiederholbaren Kontaktaufnahmemöglichkeiten zwischen diesen sozialen Einheiten und anderen sozialen Gebilden.[301] Sie sind i. d. R. von länger dauerndem Bestand. Wissensnetze können demnach als ein Geflecht der sozialen Beziehungen bezeichnet werden, welche „als Ganzes betrachtet das Verhalten der verbundenen sozialen Einheiten" beeinflussen „und zur Interpretation dieses Verhaltens herangezogen werden" können.[302] Die als virtuelle Organisationen konstituierten Wissensnetze interagieren als „soziale Phänomene" im Beziehungsgeflecht der Datennetze und ermöglichen als Wissensgemeinschaften dialogische Kommunikation und Raum für Reflexion.

Ein Instrument des Wissensmanagements moderner Organisationen seien die Wissensgemeinschaften, so NORTH / ROMHARDT / PROBST (2000: 52-62). Als die „Keimzellen lebendigen Wissensmanagements" taugen sie womöglich als Instrument, die Ressource Wissen „in den Griff zu bekommen" und effizienter einzusetzen.[303]

„Wissen ist an den Menschen gebunden und Resultat von Reflektion."[304] Neues Wissen entsteht durch Interaktion im Kontext der Zusammenarbeit und des Austausches. Die Wahl der Kommunikationsform ist daher entscheidend für die Qualität der Interaktion. Das persönliche Kennen der Mitglieder einer Wissensgemeinschaft erleichtert den weiteren Austausch über elektronische Medien. An Personen und Erfahrungen gebundenes implizites Wissen kann leichter durch persönliche Kommunikation ausgetauscht werden; „je mehr explizites Wissen ausgetauscht wird, desto mehr ist die Nutzung elektronischer Medien möglich."[305]

Auf der Suche nach neuen Plattformen des Wissensaustausches könnten Wissensgemeinschaften als Beispiel virtueller Organisationen eine Alternative bieten, die Problematik der potentiellen Wissensintransparenz in einer Organisation auflösen zu helfen und Synergien durch Erfahrungsaustausch zu ermöglichen. Gleichzeitig dienen sie als Foren, die Reflexivität ermöglichen und Innovationen entwickeln können. Wissensgemeinschaften können dazu dienen, Wissen zugänglich zu machen. Tauchen z. B. ähnliche Probleme an unterschiedlichen Orten auf, so bildet die Wissensgemeinschaft eine Struktur, die den Kontakt zwischen Wissenden und Unwissenden herzustellen vermag. Wissen ist in großen Organisationen i. d. R. breit verteilt und gestreut. Eine Förderung von Dialogen zwischen Wissensanbietern und Wissensnachfragern kann durch Wissensgemeinschaften vorstrukturiert werden. Synergien durch Erfahrungs- und Wissensaustausch aus ungeplantem Dialog lassen die Ideen für die Projekte von Morgen entstehen. Zudem kann Wissen potenziert werden, indem es geteilt wird. Wissen teilen

---

[300] Wegmann, Jutta; Zimmermann, Gunter E. (1998): Art. „Netzwerk, soziales", in: Schäfers, Bernhard (Hg.): Grundbegriffe der Soziologie, S. 251.
[301] Gukenbiehl, Hermann L. (1998): Art. „Beziehung, soziale", in: Schäfers, Bernhard (Hg.): Grundbegriffe der Soziologie, S. 40.
[302] Vgl.: Wegmann, Jutta; Zimmermann, Gunter E. (1998): Art. „Netzwerk, soziales", S. 251.
[303] North, Klaus; Romhardt, Kai; Probst, Gilbert (2000): Wissensgemeinschaften: Keimzellen lebendigen Wissensmanagements, in: io Management, 69 (2000) 7/8, S. 52.
[304] Ebda., S. 56.
[305] Ebda., S. 60.

4.3 Wissensmanagement und Wissensgemeinschaften

sorgt zusätzlich für die Anerkennung der Organisationsmitglieder, schafft damit positive soziale Effekte und kann durch Wissensgemeinschaften kultiviert werden. „Wissensteilung, Kreativität und Gemeinschaft" als menschliche Grundbedürfnisse fördern gleichzeitig die Motivation.[306]

Wissen ist Macht – Auf dem Weg vom Wissen zur Macht können Wissensgemeinschaften die Wissens- und Innovationspotenziale in Organisationen bergen. Nur innovative Strukturen scheinen unter den beschleunigten Bedingungen der Wissensgesellschaft, in der sich die Halbwertzeit von Wissen zusehends verringert,[307] geeignet, im Wettbewerb um Wissen nicht den Anschluss zu verlieren.

Zusammengefasst können Wissensgemeinschaften dazu dienen, vorhandenes Wissen zugänglich zu machen, Innovationen zu ermöglichen und neues Wissen zu generieren. Diese Forderungen implizieren weit reichende Bedingungen für das Arbeitsumfeld und die Organisationsstruktur, die nachfolgend anhand einer idealtypischen Definition von Wissensgemeinschaften dargestellt werden.

Angelehnt an die Definition von NORTH / ROMHARDT / PROBST (2000: 58) einer idealtypischen Wissensgemeinschaft wird unterschieden in strukturelle Aspekte der Organisationsform und personelle Bedingungen für die Mitglieder von Wissensgemeinschaften. Strukturell bietet eine Wissensgemeinschaft ihren Mitgliedern eine Kommunikationsplattform, die Wissensaustausch fördert. Hierunter fallen Zeit und Raum für (auch informelle) Gespräche, aber ebenso auch die Möglichkeiten zur elektronischen Kommunikation. Ferner motiviert sie zum Teilen von Wissen und gewährleistet einen lebendigen Wissensfluss, z. B. durch die gemeinsame Entwicklung von Ideen, um Organisationsziele erfolgreich erreichen zu können. Wissensgemeinschaften sind räumlich und zeitlich relativ unabhängig. Die Vernetzung ihrer Mitglieder erlaubt die Kommunikation in einem virtuellen Raum auch über Organisationsgrenzen hinaus. Dieses strukturbildende Element erweitert hier den Idealtyp der o. g. Autoren zur Erleichterung der Abgrenzung zu Communities of Practice (CoPs; Praxisgemeinschaften), die nicht zwangsläufig eine Wissensgemeinschaft sind, sondern auch eine Abteilung oder Arbeitsgruppe in herkömmlich strukturierten Organisationen bezeichnen können.[308]

Mitglieder von Wissensgemeinschaften zeichnen sich aus als Personen,

- die ein Thema vollständig durchdringen wollen;
- die sich alle als Lehrer und Schüler verstehen;
- die sich einem Thema ganz öffnen;
- die ihre wahren Überzeugungen und Erfahrungen äußern;

---

[306] Angelehnt an: Ebda., S. 52.
[307] Zur Verfallszeit des Wissens vergleiche z. B.: Degele, Nina (2000): Informiertes Wissen. Eine Wissenssoziologie der computerisierten Gesellschaft. Frankfurt am Main / New York, S. 43.
[308] Vgl. North, Klaus; Romhardt, Kai; Probst, Gilbert (2000): Wissensgemeinschaften: Keimzellen lebendigen Wissensmanagements, S. 55; Wenger, Etienne C. (1999): Communities of practice: Learning, meaning and identity. First paperback edition. Cambridge, insbes. S. 72 ff.; obwohl Henschel seine Definition einer CoP insofern ausweitet, dass ihre Mitglieder sehr wohl verschiedenen Organisationen angehören können, siehe: Henschel, Alexander (2001): Communities of Practice. Plattform für individuelles und kollektives Lernen sowie den Wissenstransfer. Dissertation: Universität St. Gallen, S. 50.

- die offen über Fehler und Misserfolge reden;
- die genügend Raum und Zeit für das Teilen dieser Erfahrungen zur Verfügung haben;
- die sich gegenseitig schützen;
- die nicht an bestehenden Konzepten festhalten, sondern bereit sind, alles neu zu überdenken;
- die einander zuhören und versuchen, ein gegenseitiges Verständnis zu erreichen;
- die mit ihrem Wissen nicht in wirtschaftlichen Wettbewerb treten wollen.

Als Beispiel aus der Praxis wird in diesem Zusammenhang die Linux Gemeinde immer wieder genannt. Diese ‚open source' Gemeinschaft beschäftigt sich mit der Weiterentwicklung eines Betriebssystems für Computer, dessen Quellcode für jedermann frei zugänglich ist.

4.4 Nachhaltige Wissensgesellschaft

> „Etwa alle zwölf Jahre verdoppelt sich die Menge wissenschaftlicher Informationen. Der aktuelle Wissensbestand ist heute 16-mal so groß wie vor 50 Jahren; in noch einmal 50 Jahren wird er 256-mal so groß sein" (müssen). ZIMMER (2000: 45)

HEGMANN (2000: 19) meint in diesem Zusammenhang, man solle „deshalb eher von einer Unwissens- als von einer Wissensgesellschaft sprechen."[309] Tatsache ist jedoch, dass in der so genannten Wissensgesellschaft Wissen generiert wird. Und durch neue Möglichkeiten der Informationstechnologie verbreitet sich dieses Wissen schneller als früher. „Wissen ist die einzige Ressource, welche sich durch Gebrauch vermehrt".[310] Gebrauch von Wissen statt Verbrauch von Ressourcen sorgt für Innovationen, die eine Entkoppelung von Wirtschaftswachstum und Ressourcenverbrauch beschleunigen können. Wissen könnte dabei als Machtfaktor und als ‚neutrale' Ressource das an den Verbrauch von Ressourcen gekoppelte ökonomische Primat des Wachstums zu durchbrechen helfen und die Umsetzung einer nachhaltigen Entwicklung beschleunigen.[311]

Die Wissensgesellschaft führt aber bei weitem nicht „automatisch in ein gesellschaftliches und ökologisches Paradies". Die „vermeintlich materielose" Wissensgesellschaft – symbolisiert z. B. durch das papierlose Büro – produziert erhebliche Mengen an Computerschrott und schleppt einen gewaltigen „ökologischen Rucksack".[312] Die durch die technische Weiterentwicklung und unter Einsatz von Wissen ermöglichten Innovationen etwa in der Heimelektronik- und Computerbranche sorgen stetig für neue Produkte und

---

[309] Hegmann, Horst (2000): Die Konsequenzen des wissenschaftlich-technischen Fortschritts für die normative Demokratietheorie, in: Simonis, Georg; Martinsen, Renate; Saretzki, Thomas (Hg.): Politik und Technik. Analysen zum Verhältnis von technologischem, politischem und staatlichem Wandel am Anfang des 21. Jahrhunderts. Wiesbaden (= Politische Vierteljahresschrift; Sonderheft 31/2000), S. 19.
[310] Probst, Gilbert; Raub, Steffen; Romhardt, Kai (1999): Wissen managen. Wie Unternehmen ihre wertvollste Ressource optimal nutzen, S. 17.
[311] Vgl. die Ausführungen insbes. zu John Stuart Mill in Kapitel 8.1 unten.
[312] Vgl.: Schneidewind, Uwe (2002): Nachhaltige Wissensgesellschaft, S. 191.

4.4 Nachhaltige Wissensgesellschaft

schnellere Produktzyklen, die zwar die jeweiligen Geräte immer kleiner und leistungsfähiger machen, die aber auch in größeren Stückzahlen produziert und verkauft werden können und verkauft werden. Ähnliche Entwicklungen sind im Automobilsektor zu beobachten, wo die Ausstattungen und Motorleistungen immer üppiger werden. Ein wichtiger Beitrag zur Gestaltung einer nachhaltigen Entwicklung ist es daher, diese ‚Rebound-Effekte' einzudämmen.

Um eine Nachhaltige Entwicklung in der Gesellschaft erfolgreich zu verankern wird die große Herausforderung sein, strukturbildende Maßnahmen zu entwickeln, die die Voraussetzungen für die Generierung und Weitergabe von definiertem und zielorientierten Wissen schaffen können. Diese Maßnahmen betreffen nicht nur die Leitlinien von Forschungsprogrammen; sie sind genauso relevant für die Umsetzung in der Bildungspolitik. Die Herausforderungen unter den Bedingungen einer nachhaltig zu gestaltenden Wissensgesellschaft erfordern dort, wo es nötig wird, überdies die strukturelle Überwindung destruktiver Logiken funktionaler Differenzierung und die Überführung in eine neue Kultur der Kooperation und Kommunikation. Die komplexen Rahmenbedingungen einer nachhaltigen Wissensgesellschaft erfordern von den Organisationen und ihren Mitgliedern, im eigenen Interesse über ihren „Tellerrand" hinaus zu schauen. Die Vernetzung von Wissensträgern auch über Organisationsgrenzen hinweg zu Wissensgemeinschaften ermöglicht es dann, die Innovationspotenziale so zu aktivieren, dass sie zwar der Erreichung der Organisationsziele dienlich sind und trotzdem – im institutionellen Rahmen eingebunden – auch einen Teilsysteme-übergreifenden Nutzen haben. Zweifellos könnten derart profilierte neue Organisationstypen auch dazu beitragen, notwendige soziale und institutionelle Innovationen zu entwickeln. Ein weiter gefasstes – und nicht nur technisches – Innovationsverständnis böte ferner die Grundlage dafür, „äußere Restriktionen zu überwinden, die eine Nachhaltige Entwicklung heute noch blockieren."[313] Für SCHNEIDEWIND (2002: 203) ist eines jedoch klar: „Eine Nachhaltige Wissensgesellschaft wird sich nicht von selbst einstellen. Sie braucht die aktive Gestaltung durch Akteure in Unternehmen, Politik und Gesellschaft."

> „Es wird weithin angenommen, dass wir die Zeugen der Geburt der wissensgestützten Gesellschaft sind, in der die wirtschaftliche und soziale Entwicklung weitgehend von verschiedenen Wissensformen und von der Erzeugung, dem Erwerb, der Nutzung und Wiederverwertung von Wissen abhängt."
> CABRERA (2001: 34)

Auch kann angenommen werden, dass die wirtschaftliche und soziale Entwicklung weder auf die ökologische Dimension noch auf institutionelle Reformen verzichten kann, wenn die Existenz und die zukünftiger Generationen erhalten werden soll. Daher ist es nicht nur wichtig, *dass* Wissen generiert und ausgetauscht wird, sondern es ist vor allem wichtig, *welches* Wissen produziert wird. FRISCHKNECHT / SCHMIED (2003: 7) schlagen daher eine Kombination von System-, Ziel- und Transformationswissen vor, um nachhaltige Entwicklung als „ausserordentliche Herausforderung" umzusetzen. Systemwissen ist demnach die „gründliche Kenntnis über das Funktionieren der natürlichen Umwelt und der Interaktion des Menschen mit Umweltprozessen". Zielwissen bedeutet die „Kenntnis der gesellschaftlichen Zielvorstellungen im Hinblick auf ein Problem" und Transformationswissen meint die Kenntnis, „wie der Ist-Zustand in einen Soll-Zustand

---
[313] Ebda., S. 199.

übergeführt werden kann."[314] Eine Wissensgesellschaft nachhaltig zu gestalten erfordert in einer gesellschaftstheoretischen Perspektive auch

> „die Suche nach Organisationsformen moderner Gesellschaften, die unter Rückgriff auf die Möglichkeiten neuer Informations- und Kommunikationstechnologien (IuK) viele der zu beobachtenden ökologischen und sozialen Nebenfolgen moderner Industriegesellschaften zu beherrschen fähig sind." SCHNEIDEWIND (2002: 192)

4.5 Wissen als Ereignis

STEHR (2001: 119) begreift Wissen als konstitutiven Mechanismus einer Gesellschaft, deren Identität durch Wissen bestimmt sein wird.[315] Wissen gewinnt eine zunehmende Bedeutung als Produktivkraft im Produktionsprozess; aber auch „als Ressource und Basis sozialen Handelns".[316] Die Potentiale von Wissen und seine Auswirkungen als gestaltendes Element erhalten so ihre gesellschaftstheoretische Relevanz.

Das Abstraktum Wissen wird definiert zunächst als Abgrenzung von Zeichen, Daten und Informationen. „Die Zusammenhänge zwischen diesen Ebenen werden häufig als Anreicherungsprozeß dargestellt."[317] WILLKE (1998a: 7 ff.) unterscheidet Daten und Informationen dadurch, dass Daten, „durch Einbindung in einen ersten Kontext von Relevanzen, die für ein bestimmtes System gelten", zu Informationen werden.[318] Wissen dagegen ist aggregierte und verarbeitete Information – eine Information höherer Ebene[319] – und „entsteht durch den Einbau von Informationen in Erfahrungskontexte, die sich in Genese und Geschichte des Systems als bedeutsam für sein Überleben und seine Reproduktion herausgestellt haben."[320] Somit ist Wissen als Struktur und Prozess analysierbar. Wissen als Struktur „umfasst kognitive Bestände, die allerdings nicht personal gebunden sein müssen. In dieser Perspektive bildet Wissen die Ressource für soziales Handeln."[321] Systemtheoretisch ist Wissen nicht nur die Grundlage (Ressource), sondern zugleich auch „Mittel (Form) der Kommunikation, also der Operationsweise der Gesellschaft"[322] und damit Element im Prozess ihrer Reproduktion. Die Gesell-

---

[314] Frischknecht, Peter; Schmied, Barbara (2003): Umgang mit Umweltsystemen. Methodik zum Bearbeiten von Umweltproblemen unter Berücksichtigung des Nachhaltigkeitsgedankens. 2. Auflage. München (= Hochschulschriften zur Nachhaltigkeit; Bd. 2), S. 7.

[315] Stehr, Nico (2001): Wissen und Wirtschaften. Die gesellschaftlichen Grundlagen der modernen Ökonomie, S. 219.

[316] Stehr, Nico (1994): Arbeit, Eigentum und Wissen. Zur Theorie von Wissensgesellschaften. Frankfurt am Main, S. 39; zitiert nach: Degele, Nina (2000): Informiertes Wissen. Eine Wissenssoziologie der computerisierten Gesellschaft, S. 37.

[317] Probst, Gilbert; Raub, Steffen; Romhardt, Kai (1999): Wissen managen. Wie Unternehmen ihre wertvollste Ressource optimal nutzen, S. 36 ff.

[318] Willke, Helmut (1998a): Systemisches Wissensmanagement, S. 8.

[319] Vgl.: Degele, Nina (2000): Informiertes Wissen. Eine Wissenssoziologie der computerisierten Gesellschaft, S. 46.

[320] Willke, Helmut (1998a): Systemisches Wissensmanagement, S. 11 f.

[321] Vgl.: Degele, Nina (2000): Informiertes Wissen. Eine Wissenssoziologie der computerisierten Gesellschaft, S. 40.

[322] Ebda.

schaft ist alles kommunikativ Erreichbare. Damit ist jede Mitteilung von Informationen und Wissen an Kommunikation gebunden.

LUHMANN (1987: 203) unterscheidet den Kommunikationsprozess als Synthese der Kategorien Information, Mitteilung und Verstehen. Grundsätzlich kann also neues Wissen als selektierte Information durch die Auswahl geeigneter Medien verbunden mit der Entscheidung des Empfängers, wie diese Nachricht zu behandeln ist, in ein System gelangen.[323] Es geht hier nicht um die bloße Übertragung von Informationen, sondern vielmehr um die Emergenz der Kommunikation, so DEGELE (2000: 45).

Für den Nachhaltigkeitsdiskurs ist der Umgang mit Informationen und Wissen unter den Bedingungen der Generierung und Selektion von neuem Wissen daher insofern von Bedeutung, da dieser Umstand zu einer Sicht zwingt, dass Wissen nur durch einen Kommunikationsprozess gesellschaftlich wirksam werden kann.[324] Wissensbestände müssen aktiviert werden, um eine Bedeutung zu erlangen.[325]

> „Es gibt keinen Automatismus, dass aus Wissen auch politisches Handeln folgt. Verfügbare Wissensbestände bedürfen der politischen ‚Entdeckung' (wie die Geschichte des Waldsterbens gezeigt hat).
> WEIZSÄCKER (2003)

Soziale Kontexte und ihre entsprechenden Verwendungszusammenhänge sorgen dafür, dass sich Akteure Wissen aneignen.[326] Wissen als kommunikativer Sachverhalt ist somit ein Vermittlungsfaktor zwischen Wissensträgern und Gesellschaft und gleichzeitig Ergebnis und Grund von Irritationen. Wissen entsteht auch durch Überraschungen und Enttäuschungen als Reaktion auf Irritationen und ist ein Ergebnis direkter und indirekter struktureller Kopplungen im Gesellschaftssystem.[327] Wissensbasierte Operationen durchdringen die Strukturen und Prozesse der materiellen und symbolischen Reproduktion. „Wissen bewirkt etwas in der Welt."[328] Wissen als Kommunikation wird zum Ereignis – einem temporalisierten Element autopoietischer Systeme als Einheit der Differenz eines Vorher und Nachher.[329]

4.6 Wissensnetze: Schnittstellen im Willensbildungsprozess

Die gesellschaftlichen Teilsysteme lassen sich aufgrund ihrer selbstreferentiell-autopoietischen Reproduktion grundsätzlich „nicht durch externe Einwirkung steuern."[330] Eine wechselseitige Perturbation der verschiedenen Funktionssysteme, „deren interne Verarbeitung Veränderungen auslöst", tritt an die Stelle von Steuerung, bzw.

---

[323] Vgl.: Ebda.
[324] Vgl.: Ebda., S. 45.
[325] Vgl.: Ebda.
[326] Vgl.: Ebda., S. 44.
[327] Vgl.: Ebda., S. 41.
[328] Vgl.: Ebda., S. 48.
[329] Hier: Von Nichtwissen und Wissen. Im Rahmen seiner Organisationstheorie bezeichnet Luhmann ein Ereignis synonym mit Entscheidung. Vgl.: Luhmann, Niklas (2000): Organisation und Entscheidung, S. 46.
[330] Vgl.: Mayntz, Renate (1997): Soziale Dynamik und politische Steuerung, S. 271.

muss zum Gegenstand der Steuerung werden.[331] Begreift man nun die „inhaltliche Funktionsbestimmung der Politik" als Management der teilsystemischen Interdependenzen, kann das Steuerungsdefizit abgebaut und „die fehlende Aufmerksamkeit der autonomen Subsysteme für ihre Umwelt kompensiert" werden.[332]

Der Formwandel staatlicher Aufgabenerfüllung durch die Mitwirkung korporativer Akteure an Gestaltungsprozessen ist ein Ausdruck des Managements gesellschaftlicher Interdependenzen.[333] Die politische Reorganisation von Gesellschaft durch korporatistische Ordnungsmodelle und Realisierungsversuche findet ihre Ausdruck u. a. in Prozessen der Selbstorganisation der Zivilgesellschaft mit vernetzten Strukturen, gegenseitiger Konsultationen und partizipativen Entscheidungsformen. Eine dritte Governanceform, die der sozialen Steuerung, vermittelt in Gestalt von Netzwerken und Verhandlungssystemen zwischen Staat und Markt. Die Organisationen der Zivilgesellschaft eröffnen als Verhandlungspartner des Staates kooperative Formen der Problembearbeitung und spielen bei dem Formwandel eine große Rolle.[334]

WILLKE (1998a: 375) fände es „in der Tat merkwürdig", würden die tief greifenden Veränderungen beim Umbau der Industrie- zu einer Wissensgesellschaft nicht die Suprastrukturen betroffener Gesellschaften erfassen. Als Suprastrukturen bezeichnet er die „institutionellen Verfestigungen, Regelsysteme, Steuerungsregime, kulturellen Orientierungen und (die) kollektiven Identitäten sozialer Systeme."[335] Die klassisch-hierarchischen Strukturen der Systemsteuerung verändern sich durch eine Abflachung der Hierarchien hin zu Heterarchien. Die hoch spezialisierte Arbeitsteilung weicht „einer eher ganzheitlichen und integrierten Aufgabenbewältigung durch Projektteams, temporäre Arbeitsgruppen, autonome Geschäftseinheiten oder lose gekoppelte Netze von Experten."[336] Macht und Geld verlieren durch diese Prozesse an Einfluss als Steuerungsmedien. „Die kostbarste und knappste Ressource des neuen Steuerungsregimes ist Wissen und Expertise."[337]

Der gegenwärtig stattfindende Transformationsprozess der Lösung vom Nationalstaat mit einem klassischen Verständnis staatlicher Aufgaben und in Deutschland mit einem „institutionellen Setting", das sich zur Überwindung der Herausforderungen der 1950er und 60er Jahre herausgebildet hat[338], hin zu einer Integration in die Europäische Union mit supranationalen Strukturen und veränderten Steuerungsregimes führt zwangsläufig zu Verunsicherungen und, zumindest in der Übergangszeit, zu demokratischen Defiziten. SCHNEIDEWIND ET AL (1997: 184) konstatieren „die Wiederkehr der demokratischen Frage". Zum einen durch die „allmähliche Entfremdung" der Bürger vom politischen

---

[331] Vgl.: Ebda.
[332] Ebda., S. 273.
[333] Dabei bezeichnet der Begriff des Korporatismus zunächst die unterschiedlichen Formen der Beteiligung gesellschaftlicher Gruppen an politischen Entscheidungsprozessen.
[334] Die Steuerungsfragen werden vertieft diskutiert in Kapitel 5.7 und 5.8.
[335] Willke, Helmut (1998a): Systemisches Wissensmanagement, S. 375.
[336] Ebda.
[337] Ausführlicher in Ebda., S. 375 ff.
[338] Vgl.: Schneidewind, Uwe; Feindt, Peter H.; Meister, Hans – P.; Minsch, Juerg; Schulz, Tobias; Tscheulin, Jochen (1997): Institutionelle Reformen für eine Politik der Nachhaltigkeit: Vom Was zum Wie in der Nachhaltigkeitsdebatte, in: Gaia 6 (1997), No. 3, S. 183 f.

4.6 Wissensnetze: Schnittstellen im Willensbildungsprozess

Leben und zum anderen durch einen Verlust an Steuerungskapazität demokratisch legitimierter nationaler Regierungen „im Zuge der ökonomischen Globalisierung."

Aktivierte Selbstorganisationspotenziale jenseits staatlichen Handelns können dabei die Umsetzung einer Politik der Nachhaltigkeit fördern. Diese Ansätze zielen auf eine Stärkung der Beteiligungsrechte der Bürger als Ausgangspunkt jedes politischen und gesellschaftlichen Engagements, um so der zunehmenden Politik(er)- oder Parteienverdrossenheit entgegenzuwirken, auf die auch die mangelnde Beteiligung der Bürger an politischen Willensbildungsprozessen zurückgeführt wird.[339] Das abnehmende „Interesse der Bürger an politischen Themen" bei gleichzeitiger „Informationsfülle" in der „Informationsgesellschaft" identifizieren GROTHE / SIEVERT (1997: 37) als „Krise in der politischen Kommunikation". Sie diskutieren den Einsatz neuer Medien für eine verbesserte und gelebte politische Streitkultur und nennen am Beispiel der USA „drei Bereiche, die charakteristisch für den Einsatz neuer Medien in der politischen Kommunikation sind":

- Abrufbare Politikinformationen mittels neuer Medien,
- Interaktive Politik-Informationsplattformen,
- Interaktive Diskussionsforen für Bürger.[340]

Auch wenn es keine „Patentrezepte für eine Überwindung der Krise politischer Kommunikation" gebe und neue Medien kein „Allheilmittel für einen besseren Dialog der Politik mit dem Bürger" seien,[341] ist doch absehbar, dass durch die moderne Kommunikationstechnologie völlig neue Demokratiepotenziale erschlossen werden können. Die als eDemocracy oder eGovernment bezeichneten Konzepte können für mehr Transparenz sorgen und BürgerInnen und Organisationen effektiver in Willensbildungs- und Entscheidungsprozesse einbinden. Prinzipiell können so von der kommunalen bis zur europäischen Ebene durch die unmittelbare Nähe zu den Ergebnissen politischer Entscheidungen Effekte erzielt werden, die das Interesse an politischen Prozessen begründen und stabilisieren helfen. Die Gestaltung dieser Prozesse in der Wissensgesellschaft dient dann auch dem Einbezug externen Sachverstandes und als Korrekturinstanz politischen Handelns.

Für die Umsetzung nachhaltiger Entwicklung ist diese Kultur der Willensbildung eine wichtige Voraussetzung, weil sie a) im Verständnis der Nachhaltigkeit als Lernprozess selbst angelegt ist und b) für die Steuerung der zu erwartenden gesellschaftlichen Konflikte schlicht notwendig ist.

---

[339] Vgl.: Ebda., S. 189 f.; Einen kritischen systemtheoretischen Blick auf die Politiker- und/ oder Parteienverdrossenheit bieten: Luhmann, Niklas (2002): Die Politik der Gesellschaft, S. 228 – 273 (Kapitel 7: „Politische Organisationen"); Luhmann, Niklas (2000): Organisation und Entscheidung, S. 386 f.; Reese-Schäfer, Walter (2002): Parteien als politische Organisationen in Luhmanns Theorie des politischen Systems, S. 109 – 130.

[340] Grothe, Thorsten; Sievert, Holger (1997): Wege aus der Politikverdrossenheit. Neue Medien und neue Strukturen in der politischen Kommunikation, in: Hamm, Ingrid; Mann, Thomas E. (Hg.): Politische Kommunikation in der Informationsgesellschaft. Ergebnisse eines deutsch-amerikanischen Workshops. Gütersloh, S. 39f.

[341] Ebda., S. 41.

4.7 Organisationen und Nachhaltigkeit

In Zusammenhang mit dem Prinzip der nachhaltigen Entwicklung wird immer wieder das Drei-Säulen-Model genannt. Danach soll ein Konzept für nachhaltige Entwicklung im Wesentlichen zwischen ökologischen, ökonomischen und sozialen Interessen vermitteln, um die strukturell erzeugten Ungleichgewichte als Resultat funktionaldifferenzierter Gesellschaften auszugleichen.[342] Nachdem die Notwendigkeit zu einer nachhaltigen Entwicklung allgemein akzeptiert scheint, richten sich daher die Fragen nunmehr nach dem „Wie" ihrer Umsetzung.[343] Dabei werden im Hinblick auf die Spannungsfeld Ökologie↔Ökonomie u. a. sowohl Effizienz- als auch Suffizienzstrategien diskutiert. Effizienzstrategien setzen vor allem auf technisch induzierte Lösungen für bessere „Input-Output-Bilanzen", während die Suffizienzstrategien grundsätzlich eine Abkehr „vom Denken in materiellen Wohlstandskategorien" in den Vordergrund stellen.[344]

In der jüngeren Diskussion wird dem bekannten Drei-Säulen-Modell der Nachhaltigkeit einer ökologischen, ökonomischen und sozialen Integration eine vierte Dimension hinzugefügt: die institutionelle Dimension. In diesem Kontext werden die Prozesse der institutionellen Verankerung der Nachhaltigkeit und damit verbunden die „Organisationsformen nachhaltigkeitsorientierter Politik" diskutiert, die in unmittelbare Verbindung mit der Governance-Debatte zu bringen sind und „Fragen von Partizipation und Demokratie" beinhalten.[345] Um die Akzeptanz und Umsetzung eines Leitbildes durch seine Integration in die Strukturen und Programme des politisch-administrativen Systems zu gewährleisten, sind zum einen partizipative Verfahren seiner Ausgestaltung und zum anderen erfolgreiche Kommunikationsstrategien der Vermittlung nötig. Damit gewinnen sowohl die Kommunikationsleistungen der Organisationen und Netzwerke als auch die Rolle des Staates als Moderator in Prozessen des „politischen Managements" an Gewicht.

Zur Gestaltung und Umsetzung nachhaltiger Entwicklung müssen Nachhaltigkeitsregeln formuliert und in Form von Indikatoren messbar gemacht werden. Um Regeln zu formulieren und ihre Akzeptanz zu sichern, bedarf es jedoch eines breiten Konsens und der Anerkennung dieser Regeln. Nachhaltige Entwicklung impliziert in der Tat weit reichende gesellschaftliche Veränderungen, die „nicht ohne tiefgreifenden Wandel der dominanten Produktions- und Konsumptionsmuster", einer „Neuorientierung von Planungs- und Entscheidungsprozessen" und ebenfalls nicht ohne neue Verteilungs- und Governance-Mechanismen bewältigt werden können.[346] Das Konzept der Nachhaltig-

---

[342] Vgl.: Schneidewind, Uwe (2002): Nachhaltige Wissensgesellschaft, S. 193.
[343] Vgl.: Kopfmüller, Jürgen; Brandl, Volker; Jörissen, Juliane; Paetau, Michael; Banse, Gerhard; Coenen, Reinhard; Grunwald, Armin (2001): Nachhaltige Entwicklung integrativ betrachtet. Konstitutive Elemente, Regeln, Indikatoren. Berlin (= Global zukunftsfähige Entwicklung – Perspektiven für Deutschland; Bd. 1), S. 33.
[344] Vgl.: Ebda.
[345] Vgl.: Spangenberg, Joachim H. (2003): Global Governance und Institutionen für nachhaltige Entwicklung, in: Kopfmüller, Jürgen (Hg.): Den globalen Wandel gestalten. Forschung und Politik für einen nachhaltigen globalen Wandel. Berlin (= Global zukunftsfähige Entwicklung – Perspektiven für Deutschland; Bd. 6), S. 285 f.
[346] Vgl.: Kopfmüller, Jürgen et al (2001): Nachhaltige Entwicklung integrativ betrachtet, S. 33.

4.7 Organisationen und Nachhaltigkeit

keit ist ein langfristig angelegtes Projekt und seine Umsetzung erfordert integrierte Lösungsansätze und strukturelle Veränderungen, die sich nicht nur in der Umsetzung der einen oder der anderen Strategie erschöpfen werden. „Denn nur wenn sich technische Innovationen und sozialer Wandel wirksam ergänzen, können die Umweltprobleme, die sich heute im lokalen wie globalen Maßstab stellen, gelöst werden."[347]

In diesem Prozess des vorauszusetzenden sozialen Wandels spielen die Organisationen der Gesellschaft eine bedeutende Rolle. Funktionale Ziele der Organisationen können durch Inhalte des Nachhaltigkeitskonzeptes beeinflusst werden, sodass sie ihre Strukturen und Wertvorstellungen entsprechend anpassen müssen. Dies macht Organisationsstrukturen in doppeltem Sinne nachhaltig. Zum einen bezogen auf die erfolgreiche Umsetzung der Organisationsziele unter den Bedingungen der Nachhaltigkeit zur eigenen Existenzsicherung und zum anderen durch die Effekte der Umsetzung so veränderter Organisationsziele auf die gesamte Gesellschaft. Organisationen werden so – auch im Hinblick auf ihre Kommunikationsleistungen – zum Mittel des Zwecks Nachhaltigkeit und können dafür sorgen, dass sich nachhaltige Strukturen institutionell verfestigen und sich in den Institutionen der Gesellschaft fortpflanzen. Die Vernetzungskultur neuer Organisationsformen könnte so für eine entsprechende Kopplung der gesellschaftlichen Systeme sorgen und wäre ein wichtiges Stabilitätskriterium für das Erkennen objektiver ökologischer Gefahren. So könnten Wissensnetze institutionelle Konfigurationen darstellen, „die nicht nur die partikularen Resonanzen erhöhen, sondern auch dazu beitragen, die gesellschaftsinternen Grenzen selektiver Informationsverarbeitung zu überschreiten."[348]

Das Prinzip Nachhaltigkeit erfordert einen grundlegenden Wertewandel, der die intersystemischen Beziehungen gesellschaftlicher Funktionssysteme einbezieht und nicht lediglich systemimmanente und vom Gesamtsystem abgekoppelte Interessen berücksichtigt. Dieser hohe Anspruch ist gleichzeitig Ausdruck der Erwartungen an institutionelle Innovationen, die das integrative Konzept in Form von Kommunikationen auch „zwischen" den Funktionssystemen zu verankern vermögen. Nachhaltigkeit wird somit zu einem intermediären Kommunikationsprozess, der entsprechende Leitbilder anbieten muss, die sich zur Orientierung des Handelns in Form von Wertemustern niederschlagen und Identifikationsanlässe bieten. Verknüpft mit der institutionellen Dimension ist somit gleichsam die kulturelle Dimension der Nachhaltigkeit, die auf der Grundlage neuer institutioneller Rahmenbedingungen und veränderter Organisationsumwelten eine Basis ist für Veränderungen der Organisationsprogrammierung.

Nachhaltige Entwicklung als normativ-moralisches Konzept äußert sich auf der Werteebene und ihre Umsetzung verändert potentiell die Organisationsziele. Die Integration des Leitbildes wird so zu einer notwendigen Organisationsfunktion. Aufgabe organisationaler Lernprozesse ist dabei die Eingliederung der Werteebene in die Organisation. In diesem Lernprozess gewinnt die Übereinstimmung der Organisationsmitglieder mit den Organisationszielen und den damit verbundenen Sinnzusammenhängen an Bedeutung, die sich direkt auf die Motivation der Mitglieder auswirken. Besonders in Organisationen

---

[347] Diekmann, Andreas; Jaeger, Carlo C. (1996): Aufgaben und Perspektiven der Umweltsoziologie, S. 24.
[348] Kopfmüller, Jürgen et al (2001): Nachhaltige Entwicklung integrativ betrachtet, S. 305.

des Dritten Sektors verlieren „die klassischen Kontrollmedien Geld und Macht" an Einfluss und weichen einer wertorientierten sozialen Motivation.[349] Die Kultur der Organisation repräsentiert die „Sinnpotenziale der Motivation" und ermöglicht institutionelle Identifikation.[350] Sinn als „die von uns selbst ins ‚Dickicht der Lebenswelt' geschlagenen Perspektiven" konstruiert sich durch die Kultur „unserer kommunikativen Kontexte und Kompetenzen". Kommunikationstheoretisch wird Kultur daher verstanden als die „Kommunikation von ‚Sinn'."[351] Wissen kann Werte verändern. Werte können Sinn verändern. Durch Interaktion und Reflexion, Dialoge und Diskurse entwickelt sich der „handlungsleitende und gemeinschaftsbildende Sinn" und verändert die Kultur menschlicher und gesellschaftlicher Re-Produktion.[352]

Umweltbewusstsein als Wert scheint in den meisten westlichen Ländern relativ stark verankert. Gleichzeitig ist die Korrelation der Umwelteinstellungen mit alltäglichen Verhaltensweisen nur gering. Eine Analyse von Umfragen aus den 1980er und 90er Jahren zeigt, dass das Umweltproblem immer dann als besonders wichtig erscheint, „wenn es – in Verbindung mit anderen gesellschaftspolitischen Problemen – auf einer separaten Rating-Skala erhoben wird." Befragt man allerdings die Personen nach einer Rangordnung der wichtigsten Probleme, so „kann es mitunter vorkommen, daß das Umweltproblem auf der Dringlichkeitsskala weit nach hinten abrutscht."[353] PREISENDÖRFER / FRANZEN (1996: 221) schließen daraus, „daß das Umweltproblem leicht Gefahr läuft, angesichts scheinbar dringenderer, aktueller Probleme aus dem Blickfeld der Bevölkerung zu verschwinden." Ebenfalls „bedeutend niedriger" fällt die Zustimmung der Befragten für den Umweltschutz aus, wenn damit Kosten oder etwa ein niedriger Lebensstandard verbunden wären.[354] RENN (1996: 28) vertritt die Ansicht, dass es die wesentliche Aufgabe der Sozial- und Kulturwissenschaften sei, „die Reflexion über die kulturellen Ziele und über die Mittel der Naturveränderung sowie die Hilfestellung bei der Abwägung von Zielkonflikten" zu ermöglichen.

Kultur ist ein Prozess, sich eine durch Arbeit gestaltete Umwelt zu schaffen. „Die kulturelle Gestaltung der Natur setzt aber die Existenz von Leitbildern und Vorstellungen über Ursachen und Wirkungen voraus. Beides ergibt sich im sozialen Prozeß der Wertbildung und der Wissensgenerierung."[355] „Unsere Art, Umweltprobleme zu formulieren, als auch unsere Handlungen zur Abwehr oder Linderung solcher Probleme" sind im Wesentlichen soziale Prozesse. REDCLIFT / SKEA (1996: 387 f.) stellen fest, „[...], daß wir, solange wir die Umweltprobleme mit unseren heutigen Werten zu lösen versuchen, höchstwahrscheinlich aus dem wachsenden Wissen über die globale Umwelt wenig Nutzen ziehen werden." Organisationen wie Umweltverbände oder ökologische For-

---

[349] Pankoke, Eckart; Stellermann, Rolf (2000): Werte und Wissen im Wandel, S. 105.
[350] Vgl.: Ebda.
[351] Vgl.: Ebda., S. 101 ff.
[352] Vgl.: Ebda., S. 116.
[353] Vgl.: Preisendörfer, Peter; Franzen, Axel (1996): Der schöne Schein des Umweltbewusstseins. Zu den Ursachen und Konsequenzen von Umwelteinstellungen in der Bevölkerung, in: Diekmann, Andreas; Jaeger, Carlo C. (Hg.): Umweltsoziologie, S. 219 ff.
[354] Ebda., S. 222.
[355] Renn, Ortwin (1996): Rolle und Stellenwert der Soziologie in der Umweltforschung, in: Diekmann, Andreas; Jaeger, Carlo C. (Hg.): Umweltsoziologie, S. 31.

4.7 Organisationen und Nachhaltigkeit

schungsnetzwerke als die institutionalisierten kulturellen Produkte der Auseinandersetzung mit Umweltproblemen thematisieren aber mit zunehmendem Einfluss die ökologischen Auswirkungen und repräsentieren so einen auch durch neues Wissen ausgelösten Wertewandel.[356]

Das Thema Nachhaltigkeit, verstanden „als ein Orientierungsmuster, das gesellschaftliche Entwicklungs- und Suchprozesse leitet",[357] ist auf leistungsfähige Governance-Mechanismen angewiesen, die den gesellschaftlichen Diskurs entsprechend institutionell unterfüttern und stabilisieren. Die Rolle der zivilgesellschaftlichen Organisationen und damit auch der NGOs in diesem Entwicklungs- und Suchprozess ist darin zu sehen, dass sie als Schnittstellen den system- und organisationsübergreifenden Kommunikationsfluss organisieren und so als neue Netzwerke nicht nur zur Resonanz entstaatlichter Problemlagen beitragen, sondern als Partner im Entscheidungsprozess mitwirken. Dabei stellt sich für die Organisationen der Zivilgesellschaft das Problem einer doppelten Funktion, die einmal der „Selbstalarmierung" der Gesellschaft dient, sie aber gleichzeitig als Teil der Lösung des Problems anerkennt. Aus dieser funktionalen Verflechtung können Gefahren für das Selbstverständnis und die Identität der Organisationen erwachsen, die das Verfolgen ihrer ursprünglichen Organisationsziele und damit die Organisation selbst gefährden können.

---

[356] Vgl.: Redclift, Michael R.; Skea, James F. (1996): Globale Umweltveränderungen: Der Beitrag der Sozialwissenschaften, Globale Umweltveränderungen: Der Beitrag der Sozialwissenschaften, in: Diekmann, Andreas; Jaeger, Carlo C. (Hg.): Umweltsoziologie, S. 381.
[357] Vgl.: Schneidewind, Uwe et al (1997): Institutionelle Reformen für eine Politik der Nachhaltigkeit: Vom Was zum Wie in der Nachhaltigkeitsdebatte, S. 182 f.

5 NGOs: Netzwerke der Politikvermittlung

NGOs praktizieren insbesondere auf politischen Ebenen, die nationalstaatliche Sphären verlassen, „neue Kooperationsformen", die als Vernetzung bezeichnet werden.[358] In internationalen Verhandlungsregimes bezeichnet dieser auch von den NGOs forcierte „Trend zur Vernetzung"

> „auf Dauer gestellte oder auch nur temporäre, lockere und daher höchst flexible Formen der Kooperation zwischen nicht-staatlichen Organisationen und Akteuren aus Politik und Wirtschaft." ALTVATER ET AL (2000: 7)

Somit ist die Vernetzung verschiedener Akteure nicht nur als neue Kooperationsform der NGOs untereinander zu beobachten, sondern auch als die Fähigkeit der NGOs, Netzwerke mit verschiedenen gesellschaftlichen Akteuren zur Bearbeitung komplexer werdender Problemlagen zu gestalten. Diese Fähigkeit ist neben der Anpassung organisationaler Strukturen auch auf veränderte Programme und Prozesse in politischen Willensbildungsprozessen zurückzuführen, die als Formwandel des Staates verhandelt werden und im Kern auf neue institutionelle Rahmenbedingungen für die Partizipation auch der organisierten Zivilgesellschaft weisen. Im Zusammenspiel gesellschaftlicher und technischer Veränderungen haben die NGOs kommunikative Strategien und Profile entwickelt, die zu anschlussfähiger Kommunikation im Prozess gesellschaftlicher Systembildung führen können. Sie leisten Sozialintegration, indem sie in den Arenen politischer Auseinandersetzung auch den Teilen der Gesellschaft eine Stimme geben, die sonst keine haben.

Die Gleichzeitigkeit eines seit Anfang der 1990er Jahre zu beobachtenden NGO-Booms und die durch die Dynamik des Globalisierungsprozesses entstehenden Problemlagen lassen die NGOs selbst als Phänomen der Globalisierung erscheinen. Als Gemeinsamkeiten, die zur Ausbildung globaler Netzwerke führen, beobachtet FÜRSTENBERG (2004: 40) „die Schaffung, Ausweitung und Stabilisierung eines Handlungsspielraums außerhalb des ursprünglichen, raum-zeitlich enger begrenzten Handlungsfeldes." Deutlich sei ferner „der mehrstufige Aufbau von der Mikrozelle personaler Interaktion über Kommunikationsstrukturen im Mesobereich funktionaler Zweckbeziehungen bis zu global koordinierten Aktionen."[359] Die NGOs können so als die zivilgesellschaftliche Antwort der Organisationsentwicklung unter Bedingungen des Globalisierungsdrucks bezeichnet werden, die als Organisationsform eine Vernetzung von Akteuren anstreben, um durch politische Kommunikation Steuerungsfähigkeit bei erhöhter Umweltkomplexität und Unsicherheit zu ermöglichen.

---

[358] Vgl.: Altvater, Elmar; Brunnengräber, Achim; Haake, Markus; Walk, Heike (Hg.) (2000): Vernetzt und verstrickt. Nicht-Regierungs-Organisationen als gesellschaftliche Produktivkraft. Vorwort, S. 7.
[359] Fürstenberg, Friedrich (2004): Das Machtpotenzial globaler Netzwerke. Entwicklungschancen und Kontrollprobleme, in: Ders.; Oesterdiekhoff, Georg W. (Hg.): Globalisierung ohne Grenzen?; S. 40.

5.1 Zivilgesellschaft und NGOs

Wie bereits in Kapitel 3.5 angesprochen, wurde die Debatte um die „civil society"[360], „ob in der Übersetzung als Zivilgesellschaft oder als Bürgergesellschaft", in den vergangenen Jahren sehr intensiv geführt.[361] Durch die Betrachtung der Zivilgesellschaft auch in ihrer internationalen Dimension „geraten der intermediäre Raum des Politischen und seine Akteure sowie die politische Öffentlichkeit in den Blick".[362] Dabei üben auch die „NGOs ihre zivilgesellschaftliche Rolle im Zusammenspiel mit zahlreichen anderen Akteuren" aus.[363] In diesem Verständnis kann mit KLEIN (2000: 322 f.) Zivilgesellschaft zunächst und knapp definiert werden als

> „jene vorstaatliche oder nicht-staatliche Handlungssphäre, in der eine Vielzahl pluraler (auch konkurrierender) Organisationen und Assoziationen ihre spezifischen Angelegenheiten autonom organisieren und Interessen artikulieren [...]."

Die Vielschichtigkeit der Debatte um die Zivilgesellschaft verdeutlicht SCHADE (2002) mit der Diskussion verschiedener Begriffe, die mit dem Begriff Zivilgesellschaft in Verbindung gebracht werden, die aber auf unterschiedlichen konzeptionellen Überlegungen beruhen. Als Teil „der Diskussion über die Zivilgesellschaft" identifiziert sie auch die „Nichtregierungsorganisationen" als Aspekt in der Debatte.[364]

Auch bei der Definition der organisierten Zivilgesellschaft der EU-Kommission werden die NGOs explizit als Akteure genannt. Die Betonung bei der EU-Definition liegt auf der 'organisierten' Zivilgesellschaft und es könne „zu Schwierigkeiten kommen, weil es keine gemeinsame oder gar rechtliche Definition des Begriffs gibt." Der Begriff könne „gleichwohl als Kurzformel benutzt werden, um eine Vielzahl von Organisationen zu bezeichnen."[365] Diesbezüglich zählt die Kommission folgende Organisationen auf, die nach ihrem Verständnis Akteure der organisierten Zivilgesellschaft darstellen:

- „Arbeitsmarktparteien (Gewerkschaften und Arbeitgeberverbände – auch „Sozialpartner" genannt);"

- „Vertretungsorganisationen im sozialen und wirtschaftlichen Bereich, die nicht Sozialpartner im engeren Sinne sind (beispielsweise Verbraucherorganisationen);"

- „NROs (Nichtregierungsorganisationen), in denen Menschen gemeinsame Ziele verfolgen (Umweltorganisationen, Menschenrechtsorganisationen, Wohlfahrtseinrichtungen, Aus- und Weiterbildungseinrichtungen usw.);"

---

[360] Vgl. Kapitel 3.3 und den auch von Tocqueville gebrauchten Begriff „société civile", der diesbezüglich im Wesentlichen mit „bürgerliche Gesellschaft" und „Bürgergesellschaft" übersetzt wird.

[361] Vgl.: Fingerle, Jörg (2000): Die Kirche als intermediäre Institution, S. 32 f.

[362] Vgl.: Klein, Ansgar (2000): Die NGOs als Bestandteil der Zivilgesellschaft und Träger einer partizipativen und demokratischen gesellschaftlichen Entwicklung, in: Altvater, Elmar; Brunnengräber, Achim; Haake, Markus; Walk, Heike (Hg.): Vernetzt und verstrickt. Nicht-Regierungs-Organisationen als gesellschaftliche Produktivkraft, S. 322 f.

[363] Ebda.

[364] Schade nennt hier neben den NGOs die Begriffe „Bürgerschaft", „Sozialkapital", „Dritter Sektor", „Neue Soziale Bewegungen" und „Trisektorale Netzwerke". Vgl.: Schade, Jeanette (2002): „Zivilgesellschaft" – eine vielschichtige Debatte, S. 36 ff.

[365] Europäische Union: Die Kommission (2002b): Mitteilung der Kommission: Hin zu einer verstärkten Kultur der Konsultation und des Dialogs – Allgemeine Grundsätze und Mindeststandards für die Konsultation betroffener Parteien durch die Kommission. Brüssel, KOM(2002) 704, S. 6.

5.1 Zivilgesellschaft und NGOs

- „CBO ("community-based organisations"), also Organisationen, die aus der Mitte und von der Basis der Gesellschaft her entstehen und mitgliederorientierte Ziele verfolgen, z.B. Jugendorganisationen, Familienverbände und alle Organisationen, über die die Bürger am Leben in den Kommunen teilhaben können, sowie Religionsgemeinschaften."[366]

> Die „organisierte Zivilgesellschaft" bildet somit die Grundstruktur der Gesellschaft außerhalb der staatlichen und öffentlichen Verwaltung, wozu auch Wirtschaftsakteure gehören, die generell nicht als "dritter Sektor" oder NROs angesehen werden. Der Begriff hat den Vorteil, dass alle einbezogen werden, und zeigt, dass der Gedanke dieser Organisationen tief in den demokratischen Traditionen der Mitgliedsstaaten der Union verwurzelt ist." EUROPÄISCHE UNION: DIE KOMMISSION (2002b: 6)

Der Begriff der Nicht-Regierungs-Organisationen wurde von den Vereinten Nationen eingeführt und enthält zunächst eine negative (nicht Regierung) und eine positive Bestimmung (Organisation).[367] Damit wäre der Begriff sehr weit gefasst und versammelte auch Organisationen, die private, gewinnorientierte, auch terroristische, kriminelle und durch wirtschaftliche, politische oder religiöse Abhängigkeiten bestimmte Ziele vertreten würden. Für die Definition von NGOs führen also „nominalistische Bestimmungsversuche [...] offensichtlich nicht weiter."[368] Daher komme es diesbezüglich „auf die gesellschaftlichen Kontexte an", meint ROTH (2001: 44). Bei allen Schwierigkeiten einer gemeinsamen NGO-Definition zeichnet sich dennoch ein Konsens über grundlegende Merkmale ab, die NGOs charakterisieren sollen. Ausgeschlossen werden demnach gewinnorientierte Gruppen[369] und auch solche, die „exklusiv (ethnisch, national, religiös, geschlechtsspezifisch) verfasst sind."[370] Ein „weiteres konstitutives Element der NGOs" ist die Freiwilligkeit nicht nur der Mitgliedschaft sondern auch der „Übertragung von Ressourcen an die Organisation".[371] Ferner gelten NGOs als dem Gemeinwohl verpflichtet, die „sich politisch für öffentliche Belange" einsetzen und durch die „Mobilisierung von Solidarität" u. a. darauf zielen, „gesellschaftliche Güter nach universalistischen Prinzipien (Gerechtigkeit) umzuverteilen."[372]

ROTH (2001: 49) benennt die „aktive Mitgliedschaft auf lokaler Ebene" als ein zentrales Element für einen „neuen Typ von NGO", mit dem „der eigentliche NGO-Boom" einsetzte, „für den z. B. Amnesty International (gegründet 1961) stilbildend wurde." Im Umfeld der „‚partizipatorischen Revolution' mit dem Schwergewicht auf ‚unkonventioneller' poli-

---

[366] Ebda.
[367] Vgl.: Charta der Vereinten Nationen (1945), Art. 71: „The Economic and Social Council may make suitable arrangements for consultation with non-governmental organizations which are concerned with matters within its competence. Such arrangements may be made with international organizations and, where appropriate, with national organizations after consultation with the Member of the United Nations concerned." In der deutschen Übersetzung ist die Rede von „nichtstaatlichen Organisationen".
[368] Roth, Roland (2001): NGO und transnationale soziale Bewegungen: Akteure einer „Weltzivilgesellschaft"?; in: Brand, Ulrich; Demirovic, Alex; Görg, Christoph; Hirsch, Joachim (Hg.): Nichtregierungsorganisationen in der Transformation des Staates. Münster, S. 44 f.
[369] Vgl.: Take, Ingo (2002): NGOs im Wandel. Von der Graswurzel auf das politische Parkett. Opladen, S. 38 ff.
[370] Krüger, Sabine (2001): Netzwerke für eine nachhaltige Gesellschaft? Zur Realität sozial-ökologischer Bündnisse zwischen Gewerkschaften und NGOs, in: Brunnengräber, Achim; Klein, Ansgar; Walk, Heike (Hg.): NGOs als Legitimationsressource. Zivilgesellschaftliche Partizipationsformen im Globalisierungsprozess. Opladen, S. 215.
[371] Vgl.: Take, Ingo (2002): NGOs im Wandel. Von der Graswurzel auf das politische Parkett, S. 40.
[372] Ebda.

tischer Beteiligung, die seit den 1970er Jahren Bürgerinitiativen und neue soziale Bewegungen gedeihen ließ," entwickelten sich diese NGOs und veränderten die politische Agenda.[373] Die sozialen Bewegungen können hier als die „gesellschaftliche und politische Basis" von NGOs angesehen werden.[374] Dabei ist die Abgrenzung zwischen „sozialer Bewegung" und NGOs durchaus umstritten und äußert sich auch in der Frage des formalen Organisationsgrades als einem Definitionskriterium für NGOs, wie es etwa in der EU-Definition (s. u.) zu finden ist und auch als Grundlage für die Aufnahme in das 'Yearbook of International Organizations' definiert ist.[375] Demnach zeichnet sich eine formale Organisation u. a. durch kontinuierliche Aktivitäten und Vorstände aus, „die durch regelmäßige Wahlen gebildet werden."[376] Oftmals ein Kriterium der Wahrnehmung von NGOs ist die im Begriff mitschwingende Internationalität und die Beschränkung „auf altruistische transnationale Organisationen – wie Greenpeace, Amnesty International oder Friends of the Earth [...], die sich engagiert für die Lösung globaler Probleme einsetzen."[377] Dies hänge auch mit der Verwendung des Begriffes durch die UN (ECOSOC) zusammen, die als NGO bis ins Jahr 1996 „ausschließlich [...] in mehreren Ländern operierende Organisationen" bezeichnet habe und „nationale oder subnationale Gruppen" ausklammerte.[378] Diese Sichtweise der Internationalität von NGOs spiegelt sich auch wieder im 'Yearbook of International Organizations', in das „nur Organisationen mit internationaler Orientierung" aufgenommen werden."[379] Das Aufnahmekriterium der Internationalität bedeutet, das NGOs in mindestens drei Ländern operieren. Es muss sich um Organisationen mit individuellen oder kollektiven Mitgliedschaften handeln, die ihre Basis auf lokaler Ebene haben. Die NGOs müssen formal organisiert und unabhängig sein; sich ferner auszeichnen durch regelmäßige Aktivitäten und Repräsentationsorgane.[380]

Auch die Europäische Kommission hat im Rahmen ihrer Bemühung um eine verbesserte Kommunikation mit der organisierten Zivilgesellschaft und insbesondere hinsichtlich ihres Verhältnisses zu NGOs versucht, gemeinsame Merkmale für die Organisationen herauszuarbeiten, die mit der Abkürzung NGO bezeichnet werden können:[381]

- (1) „NRO werden nicht zum Zwecke der persönlichen Bereicherung ins Leben gerufen. Sie dürfen zwar bezahlte Angestellte beschäftigen und sich einnahmewirksamen Aktivitäten widmen, schütten jedoch keine Gewinne oder Überschüsse an ihre Mitglieder oder Führungskräfte aus."

- (2) „NRO arbeiten auf freiwilliger Basis. Dies bedeutet, daß ihre Gründung nicht auf bestehenden Verpflichtungen zurückgeht und ihre Mitglieder sich in der Regel auf die eine oder andere Art freiwillig an der Arbeit der Organisation beteiligen."

---

[373] Vgl.: Roth, Roland (2001): NGO und transnationale soziale Bewegungen, S. 49.
[374] Vgl.: Ebda., S. 51.
[375] Vgl.: Ebda., S. 44 ff.
[376] Vgl.: Ebda., S. 45.
[377] Vgl.: Ebda.
[378] Vgl.: Ebda.
[379] Vgl.: Ebda.
[380] Vgl.: Ebda.
[381] Europäische Union: Die Kommission (2000a): Ausbau der partnerschaftlichen Zusammenarbeit zwischen der Kommission und Nichtregierungsorganisationen. Diskussionspapier der Kommission, S. 4.

5.1 Zivilgesellschaft und NGOs

- (3) „NRO unterscheiden sich von formlosen oder ad hoc gebildeten Gruppierungen durch einen gewissen Grad an Formalität und Institutionalität. In der Regel richten sie sich nach einer Satzung oder einem anderen Dokument, in dem ihre Aufgaben, Ziele und Tätigkeitsbereiche festgelegt sind. Sie sind gegenüber ihren Mitgliedern und Spendern rechenschaftspflichtig."

- (4) „NRO sind insbesondere von Behörden und sonstigen staatlichen Stellen sowie von politischen Parteien oder wirtschaftlichen Vereinigungen unabhängig."

- (5) „NRO verfolgen aufgrund ihrer Wertvorstellung uneigennützige Ziele. Sie betätigen sich in der Öffentlichkeit und wenden sich den Belangen und Problemen bestimmter Personengruppen oder der Gesellschaft insgesamt zu und dienen somit dem Gemeinwohl. Sie vertreten nicht die wirtschaftlichen oder beruflichen Interessen ihrer Mitglieder."

Damit sind die Tarifpartner und gewinnorientierte Organisationen zunächst ausgeschlossen aus der EU-Definition der NGOs. In einem der folgenden Absätze des Kommissionspapiers wird diese Position aber relativiert, denn „im weiteren Sinn könnten auch Gewerkschaften und kommerzielle oder berufsständische Organisationen als Nichtregierungsorganisationen angesehen werden."[382] Diesem Widerspruch nicht folgend wird hier vorgeschlagen, die Definitionskriterien um folgende Merkmale in der Reihenfolge der EU-Definition zu erweitern, bzw. zu präzisieren:

- (1) Es handelt sich nicht um gewinnorientierte Organisationen wie privatwirtschaftliche Unternehmen oder um Interessengruppen, die wie z. B. Wirtschaftsverbände die Verbesserung von Profitchancen ihrer Mitglieder anstreben.

- (2) NGOs zeichnen sich aus durch Strukturen aktiver Beteiligung auf lokaler Ebene. NGOs akquirieren ihre Ressourcen durch eine freiwillige Übertragung an die Organisation.

- (4) NGOs sind unabhängig von religiösen und privaten Interessen und nicht exklusiv ethnisch, national, religiös oder geschlechtsspezifisch verfasst.

- (5) NGOs handeln nach universalistischen Zielen.

Bei allen Schwierigkeiten der Definition des NGO-Begriffes herrscht mithin Einigkeit bei der Feststellung, dass NGOs als zivilgesellschaftliche Akteure eine Mittlerfunktion übernehmen. „Ein verbindendes Wesensmerkmal" der „Akteure der organisierten Zivilgesellschaft" ist ihre Mittlerfunktion und als Maßstab politischer Kultur eine „Kommunikationsform, die den Dialog als evolutiven und ergebnisorientierten Prozess versteht."[383] Insofern können auch die NGOs als gesellschaftspolitisch wirkende intermediäre Kräfte identifiziert werden.

---

[382] Ebda., S. 5.
[383] Vgl.: Europäische Union: Der Wirtschafts- und Sozialausschuss (1999): Stellungnahme des Wirtschafts- und Sozialausschusses zum Thema „Die Rolle und der Beitrag der organisierten Zivilgesellschaft zum europäischen Einigungswerk", S. 34.

5.2 NGOs als interorganisationale Netzwerke

Die Vernetzung von NGOs auf lokaler wie internationaler Ebene, die insbesondere seit der Rio-Konferenz 1992 beobachtet wird, „hat nirgendwo eine solche Intensität wie in der Umweltpolitik erreicht."[384] Auf europäischer Ebene finden sich zahlreiche NGO-Netzwerke, die in unterschiedlichen Formationen eine Zusammenarbeit nationaler Organisationen ermöglichen oder eine Kooperation von europäischen Dachverbänden gewährleisten. Dabei handelt es sich häufig um transnational angelegte Netze, die gemeinsames Handeln verschiedener Akteure koordinieren und moderieren. Als Beispiele im umweltpolitischen Bereich seien hier etwa Friends of the Earth Europe (FoEE) und die G10 (Green10) genannt. Prominent sind ebenfalls die lokalen Akteursnetzwerke, die sich im Rahmen des Agenda 21 Prozesses gebildet haben.

WEYER (2000: 11) definiert als charakteristische Merkmale sozialer Netzwerke:
- eine eigenständige Form der Koordination von Interaktionen;
- eine vertrauensvolle Kooperation autonomer, aber interdependenter Akteure;
- eine Form der Zusammenarbeit in begrenztem Zeitraum;
- die Berücksichtigung unterschiedlicher Interessen;
- eine Bündelung von Ressourcen und die Ermöglichung von Lernprozessen.

In ihrer differenzierungstheoretischen Dimension sind als Netzwerke angelegte interorganisationale Kooperationen auch als „Instanzen der *intersystemischen Kommunikation*" zu begreifen, die einen „systemübergreifenden Diskurs und somit eine Abstimmung der jeweiligen Teilrationalitäten im Interesse des gemeinsamen Ganzen (der Gesellschaft) ermöglichen."[385] Netzwerke als Geflechte, „die eine spezielle Form von Governance charakterisieren", ermöglichen die Koordination von Interaktionen und Beziehungen.[386] Der Begriff „Netzwerkgovernance" reduziert politische Steuerung in diesem Rahmen nicht auf hierarchische Kontrollmodelle, sondern sucht darüber hinaus Möglichkeiten zur politischen Steuerung durch veränderte Strukturen der kooperativen und interorganisationalen Koordination zu klären.[387] Mit dem Governance-Ansatz werden also nicht die Beziehungen und Netzwerke *in* Organisationen thematisiert. Es geht vielmehr um Netzwerke als soziale Systeme interorganisationaler Beziehungen.[388]

Interorganisationale Netzwerke, definiert durch eine meist zeitlich begrenzte Zusammenarbeit zur Lösung einer Aufgabe und charakterisiert durch relativ lose, auch dauerhafte Zusammenarbeit in einem gemeinsamen Interesse, unterscheiden sich damit von

---

[384] Vgl.: Walk, Heike; Brunnengräber, Achim; Altvater, Elmar (2000): Einleitung, S. 11.
[385] Weyer, Johannes (2000): Einleitung. Zum Stand der Netzwerkforschung in den Sozialwissenschaften, in: Ders. (Hg.): Soziale Netzwerke. Konzepte und Methoden der sozialwissenschaftlichen Netzwerkforschung. München / Wien, S. 23.
[386] Vgl.: Windeler, Arnold (2003): Spuren im Netzwerkdschungel: Typen von Unternehmungsnetzwerken und Besonderheiten ihrer Koordination, in: Hirsch-Kreinsen, Hartmut; Wannöffel, Manfred (Hg.): Netzwerke kleiner Unternehmen. Praktiken und Besonderheiten internationaler Zusammenarbeit. Berlin, S. 39.
[387] Vgl.: Ebda.
[388] Vgl.: Ebda., S. 39f.

5.2 NGOs als interorganisationale Netzwerke

herkömmlichen Organisationsstrukturen. Insbesondere die Verteilung von Mitgliedschaften auf verschiedene Netzwerke sowie eine anzunehmende Verwurzelung in einer speziellen (Heimat-)Organisation ist als Zeichen dafür zu deuten, dass es sich gerade bei diesen Netzwerken eher um lose gekoppelte Strukturen handelt. Ebenso erlaubt die Offenheit der Netze eine funktionale Anpassung von Themen und Akteuren durch Fluktuationsmöglichkeiten. Im Rahmen einer Definition könnte dieses Merkmal den begrenzten Zeitraum der Zusammenarbeit ersetzen, bzw. ergänzen. Dennoch erzielen diese relativ offenen und eher losen Verbindungen offenbar eine hohe kommunikative Wirkung und die Resultate ihrer Arbeit zeichnen sich aus durch einen hohen Verbindlichkeitscharakter. Sie begünstigen einen effektiven system-übergreifenden Transfer von Steuerungsmedien und sorgen so für eine Verdichtung der Kommunikation.

Im Prozess der Entwicklung interorganisationaler Netzwerkstrukturen unter den Bedingungen des gesellschaftlichen Wandels und eines sich verändernden Verständnisses der Problemwahrnehmung und -bearbeitung können hier exemplarisch, in Anlehnung an GÜDLER (2003: 28), drei Phasen der *intersystemischen* Netzwerkbildung unterschieden werden:

Abbildung 1: Phasenmodell der Entwicklung interorganisationaler kommunikativer Strukturen in Anlehnung an Güdler (2003: 28)

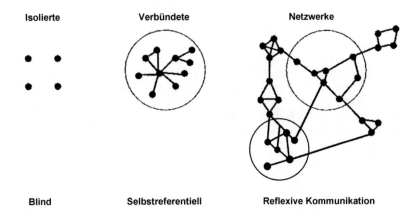

Am Anfang steht, relativ isoliert, die einzelne Organisation, die nur ihr Ziel „im Auge" hat. Sie schafft die Grundlage für zukünftige kommunikative Beziehungen. „In der zweiten Phase entstehen erste Kooperationsbeziehungen"[389], die durch den Kontext des Organisationszwecks vermittelt werden. Hier kann es sich zwar bereits um interorganisationale Kooperation handeln, die allerdings grundsätzlich noch keinen intersystemischen Charakter aufweist. Entsprechend beschränkt sich der Kreis auf den Kontakt mit

---

[389] Vgl.: Güdler, Jürgen (2003): Kooperationsnetzwerke in der Forschung. Entstehung, Struktur und Wirkung am Beispiel der Soziologie. Bonn (= Forschungsberichte : Informationszentrum Sozialwissenschaften; Bd. 5), S. 28.

funktional ähnlich ausgerichteten und meist verbündeten Organisationen. Die Verbündeten widmen sich primär der Bearbeitung eines gemeinsamen, aber beschränkten Problemkreises. Diese Systeme reproduzieren sich aus sich selbst heraus und nehmen ihre Umwelten in Form anderer Problemkreise nur schwer wahr. Im Hinblick auf das Verhältnis zu den Umwelten erschweren diese Wahrnehmungsdefizite die Integration von externen Impulsen und Innovationen und gefährden bei steigender Anforderung an die Leistungsfähigkeit des Netzwerks unter komplexen Umweltbedingungen u. U. den Fortbestand des ganzen Systems. Darüber hinaus kann sich diese Selbstreferentialität u. U. zumindest mittelfristig im Verhältnis zum Gesamtsystem kontraproduktiv auswirken. Diese Defizite können durch grenzüberschreitende und intersystemische Netzwerkstrukturen ausgeglichen werden. Sie erhöhen die Komplexität der Problemwahrnehmung und -bearbeitung und bieten als Plattform zur Integration von Innovation die Möglichkeit für im Hinblick auf das Gesamtsystem optimierte Lernprozesse durch reflexive und rückgekoppelte Kommunikationsstrukturen.

„Analytisch lassen sich Netzwerke in Knoten und Verbindungen aufteilen." Die Knoten können dabei „Personen, Organisationen oder auch Computer sein."[390] Die ein Netzwerk ausmachenden Verbindungen bilden sich als Kommunikationen zwischen diesen Knoten aus. Die Kreise markieren dabei sowohl Problemkreise; sind aber auch zu verstehen als die Grenzen gesellschaftlicher Subsysteme.

Was GRANOVETTER (1973) mit der „Stärke der schwachen Verbindungen" bezeichnete, wird in diesem Kontext aktuell. Durch die Organisation von lose gekoppelten Verhandlungssystemen in systemübergreifend zusammengesetzten Netzwerken ist – in doppelt grenzüberschreitender Perspektive – davon auszugehen, dass ein Wissenstransfer zwischen jeweils an Nationalstaat und Funktion gebundene Systeme begünstigt wird. Vor dem Hintergrund der zunehmenden Bedeutung von Wissensressourcen als Steuerungsmedien in politischen Entscheidungsprozessen gewinnen somit die Anbieter neuen oder alternativen Wissens an Gewicht, was langfristig bedeuten könnte, dass sich die Machtbalancen durch neue Verfahren politischer Willensbildungs- und Entscheidungsprozesse zugunsten der Wissensanbieter verschieben werden.

5.3 Politikvermittlung als wechselseitige Kommunikation

FROEHLICH (2001: 17) beschreibt mit dem Begriff der Politikvermittlung zunächst ganz allgemein „den Erwerb der Zustimmung der Bevölkerung für eine bestimmte Politik", die „der Legitimation und Akzeptanz politischen Handelns" dient. In diesem allgemeinen Verständnis werden Akteure des politischen Systems als Absender, die Medien als Vermittler und die Bürger als Adressaten politischer Kommunikation identifiziert. Dabei bestünden die Aufgaben der Politikvermittlung aus den zwei Elementen der internen Abstimmung innerhalb politischer Gremien und Parteien sowie der „medienadressierten Darstellung, Begründung und Rechtfertigung von Politik [...] im Sinne einer Politikver-

---

[390] Vgl.: Kreutz, Christian (2003): Protestnetzwerke. Eine neue Dimension transnationaler Zivilgesellschaft? Münster (= Region – Nation – Europa; Bd. 23), S. 31.

5.3 Politikvermittlung als wechselseitige Kommunikation

mittlung nach außen."[391] „Das Ziel der Politikvermittlung" könne „als Legitimation politischer Inhalte durch Kommunikation" beschrieben werden, da „politisches Handeln in der Demokratie zustimmungsabhängig und daher auch begründungsbedürftig" sei.[392] Fröhlich verweist mit diesem, vielleicht klassischem, Verständnis von Politikvermittlung auf die damit angelegte Problematik eines Prozesses, der im Wesentlichen als kommunikative Einbahnstraße verstanden von „oben nach unten" „einen einseitigen Vermittlungsproseß" bezeichnet, „der von der politischen Elite dominiert" wird.[393] Diese Sichtweise impliziert auch die Vorstellung „einer strikten Trennung zwischen Staat und Gesellschaft, die heute jedoch in dieser Form nicht mehr angemessen ist".[394]

SARCINELLI (1987: 19) betont die Notwendigkeit „spezifischer Verfahren und Institutionen" in demokratischen Systemen, „durch die Politik zwischen Herrschenden und Beherrschten, zwischen den Führungseliten und den Bürgern vermittelt" werde. Politikvermittlung beschreibt

> „ein grundlegendes Phänomen gesellschaftlicher Ordnungsbildung, denn ohne Verbindung und Vermittlung, ohne Information und Kommunikation ist eine Kenntnisnahme und –gabe von Wünschen, Forderungen, von Meinungen und Widerständen nicht möglich, ist gesellschaftliches Zusammenleben schwer vorstellbar."
> SARCINELLI (1998: 11)

Die vier wesentlichen Kriterien, „an denen sich Politikvermittlung in der Demokratie" messen lassen müsse seien:

„- *Zugangspluralität und –offenheit:* Der Zugang zum Informations- und Kommunikationssystem darf in der Demokratie nicht exklusiv sein. Politikvermittlung in der Mediengesellschaft muß sich deshalb aus einer Vielzahl von Quellen speisen.

- *Richtungspolitische Pluralität:* Durch die Vielfalt von Informationsmöglichkeiten muß Politikvermittlung die Pluralität politischer Richtungstendenzen zum Ausdruck bringen.

- *Pluralität von Komplexitätsgraden:* Durch ein differenziertes Angebot mit unterschiedlichen Komplexitätsgraden muß Politikvermittlung verschiedene Adressatengruppen und Teilöffentlichkeiten erreichen können.

- *Kommunikative Rückkopplung:* Schließlich darf Politikvermittlung keine einseitig gerichtete Elite-Bürger-Kommunikation sein. Vielmehr muß sie auch offen sein für Interessenvermittlung vom Bürger zur politischen Führung."[395]

Bei der Vermittlung von Politik spielen Medien und das Mediensystem eine zentrale Rolle. JARREN (1998: 74) erkennt die Verwendung von Schlagworten wie Informations-

---

[391] Froehlich, Pia Maria (2001): Das Problem der Politikvermittlung in der Demokratie. Die Öffentlichkeitsarbeit der Bundesregierung bei der Einführung des Euro. Würzburg (= Spektrum Politikwissenschaft; Bd. 19), S. 17.
[392] Ebda., S. 18.
[393] Vgl.: Ebda., S. 19.
[394] Vgl.: Jarren, Otfried; Donges, Patrick (2002): Politische Kommunikation in der Mediengesellschaft. Eine Einführung. Band 1: Verständnis, Rahmen und Strukturen. Wiesbaden (= Studienbücher zur Kommunikationswissenschaft), S. 137.
[395] Sarcinelli, Ulrich (1998): Politikvermittlung und Demokratie: Zum Wandel der politischen Kommunikationskultur, in: Ders. (Hg.): Politikvermittlung und Demokratie in der Mediengesellschaft. Beiträge zur politischen Kommunikationskultur. Opladen / Wiesbaden, S. 12 (Hervorhebungen im Original).

gesellschaft oder Mediengesellschaft als Indiz für „eine ökonomisch, kulturell und politisch an Bedeutung" gewinnende „Herstellung, Verbreitung und Rezeption von Informationen in der modernen Gesellschaft." Das Mediensystem werde „zur zentralen Infrastruktur der modernen Gesellschaft."[396] JARREN / DONGES (2002: 19) konstatieren als Merkmal der Entwicklung hin zur „Mediengesellschaft", dass die „Massenmedien mehr und mehr zur Voraussetzung gesellschaftlicher Kommunikation insgesamt werden." Dabei ist politische Kommunikation

> „der zentrale Mechanismus bei der Formulierung, Aggregation, Herstellung und Durchsetzung kollektiv bindender Entscheidungen. Insofern ist die politische Kommunikation nicht nur Mittel der Politik. Sie ist selbst auch Politik."
>
> JARREN / DONGES (2002: 22)

Im Prozess der „Herstellung allgemein verbindlicher Entscheidungen" als Politik[397] unter Einbezug politischer wie gesellschaftlicher Akteure gewinnen die Funktionen des „intermediären Systems"[398] für die Interessen- und Entscheidungsvermittlung ihr Gewicht. Aus der Sicht des intermediären Systems kann politische Kommunikation dann definiert werden als Transformation von gesellschaftlichen Interessen in die Programmsprachen der jeweiligen Subsysteme durch das politische System. In Form von symbolisch generalisierten Kommunikations- und Steuerungsmedien wie z. B. Recht oder Geld, die durch den Staat um- und/ oder eingesetzt werden, wird Politik kommunikativ an die Gesellschaft zurückvermittelt.[399] Vermittlung bedeutet dann die Kommunikation in beide Richtungen als Interessenvermittlung in das politische System (Input-Kommunikation) und Entscheidungsvermittlung (Output Kommunikation) in umgekehrter Richtung.[400] Die notwendige Multilingualität der Organisationen des intermediären Bereichs wird dadurch deutlich, dass „sowohl bei der Interessen- als auch bei der Entscheidungsvermittlung nicht einfach die „Sprachen" der externen Systeme Staat und Lebenswelt „übersetzt"" werden, sondern sich „eine eigene Kommunikationsweise" entwickelt, „um zu beiden externen Systemen anschlussfähig zu sein."[401] Um diese kommunikative Anschlussfähigkeit herzustellen, müssen die Organisationen „in der Lage sein, unterschiedlichste kommunikative Anforderungen" zwischen System und Lebenswelt zu erfüllen.[402]

Die Medien nehmen als Teil des intermediären Systems im Prozess der Politikvermittlung eine Sonderrolle ein, indem sie als „Resonanzboden" zu vermittelnde Informationen verstärken aber auch filtern.[403] Auf die Erzeugung kommunikativer Wirkung durch NGOs, die sich aus verschiedenen Vermittlungsebenen – aus systemtheoretischer Perspektive betrachtet: aus mehrsprachigen Relationen, entwickeln, wird in Kapitel 6

---

[396] Vgl.: Jarren, Otfried (1998): Medien, Mediensystem und politische Öffentlichkeit im Wandel, in: Sarcinelli, Ulrich (Hg.): Politikvermittlung und Demokratie in der Mediengesellschaft, S. 74.
[397] Vgl.: Jarren, Otfried; Donges, Patrick (2002): Politische Kommunikation in der Mediengesellschaft, S. 137.
[398] „Beim intermediären System handelt es sich um ein differenziertes, flexibles und multifunktionales Handlungsfeld, dem ein systemhafter Charakter zuerkannt werden kann." Ebda., S. 140.
[399] Vgl.: Ebda., S. 138 f.
[400] Vgl.: Ebda.
[401] Vgl.: Ebda., S. 140.
[402] Vgl.: Ebda.
[403] Vgl.: Jarren, Otfried (1998): Medien, Mediensystem und politische Öffentlichkeit im Wandel, S. 85.

einzugehen sein. Mit dem Wandel des Mediensystems hat sich auch der Charakter politischer Öffentlichkeit verändert. Dabei betrifft der Wandel der Medienlandschaft nicht nur die vermeintliche Vielfalt der Berichterstattung in TV, Radio und Printmedien, sondern auch die neuen und mit dem Internet verbundenen Möglichkeiten der politischen Kommunikation. Hier gewinnen Prozesse der Politikvermittlung eine neue Dimension, deren Leistungsfähigkeit als „elektronische Agora" im Hinblick auf den Reformprozess „Europäisches Regieren" im Laufe der Arbeit näher untersucht wird.

5.4 NGOs – Phänomen der Globalisierung

In der Folge der revolutionären Umbrüche durch den Fall des Eisernen Vorhangs und verbunden mit der Kommunikationsrevolution durch elektronische Medien markieren in der Folge zwei zentrale Entwicklungen den Bedeutungsgewinn von NGOs als Verhandlungspartner in politischen Prozessen, die beide im Jahr 1992 begannen: 1) Die vom damaligen UN-Generalsekretär Boutros Boutros-Ghali berufene *Commission on Global Governance* (CGG) und 2), die auch als Erdgipfel bekannt gewordene *Konferenz für Umwelt und Entwicklung* (UNCED[404]) in Rio de Janeiro.

Auf globaler Ebene gründete sich 1992 in Genf die *Commission on Global Governance* (CGG)

> „in dem Glauben, dass die internationalen Entwicklungen eine einmalige Möglichkeit geschaffen hatten, um durch eine verstärkte globale Kooperation die Herausforderungen der Friedenssicherung, der Umsetzung einer nachhaltigen Entwicklung und einer Verbreitung der Demokratie besser bewältigen zu können."[405]

Der Begriff *Global Governance* war geboren als ein Versuch, die nach dem Zerfall der alten Weltordnung entstandenen Unsicherheiten durch eine „neue Weltordnung" zu dezimieren. Der Bericht der Kommission aus dem Jahre 1995 mit dem Titel „Our Global Neighbourhood" (Nachbarn in einer Welt[406]) galt als ambitiöser Versuch, „ein neues Konzept von Politik zu entwerfen."[407] Es versteht sich als ein Vorhaben, das „Handlungskompetenzen auf lokale, regionale und globale Organisationen zur Lösung von Problemen" verteilt, „die Nationalstaaten nicht mehr im Alleingang lösen können."[408] Verkürzte nationale Problemwahrnehmungen sollen durch eine Verdichtung der internationalen Zusammenarbeit überwunden und durch verbindliche Kooperationsregeln, „die auf eine Verrechtlichung der internationalen Kooperationen abzielen", gestützt werden.[409] Ziel ist das „Bewußtwerden gemeinsamer Überlebensinteressen" und eine

---

[404] UNCED = UN Conference on Environment and Development.

[405] Übersetzt aus dem Englischen: „[...] belief that international developments had created a unique opportunity for strengthening global co-operation to meet the challenge of securing peace, achieving sustainable development, and universalizing democracy." Quelle: Webseite der CGG im „Internet Archive" (www.archive.org): http://web.archive.org/web/20020204001556/www.cgg.ch/TheCommission.htm; zuletzt aufgerufen am 24. Juni 2005.

[406] Titel der deutschen Übersetzung.

[407] Messner, Dirk; Nuscheler, Franz (1996): Global Governance. Organisationselemente und Säulen einer Weltordnungspolitik, S. 18.

[408] Ebda., S. 20.

[409] Ebda.

am Weltgemeinwohl orientierte Politik.[410] Demokratisierung, Abbau von Entwicklungsunterschieden und die wirtschaftliche Verflechtung sollen die internationale Kooperationsfähigkeit verbessern. Die einseitige Macht- und Interessenpolitik eines Landes oder einer Wirtschaftsunion zur Mehrung eigener Vorteile wird durch dieses idealistische Konzept in Frage gestellt.[411] Eine demokratische Weltzivilgesellschaft[412], in der die Chancen gleich verteilt sind, benötigt ein hohes Maß an zivilgesellschaftlicher Partizipation. Zivilgesellschaftliche Institutionen dienen als Korrekturinstanzen der Politikgestaltung, „da staatliche Institutionen in vielen Politikfeldern nicht mehr über die notwendige Handlungsautonomie verfügen."[413] Als „Keimzellen der internationalen Zivilgesellschaft" erlangten die NGOs Zugang zum globalen Konsultationsprozess und werden von den Regierungen als Berater in die Entscheidungsfindung miteinbezogen.[414] Sie dienen als der gesellschaftliche Unterbau der Global Governance Idee.[415]

Die 1990er Jahre waren das Jahrzehnt der Weltkonferenzen. Zu den Ergebnissen der Globalisierung von Problemlagen zählen der Weltkindergipfel (1990, New York), die Konferenz für Umwelt und Entwicklung (1992, Rio), die Menschenrechtskonferenz (1993, Wien), die Weltbevölkerungskonferenz (1994, Kairo), der Weltsozialgipfel (1995, Kopenhagen), die Weltfrauenkonferenz (1995, Peking), Habitat II (1995, Istanbul) und der Welternährungsgipfel (1996, Rom).

Im Jahre 1992 fand in Rio de Janeiro die UNCED-Konferenz statt. Vor allem umwelt- und klimapolitisch aktive NGOs wirkten bei dem Gipfel aktiv mit und forcierten spätestens seither den Trend zu einer Kooperationsform, die inzwischen als Vernetzung bezeichnet wird.[416] Bei der Vernetzung „handelt es sich um auf Dauer gestellte oder auch nur temporäre, lockerere und daher höchst flexible Formen der Kooperation zwischen nicht-staatlichen Organisationen und Akteuren aus Politik und Wirtschaft."[417] Diese Vernetzung verflechtet unterschiedliche Ebenen der Politikgestaltung, unterschiedliche Problemfelder und unterschiedliche Akteure miteinander und bietet so im günstigsten Fall die Möglichkeit besserer und effektiverer Entscheidungs- und Steuerungsprozesse.[418] Seit der Rio-Konferenz 1992 erlebte die Einbeziehung von NGOs in die Konferenzkonzeption ihren Durchbruch und führte zu einer neuen Qualität der NGO-Partizipation.[419] „Die Konferenz löste eine regelrechte Aufbruchstimmung in der lokalen,

---

[410] Ebda., S. 21.

[411] Vgl.: Ebda., S. 20 – 21.

[412] Mehr zur Definition u. a. in: Klein, Ansgar (2000): Die NGOs als Bestandteil der Zivilgesellschaft und Träger einer partizipativen und demokratischen gesellschaftlichen Entwicklung, S. 322 ff.

[413] Messner, Dirk; Nuscheler, Franz (1996): Global Governance. Organisationselemente und Säulen einer Weltordnungspolitik, S. 24.

[414] Ebda., S. 25.

[415] Vgl.: Roth, Roland (2001): NGO und transnationale soziale Bewegungen, S. 43.

[416] Vgl.: Altvater, Elmar; Brunnengräber, Achim; Haake, Markus; Walk, Heike (Hg.) (2000): Vernetzt und verstrickt. Nicht-Regierungs-Organisationen als gesellschaftliche Produktivkraft. Vorwort, S. 7.

[417] Ebda.

[418] Vgl.: Brunnengräber, Achim; Walk, Heike (2000): Die Erweiterung der Netzwerktheorien: Nicht-Regierungs-Organisationen verquickt mit Markt und Staat, in: Altvater, Elmar; Brunnengräber, Achim; Haake, Markus; Walk, Heike (Hg.): Vernetzt und verstrickt. Nicht-Regierungs-Organisationen als gesellschaftliche Produktivkraft, S. 67.

[419] Vgl.: Wahl, Peter (2000): Mythos und Realität internationaler Zivilgesellschaft. Zu den Perspektiven globaler Vernetzung von Nicht-Regierungs-Organisationen, in: Altvater, Elmar; Brunnengräber, Achim;

5.4 NGOs – Phänomen der Globalisierung

nationalen und internationalen Politikarena aus", verhalf den NGOs zu ihrem internationalen Aufstieg und war Ausdruck ihrer zunehmenden Bedeutung in politischen Willensbildungsprozessen.[420] Dabei ist der Zugewinn an Einfluss der NGOs das Resultat – ein spin-off – des Globalisierungsprozesses an sich.[421]

Nach dem Ende des kalten Krieges standen zunehmend andere Themen auf der globalen Agenda.[422] U. a. neue Kommunikationstechnologien und ein durch die Friedens- und Umweltbewegung bereits seit den 1980er Jahren entstandenes – die Grenzen des Nationalstaates sprengendes – Bewusstsein, bildeten ein Ereigniskonglomerat, das die Sensibilisierung für die globalen Auswirkungen lokaler Handlungen erst ermöglichte. „Global Denken – Lokal Handeln" wurde zum geflügelten Wort der Agenda 21 Bewegung als ein Ergebnis der Rio-Konferenz. In Rio wurde deutlich, dass sich „eine zunehmend international vernetzte, aber noch schwach entwickelte ‚Zivilgesellschaft', die sich in NRO organisiert", von der lokalen bis zur globalen Ebene in die Politik einmischt.[423] Solche netzwerkförmigen „Kommunikationsprozesse entstehen aufgrund von turbulenten Interdependenzen ‚globaler' Probleme".[424] Mit Interdependenzen bezeichnet Luhmann die Beziehungen zwischen funktional-ausdifferenzierten Teilsystemen, die als Irritationen der Systemumwelt, vermittelt durch strukturelle Kopplungen, für Resonanz sorgen können.[425] Die UNCED-Konferenz in Rio könnte ein Ausdruck dieser Interdependenzen darstellen.

Manche dieser auch transnationalen Organisationen wie Greenpeace oder der WWF sind schon in die Jahre gekommen. Wenn vom NGO-Boom die Rede sei, so WALK / BRUNNENGRÄBER (2000: 120), seien dabei auch nicht die Organisationen selbst gemeint. Es sind vielmehr „die Reaktionen auf die Globalisierung und die Anpassungsprozesse an globale Bedingungen, die in dem Kürzel NGOs zum Ausdruck kommen".[426] ROTH (2001: 49) sieht im NGO-Wachstum einen Zusammenhang mit dem Wachstum anderer Akteure wie etwa der transnationalen Konzerne: „NGOs sind offensichtlich nur ein Element unter anderen im komplexen Prozeß der Globalisierung." Einer Veränderung der Suprastrukturen der Gesellschaft also, deren Akteure sich den Gegebenheiten anpassen müssen, um die Aufgaben der Zukunft bewältigen zu können. Für die Generierung und Weitergabe von dafür relevantem Wissen sind organisationale Lernprozesse und Innovationen eine wichtige Bedingung. Für EDWARDS (1997: 235 f.) zählt das Lernen als eine „essential component of organizations effectiveness in

---

Haake, Markus; Walk, Heike (Hg.): Vernetzt und verstrickt. Nicht-Regierungs-Organisationen als gesellschaftliche Produktivkraft, S. 295.

[420] Walk, Heike; Brunnengräber, Achim; Altvater, Elmar (2000): Einleitung, S. 10 f.

[421] „Spin-off" = unintendiertes Nebenprodukt oder Folgewirkung von sozialen, wirtschaftlichen und technologischen Entwicklungen. Vgl.: Wahl, Peter (2000): Mythos und Realität internationaler Zivilgesellschaft. Zu den Perspektiven globaler Vernetzung von Nicht-Regierungs-Organisationen, S. 295.

[422] Vgl.: Brunnengräber, Achim; Walk, Heike (2000): Die Erweiterung der Netzwerktheorien: Nicht-Regierungs-Organisationen verquickt mit Markt und Staat, S. 66 – 67.

[423] Messner, Dirk; Nuscheler, Franz (1996): Global Governance. Organisationselemente und Säulen einer Weltordnungspolitik, S. 16.

[424] Brunnengräber, Achim; Walk, Heike (2000): Die Erweiterung der Netzwerktheorien: Nicht-Regierungs-Organisationen verquickt mit Markt und Staat, S. 69.

[425] Vgl.: Krause, Detlef (2001): Luhmann-Lexikon, S. 146.

[426] Walk, Heike; Brunnengräber, Achim (2000): Die Globalisierungswächter. NGOs und ihre transnationalen Netze im Konfliktfeld Klima. Münster, S. 120.

all sectors. [...] All NGOs aspire to be 'learning organizations'". Lernen ist die Grundlage und eine „key component [...] for accountability, dissemination and influence"; alles Eigenschaften, deren Bedeutung für die NGOs mit zunehmender Verflechtung in internationale Willensbildungsprozesse wichtiger werden. EDWARDS (1997: 248) kommt zu dem Ergebnis: „[...] what matters most is that NGOs *do* learn, that they always try to learn *more effectively*, and that they *do not stop learning* even when they think they have found the answers."

5.5 Governance und NGOs: Wege aus der globalen Anomie

Im Rahmen der Globalisierungsdebatte kann Entgrenzung als Entdifferenzierung und die Verdichtung sozialer Handlungszusammenhänge als Differenzierung bezeichnet werden. Im historischen Vergleich mit NIPPERDEY (1972: 23 ff.) als Entpartikularisierung und Spezialisierung sowie mit DURKHEIM (1930 / 1992: 82) als Autonomiegewinn des Individuums bei gleichzeitig steigender Abhängigkeit – oder, im Hinblick auf die moderne Operationsweise der Gesellschaft, formuliert mit LUHMANN (2000: 400), als gleichzeitige Steigerung der Unabhängigkeiten als auch der Abhängigkeiten im Verhältnis der Funktionssysteme zueinander.

Theoretisch handelte es sich dann bei den Prozessen der Globalisierung zunächst und grundsätzlich um kein neues Phänomen, weil lediglich alte Grenzen zu verschwinden scheinen, wo neue Grenzen entstehen. Es sind die Paradoxien moderner Gesellschaften, die sich in globaler Perspektive durchsetzen und sich in ihrer neuen Dimension zunächst in einer unterschiedlichen Natur der räumlich und technisch veränderten Rahmenbedingungen zeigen. Damit verbunden ist die Wahrnehmung eines durch die kommunikative Beschleunigung erzeugten Handlungs- und Entscheidungsdrucks, der in seiner Dimension territorialer Entgrenzung als überkomplex und kaum handhabbar erscheint. Ein entscheidender und wesentlicher, bedeutender struktureller Unterschied in diesem postmodernen Modernisierungsprozess besteht jedoch darin, dass sich auf globaler Ebene noch so gut wie keine verbindliche Rechtsordnung und auch kein politisches System ausgeprägt haben und intermediäre Instanzen als Sicherungsstrukturen gegen politische und ökonomische Willkür ebenfalls erst rudimentär ausgebildet sind. Mit DURKHEIM (1930 / 1992: 479) könnte man so die Voraussetzung für Anomie als gegeben ansehen durch eine, wie MÜLLER (1983: 132) es formuliert, *„Ungleichzeitigkeit im Transformationsrhythmus* zwischen Struktur [...] und kollektiv verbindlichen Regeln".[427]

> „The "trap" [...] that we find ourselves in is not globalization. It is the territorial nature of the policy responses that have been advocated so far and the insufficiency of international policymaking (created to manage interdependence and, thus, issues of external sovereignty) in dealing with internal sovereignty as global policy issues. If we want to shape globalization rather than be trapped by it, it will be necessary to operationalize internal sovereignty in a non-territorial context and to find venues of governance that take the above considerations into account."
> REINICKE / WITTE (1999: 12)

---

[427] Zur „Ungleichzeitigkeit der gesellschaftlichen und politischen Entwicklung" in Zusammenhang mit der „gegenwärtigen Krise des nationalstaatlichen Regierens" vgl.: Zürn, Michael (1998): Regieren jenseits des Nationalstaates, S. 63.

5.5 Governance und NGOs: Wege aus der globalen Anomie

Im Zeitalter der Globalisierung können die dadurch entstehenden gesellschaftlichen Konflikte zunächst als Mobilisierung von Protest gegen die zerstörerischen Auswirkungen eines anonymen und globalen Kapitalismus beobachtet werden, dessen Konsequenzen bis auf die Ebenen der Nationalstaaten durchschlagen und Arbeitsplätze, soziale Sicherheit und ökologische Stabilität in Frage stellen. Zweitens äußert sich die Mobilisierung von globalem Protest auch gegen die politische Willkür etwa der USA als letzter verbliebener Supermacht im Falle des völkerrechtswidrigen Krieges gegen den Irak. Das diese Form des Unilateralismus auf globaler Ebene heute noch so möglich ist, ist auch ein Beleg für die fehlende Institutionalisierung von Rechtsansprüchen und Ebenen gesellschaftlicher Kontrolle. Zumindest ist es ein Anzeichen dafür, dass die bestehenden Strukturen nicht funktionieren und politische Freiheit in ihrer globalen Dimension nicht verwirklicht ist. Wird für den Fall politischer Willkür die USA zum Kristallisationspunkt von globalem Protest, so gilt dies in ähnlicher Weise für die WTO (World Trade Organization) im ökonomischen Zusammenhang.

Noch verstärken bestehende Strukturen wie die WTO „von oben" die Prozesse globaler Arbeitsteilung und der damit entstehenden Standortwettbewerbe mit ihren verheerenden sozialen, ökologischen und kulturellen Auswirkungen, die nicht nur die schwächeren Länder benachteiligen, sondern auch die hart erkämpften Standards in den Industrienationen gefährden. Die WTO ist, prinzipiell ähnlich wie die Europäische Union, eine supranationale Organisation ohne Staatscharakter, die dennoch in die hoheitlichen Rechte von Nationalstaaten eingreifen kann.[428] Daher wird die Zielsetzung und die demokratische Legitimation der Organisation zu Recht hinterfragt und eine Reform der Welthandelsorganisation angemahnt. Das Fehlen intermediärer Instanzen und Strukturen, durch welche die Macht sowohl von „oben nach unten", aber vor allem von „unten nach oben" fließen kann, äußert sich dann im oft blutigen Protest gegen die als Exponenten im unkontrollierten Raum identifizierten Akteure wie der WTO (Seattle, 1999) und der G 8[429] (Genua, 2001), aber auch gegen Ratstreffen der Europäischen Union (Göteborg, 2001). Die Unmöglichkeit der Adressierung des Protests ist Anzeichen zivilgesellschaftlicher Ohnmacht und gleichzeitig Ausdruck der Notwendigkeit eines Adressaten, um die Probleme „in eine politische Agenda" zu verwandeln.[430] Dabei werden die bestehenden Strukturen zwangsläufig zu Kristallisationspunkten gesellschaftlicher Auseinandersetzung mit oft destruktivem und gewaltsamem Charakter. Daher ist es notwendig, dass die Akteure „eines demokratischen Gemeinwesens ihre gesellschaftliche Umgebung gestalten und die zur Intervention erforderliche Handlungsfähigkeit entwickeln können."[431]

---

[428] Vgl.: Habermas, Jürgen (1999b): Braucht Europa eine Verfassung? Eine Bemerkung zu Dieter Grimm, in: Ders.: Die Einbeziehung des Anderen. Studien zur politischen Theorie. Frankfurt am Main (= suhrkamp taschenbuch wissenschaft; 1444), S. 185.

[429] Gruppe der Acht: Zusammenschluss der sieben führenden Industrieländer plus Russland. Hier nicht zu verwechseln mit dem ebenfalls ehemals als G 8 (Green 8) bekannten Netzwerk der in Brüssel vertretenen Umweltverbände, das sich seit Mitte 2005 G10 nennt.

[430] Vgl.: Habermas, Jürgen (1998b): Die postnationale Konstellation. Politische Essays. Frankfurt am Main (= edition suhrkamp; 2095), S. 93.

[431] Vgl.: Ebda.

Eine Möglichkeit besteht diesbezüglich im Aufbau globaler intermediärer Strukturen, die am Beispiel der NGO-Konjunktur beobachtet werden kann. Hier finden sich Prozesse der Integration von NGOs als Governance Partner in politische Willensbildungsprozesse und von den NGOs werden praktische Beiträge zur Lösung der Probleme erwartet. So entstehen politische Verhandlungsregimes jenseits nationalstaatlicher Legitimation und die zentrale Frage lautet, wie in einem politischen System regiert wird, „das keine Regierung kennt?"[432] In diesem Zusammenhang gewinnen moderne Konzepte des Regierens (Governance) ihr Gewicht, wie sie etwa auf globaler Ebene von der *Commission on Global Governance* (CGG) entwickelt wurden oder in der europäischen Dimension ihren Ausdruck finden durch die Reform „Europäischen Regierens" (European Governance). „Regieren (engl. *governance*)" kann diesbezüglich mit BROZUS / ZÜRN (1999: 59 f.) „kurz gefaßt" verstanden werden als

„die autoritative Formulierung und Durchsetzung allgemeinverbindlicher Regelungen. Verregelt werden vor allem soziale Handlungszusammenhänge, die aus dem unkoordinierten Nebeneinander der Handlungen unterschiedlicher sozialer Akteure bestehen: Es geht beim Regieren also um Koordination und Steuerung."[433]

Dabei gewinnt die Durchsetzung verbindlicher Regelungen ihre Autorität durch die Legitimation der Entscheidungsfindung im Sinne einer reflexiven politischen Kommunikation und nicht in Form transitiver Direktiven, wie man sie mit dem Begriff des „Durchregierens" von Angela Merkel in Verbindung bringen könnte.[434]

Die Frage der politischen „Beherrschbarkeit von Weltproblemen und der Globalisierungstendenzen" sei „zum zentralen Problem der Weltpolitik geworden", so NUSCHELER (2001: 180). Dabei besteht die Alternative konstruktiver Gestaltung im Umgang mit den Problemen sicher nicht in der Verlagerung von Konferenzen in entlegene Winkel der Welt wie nach Doha 2001 (WTO) oder Gleneagles 2005 (G 8). Im Transformationsprozess von *Government* zu *Governance* muss sich das politische System zur Bewältigung dieser Probleme globalisieren und dementsprechend müssen auch die Strukturen der organisierten Zivilgesellschaft weiter entwickelt werden. Beide Systeme müssen den nationalstaatlichen Fokus des Regierens überwinden und insbesondere für die NGOs gilt dabei, Strategien zur Vernetzung zu entwickeln, die ihrer Profilierung als Governance-Partner in Prozessen der Politikvermittlung und gesellschaftlicher Steuerung angemessen sind. NGOs als Governance-Partner sind dann zu identifizieren als wissensbasierte Netzwerke, die bei gleichzeitig veränderten gesellschaftlichen Rahmenbedingungen eine wichtige Schnittstelle in Prozessen der Politikvermittlung in beide Richtungen darstellen und neue Kommunikations-, Identifikations- und Integrationspotentiale ermöglichen.

---

[432] Kohler-Koch, Beate; Conzelmann, Thomas; Knodt, Michèle (2004): Europäische Integration – Europäisches Regieren. Wiesbaden (= Grundwissen Politik; Bd. 34), S. 169.

[433] Brozus, Lars; Zürn, Michael (1999): Globalisierung – Herausforderung des Regierens, in: Informationen zur politischen Bildung Nr. 263/1999, Neudruck 2000, S. 59 f.

[434] Vgl.: Merkel, Angela (2005): Deutschland braucht eine Politik aus einem Guss. Rede der Partei- und Fraktionsvorsitzenden der CDU an der Debatte am 1. Juli 2005 im Deutschen Bundestag anlässlich der Vertrauensfrage. Auszug aus dem Stenografischem Bericht, S. 3. Quelle: Webseite von Angela Merkel: http://www.angela-merkel.de; zuletzt aufgerufen am 11. Juli 2005.

Auf europäischer Ebene kann die Überwindung des nationalstaatlichen Fokus der Politik beobachtet werden und bietet somit, ins konstruktive gewendet, ein Regelsystem gegen die Gefahren durch eine „Verselbständigung globalisierter Netzwerke und Märkte".[435]

> „Nur regional übergreifende Regime wie die Europäische Gemeinschaft könnten überhaupt noch auf das globale System nach Maßgabe einer koordinierten Weltinnenpolitik einwirken."   HABERMAS (1999b: 187)

5.6 Exkurs: Die andere Seite der Medaille – Terror und die Asymmetrien globaler Ordnung

Global operierende Organisationen und Netzwerke des organisierten Verbrechens und des Terrors erleben offenbar ebenfalls eine Konjunktur, deren Gründe auch in den mit der Globalisierung verbundenen Prozessen gesucht werden müssen. Das Verhältnis der Ungleichheit wird hier abgebildet durch den Terror global operierender Netzwerke, der sich in den Nationalstaaten äußert (New York, 2001; Madrid, 2004; London, 2005 etc.), dessen Bekämpfung aber mit nationalstaatlichen Mitteln nicht mehr möglich scheint und so die Asymmetrie eingeschränkter nationalstaatlicher Handlungsfähigkeit im Verhältnis zur Macht global und flexibel operierender Organisationen und Netzwerke verdeutlicht.[436]

Globalisiert seien „nicht nur Coca Cola und Döner, IuK-Technologien und (zumeist inhaltsfreie, also unpolitische) virtuelle Wissensräume", so SPINNER (2004: 160), „sondern auch Gewalt, Terror und Krieg." Als weiterhin nicht globalisiert nennt er „Demokratie, Rechtsstaatlichkeit, Pressefreiheit, Menschenrechte, Wohlfahrt" und „Gerechtigkeit."[437] SPINNER (2004: 161) bezeichnet die „Ausprägung der Ungleichheit im Gesellschafts- und Weltmaßstab" als „Fundamentale Ungleichheit". In Anlehnung an James S. Coleman identifiziert er als eine „Hauptquelle" der Asymmetrie die „Entstehung, Ausbreitung und Vergrößerung von korporativen Akteuren", was aber nicht in jedem Falle „Fundamentale Ungleichheit" ausdrücke oder bewirke.[438] Die „Fundamentale Ungleichheit" blühe „so lange im Verborgenen, bis sie mit den Symmetriepostulaten in Konflikt" komme.[439] Diesbezüglich stellt er folgende These auf:

> „Die rechtlichen, politischen und sonstigen Symmetriepostulate der Verfassung sowie der daran ausgerichteten Rechts- und Wirtschaftsordnung unterstellen, dass die Staatsbürger, Rechtssubjekte, Vertragspartner etc. nicht allzu ungleich sind. Wenn doch, werden daraus fundamental asymmetrische Verhältnisse, für die Gleichberechtigungsforderungen nur noch auf dem Papier stehen."   SPINNER (2004: 184)

---

[435] Vgl.: Habermas, Jürgen (1999b): Braucht Europa eine Verfassung? S. 188.
[436] Anders als etwa der Terror der RAF in Deutschland, der Terror der ETA in Spanien oder der Terror der IRA in England.
[437] Spinner, Helmut F. (2004): Über Funktionale, Graduelle und Fundamentale Ungleichheit in der asymmetrischen Gesellschaft, in: Fürstenberg, Friedrich; Oesterdiekhoff, Georg W. (Hg.): Globalisierung ohne Grenzen?; S. 160.
[438] Ebda., S. 180.
[439] Ebda., S. 185.

Das die Gewalt „als Mittel der Aneignung von Gütern und Dienstleistungen wieder attraktiv geworden" sei, habe „mit dem Zerfall von Staatlichkeit in weiten Teilen der Erde zu tun."[440] „Unterhalb der Legalisierungs- und sogar Legitimierungsschwelle" existieren Organisationen wie das Al-Khaida-Netzwerk,[441] die ihre Organisationsmacht im Vakuum des unverbindlichen und weitgehend rechtsfreien globalen Raums ohne ausgebildete Verantwortungsstrukturen auf tödliche Weise unterstreichen. Dabei sorgen die destruktiv ausgerichteten Terror-Netzwerke für ein Ende der Kommunikation, deren Anschlussfähigkeit aber gerade durch weitere Kommunikationen erzwungen wird, die mit diesem Ende fertig werden müssen und damit „das System ‚Terror'" reproduzieren.[442] Ebenfalls scheinen diese Organisationen jenen eine Stimme zu verleihen, die sonst nicht gehört werden. Beide Merkmale lassen Parallelen vermuten hinsichtlich der Entstehung konstruktiver und destruktiver interorganisationaler Netzwerke.

Zur Analyse dieser fatalen Entwicklungen gewinnt der von Herfried Münkler wiederentdeckte Begriff der „Asymmetrie" als Bezeichnung ungleicher Beziehungen in seiner Analyse postklassischer Kriege als Teil der „Schattenglobalisierung" sein Gewicht.[443]

> „Die Staaten haben als die faktischen Monopolisten des Krieges abgedankt, und an ihre Stelle treten immer häufiger parastaatliche, teilweise sogar private Akteure – von lokalen Warlords und Guerillagruppen über weltweit operierende Söldnerfirmen bis zu internationalen Terrornetzwerken". MÜNKLER (2002: 7)

Damit hat sich die „gesamte politische Ordnung der Staatenwelt" verändert, die durch „das Prinzip der Souveränität auf Symmetrie programmiert" war.[444] In der seit dem Ende des kalten Krieges sich neu herausgebildeten politischen Weltordnung sind nicht mehr „Symmetrien, sondern Asymmetrien dominant". Dabei identifiziert MÜNKLER (2002: 194) die Asymmetrisierung als „eine Reaktion auf vorhandene [...] Asymmetrien, bei denen für die unterlegene Seite keinerlei Aussicht auf eine Resymmetrisierung durch Steigerung der eigenen Anstrengungen besteht."

Am Beispiel der USA macht Münkler deutlich, dass Asymmetrisierung nicht nur durch korporative Akteure in Form von Gruppen, Organisationen und Netzwerken bedingt wird und so die asymmetrischen Strukturen nicht nur als nationalstaatliche Ohnmacht gegenüber der Macht der Organisationen beschreibbar werden. Vielmehr können auch Staaten selbst der Grund für Asymmetrisierung sein, die SPINNER (2004: 163) als „Fundamentale Ungleichheit zwischen den Staaten" bezeichnet. Seit dem „Zerfall der Sowjetunion" findet sich die USA als letzte Supermacht in einer Position, der „keine Macht – sei es ein Staat oder eine Koalition von Staaten [...] auch nur entfernt gewachsen wäre", so MÜNKLER (2002: 195). Er betont dabei die militärische Macht und die prinzipielle Unmöglichkeit einer Drohkulisse, „die eine Veränderung der amerikanischen Politik zu erzwingen" vermag. Dieses militärische Potenzial der USA äußert sich auch in seiner

---

[440] Münkler, Herfried; Sens, Eberhard (2002): Postklassische Kriege. Staatszerfall und Gewaltepidemien im Schatten der Globalisierung. Herfried Münkler im Gespräch mit Eberhard Sens, in: Lettre International, Nr. 59, IV/2002, S. 18.

[441] Vgl.: Fürstenberg, Friedrich (2004): Das Machtpotenzial globaler Netzwerke, S. 40.

[442] Vgl.: Fuchs, Peter (2004): Das System „Terror". Vorlesung über eine Unausweichlichkeitsbewandtnis der Moderne. Manuskript, S. 9.

[443] Vgl.: Münkler, Herfried; Sens, Eberhard (2002): Postklassische Kriege, S. 18.

[444] Münkler, Herfried (2002): Die neuen Kriege. 2. Auflage. Reinbek bei Hamburg.

politischen Dimension und hat Konsequenzen für die Durchsetzung der amerikanischen Wirtschaftsinteressen.[445]

In der globalen Dimension kann der „europäische Weg" einer Anpassung des Völkerrechts unter „veränderten weltpolitischen Konstellationen" dabei als Versuch verstanden werden, „die unverzichtbaren Minimalvoraussetzungen symmetrischer Politik wiederherzustellen, während der amerikanische selbst auf die Spur der Asymmetrisierung eingeschwenkt" sei, so MÜNKLER (2002: 240). Ein bezeichnendes Beispiel dafür ist die Weigerung der USA, den internationalen Strafgerichtshof in Den Haag als Völkermord, Verbrechen gegen die Menschlichkeit und Kriegsverbrechen ahndende internationale Gerichtsbarkeit anzuerkennen.[446] Die Entwicklung und Anerkennung verbindlichen internationalen Rechts, das hat auch die historische Analyse „intermediärer Gewalten" gezeigt, ist aber hinsichtlich der Verwirklichung politischer Freiheit eine zwingende Voraussetzung für die „Beherrschbarkeit von Weltproblemen".

Ob die Forderung Münklers nach einer „Stärkung von Staatlichkeit [...] durch Export von Stabilität von Seiten der reichen Länder" ausreicht, um die „neuen Kriege" einzudämmen, bleibt dahingestellt.[447] Zur Lösung der Probleme stellen sich vielmehr die Fragen nach den Dimensionen einer neuen Staatlichkeit, die sicherlich nicht auf den nationalstaatlichen Fokus beschränkt sein können. Im Hinblick auf die Wiederherstellung der Symmetrie werden dann neue Verfahren der Wahrung und/ oder Rückgewinnung von Souveränität zu gestalten sein, um die Handlungsfähigkeit durch Steuerungsoptionen zu gewährleisten.

5.7 Steuerungsoptionen in Zeiten der Globalisierung

Ohne Zweifel scheint in den letzten 25 Jahren eine tief greifende Veränderung „der staatlichen Aufgabenerfüllung stattgefunden" zu haben.[448] Nach der „Philosophie des partnerschaftlichen Regierens" übernimmt dabei der „Staat [...] die Rolle des Moderators zwischen den unterschiedlichen Interessen" und entspricht so der „Idee der 'gemeinschaftlichen' Problemlösung".[449] „Politik als Ausdruck für die ‚Lösung gesellschaft-

---

[445] Historischer Exkurs: Die Tradition des Isolationismus (Politik des non-involvement) und der Neutralität der USA verliert spätestens in den 1940er Jahren unter der Amtszeit von Franklin D. Roosevelt ihre Kontinuität. Mit dem Paradigmenwechsel in der US-amerikanischen Außenpolitik hin zum Internationalismus und einer Politik der Absicherung der eigenen Interessen durch offensives Vorgehen geht der Aufstieg der USA zur globalen politischen und wirtschaftlichen Supermacht einher und verdeutlicht die existenzielle Abhängigkeit der USA vom Weltwirtschaftssystem. Dieses seither maßgeblich veränderte Selbstverständnis der USA äußert sich in einer, politisch wie ökonomisch notwendigen, aktiven Machtpolitik, um die Grundlagen des amerikanischen Wohlstandes sicherzustellen. Weltmachtstellung und Wohlstand bedingen sich gegenseitig und legitimieren für die USA den Anspruch auf die Sicherung des Freihandels und eines liberalen Kapitalismus zur Wahrung der eigenen Interessen bis heute.

[446] Dies gilt ähnlich für das Kyoto-Protokoll.

[447] Vgl.: Münkler, Herfried; Sens, Eberhard (2002): Postklassische Kriege, S. 18. Vgl. auch: Münkler, Herfried (2002): Die neuen Kriege, S. 240 ff.

[448] Vgl.: Schneidewind, Uwe et al (1997): Institutionelle Reformen für eine Politik der Nachhaltigkeit: Vom Was zum Wie in der Nachhaltigkeitsdebatte, S. 185; vgl. dazu auch Mayntz, Renate (1997): Soziale Dynamik und politische Steuerung, S. 283 f.

[449] Vgl.: Kohler-Koch, Beate et al (1998): Interaktive Politik in Europa: Regionen im Netzwerk der Integration. Opladen (= Gesellschaftspolitik und Staatstätigkeit; Bd. 12), S. 238.

licher Probleme'" bleibt dabei nicht auf den Staat beschränkt, „sondern vollzieht sich heute auf diversen Akteurebenen und in verschiedenen Akteurkoalitionen"[450]; gekennzeichnet durch ein stark binnendifferenziertes politisch-administratives System und einer „Vielzahl von korporativen Akteuren in den meisten gesellschaftlichen Regelungsfeldern".[451] SCHNEIDEWIND ET AL (1997: 186) machen für diese Entwicklungen im Wesentlichen zwei Gründe aus: Zum einen „die Angewiesenheit des Staates auf die Informationen der gesellschaftlichen Akteure" und zum anderen die Notwendigkeit, „diese zu aktiven eigenen Leistungen und Verhaltensänderungen zu motivieren". „Der große Trend ist als Übergang von der zentralen Steuerung hin zur Hilfe zur Selbststeuerung beschrieben worden."[452] Steuerung im politikwissenschaftlichen Kontext bezeichnet dabei zunächst die Fähigkeit zur „konzeptionell orientierten Gestaltung der gesellschaftlichen Umwelt durch politische Instanzen."[453]

Die als „Formwandel" des Staates (MAYNTZ, 1997: 284) verhandelten neuen Modalitäten und Strukturen des Regierens markieren nicht lediglich nur einen Paradigmenwechsel als „neue analytische Sichtweise auf eine unveränderte soziale Realität."[454] Tatsächlich ist der Transformationsprozess von Government zu Governance eine Realität veränderter politischer Entscheidungsstrukturen; allerdings nicht in der Hinsicht eines „resignierten" Rückzugs des Staates, sondern vielmehr als gesellschaftliches „Interdependenzmanagement" in einem differenzierten politisch-administrativen Mehrebenensystem.[455] Durch diesen „Formwandel staatlicher Machtausübung" habe sich „das Spektrum der nebeneinander existierenden Regelungsformen verbreitert", so MAYNTZ (1997: 284). „Das entscheidende Element dieses Formwandels ist das Zusammenwirken, die Kombination von gesellschaftlicher Selbstregelung und politischer Steuerung."[456] Dabei geht es nicht mehr nur „um die Einflussnahme partikularer gesellschaftlicher Interessen auf den [...] Staat, sondern" auch „um die Funktionsleistung" des intermediären Systems „für effizientes Regieren."[457]

Nicht-Regierungs-Organisationen gewinnen als Akteure in politischen Willensbildungsprozessen an Bedeutung. Sie werden so Teil des Prozesses, indem Politik durch die Teilhabe einer „Vielzahl von sowohl öffentlichen als auch privaten Organisationen" entsteht.[458] Den Fragen der politischen Steuerung im modernen Staat hat die Politikwissenschaft „mit der Policy- und Integrationsforschung einen gewichtigen Forschungs-

---

[450] Schneidewind, Uwe et al (1997): Institutionelle Reformen für eine Politik der Nachhaltigkeit: Vom Was zum Wie in der Nachhaltigkeitsdebatte, S. 183.
[451] Mayntz, Renate (1997): Soziale Dynamik und politische Steuerung, S. 275.
[452] Schneidewind, Uwe et al (1997): Institutionelle Reformen für eine Politik der Nachhaltigkeit: Vom Was zum Wie in der Nachhaltigkeitsdebatte, S. 186.
[453] Vgl. ausführlich zum Begriff der Steuerung: Mayntz, Renate (1997): Soziale Dynamik und politische Steuerung, S. 188 ff.
[454] Mayntz, Renate (1993): Policy-Netzwerke und die Logik von Verhandlungssystemen, S. 40.
[455] „Die verbreitetste Form des Managements von Interdependenzen" sei „deshalb inter-organisatorische Verflechtung." Vgl.: Streeck, Wolfgang (1987): Vielfalt und Interdependenz, S. 487.
[456] Mayntz, Renate (1997): Soziale Dynamik und politische Steuerung, S. 283 f (Hervorhebungen im Original).
[457] Vgl.: Kohler-Koch, Beate; Conzelmann, Thomas; Knodt, Michèle (2004): Europäische Integration – Europäisches Regieren, S. 229.
[458] Mayntz, Renate (1993): Policy-Netzwerke und die Logik von Verhandlungssystemen, S. 40.

5.7 Steuerungsoptionen in Zeiten der Globalisierung

zweig gewidmet."[459] U. a. neben der Korporatismusforschung und der Beschäftigung mit den Kooperationen von Staat und Verbänden verhandelt die Politikwissenschaft die Teilhabe korporativer Akteure mit eigener Machtbasis am politischen Prozess unter dem Begriff der Policy-Netzwerke, in denen „gesellschaftliche Akteure eine Beteiligung am politischen Prozeß anstreben" und wo sich für den Staat die Möglichkeit der Informationsbeschaffung ergibt.[460]

> „Das Aufkommen von Policy-Netzwerken hat daher zwei wichtige Implikationen: es ist ein Zeichen für einen „schwachen" Staat, aber es signalisiert gleichzeitig Sensibilität für die erhöhte Komplexität politischer Herrschaft und für zunehmende Konsensbedürfnisse in modernen demokratischen Gesellschaften." MAYNTZ (1993: 41)

Aufgrund der „Tatsache", dass die Welt sich aus Netzwerken und nicht aus Gruppen zusammensetze, habe die Organisationssoziologie Anfang der 1970er Jahre das Feld der „interorganisatorischen Beziehungen" entdeckt und sich in diesem Rahmen vornehmlich mit der personellen Unternehmensverflechtung beschäftigt.[461] Die neuen Netzwerktypen, auch als interorganisatorische Netzwerke, charakterisierten aber „eher interaktive Beziehungen als personelle Verflechtungen."[462] So habe „die wissenschaftliche Karriere des Konzepts interorganisatorischer Netzwerke in der Form von »policy networks«" [...] „nicht in der eigentlichen Organisationsforschung" begonnen, sondern in der Policy-Forschung, schreibt MAYNTZ (1993: 40). Dennoch sei die „Staatsdiskussion" durch die Systemtheorie wiederbelebt worden, meint BRAUN (1993: 199), und es zeichne sich ein Konsens ab „über die abnehmende Bedeutung [...] des Staates in modernen, funktional differenzierten Industriegesellschaften" und über die „zunehmende Bedeutung von mit der Gesellschaft vernetzten Handlungssystemen für die staatliche Entscheidungsproduktion".[463] Entsprechend der Relevanz „dieser Art von interorganisationalen Netzwerken" für die „Makro-Ebene der Gesellschaft" gewinnt die systemtheoretisch befruchtete Diskussion vor dem Hintergrund der Existenz von Policy-Netzwerken und der damit verbundenen Ablösung des stereotypen Bildes „einer klaren Trennung von Staat und Gesellschaft und der Vorstellung des Staates als dem höchsten gesellschaftlichen Kontrollzentrum" ihr Gewicht.[464] KNEER (2001: 421) schlägt vor, die verschiedenen Begriffe, unter denen die einzelnen steuerungstheoretischen Konzepte verhandelt werden, unter dem Begriff des kooperativen Staates zusammen zu fassen.[465] Denn die verschiedenen Konzepte wiesen einen „einheitlichen Paradigmenkern"

---

[459] Münch, Richard (1992): Gesellschaftliche Dynamik und politische Steuerung: Die Kontrolle technischer Risiken, in: Bußhoff, Heinrich (Hg.): Politische Steuerung: Steuerbarkeit und Steuerungsfähigkeit. Beiträge zur Grundlagendiskussion. Baden-Baden, S. 81.
[460] Vgl.: Mayntz, Renate (1993): Policy-Netzwerke und die Logik von Verhandlungssystemen, S. 41.
[461] Ebda., S. 39.
[462] Ebda., S. 40.
[463] Braun, Dietmar (1993): Zur Steuerbarkeit funktionaler Teilsysteme: Akteurtheoretische Sichtweisen funktionaler Differenzierung moderner Gesellschaften, in: Héritier, Adrienne (Hg.): Policy-Analyse. Kritik und Neuorientierung, S. 199.
[464] Vgl.: Mayntz, Renate (1993): Policy-Netzwerke und die Logik von Verhandlungssystemen, S. 40.
[465] Kneer nennt als Beispiele den Neokorporatismus, die Policy-Netzwerke und Verhandlungssysteme. Die einzelnen Akzentuierungen, Diskussionszusammenhänge und Theoriepositionen im Zusammenhang mit den verschiedenen Begriffen werden hier aber nicht weiter vertieft.

auf, der deutlich werde im Vergleich „mit dem *klassischen Konzept politischer Steuerung*" und der damit implizierten klaren „Dichotomie von Staat und Gesellschaft."[466]

Im Rahmen der globalen Steuerungsdebatte diskutieren REINICKE / WITTE (1999: 12) den Begriff der „trisektoralen Netzwerke" zur Bezeichnung von lockeren, transnationalen Policy-Netzwerken. Dabei verbinden trisektorale Netzwerke Akteure des öffentlichen Sektors (public sector), der Zivilgesellschaft (civil society) und Akteure des Unternehmenssektors (corporate actors).[467]

> „These actors who in the global context often remain separate and opposed to each other realize that they depend on each other to reach their respective goals and agree to collaborate in a loose, informal network structure. Trisectoral networks are intelligent, adaptive institutional innovations that do not merely aggregate resources but are structured to take advantage of the complementarity of each sector's assets. Most importantly, they combine knowledge from different backgrounds and create new knowledge as consensus over often contentious public policy issues emerges. This takes knowledge management beyond its traditional meaning and form."
> REINICKE / WITTE (1999: 13f.)

Trisektorale Netzwerke als „*Global Public Policy*-Netzwerke"[468] vermitteln so zwischen verschiedenen Akteuren auf der horizontalen Ebene. Als „horizontal subsidiarity" entstehen dann die Governance-Strukturen, die den Prozess politischer Entscheidungsbildung in gewissen Fällen durch nicht-staatliche Akteure ermöglichen, die auch ein direktes Interesse an den Entscheidungen haben.[469] Dabei legen REINICKE / WITTE (1999: 13) Wert darauf, dass das Präfix „Sub" nicht mehr nur den traditionellen, eng gefassten räumlichen Aspekt von Politikgestaltung auf einem niedrigeren oder höheren organisationalen Level beschreibt, so wie es in der EU praktiziert und verstanden werde.[470] Sie verweisen vielmehr auf die funktionale Dimension eines weiter gefassten Subsidiaritätsbegriffes als eine Übertragung von politischen Gestaltungsprozessen auf Akteure und Institutionen, um eine erfolgreiche Operationalisierung „interner Souveränität" in ihrer entstaatlichten Dimension zu gewährleisten.[471]

Ausschlaggebend für diese Überlegungen sind die Bemühungen zur Konzeption von Steuerungsmodellen vor dem Hintergrund eines identifizierten „gap in governance" und der Erosion nationalstaatlicher Souveränität, wie sie unter den Bedingungen der Globalisierung zu beobachten sind.[472] Der Ansatz, diese „Governancelücke"[473] zu schließen,

---

[466] Kneer, Georg (2001): Organisation und Gesellschaft, S. 421 (Hervorhebungen im Original). Vgl. auch: Voigt, Rüdiger (Hg.) (1995): Der kooperative Staat. Krisenbewältigung durch Verhandlung? Baden-Baden; Benz, Arthur (1997): Kooperativer Staat?; S. 88 – 113.

[467] Reinicke, Wolfgang H.; Witte, Jan Martin (1999): Globalization and Democratic Governance: Global Public Policy and Trisectoral Networks, in: Linkwork, Carl (Hg.): Governing Beyond the Nation-State. Global Public Policy, Regionalism or Going Local? Washington D.C. (= American Institute for Contemporary German Studies; AICGS Research Report No. 11), S. 13; Vgl. auch: Mayntz, Renate (2000): Politikwissenschaft in einer entgrenzten Welt. Köln (= MPIfG Discussion Paper 00/3), S. 12 f.

[468] Vgl. zur Diskussion trisektoraler Netzwerke im Rahmen der Zivilgesellschaftsdebatte auch: Schade, Jeanette (2002): „Zivilgesellschaft" – eine vielschichtige Debatte, S. 58 ff. (Hervorhebungen im Original).

[469] Vgl.: Reinicke, Wolfgang H.; Witte, Jan Martin (1999): Globalization and Democratic Governance: Global Public Policy and Trisectoral Networks, S. 13.

[470] Dieses traditionale Verständnis bezeichnen sie als vertikale Subsidiarität („vertical subsidiarity"). Vgl.: Ebda., S. 13.

[471] Vgl.: Ebda.

[472] Vgl.: Ebda., S. 7.

5.7 Steuerungsoptionen in Zeiten der Globalisierung

liegt in der Gestaltung partizipativer und komplexer Netzwerke mit dem Ziel, durch wenigstens teilweise Wahrung und/ oder Rückgewinnung von Souveränität handlungsfähig zu bleiben. Dabei unterscheiden REINICKE / WITTE (1999: 5 f.) zwei Dimensionen des Souveränitäts-Konzepts:

- externe (legale) Souveränität bezieht sich auf den souveränen und unabhängigen Staat und auf das Verhältnis von Staaten im „anarchischen internationalen System". Anarchisch deswegen, weil es auf dieser Ebene keine übergeordnete Instanz gibt.

- interne (operationale) Souveränität bezieht sich auf die höchste und unbestrittene Autorität im Staat, die über das politische, ökonomische und soziale Leben bestimmt und deren Macht in den administrativen und politischen Strukturen sowie in Prinzipien und Leitlinien der Politik verankert ist. Sie bezeichnet, knapp formuliert, das Verhältnis von Staat und Gesellschaft.

Als Folge der Globalisierung wird jedoch die Funktionsfähigkeit interner Souveränität unterminiert:

> „While interdependence was structured by relations between functional equivalents (nation-states), globalization is characterized by the interaction of functionally different actors on different levels. The mismatch between the territoriality of the nation-state and the economic geography of private actors that easily cut across national boundaries increasingly questions the ability of nation-states to exercise their internal operational sovereignty." REINICKE / WITTE (1999: 5)

Die Kooperation in trisektoralen Netzwerken dient nach REINICKE / WITTE (1999) dabei zunächst einer Rückgewinnung interner Souveränität, indem die relevanten politischen Prozesse aus dem engen nationalstaatlichen Rahmen operational ausgekuppelt und in neue institutionelle Settings übertragen werden, die Steuerungsimpulse ermöglichen und so die Handlungsfähigkeit wenigsten zum Teil wieder herstellen. Als institutionelle Innovation dienen sie so der Bearbeitung komplexer und entstaatlichter Problemlagen und sind umso nötiger, da jeder Versuch einer Re-Integration globalisierter Prozesse in die nationalstaatlichen Grenzen zum Scheitern verurteilt wäre.[474] Gleichzeitig wenden REINICKE / WITTE (1999) mit ihrem Konzept auch die Paradoxie moderner Gesellschaften einer zunehmenden Autonomie bei gleichzeitig steigender Abhängigkeit ins konstruktive und übertragen sie in eine Steuerungstheorie, die genau an dieser Antinomie ansetzt, um damit die Vorteile der Globalisierung zu nutzen, die aus ihren Nachteilen entstehen.

In systemtheoretischer Perspektive wird das Konzept der trisektoralen Netzwerke neben seiner Bedeutung als Organisation von Entdifferenzierung durch Differenzierung auch hinsichtlich der durch mit dieser Form der Kooperation verbundenen Möglichkeiten einer kontextuellen Steuerung interessant. Wie oben bereits erwähnt, gesteht die Systemtheorie Luhmanns dem politischen System durch die theoretische Prämisse der Gleichrangigkeit mit anderen gesellschaftlichen Systemen keinen Gestaltungsspielraum außerhalb der eigenen systembedingten Funktionsprinzipien zu. Betreffend den „Out-

---

[473] Schade übersetzt in diesem Zusammenhang „participatory gap" als politisches Vakuum. Vgl.: Schade, Jeanette (2002): „Zivilgesellschaft" – eine vielschichtige Debatte, S. 59 f.
[474] Vgl.: Ebda., S. 60.

put" des politischen Systems geht Luhmann davon aus, dass für politisches Entscheiden nur Recht und Geld als Wirkungsformen zur Verfügung stehen. „Alle anderen Wirkungsmittel, etwa direktes Einwirken auf Überzeugungen und Motive des Bürgers, treten demgegenüber zurück."[475] Die Kommunikationsmedien Geld und Macht der jeweiligen Teilsysteme „wirken als Handlungsauslöser selbst dann, wenn es um ein Verhalten geht, daß der Mensch, anthropologisch gesehen, von sich aus nie ausführen würde."[476] So konstatiert auch MAYNTZ (1997: 286):

> „Auf der Ebene des Gesamtsystems findet keine Steuerung statt, sondern lediglich Strukturbildung und Strukturwandel. Das bedeutet, daß es zwar Steuerung *in* der funktionell differenzierten Gesellschaft gibt, aber keine politische Steuerung *der* Gesellschaft."

„Die Funktionslogik der Teilsysteme lässt sich effizient nicht von außen, d.h. durch autoritative staatliche Vorgaben beeinflussen, sondern nur durch Zusammenarbeit."[477] Aufgrund der Annahme der daraus abgeleiteten Unmöglichkeit der Steuerung auch durch das politische System entwickelt Willke das Konzept der Kontextsteuerung. „Einmischung in eigene Angelegenheiten" ist in komplexen Systemen nur möglich durch „Formen der (internen) Selbststeuerung und der (externen) Kontextsteuerung."[478] Dabei geht es um eine „Unterstützung und Absicherung flexibler Spezialisierung, eine Orientierung auf die Optimierung des Gesamtprozesses" und um eine „institutionelle und operative Verankerung" der Kontextsteuerung „im Sinne einer Kombination der Selbstorganisation" autonomer Akteure in den Teilsystemen mit einer „Aufgaben-Orientierung – »mission« – des Ganzen."[479] Diese „alternative Konzeption" für politische Intervention in „komplexe Sozialsysteme [...] sollte nicht mehr auf der Vorstellung direkter kausaler Steuerung" entwickelt werden, „sondern auf der Vorstellung einer *Anleitung zur Selbststeuerung* im (gesellschaftlichen) Rahmen einer wechselseitigen *kontextuellen Kontrolle* der Funktionssysteme."[480]

> „Kontextsteuerung meint, daß selbst bei schädlichen Folgen [...] der Systemoperationen für die Systemumwelt die Akteure in dieser Umwelt nicht direkt und direktiv auf das System zugreifen sollten, weil sie sonst dessen Autonomie gefährden. Möglich ist aber, daß Akteure und Systeme in der Umwelt eines Systems Kontextbedingungen so setzen, daß das betreffende [...] System seine Optionen nach dem Gesichtspunkt höchstmöglicher Umweltverträglichkeit und Kompatibilität auswählt."
>
> WILLKE (1998b: 124)

Willke hebt dabei die besondere Bedeutung der Kommunikationsmedien Macht, Geld und Wissen hervor, die „eine *kontextuelle Steuerung* auch komplexer Systeme erlauben."[481]

---

[475] Luhmann, Niklas (1981): Politische Theorie im Wohlfahrtsstaat, S. 151.

[476] Ebda., S. 20 f.

[477] Vgl.: Kohler-Koch, Beate; Conzelmann, Thomas; Knodt, Michèle (2004): Europäische Integration – Europäisches Regieren, S. 228.

[478] Vgl.: Willke, Helmut (1998b): Systemtheorie III: Steuerungstheorie. Grundzüge einer Theorie der Steuerung komplexer Sozialsysteme. 2. Auflage. Stuttgart (= UTB für Wissenschaft; 1840), S. 329.

[479] Vgl.: Ebda., S. 122.

[480] Willke, Helmut (1996): Die Steuerungsfunktion des Staates aus systemtheoretischer Sicht. Schritte zur Legitimierung einer wissensbasierten Infrastruktur, in: Grimm, Dieter (Hg.): Staatsaufgaben. Frankfurt am Main (= suhrkamp taschenbuch; 2630), S. 706 (Hervorhebungen im Original).

[481] Vgl.: Willke, Helmut (1998b): Systemtheorie III: Steuerungstheorie, S. 213; vgl. insbes. Kapitel 7 „Wissen als Steuerungsmedium" ab S. 227.

Wenn man so will, stellt Willkes Modell der Kontextsteuerung den systemtheoretischen Rahmen für das Konzept trisektoraler Netzwerke dar. Reinicke / Witte haben die Bedeutung des Kontextes für entstaatlichte Steuerungsprozesse unter Beteiligung verschiedener Akteure verdeutlicht. Eine Voraussetzung für trisektorale Netzwerke ist das Erkennen der gegenseitigen Abhängigkeit der Akteure voneinander. Dies ist die Grundlage einer Zusammenarbeit in einer losen, informellen Netzwerkstruktur, um die jeweiligen Ziele besser erreichen zu können, indem sie sich zu ihrem Vorteil ergänzen; sozusagen als den Gesamtprozess durch Vernetzung optimierend. Durch den Austausch und die Generierung von Wissen können durch die Kooperation in trisektoralen Netzwerken Probleme gelöst und ein Konsens erzielt werden, was jeder für sich und mit dem bekannten und separiertem Wissen nie erreicht hätte. Somit könnten Formen der trisektoralen Netzwerke auch intersystemischen Charakter haben, die in den Kommunikationsprozessen zwischen den Teilsystemen vermitteln und für eine wechselseitige, kontextuelle Kontrolle der Funktionssysteme nützlich sind.

Die Chancen für Steuerungsprozesse in der Wissensgesellschaft begründen sich dann durch eine Kombination der Kommunikation von Wissen und einer entsprechenden Gestaltung organisationaler Entscheidungsprogramme. Der Steuerungsimpuls Wissen ist dabei zu verstehen als ein kommuniziertes Ereignis; eine System-Umwelt-Differenz im Prozess der Reproduktion der Systeme. Relevantes Wissen könnte dann, in Form von vorhandenem und neuem Wissen – mit Absicht – eingesetzt als Medium trisektoraler und kontextueller Steuerung dazu beitragen, die Steuerungsleistungen auch in Richtung einer nachhaltigen Entwicklung zu optimieren.

5.8 Steuerungsoptionen nachhaltiger Entwicklung

Verbunden mit dem Einsatz neuer Steuerungskonzepte sind vor allem Aspekte partizipativer Demokratie und die sich durch neue Kooperationsformen eröffnenden Gestaltungsräume für zivilgesellschaftliches Engagement von Bedeutung. Eine Zusammenarbeit in Netzwerken sorgt nicht nur für eine Auseinandersetzung mit verschiedenen Positionen und Meinungen, sondern ermöglicht auch gegenseitiges Verständnis und wirkt vertrauensbildend.[482] Gerade im Rahmen des Nachhaltigkeitsdiskurses sind die Fragen gesellschaftlicher Steuerung von zentraler Bedeutung, da das Konzept der Nachhaltigkeit als Querschnittsaufgabe einen Wandel vieler, vielleicht sogar aller gesellschaftspolitischer Felder impliziert. Ohne ein „erhebliches Maß an Steuerungsfähigkeit" können die Veränderungen für eine nachhaltigkeitsorientierte Gesellschaft nicht realisiert werden.[483] Daher ist die Suche nach Akteuren und institutionellen Settings, die einen für die Umsetzung der Nachhaltigkeit notwendigen „Wandel initiieren und vorantreiben" können, von großer Bedeutung.[484]

---

[482] Vgl.: Schade, Jeanette (2002): „Zivilgesellschaft" – eine vielschichtige Debatte, S. 60.
[483] Vgl.: Kopfmüller, Jürgen et al (2001): Nachhaltige Entwicklung integrativ betrachtet, S. 307.
[484] Schneidewind, Uwe et al (1997): Institutionelle Reformen für eine Politik der Nachhaltigkeit: Vom Was zum Wie in der Nachhaltigkeitsdebatte, S. 185.

Die Gestaltung und Umsetzung von komplexen Politikzielen als Prozess der Interessen- und Entscheidungsvermittlung erfordert die Bereitschaft und Fähigkeit zu institutioneller Innovation. Dabei können strukturelle (harte) und kontextuelle (weiche) Steuerungsoptionen unterschieden werden, die hier in Anlehnung an SCHNEIDEWIND (2003: 136) als „Governance-Mix" bezeichnet werden. Als institutionelle Innovationen der Strukturen gelten dabei die als Governance-Netzwerke beschriebenen Kooperations- und Koordinationsformen, die in unterschiedlicher Ausprägung im Prozess des politischen Formwandels entstehen können. Als weiche Faktoren kontextueller Steuerung kommen neben den bekannten Kommunikationsmedien (z. B.: Macht, Geld, Wissen) auch Symbolsysteme als Steuerungsoption in Frage. „Symbole bilden geistig-sinnhafte Ordnungen" und bezeichnen „einen Gegenstand oder Vorgang, der stellvertretend für einen anderen, nicht wahrnehmbaren steht".[485] Die sich im Diskurs unterschiedlicher Akteure bildenden Symbolsysteme (z. B. Leitbilder) könnten so als wichtige Elemente von Governance-Strukturen dezentraler Steuerung angesehen werden. Ein Leitbild als Symbolsystem bietet aus steuerungstheoretischer Perspektive den Kontext, der in die Subsystembildung zurückwirken kann.

Entscheidend für Prozesse gesellschaftlicher Orientierung und damit der Erhaltung von politischer Handlungsfähigkeit ist die Entwicklung von Leitbildern. So kann auch das Leitbild einer nachhaltigen Entwicklung als Fluchtpunkt von Wünschbarkeit und Machbarkeit, nach DIERKES ET AL (1992: 42), betrachtet werden. Neben ihrer Funktion als Identifikationsanlass weisen Leitbilder auch politisch-moralische – also normative – Elemente auf, die als Kriterien der Abgrenzung dienen und in hochkomplexen, pluralistischen und stark ausdifferenzierten Gesellschaften Sinnpotenziale bereitstellen. Akzeptierte Leitbilder legitimieren sich so als Symbolsysteme der Steuerung in funktional-differenzierten Gesellschaften.

Dabei bieten Leitbilder eine „Perspektive, wie die Welt sein sollte", und liefern „Begründungen für zukünftiges Handeln".[486] Die Leit-Funktion des Leitbildes besteht in der Vermittlung von Orientierung, einer Ausrichtung, die insbesondere unter turbulenten Umweltbedingungen Kriterien aufzeigt, wie „eine Anpassung des Systems an die Umwelt erfolgen könnte."[487] In Veränderungsprozessen dienen sie so auch der Koordination und Identifikation. Die Bild-Funktion verweist auf komplexe Zeichensysteme oder Symbole. „Die Diskussion um globalen Wandel ist ohne Leitbilder nicht denkbar", meint SPANGENBERG (2003: 291). Allerdings begreift er Nachhaltigkeit nicht als ein klassisches Leitbild, auch weil die Komplexität des Konzepts „die Machbarkeitsvorstellung der meisten Akteure" überfordere. Daher schlägt er den Begriff „Meta-Leitbild" als „gemeinsamen Fluchtpunkt einer Vielzahl von verschiedenen, durchaus widersprüchlichen Leitbildern" vor.

---

[485] Vgl.: Schneidewind, Uwe (2003): Symbolsysteme als Governance-Strukturen für nachhaltiges Wirtschaften, in: Linne, Gudrun; Schwarz, Michael (Hg.): Handbuch Nachhaltige Entwicklung. Wie ist nachhaltiges Wirtschaften machbar? Opladen, S. 137.

[486] Vgl.: Hörnlein, Frank (2000): Leitbilder im Zielsystem der europäischen Integration. Berlin (= Berliner Europa-Studien; Bd. 7), S. 34f.

[487] Vgl.: Ebda., S. 35.

5.8 Steuerungsoptionen nachhaltiger Entwicklung

> „Da geteilte oder sich überschneidende Leitbilder den informellen Rahmen für eine über den Minimalkonsens hinausgehende Zusammenarbeit von Akteuren bieten können, die sonst wenig gemeinsame Interessen verfolgen, kann Nachhaltigkeit einen Rahmen für politische Mehrheitsbildungen darstellen, auch wenn die Zielvorstellungen der einzelnen Akteursgruppen weiterhin divers und potenziell konfliktträchtig bleiben. In diesem Rahmen können verschiedene Akteure ihre unterschiedlichen legitimen Interessen einbringen und um die Ausgestaltung des Konzepts ringen, ohne damit das verbindende Meta-Leitbild selbst infrage zu stellen."
>
> SPANGENBERG (2003: 292)

Insbesondere in Prozessen globalen Wandels seien solche Bedingungen, die weder Beteiligte noch ihre Interessen ausgrenzten, „wohl aber Kompromisse unterschiedlicher Schwerpunktsetzung ermöglichen, von besonderer Bedeutung."[488] Spangenberg verweist damit auf das zentrale Problem des Leitbildes Nachhaltigkeit, das sich auf der Ebene politischer Programmatik zwar „weltweit breiter gesellschaftlicher Zustimmung" erfreut, dabei jedoch zunächst nur einen Konsens der kleinsten gemeinsamen Nenner bleibt.[489] Angesichts der globalen Probleme erscheint es vernünftig, gemeinsam für den Schutz der Umwelt zu plädieren, sich für soziale Gerechtigkeit und soziale Sicherheit auszusprechen und damit verknüpft auch ökonomisch profitieren zu wollen. Jedoch gibt es, abseits der Bekenntnisse zur Nachhaltigkeit, „wenig Einverständnis über die Werte, von denen nachhaltige Entwicklung durchdrungen sein sollte."[490] Diese Kontroverse wird auch begründet durch den Einfluss normativ-moralischer Aspekte im Konzept selbst, deren Gewichtungen und Interpretation wesentlich von den Interessen, Wertvorstellungen und moralischen Grundhaltungen gesellschaftlicher Akteure zu den mit dem Konzept verbundenen Entwicklungsfragen abhängen.[491]

Für die Gestaltung und Umsetzung einer nachhaltigen Entwicklung als komplexes Politikziel sieht sich die Steuerung dieses Prozesses mit Herausforderungen konfrontiert, „die klassische Governance-Muster überfordern".[492] Als solche Herausforderungen benennt SCHNEIDEWIND (2003: 135):

- „Die Ziele einer „Politik der Nachhaltigkeit" sind häufig unscharf und unbestimmt; neben ökologische Ziele treten zum Teil wechselnde soziale und ökonomische Herausforderungen."

- „Eine Politik der Nachhaltigkeit definiert sich daher sehr stark über den Prozess. In diese Prozesse ist eine große Zahl von Akteuren eingebunden."

- „Insgesamt führen diese Bedingungen zu einer wachsenden Komplexität der Steuerung."

Wer Nachhaltigkeit in den vielen Feldern von Politik, Wirtschaft und Gesellschaft gegen die zahlreichen Widerstände durchsetzen will,

---

[488] Vgl.: Spangenberg, Joachim H. (2003): Global Governance und Institutionen für nachhaltige Entwicklung, S. 292.

[489] Kopfmüller, Jürgen et al (2001): Nachhaltige Entwicklung integrativ betrachtet, S. 13.

[490] Redclift, Michael R.; Skea, James F. (1996): Globale Umweltveränderungen: Der Beitrag der Sozialwissenschaften, S. 388.

[491] Vgl.: Kopfmüller, Jürgen et al (2001): Nachhaltige Entwicklung integrativ betrachtet, S. 29.

[492] Vgl.: Schneidewind, Uwe (2003): Symbolsysteme als Governance-Strukturen für nachhaltiges Wirtschaften, S. 135.

"muss sich mehr als andere auch Gedanken machen, wie die „Transportbedingungen" für seine Inhalte aussehen. Mehr noch: zu seiner Aufgabe gehört, diese Bedingungen so zu beeinflussen, dass seine Inhalte nicht gutgemeint und gutgeklärt stehen bleiben, sondern den gigantischen Weg gegen den Strom in allen Flußläufen bis hin zu den konkreten Entscheidungen schaffen." HASSEMER (2003: 1)

HASSEMER (2003) prägt in diesem Zusammenhang den Begriff des „Managements der öffentlichen Dinge", der „das Verhältnis von Staat, Wirtschaft und Gesellschaft unter dem Aspekt der Zukunftsfähigkeit" beleuchte und „treffender und anschaulicher" sei als „der Begriff Governance", so der Vorsitzende des deutschen Rates für nachhaltige Entwicklung, Volker Hauff.[493] „Die nachhaltige Entwicklung hat einen hohen Steuerungsanspruch, aber sie lässt sich nicht planen", konstatiert HAUFF (2004: 5). Jedenfalls nicht als „eine Planung im Sinne eines linearen, stringenten Zusammenhangs von Zweck und Mitteln", fährt er fort. Ein „Management der öffentlichen Dinge" bedeutet dann, „sich um Entscheidungsstrukturen zu kümmern, die den Inhalten nachhaltiger Programmatik bessere Durchsetzungschancen eröffnen."[494] Dies hat zur Folge, dass sich „die Strategien der Nachhaltigkeit [...] mehr als andere für die Bedingungen und die Umfeldbedingungen der Entscheidungsprozesse interessieren" müssen.[495] Dabei geht es dann nicht mehr um durchsetzen im Sinne von „durchregieren"; es geht vielmehr um das Verständnis von nachhaltiger Entwicklung als gesellschaftlichem Lernprozess, dessen Gestaltung sich in institutioneller Innovation und organisationaler Programmierung ausdrücken muss, auch um Identifikationsanlässe zu bieten und somit integratives Potenzial zu entfalten.

Als Resultat dieser Bemühungen sind verschiedene institutionelle Innovationen zu beobachten, die sich verstärkt in den letzten fünf Jahren ausgebildet haben. Dazu zählen die Nachhaltigkeitsräte, die in den meisten europäischen Ländern gegründet wurden, um einen möglichst breit zu führenden Nachhaltigkeitsdialog wie in Deutschland an das Entscheidungssystem der Bundesregierung anzukoppeln. In den Niederlanden wurde vor dem Hintergrund der mit nachhaltiger Entwicklung verbundenen Herausforderungen das Konzept des „Transition Managements" entwickelt. Das Konzept „zur normativen Ausrichtung sozio-ökonomischer Prozesse und ihrer Governance-Formen" stellt quasi als institutionelle Ebene die sog. „Transition-arenas" als virtuelle Orte gesellschaftlicher Interaktion bereit. In diesen Arenen werden Übergangsprobleme diskutiert und langfristig orientierte Zielvorgaben entwickelt. Als dynamische und offene Netzwerke sollen sie dazu in der Lage sein, dem sich für Dialog und Partizipation öffnenden politischen System auf Expertise beruhende Handlungsalternativen anzubieten.[496] Dabei kann letzte-

---

[493] Vgl.: Hauff, Volker (2004): Wer bestimmt die Agenda? Governance, Wissenschaft und Nachhaltigkeit. Vortrag im Wissenschaftszentrum Berlin für Sozialforschung am 27. April 2004. Berlin, S.5.
Ob es sich hier allerdings tatsächlich um eine begriffliche Innovation handelt, bleibt zu fragen. Das Management der öffentlichen Dinge ist im anglo-amerikanischen Raum unter dem Begriff der „Public Affairs" „seit Jahrzehnten" bekannt, um den Dialog verschiedener gesellschaftlicher Gruppen zu bezeichnen. Vgl.: Wiebusch, Dagmar (2002): Public Affairs: Unentbehrlich für den Erfolg, in: Schönborn, Gregor; Dies. (Hg.): Public Affairs Agenda. Politikkommunikation als Erfolgsfaktor. Neuwied / Kriftel, S. 3.

[494] Hassemer, Volker (2003): Das Management der öffentlichen Dinge. Wirtschaft und Politik an ihren Grenzen. Challenger Report für den Rat für Nachhaltige Entwicklung. Berlin, S. 1.

[495] Ebda.

[496] Vgl.: Kemp, René; Loorbach, Derk (2003): Governance for Sustainability Through Transition Management. Paper for Open Meeting of the Human Dimensions of Global Environmental Change Research Community, Oct 16-19, 2003, Montreal, Canada. Maastricht.

res Konzept sicherlich den Status des „state of the art" des politischen Managements beanspruchen, das Elemente gesellschaftlicher Steuerungspotenziale mit der Legitimation staatlichen Handelns verknüpft.

Ob der hohe Anspruch an diese neuen Modelle tatsächlich erfüllt wird, bleibt sicherlich zu überprüfen auch um festzustellen, ob diese Koordinations- und Kooperationsformen als die Seismographen institutioneller Innovation zu verstehen sind oder ob sie lediglich als institutionalisierte und unverbindliche Alibiforen der Domestizierung des Nachhaltigkeitsbegriffes und der nach mehr Einfluss strebenden organisierten Zivilgesellschaft dienen.

6 NGOs: Akteure im Europa jenseits der Nationalstaaten

Die Europäische Union steht gegenwärtig vor zentralen politischen Herausforderungen. Der wachsende Reformdruck auf die Union entsteht dabei zum einen von außen und ist begründet durch mit der Globalisierung verbundene, tief greifende Veränderungen. Zum anderen sind die Entwicklungen im Innern betroffen und ergeben sich aus der Notwendigkeit institutioneller und politischer Reformen. Die Gestaltung und die Umsetzung der Reformen sind dabei vital für die Handlungsfähigkeit der Union in der Zukunft. Hier geht es nicht nur um die Gestaltung einer gemeinsamen Außen- und Sicherheitspolitik, sondern auch um die Sicherung der Sozialsysteme, der ökonomischen Wettbewerbsfähigkeit und den Schutz der Umwelt als zentrale Anliegen öffentlicher Diskussionen. Auch die Anpassung der Unionspolitiken an die Zielvorstellungen der Union erfordert Antworten, die formuliert und in eine politische Agenda übertragen werden müssen.

Bei der Reformierung des institutionellen Rahmens steht die Union insbesondere nach der Osterweiterung und aufgrund der durch die gescheiterten Referenden über die EU-Verfassung in Frankreich (29. Mai 2005) und den Niederlanden (1. Juni 2005) ausgelösten Verfassungskrise unter Druck. Die Bewältigung dieser zahlreichen und komplexen Aufgaben lässt die Dimension und die Vielfalt der Möglichkeiten zur Gestaltung der institutionellen und politischen Reformen erahnen, die, wie etwa die Umsetzung der nachhaltigen Entwicklung, allgemein akzeptierte Lösungen und Antworten erfordern. Dabei verdeutlicht das ‚Laboratorium' Europäische Union die Probleme und Chancen einer die herkömmlichen Arenen politischer Willensbildung verlassenden und die Grenzen der Nationalstaaten überschreitenden Politikgestaltung. Neben der Kritik an der Bürokratisierung und den Legitimationsdefiziten der „Eurokratie" existieren per se zahlreiche Widerstände gegen die europäische Integration.[497] Auch die Ängste etwa vor der Dominanz von Hegemonen und der Verlust von nationalen Identitäten bereiten den Boden für ernst zu nehmende Partikularinteressen auch diesseits der Anti-Europa-Bewegungen.

Im Umfeld der europäischen Politik existieren zahlreiche Gruppen aus allen Politikfeldern und Gesellschaftsbereichen als Vertreter von Interessen sowohl mit nationalstaatlichem als auch mit europäischem Fokus. Diese gesellschaftlichen Kräfte wollen, sollen und müssen in den europäischen Integrationsprozess eingebunden werden, um europäische Willensbildungsprozesse mitzugestalten und mit zu beeinflussen und damit an der Gemeinschaftsbildung mitzuwirken. Durch die gewachsene Bedeutung der auf europäischer Ebene gefällten Entscheidungen sowohl in ihrer globalen Dimension als auch für die Nationalstaaten, hat sich in Verbindung mit der institutionellen Verflechtung der EU-Organe untereinander und mit politischen Ebenen und Akteuren der Nationalstaaten in der EU ein komplexes Mehrebenensystem der Lobbyarbeit ausgebildet.

---

[497] Messner, Dirk; Nuscheler, Franz (1996): Global Governance. Organisationselemente und Säulen einer Weltordnungspolitik, S. 26.

In den entgrenzten europäischen Willensbildungsprozessen spielen NGOs eine immer wichtiger werdende Rolle. NGOs als „Governance Partner", die Partikularinteressen vertreten, übernehmen dabei wichtige Aufgaben als intermediäre Vermittler zwischen Individuen und dem politischen System. Sie schaffen Identifikationsanlässe für die Bürgerinnen und Bürger durch die von ihnen repräsentierten Themen und Leitbilder mit europäischer Relevanz. Sie bieten Entscheidungsalternativen und Orientierung. Als Bestandteil der organisierten europäischen Zivilgesellschaft sind ihr Engagement und ihre Expertise für Prozesse politischer Kommunikation gefragt. Auch um die Strukturen der „partnerschaftlichen Zusammenarbeit" zwischen Kommission und NGOs auszubauen, erhalten sie öffentliche Finanzmittel. Das Potenzial der NGOs liegt in ihrer integrativen Funktion durch Sinnvermittlung in beide Richtungen. Die Praktiken und die Praxis der NGO-Arbeit, die sich in verschiedenen Strategien und Techniken und ihrer Fähigkeit zur Vernetzung verschiedener Akteure ausdrücken, dienen der Demokratiebildung auf europäischer Ebene. Durch die Mobilisierung von Engagement und die Kommunikation von „alternativem" Wissen übernehmen sie eine wichtige Funktion als Korrekturinstanz in Gremien und Entscheidungsverfahren europäischer Politik.

6.1 Der europäische Integrationsprozess

Nach der Katastrophe des Zweiten Weltkrieges war die Konzeption der Europäischen Gemeinschaft ein wesentliches Strukturelement der Zusammenarbeit der europäischen Staaten. Mit dem EGKS-Vertrag von 1953[498] begann zunächst die sektorale Integration der Montanindustrie. Diese erste supranationale Organisation begründete sich auf der Verquickung wirtschaftlicher Interessen, diente vor allem der politischen Stabilität und festigte die Notwendigkeit transnationaler Kooperation.

> „Dabei sollte nicht vergessen werden, daß Motor der europäischen Integrationsidee der Gedanke der Friedenssicherung und nicht rein wirtschaftliche Erwägungen war, der in der Präambel zum EGKS-Vertrag auch an erster Stelle genannt wird (Erhaltung des Friedens, Beitrag zu einem organisierten und lebendigen Europa und Erhaltung und Hebung des Lebensstandards)." EUROPÄISCHE UNION: DER WIRTSCHAFTS- UND SOZIALAUSSCHUSS (1999: 30)

Mit den Römischen Verträgen wurden 1957 die Europäische Wirtschaftsgemeinschaft und die Europäische Atomgemeinschaft (EWG; EAG) gegründet. Ziel der EWG war die Realisierung einer Zollunion, die bis Ende der 1960er Jahre schrittweise umgesetzt wurde. Nach dem zweiten „Ölschock" kämpften die Länder Europas Anfang der 1980er Jahre mit wirtschaftlicher Stagnation und hoher Arbeitslosigkeit. Deutschland und Frankreich – namentlich Helmut Kohl und François Mitterand – machten sich die Überwindung der als „Eurosklerose" bekannt gewordenen wirtschaftlichen Stagnation zur Aufgabe.[499] Das europäische Integrationsprojekt war in dieser Zeit primär ökonomisch motiviert, um „die Unternehmer »nach Europa zurückzuholen«" und durch den Abbau

---

[498] EGKS = Europäische Gemeinschaft für Kohle und Stahl. Der Vertrag wurde am 18. April 1951 in Paris durch die sechs Staaten Deutschland, Frankreich, Italien, Niederlande, Belgien und Luxemburg unterzeichnet und trat am 23. Juli 1953 in Kraft.

[499] Vgl.: Streeck, Wolfgang (1999): Korporatismus in Deutschland. Zwischen Nationalstaat und europäischer Union. Frankfurt am Main, S. 67.

6.1 Der europäische Integrationsprozess

von Handelshemmnissen die Wirtschaft zu beleben.[500] Der nicht automatisch ablaufende Integrationsprozess „wurde von expliziten und bisweilen höchst kontroversen politischen Entscheidungen der beteiligten Regierungen vorangetrieben."[501] Im Sinne der neoliberalen Wirtschaftsphilosophie wurde dabei das europäische „Deregulierungsprojekt" ermöglicht, um die Aktivitäten der Anbieterseite zu stimulieren.[502] Maßgeblich mit dem Engagement von Jacques Delors als damaligem Präsidenten der Europäischen Kommission verbunden, war dabei die Verabschiedung der Einheitlichen Europäischen Akte (EEA) von 1986 als umfassende Änderung der Gründungsverträge. Mit der EEA wurde die „Harmonisierung" des Marktes, d. h., der freie Verkehr von Waren, Personen, Dienstleistungen und Kapital, vorangetrieben und die Vollendung des Binnenmarktes bis 1992 angestrebt und mit den Verträgen von Maastricht (1992) auch verwirklicht.

Die bei der Entwicklung des Binnenmarktes entstehende Dynamik blieb aber nicht auf den ökonomischen Sektor beschränkt. Der ökonomische Integrationsprozess warf zunehmend soziale Fragen auf und es kam zur „Herausbildung eines sozialpolitischen Mehrebenen-Systems", dass die Integration auf soziale Aspekte ausweitete.[503] Die Beschäftigung mit Sozialpolitik auf europäischer Ebene sei aber nicht den „Ambitionen europäischer Verwaltungseliten" zu verdanken, so LEIBFRIED (2000: 82), sondern „ein Ergebnis von ‚Spillovers'[504] beim Aufbau des Binnenmarktes."

Bei der Vollendung des Binnenmarktes – „also eines nicht-sozialpolitischen Systems" – bezeichnet ein ‚Spillover' den Prozess zunehmenden Drucks durch die Vollendung des gemeinsamen Marktes auf die Institutionen der EU in einem anderen Sektor – hier: der Sozialpolitik, tätig zu werden. „Die innere Dynamik der vollen Verwirklichung des Binnenmarktes treibt diese Entwicklung an."[505] Grundsätzlich bedeuten Spillover-Effekte für soziale Systeme eine Vereinheitlichung von Zielsetzungen durch „Übernahme der Zielsetzungen eines Subsystems, die über seinen Rahmen hinausweisen, durch andere Subsysteme."[506] Diese – in differenzierungstheoretischer Perspektive – grenzüberschreitende Kommunikation impliziert Interdependenzen zwischen den Subsystemen und bietet Kooperationsanlässe, deren Auswirkungen zu einer immer engeren Interessenverflechtung führen. Dies bedeutet dann gleichzeitig Steuerungsbedarf und Steuerungsoption und erfordert Maßnahmen und Konstruktionen für politische Integration als Folge funktionaler Kooperation. STREECK (1999: 87) kritisiert aber zurecht, dass sich eine ‚Gegenbewegung' der politischen Kontrolle der Marktkräfte nicht „automatisch" einstelle „und schon gar nicht notwendig auf glückliche Weise."

---

[500] Vgl.: Ebda., S. 70.
[501] Scharpf, Fritz W. (1999): Regieren in Europa: effektiv und demokratisch? Frankfurt am Main, S. 47.
[502] Vgl.: Streeck, Wolfgang (1999): Korporatismus in Deutschland, S. 71.
[503] Vgl.: Leibfried, Stephan (2000): Nationaler Wohlfahrtsstaat, Europäische Union und ‚Globalisierung'. Erste Annäherungen, in: Allmendinger, Jutta; Ludwig-Mayerhofer, Wolfgang (Hg.): Soziologie des Sozialstaats. Gesellschaftliche Grundlagen, historische Zusammenhänge und aktuelle Entwicklungstendenzen. Weinheim / München, S. 82.
[504] Der Begriff des Spillover bezeichnet externe Effekte; auch Externalitäten, und beschreibt hier im Rahmen des EU-Integrationsprozesses die Auswirkungen des Übergangs von einer ursprünglich rein funktionalen Integration in eine politische Integration.
[505] Vgl.: Leibfried, Stephan (2000): Nationaler Wohlfahrtsstaat, Europäische Union und ‚Globalisierung'. Erste Annäherungen, S. 82.
[506] Krause, Detlef; Rammstedt, Otthein (1994): Art.: „spill-over", in: Fuchs-Heinritz, Werner et al (Hg.): Lexikon zur Soziologie, S. 634.

6 NGOs: Akteure im Europa jenseits der Nationalstaaten

„Wo sozialpolitischer Optimismus nicht durch die Annahme eines bereichsübergreifenden Automatismus supranationaler Integration gerechtfertigt werden kann, wird letzterer manchmal implizit oder explizit durch eine unterstellte Logik kapitalistischen wirtschaftlichen Eigeninteresses ersetzt." STREECK (1999: 88 f.)

Bis zum Vertrag von Maastricht als „Krönung der seit Jahrzehnten verfolgten Politik der Wirtschaftsintegration" wurden die „schon damals absehbaren zukünftigen Probleme" der Union weitgehend ausgeblendet.[507] Dennoch wies Maastricht etwa durch die Einführung des Subsidiaritätsprinzips und des Konzepts eines Europas der Regionen bereits in die Richtung einer politischen Union und der dafür notwendigen institutionellen Reformen. Auch wenn die „konzeptionellen und intellektuellen" Energien noch „bis zur Einführung des Euro am 1. Januar 1999" im Wesentlichen „auf die Wirtschafts- und Währungsunion konzentriert" gewesen seien,[508] so ist doch bereits mit der Revision des Maastrichter Vertrages Mitte der 1990er Jahre ein Wandel in der Vertragsgeschichte der Europäischen Union zu beobachten. Mit dem Vertrag von Amsterdam wurden neben institutionellen Reformen etwa im Bereich der gemeinsamen Außen- und Sicherheitspolitik (GASP), für die zukünftige Entwicklung zentrale Elemente zur Gestaltung einer politischen Union formuliert. Mit der Aufnahme der Zielvorstellung zur „Weiterentwicklung der Union als Raum der Freiheit, der Sicherheit und des Rechts" in Artikel 2 des EU-Vertrages (EUV) oder mit der Einführung des Transparenzprinzips (Art. 1 EU-Vertrag und Art. 255 EG-Vertrag) wurden entscheidende Weichen für eine Gestaltung von Prozessen der Bürgerbeteiligung an europäischer Politik gestellt, auch um das seit Maastricht entdeckte Demokratiedefizit auszugleichen.[509] Mit der Aufnahme der nachhaltigen Entwicklung in Art. 2 EUV als dem grundlegenden Zielkatalog der Union und ihrer Operationalisierung als Querschnittsaufgabe – insbesondere hinsichtlich der Berücksichtigung des Umweltschutzes für die Festlegung und Durchführung der Unionspolitiken in Art. 6 EG-Vertrag (EGV) – wurde ebenfalls ein wegweisendes politisches Ziel formuliert. In den beispielhaft genannten Bereichen sind seither politische Prozesse in Gang gekommen, die das Potenzial haben, die Union „nachhaltig" zu verändern.

„Europäische Integration ist heute zunächst und zuallererst ein Versuch, die Folgen von Entgrenzungsprozessen politisch zu kontrollieren", meint JACHTENFUCHS (2002: 261). Gleichzeitig schaffen diese Entgrenzungsprozesse Kooperationsanreize durch spillover Effekte.[510] Diese Kooperationen drücken sich aus in einer zunehmenden Verdichtung europäischer Suprastrukturen und sozialer Handlungszusammenhänge durch eine Ausweitung von Zuständigkeiten und Regelungsfeldern. Integrations- und damit einhergehende Differenzierungsprozesse bedürfen der Steuerung. Um die demokratische Legitimation dieser Steuerungs- und Gestaltungsprozesse zu gewährleisten ist die Mitwirkung der gesellschaftlichen intermediären Kräfte an der Entscheidungsproduktion erforderlich. Bei aller Problematik der analytischen Erfassung des politischen Systems der Europäischen Union, die dadurch entstehe, dass die EU „ein politisches System eigener Art darstelle, daß sich nicht durch staatsgebundene Begrifflichkeiten erfassen

---

[507] Vgl.: Jachtenfuchs, Markus (2002): Die Konstruktion Europas. Verfassungsideen und institutionelle Entwicklung. Baden-Baden (= Weltpolitik im 21. Jahrhundert; Bd. 9), S. 211.
[508] Vgl.: Marhold, Hartmut (2001): Die neue Europadebatte, S. 9.
[509] Vgl.: Grimm, Dieter (1995): Braucht Europa eine Verfassung? S. 14.
[510] Vgl.: Jachtenfuchs, Markus (2002): Die Konstruktion Europas, S. 263.

lasse",[511] steht die Integrations- und Differenzierungsleistung der intermediären Kräfte dabei nicht in Frage.

Nach der Befreiung des europapolitischen Engagements „von seiner Bindung an das bis dahin Nächstliegende" können nun die „konzeptionellen und intellektuellen" Energien auf den Gestaltungsprozess der Integrations- und Differenzierungsprozesse gelenkt werden und so die politische Dimension eines vereinten Europa institutionell und legitimatorisch stabilisieren.[512] Insbesondere angesichts der gegenwärtigen Verfassungskrise scheinen ein gesellschaftlicher Dialog zur Sinngebung sowie eine Strategie der Sinnvermittlung unverzichtbar. Durch die Konzeption von Leitbildern zur Zukunft der Europäischen Union könnten dann die notwendigen Ziele formuliert werden, auch ohne den genauen Weg zu kennen, der zu diesen Zielen führt. Die Wegbeschreibung wird dann zum Kern zukünftiger politischer Willensbildungs- und Entscheidungsprozesse.

In diesen Prozessen der Sinngebung und Sinnvermittlung sowie bei der Gestaltung und Umsetzung von Leitbildern kommt den NGOs in einer veränderten Landschaft europäischer Willensbildungsprozesse eine besondere Rolle zu, in der sie als Impulsgeber und Korrekturinstanzen die Formulierung und den Inhalt politischer Entscheidungen begleiten.

6.2 „Der Flirt mit der Zivilgesellschaft" – NGOs und europäische Politik

Durch die Ausweitung der auf die Europäische Union übertragenen Politikbereiche hat auch die Zusammenarbeit der Europäischen Kommission mit NGOs „auf allen Ebenen zugenommen."[513] Die Übernahme zusätzlicher Aufgaben in neuen Politikbereichen durch die Kommission und „Veränderungen und Entwicklungen innerhalb der EU-Organe" sowie „innerhalb" der NGOs hatten „zur Folge, daß die Zahl der innerhalb und außerhalb Europas tätigen NRO stetig anstieg und sich diese NRO weiteren Arbeitsfeldern zuwandten."[514] Typisch für diesen Trend seien einzelstaatliche NGOs, die europäische Verbände und Netze ins Leben rufen oder sich bereits den in Brüssel ansässigen europäischen Netzwerken anschließen.[515] Die Kommission entdeckt die NGOs als zunehmend wichtigen „Bestandteil der Zivilgesellschaft und als wertvolle Stützen eines demokratischen Regierungssystems", die „einen Beitrag zur Förderung einer partizipativen Demokratie innerhalb [...] der Europäischen Union leisten" können.[516] Gleichzeitig stellt sie aber fest, dass die erforderlichen „Strukturen und Verfahren" nicht genügend weiterentwickelt wurden, um „die partnerschaftliche Zusammenarbeit mit NRO fortzu-

---

[511] Vgl.: Ebda., S. 67.
[512] Vgl.: Marhold, Hartmut (2001): Die neue Europadebatte, S. 9.
[513] Europäische Union: Die Kommission (2000a): Ausbau der partnerschaftlichen Zusammenarbeit zwischen der Kommission und Nichtregierungsorganisationen. Diskussionspapier der Kommission, S. 2.
[514] Ebda.
[515] Ebda.
[516] Ebda., S. 5.

setzen und zu verstärken."[517] Entsprechend reagierten die Europäische Kommission und der Wirtschafts- und Sozialausschuss (WSA) mit Diskussionspapieren und Stellungnahmen zum Thema „Ausbau der partnerschaftlichen Zusammenarbeit zwischen der Kommission und Nichtregierungsorganisationen".[518] Begründet wurde diese Debatte aus der Notwendigkeit heraus, auch den durch Globalisierungsprozesse ausgelösten Veränderungen Rechnung zu tragen, „Akteure zu identifizieren und den Aktionsrahmen für konkrete Vorschläge in einem institutionellen Umfeld abzustecken", um strukturelle Reformen in Gang zu setzen.[519] Die Kommission ist dabei das zentrale Organ der EU, die von ihrem Initiativrecht auch hinsichtlich der Gestaltung institutioneller Innovation Gebrauch macht und damit für die Analyse im Rahmen dieser Arbeit von zentraler Bedeutung.

Die Europäische Union erkennt die Zivilgesellschaft als dritte Säule neben Staat und Markt an. So konstatiert der Wirtschafts- und Sozialausschuss in seiner Stellungnahme zum Thema „Die Rolle und der Beitrag der organisierten Zivilgesellschaft zum europäischen Einigungswerk" (WSA, 1999: 32 f.), dass „der Bürger [...] in einer „lebendigen Demokratie" neben den Möglichkeiten der Ausübung eines politischen Amtes und durch Wahl auch durch die Mitgliedschaft in „Interessengruppen und Bürgerinitiativen" sich beteiligen und aktiv werden könne. „In diesem Fall sind die Bürger Mitglied in Vereinigungen, die sich ein spezialisiertes und basisbezogenes Wissen" über einen Bereich verschaffen.[520] Durch die Teilnahme an öffentlichen Kommunikationsprozessen wirkten diese Organisationen „an der Bildung einer gemeinsamen Vorstellung von Gemeinwohl mit. Diese Art der Bürgerbeteiligung entspricht dem Begriff der ‚Zivilgesellschaft'."[521] Die organisierte Zivilgesellschaft als „Schule für Demokratie" könne man „als einen Ort des kollektiven Lernens bezeichnen."[522] Für die Zukunft sei das deshalb wichtig, da sich in nicht zentral steuerbaren komplexen Gesellschaften die „Probleme nur durch die aktive Beteiligung der Bürger lösen" ließen.[523] Voraussetzung für eine „intelligente Demokratie" mit einem „kontinuierlichen gesellschaftlichen Lernprozeß" seien Freiräume für Experimente und „pluralistische Diskursforen."[524]

Der Dialog zwischen Kommission und NGOs „sowie deren Konsultation durch die Kommission sind Teil des demokratischen Entscheidungsprozesses der EU-Organe."[525] Besonders auch das Europäische Parlament und die beiden Ausschüsse (AdR und

---

[517] Ebda., S. 2.

[518] Vgl.: Europäische Union: Der Wirtschafts- und Sozialausschuss (1999); Europäische Union: Die Kommission (2000a); Europäische Union: Der Wirtschafts- und Sozialausschuss, Unterausschuss „Die Kommission und die NRO" (2000).

[519] Europäische Union: Der Wirtschafts- und Sozialausschuss (1999): Stellungnahme des Wirtschafts- und Sozialausschusses zum Thema „Die Rolle und der Beitrag der organisierten Zivilgesellschaft zum europäischen Einigungswerk", S. 30.

[520] Ebda., S. 32 f.

[521] Ebda., S. 33.

[522] Ebda.

[523] Ebda.

[524] Ebda.

[525] Europäische Union: Die Kommission (2000a): Ausbau der partnerschaftlichen Zusammenarbeit zwischen der Kommission und Nichtregierungsorganisationen. Diskussionspapier der Kommission, S. 9.

6.2 „Der Flirt mit der Zivilgesellschaft" – NGOs und europäische Politik

WSA) „haben seit langem enge Kontakte zu NRO."[526] Der Dialog zwischen Kommission und NGOs ergänze „maßgeblich den institutionellen Prozeß der Politikgestaltung."[527] Daher gewinnen die Konsultationen insbesondere vor dem Hintergrund des Initiativrechts der Kommission ihre Bedeutung. Hier geht es dann um die frühzeitige Konsultation aller Beteiligten „im Rahmen der Politikgestaltung", um „insbesondere vor Unterbreitung eines Legislativvorschlags" dem Grundsatz Rechnung zu tragen, „möglichst viele Interessengruppen anzuhören, um alle relevanten Aspekte berücksichtigen und effizienter handeln zu können."[528]

> „Im Nationalstaat kreist die Politik um zwei Pole, den Markt und die Regierung. Im Unterschied dazu operiert die EU-Politik zwischen drei Knoten: Wirtschaft, Regierung und Zivilgesellschaft. Der Übergang von zwei zu drei Sektoren stellt einen radikalen Entwicklungssprung in der Evolution des politischen Lebens dar und trägt entscheidend dazu bei, wie wir die Zukunft organisieren. Die Politik der zwei Sektoren machte die Vision der Aufklärung möglich, die der drei den Europäischen Traum realisierbar."
> RIFKIN (2004b: 253)

Der „Europäische Traum" gründet sich als eine „transnationale Vision" auf die Pluralität gesellschaftlicher Vernetzung und auf die Vielfalt der kulturellen Identitäten. Er ist von weniger nationaler als vielmehr kosmopolitischer Natur und daher auch „besorgter um das Wohlergehen des Planeten."[529] Die Grundlage für den Erfolg der Union ist die Institutionalisierung des Umgangs mit politischen Konflikten. Europa hat die religiösen, sozialen und politischen Konflikte und Rivalitäten nicht etwa gelöst, schreibt HABERMAS (2001: 7), sondern „durch Ritualisierung auf Dauer gestellt und zur Quelle von innovativen Energien gemacht". Die EU koordiniert dabei als „eine Art diskursives Forum" die Zusammenarbeit verschiedener Nationalstaaten und zivilgesellschaftlicher Akteure durch die Vernetzung von „Engagements und Instanzen".[530]

> „Die Zivilgesellschaft betrachtet Europa mehr und mehr als eine gute Plattform für politische und gesellschaftliche Veränderungen. Dies bietet eine echte Möglichkeit zur Erweiterung der Debatte über Europas Rolle, eine Chance, um die Bürger aktiver an der Verwirklichung der Unionsziele zu beteiligen und ihnen strukturierte Kanäle für Feedback, Kritik und Protest anzubieten."
> EUROPÄISCHE UNION: DIE KOMMISSION (2001b: 19 f.)

Je mehr Bedeutung Europa auf der supranationalen Ebene erlangt, desto zwingender wird die Einbeziehung der Zivilgesellschaft als Folge und Motor des Integrationsprozesses. Europäische Willensbildungsprozesse benötigen gegenüber dem nationalstaatlichen Identitätskriterium der gemeinsamen Nationalität zusätzliche Merkmale der Identifikation. „Identitätskriterien, die in ihrer Gesamtheit auf gemeinsamen Traditionen und

---

[526] Ebda.; Die Organe – lat. = Werkzeuge – der EU werden bestimmt in Art. 7 EGV (1): Europäisches Parlament, Rat, Kommission, Gerichtshof, Rechnungshof. (2) Der Rat und die Kommission werden von einem Wirtschafts- und Sozialausschuss sowie einem Ausschuss der Regionen mit beratender Aufgabe unterstützt.
[527] Ebda.
[528] Ebda.
[529] Vgl.: Rifkin, Jeremy (2004a): Europa, du hast es besser. Der Amerikanische Traum inspiriert nicht mehr, doch es gibt einen neuen: die EU / Eine Hommage an den alten, jungen Kontinent, in: Süddeutsche Zeitung Nr. 181, 7./8. August 2004, S. 11. Vor dem Hintergrund der Ausarbeitung einer Europäischen Verfassung kontrastiert Rifkin hier die Ideale des „Amerikanischen Traums" mit den Entwicklungen in Europa.
[530] Vgl.: Ebda.

den Wertvorstellungen der Demokratie und der Menschenrechte basieren."[531] Demokratie auf europäischer Ebene muss also verschiedene „Partizipationsschienen" anbieten, die heutige und unzulängliche Partizipationsmöglichkeiten ergänzen und die „der Heterogenität des europäischen Identitätsbegriffs Rechnung tragen."[532] Die Chance der verschiedenen Partizipationsschienen liegt dann in der Auseinandersetzung zwischen der EU und der Zivilgesellschaft durch die Nutzung der Foren und Arenen als Plattformen gesellschaftlicher Diskurse. Bei der Partizipation der Zivilgesellschaft soll es nicht um die Institutionalisierung von Protest im Sinne seiner Domestizierung gehen.

> „Partizipation heißt nicht Institutionalisierung von Protest. Partizipation bedeutet vielmehr wirkungsvollere Politikgestaltung auf der Grundlage frühzeitiger Konsultationen und der Erfahrungen der Vergangenheit."
> EUROPÄISCHE UNION: DIE KOMMISSION (2001b: 21)

Ins konstruktive gewendet bedeutet dieses Postulat, Kanäle der Protestkommunikation zu strukturieren, um Transparenz auch hinsichtlich politischer Alternativen zu gewährleisten. Dabei geht es dann um die Implementierung des Konsensprinzips als Leitmotiv politischer Kommunikation; um eine veränderte Kultur der Willensbildung.

6.3 Dimensionen des Lobbyismus in Europa

In seiner verfassungstheoretischen Dimension diskutiert VOWE (2003: 105) den Begriff des Lobbyismus als „fünfte Gewalt", der, neben den Medien als „vierte Gewalt", die Balance und Kontrolle staatlicher Machtteilung beschreibe. In Anlehnung an die Theoretiker des englischen Liberalismus bezieht Vowe sich dabei auf das Konzept der Gewaltenteilung und Gewaltenverschränkung und nennt James Harrington und John Locke als Vorreiter einer diesbezüglichen, modernen Verfassungstheorie.[533] Zum Verständnis der Funktion von Lobbyismus im Zusammenhang mit staatlicher Machtteilung hilft ein Rückblick auf die Entstehungsgeschichte des Begriffes. Die heutige Bedeutung von Lobbying geht im Wesentlichen zurück auf Traditionen im angloamerikanischen Raum und bezeichnet die Möglichkeit zur politischen Kommunikation durch Kontakte von Interessenvertretern mit politischen Entscheidungsträgern in der Lobby des Parlaments, die im Deutschen Wandelhalle genannt wird. Die „Central Lobby" als Mittelpunkt des englischen Parlamentsgebäudes war „der Ort, an dem sich die Kraftlinien" kreuzten.[534] Hier wird nicht nur „das Verhältnis von Unterhaus und Oberhaus austariert", sondern sie ist auch ein „Ort der Begegnung zwischen außen und innen, von Abgeord-

---

[531] Europäische Union: Der Wirtschafts- und Sozialausschuss (1999): Stellungnahme des Wirtschafts- und Sozialausschusses zum Thema „Die Rolle und der Beitrag der organisierten Zivilgesellschaft zum europäischen Einigungswerk", S. 35.
[532] Ebda.
[533] Vgl.: Vowe, Gerhard (2003): Interessenkommunikation. Lobbyismus als „Fünfte Gewalt" im Interaktionsfeld von Politik und Medien, in: Sarcinelli, Ulrich; Tenscher, Jens (Hg.): Machtdarstellung und Darstellungsmacht. Beiträge zu Theorie und Praxis moderner Politikvermittlung. Baden-Baden, S. 105.
[534] Vgl.: Ebda.

neten und Interessenten [...]."[535] „Nicht Whitehall, sondern Westminster ist der Mittelpunkt des politischen London."[536]

Lobbyismus ist „eine von vielen Relationen im weitgespannten Netz der politischen Kommunikation" zur Bezeichnung „der systematischen Einflussnahme von Interessengruppen auf politische Entscheidungen."[537] Die für das Lobbying charakteristischen Interessengruppen sind dabei Teil politischer Verhandlungssysteme. In modernen politischen Verhandlungssystemen ist Lobbyismus dabei längst nicht mehr auf die parlamentarische Ebene beschränkt, sondern in vielen Bereichen des politisch-administrativen Systems an der Tagesordnung. Lobbyismus ist „in ökonomischen Kategorien" auch zu bezeichnen als ein spezifischer Markt, „auf dem Anbieter und Nachfrager aufeinandertreffen und zu beiderseitigem Vorteil Leistungen austauschen."[538] Der Tausch findet statt zwischen den Anbietern politischen Einflusses gegen die Unterstützung durch die Nachfrager von Interessen.

Gerade diese Tauschbeziehung sowie eine oft auf informellen persönlichen Kontakten und Beziehungen ruhende Verflechtung von Vertretern der Anbieter- und Nachfragerseite bezeichnen auch die mit dem Lobbyismus verbundenen Probleme die dazu führen, dass Lobbyismus zurecht unter kritischer Beobachtung der Öffentlichkeit steht. Neben den Chancen zur Kooperation besteht auch die Gefahr der Korruption, die auf die oft negative Konnotation des Lobbyismusbegriffes und den besonderen Kontrollbedarf verweist. Dieses Problem korrespondiert mit der Beantwortung der aufgeworfenen Frage, ob Lobbyismus als Einflussnahme auf politische Entscheidungen eine „fünfte Gewalt" bezeichnet. Die Antworten dazu liefert ein Blick auf das Konzept der Gewaltenteilung und Gewaltenverschränkung sowie diesbezüglich der Rolle und Funktion von intermediären Gewalten in ihrer staatstheoretischen Dimension. Intermediäre gesellschaftliche Kräfte übernehmen als gesellschaftliche Sicherungsstrukturen spezifische Funktionen zur Kontrolle und Balance der Machtteilung. Sie verfügen über eine relative Autonomie zu Staat und Markt und lassen sich relativ eindeutig dadurch definieren, dass es sich weder um rein staatliche noch um rein privatwirtschaftliche Organisationen handeln kann.

Unterscheidet man die Akteure, die Lobbying betreiben, nach diesen verfassungstheoretisch relevanten Merkmalen, findet sich eine weitere Antwort in der Form der politischen Kommunikation, als solche Lobbying zweifellos bezeichnet werden kann. Sowohl die Leistungen der Interessenvermittlung als Input-Kommunikation als auch die der Entscheidungsvermittlung als Output-Kommunikation sind mit Blick auf die Unterscheidung in intermediäre und nicht-intermediäre Akteure unterschiedlich zu bewerten. Im Falle privater Akteure, wie etwa bei privatwirtschaftlich tätigen Unternehmen, sind die Interessen i. d. R. nicht-öffentlicher Natur und bei ihrer Formulierung auch nicht an die Gesellschaft, bzw. die Individuen zurückgebunden. Die Interessen ergeben sich nicht durch einen im Dialog erzielten Konsens, sondern schlicht aus den funktional bestimm-

---

[535] Vgl.: Ebda.
[536] Vgl.: Ebda. „Whitehall" bezeichnet den Regierungsbezirk; „Westminster" das Parlamentsviertel.
[537] Vgl.: Ebda., S. 107 + 105.
[538] Ebda., S. 108.

ten und spezifischen Unternehmenszielen, die i. d. R. alleine dessen Vorteil dienen und die zukünftige Existenz absichern sollen. Dies gilt ähnlich für den Prozess der Output-Kommunikation, der dann zu reduzieren ist auf Entscheidungsvermittlung zwischen politischem System und der an die jeweiligen Teilsysteme gekoppelten Organisationsebene. Dabei ist zunächst nicht davon auszugehen, dass diese Form der Entscheidungsvermittlung für eine Balance oder einen gesellschaftlichen Ausgleich sorgt, sondern lediglich den meist ökonomischen und sehr speziellen Interessen der Organisationen dient.

In seiner intermediären Dimension ist Lobbying allerdings auch als Mittel zur Kontrolle von Herrschaft zu verstehen. Dieses Verständnis setzt jedoch eine klare Trennung der lobbyierenden Akteure voraus. Die allgemeine Bezeichnung des Lobbying als „Versuch der Beeinflussung von Entscheidungsträgern durch Dritte"[539] bezieht sowohl die Akteure des intermediären Systems als auch die Akteure des nicht-öffentlichen, privaten Bereichs mit ein. Eine generelle Bezeichnung der mit Lobbying verbundenen politischen Kommunikation als „fünfte Gewalt" erscheint daher in Bezug auf das staatstheoretische Modell der Gewaltenteilung und Gewaltenkontrolle problematisch.

Diese Auseinandersetzung mit dem Lobbyismusbegriff und generell mit den Praktiken und der Praxis des Lobbyismus im Alltag politischer Entscheidungsproduktion ist insbesondere hinsichtlich der vielfach verflochtenen politisch-administrativen Ebenen der Europäischen Union brisant, aktuell und notwendig zugleich. Weder beschränken sich dabei die Akteure des Lobbyismus auf den Kreis intermediärer Organisationen, noch ist der Begriff Lobbying exklusiv für die Organisationen des intermediären Bereichs reserviert. Im Gegenteil: Hier ist, mit Blick auf die Lobbylandschaft der Europäischen Union, eine fundamentale Ungleichheit zu konstatieren, die sich in der Übermacht von Lobbyisten mit privaten, wirtschaftlichen und nicht-öffentlichen Interessen ausdrückt.

Die Zahl der Interessengruppen auf europäischer Ebene und vor allem in Brüssel als der europäischen „Hauptstadt" ist insbesondere nach der Verabschiedung der Einheitlichen Europäischen Akte 1986 (vgl. TEUBER, 2001: 120), bzw. seit Anfang der 1990er Jahre sprunghaft angestiegen (vgl. GREENWOOD, 2003: 8). Bei einem Besuch in Brüssel oder Straßburg sei es möglich, so GREENWOOD (1997: 2), jede nur vorstellbare Interessengruppe vorzufinden: von multinationalen Konzernen über Gewerkschaften zu Handwerkern und Konsumentenvertreten, von Autofahrern, Vogelschützern bis hin zu Biertrinkern.[540] Dabei variieren die Angaben über die Anzahl der Interessenvertreter sehr stark, da es in diesem komplexen Feld keine einheitlichen Erfassungsmethoden zu geben scheint. Nach Zahlen von 1992 haben damals noch rund 3000 Interessengruppen mit 10.000 Personen in Brüssel vor Ort Einfluss zu nehmen versucht; davon etwa 500 europäische und internationale Verbände.[541] Der Vizepräsident der Europäischen Kommission und Kommissar für Administrative Angelegenheiten, Audit und Be-

---

[539] Vgl.: Fischer, Klemens H. (1997): Lobbying und Kommunikation in der Europäischen Union. Berlin / Wien, S. 35.

[540] Vgl. auch: Greenwood, Justin (2003): Interest Representation in the European Union. Basingstoke / New York, S. 7 f.

[541] Zahlen von 1992, in: Greenwood, Justin (1997): Representing Interests in the European Union. London / New York, S. 3.

6.3 Dimensionen des Lobbyismus in Europa

trugsbekämpfung, Siim Kallas, spricht von aktuell etwa 15.000 Lobbyisten alleine in Brüssel und von 2.600 Interessengruppen, die ein ständiges Büro in der europäischen Hauptstadt unterhalten.[542] GREENWOOD (2003: 9 ff.) zählt 1450 „formally constituted EU level groups of all types, based in Brussels and elsewhere", wovon privatwirtschaftliche (66 %) und berufsständische Interessengruppen (11 %) den Löwenanteil ausmachen. Nur 21 % der Gruppen werden dem öffentlichen Sektor zugerechnet bzw. als Vertreter öffentlicher Interessen gezählt.[543] Die Zahl der im Lobbygeschäft tätigen Personen schätzt Greenwood auf 10.000 – 30.000.[544] Karl-Heinz Florenz, der Vorsitzende des Umweltausschusses im Europäischen Parlament, nennt in einem Interview mit der „International Herald Tribune" vom 18. November 2004 die Zahl von 20.000 Lobbyisten – so viele, wie Kommission und Parlament Angestellte zählten.[545] Andere Schätzungen gehen sogar von mehr als 50.000 Lobbyisten aus, beruhen allerdings auf einer allgemeineren Definition und zählen auch Mitglieder etwa von Delegationen aus Nicht-EU-Ländern dazu.[546] Nach Angaben auf den Webseiten des Europäischen Parlaments beträgt die Anzahl der dort *offiziell akkreditierten* Interessenvertreter 4.428. Vertreten werden so die Interessen von ABB-Europe (Asea Brown Boveri) bis zum Zentralverband Elektrotechnik und Elektroindustrie e.V.[547] Alle Personen, Gruppen und Organisationen bemühen sich, bei der Verteilung von mehr als 100 Milliarden Euro ein „Stück vom Kuchen" abzubekommen oder sich für gesetzliche Regelungen einzusetzen, die für rund 450 Millionen Menschen verbindlich werden und bis zu 70 % der nationalen Gesetze prägen.[548]

Die zentralen Grundlagen, die Lobbyarbeit erst ermöglichen, sind die Verfügbarkeit über die Ressourcen Zeit und Geld. Wie durch GREENWOOD (2003: 19) oben bereits angedeutet, gibt es ein massives Ungleichgewicht hinsichtlich der Präsenz von Interessengruppen zugunsten derjenigen, die privatwirtschaftliche Interessen vertreten. Dieses Missverhältnis zu Lasten der Gruppen, die öffentliche Interessen vertreten, äußert sich auch in den Schätzungen von Martin Rocholl, wonach in Brüssel „etwas mehr als 100 Umweltlobbyisten [...] sicherlich weit mehr als 5000 Industrielobbyisten" gegenüberstehen.[549] Und im vom Corporate Europe Observatory (CEO) herausgegebenen Stadtführer „lobby planet", der die Besucher Brüssels zu einer Tour durch das Europaviertel einlädt, um die Zentralen der Lobbymacht auf eigene Faust zu erkunden, heißt es: „In

---

[542] Kallas, Siim (2005): The need for a European transparency initiative. Vortrag bei der European Foundation for Management. Nottingham Business School, 3. März 2005 (= Speech/05/130), S. 5.
[543] Greenwood nennt die Gewerkschaften mit einem Anteil von 3 %, was insgesamt 101 % ergeben würde. Trotz dieses Rechenfehlers wird aber das Kräfteverhältnis deutlich. Vgl.: Greenwood, Justin (2003): Interest Representation in the European Union, S. 19.
[544] Ebda., S. 9.
[545] Vgl.: Karl-Heinz Florenz zitiert nach: Bowley, Graham (2004): Brussels' rise draws lobbyists in numbers, in: International Herald Tribune, Internet-Ausgabe vom 18. November 2004. Webseite von The IHT-Online: http://www.iht.com/bin/print_ipub.php?file=/articles/2004/11/17/news/lobby.html; zuletzt aufgerufen am 4. Februar 2005.
[546] Vgl.: Ebda.
[547] Zahlen vom 17. Juli 2005. Vgl. die Webseite des Europäischen Parlaments: http://www2.europarl.eu.int/lobby/lobby.jsp?lng=de; zuletzt aufgerufen am 17. Juli 2005.
[548] Vgl.: Bowley, Graham (2004): Brussels' rise draws lobbyists in numbers.
[549] Interview mit Martin Rocholl, Friends of the Earth Europe (FoEE), 9. September 2004, Brüssel. Greenwood zählt zusammen 74 Mitarbeiter in den Brüsseler Büros aller G 8 Organisationen. Vgl.: Greenwood, Justin (2003): Interest Representation in the European Union, S. 190.

fact, a large PR and lobbying firm like Hill & Knowlton may employ more people in its Brussels offices than all of the environmental groups in Brussels combined."[550]

So ist es in der Sorge um die Gleichheit der Bedingungen nicht verwunderlich, dass in der zweiten Jahreshälfte 2004 unter Federführung des Corporate Europe Observatory (CEO)[551] eine Initiative gestartet wurde, um die Kommission auf die Probleme des Lobbying durch Unternehmen aufmerksam zu machen. Über 50 zivilgesellschaftliche Gruppen aus zahlreichen Ländern forderten den neuen Kommissionspräsidenten Barroso in einem offenen Brief auf, „to curb the excessive influence of corporate lobby groups over EU policy-making."[552] Ihrer Ansicht nach vertagen, schwächen oder verhindern privatwirtschaftliche Interessen zu oft den nötigen Fortschritt in Bereichen der Sozial- und Umweltpolitik und beim Verbraucherschutz. Sie berufen sich bei der Begründung ihres Anliegens auf ihre Rolle als Anwälte öffentlichen Interesses, dem die EU-Politik dienen sollte und nicht den „narrow commercial agendas of large corporations".[553] Nachdem die Kommission in einer knappen Antwort eines Mitarbeiters, an den Barroso die Beantwortung delegiert hatte, keinen Handlungsbedarf erkannte und sich mittlerweile über 260 Gruppen der organisierten Zivilgesellschaft aus Europa und Übersee dem offenen Brief angeschlossen hatten, kam eine europaweit in den Medien und den Institutionen geführte Debatte über die Probleme des „corporate lobbying" in Gang.[554] Im März 2005 reagierte dann Siim Kallas als Kommissionsvize und Kommissar für Administrative Angelegenheiten, Audit und Betrugsbekämpfung, mit der Ankündigung einer europäischen Transparenz-Initiative.[555]

Die dem offenen Brief der organisierten Zivilgesellschaft zugrunde liegende Forderungen nach der Herstellung gleicher Bedingungen führt wieder zurück auf die staats- und gesellschaftstheoretische Bedeutung der Rolle und Funktion von NGOs als intermediäre Kräfte. Im Gegensatz zu Vertretungen von Konzernzentralen und Wirtschaftslobbyisten begründet sich ihre Legitimation sowohl in verfassungstheoretischer als auch in der politischen und gesellschaftlichen Dimension durch die Repräsentanz, wenn auch zum Teil nur partikularer, aber öffentlicher Interessen. Allerdings werden die NGOs im politischen Alltag – fernab von richtungweisenden Vorstellungen zukünftiger Strukturen – „nur teilweise so betrachtet, dass sie eine demokratische Funktion erfüllen." Eine Mehrzahl der Entscheidungsträger im Parlament, in der Kommission und den Regierungsorganisationen „sehen zumindest die ECOs (Environmental Citizens Organisations) als

---

[550] Corporate Europe Observatory (Hg.) (2004): Lobby Planet: Brussels – the EU quarter. Explore the corporate lobbying paradise. 2nd edition. Amsterdam, S. 8.
[551] Für mehr Informationen über das Corporate Europe Observatory vgl.: http://www.corporateeurope.org; zuletzt aufgerufen am 18. Juli 2005.
[552] Wesselius, Erik (Corporate Europe Observatory) (2004): European Commission Must Act to Curb Excessive Corporate Lobbying Power. Open Letter to José Manuel Barroso, President of the European Commission. 25. October 2004. Amsterdam.
[553] Ebda.
[554] Für Informationen zum Verlauf der Debatte siehe die Webseite des Corporate Europe Observatory (CEO): http://www.corporateeurope.org/lobbydebate.html; zuletzt aufgerufen am 18. Juli 2005.
[555] Vgl.: Kallas, Siim (2005): The need for a European transparency initiative.

eine Lobbying-Gruppe wie jede andere auch, obwohl die ECOs keine kommerziellen Interessen vertreten."[556]

Beschreibt man Lobbyismus zunächst generell als eine Form der politischen Kommunikation durch gesellschaftliche Kräfte, so können die Akteure des europäischen Lobbyismussystems hinsichtlich ihrer Rolle und Funktion relativ klar in zwei Gruppen unterschieden werden: (1) Akteure, die Interessen und Aufgaben des intermediären Systems übernehmen und (2), andere Akteure, die vornehmlich nicht-öffentliche oder private, wirtschaftliche Interessen vertreten. NGOs sind dann im Gegensatz zu Akteuren der zweiten Gruppe beschreibbar als Organisationen, die sich zwar des Lobbying als einer möglichen Form politischer Kommunikation bedienen. Allerdings erscheint der Lobbyismusbegriff als unterkomplex, weil er die gesellschaftlichen und politischen Vermittlungsleistungen auch von NGOs als intermediäre gesellschaftliche Kräfte weder eindeutig noch hinreichend zu erfassen vermag.

6.4 Ebenen der Lobbyarbeit in Europa

In modernen politischen Verhandlungssystemen ist Lobbyismus längst nicht mehr auf die parlamentarische Ebene beschränkt. Gerade im verflochtenen europäischen Mehrebenensystem gehört das Lobbying auf vielen Ebenen des politisch-administrativen Systems zum Alltag in der Entscheidungsproduktion. Generell interessant für Lobbyarbeit auf europäischer Ebene sind die Organe Kommission, Parlament und Rat.

Die Kommission ist dabei die viel versprechendste Anlaufstelle und „gilt als wichtigster Adressat von Lobbying in Brüssel"[557], da sie durch ihr Initiativrecht die politische Agenda der Union maßgeblich gestalten kann. „Wir sind auf den Input der Lobbyisten angewiesen", meint Beate Gminder, Sprecherin für Verbraucherschutz und Gesundheitspolitik in der EU-Kommission.[558] „Weil wir", so fährt sie fort,

> „entgegen aller Mythen – eine Verwaltung mit vergleichsweise wenigen Mitarbeitern sind. Mit 20.000 Beamten in der Kommission und 32.000 Beamten insgesamt hat die EU so viele Verwaltungsmitarbeiter wie Madrid oder Paris. Und ein Drittel davon ist allein für die Übersetzung zuständig. Wir brauchen also Informationen von allen Seiten." GMINDER (2004: 21)

Dabei sind in der Kommission nicht nur die Kommissare interessante Ansprechpartner für die Interessengruppen, sondern vielmehr die Direktoren und Beamten in den Generaldirektionen. Dieser Dialog ist zum Teil durch Prozeduren der Anhörung wie Hearings, Stakeholder-Dialogen und in Form der Zusammenarbeit in Arbeitskreisen und -gruppen vorstrukturiert; basiert aber auch auf persönlichen Kontakten und dem Austausch in informellen Netzwerken.

---

[556] Interview mit Philipp Schepelmann, Wuppertal Institut für Klima, Umwelt, Energie, 10. Dezember 2001, Wuppertal.
[557] Vgl. die Frage von Lianos, in: Gminder, Beate (2004): „Wir werden die informellen Kanäle austrocknen". Interview mit Manuel Lianos, in: politik&kommunikation, Ausgabe 21, November 2004, S. 21.
[558] Gminder, Beate (2004): „Wir werden die informellen Kanäle austrocknen", S. 21.

> „Es hat sich mit den Verhandlungsnetzen ein eigener Modus der Koordination entwickelt: Personen vertreten Organisationen und bilden ein auf interpersonelle Kommunikation, auf „arguing and bargaining" (John Elster) gegründetes Netz. Über Lösungen wird im Konsens entschieden und zugleich auch immer das Netz reproduziert. Aus der Erfahrung wächst Vertrauen in die anderen und in das Netzwerk."
>
> VOWE (2003: 107)

Das Parlament ist, insbesondere nachdem es durch das Mitentscheidungsverfahren im Prozess europäischer Rechtsetzung gestärkt wurde und wichtige Funktionen bei der Verabschiedung des Haushalts ausübt, die zweite wichtige Anlaufstelle für Interessenvertreter. Für die Parlamentarier selbst sind die Kontakte zu den Interessenvertretern von großer Bedeutung. Zum einen als Informations- und Wissensquelle, die für Entscheidungsprozesse nötiges Know-how anbieten, weil den Parlamentariern zur Beschaffung von Expertise im eigenen Umfeld nur begrenzte Ressourcen zur Verfügung stehen. So betont die stellvertretende Fraktionsvorsitzende der europäischen Liberalen (ALDE), Silvana Koch-Mehrin, die Notwendigkeit des Kontaktes zu den Lobbyisten damit, dass die Europaparlamentarier im Gegensatz zu ihren Kollegen im Deutschen Bundestag keinen wissenschaftlichen Dienst zur Verfügung hätten, auf den sie zurückgreifen könnten.[559] Zum anderen ist diese Form politischer Kommunikation wichtig für die Anbindung an Gesellschaft, da Europaabgeordnete nur „begrenzt über eine Parteiorganisation [...] oder ein aktive Wählerschaft verfügen."[560] Der Kontakt mit „öffentlicher Meinung" als eigentlichem Souverän verspricht dann auch Chancen der Wiederwahl und sorgt für politische Resonanz.

> „Gerade beim Europäischen Parlament, weil es sehr viel inhaltlich zu sagen hat und sehr viel Einfluss hat verglichen mit einem nationalen Parlament, beruht sehr viel auf der Arbeit von Lobbyisten. Im Rat z. B. steht hinter jedem Land ein ganzes Ministerium – eine ganze Verwaltung. Und das sind überhaupt nicht vergleichbare Kräfteverhältnisse und dadurch spielen gerade im Parlament die Lobbyisten eine wichtige Rolle."
> SARAH BLAU (18. August 2004, Brüssel)[561]

Der Rat (auch: Rat der Europäischen Union; Ministerrat) ist letztlich das mächtigste Organ der EU. Beschickt mit Vertretern der nationalstaatlichen Exekutive übt er zentrale legislative Funktionen aus. Hinter den Delegationen bei den Ratsverhandlungen stehen die Apparate der nationalstaatlichen Ministerialverwaltungen und Aspekte einer wissensbasierten Infrastruktur durch Kontakte mit Interessenvertretern verlieren ihre Bedeutung. Mit dem Rat werde zwar auch zusammengearbeitet, jedoch sei das

> „viel schwieriger [...], weil der Ratsprozess ziemlich geschlossen ist. Die Interaktionen der NGOs mit dem Parlament sind viel größer, weil hier die Türen für Lobbyisten offener sind als im Rat." SARAH BLAU (18. August 2004, Brüssel)[562]

Konsequenz daraus ist, dass sich die Chancen der direkten Lobbyarbeit auf Ratsebene in ihrer europäischen Dimension verbessern, wenn sie durch indirekte Interessenvermittlung in den Nationalstaaten in Form von Kontakten zu Ministern, Beamten und Mit-

---

[559] Koch-Mehrin, Silvana (2004): „Ich habe einen klaren Schnitt gemacht". Interview mit Manuel Lianos, in: politik&kommunikation, Ausgabe 21, November 2004, S. 20.
[560] Teuber, Jörg (2001): Interessenverbände und Lobbying in der Europäischen Union. Frankfurt am Main (= Europäische Hochschulschriften : Reihe 31, Politikwissenschaft; Bd. 423), S. 127.
[561] Frau Blau äußerte in dem Interview ihre private Meinung. Sie spricht nicht für die Organisationen und Gremien, für die sie gearbeitet hat oder arbeitet.
[562] Dito.

arbeitern in den Ministerien ergänzt oder sogar darauf konzentriert wird. Ähnliche Möglichkeiten des indirekten Lobbying über den Umweg der Nationalstaaten gelten auch für das Europäische Parlament.

> „Wir müssen dann in der Entscheidungsphase das Parlament beeinflussen. Dazu braucht man natürlich die nationalen Bürger. Es ist viel effektiver, wenn zehn deutsche Bürger einen deutschen Parlamentarier anrufen als wenn der Direktor von Friends of the Earth bei ihm erscheint. Es ist beides wichtig. Und es muss Einfluss ausgeübt werden auf die nationalen Minister im Rat. Das heißt, dass man auch da eine Kombination braucht aus einer Arbeit hier in Brüssel und auf der nationalen Ebene." MARTIN ROCHOLL (9. September 2004, Brüssel)

6.5 Techniken der NGO-Arbeit und Kooperationen

Aufgrund der Tradition von NGOs und ihres in der Organisationsorganisation begründeten Potenzials zur Nutzung technischer, wissensbasierter und Engagement mobilisierender Fähigkeiten liegt es nahe, dass die Techniken der NGOs zur Beeinflussung politischer Prozesse mehrdimensionalen Charakter haben. Die oben beschriebenen Ebenen des Lobbying in der Terminologie politischer Institutionen klammert zunächst eine Ebene des indirekten Lobbying aus, die zugleich eine Technik ist: *Die Kampagne*.

Kampagnen mobilisieren den Protest an der „Basis", bei den Bürgerinnen und Bürgern, die indirekt Einfluss nehmen können auf die Entscheidungen, indem es hier implizit auch immer um die Chancen der Wiederwahl politischer Entscheidungsträger geht. Dabei können Kampagnen sowohl nationalstaatlich als auch europäisch organisiert Einfluss nehmen auf europäische Politik.

> „Wir beeinflussen die Politik nicht nur dadurch, dass wir mit den Entscheidungsträgern reden. Wir beeinflussen die Politik auch, indem wir öffentliche Meinung verändern und damit den Druck erzeugen, der die Politiker dann bereit macht, dem zuzuhören, was wir sagen." MARTIN ROCHOLL (9. September 2004, Brüssel)

Und eine Bedingung für den Erfolg einer NGO-Kampagne ist, „in irgendeiner Weise erstmal über Aktionen und Druck auf sich aufmerksam" zu machen und dadurch das Thema auf die Tagesordnung zu setzen.[563] Auch die beste Lobbyarbeit könne ohne die Ankündigung einer glaubhaften Drohung nichts bewegen, so Daniel Mittler.[564]

> „Insofern ist es natürlich schon auch immer noch so, dass jede vernünftige NGO-Kampagne ein Target hat. Auf Deutsch gesagt hat man im Zweifelsfall einen Gegner. Das ist dann schon erstmal eine Einbahnstraße wo Druck erzeugt werden muss, um überhaupt erstmal die Konditionen für einen möglichen Gedankenaustausch oder Prozess der Konfliktlösung durch Kommunikationsprozesse zu schaffen."
> DANIEL MITTLER (21. Juli 2004, Amsterdam)

Bei Kampagnen sind verschiedenen Formen der Protestmobilisierung möglich, die sich durch ihre Kommunikationswege unterscheiden. Zum einen Kampagnen, die von der Organisation und deren hauptamtlichen und freiwilligen Mitgliedern aktiv organisiert werden und in deren Mittelpunkt ein konkreter Anlass steht, dessen Inhalt meist über

---

[563] Interview mit Daniel Mittler, Greenpeace International, 21. Juli 2004, Amsterdam.
[564] Vgl.: Ebda.

symbolische Kommunikation vermittelt wird. Beispiele für diese Symbole sind etwa die legendäre Greenpeace-Kampagne gegen die Versenkung der Ölplattform Brent Spar in der Nordsee (1995). Kampagnen aus der jüngeren Vergangenheit, bei denen Symbole stellvertretend für ganze Problemfelder als Kommunikationsmittel eingesetzt werden, sind etwa die Aktionen von Friends of the Earth Europe (FoEE) zum Thema Klimawandel und Gentechnik. Gleichzeitig wird durch diese Kampagnenarbeit, die auch Ressourcen aus nationalen Verbänden im europäischen Maßstab einsetzt, die Zusammenarbeit zwischen den nationalen Mitgliedsverbänden mit der europäischen Ebene deutlich.

> „Gentechnik z. B. ist eine Kampagne die darauf basiert, dass es einfach auf der nationalen Ebene schon enorm viele Aktivitäten gibt. Und diese Aktivitäten verstärken wir. Z. B. hat der BUND diese wunderbare Gen-Tomate. Und die schicken wir dann mal auf Tour durch Europa, weil alle möglichen Gruppen das auch nutzen wollen. Unsere Ungarn blasen das Ding in Budapest auf und haben plötzlich das größte Presseecho in der Geschichte ihrer Organisation [...]. Aber das ist so die Basis der Kampagnenarbeit."
> MARTIN ROCHOLL (9. September 2004, Brüssel)

NGOs wie Greenpeace sind durch große und medienwirksam inszenierte Kampagnen in globalem Maßstab bekannt geworden und haben das öffentliche Interesse auf den zerstörerischen Umgang mit der Umwelt gelenkt. Symbolhafte Kommunikation eignet sich besonders, um ein möglichst großes Medienecho zu erzeugen und so eine öffentlichen Kommunikation darüber in der Regel mit Unterstützung der Massenmedien zu erreichen.

> „Manchmal kann es sein, dass ich mit einer gezielten und provokanten Öffentlichkeitsaktion mehr erreichen kann, als wenn ich zwei Jahre lang zu sämtlichen Treffen gehe und immer wieder die eigene Meinung vortrage."
> MARTIN ROCHOLL (9. September 2004, Brüssel)

Eine andere Form der Kampagne setzt auf die Möglichkeiten der elektronischen Kommunikation, um ohne über den Umweg der Massenmedien die Entscheidungsträger direkt zu erreichen. Hier werden Impulse gesetzt, die aber in ihrer Umsetzung auf dem Engagement aktiver Bürgerinnen und Bürger beruhen, wie etwa bei der Organisation einer E-Mail Kampagne.

> „Als „REACH"[565] durch die Kommission ging [...] haben wir es organisiert, dass innerhalb von vier Wochen 40.000 Bürger ihre E-Mails an die Kommissare abgeschickt haben. So was kann man auch organisieren wenn man will. Das kann man aber [...] nicht ständig anwenden, denn das Instrument stumpft irgendwann ab."
> MARTIN ROCHOLL (9. September 2004, Brüssel)

Neben den Kampagnen ist ein zweiter Kanal des Lobbying von Bedeutung, den Sarah Blau mit „klassischem Lobbying" beschreibt. Klassisches Lobbying meint zunächst das Schmieden von Allianzen mit Akteuren auch aus verschiedenen Bereichen der Gesellschaft, die ähnliche oder gleiche Interessen haben oder wo sich die Interessen zumindest überschneiden. Gemeinsam kann dann z. B. versucht werden, Änderungen an einem bestimmten Text vorzunehmen und auch durchzusetzen. Die Formen der klassischen Lobbyarbeit äußern sich neben der Verbesserung von Texten im eigenen Sinne durch das „Schreiben von Briefen [...] im richtigen Moment [...] an die Abgeordneten

---

[565] Reform der EU-Chemikalienpolitik (REACH) = (Registration, Evaluation and Authorisation of CHemicals - Registrierung, Bewertung und Zulassung chemischer Stoffe).

6.5 Techniken der NGO-Arbeit und Kooperationen

und an die Minister", durch die „Arbeit im Parlament" sowie im Verfassen von Pressemitteilungen, auch um die Aufmerksamkeit der Öffentlichkeit zu gewinnen.[566]

> „Ich denke, wenn man etwas erreichen will, sind Allianzen wichtig. Man sieht auch gerade bei den Umweltorganisationen in Brüssel, dass sie relativ viel zusammenarbeiten und auch gemeinsam als G8 auftreten. Das machen ja nicht alle."
> SARAH BLAU (18. August 2004, Brüssel)[567]

Die Möglichkeiten und Formen des klassischen Lobbying bezeichnen dabei wohl am geeignetsten den Wandel der NGOs in Prozessen politischer Willensbildung. Dieser wichtige Kanal des Lobbying konzentriert sich auf die gezielte Vermittlung von Informationen und Wissen und erfüllt teilweise Funktionen der wissenschaftlichen Beratung von Entscheidungsträgern. So publiziert FoEE beispielsweise die regelmäßig erscheinende „Biotech Mail", die bis zu 1.000 Personen mit wissenschaftlich-politischen Hintergrundinformationen versorgt und seit mehr als 15 Jahren erscheint.

> „Hier sind wir etabliert als ein solider Informationsgeber und wir haben unsere Lobbykontakte in die Kommission, ins Parlament und überall hin. Und wir sind in Brüssel auch etabliert als die Ansprechpartner für die Presse. Und das nutzen wir natürlich auf allen Ebenen. Und wir werden natürlich von der Kommission und vom Parlament immer wieder angefragt, als Experten zu Hearings zu kommen und unsere Meinung zu sagen."
> MARTIN ROCHOLL (9. September 2004, Brüssel)

Die neuen Medien und die Verfügbarkeit von Informationen haben zu spürbaren Veränderungen der politischen Arbeit geführt. Zwar könne heute auf Ereignisse durch sofortige Kommunikation schneller reagiert werden, allerdings komme erschwerend hinzu, „dass die Fülle der Information fast nicht mehr zu verarbeiten ist."[568] Im Prozess der Verarbeitung dieser erhöhten Komplexität übernehmen die NGOs dabei eine Vermittlerrolle.

> „In der Lobbyarbeit selber habe ich gemerkt, dass die NGOs zunehmend diese Rolle okkupieren und gut okkupieren. Ihre Informationen werden, weil sie ja nicht so in Verdacht stehen, egoistische Einzelinteressen zu verfolgen, auch eher angenommen. Wobei man deren Interessen ja auch immer wieder gegen andere abwägen muss – klarerweise."
> EVELIN LICHTENBERGER (28. September 2004, Brüssel)

Bei ihrer Arbeit im Interesse des Umweltschutzes und für eine nachhaltige Entwicklung haben sich die großen und in Brüssel vertretenen Umweltorganisationen zu einem Netzwerk zusammengeschlossen, das sich nunmehr G10 (Green10) nennt.[569] Im Rahmen dieser Zusammenarbeit werden in diesem Netzwerk auch Kompetenzen gebündelt und Synergien genutzt, die sich in einer Arbeitsteilung der verschiedenen Lobbytechniken äußern. Diese Arbeitsteilung ergibt sich zum einen aus den verschiedenen Arbeitsschwerpunkten der NGOs und aus ihren Traditionen.

> „Friends of the Earth z. B. versuchen sehr stark, über Kampagnen zu verschiedenen Themen etwas zu erreichen. Beim EEB wird sehr viel an Gesetzestexten wie z. B. der

---

[566] Interview mit Sarah Blau, ehemalige Mitarbeiterin beim European Environmental Bureau (EEB) und ehemalige Fraktionsreferentin der Grünen im Europaparlament (EP), 18. August 2004, Brüssel. Frau Blau äußerte in dem Interview ihre private Meinung. Sie spricht nicht für die Organisationen und Gremien, für sie gearbeitet hat oder arbeitet.
[567] Dto.
[568] Interview mit Evelin Lichtenberger, MdEP, 28. September 2004, Brüssel.
[569] Das Netzwerk bestand zum Zeitpunkt der Interviews noch aus acht Gruppen und nannte sich entsprechend G 8.

> Lärmrichtlinie gearbeitet. Hier sitzen die NGO-Experten auch in den Arbeitsgruppen der Kommission. [...] Hier wird dann viel mehr an Gesetzestexten gearbeitet als dass Kampagnen gemacht werden. Ich will jetzt nicht sagen, dass das eine besser ist als das andere. Aber bei der Arbeit der acht Umwelt-NGOs gibt es eigentlich sehr viele Unterschiede und deshalb stehen die Gruppen auch weniger in Konkurrenz miteinander."
> SARAH BLAU (18. August 2004, Brüssel)[570]

Dabei sind es nicht nur die Absprachen im Netzwerk, die über die Arbeitsteilung entscheiden. „Das ist mehr. Das ist die Art der Arbeit. Das ist mehr kulturell gewachsen. Z. B. sind ja Greenpeace und Friends of the Earth mit Kampagnen groß geworden."[571]

6.6 Standpunkte: Öffentliche Finanzierung am Beispiel europäischer Umwelt-NGOs

Mit ihrem Diskussionspapier zum Ausbau der Zusammenarbeit mit NGOs aus dem Jahr 2000 veröffentlichte die Kommission auch Zahlen über die Höhe der Mittel, die zur Förderung von NGOs und damit auch der Strukturen der Zusammenarbeit eingesetzt werden. Danach stellte die Kommission „nach Schätzungen [...] jährlich über 1 Mrd. € direkt für NRO-Projekte zur Verfügung."[572] Die größten Anteile hatten dabei Projekte der Entwicklungszusammenarbeit und der Menschenrechte, der Demokratie und der humanitären Hilfe (ca. 400 Mio. €), des Sozialwesens (ca. 70 Mio. €), des Bildungssektors (50 Mio. €) und des Umweltbereichs der EU. Die Kommission habe „damit einen entscheidenden Beitrag zur Förderung von NRO geleistet, die in zunehmendem Maße von der europäischen Öffentlichkeit unterstützt" würden."[573] So wurde z. B. im Juni 2001 das zweite „Aktionsprogramm zur Förderung von im Umweltschutz tätigen NGOs" abgesegnet und erstreckt sich, mit 32 Mio. € ausgestattet, über einen Zeitraum von fünf Jahren.[574]

Mit der öffentlichen Finanzierung von NGOs sind zwangsläufig Fragen nach dem Anteil öffentlicher Mittel am jeweiligen NGO-Haushalt zu stellen. Die Größe dieses Anteils begründet dann die Frage, ob und wie die durch die öffentliche Förderung bestehenden Abhängigkeitsverhältnisse Einfluss auf die Arbeit der NGOs nehmen können. So erhielt das European Environmental Bureau (EEB) in Brüssel im Jahr 2002 rund 1.200.000

---

[570] Frau Blau äußerte in dem Interview ihre private Meinung. Sie spricht nicht für die Organisationen und Gremien, für die sie gearbeitet hat oder arbeitet.

[571] Interview mit Sarah Blau, ehemalige Mitarbeiterin beim EEB und ehemalige Fraktionsreferentin der Grünen im Europaparlament, 18. August 2004, Brüssel. Frau Blau äußerte in dem Interview ihre private Meinung. Sie spricht nicht für die Organisationen und Gremien, für die sie gearbeitet hat oder arbeitet.

[572] Europäische Union: Die Kommission (2000a): Ausbau der partnerschaftlichen Zusammenarbeit zwischen der Kommission und Nichtregierungsorganisationen. Diskussionspapier der Kommission, S. 2.

[573] Ebda.; Das gesamte Budget der Europäischen Union betrug für das Jahr 2004 109 Mrd. €. Quelle: Webseite der Europäischen Kommission, Generaldirektion Haushalt. Adresse: http://europa.eu.int/comm/dgs/budget/budgcomm/index_de.htm; zuletzt aufgerufen am 29. Mai 2005. Zum Vergleich: Das Budget des Haushaltes der Bundesrepublik Deutschland umfasst für das Jahr 2005 die Summe von 254,3 Mrd. €. Quelle: Webseite der Deutschen Bundesregierung. Adresse: http://www.bundesregierung.de; zuletzt aufgerufen am 29. Mai 2005.

[574] Quelle: Europäische Union: Die Kommission (2001d): Kommunikation mit der Bürgergesellschaft, in: Bulletin der Europäischen Union Nr. 6/2001. Webseite der Online Ausgabe: http://europa.eu.int/abc/doc/off/bull/de/200106/p104043.htm; zuletzt aufgerufen am 11. Juni 2004.

6.6 Standpunkte: Öffentliche Finanzierung am Beispiel europäischer Umwelt-NGOs 139

Euro an öffentlichen Mitteln. Davon jeweils rund 600.000 Euro von der EU, präziser: von der Generaldirektion Umwelt, und von den Regierungen aus den Nationalstaaten. Bei einem Gesamthaushalt von ca. 1.400.000 Euro bestritt das EEB damit rund 85 % seiner gesamten Einnahmen aus öffentlichen Mitteln.[575] Und im Jahr 2003 hat sich dieser Anteil am EEB-Haushalt leicht auf rund 87 % erhöht; davon alleine 51,4 % EU-Mittel.[576] Auch FoEE bestreitet etwa 50 % seines Haushalts aus öffentlichen Mitteln, wovon etwa 40 % von der EU und 10 % aus den Nationalstaaten kommen.[577] Diese erheblichen Anteile lassen die Fragen entstehen, welchen Einfluss die NGOs unter diesen Umständen noch erreichen können und wie groß die ausgeübte Kontrolle der Geldgeber auf die NGOs ist.

Abbildung 2: Mittelvergabe im Rahmen des EU-Aktionsprogramms zur Förderung von Umwelt-NGOs[578]

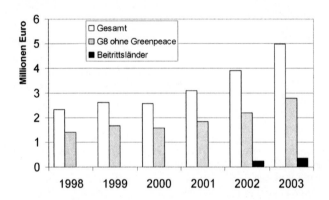

---

[575] Vgl.: European Environmental Bureau (2003): EEB Annual Report 2002 and Plans for 2003. Editor Responsible: John Hontelez. Brussels (= EEB Publication Number: 2003/007), S. 153.

[576] Vgl.: European Environmental Bureau (2004a): EEB Annual Report 2003 and Plans for 2004. Editor Responsible: John Hontelez. Brussels (= EEB Publication Number: 2004/005), S. 135.

[577] Interview mit Martin Rocholl, FoEE, 9. September 2004, Brüssel.

[578] Quellen: Europäische Union: Die Kommission (1998): List of organisations having received Community funding for environmental purposes, in: Webseite der Generaldirektion Umwelt: http://europa.eu.int/comm/environment/funding/ngo/1998/list98_en.htm; zuletzt aufgerufen am 8. Juni 2004; Europäische Union: Die Kommission (1999b): List of organisations having received Community funding for environmental purposes, in: Webseite der Generaldirektion Umwelt: http://europa.eu.int/comm/environment/funding/ngo/1999/list99_en.htm; zuletzt aufgerufen am 8. Juni 2004; Europäische Union: Die Kommission (2000d): List of organisations having received Community funding for environmental purposes, in: Webseite der Generaldirektion Umwelt: http://europa.eu.int/comm/environment/funding/ngo/2000/list00_en.htm; zuletzt aufgerufen am 8. Juni 2004; Europäische Union: Die Kommission (2001e): Liste der Organisationen, die Gemeinschaftsmittel für Umweltprojekte erhalten haben, in: Amtsblatt der Europäischen Gemeinschaften. Brüssel, 2001/C 306/23-24; Europäische Union: Die Kommission (2002d): Liste der Organisationen, die Gemeinschaftsmittel für Umweltprojekte erhalten haben, in: Amtsblatt der Europäischen Gemeinschaften. Brüssel, 2002/C 279/20-21; Europäische Union: Die Kommission (2002e): Liste der Organisationen, die Gemeinschaftsmittel für Umweltprojekte erhalten haben, in: Amtsblatt der Europäischen Gemeinschaften. Brüssel, 2002/C 324/15; Europäische Union: Die Kommission (2003b): Liste der Organisationen, die Gemeinschaftsmittel für Umweltprojekte erhalten haben, in: Amtsblatt der Europäischen Union. Brüssel, 2003/C 147/10-11.

Abbildung 2 verdeutlicht für den Zeitraum von 1998 bis 2003, dass die Förderung der Umwelt-NGOs durch die Kommission erheblich ausgebaut wurde und dass seit 2002 auch NGOs der Beitrittsländer gefördert werden. Gleichzeitig nimmt der Anteil der G 8 Akteure ohne Greenpeace an den gesamten Mitteln ab und die Zahl geförderter Akteure steigt. Der Anteil der G 8 an den gesamten Mitteln mit deutlich über 50 % im Jahresmittel ist gleichzeitig Ausdruck der Bedeutung des Netzwerks auf europäischer Ebene.

Tabelle 1: Anteil der G 8 im Wettbewerb der Akteure[579]

Jahr	1998	1999	2000	2001	2002	2003
Prozentualer Anteil der G 8 (7 Akteure ohne Greenpeace)	60,5%	63,5%	60,9%	58,9%	56,4%	56,1%
Anzahl anderer Akteure	11	9	11	12	13	21

Bezüglich der Finanzierung von NGOs mit öffentlichen Mitteln geben Anheier / Salamon zu bedenken, dass

> „eine Organisation, die rechtlich unabhängig vom Staat ist, aber 80 bis 90 % ihrer Einnahmen aus öffentlichen Mitteln bestreitet, [...] de facto nicht mehr als Nicht-Regierungsorganisation gelten (mag), auch wenn es Beweise dafür gibt, dass die staatliche Unterstützung weniger tatsächliche Kontrolle beinhaltet, als angenommen wird."
> ANHEIER / SALAMON (1993: 9)

Sie äußern sich diesbezüglich aber nicht, auf welcher Grundlage ihre Zahlen und die damit verbundene Annahme zustande kommen, den in dieser Größenordnung durch öffentliche Mittel finanzierten Organisationen den NGO-Status abzusprechen. Ähnliche Zahlen finden sich allerdings auch im Zusammenhang mit der Gewährung von Zuschüssen im Rahmen des EU-Aktionsprogramms „zur Förderung von hauptsächlich im Umweltschutz tätigen Nichtregierungsorganisationen." Hier darf der Gemeinschaftszuschuss für NGOs mit Sitz in den Mitgliedsländern 70 % ihrer Ausgaben nicht übersteigen. Für NGOs in Bulgarien, Rumänien und der Türkei sowie in den Balkanländern gilt die Grenze von 80 % an den Ausgaben.[580] Die These von Anheier / Salamon, dass aus einem 80- bis 90-prozentigem Anteil an öffentlichen Mitteln die Aberkennung des NGO-Status abzuleiten sei, lohnt jedoch einen Blick auf die Gründe und auf die mit der öffentlichen Förderung verbundenen Aufgaben, die NGOs dadurch erst übernehmen können.

Bei der Frage nach der finanziellen Abhängigkeit fielen die Antworten der im Rahmen der Interviews diesbezüglich befragten Akteure durchweg so aus, dass eine Gefahr der Abhängigkeit weniger in einer politischen Abhängigkeit im Sinne einer Einflussnahme oder sogar in Form einer Intervention durch die Geldgeber auf die NGOs gesehen wird. Martin Rocholl beschreibt die Zusammenarbeit mit der Generaldirektion Umwelt als dem Geldgeber für die Umwelt-NGOs vielmehr als „gewisse Partnerschaft".

---

[579] Quellen: Ebda.
[580] Europäische Union: Die Kommission (2003d): Aufforderung zur Einreichung von Vorschlägen im Rahmen eines Aktionsprogramms der Gemeinschaft zur Förderung von hauptsächlich im Umweltschutz tätigen Nichtregierungsorganisationen, in: Amtsblatt der Europäischen Union, Brüssel, 2003/C 232/6-7.

6.6 Standpunkte: Öffentliche Finanzierung am Beispiel europäischer Umwelt-NGOs

> „Diese Partnerschaft führt dazu, dass wir in sehr [...] weiten politischen Bereichen unsere politische Freiheit behalten und da kein Einfluss auf uns genommen wird. Bisher habe ich es nicht erlebt, dass von Seiten der Geldgeber versucht wurde, politischen Einfluss auf uns zu nehmen und uns an irgendeiner Stelle den Mund zu verbieten. Das habe ich bisher nicht erlebt in meinen sechs Jahren hier."
> MARTIN ROCHOLL (9. September 2004, Brüssel)

In der Theorie sei die öffentliche Finanzierung „schon ein Problem. In der Praxis weniger", meint auch Sarah Blau. Sie ist der Ansicht, „dass es weniger eine Gefahr der politischen Abhängigkeit ist", da „die Verbände, die" sie „kenne und die von der Kommission unterstützt werden, [...] trotzdem relativ kritisch" seien. „Und ich habe auch nicht das Gefühl", fährt sie fort, „dass die Kommission dann diesen Verbänden kein Geld mehr gibt, weil sie eben kritisch sind." An diesbezüglich wirklich „kausale Zusammenhänge" zwischen Finanzierung und kritischen Äußerungen auch gegenüber dem Geldgeber glaubt Sarah Blau nicht. „Da denke ich, sind die Abhängigkeiten weniger groß als manche Leute meinen."[581]

Dennoch bestehen Abhängigkeiten im Zusammenhang mit der Finanzierung, die in Wesentlichen in drei Problemfelder eingeteilt werden können und die u. U. auch auf eine indirekte politische Einflussnahme hinweisen: Zum einen bestehe ein Problem in der Abhängigkeit von der EU-Verwaltung hinsichtlich der Antragstellung und der Bewilligung von Mitteln und der dabei angelegten Kriterien durch die Verwaltung.

> „Eine Abhängigkeit in der Praxis entsteht für uns eher dadurch, dass wir abhängig sind von der EU-Bürokratie, die uns z. B. plötzlich die Mittel um 20 % kürzt. Es ist eher eine Abhängigkeit, die durch die Unvorhersehbarkeit dieser Finanzierung durch die Europäische Union entsteht." MARTIN ROCHOLL (9. September 2004, Brüssel)

Ein zweites und damit verbundenes Problemfeld besteht in einer Abhängigkeit die dann gegeben ist, wenn sich die NGOs bei ihrer Finanzplanung generell zu sehr auf die öffentliche Finanzierung verlassen. Werden die Mittel dann plötzlich gekürzt, sei es weil ein Regierungs- oder Politikwechsel stattgefunden hat, können die Mitarbeiter nicht mehr bezahlt werden und dann sitzen „alle Leute auf der Straße."[582] Daher sei eine „gewisse Diversifizierung der Quellen [...] wichtig."[583] Drittes Feld einer indirekten Einflussnahme auf NGOs ist die Themensetzung möglicher Geldgeber wie der Generaldirektion Umwelt oder der Stiftungen. Damit verbunden ist, „dass man zum Teil die Themen danach aussuchen muss, wo man Geld für bekommt. Das beschränkt das Themenspektrum."[584]

Neben den Fragen im Zusammenhang mit den möglicherweise negativen Auswirkungen auf die Unabhängigkeit der NGOs durch die Finanzierung und der Inanspruchnahme z. T. erheblicher öffentlicher Mittel stellen sich auch Fragen, in der Terminologie der Ökonomie ausgedrückt, nach den Gegenleistungen der NGOs. Mit diesen Aspekten beschäftigt sich auch die Kommission in ihrem Papier zum „Ausbau der partnerschaftlichen Zusammenarbeit zwischen der Kommission und Nichtregierungsorganisationen"

---

[581] Interview mit Sarah Blau, ehemalige Mitarbeiterin beim EEB und ehemalige Fraktionsreferentin der Grünen im Europaparlament, 18. August 2004, Brüssel. Frau Blau äußerte in dem Interview ihre private Meinung. Sie spricht nicht für die Organisationen und Gremien, für die sie gearbeitet hat oder arbeitet.
[582] Ebda.
[583] Ebda.
[584] Interview mit Martin Rocholl, FoEE, 9. September 2004, Brüssel.

im Abschnitt „Haushaltsfragen" unter der Überschrift „Vorschläge für künftige Maßnahmen zur Steigerung der Kohärenz."[585] Die Fragen nach „der Gewährung von Zuschüssen zu Betriebskosten" stehen dabei „in Zusammenhang mit dem allgemeinen Kommissionskonzept der partnerschaftlichen Zusammenarbeit mit NRO und insbesondere auf europäischer Ebene organisierten NRO."[586] Diesbezüglich, so stellt die Kommission fest,

> „ermutigen europäische NRO-Netze einzelstaatliche NRO, im Hinblick auf gemeinsame Ziele zusammenzuarbeiten und tragen somit entscheidend zur Bildung einer " europäischen öffentlichen Meinung" bei, die im allgemeinen als Voraussetzung für die Entstehung einer echten politischen Einheit in Europa gilt."
>
> EUROPÄISCHE UNION: DIE KOMMISSION (2000a)

Im Hinblick auf die Entstehung dieser politischen Einheit Europa äußerten die dazu befragten Interviewpartner drei zentrale Aspekte der Arbeit der Umwelt-NGOs, die durch die Verwendung öffentlicher Mittel als „Gegenleistung" identifiziert werden können:

- Öffentliches Interesse und Gleichheit der Bedingungen

Es gibt ein gesellschaftliches Interesse daran, „dass irgendjemand die Interessen der Umwelt in der zukünftigen Generation vertritt. Das ist in Brüssel nicht gegeben und es gibt auch niemand, der damit Geld verdienen könnte, solch eine Lobby aufzubauen." Das steht im Gegensatz etwa zur Industrielobby, die zunächst Geld investiert und diese Mittel auch zur Verfügung hat in der Hoffnung, zukünftig „Geld zu sparen oder Gewinne zu machen. Wenn sie gut lobbyieren können sie Aufträge bekommen oder können sich enorme Kosten sparen." Ein zentraler Aspekt ist hier, das es „diese Koppelung [...] für die Umwelt nicht" gibt. „Ich kann ja nicht dadurch, dass ich für die Umwelt lobbyiere, Gewinne machen." Die Folge ist, dass es ohne Aussicht auf Rendite im Umweltbereich „eigentlich kein Geld gibt." Mit der Ausnahme des Geldes „von idealistischen Bürgern, die einen Mitgliedsbeitrag bezahlen. Und es ist für die europäische Ebene noch schwierig, soviel Geld zu bekommen." Damit zusammen hängt unmittelbar die Frage nach der Gleichheit der Bedingungen, die sich in der Ungleichheit der in Brüssel vertretenen Lobbyistengruppen ausdrückt. „Solange das Verhältnis so unausgeglichen ist, ist es auch gerechtfertigt, den Umweltlobbyisten hier das Überleben zu ermöglichen."[587]

- Demokratiebildung

Ein weiterer wichtiger Aspekt der NGO-Arbeit sind die Effekte der Arbeit auf die Demokratiebildung. „Wir haben enorme Finanzmittel, Ressourcen und Zeit investiert, dem Aufbau der Zivilgesellschaft z. B. in den neuen Mitgliedsländern zu helfen."[588] Martin Rocholl sieht diese Maßnahmen auch als „einen Service gegenüber der Gesellschaft", der förderungswürdig sei. Insbesondere die Anbindung an die Mitgliederbasis und die Möglichkeiten zur Kommunikation und Diskussion politischer Inhalte mit europäischer

---

[585] Europäische Union: Die Kommission (2000a): Ausbau der partnerschaftlichen Zusammenarbeit zwischen der Kommission und Nichtregierungsorganisationen. Diskussionspapier der Kommission, S. 16.
[586] Ebda.
[587] Alle Zitate im Abschnitt „Öffentliches Interesse und Gleichheit der Bedingungen" aus: Interview mit Martin Rocholl, FoEE, 9. September 2004, Brüssel.
[588] Ebda.

6.6 Standpunkte: Öffentliche Finanzierung am Beispiel europäischer Umwelt-NGOs

Relevanz machen die Umwelt-NGOs zu Schulen der Demokratie. Sie ermöglichen als Plattformen zivilgesellschaftlichen Engagements Prozesse der Willensbildung und die Auseinandersetzung mit dem politisch-administrativen System.

In Bezug auf Maßnahmen zur Integration von Bürgerinnen und Bürgern durch die Arbeit von NGOs, die zumindest der EU-Verwaltung noch nicht eingefallen seien, konstatiert Daniel Mittler,

> „dass bis zu einem gewissen Maße dieses gemeinsame Bürgergefühl von NGOs geschaffen wird, ohne das je direkt eingeplant zu haben. [...] Im Moment ist es der fossile Dinosaurier, der eben einfach irgendwie durch Europa tourt und wo es durchaus dieses gemeinsame Gefühl für eine Sache gibt. Und das ist überhaupt nicht das Ziel dieser Projekte. [...] Und trotzdem schaffen sie ein gewisses Ausmaß an einem gemeinsamen Wir-Gefühl der Bürger. Und daran wird bei Greenpeace zum Teil auch bewusst gearbeitet. Das wird dann hausintern „Mass Networking" genannt. [...] Um auch ein gewisses Wir- und Machtgefühl zu vermitteln."
>
> DANIEL MITTLER (21. Juli 2004, Amsterdam)

Wenngleich es auch nicht immer geplant ist, durch ein entstehendes Wir-Gefühl der Bürgerinnen und Bürger Identifikationsanlässe zu vermitteln, so scheint das Bewusstsein für diesen Effekt der NGO-Arbeit aber vorhanden zu sein und auch verstärkt in das Kalkül zukünftiger NGO-Arbeit einzufließen. Dieses „Mass Networking" genannte Konzept schafft dann, jenseits staatlich kontrollierter Einflusssphären, einen auf bürgerlichem Engagement aufbauenden Resonanzboden als eine politische Aktionsfläche, die ihr integratives Potenzial auch in der europäischen Dimension durch eine Auseinandersetzung mit europäischer Politik entfalten könnte.

- Öffentlichkeitsarbeit

Ein dritter Aspekt hinsichtlich der Leistungen von NGOs ist durch die öffentliche Wirkung der NGO-Arbeit bedingt und durch die Notwendigkeit begründet, dass die Generaldirektion (DG) Umwelt „Öffentlichkeitsarbeit machen muss. Das gehört zu ihren Aufgaben. Und das machen die mit uns eben einfach zehnmal billiger."[589] Dabei übernehmen die Umwelt-NGOs, die i. d. R. von der DG-Umwelt gefördert werden, auch die Aufgabe, „den Umweltgedanken gegenüber anderen Generaldirektionen zu stärken."[590] Die Öffentlichkeitsarbeit beschränkt sich dabei aber nicht nur auf den Wettbewerb zwischen den Generaldirektionen. Die Umwelt-NGOs tragen ferner durch zahlreiche Maßnahmen dazu bei, die europäische Umweltpolitik auch in kritischen Diskursen zu kommunizieren. Dazu gehören neben Konferenzen und Workshops auch Publikationen und die über die Webseiten verfügbaren Informationen mit europäischem Bezug.

So fasst Daniel Mittler die wesentlichen mit der Staatsfinanzierung von Umwelt-NGOs durch die EU verbundenen Aspekte vor dem Hintergrund der Herausforderungen für die Entstehung einer politischen Einheit in Europa zusammen:

> „Die Brüsseler Bürokratie ist sich ja im Klaren darüber, dass sie irgendwie an die Bürger heran muss. Und sie ist sich auch darüber im Klaren, dass sie es trotzdem irgendwie nicht schafft. Und da muss ich sagen, dass ich es ein wesentlich überzeugenderes Konzept finde, an Friends of the Earth Geld zu geben. Die weisen in ihren Anträgen nach, dass sie die Bürger wirklich zusammenbringen, dass sie die Bürger

---

[589] Ebda.
[590] Ebda.

aktivieren und dass durch ihre Lokalgruppen Informationen wirklich an die unterste Ebene kommen. Sie erreichen junge Leute über die Internetseite etc. etc. etc. Ich finde es nachvollziehbar, dass die EU dafür Geld ausgibt. [...] Mit Sicherheit kann man da an der einen oder anderen Stelle ein kritisches Auge drauf werfen. Aber an sich finde ich es auch als Steuerzahler – zumindest was jetzt den konkreten Fall von Friends of the Earth Europe angeht, relativ leicht zu rechtfertigen, warum das so gemacht wird. Wenn man überhaupt Versuche macht, um eine europäische Zivilgesellschaft zu schaffen, ist das Geld durchaus sinnvoll eingesetzt."

DANIEL MITTLER (21. Juli 2004, Amsterdam)

6.7 Aspekte und Probleme demokratischer Legitimation

Die Frage nach der Legitimität von NGOs „könnte ein ganzes politisches Lehrgebäude der modernen Demokratie entwickeln!", so WEIZSÄCKER (2001: 24). Zentrale Kritikpunkte an den NGOs im Rahmen dieser Diskussion sind:

- A) NGOs nehmen stellvertretend die Partikularinteressen anderer war, die nicht zwangsläufig am Allgemeinwohl orientiert sind.[591]

„Im Idealfall sind NGO uneigennützig tätig und vertreten stellvertretend die Interessen anderer."[592] Das Problem der Unterstellung mangelnder Allgemeinwohlorientierung findet einen seiner Ursprünge möglicherweise in einer unzureichenden Definition des NGO-Begriffes, der nicht am Allgemeinwohl orientierte NGOs einschließt. Gründe dafür sind zu suchen im Wandel der NGO-Definition selbst, seit der Begriff 1945 in der Charta der Vereinten Nationen geprägt wurde. Die Verschiebung der Bedeutung von NGOs als „Inbegriff demokratischer Erneuerung" ist vor allem in jüngster Zeit in Verbindung mit zivilgesellschaftlichen Theorien zu beobachten, die NGOs „in die Nähe der sozialer Bewegungen" rücken.[593] Zwei weitere Gründe für die oben beschriebene Annahme finden sich evtl. begründet durch die unklare Beschreibung der Rolle und Funktion von NGOs als Interessenvermittler in Zusammenhang mit dem häufig negativ konnotierten Begriff des Lobbyismus sowie durch die Tatsache, dass „sich immer einmal wieder U-Boote" „unter dem Namen NGOs verstecken", „wie jene unselige „Global Climate Coalition", die in Wirklichkeit ein Bremserklub der Kohle- und Öllobby war."[594] Entscheidend im Hinblick auf die Allgemeinwohldebatte ist jedoch ein anderer Aspekt. Worin besteht eigentlich das Gemeinwohl, verstanden als Politik zum Wohle aller, in der modernen Gesellschaft, in der „zunehmend unklarer wird, was das Beste für alle ist"?[595] Auf der Suche nach der Beantwortung dieser Frage gewinnt dann die Aufgabe der NGOs an Gewicht,

---

[591] Messner, Dirk; Nuscheler, Franz (1996): Global Governance. Organisationselemente und Säulen einer Weltordnungspolitik, S. 25.

[592] Vgl.: Gebauer, Thomas (2001): "... von niemandem gewählt!" Über die demokratische Legitimation von NGO, in: Brand, Ulrich; Demirovic, Alex; Görg, Christoph; Hirsch, Joachim (Hg.): Nichtregierungsorganisationen in der Transformation des Staates, S. 99.

[593] Nohlen, Dieter (2001): Art. „NGO", in: Ders. (Hg.): Kleines Lexikon der Politik. München (= Beck'sche Reihe; 1418), S. 325.

[594] Weizsäcker, Ernst U. von (2001a): Zur Frage der Legitimität der NGOs im globalen Machtkonflikt. Ein einführender Beitrag, in: Brunnengräber, Achim; Klein, Ansgar; Walk, Heike (Hg.): NGOs als Legitimationsressource, S. 24.

[595] Vgl.: Hellmann, Kai-Uwe (2002): Rezension: Politik der Nachhaltigkeit, in: FJNSB, 15 Jg., Heft 4, S. 98.

6.7 Aspekte und Probleme demokratischer Legitimation 145

vor allem an der gemeinsamen Vorstellung von Gemeinwohl mitzuwirken. Als Vertreter von Partikularinteressen werden sie so Teil eines diskursiven gesellschaftlichen Kommunikationsprozesses. In diesem Verständnis erscheint die Allgemeinwohlorientierung nicht primär begründet durch die vertretenen Partikularinteressen. In den Vordergrund tritt dann vielmehr die kommunikative Rolle der NGOs in gesellschaftlichen Vermittlungsprozessen zur Aushandlung gemeinwohlorientierter Vorstellungen.

- B) Sie üben kein ihnen formell übertragenes Mandat aus.[596]

Bei den Überlegungen zur fehlenden Mandatierung in Zeiten sich entstaatlichender Politikprozesse, wo allenthalben nach neuen Formen des Regierens gesucht wird, ist die Frage aktuell, inwieweit sich bei der analytischen Erfassung des politischen Systems der Europäischen Union als „System eigener Art [...] staatsgebundene Begrifflichkeiten" noch eignen können.[597] Gerade die EU-Kommission unternimmt mit ihrem Ausbau der partnerschaftlichen Beziehungen zu den NGOs, unterfüttert nicht zuletzt mit finanziellen Mitteln, den Versuch, die NGOs als Teile der organisierten Zivilgesellschaft in politische Prozesse zu integrieren. Die im Rahmen der Governance-Reform angestrebte und von der EU gewünschte Rolle der NGOs auf europäischer Ebene trägt bereits Züge eines formellen Mandats, das eben von den EU-Organen übertragen wird und damit auch legitimiert ist. Auch am Beispiel der lokalen Agenda 21 Prozesse finden sich Formen formeller Mandatierung. Hier wird explizit die Notwendigkeit zur Stärkung und Beteiligung der NGOs gefordert. Das Mandat der NGOs als Referenzrahmen ihres Handelns ist dabei die von den Nationalstaaten unterzeichnete „Abschlusserklärung des Erdgipfels von Rio".[598]

- C) Sie werden nicht gewählt oder durch andere formal-demokratische Akte bestimmt.[599]

NGOs werden nicht gewählt in dem Sinne, dass BürgerInnen NGOs auf einem Stimmzettel ankreuzen könnten. Sie werden vielmehr ausgewählt in der Form, dass sie als Organisation der Stimme eines Individuums Gehör verschaffen sollen. Die Zahl der so vertretenen Individuen ist damit auch gleichzeitig ein Indikator für gesellschaftliche Interessenlagen. Die Anzahl der Stimmen und der damit verbundenen Möglichkeiten zur Akquisition von Finanzmitteln verdeutlichen oder bestimmen die Einflussmöglichkeiten in der Gesellschaft.

> „Ich glaube, alle Welt hier im Haus würde einfach nur sagen, dass wir 2,8 Millionen Leute haben, die uns Geld geben. Und die repräsentieren wir. Und manche – idealistischer denkende Leute, würden vielleicht noch sagen, dass wir denen eine Stimme geben, die keine haben. Was ich auf emotionaler Basis auch durchaus so empfinde. [...] Ich sage mir, ich habe einen Auftrag von 2,8 Millionen Leuten und in deren Namen tue ich, was ich tue. Wenn die Leute das nicht mögen würden, würden sie austreten." DANIEL MITTLER (21. Juli 2004, Amsterdam)

---

[596] Vgl.: Gebauer, Thomas (2001): "... von niemandem gewählt!", S. 99.
[597] Vgl.: Jachtenfuchs, Markus (2002): Die Konstruktion Europas, S. 67.
[598] Hilliges, Gunther (2001): Internationale Vernetzung im Agenda-21-Prozess, in: Berndt, Michael; Sack, Detlef (Hg.): Glocal Governance? Voraussetzungen und Formen demokratischer Beteiligung im Zeichen der Globalisierung. Wiesbaden, S. 202.
[599] Vgl.: Gebauer, Thomas (2001): "... von niemandem gewählt!", S. 99.

- D) Sie sind prinzipiell niemandem gegenüber rechenschaftspflichtig.[600]

NGOs sind keineswegs im rechtsfreien und unkontrollierten Raum agierende Organisationen. Sie sind eingebunden in gesellschaftliche Kommunikationsprozesse und unterliegen Mechanismen sowohl rechtlicher als auch sozialer Kontrolle. Hinsichtlich der Kontrollfunktion in ihrer demokratietheoretischen Dimension ist auch die Tätigkeit der NGOs rechenschafts- und zustimmungspflichtig. Zum einen sind etwa in der EU NGO-Definition die Anforderungen an die Formalität der Organisation bestimmt. Danach müssen sie einen gewissen Organisationsgrad aufweisen und sich nach einer Satzung oder einem anderen Dokument richten. Gegenüber ihren Mitgliedern und Spendern sind sie rechenschaftspflichtig und etwa durch das Vereinsrecht an rechtliche Rahmenbedingungen gebunden. Eine unmittelbare Kontrollfunktion wird durch die Zustimmungspflicht ausgeübt. Dies betrifft zum einen die Zustimmung der Organisationsmitglieder, die sich in Form einer Übereinstimmung mit den Organisationszielen ausdrückt. Zum anderen hängt die Zustimmung aber auch von der Qualität der eigenen fachlichen und politischen Arbeit ab, die sie als Akteure unter anderen in politischen und der gesellschaftlichen Kontrolle unterliegenden Prozessen ausweist und sie als Partner in und durch Arbeitsverfahren legitimiert. Das Handeln der NGOs ist dabei neben der Zustimmung der lokalen Basis auch abhängig von der Zustimmung der Öffentlichkeit. Diese Tatsache impliziert eine informelle, aber mitunter höchst wirksame gesellschaftliche Kontrolle und zwingt die NGOs, ihre Akzeptanz immer wieder neu zu begründen und öffentlich zu rechtfertigen.[601] Die NGOs sind somit auch auf die Akzeptanzsicherung durch die Medien angewiesen.

Insbesondere in politischen Prozessen auf europäischer Ebene und im Zusammenspiel staatlicher und nicht-staatlicher Akteure setzen die staatlichen Akteure „mit ihrer Beteiligung national erworbene Legitimation ein."[602] Dabei nutzen die „zwischenstaatlich angesiedelten Organisationen [...] ihre jeweils eigene fachliche, politische oder rechtliche Legitimationsbasis."[603] In Zeiten sich entstaatlichender Politik in einer Übergangsphase aus alten Ordnungsstrukturen in neue Formen transnationaler Kooperation und eines damit verbundenen und auch auf EU-Ebene zu beobachtenden Demokratiedefizits stellen sich nicht nur Fragen eines Legitimationsdefizits der NGOs. Für einen konstruktiven Umgang mit Problemen neuer Staatlichkeit oder mit Formen des neuen Regierens stellt sich ebenso dringlich die Frage nach der Lösung der Legitimationskrise der Nationalstaaten. Dabei ist entscheidend, welche Rolle NGOs in Prozessen neuen Regierens dabei zu spielen vermögen und welche Rolle sie spielen sollen. Letztlich stellt sich, wie WEIZSÄCKER (2001: 26) angesichts der Herausforderungen durch die Globalisierung formuliert, „auch das Legitimitätsproblem einer Weltordnung, die Millionen von Menschen und weite Teile der Umwelt auf die Verliererstraße schickt."

---

[600] Vgl.: Ebda.
[601] Vgl.: Ebda.
[602] Vgl.: Wessels, Wolfgang (1993): Auf dem Weg zur Staatswerdung? 27 Politikwissenschaftliche Anmerkungen, in: Hrbek, Rudolf (Hg.): Der Vertrag von Maastricht in der wissenschaftlichen Kontroverse. Baden-Baden (= Schriftenreihe des Arbeitskreises Europäische Integration e.V.; Bd. 34), S. 68.
[603] Ebda.

6.7 Aspekte und Probleme demokratischer Legitimation

So offenbart die Legitimitätsdebatte eine diesbezügliche Krise sowohl für NGOs als auch für Nationalstaaten. Am Beispiel der EU und den im Rahmen der Governance-Reform geschaffenen Möglichkeiten zur Beteiligung der organisierten Zivilgesellschaft an europäischer Politik sind dabei Versuche zu beobachten, die die Legitimationsbasis der EU-Politik ausdehnen sollen, auch indem NGO-Beteiligung in politischen Prozessen institutionalisiert wird. Friedrich Hinterberger sieht als Hintergrund dieser Maßnahmen den Versuch der EU, sich damit selbst zu legitimieren.

> „Die Prozesse entstehen vor allem dadurch, dass Legitimation geschaffen werden soll. Und vor allem in der EU ist das ein Problem. Und da müssen die das so machen, dass sie das auch erreichen."
> FRIEDRICH HINTERBERGER (6. September 2004, Wien)

Dieser Umstand lässt die Debatte über die demokratische Legitimation von NGOs in einem neuen Licht erscheinen. Seitens der EU-Politik sind gezielte Bemühungen zu beobachten, die NGOs als Akteure in Prozesse europäischer Politik integrieren. Dieses Verhältnis kann als Win-Win Situation zur Reduktion demokratischer und legitimatorischer Defizite beschrieben werden. Einmal, weil damit die Legitimationsbasis der EU-Politik gestärkt werden soll. Zum anderen, weil die so beteiligten NGOs dann von Seiten der EU-Organe ihr Mandat und damit ihre Legitimation als Akteure in Prozessen europäischer Politik erlangen. Diese wechselseitige Stabilisierung der Legitimation wird erst möglich durch die oft breite Mitgliederbasis der NGOs.

> „Unsere Legitimation entsteht durch unsere Mitglieder. Die Tatsache, dass wir Millionen von Menschen repräsentieren die engagiert sind für eine gute Sache. Das berechtigt uns, glaube ich, Zugang zu den Trägern der Macht zu haben und gibt uns auch das Recht, angehört zu werden und somit indirekt Einfluss zu nehmen. Ich glaube nicht, dass es uns berechtigt, letztlich Entscheidungsträger zu werden. Das wäre fatal und würde die Demokratie aushebeln. Auch wenn wir manchmal gerne würden."
> MARTIN ROCHOLL (9. September 2004, Brüssel)

Damit verweist Martin Rocholl auch auf den eigentlichen Kern des Problems. Die Frage nach der basisgebundenen demokratischen Legitimation wird dann brisant, wenn einige Gruppen es verstehen, erfolgreicher als andere Gruppen ihre Ressourcen zu akquirieren und in politischen Entscheidungsprozessen einzusetzen. NGOs sind der Notwendigkeit ausgesetzt, „erhebliche finanzielle Mittel akquirieren zu müssen, um an der internationalen Politik teilnehmen zu können"; nicht zuletzt auch, um die notwendigen personellen Kapazitäten und die mediale Präsenz zu finanzieren.[604] Dies würde bedeuten, dass die Repräsentanz von Themen abhängig ist von ökonomischen Bedingungen, die den Grad der Beteiligungsmöglichkeiten der NGOs bestimmen. Damit wären die Kommunikationsmöglichkeiten gesellschaftlicher Interessenlagen den Mechanismen des Marktes überlassen und es bestünde die Gefahr, dass besonders nachfragewirksame Interessen und Themen die schwächeren verdrängen. Daher sind in Prozessen der Beteiligung gesellschaftlicher Interessenlagen auch immer Mechanismen des Ausgleichs zu schaffen, die etwa in der Form von Beteiligungsquoten oder durch finanzielle Förderung diese Ungleichheiten auszuräumen vermögen.

---

[604] Brunnengräber, Achim; Walk, Heike (2000): Die Erweiterung der Netzwerktheorien: Nicht-Regierungs-Organisationen verquickt mit Markt und Staat, S. 70.

Einen hinsichtlich der Legitimationsbasis der NGOs entscheidenden Aspekt sprechen BRUNNENGRÄBER / WALK (2000: 70 f.) an. Sie vertreten die Ansicht, dass „im Zuge der Internationalisierung des NGO-Handelns [...] die Basisanbindung und Protestmobilisierung als Ressource der Einflussnahme an Bedeutung" verliere. Das würde den Entzug der basisdemokratischen Legitimation auf lokaler Ebene bedeuten. Vor allem die Notwendigkeit einer professionellen Medienarbeit zur Legitimation ihrer Existenz und zur Beeinflussung der Verhandlungsprozesse in ihrem Sinne wird in diesem Zusammenhang ein kritisch zu bewertender Aspekt.[605] „Insbesondere größere NGO [...] legen auf die Akzeptanz [...] in der (medialen) Öffentlichkeit [...] in der Regel einen größeren Wert als auf vereinsinterne Demokratie."[606] Ein Problem der Legitimität gerade der in Brüssel tätigen Netzwerken entsteht dann durch die Gefahr des Verlustes ihrer Basisanbindung.

> „Was ist denn eine NGO? Sehr oft fragen auch Abgeordnete, was denn deren Kredibilität sei und warum die NGOs immer gut und die anderen immer schlecht sind. Und die Basis der Kredibilität der NGOs sind nun mal ihre Mitglieder und die Tatsache, dass sie so viele Leute vertreten. Und dann hat man hochprofessionelle Organisationen à la Greenpeace oder à la WWF. Aber für wen stehen diese Organisationen? Ich denke, das ist eine große Gefahr. Man braucht zwar einen gewissen Grad an Professionalisierung, um heute hier mitzuwirken. Andererseits ist die Frage, ob man nicht einen Teil der Seele verliert oder ob man nicht einen Teil seiner Legitimation verliert. Man ist ja dadurch akkreditiert, weil man die Leute vertritt. Aber vertritt man die wirklich?" SARAH BLAU (18. August 2004, Brüssel)[607]

NGOs sind zwar nicht im klassischen Sinne durch freie und geheime Wahlen demokratisch legitimiert wie etwa die Volksvertreter in den Parlamenten. Außer Zweifel stehe jedoch, so MESSNER / NUSCHELER (1996: 25), „daß die Überlagerung und Ergänzung von Aktivitäten von Parlamenten, staatlichen Institutionen und privaten Organisationen zu deren wechselseitiger Demokratisierung beitragen können." „Die Organisationen der zivilen Gesellschaft" können „ein wichtiges demokratisches Korrektiv darstellen", so Philipp Schepelmann. Angesprochen auf den Einfluss der NGOs konstatiert er für die „demokratische Landschaft in Brüssel" einen „herben Verlust", wären NGOs vor Ort nicht mehr an politischen Willensbildungsprozessen beteiligt.[608]

6.8 Wissensmanagement in Umwelt-NGOs

Wissen ist, das wissen wir seit Tocqueville, eine Voraussetzung, um „mittelbare Gewalten zu schaffen und zu erhalten".[609] Im System europäischer Politik ist Wissen gleichzeitig eine wichtige Ressource, die den Zugang zu den Verfahren der Entscheidungsfindung legitimiert. Auch für die nachhaltige Entwicklung ist Wissen eine entscheidende

---

[605] Vgl.: Ebda.
[606] Gebauer, Thomas (2001): "... von niemandem gewählt!"; S. 101.
[607] Frau Blau äußerte in dem Interview ihre private Meinung. Sie spricht nicht für die Organisationen und Gremien, für die sie gearbeitet hat oder arbeitet.
[608] Interview mit Philipp Schepelmann, Wuppertal Institut für Klima, Umwelt, Energie, 10. Dezember 2001, Wuppertal.
[609] Vgl.: Tocqueville, Alexis de (1840 / 1962): Über die Demokratie in Amerika. Bd. 2, Teil 4, Kapitel IV, S. 323.

6.8 Wissensmanagement in Umwelt-NGOs

Ressource. Denn erst durch das Wissen über ökologische Gefährdungen wurde die Debatte möglich. Gestaltung und Umsetzung einer nachhaltigen Entwicklung sind also an die Verfügbarkeit von Wissen gekoppelt, um soziale und technische Innovationen zu ermöglichen. Die Wahrnehmung, Vermittlungsleistung und Anerkennung von NGOs hängt damit in entscheidender Weise von ihrer Wissensbasis ab. Wissen muss dabei entsprechend nutzbar gemacht werden und die organisationalen Potenziale müssen für Lernprozesse so eingesetzt werden, dass neues Wissen entstehen kann. Nur durch eine entsprechende Anwendung, Verteilung, Verfügbarkeit und Zugänglichkeit – kurz: durch Wissensmanagement, wird Wissen auch in Zukunft eine Machtbasis der NGOs darstellen.

Bei der Verarbeitung und Kommunikation von Wissen im Hinblick auf die europäische Nachhaltigkeitsdebatte stehen den NGOs dabei zunächst zwei zentrale Optionen des strukturierten Umgangs mit Wissen offen, dessen Ergebnis als relevante Kommunikationen in die verschiedenen Ebenen und Techniken der NGO-Arbeit einfließen können. Zum einen besteht die grundlegende Option in der Nutzung des Organisationswissens der direkt in Brüssel etablierten Strukturen. Da die europäischen Umwelt-NGOs gleichzeitig i. d. R. Bestandteil transnationaler Netze sind, eröffnet sich die zweite Option des strukturierten Umgangs mit Wissen durch die in den Mitgliederorganisationen verteilten Ressourcen, deren Nutzung zweifellos von der Fähigkeit und Qualität der Vernetzung abhängt. Um beide Optionen optimal zu nutzen und ggf. auch miteinander zu verbinden, ist eine grundlegende Voraussetzung zunächst ein Bewusstsein über die Bedeutung von Wissen als Machtfaktor, um die Ressource auch gezielt einsetzen und die sich durch die beiden Optionen eröffnende Wissensbasis ausschöpfen zu können.

> „Natürlich ist letztlich einer unserer Hauptmachtfaktoren, um in Brüssel Macht ausüben zu können dadurch bedingt, dass wir gute Informationen anliefern. Lobbying in Brüssel läuft ja nicht, weil wir Geld verstreuen, sondern weil die Parlamentarier wirklich zum Teil ein dringendes Bedürfnis haben, gut aufgearbeitete und schnell verarbeitbare Informationen zu bekommen. Und dazu braucht man natürlich auch einen Wissenshintergrund und ein Wissensmanagement."
> MARTIN ROCHOLL (9. September 2004, Brüssel)

Allerdings, so fährt Martin Rocholl fort, gebe es bei FoEE „eigentlich kein richtiges Nachdenken zu dem Thema." Es gebe dazu „eigentlich überhaupt keine koordinierte Strategie".[610] Obwohl das Wissen einer der Hauptmachtfaktoren von FoEE in Brüssel darstellt, herrscht in der Organisation selbst darüber wenig Klarheit. Somit ist auch von der Einschränkung auszugehen, dass dieser Faktor nicht sein ganzes Potenzial entfaltet, weil sich dieses Bewusstsein nicht in den Organisationsabläufen widerspiegeln kann.

> „Ich glaube, wir sind uns bisher eigentlich als Organisation darüber nicht richtig klar und wir managen das auch nicht richtig. Die Strukturen hier auf der europäischen Ebene sind wirklich erstaunlich improvisiert. Stückchen für Stückchen wird es zwar besser, aber eigentlich funktioniert es so, dass eine Kampagne beschlossen wird und man einen Campaigner hier hinsetzt, der sich dann irgendwie durchwurstelt. Und wenn er clever ist, baut er eine Struktur auf, wo ein guter Informationsfluss zwischen den Gruppen über den Listserver stattfindet. Wenn nicht dann läuft das nicht. Es gibt da keine vorgegebenen Tools und auch keine Methodik."
> MARTIN ROCHOLL (9. September 2004, Brüssel)

---

[610] Interview mit Martin Rocholl, FoEE, 9. September 2004, Brüssel.

Dennoch findet auch bei FoEE ein Austausch statt, der sich im Wesentlichen aus der Notwendigkeit der Kampagnenplanung und der damit verbundenen Akquise finanzieller Mittel ergibt. In den regelmäßig der Jahresjahresversammlung vorgeschalteten „Brainstorming-Meetings", die gleichzeitig durch die Anbindung der nationalen Mitgliederorganisationen Funktionen der organisationsinternen Demokratie erfüllen, werden als Ideenbörse zukünftige Kampagnen geplant und es findet ein Austausch über Interessen, Themen und vorhandene Ressourcen statt. Das Brainstorming als „eine sehr informelle Methode" solle „aus dem Netzwerk rauszukitzeln, wo es was gibt, wer etwas macht und wo man durch gemeinsame Aktivitäten mehr erreichen könnte." Hier sei „ein Ansatz von Wissensmanagement vorhanden." Ferner arbeitet FoEE in den einzelnen Kampagnen mit offenen Listservern als dem „Haupt-Wissensmanagement-Tool", wo jeder „– alle Gruppen oder Einzelpersonen", teilnehmen könne. „Jeder kann da Informationen platzieren, die hier im Büro noch mal aufbereitet werden." Bei Friends of the Earth International wurde zusätzlich ein Intranet eingeführt. „Und da vor allem ein Tool, wo man gemeinsame Dokumente diskutieren kann. [...] Das werden wir mittelfristig vielleicht auch einführen."[611]

Daniel Mittler bestätigt das mangelnde Bewusstsein über die Bedeutung von Wissen als eine zentrale NGO-Ressource insbesondere für die deutsche Mitgliedsorganisation von FoEE, den BUND. Auch in Hinblick auf Wissensmanagement sieht er „da kein Bewusstsein. [...] Als Gesamtorganisation gibt es [...] kein etabliertes Verständnis oder auch kein Programm dafür."[612] Zwar gebe „immer mal wieder Versuche ganz elementarer Art wie z. B." die Einrichtung einer „Art Lobbydatenbank", um wenigstens einmal aufzuschreiben, „wer mit wem eigentlich wann wie redet."[613] Dies sei aber „bisher immer an mangelnden Geldern für die Informationstechnologie" und „an der zeitlichen Überlastung der Mitarbeiter, gescheitert."[614] Dennoch räumt Daniel Mittler ein, dass das nicht heiße,

> „dass es nicht trotzdem in einzelnen Bereichen sehr gut organisiert ist. Der BUND ist z. B. aufgrund seines Wissensmanagements in der Verkehrspolitik so erfolgreich und auch so sichtbar, weil von Berlin aus die Informationen extrem gut aufbereitet werden von Leuten, die auch schon auf allen anderen Ebenen gearbeitet haben. Auf lokaler, regionaler und Landesebene etc. Deswegen weiß man genau, welche Informationen nützlich sind für diese Unterebenen. Und der Verkehrsreferent, der sich das ausgedacht hat, hat Organisationswissenschaften studiert und weiß was er tut."
> DANIEL MITTLER (21. Juli 2004, Amsterdam)

Auch den Kontakt des Berliner BUND-Büros mit der FoEE-Gruppe in Brüssel schätzt Daniel Mittler positiv ein. „Hier gibt es einen sehr engen Austausch", auch wenn die Qualität des Prozesses „immer personenabhängig" sei.[615]

> „Die Berliner Pressestelle hat regelmäßig Kontakt nach Brüssel und auf der BUND Webseite werden auch die Friends of the Earth Europe Pressemitteilungen veröffentlicht. Und zunehmend gibt es auch eine Vernetzung der zuständigen Fachreferate beim BUND direkt mit der europäischen Ebene. [...] Dann gibt es den direkten Kontakt zur G8. Es ist zunehmend so, dass die Verzahnung sehr eng ist."

---

[611] Für alle Zitate in diesem Textabschnitt vgl.: Ebda.
[612] Interview mit Daniel Mittler, Greenpeace International, 21. Juli 2004, Amsterdam.
[613] Ebda.
[614] Ebda.
[615] Ebda.

6.8 Wissensmanagement in Umwelt-NGOs

DANIEL MITTLER (21. Juli 2004, Amsterdam)

Dabei kann es sein, dass der BUND, der auch Mitglied des EEB ist, je nach Thema mit der einen oder anderen europäischen Organisation enger zusammenarbeitet. Diese oft an Projekte gebundene Zusammenarbeit kann in ihrer europäischen Dimension auch einen stärkeren Kontakt der nationalen Fachleute mit der Brüsseler Ebene bewirken. Dabei wird „die vorhandene Expertise des Brüsseler Büros" in einem Themengebiet genutzt und gleichzeitig zusätzliche Expertise geschaffen, „die es in Brüssel eben nicht gibt."[616] Abseits der Referentenebenen und der themen-, bzw. projektgebundenen Zusammenarbeit hätten aber

> „die Mitglieder der nationalen Organisationen [...] Europa nur ganz wenig auf dem Bildschirm. Die geben ihr Geld nicht, weil wir hier in Brüssel was machen. Die geben dem BUND ihr Geld dafür, um auf der nationalen Ebene gegen den Bundesverkehrswegeplan zu agieren oder ähnliches. Die Notwendigkeit europäischer Arbeit kommt erst jetzt allmählich ins Bewusstsein."
> MARTIN ROCHOLL (9. September 2004, Brüssel)

Die Bedeutung der europäischen Ebene wird deutlich in den Finanzierungsstrukturen. FoEE z. B. erhält von jeder nationalen „Organisation nur 0,5 % vom Jahresetat als Mitgliedsbeitrag", um die europäische Arbeit zu finanzieren.[617] Durch eine verbesserte Öffentlichkeitsarbeit in die nationalen Verbände etwa durch die Platzierung von Artikeln in den nationalen Mitgliedermagazinen, die über die Arbeit und Kooperationen auf europäischer Ebene berichten, steige das Interesse an Europa aber langsam.[618]

Bei Greenpeace, so Daniel Mittler, sei das Bewusstsein über die Bedeutung der Ressource Wissen und auch des Wissensmanagements „sehr ausgeprägt." So wurde das Gebäude für das Hauptquartier von Greenpeace International in Amsterdam nach Gesichtspunkten des Wissensmanagements ausgewählt, um mehr Interaktionsflächen zu ermöglichen. Für Greenpeace sind auch die Querschnittsthemen wichtiger geworden und es wurden „gezielt Leute eingestellt", die diesbezüglich „Informationsressourcen bereitstellen können."[619]

> „Man ist sich darüber im Klaren, dass diese strukturell quer zum Thema liegenden Informationen nicht wahrgenommen werden, wenn man nur Spezialisten auf ein Thema ansetzt. Insofern ist das Bewusstsein auf jeden Fall vorhanden. Ich glaube nicht, dass es magische Systeme gibt, die schlussendlich den erfolgreichen Umgang garantieren. Und da ist gerade für Greenpeace mein Eindruck – den ich vielleicht auch deswegen habe, weil ich erst so kurz dabei bin, dass hier noch stark experimentiert wird."
> DANIEL MITTLER (21. Juli 2004, Amsterdam)

Sarah Blau ist der Meinung, dass das Bewusstsein über die Bedeutung der Ressource Wissen und des Wissensmanagements in den meisten Organisationen „eher nicht" vorhanden sei.[620]

---

[616] Ebda.
[617] Interview mit Martin Rocholl, FoEE, 9. September 2004, Brüssel.
[618] Vgl.: Ebda.
[619] Interview mit Daniel Mittler, Greenpeace International, 21. Juli 2004, Amsterdam.
[620] Interview mit Sarah Blau, ehemalige Mitarbeiterin beim EEB und ehemalige Fraktionsreferentin der Grünen im Europaparlament, 18. August 2004, Brüssel. Frau Blau äußerte in dem Interview ihre private Meinung.

"Ich denke vielmehr, dass ist ein Problem von vielen dieser Organisationen. Sie hängen sehr stark von einzelnen Wissensträgern ab. Und wenn diese Leute weg sind, dann fangen sie wieder bei Null an." SARAH BLAU (18. August 2004, Brüssel)[621]

Die Bindung von Wissen an einzelne Organisationsmitglieder problematisiert auch Martin Rocholl. Das Netzwerk könne zwar die Voraussetzung dafür schaffen, dass Individuen „das vorhandene Wissen im Netzwerk" nutzten „und auch das von anderen Umweltorganisationen", um daraus was zu machen. Da es aber bislang noch „kein richtiges Management-Tool" gebe, sei die Umsetzung des Wissens oft abhängig vom Engagement einzelner Individuen. „Das entsteht so", meint Martin Rocholl, womit gleichzeitig deutlich wird, welche Potenziale im Netzwerk schlummern, wenn sie strukturiert genutzt würden.

Somit wird Wissensmanagement im doppelten Sinne zu einer notwendigen Organisationsfunktion. Zum einen entlastet Wissensmanagement, verstanden als organisierter Prozess der sicherstellt, dass Wissen bspw. über die Arbeitsschwerpunkte der Mitarbeiter oder auch über Projekte und Ressourcen bei Bedarf verfügbar ist, das Risiko der Organisation im Falle des Ausscheidens eines Wissensträgers. Gleichzeitig stabilisiert es die Wissensbasis der Organisation, indem die Ressourcen des Netzwerks strukturiert multiplizierbar werden.

---

[621] Dto.

7 Der Reformprozess Europäisches Regieren*

1999 erschütterten Nachrichten von Vetternwirtschaft und Korruption über die von Jacques Santer geführte Europäische Kommission das politische Europa. Europas bis dato „größte institutionelle Krise"[622] war einer der Gründe für Santer Nachfolger Romano Prodi, eine umfassende Verwaltungsreform anzustoßen.[623] Die Arbeitsweise der EU-Organe und insbesondere der Kommission sollten transparenter werden, um das Vertrauen der Bürger zu Europa zurück zu gewinnen. Die Stabilisierung der Legitimität und die Notwendigkeit von Identifikationsanlässen mit der Union war auch ein Thema für die auf dem Treffen des Europäischen Rates in Köln im Juni 1999 beschlossene Erarbeitung einer Europäischen Grundrechte-Charta.[624] Die Wahrung der Grundrechte sei „ein Gründungsprinzip der Europäischen Union und unerlässliche Voraussetzung für ihre Legitimität."[625] Auch Dehaene/ Simon/ Weizsäcker betonen in ihrem Bericht an die Kommission über „die institutionellen Auswirkungen der Erweiterung" vom 18. Oktober 1999 die Notwendigkeit zur Förderung der „Legitimität und Relevanz der Institutionen in der Öffentlichkeit" im Rahmen der Erarbeitung der Charta.[626]

> „Wir müssen Mittel und Wege finden, wie wir den Kontakt zu den Bürgern herstellen bzw. wiederherstellen: Weshalb und wie die Institutionen arbeiten und wem sie rechenschaftspflichtig sind, darf nicht länger ein Buch mit sieben Siegeln sein."
>
> DEHAENE/ SIMON/ WEIZSÄCKER (1999: 3 f.)

Das mit dem Vertrag von Amsterdam (1997) in die europäischen Verträge eingeführte Prinzip der Transparenz (Art. 1 EU-Vertrag und Art. 255 EG-Vertrag) war eine für die Reforminitiativen richtungsweisende Weichenstellung. In Art. 1 (EU-Vertrag) heißt es: „Dieser Vertrag stellt eine neue Stufe bei der Verwirklichung einer immer engeren Union der Völker Europas dar, in der die Entscheidungen möglichst offen und möglichst bürgernah getroffen werden." Entsprechend garantiert Art. 255 (EG-Vertrag) das Recht „auf Zugang zu Dokumenten des Europäischen Parlaments, des Rates und der Kommission [...]." In diesem Zusammenhang gewinnt auch die Århus-Konvention aus dem Jahr 1998 ihre Bedeutung, die teilweise zeitgleich mit der Amsterdamer Vertragsrevisi-

---

* Erste Arbeitsergebnisse dieser Studie sind bereits publiziert worden in: Schäfer, Jürgen (2005): Die Reform Europäischen Regierens und der Konventsprozess. Eine kritische Bestandsaufnahme am Beispiel der nachhaltigen Entwicklung, in: Loth, Wilfried (Hg.): Europäische Gesellschaft. Grundlagen und Perspektiven. Wiesbaden, S. 187 - 210. Bestandteile aus diesem Beitrag sind tw. neu überarbeitet in die Kapitel 7 bis 10 der vorliegenden Arbeit eingeflossen.

[622] Wernicke, Christian (1999): Die Krise in Brüssel. Europa leidet weniger an Korruption als an seiner Konstitution, in: Die Zeit Nr. 12, 18. März 1999, S. 1.

[623] Greenwood sieht die Verwaltungsreform „im Kielwasser des Rücktrittes" von Prodi Vorgänger Santer. Auch um als Kommissionspräsident ein eigenes Profil zu entwickeln, habe sich Prodi das Governance-Thema zur Aufgabe gemacht. „Timing was also good, with a crisis of democratic confidence revealed by declining electoral participation in both European Parliament and member state elections." Ausführlich in: Greenwood, Justin (2002): EU public affairs and the White Paper on Governance, in: Journal of Public Affairs, Vol. 1 No. 4 & Vol. 2 No. 1, S. 423 f.

[624] Bossi, Tania (2001): Die Grundrechtecharta – Wertekanon für die Europäische Union, in: Weidenfeld, Werner (Hg.): Nizza in der Analyse. Gütersloh, S. 203 ff.

[625] Europäischer Rat (1999a): Schlussfolgerungen des Vorsitzes. Europäischer Rat (Köln) 3. und 4. Juni 1999. 150/99 REV1, Anhang IV, S. 43.

[626] Dehaene, Jean-Luc; Simon, David, Weizsäcker, Richard von (1999): Die Institutionellen Auswirkungen der Erweiterung. Bericht an die Europäische Kommission. Brüssel, 18. Oktober 1999. S. 4.

on verhandelt wurde. Die Århus-Konvention gewährleistet u. a. den Zugang zu Umweltinformationen durch die Öffentlichkeit und erlangte durch die Unterzeichnung der EU verbindlichen Charakter auf europäischer Ebene. Die von der Kommission in einer Pressemitteilung vom 28. Oktober 2003 als „Ökologische Demokratie" gefeierte Umsetzung der Konvention sei ein „Meilenstein der Stärkung der Demokratie im umweltpolitischen Entscheidungsprozess [...]."[627]

Einen entscheidenden Beitrag zur europäischen Integration als Ergebnis der finnischen Ratspräsidentschaft in der zweiten Jahreshälfte 1999 lieferten auch die Beschlüsse zur Schaffung eines Raums „der Freiheit, der Sicherheit und des Rechts" in der Europäischen Union. In den Schlussfolgerungen des Vorsitzes der Sondertagung des Europäischen Rates am 15. und 16. Oktober 1999 in Tampere zu diesem Thema heißt es im siebten Meilenstein von Tampere:

> „Bei der Schaffung eines Raums der Freiheit, der Sicherheit und des Rechts sollten die Grundsätze der Transparenz und der demokratischen Kontrolle tragende Elemente sein. Wir müssen einen offenen Dialog mit der Bürgergesellschaft über die Ziele und Grundsätze dieses Raums entwickeln, um eine bessere Akzeptanz und mehr Unterstützung seitens der Bürger zu erreichen. Um die Vertrauenswürdigkeit der Behörden zu wahren, sollten gemeinsame Standards zur Integrität der Behörden entwickelt werden." MEILENSTEINE VON TAMPERE (1999)[628]

In seiner für die Erarbeitung einer europäischen Verfassung richtungweisenden Rede an der Berliner Humboldt-Universität vom 12. Mai 2000 greift der deutsche Außenminister Joschka Fischer die Ratsbeschlüsse von Tampere auf:

> „Der Europäische Rat in Tampere markierte den Einstieg in ein neues weitreichendes Integrationsprojekt, den Aufbau eines gemeinsamen Raums des Rechts und der inneren Sicherheit. Damit rückt das Europa der Bürger in greifbare Nähe. Die Bedeutung dieses neuen Integrationsprojekts geht aber noch darüber hinaus: Gemeinsames Recht kann eine große integrative Kraft entfalten." FISCHER (2000: 17f.)

Der wegweisende Charakter dieser Beschlüsse für die Integration wird insbesondere in Bezug auf die Voraussetzungen für den Geltungsanspruch und die Entstehung intermediärer gesellschaftlicher Kräfte relevant. Danach garantiert erst ein verbindlicher Rechtsanspruch die politische Freiheit und schützt die Individuen vor staatlicher Willkür. Die europaweite Allgemeingültigkeit dieser Rechtsansprüche ist somit eine Voraussetzung für die Entfaltung intermediärer Instanzen als „die verbindende Kanäle, durch welche die Macht fließen kann" (Montesquieu). Ferner markieren die in Tampere verabschiedeten Beschlüsse eine wichtige Weichenstellung in Richtung einer Verfassung für die Europäische Union, die eine Sicherung der Freiheit des Einzelnen durch die Bindung der öffentlichen Gewalt an allgemeine und nachprüfbare Gesetze in ihrer europäischen Dimension zementiert.[629]

Ebenfalls unter finnischer Ratspräsidentschaft war das Thema der Transparenz- und Legitimationsprobleme ein Thema für die Positionierung der Union angesichts des be-

---

[627] Europäische Union: Die Kommission (2003f): Ökologische Demokratie: Die Kommission fördert die Beteiligung der Bürger an Umweltangelegenheiten. Pressemitteilung vom 28. Oktober 2003. Brüssel, IP/03/1466.

[628] Europäischer Rat (1999b): Schlussfolgerungen des Vorsitzes. Europäischer Rat (Tampere) 15. und 16. Oktober 1999. SN 200/1/99, Abschnitt 7.

[629] Vgl. insbesondere Kapitel 3.2 dieser Arbeit.

vorstehenden Jahrtausendwechsels. Hier verweisen Dehaene/ Simon/ Weizsäcker auf die Bedeutung der anstehenden „Milleniumserklärung" der Union für die Darstellung der Unionsziele.[630] „Transparenz setzt Klarheit und Verständnis der Öffentlichkeit für die Ziele voraus."[631] Entsprechend formuliert die Jahrtausenderklärung knapp und verständlich die Aufgaben und Zukunftsperspektiven der Union und verbindet sie mit einem Appell an die bürgerschaftliche Mitwirkung:

> „Nur eine offene, demokratische und effiziente Union kann diese Versprechen (hinsichtlich Zukunft und Aufgaben der Union, der Verf.) einlösen. Die Union braucht das Vertrauen und die aktive Mitwirkung ihrer Bürger und Einrichtungen der Bürgergesellschaft." MILLENIUMSERKLÄRUNG (1999: S. 14)[632]

Die Krise im Jahr 1999 konnte als eine Chance genutzt werden, um Europa und die Arbeit seiner Institutionen transparenter und damit demokratischer zu machen.[633] Sie begründet seither zahlreiche Bemühungen, die erkannten Defizite zu entschärfen und institutionelle Reformen einzuleiten. Entscheidende Änderungen im Rechtssystem der Union ebneten nur kurze Zeit zuvor den Weg für eine offenere Informationspolitik der Institutionen und für Anstrengungen, die Zivilgesellschaft in den politischen Prozess besser zu integrieren. Die Änderungen im Rechtssystem korrespondierten vermutlich mit der Santer-Krise, die wie ein Katalysator für eine schnelle Umsetzung gewirkt haben könnte.

7.1 Die Reformen der Prodi-Kommission

Eines der vorrangigen Ziele der Prodi-Kommission war nach ihrem Amtsantritt 1999 zunächst die Verwaltungsreform hin zu einer modernen Behörde, die den Grundsätzen der Effizienz, Transparenz und Verantwortlichkeit verpflichtet sein sollte.[634] Die Verwaltungsreform ist gleichzeitig ein wichtiges Fundament für zahlreiche Initiativen der Kommission, die in einem Aktionsplan umrissen wurden. Die noch 1999 begonnenen Arbeiten zur Verwaltungsreform fanden ihren Ausdruck in einem Weißbuch inklusive Aktionsplan. In Kapitel II, Abschnitt VI des Aktionsplans wurde unter der Überschrift „Auf dem Weg zur »elektronischen Kommission«" der Grundstein gelegt für den „Übergang zu interaktiven Konsultationen zu politischen Fragen über das Internet".[635] Die Verwaltungsreform war verknüpft mit der im Dezember 1999 auf den Weg gebrachten Initiative „eEurope – Eine Informationsgesellschaft für alle", die gleichzeitig eine Grund-

---

[630] Vgl.: Dehaene, Jean-Luc; Simon, David, Weizsäcker, Richard von (1999): Die Institutionellen Auswirkungen der Erweiterung, S. 4.
[631] Europäischer Rat (1999b): Schlussfolgerungen des Vorsitzes. Europäischer Rat (Tampere), Abschnitt 7.
[632] Europäischer Rat (1999d): Erklärung zur Jahrtausendwende. Anlage I zu den Schlussfolgerungen des Vorsitzes, in: Ders.: Schlussfolgerungen des Vorsitzes. Europäischer Rat (Helsinki) 10. und 11. Dezember 1999. SN 300/1/99, S. 14.
[633] "The reason why democracy moved up the list of priorities on the European scene is closely connected to the scandalous behavior and the dismissal of the members of the Santer Presidency, the predecessor of Romano Prodi". Zimmer, Annette; Sittermann, Birgit (2005): Brussels Civil Society, S. 6.
[634] Vgl.: http://europa.eu.int/comm/dgs/personnel_administration/reform_de.htm; zuletzt aufgerufen am 24. Februar 2005.
[635] Europäische Union: Die Kommission (2000c): Die Reform der Kommission. Ein Weißbuch – Teil II. Aktionsplan. Brüssel, KOM(2000) 200 endgültig/2, S. 9 f.

lage der im Jahr 2000 verabschiedeten Lissabon-Strategie darstellte.[636] Eines der zehn prioritären Ziele der eEurope-Initiative soll unter der Überschrift „Regierung am Netz" (Government Online) die Bemühungen der Union zur Einführung und Verbesserung von eGovernment-Strukturen sicherstellen.[637] Angestrebt wird, die „Entscheidungsprozesse der EU-Organe transparent zu machen" und „sicherzustellen, dass diese Entscheidungen soweit wie möglich im Lichte der Öffentlichkeit getroffen werden."[638] Die Zielvorstellungen beinhalten eine umfassendere Nutzung des Internet, um „über wichtige politische Initiativen zu informieren und Stellungnahmen dazu zu ermöglichen", sowie den Zugang der Bürger zu Informationen in „beide Richtungen" zu gewährleisten.[639] Auch die Einrichtung von möglichst unabhängig moderierten Diskussionsforen wird in dem Papier angeregt.[640]

Die Strukturen des seit 1995 bestehenden IDA-Programms (interchange of data between administrations) zum Austausch von Daten zwischen Verwaltungen wurden ab 2002 zum Instrument für die Umsetzung der Ziele, wie sie im Kapitel „Regierung am Netz" der eEurope-Initiative vorgeschlagen wurden. IDA (seit 1999 IDA II) unterstützt den Aufbau von Strukturen für den elektronischen Datenaustausch zwischen Verwaltungen und bildet den Rahmen für die Bereitstellung von Online-Diensten für europäische Bürger und Unternehmen.[641] Aufgrund der weiterführenden Nutzung der bestehenden Strukturen nicht nur zum Austausch von Daten zwischen Administrationen und verschiedenen Verwaltungsebenen, sondern seit 1999 verstärkt auch zur Kommunikation mit Bürgern und Unternehmen, wurde IDA II im Januar 2005 durch das neue Programm IDABC (Interoperable Delivery of European eGovernment Services to public Administrations, Business and Citizens) abgelöst. Ein Ergebnis dieses Programms ist die im März 2005 eröffnete Internet-Plattform „Europa für Sie".[642]

Im Jahr 2001 wurde mit der Initiative „eCommission" der Weg beschrieben, wie die Anforderungen elektronischer Kommunikation in der Kommission selbst umgesetzt werden können, „um den Austausch der Bürger mit der Institution über das Internet zu fördern."[643] Die drei wichtigsten Aufgaben für die Umsetzung lauten: „(1) die Modernisierung der internen Verwaltung, (2) eine effizientere Kommunikation mit externen Partnern und (3) ein besserer öffentlicher Dienst für Bürger und Unternehmen."[644]

Diese Säule der Reformen – quasi die Hardware, die sich vornehmlich mit dem 'wie', also mit dem Aufbau der technischen Infrastruktur beschäftigt, korrespondiert mit der

---

[636] Europäische Union: Die Kommission (1999a): eEurope. Eine Informationsgesellschaft für alle. Mitteilung über eine Initiative der Kommission für den Europäischen Sondergipfel von Lissabon am 23./24. März 2000. Brüssel, KOM(1999) 687 final.
[637] Vgl.: Ebda., S. 16.
[638] Ebda.
[639] Ebda.
[640] Ebda.
[641] Vgl. http://europa.eu.int/scadplus/leg/de/lvb/l24147a.htm; zuletzt aufgerufen am 24. Februar 2005.
[642] Adresse der Webseite: http://europa.eu.int/youreurope/; zuletzt aufgerufen am 3. Mai 2005.
[643] Europäische Union: Die Kommission (2001c): Auf dem Weg zur „elektronischen Kommission". Europa zweite Generation. Moderne Internetdienste für Bürger, Unternehmen und andere professionelle Nutzer. Brüssel, S. 6.
[644] Ebda.

7.1 Die Reformen der Prodi-Kommission

zweiten wichtigen Säule in diesem Prozess, die gleichsam als Software dass 'warum' und damit die Zielvorgaben politisch begründet determiniert. Eine wichtige Initiative zur Entwicklung dieser politischen Software wurde 1999 vom Wirtschafts- und Sozialausschuss (WSA) verabschiedet. Die Stellungnahme zum Thema „Die Rolle und der Beitrag der organisierten Zivilgesellschaft zum europäischen Einigungswerk" definiert bis heute das europäische Verständnis von Zivilgesellschaft und ist sowohl in das Weißbuch „Europäisches Regieren"[645] als auch in die „Konsultationsstandards" eingeflossen.[646]

Abbildung 3: Schema wichtiger Rahmenbedingungen, Initiativen und Maßnahmen in Zusammenhang mit der Reform Europäischen Regierens und der Integration der Zivilgesellschaft [647]

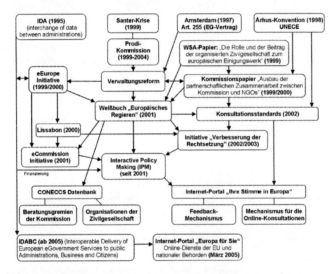

Einen weiteren Meilenstein dieses Reformprozesses stellt das Diskussionspapier der Kommission über den „Ausbau der partnerschaftlichen Zusammenarbeit zwischen der Kommission und Nichtregierungsorganisationen" aus dem Jahr 2000 dar. Dieses Papier beleuchtet das Verhältnis der Kommission zu den Nicht-Regierungs-Organisationen (NGOs) und untersucht, „wie die Kommission Aktivitäten von NRO fördern und die Dialog- und Konsultationsverfahren verbessern kann".[648] Neben einer

---

[645] Europäische Union: Die Kommission (2001b): Europäisches Regieren. Ein Weissbuch, S. 19.
[646] Europäische Union: Die Kommission (2002b): Mitteilung der Kommission: Hin zu einer verstärkten Kultur der Konsultation und des Dialogs – Allgemeine Grundsätze und Mindeststandards für die Konsultation on betroffener Parteien durch die Kommission, S. 6.
[647] Sicherlich gibt es zwischen den in der Grafik dargestellten Prozessen Wechselwirkungen, die aufgrund der Komplexität nicht symbolisiert werden konnten. Ziel dieser Darstellung ist es vielmehr, die Impulse und primären Auswirkungen der Rahmenbedingungen und wichtiger Reforminitiativen auf nachfolgende Prozesse zu verdeutlichen, die für das Thema der Studie relevant sind.
[648] Europäische Union: Die Kommission (2000a): Ausbau der partnerschaftlichen Zusammenarbeit zwischen der Kommission und Nichtregierungsorganisationen. Diskussionspapier der Kommission, S. 3.

Stellungnahme des WSA (CES 811/2000) zu diesem Kommissionspapier und einem Beitrag des Ausschusses der Regionen (AdR) über die „Bürgernähe" (CdR 436/2000) bot die Kommission die Möglichkeit zur Diskussion des Papiers. Die Ergebnisse des Diskussionsprozesses flossen sowohl in das Weißbuch „Europäisches Regieren" als auch in das Kommissionspapier „Hin zu einer verstärkten Kultur der Konsultation und des Dialoges – Allgemeine Grundsätze und Mindeststandards für die Konsultation betroffener Parteien durch die Kommission" ein, das im Jahr 2002 veröffentlicht wurde. Das auch als „Konsultationsstandards" bekannte Papier wurde wiederum bis zum 31. Juli 2002 zur Diskussion gestellt und die endgültige Fassung im Dezember 2002 verabschiedet.

Ein weiterer Mosaikstein, die Union für die Bürger verständlicher und transparenter zu machen, ist die Reforminitiative der Kommission aus dem Jahr 2002 zur „Verbesserung der Rechtsetzung" (vgl.: KOM(2002) 275). Ziel dieser Initiative ist die Vereinfachung und Verschlankung des Gemeinschaftsrechtes (Acquis Communautaire). Diese Reform hat auch den Anspruch, die Benutzerfreundlichkeit, Präsentation und Einteilung einschlägiger Datenbanken für Bürger und berufliche Nutzer zu verbessern.[649]

7.2 Das Weißbuch „Europäisches Regieren" als zentrales Element der Reformen

Ein zentrales Element der Reformbemühungen ist das Weißbuch der Kommission aus dem Jahre 2001 über „Europäisches Regieren", in welches die Reformbemühungen seit 1999 in Leitlinien für die Governance-Reform gegossen sind und das als Ausgangspunkt für den weiteren Fortgang der Reformen angesehen werden kann.

> "The White Paper has to be seen in the context of the scandals, which led to the early retirement of the Santer Commission and the constitutional debate for an enlarged and deepened Europe. The White Paper is part of a reform package aiming at re-establishing the credibility of the Commission." HEY (2003: 126)

„Die Kommission hat die Reform europäischen Regierens, also dessen, was als Governance bezeichnet wird, Anfang 2000 zu einem ihrer vier strategischen Ziele erklärt."[650] Mit ihrem Weißbuch – der Grundsatzerklärung zur politischen Strategie – vom 25. Juli 2001 legte die Europäische Kommission ein umfassendes Papier zur Reform europäischen Regierens vor. Im Hinblick auf die Zukunft Europas müsse die Union beginnen, ihre Institutionen anzupassen, die innere Kohärenz zu stärken und für Transparenz zu sorgen. Trotz des europäischen Legitimationsproblems bei den Bürgern, sym-

---

[649] Europäische Union: Die Kommission (2003c): Kommission leitet wichtige Initiative zur Vereinfachung und Verschlankung der EU-Rechtsvorschriften ein. Pressemitteilung vom 11. Februar 2003. Brüssel, IP/03/214.

[650] Europäische Union: Die Kommission (2001b): Europäisches Regieren. Ein Weissbuch, S. 3; die vier Ziele sind: - Förderung neuer europäischer Entscheidungsstrukturen; - ein stabiles Europa mit einer stärkeren Stimme in der Welt; - eine neue wirtschafts- und sozialpolitische Agenda und höhere Lebensqualität für alle. Vgl.: Prodi, Romano (2000): 2000-2005 : Umrisse des neuen Europas. Rede des Präsidenten der Europäischen Kommission vor dem Europaparlament. Straßburg, 15. Februar 2000 (= Speech 00/41), S. 4.

7.2 Das Weißbuch „Europäisches Regieren" als zentrales Element der Reformen

bolisiert durch Brüsseler Bürokratismus und einer verbreiteten Skepsis gegenüber der „komplexen Maschinerie" Europa, erwarten die Bürger auch Antworten der EU z. B. auf Fragen der Globalisierung, Umweltprobleme oder der Arbeitslosigkeit.[651]

Mit dem Weißbuch schlägt die Kommission vor, die politische Entscheidungsfindung der EU zu öffnen „und mehr Menschen und Organisationen in die Gestaltung und Durchführung der EU-Politik einzubinden."[652] Denn obwohl die Union über ein zweifaches demokratisches Mandat verfüge, (Vertretung der Bürger durch das Europäische Parlament (EP); Vertretung der Regierungen durch den Ministerrat), sei die Stimmung in der Bevölkerung schlecht.

> „Trotz alledem fühlen sich viele Europäer dem Wirken der Union entfremdet. Dieses Gefühl besteht nicht nur gegenüber den europäischen Organen, sondern generell gegenüber allen politischen Institutionen in und außerhalb der Union."
> EUROPÄISCHE UNION: DIE KOMMISSION (2001b: 9)

Die Kommission stellt fest, dass die Menschen schlicht zu wenig über Europa wissen. Sie wissen nicht, wer welche Entscheidungen trifft und was die eine Institution von der anderen unterscheidet.[653] Die Kommission stützt sich nach eigenen Angaben im Weißbuch von 2001 auf fast 700 Ad-hoc Gremien zur Beratung. Daher sei es kein Wunder, dass gegenwärtig „nicht genügen Klarheit darüber" herrsche, „wie die Konsultationen ablaufen und auf wen die Institutionen hören."[654] Diese Umstände führen dazu, dass auch viele europäische Netzwerke, „die tief in der Gesellschaft verwurzelt sind", sich „vom politischen Prozess der EU abgekoppelt" fühlten.[655] Ziel einer Reform müsse daher sein, durch eine verstärkte Einbindung aller Akteure für größere Offenheit zu sorgen und das Verhältnis zur Zivilgesellschaft interaktiver zu gestalten. Dabei definiert die Kommission die folgenden fünf politische Grundsätze des „guten Regierens", die als notwendige Grundlage für die Reformbemühungen umgesetzt und angewendet werden sollen: Offenheit, Partizipation, Verantwortlichkeit, Effektivität und Kohärenz.[656] Zur Umsetzung der Grundsätze bedarf es einer verstärkten Konsultations- und Dialogkultur und der Beteiligung der Bürger an Konsultationsprozessen. Die Kommission strebt eine Form des Willensbildungsprozesses an, der von der Gestaltung bis zur Durchführung auf „Rückkoppelung, Netzwerken und Partizipation auf allen Ebenen beruht."[657] Dabei scheint sich die Kommission der Bedeutung transnationaler Netze für die Europäische Integration durchaus bewusst zu sein:

> „Diese Netze verknüpfen Unternehmen, Gemeinschaften, Forschungszentren sowie Regional- und Kommunalbehörden miteinander. Sie bieten eine neue Grundlage für die Integration innerhalb der Union und für den Brückenschlag zu den Beitrittskandidaten und der übrigen Welt. Sie wirken auch als bewusstseinsbildende Multiplikatoren der EU und lassen Politik "hautnah" erleben."
> EUROPÄISCHE UNION: DIE KOMMISSION (2001b: 23)

---

[651] Europäische Union: Die Kommission (2001b): Europäisches Regieren. Ein Weissbuch, S. 3.
[652] Ebda., S. 4.
[653] Ebda., S. 10.
[654] Ebda., S. 22.
[655] Ebda., S. 24.
[656] Vgl.: Ebda., S. 13 + S. 42.
[657] Ebda., S. 14.

Daher sollen die Beziehungen der Netzwerke „zu den europäischen Institutionen besser strukturiert werden".[658] Um „einen wirkungsvolleren Beitrag zur EU-Politik" zu leisten, wendet sich die Kommission aber auch an die Netzwerke mit der Forderung, sich dem politischen Prozess der EU zu öffnen.[659] Für die Umsetzung der Reformen sollen moderne Kommunikationsmittel helfen und für mehr Partizipation und Transparenz sorgen.[660]

> „Partizipation heißt nicht Institutionalisierung von Protest. Partizipation bedeutet vielmehr wirkungsvollere Politikgestaltung auf der Grundlage frühzeitiger Konsultationen und der Erfahrungen der Vergangenheit."
>
> EUROPÄISCHE UNION: DIE KOMMISSION (2001b: 21)

Dabei geht es der Kommission auch um das Fachwissen, dass von NGOs in politische Entscheidungsprozesse eingebracht werden kann. Die Kenntnis dieses Wissens ermögliche es, „gegebenenfalls ihre Politik anzupassen oder Änderungen an der Verwaltung ihrer Projekte vorzunehmen."[661]

Abbildung 4: Auswahl wichtiger im Weißbuch postulierter Ursachen, Maßnahmen und Ziele im Rahmen der Reform Europäischen Regierens

URSACHEN	MAßNAHMEN	ZIELE
➢ Entfremdung vieler Europäer vom Wirken der Union	➢ Bessere Einbindung aller Akteure und größere Offenheit	➢ Offenheit (Arbeit der Organe)
➢ Geringe Wahlbeteiligung bei den Europawahlen	➢ Interaktivere Gestaltung des Verhältnisses zur Zivilgesellschaft	➢ Partizipation (Teilhabe am Politikgestaltungsprozess)
➢ Vermittlungsprobleme europäischer Politik	➢ Vereinfachung des Gemeinschaftsrechts	➢ Verantwortlichkeit (Klarheit und Zurechenbarkeit der Arbeit der Organe)
➢ Mangelndes Vertrauen in die Institutionen	➢ Nutzung von Expertenwissen und Einholung verschiedener Standpunkte	➢ Effektivität (Wirksamkeit der Politik)
➢ Defizite beim Verständnis der Arbeitsweise der Union	➢ Reform der Institutionen; Stärkung des Parlaments	➢ Kohärenz (in sich schlüssiger und nachvollziehbarer Ansatz)

Diesen ambitionierten Vorsätzen folgend, wurde das Weißbuch selbst vom 25. Juli 2001 bis 31. März 2002 auf der „Governance-Webseite" der Kommission zur Diskussion gestellt.[662] Im Rahmen dieses Diskussionsprozesses wurden 260 schriftliche Beiträge eingereicht. Die Stellungnahmen wurden von der Kommission ausgewertet und flossen ein in den „Bericht der Kommission über Europäisches Regieren".[663]

---

[658] Ebda., S. 24.
[659] Ebda.
[660] Ebda., S. 15.
[661] Europäische Union: Die Kommission (2000a): Ausbau der partnerschaftlichen Zusammenarbeit zwischen der Kommission und Nichtregierungsorganisationen. Diskussionspapier der Kommission, S. 6.
[662] Die Diskussion des Weißbuches war gleichzeitig die zweite Online-Konsultation. Die erste Online-Konsultation im Rahmen der IPM-Initiative fand vor Juni bis Ende Dezember 2001 statt zum Thema „Modernisierung des Binnenmarktes für Industriegüter".
[663] Vgl.: Europäische Union: Die Kommission (2003a): Bericht der Kommission über Europäisches Regieren. Luxemburg.

7.3 Formen und Foren der Partizipation

Bereits beim ersten Europäischen Konvent zur Erarbeitung der Grundrechte-Charta (unter Vorsitz von Roman Herzog, 1999-2000) kam das neue Transparenzprinzip zur Anwendung. Die Verhandlungen zur Ausarbeitung der Charta waren öffentlich und die produzierten Papiere und Entwürfe wurden im Internet zugänglich gemacht. ‚Jeder' konnte somit Zugang erlangen zu den Verhandlungen und den Dokumenten. Die organisierte Zivilgesellschaft hatte dabei die Möglichkeit, Stellungnahmen zu formulieren und einzubringen.[664]

Seit 1999 sammelte auch die Prodi-Kommission Erfahrungen in Bezug auf die Realisierung elektronisch basierender Konsultationen. Diskussionspapiere wurden Online verfügbar gemacht und die Konsultationen erfolgten zunächst per E-Mail. Die Strukturierung der Online-Konsultationen erreichte ihre Professionalität mit der Initiative der Kommission „Interaktive Politikgestaltung" (Interactive Policy Making - IPM) aus dem Jahr 2001. IPM ist als ein Teil der eCommission-Initiative mit den Reformen „Europäisches Regieren" und „Bessere Rechtsetzung" verknüpft. IPM wird durch das IDA-Programm teilfinanziert.[665] IPM besteht aus den zwei elektronischen Instrumenten „Feedback-Mechanismus" und „Online-Konsultationen". Der Feedback-Mechanismus soll der Einholung von Informationen über alltägliche Probleme der BürgerInnen und Unternehmen im Zusammenhang mit der EU-Politik dienen. Er basiert auf dem im April 2000 gestarteten Pilotprojekt eines Feedback-Mechanismus für Unternehmen; insbesondere für kleine und mittlere Unternehmen (KMU). Die Online-Konsultationen bieten der Öffentlichkeit, speziellen Zielgruppen und kleinen Unternehmen die Möglichkeit, am politischen Entscheidungsprozess der Kommission teilzuhaben. Sie erfolgen in der Regel in der Form von strukturierten Online-Fragebögen.

Das zentrale Internet-Portal für den Einstieg in den Kommunikationsprozess mit der Kommission ist die Webseite „Ihre Stimme in Europa", die im Oktober 2001 eröffnet wurde.[666] Neben der Feedback-Möglichkeit und der Konsultationen gibt es ein Diskussionsforum und ein Chat, wo die Bürgerinnen und Bürger mit Entscheidungsträgern der Union diskutieren können. Als ein zweites wichtiges Online-Portal wurde die CONECCS Datenbank (Consultation, the European Commission and Civil Society) aufgebaut, die Angaben zu förmlichen oder strukturierten Beratungsgremien der Kommission sowie zu auf europäischer Ebene tätigen Organisationen der Zivilgesellschaft öffentlich zugänglich macht. Die Veröffentlichung eines Verzeichnisses „aller bestehenden sektorspezifischen Konsultationsgremien" geht zurück zum einen direkt auf die Verpflichtung im Weißbuch „Europäisches Regieren" (KOM(2001) 428: 22). Darüber hinaus ist CONECCS auch das Ergebnis der Bemühungen der „Verbesserung des Dialogs mit der Bürgergesellschaft" aus Teil I des Weißbuches „Die Reform der Kommission" (KOM(2000) 200: 45). Bereits hier wurde die Maßnahme beschlossen, eine „Auflistung der an förmlichen und strukturierten Konsultationsverfahren beteiligten Ausschüs-

---

[664] Vgl.: http://europa.eu.int/comm/justice_home/unit/charte/en/faqs.html#12; zuletzt aufgerufen am 24.02.2005. Siehe auch: Bossi, Tania (2001): Die Grundrechtecharta, S. 204 f.

[665] Vgl.: http://europa.eu.int/yourvoice/ipm/index_de.htm; zuletzt aufgerufen am 24.02.2005.

[666] Adresse der Webseite: http://europa.eu.int/yourvoice/; zuletzt aufgerufen am 25. Februar 2005.

se und Arbeitsgruppen" zu erarbeiten. Allerdings ist CONECCS keine interaktive Plattform. Sie dient als Datenbank lediglich der Information.

Neben den elektronischen Konsultationen und Kanälen für Partizipation und Transparenz initiiert die Kommission in jüngster Zeit auch Stakeholder-Dialoge zu verschiedenen Themen. Hier zählt sicher die Debatte über die soziale Verantwortung von Unternehmen (Corporate Social Responsibility; CSR) zu den prominenten Beispielen. Stakeholder Dialoge dienen dabei als Plattformen gesellschaftlicher Auseinandersetzung, die möglichst auf der Basis eines breiten Konsenses, Vorschläge für die Politik erarbeiten sollen. Teilweise sei es so, sagt Martin Rocholl, dass sich die Kommission dabei gar nicht mehr als politischer Akteur verstehe

> „und ihre Aufgaben delegiert an einen Stakeholder-Dialog, in dem verschiedene gesellschaftliche Gruppen zusammen kommen. Die sollen sich einigen und der Kommission dann empfehlen, was zu tun ist. Die Kommission initiiert solche Prozesse und ist dann gar nicht mehr der Broker des öffentlichen Interesses."
> MARTIN ROCHOLL (9. September 2004, Brüssel)

Problematisch seien diese konsensgebundenen Prozesse wegen des Ungleichgewichtes der an Stakeholder-Dialogen teilnehmenden gesellschaftlichen Kräfte. So kann es vorkommen, dass der erarbeitete Konsens entsprechend der Kräfteverhältnisse im Stakeholder-Dialog ausfällt und unterrepräsentierte Kräfte einen entsprechend geringen Anteil am Konsens haben. Diesen „Konsens" dann der Kommission anzubieten als „Input der Zivilgesellschaft oder als das, „was die Gesellschaft will", sei hochproblematisch, so Martin Rocholl. Neben den konsensgebundenen Stakeholder-Dialogen gibt es aber auch solche, wo die Kommission

> „als Ergebnis keinen Konsens erwartet. Hier will die Kommission dann einen klaren Input und sie gibt auch gesellschaftlichen Gruppen wie den Umweltorganisationen den mindestens gleich großen Raum wie der Industrie. Es kommt dann nicht darauf an, wer die Kapazitäten hat, die meisten Leute zu schicken, sondern es kommt darauf an, was ich jetzt hier will. Es gibt da sozusagen zwei Arten von Stakeholder-Dialogues."
> MARTIN ROCHOLL (9. September 2004, Brüssel)

Den neuen Verfahren der Einbindung der Zivilgesellschaft in europäische politische Prozesse ist das Ziel gemeinsam, die verschiedenen Interessengruppen so früh wie möglich in die Entscheidungsfindung einzubinden. Dies findet statt durch die formellen, elektronischen Kanäle, die eine Kommunikation direkt mit der Kommission erlauben sowie durch die Bereitstellung von Foren für die gesellschaftliche Auseinandersetzung, die einen Dialog der Interessengruppen untereinander ermöglichen sollen.

7.4 Formalisierung von Schnittstellen

Neben den oben genannten und relative neuen, insbesondere elektronisch basierten Verfahren zivilgesellschaftlicher Partizipation gibt es zahlreiche weitere formelle und informelle Schnittstellen mit dem politisch-administrativen System der EU, die in der europäischen Mehrebenen-Architektur begründet sind. Alleine die Kommission nennt drei formelle Verfahren der Kommunikation mit den NGOs. Neben „Ad-hoc-Treffen zwischen Kommissionsdienststellen und NRO" und einer „Beteiligung von NRO-Vertretern

7.4 Formalisierung von Schnittstellen

an Sachverständigengruppen" finden „institutionalisierte Konsultationen" statt, die aufgrund politischer bzw. förmlicher Verpflichtung die Anhörung von NGOs „zu einem bestimmten Entscheidungsprozess" vorsehen.[667] Dies findet statt durch die Beteiligung der NGOs an beratenden Ausschüssen „im Rahmen eines förmlichen Konsultationsprozesses."[668] Auch in Form eines institutionalisierten, strukturierten Dialoges werden „im Rahmen von systematischen, in regelmäßigen Abständen stattfindenden Treffen" mit den NGOs „politische Fragen erörtert".[669] Neben anderen Beispielen nennt die Kommission hier als Beispiel der strukturierten Zusammenarbeit auch die regelmäßig stattfindenden Dialoge mit den Vertretern der europäischen Umweltverbände. Zweimal im Jahr treffen die Vertreter der „größten gesamteuropäischen Umweltschutz-NRO (‚Gruppe der Acht')" mit dem Generaldirektor der Generaldirektion Umwelt zusammen, um über das Arbeitsprogramm der Generaldirektion und deren Verhältnis zu den NRO zu diskutieren.[670] Dabei besteht die Gelegenheit, „alle im zurückliegenden Halbjahr aufgetretenen Probleme" zu erörtern.[671]

Das Diskussionspapier der Kommission zum „Ausbau der partnerschaftlichen Zusammenarbeit zwischen der Kommission und Nichtregierungsorganisationen", das sowohl in das Weißbuch „Europäisches Regieren" als auch in die „Konsultationsstandards" eingeflossen ist, stellt aber nicht nur auf die Notwendigkeit einer Intensivierung der Kontakte zu den NGOs ab. Es ist auch als eine Bestandsaufnahme zu verstehen, die die Unübersichtlichkeit der Zusammenarbeit dokumentiert und aus der Unterschiedlichkeit geltender Regeln Reformbedarf für eine bessere Strukturierung der Zusammenarbeit zwischen Kommission und NGOs ableitet. Weitet man die bestehenden Möglichkeiten der Zusammenarbeit zwischen NGOs und Kommission auf alle Lobbyistengruppen und ihre Kontakte zu den verschiedenen Ebenen des europäischen politisch-administrativen Systems aus, wird die These von GREENWOOD (2002: 431) einer „overloaded democracy" plausibel, die durch das Weißbuch „Europäisches Regieren" und der damit verbundenen Suche nach zusätzlichen Kanälen der Kooperation zusätzlich belastet werden könnte.

„In Wirklichkeit" jedoch würden mit dem Weißbuch Kriterien eines organisierten Dialoges formuliert, die de facto ein System zur Akkreditierung von Organisationen am europäischen Politikprozess darstellen.[672] Dies gilt insbesondere für die Organisationen der Zivilgesellschaft, an die sich das Weißbuch neben den EU-Organen, den nationalen Regierungen sowie den Regionen und Kommunen „in erster Linie" richtet.[673] Die im Weißbuch formulierten Kriterien zur Akkreditierung seien ein in hohem Grade verwendbares System für Dialoge mit Organisationen, die transnationale Interessen repräsentieren.[674] Ihre Akkreditierung als Governance-Partner statte sie mit der Stärke aus, um

---

[667] Europäische Union: Die Kommission (2000a): Ausbau der partnerschaftlichen Zusammenarbeit zwischen der Kommission und Nichtregierungsorganisationen. Diskussionspapier der Kommission, S. 9 ff.
[668] Ebda., S. 9.
[669] Ebda., S. 10.
[670] Ebda.
[671] Ebda.
[672] Vgl.: Greenwood, Justin (2002): EU public affairs and the White Paper on Governance, S. 432 f.
[673] Vgl.: Europäische Union: Die Kommission (2001b): Europäisches Regieren, S. 4.
[674] Vgl.: Greenwood, Justin (2002): EU public affairs and the White Paper on Governance, S. 433.

am Regieren effektiv teilzunehmen zu können.⁶⁷⁵ Ihre Akkreditierung ist gleichzeitig auch ihre Legitimationsbasis für die Teilnahme an europäischen politischen Prozessen. So gestärkte Organisationen, die nicht länger Teil eines Lobbyingprozesses seien, der zunächst allen Akteuren offen steht, könnten im Rahmen des Europäischen Regierens dazu beitragen, eine systematische Verbindung zwischen der Zivilgesellschaft und den politischen Institutionen herzustellen.⁶⁷⁶ Somit sind die Organisationen der Zivilgesellschaft nicht länger Teil des Problems einer „overloaded democracy"; sie werden vielmehr zum Teil der Lösung im Prozess des „organising democracy".

Das angesprochene Problem der Vielfalt der Einflusskanäle weist jedoch auf ein anderes Problem, dass möglicherweise gar nicht bewusst inszeniert, aber dennoch real scheint. Heute gehöre es zum guten Ton, „dass jede Konferenz und jedes Hearing einen NGO-Vertreter haben muss", meint Sarah Blau. Sie vergleicht ihre Eindrücke im Jahr 2004 mit den Jahren 1998/99, als sie für eine Umwelt-NGO arbeitete. „Verglichen mit den heutigen NGO Vertretern" sei sie „viel seltener auf Vorträgen und Veranstaltungen" gewesen. Auch Katrin Hugendubel bestätigt für die Organisation SOLIDAR, dass sie „regelmäßig zu den Treffen der Generaldirektion Employment (Beschäftigung, Soziale Angelegenheiten und Chancengleichheit) [...] und auch zu den Meetings der DG-Trade und der DG-Development" eingeladen werden.

> „Einmal werden wir natürlich konstant und regelmäßig zu allen Hearings eingeladen, die von der Kommission oder von Expertengruppen etc. veranstaltet werden. Ständig kommen hier Anfragen, doch bitte zur Gesetzgebung „xy" einen Kommentar ab zugeben. Ich kann das alles gar nicht beantworten. Die Möglichkeiten der Teilnahme an diesen Treffen sind mehr als gegeben. Da brauche ich mich auch gar nicht drum kümmern. Da werde ich zu eingeladen."
> MARTIN ROCHOLL (9. September 2004, Brüssel)

Allerdings stelle sich die Frage, „wie effektiv das ist und ob nachher dabei was rauskommt."⁶⁷⁷ Ferner müsse „man seine Ressourcen sehr [...] klar einteilen."⁶⁷⁸ Sarah Blau erkennt darin „auch eine Gefahr für die NGOs".

> „Da jettet man überall rum und nimmt an vielen Veranstaltungen teil, aber die eigentliche Lobbyarbeit kommt evtl. zu kurz. Natürlich ist das auch ein Teil der Lobbyarbeit. Aber die Gefahr besteht, dass man sich da ein bisschen verlieren kann."
> SARAH BLAU (18. August 2004, Brüssel)⁶⁷⁹

„Wir werden [...] mit Meetings zugeschüttet," meint Martin Rocholl, und Sarah Blau vermutet dahinter auch eine „Taktik der Beschäftigung", die NGOs in ein Prozedere einzubinden, sie „ein schönes Papier schreiben" lässt und wo „dann auch sehr viele Leute, die an diesen Themen [...] ein Interesse haben", mit beschäftigt seien. „Die Frage ist aber, wie viel bringt das schlussendlich der Umwelt?"⁶⁸⁰

---

[675] Vgl.: Ebda.
[676] Vgl.: Ebda.
[677] Interview mit Martin Rocholl, FoEE, 9. September 2004, Brüssel.
[678] Ebda.
[679] Frau Blau äußerte in dem Interview ihre private Meinung. Sie spricht nicht für die Organisationen und Gremien, für die sie gearbeitet hat oder arbeitet.
[680] Interview mit Sarah Blau, ehemalige Mitarbeiterin beim EEB und ehemalige Fraktionsreferentin der Grünen im Europaparlament, 18. August 2004, Brüssel. Frau Blau äußerte in dem Interview ihre private Meinung. Sie spricht nicht für die Organisationen und Gremien, für die sie gearbeitet hat oder arbeitet.

7.4 Formalisierung von Schnittstellen

Daniel Mittler beschreibt diesen Umstand für den Umweltbereich als „das Post-Rio Phänomen der Konsultationen" und stellt in Frage, ob es sich dabei in allen Fällen tatsächlich um „wirkliches Interesse an dem, was NGOs zu sagen haben oder sogar" um eine „gestiegene Wertschätzung dessen, was NGOs an zusätzlichem Wissen heranbringen können", handelt.

> Viele dieser runden Tische, die ich jetzt auch zur europäischen Nachhaltigkeitsstrategie und zum Konventsprozess erlebt habe, sind als politisches Theater inszeniert. Diese Prozesse beschreibt meiner Ansicht nach Joachim Spangenberg immer noch am besten mit „participation overkill".   DANIEL MITTLER (21. Juli 2004, Amsterdam)

Die Reformen des „Europäischen Regierens" dienen mit ihren Kriterien eines organisierten Dialoges der Formalisierung von Konsultationsprozessen und sollen die „Zugänge zur Kommission" so „transparent wie nur möglich [...] gestalten."[681] Durch die Vermittlung des Inputs von Interessengruppen im Rahmen formeller Konsultationen „auch über das Internet" sollen „die traditionellen informellen Kanäle [...] im Gegenzug immer mehr" ausgetrocknet werden.[682] In Bezug auf die Undurchsichtigkeit, wie im politischen Europa Entscheidungen zustande kommen, bietet dieser Ansatz insbesondere hinsichtlich des Ungleichgewichtes der Akteure im europäischen Lobbyismussystem tatsächlich eine Chance für mehr Transparenz.

Eine wichtige Rolle im politischen Brüssel spielen neben den formalisierten Prozessen der Anhörung und Mitwirkung die informellen Strukturen, die in eine eher private und in eine eher offizielle Sphäre unterschieden werden können. Die eher private Linie führt Menschen mit gleichen Interessen zusammen, die in Brüssel arbeiten und über ihre Arbeit soziale Kontakte knüpfen. In der „Umwelt-NGO Szene", die in Brüssel aus einem „Kreis von maximal 30-40 Leuten" bestehe, sei es nicht unüblich, dass sich die Leute teilweise auch privat gut kennen" und

> „die zum Teil auch zusammen wohnen und dadurch auch die Freundeskreise kennen. Ich denke, dass spielt auch eine Rolle, die man nicht unterschätzen sollte. Gerade in Brüssel ist das so eine Szene und ich nehme an, dass andere Szenen genauso funktionieren."   SARAH BLAU (18. August 2004, Brüssel)[683]

Die Leute in Brüssel treffen sich auf Partys und es existieren zahlreiche Netzwerke „aus den verschiedenen Nationen."[684] Allerdings „sind diese Gruppen meist thematisch gegliedert."[685] So gibt es etwa im Umweltbereich seit etwa Anfang 2003 die „Initiative „Green Drink" [...]. Am ersten Montag jeden Monats treffen sich die Leute aus der Szene abends in einem Café." 15-20 Leute aus einem ca. 100 Personen umfassenden Kreis, der „auch ehemalige Angehörige aus der NGO-Szene" einschließt, kommen dabei regelmäßig zusammen.[686] Durch die Nähe zu den europäischen Institutionen und

---

[681] Vgl. Gminder, Beate (2004): „Wir werden die informellen Kanäle austrocknen", S. 21.

[682] Vgl. Ebda.

[683] Frau Blau äußerte in dem Interview ihre private Meinung. Sie spricht nicht für die Organisationen und Gremien, für die sie gearbeitet hat oder arbeitet.

[684] Interview mit Philipp Schepelmann, Wuppertal Institut für Klima, Umwelt, Energie, 10. Dezember 2001, Wuppertal.

[685] Ebda.

[686] Interview mit Sarah Blau, ehemalige Mitarbeiterin beim EEB und ehemalige Fraktionsreferentin der Grünen im Europaparlament, 18. August 2004, Brüssel. Frau Blau äußerte in dem Interview ihre private Meinung. Sie spricht nicht für die Organisationen und Gremien, für die sie gearbeitet hat oder arbeitet.

durch sich anbietenden Karrierechancen wird auch die Fluktuation der NGO-Mitarbeiter begünstigt. Durch diese Personalbewegungen entstehen Netzwerke und Sarah Blau denkt, dass „viele der Leute, die früher in Umweltorganisationen gearbeitet haben, gerade auch aus der jüngeren Generation, heute in den eher klassischen Positionen etwa in der Kommission" zu finden seien. „Man findet diese Leute überall wieder."[687] So liegt die Vermutung von Philipp Schepelmann nahe, dass die Umweltorganisationen oft einen Bonus hätten.[688] Dies begründet sich dadurch, dass viele Menschen auch aus der Brüsseler Verwaltung und Politik sowieso „Unterstützer von Greenpeace oder Mitglieder von FoEE-Organisationen sind."[689] FoEE-Organisationen z. B. sind im Gegensatz zu den vielen anderen Lobbyingverbänden Mitgliedsorganisationen. „Mitglieder etwa des BUND", der im Jahr 2005 fast 400.000 Mitglieder zählt, „findet man ja überall; eben auch in diesen Apparaten."[690]

Die eher offizielle Sphäre informeller Kontakte ist dabei die problematischere, wobei es wahrscheinlich immer Probleme geben dürfte, beide Ebenen klar zu unterscheiden. Auf dieser Ebene schlagen sich vor allem die berechtigten Forderungen nach mehr Transparenz nieder. Allerdings sind es aufgrund der geschilderten Problematik der Ressourcenbindung an formelle Prozesse eben auch jene informellen Kanäle, die es den NGOs ermöglichen, Einfluss auf Entscheidungen zu nehmen und die für Prozesse des Wissenstransfers und als soziale Grundlage loser Politiknetzwerke eine wichtige Rolle spielen. Die Bedeutung dieser informellen Kanäle für die Umwelt-NGOs macht Sarah Blau deutlich, die als „wichtige Quellen [...] auch Leute in der Kommission oder in den nationalen Ministerien" nennt, die die NGOs mit Informationen auch darüber versorgen, „dass sie etwas machen wollten aber nicht durften." So bekomme man „auch oft ein bisschen" etwas mit von „der Vorgeschichte" eines Themas und man wüsste dann genau, „was aus welchen politischen Gründen verschwunden ist."[691]

Martin Rocholl bestätigt diese informellen Kontakte auch für die G 8. Wir haben

> „natürlich ganz informell, ohne dass das festgelegt worden ist, als Green 8 natürlich auch Zugang direkt zum Kommissar, zur Kommissarin und zu verschiedenen Colleagues. Dafür sind wir, die ganzen Umweltorganisationen zusammengenommen, stark genug. Oder wir haben Zugang zum Director General oder zu den jeweiligen Chefs der Abteilungen, wenn es um bestimmte Themen geht."
> MARTIN ROCHOLL (9. September 2004, Brüssel)

Und er vertritt eine klare Position gegen eine Institutionalisierung dieser Kontakte:

> „Wir sind auch der Meinung, dass es uns letztlich nicht helfen würde, wenn die Kommission geregelte Verfahren findet, wie sie mit NGOs zusammenarbeitet. Wir glauben nicht, dass das irgendwas bringen würde. Dafür sind unsere direkten und unmittelbaren Kontakte viel zu gut. Wir haben sogar im Gegenteil eher die Angst, dass wenn das geregelt würde, es zum Ausschluss von gewissen NGOs führen könnte und das man dann zwischen netten und nicht so netten NGOs anfängt zu unterscheiden und

---

[687] Ebda.
[688] Interview mit Philipp Schepelmann, Wuppertal Institut für Klima, Umwelt, Energie, 10. Dezember 2001, Wuppertal.
[689] Ebda.
[690] Ebda.
[691] Interview mit Sarah Blau, ehemalige Mitarbeiterin beim EEB und ehemalige Fraktionsreferentin der Grünen im Europaparlament, 18. August 2004, Brüssel. Frau Blau äußerte in dem Interview ihre private Meinung. Sie spricht nicht für die Organisationen und Gremien, für die sie gearbeitet hat oder arbeitet.

das man Kriterien einführt, warum die teilnehmen können oder nicht usw. Das halten wir aus unserer Sicht nicht für brauchbar."

MARTIN ROCHOLL (9. September 2004, Brüssel)

Allerdings ist anzumerken, dass es sich bei den formalisierten Online-Konsultationen noch um eine recht junge Erscheinung handelt. In einem reiferen Stadium ihrer Umsetzung könnte erwartet werden, dass sich für die dann in dieser Form der Partizipation eingeübten NGOs, bei Gleichheit der Bedingungen, die Frage der Ressourcenbindung in entschärfter Form stellen wird. Die gegenwärtige Phase könnte somit als Übergang beschrieben werden, wo es tatsächlich nur mit einem hohen Aufwand möglich erscheint, sich an den verschiedenen Lobbyfronten und im Rahmen vieler Stakeholder-Dialoge und Online-Konsultationen Gehör zu verschaffen.

7.5 Einschätzungen: Online Konsultationen und Internetforen

Die Reformgedanken der Kommission greifen die modernen Konzepte der Organisationsentwicklung auf, wollen dem Formwandel der Politik durch die Anpassung der supranationalen Strukturen Rechnung tragen und reflektieren den gesellschaftlichen und technischen Wandel durch die Anerkennung der Zivilgesellschaft und den Einsatz neuer Medien in politischen Kommunikationsprozessen. Die Ideen der Kommission zum ‚Europäischen Regieren' sind „sicherlich ‚state of the art' und man findet kaum etwas Fortschrittlicheres."[692] So beschreibt GREENWOOD (2002: 3) etwa den Konsultationsprozess zum Weißbuch „Europäisches Regieren" als einen „impressively open and highly accessible policy-making process, informed by independent, detached and free thinking expert guidance."[693]

Doch „die Bürger Europas sind skeptisch gegenüber programmatischen Ankündigungen aus Brüssel geworden. Es gilt daher, die Schere zwischen Worten und Taten zu schließen."[694] Sie sind zu Recht skeptisch, wie die Studie von HÉRITIER (2001) beweist. Héritier untersuchte während des gerade anlaufenden Reformprojektes „Europäisches Regieren" die Beteiligung der Zivilgesellschaft an Entscheidungsprozessen. Vor dem Hintergrund der im Weißbuch postulierten neuen Formen von Governance, namentlich einer veränderten Konsultations- und Dialogkultur, fällt ihr Ergebnis ernüchternd aus. Von 926 gezählten Entscheidungen im Zeitraum von Januar 2000 bis Juli 2001 waren

---

[692] Interview mit Philipp Schepelmann, Wuppertal Institut für Klima, Umwelt, Energie, 10. Dezember 2001, Wuppertal.
[693] Greenwood, Justin (2002): EU public affairs and the White Paper on Governance, S. 426. Ausführlich zur Vorgeschichte und Entstehung des White Papers siehe: Ebda.: S. 425 f.
[694] Europäische Union: Der Wirtschafts- und Sozialausschuss, Unterausschuss „Die Kommission und die NRO" (2000): Stellungnahme des Wirtschafts- und Sozialausschusses zum Diskussionspapier der Kommission „Ausbau der partnerschaftlichen Zusammenarbeit zwischen der Kommission und Nichtregierungsorganisationen" (KOM(2000) 11 end.). Brüssel, CES 811/2000, S. 3.

nur 99 unter den Bedingungen neuer Formen des Regierens zustande gekommen. Der Großteil davon in der Sozial- und Umweltpolitik.[695]

So verwundern auch die Meinungen der im Rahmen dieser Studie befragten Experten nicht, die um eine Einschätzung hinsichtlich der Wirkung der von der Prodi-Kommission initiierten Reformen zu einer effektiveren Beteiligung der Zivilgesellschaft an europäischer Politik hauptsächlich durch elektronische Plattformen befragt wurden. Die mit diesen Kanälen geschaffene Form der Beteiligung und die damit angestrebten Ziele wurden durchweg begrüßt. Hinsichtlich der Einflussmöglichkeiten auf den Prozess der politischen Willensbildung jedoch fielen die Antworten ebenso durchgängig skeptisch aus.

„Ich denke, die Zielsetzung ist sicher lobenswert und es ist auch wichtig", meint Sarah Blau. „Im Hinblick auf das Vorhaben, weitere Kreise in die europäische Politik einzubeziehen, macht das sicher Sinn."[696] Auch Holger Benzing bewertet die neuen Verfahren grundsätzlich positiv, hegt aber hinsichtlich des Einflusses seine Zweifel:

> „Ich glaube, für die Kommission sind diese ganzen Internetkonsultationen [...] schon sehr wichtig. Es ist wichtig, dass man ein breitest Mögliches gesellschaftliches Spektrum mal einbindet, die an dem Thema interessiert sind. Wie gesagt – viele Steine vorab schon mal aus dem Weg räumen. Ich glaube, dass macht dann auch die Kommissionsvorschläge sicherlich besser. [...] Ich würde jetzt der Kommission nicht unterstellen wollen, dass das ein Placebo für die Zivilgesellschaft ist. Ich würde mir aber auch keine zu großen Hoffnungen machen. Denn wenn der politische Wille in die eine oder in die andere Richtung geht und da ein Kommissar oder ein Generaldirektor ist, der eine klare Vorstellung hat von dem was er da haben will, dann – glaube ich, macht ein Beitrag von einer NGO in einem Forum dann auch nicht soviel aus."
> HOLGER BENZING (11. August 2004, Berlin)

Friedrich Hinterberger beurteilt die Maßnahmen ebenfalls positiv. Allerdings handele es sich dabei zunächst nur um einen zusätzlichen Kanal.[697] Einen zusätzlichen Kanal, der auch die Probleme einer sehr selektiven Partizipation durch elektronische Kommunikationskanäle mit sich bringe, so Evelin Lichtenberger.[698]

> „Das ist eine ganz bestimmte Gruppe mit ganz bestimmten Merkmalen. Diese Gruppe ist beschreibbar. Das ist kein Querschnitt der Bevölkerung. Und da Demokratie mit Repräsentanz zu tun hat, ist das natürlich [...] problematisch und es ist gefährlich, wenn man es glorifiziert." EVELIN LICHTENBERGER (28. September 2004, Brüssel)

Andreas Kraemer spricht von einem „Elitemedium"[699], und auch Daniel Mittler erkennt „ganz klar elitäre Prozesse" der politischen Kommunikation und wirft gleichzeitig die

---

[695] Siehe ausführlich in: Héritier, Adrienne (2001): New Modes of Governance in Europe: Policy-Making without Legislating? Bonn (= Preprints aus der Max-Planck-Projektgruppe Recht der Gemeinschaftsgüter, Nr. 51, (2001/14)), S. 4.
[696] Interview mit Sarah Blau, ehemalige Mitarbeiterin beim EEB und ehemalige Fraktionsreferentin der Grünen im Europaparlament, 18. August 2004, Brüssel. Frau Blau äußerte im Interview ihre private Meinung. Sie spricht nicht für die Organisationen und Gremien, für die sie gearbeitet hat oder arbeitet.
[697] Vgl.: Interview mit Friedrich Hinterberger, Sustainable Europe Research Institute (SERI), in Gruppeninterview, 6. September 2004, Wien.
[698] Interview mit Evelin Lichtenberger, MdEP, 28. September 2004, Brüssel.
[699] Interview mit Andreas Kraemer, Ecologic, 8. September 2004, Berlin. Herr Kraemer äußerte in dem Interview seine private Meinung. Er spricht nicht für die Organisationen und Gremien, für die er gearbeitet hat oder arbeitet.

interessante Frage auf, „ob das in irgendeiner Weise ein gemeinsames Gefühl von europäischer Elite unter denen schafft, die an solchen Prozessen teilnehmen."[700]

Die Skepsis hinsichtlich der Einflussmöglichkeiten und gegenüber der partizipativen Wirkung von Internetforen fasst Katrin Hugendubel prägnant zusammen: „Wir glauben nicht, dass ein Forum zwangsläufig Partizipation bedeutet."[701]

> „Es ist ein relativ verzweifelter Versuch, Bürgernähe zu zeigen. Es ist der Prodi-Kommission sehr bewusst, wie wenig Glaubwürdigkeit und wirkliches Interesse an ihnen auf der Basisebene in Europa herrscht. Ich nehme ihnen schon ab, dass sie das als Problem ernst nehmen und versuchen, dagegen irgendwie vorzugehen. Was dann dabei rauskommt sind eben in der Tat solche formalen Anhörungsprozesse, die mit den Bürgern natürlich überhaupt nichts zu tun haben [...]."
> DANIEL MITTLER (21. Juli 2004, Amsterdam)

Eine generelle Kritik an politischen Internetforen äußert Andreas Kraemer, der aber gleichzeitig auch zentrale Fragen zur Zukunft des Mediums aufwirft:

> „Haben Sie ein einziges Internetforum gesehen, in dem eine sinnvolle Diskussion stattgefunden hätte, und wo man nachher feststellen konnte, dass diese sinnvolle Diskussion einen Einfluss auf irgendeine Politik gehabt hätte? Ich noch nicht. Ich weiß nicht, ob es daran liegt, dass dieses Medium dafür schlechterdings ungeeignet ist, oder ob es daran liegt, dass wir noch nicht gelernt haben, es richtig einzusetzen. Gelernt heißt hier zum einen, dass es technisch beherrscht werden muss, und zum anderen aber auch, dass es auch seinen Platz im Politikdiskurs finden muss."
> ANDREAS KRAEMER (8. September 2004, Berlin)[702]

7.6 Der Wirtschafts- und Sozialausschuss als Repräsentationsorgan der Zivilgesellschaft?

Der Wirtschafts- und Sozialausschuss hat im Vorfeld der Reformbemühungen zur Governance-Reform wichtige Arbeit geleistet und sich mit Stellungnahmen produktiv in den Prozess eingebracht.[703] Dabei sind sicherlich auch viele Positionen insbesondere aus dem Papier zum Thema „Die Rolle und der Beitrag der organisierten Zivilgesellschaft zum europäischen Einigungswerk" aus dem Jahre 1999 zum einen in das Kommissionspapier aus dem Jahre 2000 zum „Ausbau der partnerschaftlichen Zusammenarbeit zwischen der Kommission und Nichtregierungsorganisationen" als auch in das 2001 vorgelegte Weißbuch zum Europäischen Regieren eingeflossen.

Der Wirtschafts- und Sozialausschuss sieht seine Funktion u. a. als Vertreter und Forum der organisierten Zivilgesellschaft auf Gemeinschaftsebene. Er sei das institutiona-

---

[700] Interview mit Daniel Mittler, Greenpeace International, 21. Juli 2004, Amsterdam.
[701] Interview mit Katrin Hugendubel, SOLIDAR, 19. Juli 2004, Brüssel.
[702] Herr Kraemer äußerte in dem Interview seine private Meinung. Er spricht nicht für die Organisationen und Gremien, für die er gearbeitet hat oder arbeitet.
[703] Vgl.: Europäische Union: Der Wirtschafts- und Sozialausschuss (1999): Stellungnahme des Wirtschafts- und Sozialausschusses zum Thema „Die Rolle und der Beitrag der organisierten Zivilgesellschaft zum europäischen Einigungswerk"; Europäische Union: Der Wirtschafts- und Sozialausschuss, Unterausschuss „Die Kommission und die NRO" (2000): Stellungnahme des Wirtschafts- und Sozialausschusses zum Diskussionspapier der Kommission „Ausbau der partnerschaftlichen Zusammenarbeit zwischen der Kommission und Nichtregierungsorganisationen".

lisierte Gremium, dessen Mitglieder „unmittelbare Vertreter der organisierten Zivilgesellschaft" seien und die „in ihrer Gesamtheit jenes Netzwerk an kommunikativen Handlungen" repräsentierten, „die als ‚Lebenswelt' die notwendige Aktionsbasis der Zivilgesellschaft bilden."[704] Seinem Selbstverständnis nach ist der Ausschuss „der institutionelle Ort der Begegnung der organisierten Zivilgesellschaft."[705]

Die Kommission benannte jedoch in der Vergangenheit lediglich sich selbst und das Europäische Parlament „als Orte des Dialogs mit dem Bürger" – der Ausschuss blieb unerwähnt.[706] Mit der Änderung des Art. 257 EGV im Vertrag von Nizza (2000) hat sich dies insofern verändert, als dass der WSA nicht mehr „aus Vertretern der verschiedenen Gruppen des wirtschaftlichen und sozialen Lebens" besteht (alt), sondern „aus Vertretern der verschiedenen wirtschaftlichen und sozialen Bereiche der organisierten Bürgergesellschaft" (neu). Die Erwähnung seiner Funktion im Weißbuch in Zusammenhang mit der Einbindung der Zivilgesellschaft sieht für den WSA eine „proaktivere Rolle" vor und stärkt seine Position im Rahmen der angestrebten Aufwertung der Partizipationsmöglichkeiten.[707] Von den 24 deutschen Mitgliedern im WSA vertritt gegenwärtig lediglich ein Vertreter die Umwelt-NGOs[708] und eine der sechs Fachgruppen beschäftigt sich auch mit Fragen der Landwirtschaftspolitik, der Nahrungsmittelsicherheit und des Umweltschutzes. Dennoch stellt sich der bereits mit den Römischen Verträgen 1957 ins Leben gerufene und nach der EU-Osterweiterung nunmehr 317 Mitglieder zählende WSA trotz allem selbstreferentiellen Lob zurecht selbst die Frage, ob seine aktuelle Mitgliederstruktur tatsächlich „den gesellschaftlichen Wandel der letzten 40 Jahre [...] widerspiegelt."[709] So strebt der Ausschuss an, andere Akteure der Zivilgesellschaft in den Dialog mit einzubeziehen, was mit der Reform von Nizza auch teilweise umgesetzt wurde.[710] Die Frage nach der Mitgliederstruktur des Ausschusses, der die Interessen der organisierten Zivilgesellschaft vertreten will, ist aber nach wie vor aktuell. Denn generell hat sich an der Zusammensetzung des WSA nichts Grundlegendes geändert. Nach wie vor vertritt er hauptsächlich die Interessen der Industrie und der Gewerkschaften, wobei insbesondere die Industrie sowieso ihre eigenen Kanäle habe.[711] Daher könne man den WSA besser abschaffen, meint Sarah Blau. Andreas Kraemer verweist auf die Auffassung, dass der WSA in seiner gegenwärtigen Zusammensetzung „verzichtbar" sei, oder dass man ihn „als eine irrelevante Größe dahinleben lassen"

---

[704] Europäische Union: Der Wirtschafts- und Sozialausschuss (1999): Stellungnahme des Wirtschafts- und Sozialausschusses zum Thema „Die Rolle und der Beitrag der organisierten Zivilgesellschaft zum europäischen Einigungswerk", S. 34 f.
[705] Ebda., S. 36.
[706] Ebda., S. 34.
[707] Vgl.: Europäische Union: Die Kommission (2001b): Europäisches Regieren. Ein Weissbuch, S. 19 f. + S. 13.
[708] Hier handelt es sich um Lutz Ribbe von der Stiftung Europäisches Naturerbe (EURONATUR). Stand vom Frühjahr 2005.
[709] Europäische Union: Der Wirtschafts- und Sozialausschuss (1999): Stellungnahme des Wirtschafts- und Sozialausschusses zum Thema: „Die Rolle und der Beitrag der organisierten Zivilgesellschaft zum europäischen Einigungswerk", S. 35.
[710] Vgl.: Ebda., S. 36.
[711] Interview mit Sarah Blau, ehemalige Mitarbeiterin beim EEB und ehemalige Fraktionsreferentin der Grünen im Europaparlament, 18. August 2004, Brüssel. Frau Blau äußerte in dem Interview ihre private Meinung. Sie spricht nicht für die Organisationen und Gremien, für die sie gearbeitet hat oder arbeitet.

7.6 Der Wirtschafts- und Sozialausschuss als Repräsentationsorgan der Zivilgesellschaft?

könne.[712] Auch GREENWOOD (2002: 429) ist der Ansicht, dass der WSA das komplette Spektrum der öffentlichen Interessen abdecken müsse, um als Repräsentationsorgan der Zivilgesellschaft ernst genommen zu werden.[713] Dies hätte natürlich den kompletten Umbau des WSA zur Folge – inklusive einer völlig anders gelagerten Interessenlage. Dennoch habe der WSA

> „seine Funktion in den Diskussionsprozessen: Er ist eine bereichernde Institution. Er ist aber im Wesentlichen mit sich selbst beschäftigt; er genügt sich selbst in seinen Diskussionen. Was man immer wieder feststellen kann, wenn man zu Veranstaltungen des WSA geht, ist, dass die WSA-Mitglieder miteinander reden und die Externen für die Diskussion eigentlich irrelevant sind. Die WSA-Mitglieder brauchen weder Impulse von außen noch brauchen sie wirklich Zuhörer, die nicht aus ihrem eigenen Kreise kommen." ANDREAS KRAEMER (8. September 2004, Berlin)[714]

Diese strukturellen Defizite und die ihm zuzuschreibende Selbstreferentialität lassen den WSA kaum als den institutionellen Ort der Begegnung der organisierten Zivilgesellschaft erscheinen. Vielmehr scheint das Selbstverständnis des WSA der Realität entrückt. So fordert der europapolitische Sprecher der Bundestagsfraktion Bündnis90/ Die Grünen, Christian Sterzing, in einem Beitrag zum Konventsforum nicht ohne Grund, den WSA umzubauen zu einem „Europäischen Ausschuss für Nachhaltige Entwicklung."[715] Damit hätte die Ökologie „einen speziellen Fürsprecher im institutionellen System der EU" und etwa die „Anwendung des Umweltintegrationsartikels" könne dann besser überprüft werden.[716] Es wäre „vielleicht ganz sinnvoll, etwas anderes daraus zu machen", da man den WSA „ja nicht ganz verschwinden lassen" könne, meint auch Sarah Blau.[717] Allerdings „müsste man 99% der Leute auswechseln, wenn man den Ecosoc in einen Ausschuss für nachhaltige Entwicklung umwandeln würde".[718]

> „Wenn man das macht, müsste man die Zusammensetzung dieses Ausschusses ganz erheblich erweitern und dafür sorgen, dass Umwelt-, Naturschutz- und Ressourcenschutzorganisationen, Verbraucherschutzorganisationen, kulturelle Organisationen vertreten sind."   ANDREAS KRAEMER (8. September 2004, Berlin)[719]

---

[712] Interview mit Andreas Kraemer, Ecologic, 8. September 2004, Berlin. Herr Kraemer äußerte in dem Interview seine private Meinung. Er spricht nicht für die Organisationen und Gremien, für die er gearbeitet hat oder arbeitet.

[713] Vgl.: Greenwood, Justin (2002): EU public affairs and the White Paper on Governance, S. 429 f.

[714] Herr Kraemer äußerte in dem Interview seine private Meinung. Er spricht nicht für die Organisationen und Gremien, für die er gearbeitet hat oder arbeitet.

[715] Sterzing, Christian (2002): Umweltschutz und Nachhaltigkeitsprinzip in der Europäischen Verfassung verankern. Beitrag des europapolitischen Sprechers der Bundestagsfraktion Bündnis90/ Die Grünen zum Konventsforum, S. 2.

[716] Ebda.

[717] Frau Blau äußerte in dem Interview ihre private Meinung. Sie spricht nicht für die Organisationen und Gremien, für die sie gearbeitet hat oder arbeitet.

[718] Ebda.; dto.

[719] Herr Kraemer äußerte in dem Interview seine private Meinung. Er spricht nicht für die Organisationen und Gremien, für die er gearbeitet hat oder arbeitet.

7.7 „Glocal Governance" und die Reformen von Maastricht

Der 1992 im Vertrag von Maastricht erstmals erwähnte Ausschuss der Regionen (AdR) wurde 1994 ins Leben gerufen. Ebenso wie der WSA hatte der AdR bis zur EU-Osterweiterung 222 Mitglieder, die die Interessen der Länder, Regionen und Gemeinden vertreten.[720] Nach der EU-Osterweiterung stieg die Zahl der Mitglieder beider Gremien auf 317. Der AdR ist u. a. Ausdruck der institutionellen Verfestigung des mit dem Vertrag von Maastricht in die EU-Politik eingeführten Prinzips der Subsidiarität[721], das eine „bürgernahe" Politik sicherstellen soll.

> „Als staatsethisches Prinzip verstanden, billigt die Subsidiarität dem Staat zwar eine grundsätzliche Legitimität zu, schränkt aber seine Kompetenzen zugunsten nichtstaatlicher Institutionen kräftig ein." HÖFFE (1999: 129)

Als Subsidiarität wird das Prinzip verstanden, dass die untere Ebene „im Rahmen dieses politischen und sozialen Organisationsprinzips" prinzipiell Vorrang vor der höheren Ebene hat, die erst aktiv wird, „wenn die untere Ebene überfordert ist."[722] Der WSA versteht Subsidiarität „im Bereich der Zivilgesellschaft" auch als „extern [...], d.h. als Empfehlung, es den Bürgern zu überlassen, sich selbst mit den sie betreffenden Problemen zu befassen."[723] Ebenso wie der WSA soll auch der AdR im Rahmen der Governance-Reform gestärkt werden, „um an der Gestaltung der Politik in einem weitaus früheren Stadium als heute mitzuwirken."[724] Dabei fordert der AdR, ihm den Status eines Organs zuzuerkennen.[725]

Allerdings so, ZBINDEN (1999: 110), habe sich praktisch in allen Staaten durchgesetzt, „nur gewählte Vertreter der Gebietskörperschaften" (z. B. Länder, Gemeinden) zu entsenden. Im Falle der 24 deutschen Mitglieder sind es 21 Ländervertreter und drei der Gemeindeebene. Die „hochkarätige" Besetzung des AdR besteht meist aus Ministerpräsidenten der Länder und ihrer Minister.[726] Durch diese Zusammensetzung des AdR ist eine adäquate Vertretung der zunehmend in NGOs organisierten Zivilgesellschaft zu bezweifeln. Eine Reform europäischen Regierens für mehr Bürgernähe muss diese Tatsache berücksichtigen und es ist fragwürdig, ob die Änderung seines Status zu einem Organ der EU ausreicht oder ob nicht gleichzeitig über die Struktur seiner Besetzung nachzudenken ist. Ministerpräsidenten, Landesminister und Repräsentanten der Gemeinden vertreten auch parteipolitische Interessen und haben eben *gerade nicht* die Qualitäten neuer Netzwerke, die mit ihrer ‚bottom-up' Struktur auch für inhaltliche Re-

---

[720] Zbinden, Martin (1999): Die Institutionen und die Entscheidungsverfahren der Europäischen Union nach Amsterdam. Bern, S. 109 ff.

[721] Vgl.: EUV: Präambel und Art. 1; EGV, (neu) Art. 5 (Amsterdam); alt: Art. 3b (Maastricht).

[722] Europäische Union: Der Wirtschafts- und Sozialausschuss (1999): Stellungnahme des Wirtschafts- und Sozialausschusses zum Thema „Die Rolle und der Beitrag der organisierten Zivilgesellschaft zum europäischen Einigungswerk", S. 33.

[723] Ebda.

[724] Europäische Union: Die Kommission (2001b): Europäisches Regieren. Ein Weissbuch, S. 20.

[725] Europäische Union: Der Ausschuss der Regionen (2001): Bericht des Ausschusses der Regionen über die „Bürgernähe". Brüssel, CdR 436/2000, S. 18.

[726] Vgl.: Zbinden, Martin (1999): Die Institutionen und die Entscheidungsverfahren der Europäischen Union nach Amsterdam, S. 110.

7.7 „Glocal Governance" und die Reformen von Maastricht

formen großes Innovationspotenzial bereitstellen können.[727] Es verwundert in diesem Zusammenhang nicht, dass sich im AdR parteipolitische Fraktionen bilden, die bestehende Machtverhältnisse zementieren.[728]

Im herkömmlichen Repräsentationsmodell geben die Einwohner „ihre Entscheidungsmacht ab, aber ebenso ihre Gestaltungsmacht".[729] Das Modell der Selbststeuerung dagegen folgt einer anderen Logik. Hier bildet sich bei einem zu bearbeitenden Problem ein Verhandlungssystem, „das Lösungen erarbeitet [...] und Aufgaben verteilt".[730]

Abbildung 5: Kommunale Netzwerksteuerung: Beteiligte Ebenen im politischen Prozess[731]

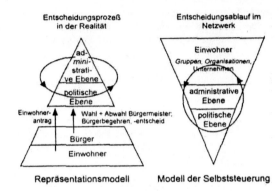

> „Gesellschaftliche Selbstregelung und Verhandlungen zwischen staatlichen und gesellschaftlichen Akteuren in neokorporatistischen Strukturen bzw. Politiknetzwerken sind keine alternativen Governance-Formen, sondern durchdringen und ergänzen sich gegenseitig."
> MAYNTZ (1997: 283)

Um Netzwerksteuerung umzusetzen bedarf es einer grundlegenden Veränderung lokaler politisch-administrativer Strukturen. Ihre Merkmale sind u. a. Dezentralität durch lose gekoppelte und relativ autonome Verwaltungseinheiten, eine Beteiligung der Bürger und lokaler Akteure sowie die Bestimmung der Aufgabe der Politik als Initiator von Entscheidungsprozessen und ihrer Funktion als Moderator, um diese Prozesse zu koordinieren. Diese Gestalt der Willensbildungs- und Entscheidungsprozesse führt zum einen zu verstärkter Demokratisierung und „als Ergebnis entsteht die *Strategiefähigkeit* der

---

[727] Teilweise feiern in Gemeinden die Bürgermeister ihr 20jähriges Dienstjubiläum. (Quelle: eigene). In Baden-Württemberg etwa werden die Bürgermeister nur alle acht Jahre gewählt. Vgl.: Götz, Markus (2001): Politische Steuerung in der Kommune. Die Reform der Kommunalpolitik durch Netzwerke und Verhandlungssysteme. Münster (= Schriftenreihe der Sozialdemokratischen Gemeinschaft für Kommunalpolitik Nordrhein-Westfalen Düsseldorf; Bd. 19), S. 199.

[728] Vgl.: Zbinden, Martin (1999): Die Institutionen und die Entscheidungsverfahren der Europäischen Union nach Amsterdam, S. 113.

[729] Götz, Markus (2001): Politische Steuerung in der Kommune. Die Reform der Kommunalpolitik durch Netzwerke und Verhandlungssysteme, S. 199.

[730] Ebda.

[731] Abbildung aus: Ebda, S. 224.

Kommunalpolitik. Politische Steuerung ist damit auch in einer modernen Gesellschaft möglich."[732]

Als Beispiel kann der lokale Agenda 21 Prozess gelten. Er wird verstanden „als ein Lern- und Suchprozess nach Wegen für eine nachhaltige Entwicklung."[733] Vor allem zivilgesellschaftliche Elemente wie die NGOs haben diesen Prozess trotz der „Widerstände lokaler Autoritäten" in Gang gesetzt.[734] Der Referenzrahmen für ihr Handeln, bzw. ihr Mandat, war die von den Nationalstaaten unterzeichnete „Abschlusserklärung des Erdgipfels von Rio", der, zusammen mit den anderen Weltkonferenzen der 1990er Jahre, „die Rolle der lokalen politischen Institutionen [...] erheblich aufgewertet" hat.[735]

In diesem Zusammenhang gewinnt der Begriff der Glokalisierung[736] seine Bedeutung. Er beschreibt zunächst „die zunehmende Durchdringung und Beeinflussung örtlicher Verhältnisse, Gebräuche und Gewohnheiten durch Prozesse [...], die sich in globalen Referenzrahmen vollziehen."[737] Dabei ist diese Entwicklung keineswegs eine „Einbahnstraße vom Globalen zum Lokalen". Es geht vielmehr um die Unterstützung der „Sichtbarkeit" lokaler Akteure im globalen Raum. Dabei ist der Vernetzungsgrad entscheidend für die Sichtbarkeit in globalen Netzen.[738]

‚Glocal Governance' kann in diesem Zusammenhang als ein Begriff verstanden werden, der die Suche nach neuen demokratischen Partizipationsformen ausdrückt, die durch die Globalisierung erst möglich geworden sind und auf lokaler Ebene ansetzen, durch ihre Integration in Netzwerke aber auf – hier: die europäische Ebene, ausstrahlen können. Bei der Reform u. a. des AdR könnte es so ein Ziel sein, die internationale Vernetzung zwischen Städten und Gemeinden voranzutreiben, die Kooperation von Kommunen zu fördern und durch den Austausch etwa von ‚best-practices' diese Kultur der Kommunikation und Kooperation zu institutionalisieren um somit bei den Akteuren Anerkennung finden zu lassen als verbindliches Modell des Handelns.[739]

Konsequenz dieses Modells wäre dann allerdings, dass im AdR sicherlich nicht mehr nur Ministerpräsidenten, Landesminister und Repräsentanten der Gemeinden sitzen würden, sondern auch NGO-Vertreter. Damit wird der Reformbedarf für ein gelingendes Konzept des „Europäischen Regierens" auch auf Organebene deutlich und eine Beschränkung auf elektronische Plattformen erweist sich somit zwar als ein ambitionierter Versuch, der vor diesem Hintergrund allerdings halbherzig wirkt.

---

[732] Vgl.: Ebda.

[733] Hilliges, Gunther (2001): Internationale Vernetzung im Agenda-21-Prozess, S. 202.

[734] Ebda.; die Agenda 21 fordert ausdrücklich eine „echte Mitwirkung" und partnerschaftliche Beteiligung von NGOs, um „ein gemeinsames Zielbewusstsein im Namen aller gesellschaftlichen Bereiche zu aktivieren" (vgl. Agenda 21, Kap. 27).

[735] Hilliges, Gunther (2001): Internationale Vernetzung im Agenda-21-Prozess, S. 202. Mit Institutionen meint Hilliges hier die Städte und Gemeinden.

[736] Eine ausführliche Definition findet sich bei: Albert, Mathias (1998): Entgrenzung und Formierung neuer politischer Räume, in: Kohler-Koch, Beate (Hg.): Regieren in entgrenzten Räumen. (= Politische Vierteljahresschrift; Sonderheft 29/1999), S. 52 ff.

[737] Ebda., S. 52.

[738] Ebda., S. 52 f.

[739] Der AdR kommt zu ähnlichen Ergebnissen. Vgl.: Europäische Union: Der Ausschuss der Regionen (2001): Bericht des Ausschusses der Regionen über die „Bürgernähe", S. 15 f.

7.8 Neue Medien und politische Öffentlichkeit in Europa

Als die zentralen Probleme des europäischen politischen Systems hinsichtlich der Akzeptanz bei der Bevölkerung gelten das Demokratiedefizit und die mangelnde Transparenz. Eine zentrale Komponente des Demokratiedefizites[740] sei, dass die Europäische Union bislang „noch keinen seinen Namen verdienenden Demos" besitze, so SCHMIDT (1999: 11). "For democracy you need demos. But for demos you need debate", so Atzo Nicolaï, niederländischer Minister für europäische Angelegenheiten.[741] Erkennt man nun im Demos das Publikum als Subjekt der Öffentlichkeit und „als Träger der öffentlichen Meinung", auf dessen „kritische Funktion [...] Publizität [...] bezogen"[742] ist; und setzt man gleichzeitig voraus, dass die von NICOLAÏ (2004) erwähnten Debatten nicht stattfinden können, auch weil die Bürgerschaft der Union bislang keine „Kommunikationsgemeinschaft"[743] sei, lässt sich daraus ableiten, dass das europäische Demokratiedefizit auch auf ein europäisches Öffentlichkeitsdefizit zurückzuführen ist.[744]

Generell ist die politische Öffentlichkeit „ein Strukturprinzip moderner Demokratien und damit ein Medium der Kontrolle von Herrschaft."[745] Öffentlichkeit ist zugleich „ein Forum, auf dem Interessen und Meinungen zu Wort kommen [...] und eine Arena, in der um Macht und Einfluß gestritten wird."[746] Öffentlichkeit „ist eine kritische Instanz, vor der sich die gesamte Politik [...] zu rechtfertigen hat."[747] „Nicht zuletzt trägt eine funktionierende Öffentlichkeit, da sie auch die Opposition zu Wort kommen lässt, zum inneren Frieden bei."[748] Bezogen auf die europäische Politik bedeutet das, dass ein gemeinsames Staatswesen Europa ohne eine europäische Öffentlichkeit „unvernünftig" wäre.[749]

---

[740] Neben dem Öffentlichkeitsdefizit gelten vier weitere Sachverhalte als zentrale Ursachen für das europäische Demokratiedefizit: (1) Die Prozeduren zur Bestellung der Kommission als Exekutivorgan der Union durch die nationalen Regierungen und nicht durch die europaweit gewählten Volksvertreter, die ihren Einfluss nur im Prozess der Bestätigung der Kommission durch das Europaparlament geltend machen können; (2) Der mangelnde Einfluss des Europäischen Parlamentes und die damit eingeschränkten Kontrollfunktionen gegenüber den Exekutivorganen; (3) Die Zusammensetzung des Ministerrats mit Vertretern der nationalstaatlichen Exekutive, obwohl der Rat legislative Funktionen erfüllt; (4) Das bislang erst schwach ausgeprägte intermediäre System auf europäischer Ebene.

[741] Nicolaï, Atzo (2004): "Closing remarks by Minister for European Affairs Atzo Nicolaï at the informal ministerial meeting on communicating Europe", 5. Oktober 2004, Amsterdam. Quelle: Webseite der niederländischen Ratspräsidentschaft: http://www.eu2004.nl/; zuletzt aufgerufen am 28. Februar 2005.

[742] Vgl.: Habermas, Jürgen (1999a): Strukturwandel der Öffentlichkeit: Untersuchungen zu einer Kategorie der bürgerlichen Gesellschaft. Mit einem Vorwort zur Neuauflage 1990, 6. Auflage. Frankfurt am Main (= suhrkamp taschenbuch wissenschaft; 891), S. 55.

[743] Kielmansegg, Peter Graf (1996): Integration und Demokratie, in: Jachtenfuchs, Martin; Kohler-Koch, Beate (Hg.): Europäische Integration. Opladen, S. 55, zitiert nach: Schmidt, Manfred G. (1999): Der konsoziative Staat. Hypothesen zur politischen Struktur und zum politischen Leistungsprofil der Europäischen Union. Bremen (= ZeS-Arbeitspapier Nr. 2/99), S. 11.

[744] Vgl. diesbezüglich u. a.: Trenz, Hans-Jörg (2002): Zur Konstitution politischer Öffentlichkeit in der Europäischen Union. Zivilgesellschaftliche Subpolitik oder schaupolitische Inszenierung? Baden-Baden (= Regieren in Europa; Bd.1), S. 11; Liebert, Ulrike (2003b): Der Konvent auf dem Weg zur transnationalen Demokratie? Zwischenbilanz, in: Dies.; Falke, Josef; Packham, Kathrin; Allnoch, Daniel (Hg.): Verfassungsexperiment. Europa auf dem Weg zur transnationalen Demokratie? Münster (= Europäisierung : Beiträge zur transnationalen und transkulturellen Europadebatte; Bd. 1), S. 315.

[745] Ausführlich in: Schäfers, Bernhard (1998): Art. „Öffentlichkeit", in: Ders. (Hg.): Grundbegriffe der Soziologie, S. 259 – 261.

[746] Vgl.: Höffe, Otfried (1999): Demokratie im Zeitalter der Globalisierung, S. 117.

[747] Vgl.: Ebda.

[748] Vgl.: Ebda.

[749] Angelehnt an Ebda., S. 320.

> „In den personalen und institutionellen Voraussetzungen der politischen Öffentlichkeit ist die Demokratie mehr als lediglich eine Herrschaftsform. Nach ihrem existenziellen Begriff ist sie auch eine Lebensform oder gesellschaftliche Praxis, bei der es im Gegensatz zur bloß formalen Demokratie auf den realen Vollzug ankommt: daß alle Bürger ihre politischen und sozialen Rechte wahrnehmen und an der Entscheidung über deren Ausbau teilhaben." HÖFFE (1999: 118)

Europäische Öffentlichkeit ist entsprechend zu verstehen als eine Instanz in der Demokratie, die der Kontrolle des politisch-administrativen Systems dient und gleichzeitig als eine Sphäre, die politische Kommunikation und Partizipation ermöglicht. Sie bezeichnet „sowohl die *Bürgerschaft* als auch den *Raum*, in dem Information Verbreitung findet, Diskussion und Meinungsbildung stattfinden und Kritik formuliert wird."[750]

HABERMAS (2001: 7) ist der Ansicht, dass das Demokratiedefizit nur behoben werden könne, „wenn zugleich eine europäische Öffentlichkeit entsteht, in die der demokratische Prozess eingebettet ist." Er betont die Notwendigkeit eines gemeinsamen Kommunikationszusammenhangs, „der über die Grenzen der bisher nur national eingespielten Öffentlichkeiten hinausgreift."[751] Den Kern dieses Kommunikationszusammenhangs „bildet eine politische Öffentlichkeit, die es den Bürgern ermöglicht, zur gleichen Zeit zu gleichen Themen von gleicher Relevanz Stellung zu nehmen."[752] Öffentlichkeit müsse eingebettet sein „in den Kontext einer freiheitlichen politischen Kultur [...] und vom freizügigen Assoziationswesen einer Zivilgesellschaft getragen werden".[753] Als Akteure dieser europäischen Öffentlichkeit identifiziert HABERMAS (1999b: 190) „eine Zivilgesellschaft mit Interessenverbänden, nicht-staatlichen Organisationen, Bürgerbewegungen" und „ein auf europäische Arenen zugeschnittenes Parteiensystem". Dabei ist eine europäische Öffentlichkeit nicht lediglich eine

> „projektive Vergrößerung einer solchen innerstaatlichen Öffentlichkeit. Sie kann nur so entstehen, dass sich die intakt bleibenden Kommunikationskreisläufe der nationalen Arenen füreinander öffnen." HABERMAS (2001: 7)

In modernen Gesellschaften wird die „politische Öffentlichkeit in erster Linie von Massenmedien geschaffen, die jedoch in der Regel wenig Interesse am Thema ‚Europa' haben" und deren Berichterstattung sich meist auf Tagespolitik oder Unzulänglichkeiten beschränkt.[754] Daher müsse „eine politische Öffentlichkeit für Europa [...] geschaffen werden, die Transparenz bietet und Mitarbeit einfordert."[755] Ein Ort dieser neuen politischen Öffentlichkeit jenseits einer „vermachteten, massenmedial beherrschten Öffentlichkeit"[756], der gleichzeitig Transparenz ermöglicht und zur Mitarbeit anregt, können die neuen und elektronisch basierten Kommunikationskanäle sein, die als Foren der sup-

---

[750] Vgl.: Peters, Anne (2004): Europäische Öffentlichkeit im europäischen Verfassungsprozess, in: Franzius, Claudio; Preuß, Ulrich K. (Hg.): Europäische Öffentlichkeit. Baden-Baden, S. 272 (Hervorhebungen im Original).

[751] Habermas, Jürgen (1999b): Braucht Europa eine Verfassung?; S. 190.

[752] Ebda.

[753] Ebda.

[754] Europäische Union: Der Wirtschafts- und Sozialausschuss (1999): Stellungnahme des Wirtschafts- und Sozialausschusses zum Thema „Die Rolle und der Beitrag der organisierten Zivilgesellschaft zum europäischen Einigungswerk", S. 34.

[755] Ebda.

[756] Habermas, Jürgen (1998a): Faktizität und Geltung. Beiträge zur Diskurstheorie des Rechts und des demokratischen Rechtsstaates. Frankfurt am Main (= suhrkamp taschenbuch wissenschaft; 1361), S. 458.

7.8 Neue Medien und politische Öffentlichkeit in Europa

ranationalen Diskussion einen Raum geben und grenzüberschreitenden Kommunikationsfluss gewährleisten. Dieses Formprinzip europäischer Öffentlichkeit als „»deliberative Räume« auf der Ebene jenseits" der Nationalstaaten[757] ist gleichzeitig Ausdruck des deliberativen Regierens und entspricht dabei den modernen Governance-Konzepten des partnerschaftlichen Regierens, die unter Beteiligung gesellschaftlicher Akteure eine „erhöhte Problemlösungsfähigkeit mit verbesserten Möglichkeiten der demokratischen Teilhabe am Entscheidungsprozess" verbinden.[758] Die Problemlösungskompetenz der Akteure steht dabei im Vordergrund, sodass Deliberation „als ein Gegenentwurf zu vermachteten Formen der Entscheidungsfindung verstanden werden" könne, so MEYER (2003: 242).

Dieses Modell korrespondiert zugleich mit der Vorstellung des WSA der verschiedenen „Partizipationsschienen", die eine Demokratie auf europäischer Ebene anbieten müsse, um die für europäische Willensbildungsprozesse notwendigen und über die Identitätskriterien gemeinsamer Nationalität hinausgehenden Merkmale gewährleisten zu können.[759] „Identitätskriterien, die in ihrer Gesamtheit auf gemeinsamen Traditionen und den Wertvorstellungen der Demokratie und der Menschenrechte basieren."[760] Die Berücksichtigung europäischer Heterogenitäten etwa in Bezug auf Identitätsbildung oder eine auch in absehbarer Zukunft territorial diversifiziert bleibende Medienlandschaft sind dabei zentrale Strukturmerkmale der Union. Ihre Anerkennung erfordert Integrationsleistungen, die vor allem über sektorale Identifikationsmuster zunächst europäische Teilidentitäten auszubilden vermag. Gleichzeitig begünstigen Entdifferenzierungsprozesse die Ausbildung von „Kommunikationskreisläufen", die von ihren territorialen Formen auf funktionale Prinzipien umgestellt werden.[761]

> „Die wahrgenommene transnationale Überlappung von parallel gelagerten Interessen und Wertorientierungen würde das Entstehen eines europäischen Parteiensystems und grenzüberschreitender Netzwerke befördern. Auf diese Weise würden die territorialen Formen der Organisation so auf funktionale Prinzipien umgestellt, dass Assoziationsverhältnisse entstehen, die den Kern einer europaweiten Zivilgesellschaft bilden könnten." HABERMAS (2001: 7)

TRENZ (2002: 32) erwartet die Entstehung „transnationaler Teilöffentlichkeiten", die „ihre eigenen Strukturen, Kommunikationsstile und operative Reichweite an die Eigenarten supranationaler Herrschaftsausübung" anpassen. Dieser Weg wird auch durch die Konsultationsverfahren der Kommission beschritten und beschreibt Verfahren des Regierens in sektoralen Netzwerken und neuen Verhandlungsregimes, die eine kommunikative Anschlussfähigkeit auch von Themen ermöglichen können, die in vermachteten Strukturen nicht nachfragewirksam wären. Für die so fragmentierten europäischen Öf-

---

[757] Vgl.: Peters, Anne (2004): Europäische Öffentlichkeit im europäischen Verfassungsprozess, S. 272.
[758] Meyer, Christoph O. (2003): Konstitutionalisierung ohne Öffentlichkeit? Die Konventsmethode als Testfall deliberativen Regierens, in: Liebert, Ulrike et al (Hg.): Verfassungsexperiment, S. 242f.
[759] Europäische Union: Der Wirtschafts- und Sozialausschuss (1999): Stellungnahme des Wirtschafts- und Sozialausschusses zum Thema „Die Rolle und der Beitrag der organisierten Zivilgesellschaft zum europäischen Einigungswerk", S. 35.
[760] Ebda.
[761] Vgl.: Habermas, Jürgen (2001): Warum braucht Europa eine Verfassung? In: DIE ZEIT Nr. 27, 28. Juni 2001, S. 7.

fentlichkeiten bieten sich als Kommunikationsräume die von Raum und Zeit weitgehend unabhängigen Internetforen und elektronisch basierten Plattformen an.

Die dann aufzuwerfende Frage nach dem Publikum dieser europäischen, virtuellen Teilöffentlichkeiten weist im Kern auf die Organisationsfähigkeit der Akteure des intermediären Raums.

> „Durch die europäische Formierung und Vermittlung heterogener gesellschaftlicher Interessen, den Transfer von Erwartungen, Unterstützungsleistungen und Loyalitäten auf die überstaatlichen Integrationsebenen tragen Verbände demnach zum Entstehen eines transnationalen gesellschaftlichen Raumes bei. Damit wird ein Ort geschaffen, in dem sich Ansätze einer »europäischen Öffentlichkeit entfalten« können."
> PLATZER (2002: 410 f.)

Ein wesentlicher Grund für die bedeutende Rolle der auch von HABERMAS (1999b: 190) genannten zivilgesellschaftlichen Interessenvertretungen und nicht-staatlichen Organisationen ist darin zu suchen, dass nur eine kleine Minderheit der Menschen in Europa – eine europäische Elite – auch direkt an europäischer Politik orientiert sind und über die ebenfalls begrenzten und entsprechenden Medien miteinander kommunizieren.[762] „Der Rest der Menschen hat ein Referenzsystem für politische Diskussionen, das national geprägt ist."[763] Sie seien Teil der jeweils nationalen Polity und „im Grunde genommen nicht in der Lage, über die Sprachgrenzen hinweg", die diesbezüglich gegenüber den „Grenzen der Nationalstaaten" entscheidend seien, „am politischen Diskurs teilzunehmen."[764]

> „Dahinter steckt für mich, dass ich akzeptieren muss, dass es nur eine kleine Elite gibt, die am europäischen Politikdiskurs teilnimmt. Ich hoffe, dass es sich um ein vorübergehendes Phänomen handelt und dass sich die Zahl der engagierten Menschen vergrößert, so dass immer mehr Menschen an dem europäischen öffentlichen Diskurs teilnehmen und auf europäische, paneuropäische, Signale und Symbole reagieren. Wie sich das für eine Polity gehört. Ich habe aber nicht die Illusion, dass es jemals alle Menschen erfassen wird. Ich glaube nicht, dass es in der Zeit, in der ich lebe, dazu kommt, dass alle Bürger Europas aufstehen und die Hand aufs Herz legen, wenn die europäische Nationalhymne erklingt und sich unisono als Europäer fühlen."
> ANDREAS KRAEMER (8. September 2004, Berlin)[765]

Auch Holger Benzing sieht in den nationalstaatlich fragmentierten Öffentlichkeiten und im entsprechend nationalstaatlich strukturierten Denken eines überwiegenden Teils der Bevölkerung ein Problem, das auch für die Verbände gelte.[766] Daher sei es „für die unglaublich schwierig, sich der europäischen Ebene zu öffnen" und überhaupt „einen Ansatzpunkt" zu finden, wie sie dabei vorgehen sollen.[767] Aus diesem Grund glaubt er, dass das Modell der Internetforen und –konsultationen „gerade im Hinblick auf die Diskussion um die europäische Öffentlichkeit [...] „sehr wichtig" sei.[768] Ob und inwieweit die Bereitstellung elektronischer Kommunikationskanäle jedoch die Bereitschaft der inter-

---

[762] Interview mit Andreas Kraemer, Ecologic, 8. September 2004, Berlin. Herr Kraemer äußerte in dem Interview seine private Meinung. Er spricht nicht für die Organisationen und Gremien, für die er gearbeitet hat oder arbeitet.
[763] Ebda., dto.
[764] Ebda., dto.
[765] Dto.
[766] Interview mit Holger Benzing, Bundestagsfraktion Bündnis 90/ Die Grünen, 11. August 2004, Berlin.
[767] Ebda.
[768] Ebda.

7.8 Neue Medien und politische Öffentlichkeit in Europa

mediären Organisationen tatsächlich fördert, sich der europäischen Ebene zu öffnen, bleibt dahin gestellt. Zu bedenken sind dabei die zahlreichen Zugangsrestriktionen, die sich aus den Anforderungen der Teilnahme ergeben sowie eine durch die Fragmentierung entstehende stark differenzierte und komplexe Struktur. Andererseits sind diese Zugangsrestriktionen nur durch moderne Organisationen mit entsprechenden Kommunikationsprofilen zu überwinden und lassen sie so zu geeigneten Akteuren virtueller Öffentlichkeit werden.

Als solche Akteure nennt Andreas Kraemer „europäische Parteien und europäische Organisationen, die paneuropäisch mit einem Programm auftreten und ein europäisches Profil haben."[769] Befragt zur Integrationsfähigkeit von Organisationen meint er, dass sie in ihrer Funktion als „Mittler" einen wichtigen Beitrag zu leisten vermögen.

> „Mittlerorganisationen haben den Vorteil, dass sie nicht den Menschen die Identität als Ganzes abkaufen. Man muss nicht ganz Europäer sein sondern man kann sagen, ich bin Berliner, ich bin Neuköllner, ich bin Prenzelberger, ich bin Deutscher, ich bin Katholik oder auch nicht – völlig egal. Und irgendwas in mir ist auch Europäer. Und weil das so ist, unterstütze ich eine europäische Organisation. Ich muss nicht meine ganze Identität europäisch definieren. Es reicht ein Teil. Und solche Mittlerorganisationen können diese Vielschichtigkeit von Identitäten, Interessen und Prioritäten sehr viel besser abbilden als es eine parlamentarische Demokratie kann. Es können durch eine Verbändedemokratie mehr Themen bewältigt werden. Damit will ich nicht sagen, dass ich Parlamente abschaffen will – weit gefehlt, aber man braucht beides. Im europäischen Einigungsprozess hat die Zivilgesellschaft eine ganz wichtige Rolle."
> ANDREAS KRAEMER (8. September 2004, Berlin)[770]

Die von Habermas eingeforderte „transnationale Überlappung von parallel gelagerten Interessen" ist auf europäischer Ebene in manchen Bereichen der organisierten Zivilgesellschaft bereits Realität. Unterstützt durch die neuen virtuellen Räume politischer Öffentlichkeit sind es auch die NGOs, die durch ihre Kommunikationsprofile die damit verknüpften Anforderungen der Teilnahme und Teilhabe erfüllen und sie so Teil werden lassen von europäisch organisierten Kommunikationskreisläufen.

Die durch die Reformen „Europäischen Regierens" institutionell stabilisierte und quasi legitimierte Partizipation der NGOs spiegelt Lösungsansätze in Bezug auf zwei zentrale Aspekte des europäischen Demokratiedefizites wider: Dem Öffentlichkeitsdefizit und dem Fehlen europäischer intermediärer Organisationen. Am Beispiel der NGOs lässt sich beobachten, dass sich das Profil eines europäischen Demos ausbildet. In Form intermediärer zivilgesellschaftlicher Organisationen wird er damit beschreibbar. Dabei finden die NGOs, als Subjekte europäischer Teilöffentlichkeiten, die Foren und Arenen in den virtuellen Räumen elektronisch gestützter Konsultationen. Die verschiedenen Partizipationsschienen bedeuten dann gleichzeitig verschiedene Kanäle zur Herstellung politischer Öffentlichkeiten. Die Handlungsmöglichkeiten der NGOs werden so erweitert um zusätzliche Optionen jenseits des klassischen Lobbying und der traditionellen Kampagnenarbeit.

---

[769] Interview mit Andreas Kraemer, Ecologic, 8. September 2004, Berlin. Herr Kraemer äußerte in dem Interview seine private Meinung. Er spricht nicht für die Organisationen und Gremien, für die er gearbeitet hat oder arbeitet.

[770] Dto.

Damit entschärfen die deliberativ konstruierten öffentlichen Räume zunächst die Notwendigkeit einer „Gegenöffentlichkeit" in Form von Veröffentlichungen „unterdrückter Meldungen", gerade weil sie durch die „Realisierung bislang chancenloser Diskurse" Gegenöffentlichkeit zulassen.[771] Das politische Potenzial des Kommunikationskanals Internetforum ergibt sich damit aus der erzielbaren Reichweite bei der Kommunikation von alternativem Wissen in Verbindung mit der Qualität seiner Rezeption. Beide Faktoren haben somit Einfluss darauf, ob ein elektronischer Kommunikationskanal durch Alternativen bei der Herstellung von Gegenöffentlichkeit zu ergänzen ist.

---

[771] Vgl.: Plake, Klaus; Jansen, Daniel; Schuhmacher, Birgit (2001): Öffentlichkeit und Gegenöffentlichkeit im Internet. Politische Potenziale der Medienentwicklung. Wiesbaden, S. 72. Siehe auch S. 23 ff.

8 Nachhaltige Gesellschaftspolitik für Europa

8.1 Nachhaltige Entwicklung: Historischer Kontext

Der Ursprung des Nachhaltigkeitsbegriffs lässt sich in der deutschen Sprache bis in das frühe 18. Jahrhundert zurückverfolgen. Im „barocken Sachsen" prägte der meist in der Silberstadt Freiberg lebende Oberberghauptmann Hans Carl von Carlowitz – darauf deutet zumindest die Häufigkeit der Erwähnung dieser Quelle – den Begriff in seiner erstmals im Jahre 1713 erschienenen Abhandlung „Sylvicultura Oeconomica".[772] Obwohl er dabei das Wort „nachhaltend" und nicht „nachhaltig" verwendet habe, so bestimmte er dennoch das Prinzip einer nachhaltigen Forstwirtschaft, nur soviel Holz in einem bestimmten Zeitraum zu schlagen, wie auch nachwachsen kann.[773] Die Grundidee beschreibt also ein Erhaltungsziel, von den Erträgen einer Substanz zu leben und nicht die Substanz selbst aufzuzehren.[774] Anfang des 20. Jahrhunderts gewann das Prinzip an Bedeutung in der Fischereiwirtschaft und in den 1940er Jahren auch in den Wirtschaftswissenschaften.[775] „Darüber hinaus fand es in der Folgezeit allerdings keine Anwendung, nicht für Umwelt- und Ressourcen- und auch nicht für intergenerative Verteilungsfragen."[776] Nicht nur in der Literatur des 19. Jahrhunderts wurde die Frage gestellt: *„Wieviel Erde braucht der Mensch?"* (Leo Tolstoi, 1828 – 1910); auch die klassische Nationalökonomie befasste sich in der Zeit der beginnenden Industrialisierung mit den ökonomischen und sozialen Folgen von Besitzgier, Wachstum und Naturverbrauch. Der britische Philosoph und Nationalökonom John Stuart Mill (1806 – 1873) erkannte in seinen „Principles" (1848), dass eine dem Primat des Wachstums folgende Ökonomie die schonungslose Nutzung von Ressourcen sowie die Zerstörung natürlicher Lebensräume zur Konsequenz haben müsse.[777] Der vom Wachstum abhängige Fortschrittsbegriff ist aber seiner Natur nach endlich, da die ökologischen Grenzen ein unendliches Wachstum verhindern. Daher liege „am Ende des sogenannten Fortschrittszustandes der stationäre Zustand", so Mill. In dieser späten Stufe des menschlichen Fortschrittes stehe nicht mehr die Akkumulation von Kapital und die bloße Zunahme der Produktion im Mittelpunkt menschlichen Handelns. Auch der Konsum von (überflüssigen) Gütern, die außer als Schaustellung des Reichtums „nur wenig oder gar keine Freuden" verschafften, wird obsolet. In seinen Vorstellungen eines stationären Zu-

---

[772] Vgl.: Tremmel, Jörg (2003): Nachhaltigkeit als politische und analytische Kategorie. Der deutsche Diskurs um nachhaltige Entwicklung im Spiegel der Interessen der Akteure. München (= Hochschulschriften zur Nachhaltigkeit; Bd. 4), S. 96 f.; vgl. auch: Kopfmüller, Jürgen et al (2001): Nachhaltige Entwicklung integrativ betrachtet, S. 20.

[773] Der Ursprung des Begriffs in der Forstwirtschaft scheint relativ eindeutig belegt. „Den Begriff ‚nachhaltig' verwandte wohl als erster" im Jahre 1732 ein Zeitgenosse von Carlowitz, Hermann Friedrich von Göchhausen. Vgl.: Tremmel, Jörg (2003): Nachhaltigkeit als politische und analytische Kategorie, S. 98.

[774] Kopfmüller, Jürgen et al (2001): Nachhaltige Entwicklung integrativ betrachtet, S. 21.

[775] Ausführlicher in: Ebda.

[776] Ebda.

[777] Mill, John Stuart (1848 / 1921): Grundsätze der politischen Ökonomie mit einigen ihrer Anwendungen auf die Sozialphilosophie. Nach der Ausgabe letzter Hand (7. Auflage 1871) übersetzt von Wilhelm Gehrig und durchgesehen von Dr. Johannes Müller-Weimar. Zweiter Band. Jena (= Sammlung sozialwissenschaftlicher Meister; Band 18), S. 394 – 395.

standes von Kapital und Vermögen identifiziert Mill gleichzeitig die soziale Ungleichheit als ein Verteilungs-, und nicht als ein Wachstumsproblem, welches mit dem Paradigma Fortschritt = Wachstum nicht zu lösen sei. Denn, so fährt er fort:

> „der beste Zustand für die menschliche Natur ist doch der, daß keiner arm ist, niemand reicher zu sein wünscht, und niemand Grund zu der Furcht hat, daß er durch die Anstrengungen anderer, die sich selbst vorwärts drängen, zurückgestoßen werde." MILL (1848 / 1921: 391 f.)

Mills Hoffnung, seine Nachwelt möge sich mit dem Ruhezustand zufrieden geben, „lange, bevor eine Notwendigkeit sie zwingt, sich mit ihm zufrieden zu geben", wurde nicht erfüllt und seine Idee einer Ökonomie des stationären Zustandes blieb Vision.[778] Etwas mehr als 100 Jahre später wurden die Folgen der von Mill skizzierten Fortschrittslogik zu einer existenziellen Bedrohung für die Zukunft der Menschheit und der globalen Ökosysteme. Der fortwährende Kampf menschlicher Wesen gegeneinander und die Stimulation menschlicher Tatkraft durch den Kampf um Reichtum als eine „notwendige Stufe für den Fortschritt der Zivilisation"[779] überdauerten länger als gedacht. Die mit diesen Verhaltensmustern und Wertvorstellungen verbundenen Akkumulations-, Produktions- und Konsumptionsgewohnheiten offenbarten jetzt die Widersprüche zwischen Ökonomie und Ökologie. Mit dem Erscheinen des ersten Berichts des Club of Rome mit dem Titel „Die Grenzen des Wachstums" im Jahre 1972 wurde erstmalig einer ganzen Generation bewusst gemacht, dass die Ausbeutung der Erde, sowie sie der Mensch betreibt, ihre Grenzen haben muss.[780]

Es vergingen 15 Jahre, bis im Jahre 1987 der Brundtland-Bericht der Weltkommission für Umwelt und Entwicklung den Begriff einer „dauerhaften Entwicklung" definierte, aus dem sich das Konzept der Nachhaltigkeit entwickelte.[781] Steigender Konsum und Ressourcenverbrauch, die gegenwärtigen ökologischen Probleme sowie der Nord-Süd Konflikt erfordern spätestens seither eine neue Politik des langfristigen Denkens und neue Verteilungs- und Governance-Mechanismen, die auf globaler Ebene Wohlstand produzieren, für soziale Gerechtigkeit und für ein ökologisches Gleichgewicht sorgen können. Der Brundtland-Bericht gilt als ein wichtiger Meilenstein in diesem Prozeß und hat seit seinem Erscheinen zu einer vermehrten Produktion von dafür relevantem Wissen gesorgt.

---

[778] Siehe hierzu das Kapitel über den stationären Zustand in den „Principles": Ebda., S. 387 – 396; mehr zur Diskussion über eine „Steady State Ökonomie" findet sich z. B. in: Omann, Ines; Nordmann, Axel (2000): Gutes Leben statt Wachstum des Bruttosozialprodukts, in: Boeser, C.; Schörner, T.; Wolters, D. (Hg.): Kinder des Wohlstands - Auf der Suche nach neuer Lebensqualität. Mit einem Vorwort von Hans-Peter Dürr. Frankfurt am Main, S. 176-193; einen ausführlichen Einblick in die Theoriegeschichte der Nachhaltigkeit bietet: Luks, Fred (2001): Die Zukunft des Wachstums. Theoriegeschichte, Nachhaltigkeit und die Perspektiven einer neuen Wirtschaft. Marburg.

[779] Mill, John Stuart (1848 / 1921): Grundsätze der politischen Ökonomie mit einigen ihrer Anwendungen auf die Sozialphilosophie, S. 391.

[780] Der Club of Rome wurde im Frühjahr 1968 von europäischen Managern, Wissenschaftlern und Politikern in Rom gegründet. Ihr Ziel war es, ein tieferes Verständnis für die komplizierten Wechselwirkungen globaler politischer, kultureller, wirtschaftlicher und ökologischer Systeme und der daraus resultierenden Probleme zu wecken. Siehe hierzu den viel beachteten ersten Bericht des Club of Rome: Meadows, Dennis; Meadows, Donella; Zahn, Erich; Milling, Peter (1972): Die Grenzen des Wachstums. Bericht des Club of Rome zur Lage der Menschheit. Stuttgart.

[781] Siehe: Hauff, Volker (Hg.) (1987): Unsere gemeinsame Zukunft. Der Brundtland-Bericht der Weltkommission für Umwelt und Entwicklung. Greven.

8.2 Etymologische Bedeutungsbestände und Probleme der Konzeptionalisierung

Die Kontexte der Anwendung der Begriffe nachhaltig oder Nachhaltigkeit beschreiben im umgangssprachlichen Gebrauch zunächst für das Adjektiv ‚nachhaltig' etwas „sich auf längere Zeit stark auswirkendes" bspw. in Bezug auf das Hinterlassen eines nachhaltigen Eindrucks oder einer nachhaltigen Beeinflussung. Entsprechend beschreibt das „Deutsche Universalwörterbuch" der Dudenredaktion (1989) das Substantiv Nachhaltigkeit als „längere Zeit anhaltende Wirkung". Der Begriff der Nachhaltigkeit, der oft synonym mit dem Begriff der Dauerhaftigkeit verwendet wird, beschreibt somit einen Umstand, der in vielerlei Hinsicht und für die unterschiedlichsten Zwecke relevant sein kann und verwendet wird.

Der Begriff Nachhaltigkeit gewinnt seine etymologische Doppeldeutigkeit im deutschen Sprachgebrauch dabei nicht durch die Verwendung von Carlowitz (1713) oder Göchhausen (1732), sondern in der Folge des Brundtland-Berichtes und der daran anschließenden UNCED-Konferenz in Rio 1992. Es führe deswegen kein direkter Weg „von Freiberg nach Rio", weil im Rio-Konzept der Nachhaltigkeit „von Anfang an eine Mehrdimensionalität angelegt" war, „die es in der deutschen Ursprungsbedeutung nicht gab."[782] Dabei übernahm die Brundtland-Kommission „keineswegs die alte deutsche Bedeutung", denn „der auf englisch diskutierenden [...] Kommission war diese historische Quelle gar nicht bekannt."[783] Vielmehr sei die „forstwirtschaftliche Bedeutung (wieder)entdeckt" worden, als nach einer deutschen „Übersetzung für ‚sustainable' [...] im Sinne des Brundtland-Berichts" gesucht wurde.[784]

Diese im Brundtland-Bericht geprägte Mehrdimensionalität des Nachhaltigkeitsbegriffes markiert eine Zielkombination der drei Dimensionen Ökologie, Ökonomie und Soziales und beschreibt einen mittlerweile allgemein akzeptierten und anstrebenswerten Grundkonsens als Modell gesellschaftlicher Entwicklung. Der Begriff und die mit ihm verbundene Leitbildfunktion gewannen seitdem in Verbindung mit der Diskussion um Zukunftschancen enorme Popularität, sodass Nachhaltigkeit in der politischen Programmsprache positiv besetzt ist und sich in der gegenwärtigen politischen Diskussion einer enormen Konjunktur erfreut. Nachhaltigkeit wird „in zunehmendem Maße in ganz unterschiedlichen gesellschaftlichen Subsystemen, etwa in Politik, Wissenschaft, Wirtschaft oder im NGO-Sektor benutzt", instrumentalisiert und interessengeleitet definiert.[785]

Die Bedeutung der symbolischen Kommunikation von Zukunftschancen für den Duktus der politischen Semantik der Gegenwart wird angesichts nicht mehr zukunftsfähiger sozialer Sicherungssysteme, einer problematischen welt- wie binnenwirtschaftlichen konjunkturellen Lage und zunehmender Haushaltsdefizite auf allen Ebenen staatlicher Verwaltung verständlich. Hier wird die etymologische Doppeldeutigkeit des Nachhaltigkeitsbegriffes gleichzeitig zu einem Problem, da sich Bedeutungsbestände der deutschen Ursprungsbedeutung mit dem Neologismus seit Brundtland und Rio zu vermi-

---

[782] Vgl.: Tremmel, Jörg (2003): Nachhaltigkeit als politische und analytische Kategorie, S. 98.
[783] Ebda.
[784] Ebda.
[785] Vgl.: Ebda., S. 27.

schen scheinen. Dies gilt möglicherweise für den englischen Sprachgebrauch in ähnlicher Weise, da sich die Begriffe ‚Sustainability' oder ‚sustainable' vom Verb ‚sustain' ableiten lassen, dessen lateinischer Ursprung im Verb ‚sustinere' zu finden ist, das mit „aufrechterhalten, erhalten, schützen" übersetzt werde.[786] Dieser doppelte Verwendungskontext des Nachhaltigkeitsbegriffes, zum einen in seiner umgangssprachlichen Bedeutung und zum zweiten für Beschreibungen in Zusammenhang mit dem Konzept der Nachhaltigkeit, führt zu Unschärfen bei seiner Verwendung, was die Deutung und Interpretation der Begriffsverwendung und der Kontexte erschwert. Häufig wird in der Debatte um gesellschaftliche Reformen und auch in Zusammenhang mit dem Konzept der nachhaltigen Entwicklung die Formel der Zukunftsfähigkeit verwendet, was die Abgrenzung der Begriffsverwendung zusätzlich kompliziert.

Der Begriff der Nachhaltigkeit bietet so als begriffliches ‚Misch-Masch' unterschiedlicher etymologischer Bedeutungsbestände und durch zahlreiche Konzeptionalisierungsversuche keine klaren Konturen, da im Prinzip alles nachhaltig sein kann. Dieser Trend ist nicht nur in der politischen Programmsprache zu beobachten, sondern wird auch verstärkt durch die Massenmedien. Hier werde das Wort nachhaltig benutzt, „wenn man ‚dauerhaft', ‚gründlich', ‚langfristig', ‚tiefgreifend' oder ‚durchschlagend'" meine.[787] In dieser Bedeutung würde sogar die Aussage Sinn machen, die Energieversorgung ‚nachhaltig' durch Kernkraftwerke zu sichern. Problematisch sind in diesem Zusammenhang insbesondere wirtschaftliche und finanzpolitische Kontexte der Begriffsverwendung wie z. B. der aus der Lissabon-Strategie bekannte Begriff des „dauerhaften Wirtschaftswachstums" („sustainable economic growth"), der an der Definition des Nachhaltigkeits-Begriffes der Wirtschaftsverbände orientiert scheint. „Ebenso wie andere interessengeleitete Akteure" versuchen auch die Wirtschaftsverbände, „den Nachhaltigkeitsbegriff mit neuem Sinn zu füllen."[788] Die Nachhaltigkeitsdefinition der Wirtschaftsverbände „stellt die Bedeutung von Wirtschaftswachstum, Innovations- und Wettbewerbsfähigkeit, Eigenverantwortung und Deregulierung in den Vordergrund."[789]

TREMMEL (2003: 127) trennt daher die Verwendung des Begriffes hinsichtlich seiner Verwendung als „ökonomische Nachhaltigkeit" im Sinne von Wettbewerbsfähigkeit und Wirtschaftswachstum von seiner finanzpolitischen Bedeutung und bezeichnet die Position der Finanzwissenschaftler mit „finanzieller Nachhaltigkeit". In Anbetracht des dem Nachhaltigkeitsprinzips zugrunde liegenden Postulats der Generationengerechtigkeit sind Aspekte finanzieller Nachhaltigkeit z. B. hinsichtlich der Staatsverschuldung und der damit verbundenen Belastung zukünftiger Generationen wichtige Tatbestände, wenn es etwa darum geht, die finanzielle Handlungsfähigkeit des Staates dauerhaft zu gewährleisten. Allerdings werde in der Finanzwissenschaft, die „Nachhaltigkeit als einen terminus technicus wie ‚cash flow'" behandelt, „ausschließlich Generationengerechtigkeit als normative Begründung" für die Verwendung des Begriffes herangezogen.[790] Die Finanzwissenschaft versuche, „sich bewusst der Debatte über den ethi-

---

[786] Ebda., S. 88 f.
[787] Ebda., S. 167
[788] Ebda., S. 46 f.
[789] Ebda., S. 47; vgl. auch: Ebda., S. 127.
[790] Ebda., S. 127.

8.2 Etymologische Bedeutungsbestände und Probleme der Konzeptionalisierung

schen Kern von Nachhaltigkeit zu entziehen", indem „normative Aspekte aus den Fragen der Haushalts- und Fiskalpolitik" möglichst ausgeklammert werden sollen.[791]

So ist ein zentraler Aspekt der Generationengerechtigkeit als einer von vier Koordinaten[792] der ‚Nationalen Nachhaltigkeitsstrategie' der deutschen Bundesregierung die „Rentenreform".[793] Um Lösungsvorschläge „zur Zurückführung der impliziten Staatsverschuldung, also der Belastungen kommender Generationen durch die Sozialversicherung" auszuarbeiten, setzte die Bundesregierung die als ‚Rürup-Kommission' bekannt gewordene Kommission mit dem Namen ‚Nachhaltigkeit in der Finanzierung der sozialen Sicherungssysteme' ein.[794] Das Ergebnis ihrer Arbeit war, die Rentenanpassungsformel um einen ‚Nachhaltigkeitsfaktor' zu ergänzen. Dieser Nachhaltigkeitsfaktor bedeutet faktisch nichts anderes als eine Kürzung der Renten und ist gleichzeitig als Operationalisierung der Generationengerechtigkeit im Nachhaltigkeitsverständnis der Bundesregierung zu verstehen. Nachhaltige Entwicklung muss zwar dafür Sorge tragen, dass künftige Generationen ihre eigenen Bedürfnisse befriedigen können. Allerdings geht es im Nachhaltigkeitskonzept auch um die Befriedigung der Bedürfnisse der gegenwärtigen Generation. Und zu den Bedürfnissen der heutigen Generation zählt eben auch deren Zukunft, die durch die de facto Kürzung bei den Renten in Frage gestellt wird und die, in Verbindung mit anderen Einschnitten in das ‚soziale Netz', auch unter Aspekten des sozialen Friedens höchst problematisch erscheint.

So ärgert sich Daniel Mittler „als jemand, der [...] von Anfang an die Nachhaltigkeitsdebatte verfolgt" hat, etwa über die Instrumentalisierung des Begriffes Nachhaltigkeit durch die deutsche Bundesregierung.[795] Diese bediene „sich ganz bewusst des Nachhaltigkeitsbegriffes [...], um unpopuläre Maßnahmen [...] zu rechtfertigen oder zumindest irgendwie verbal in ein positiveres Licht zu stellen."[796] Das Kürzen der Renten „und alle anderen sozialen Grausamkeiten" seien jetzt alle nachhaltig geworden.[797] „Man tut so, als sei das alles eine Reaktion auf die Sorge um die Zukunft neuer Generationen."[798]

Im Zusammenhang mit der Erosion des Begriffs Nachhaltigkeit muss unterschieden werden in die etymologische Vermischung von Bedeutungsbeständen einerseits und in die Aufweichung des Konzeptes selbst durch das Loslösen von der ökologischen Dimension andererseits. Ersteres Erosionsproblem bringt BODE (2004a: 1348) harsch auf den Punkt: „Die Begriffsverwirrungen haben den unternehmerischen Nutzen zum Maßstab aller Dinge gemacht und den Begriff der Nachhaltigkeit zur Hure degradiert." Zwei-

---

[791] Ebda.
[792] Die drei anderen Eckpunkte der Strategie sind: Lebensqualität, sozialer Zusammenhalt und internationale Verantwortung. Vgl.: Bundesregierung (2002): Perspektiven für Deutschland – Unsere Strategie für eine nachhaltige Entwicklung. Berlin.
[793] Ebda., S. 5.
[794] Tremmel, Jörg (2003): Nachhaltigkeit als politische und analytische Kategorie, S. 127.
[795] Interview mit Daniel Mittler, Greenpeace International, 21. Juli 2004, Amsterdam.
[796] Ebda.
[797] Ebda.
[798] Ebda.

teres Erosionsproblem sei „zwar einerseits ein Problem, andererseits ist es aber auch die Stärke dieses Konzeptes."[799]

> „Ich muss auch akzeptieren wenn die Leute sagen, dass mit Nachhaltigkeit eben nicht nur die Umwelt gemeint ist, sondern dass es hier um Soziales und Wirtschaft plus Umwelt geht. Es kann eine Gefahr sein, dass jeder Nachhaltigkeit so interpretieren kann, wie er will. Andererseits ist das aber auch die Stärke des Begriffs, dass man somit viele Leute erreicht."   SARAH BLAU (18. August 2004, Brüssel)[800]

Auch Holger Benzing meint, dass der Begriff zwar „extrem inflationär geworden" sei. Allerdings findet er das „nicht unbedingt schlecht", da der Begriff wie nur wenige „in der politischen Landschaft [...] extrem positiv besetzt" sei und das so „auch der Sache der Nachhaltigkeit" gedient würde. Sarah Blau ist allerdings auch der Meinung, „dass Nachhaltigkeit [...] ein schwammiges Thema" sei:

> „Was mich so oft irritiert hat an diesem Thema war einerseits, dass man entweder in dieser schwammigen allgemeinen Scheindiskussion steckt oder dass jeder versucht, die Nachhaltigkeitsdiskussion für seinen eigenen Bereich zu instrumentalisieren. Andererseits denke ich, was will man anderes machen mit Nachhaltigkeit. Es ist eben in seiner Dimension so groß. Und die Leute, die sich in dem Bereich tummeln, haben sowieso schon die Tendenz, eher schwammige und lange Diskussionen zu führen. Ich habe immer das Gefühl, dass man da nicht sonderlich weiterkommt."
> SARAH BLAU (18. August 2004, Brüssel)[801]

Martin Rocholl konstatiert „eine Aufweichung des Begriffs" und spricht in diesem Zusammenhang davon, „dass es [...] mittlerweile fast so eine Nachhaltigkeit rückwärts" gebe.

> „Wir haben ja früher die Nachhaltigkeit mit den drei Säulen Umwelt, Ökonomie und Soziales dazu benutzt, um zu argumentieren, dass die Umweltsäule nun endlich mal ins Bewusstsein rücken muss. Mittlerweile haben wir eine Nachhaltigkeitsdefinition in vielen Bereichen die heißt, dass wenn man noch Umweltschutz betreibt möge man bitte vorher erst mal nachweisen, dass er nicht ökonomie- und sozialschädlich ist. Das heißt, dass wir eine Nachhaltigkeitsdebatte haben, die durch die Industrie [...] sehr schön auf den Kopf gestellt wurde. [...] Da wird das Drei-Säulen-Modell in vielen Fällen bereits gegen die Umwelt verwendet."
> MARTIN ROCHOLL (9. September 2004, Brüssel)

Und Andreas Kraemer ist der Ansicht, dass es insgesamt so sei, „dass durch die Art und Weise wie heute Nachhaltigkeit definiert werde, Umweltinteressen, die Belange der Umwelt, eher beschädigt werden als dass ihnen genützt wird."[802] Er kritisiert, dass „der Begriff Nachhaltigkeit so schlecht definiert und so schwammig ist" und „missdeutlich verwendet [...] und zum Teil auch absichtlich missgedeutet" werde.

Die hier aufgeworfenen und vielschichtigen Probleme im Zusammenhang mit dem Nachhaltigkeitsbegriff verdeutlichen die Probleme, die mit der Konzeptionalisierung und Definition des in dieser Hinsicht sperrigen Begriffs in Verbindung zu bringen sind. Die

---

[799] Interview mit Sarah Blau, ehemalige Mitarbeiterin beim EEB und ehemalige Fraktionsreferentin der Grünen im Europaparlament, 18. August 2004, Brüssel. Frau Blau äußerte in dem Interview ihre private Meinung. Sie spricht nicht für die Organisationen und Gremien, für die sie gearbeitet hat oder arbeitet.
[800] Dto.
[801] Dto.
[802] Interview mit Andreas Kraemer, Ecologic, 8. September 2004, Berlin. Herr Kraemer äußerte in dem Interview seine private Meinung. Er spricht nicht für die Organisationen und Gremien, für die er gearbeitet hat oder arbeitet.

inflatorische Verwendung des Begriffs birgt das Risiko, dass Nachhaltigkeit zu einem Modewort mutiert. Ein derart verwässerter Begriff bietet dann kaum Identifikationsanlässe, die für nachhaltige Entwicklung als Leitbild eine Voraussetzung sind und erschwert ebenfalls die Möglichkeiten gesellschaftlicher Kommunikation über Nachhaltigkeit. Notwendig für eine breite Diskussion des Leitbildes nachhaltige Entwicklung ist daher, es von etymologischen Doppeldeutigkeiten zu befreien und konkrete Bilder zur Identifikation bereitzustellen, die sich auch auf das Konzept im Brundtlandschen Sinne beziehen.

8.3 Zur Veränderung ökologischer Kommunikation – NGOs und politische Resonanz

Bei der Frage nach den Möglichkeiten ökologischer Kommunikationen steht im Vordergrund, „wie die Gesellschaft als operativ geschlossenes System sinnhafter Kommunikationen über ihre Umwelt kommuniziert."[803] Im engeren Sinne geht es also um die Möglichkeiten der Gesellschaft, „über ökologische Gefährdungen zu kommunizieren."[804] LUHMANN (1990: 62) definiert den Begriff der „ökologischen Gefährdung" zunächst als *jede Kommunikation über Umwelt [...], die eine Änderung von Strukturen des Kommunikationssystems Gesellschaft zu veranlassen sucht.*"[805] Dabei geht es für Luhmann – „wohlgemerkt" – „um ein ausschließlich gesellschaftsinternes Phänomen" und „nicht um die vermeintlich objektiven Tatsachen" ökologischer Probleme.

> „Die Gesellschaft ist ein zwar umweltempfindliches, aber operativ geschlossenes System. Sie beobachtet nur durch Kommunikation. Sie kann nichts anderes als sinnhaft kommunizieren und diese Kommunikation durch Kommunikation selbst regulieren.
> *Sie kann sich also nur selbst gefährden.*" LUHMANN (1990: 63)

„Unter Gesichtspunkten soziokultureller Evolution", so LUHMANN (1981: 21), sei „heute ein Zustand erreicht, in dem das Gesellschaftssystem seine Umwelt tiefgreifend" verändere, womit sich gleichzeitig auch die Voraussetzungen änderten, „auf denen die eigene Ausdifferenzierung beruht." Die damit verbundenen ökologischen Fragen müssen Gegenstand gesellschaftlicher Auseinandersetzung werden. Umweltprobleme müssen kommunikativ angeschlossen werden, um in den Teilsystemen erkannt und gelöst werden zu können.

1979 entschieden sich verschiedene ökologisch- und friedensbewegte Listen, die seit Mitte der 1970er Jahre zunehmend entstanden, zur Zusammenarbeit. Im Jahre 1980 gründeten sich auf Bundesebene Die Grünen.[806] Damit erreichte die Organisation der alternativen Szene Westdeutschlands einen Höhepunkt. Auch die zivilgesellschaftlichen Umweltbewegungen waren Bestandteil dieser gesellschaftlichen Veränderungen, die sich wie z. B. Greenpeace durch spektakulären Aktionismus oft auf globaler Ebene

---

[803] Luhmann, Niklas (1990): Ökologische Kommunikation, S. 62.
[804] Ebda.
[805] Ebda., (Hervorhebungen im Original).
[806] Die ‚Grünen' scheinen mittlerweile im Amt tatsächlich ‚nachgedunkelt', wie Luhmann es vermutet hatte. Vgl.: Luhmann, Niklas (1990): Ökologische Kommunikation, S. 236.

die Aufmerksamkeit der Öffentlichkeit verschafften und von diesem Trend bis heute profitieren. Es war der Protest gegen das System und die Auseinandersetzung mit seinen Folgen. Sie sind in Westdeutschland eng an Namen gekoppelt wie Mutlangen, Startbahn-West, Brokdorf und viele andere mehr. U. a. das Wettrüsten und die Umweltprobleme wurden zunehmend als so nicht länger hinnehmbare Folgen des stark ausdifferenzierten Gesellschaftssystems identifiziert.

„Sobald sich Formen der Differenzierung mitsamt ihren Folgen abzeichnen, ist es daher wahrscheinlich, daß sie in der Gesellschaft selbst beobachtet und beschrieben werden."[807] Luhmann konstatiert, dass soziale Systeme zur Selbstbeschreibung[808] der Gesellschaft fähig sind.[809] Soziale Systeme der Friedens- und Ökologiebewegungen der 1970er und 1980er Jahre, formiert als neue Art sozialer Bewegungen und sozialen Protests, suchten alternative Formen der Artikulation. In Bezug auf wohl alle Funktionssysteme hatten sich Sinnzweifel eingestellt, und sorgten so für eine „weithin unorganisierte Resonanz solcher Themen."[810] In diesem Zusammenhang ist eine soziale Bewegung ein „kommunikatives Geschehen, das quer zu den oder außerhalb der erfolgreich ausdifferenzierten Funktionssysteme(n) stattfindet."[811] Soziale Bewegungen sind beobachtbar als autopoietische soziale Systeme, die der gesellschaftlichen Selbstalarmierung dienen.[812] Luhmann erwartete,

> „daß die rasch zunehmende Relevanz der Umwelt weitreichende Anpassungen in der internen Differenzierungsstruktur des Gesellschaftssystems erzwingen und insgesamt die Bedeutung der internen Differenzierung wieder mindern, also auch das Anspruchsniveau in Bezug auf Spezialfunktionen wieder senken wird."
> LUHMANN (1981: 24)

Dieser Prozess werde ausgelöst durch Mentalitätsänderungen und ließe sich beobachten „in der Suche nach Lebensformen, die sich von der Differenzierungsschematik der Gesellschaft insgesamt distanzieren".[813] Auch im „Aufleben eines politischen Regionalismus" und „im Rückgang auf relativ schlichte, naturnahe, lokale Präferenzen" finde diese Entwicklung ihren Ausdruck.[814] Hieraus ergibt sich die Frage:

> „[...] ob ein als Demokratie ausdifferenziertes Funktionssystem für Politik diesen Anpassungsprozess führen kann, wo es doch zugleich sein Opfer ist, oder ob Hinnahme des Unvermeidlichen der politisch bequemere und auch für die Erhaltung demokratischer Politik sinnvollere Ausweg ist."
> LUHMANN (1981: 24)

Nach Luhmann kommt „politische Resonanz [...] vor allem dadurch zustande, daß die ‚öffentliche Meinung' als der eigentliche Souverän differentielle Chancen der Wiederwahl suggeriert."[815] Auf diese Weise können auch ökologische Gefährdungen in das System der Politik zurückgekoppelt werden. Die Aufnahme von Informationen richtet

---

[807] Ebda., S. 230.
[808] Die Selbstbeschreibung sorgt, knapp formuliert, durch eine Beobachtung zweiter Ordnung für eine System-Umwelt-Differenz und bildet so Reflexionspunkte. Vgl.: Ebda., S. 59.
[809] Ebda., S. 230 f.
[810] Ebda., S. 233.
[811] Vgl.: Krause, Detlef (2001): Luhmann-Lexikon, S. 201.
[812] Vgl.: Ebda.
[813] Luhmann, Niklas (1981): Politische Theorie im Wohlfahrtsstaat, S. 24.
[814] Ebda.
[815] Luhmann, Niklas (1990): Ökologische Kommunikation, S. 175.

8.3 Zur Veränderung ökologischer Kommunikation – NGOs und politische Resonanz

sich nicht nach ihrem Gehalt, sondern nach bestimmten Filtern, u. a. die öffentliche Meinung, die überwunden werden müssen. „Man muß also einen dieser Eingangsfilter manipulieren, will man Prozesse in Gang setzen, die Informationen wahrnehmen, verarbeiten und eventuell Entscheidungen treffen können."[816] Der Begriff der *politischen Resonanz* ist bei Luhmann allerdings gebunden an die Funktionslogik des politischen Systems und des symbolisch generalisierten Kommunikationsmediums Macht, dessen binärer Code sich ausdrückt durch das „Innehaben bzw. Nichtinnehaben von Positionen, in denen öffentliche Gewalt ausgeübt werden kann."[817] Dass die Chancen der Wiederwahl in Prozessen politischer Kommunikation eine wichtige Rolle spielen, wurde im Zusammenhang mit den Aspekten der Lobbyarbeit erarbeitet.[818]

Zwei andere Aspekte gewinnen jedoch für die Beurteilung der Resonanzfähigkeit gesellschaftlicher Systeme und damit für strukturelle Kopplungen und als Grundlage für Steuerungsoptionen entscheidend an Bedeutung. Zum einen die organisationale Professionalisierung der sozialen Bewegungen in Verbindung mit der inhaltlichen Ausdifferenzierung und zum anderen die Ausbildung sich von kongruenter, nationalstaatlicher Verfasstheit lösender politischer Systeme auf supranationaler Ebene.

Zunächst ist im Hinblick auf die Resonanzfähigkeit gesellschaftlicher Systeme und damit für strukturelle Kopplungen die Qualität des Organisationsgrades der zur Logik der Funktionssysteme quer liegenden Kommunikationen von Bedeutung. BRODOCZ (1996: 374) unterscheidet in diesem Zusammenhang „Ökologiebewegung" und „Umweltverbände" und HELLMANN (1996: 90) hinterfragt den unterschiedlichen „Systemstatus" sozialer Bewegungen durch die Unterscheidung in „Interaktionssysteme" als „Kommunikation unter Anwesenden" und in „Organisationen", die sich „durch Mitgliedschaft" auszeichnen und von Dauer sind. „Obgleich neue soziale Bewegungen zugleich aus Interaktionen und Organisationen bestehen, sind es weder bloß Organisationen noch reine Interaktionen."[819] Soziale Bewegungen sind die „gesellschaftliche und politische Basis" von NGOs.[820] Und die NGOs können verstanden werden als die zivilgesellschaftliche Antwort der Organisationsentwicklung unter Bedingungen des Drucks, der durch komplexe Problemlagen entsteht. Als mitunter global operierende Organisationen sind ihre Strukturen und Kommunikationsprofile professionalisiert und die Qualität der Problembeschreibungskompetenz hat sowohl in der Folge ihrer Ausdifferenzierung als auch durch ihre Fähigkeit zur Vernetzung deutlich an Niveau gewonnen.

Der andere wichtige Aspekt im Zusammenhang mit den Möglichkeiten zur Herstellung politischer Resonanz ist die Veränderung der Strukturen politischer Kommunikation und des politischen Systems, die als Formwandel der Staatlichkeit bezeichnet und in der Suche nach neuen Governance-Mechanismen deutlich werden. Für diese Prozesse ist charakteristisch, dass sie eine Vernetzung von Akteuren anstreben, um durch politische Kommunikation Steuerungsfähigkeit bei erhöhter Umweltkomplexität und Unsicherheit

---

[816] Luhmann, Niklas (1981): Politische Theorie im Wohlfahrtsstaat, S. 151.
[817] Luhmann, Niklas (1990): Ökologische Kommunikation, S. 170.
[818] Vgl. Kapitel 6.4 und 6.5 dieser Arbeit.
[819] Hellmann, Kai-Uwe (1996): Systemtheorie und neue soziale Bewegungen, S. 91.
[820] Vgl.: Roth, Roland (2001): NGO und transnationale soziale Bewegungen, S. 51.

zu ermöglichen. So erzeugte Netzwerke mit intersystemischen und multireferentiellen Kommunikationsoptionen schaffen größere Informationsverarbeitungskapazitäten, die auch Umweltprobleme entsprechend codieren und in die Kommunikationskreisläufe der Subsysteme einschleusen können.

Unter den Umständen dieser veränderten Kommunikationskonfigurationen muss die Frage, die LUHMANN (1990: 236) aufgeworfen hat, „ob die moderne Gesellschaft für Selbstbeschreibung auf die ganz unzulängliche Basis sozialer Bewegungen angewiesen ist", dahingehend neu gestellt werden, ob die sozialen Bewegungen und in ihrer Tradition die modernen NGOs tatsächlich eine unzulängliche Basis für die Selbstbeschreibung moderner Gesellschaften sind.[821] Auch weil sich die Prämisse von Luhmanns Einschätzung geändert hat, dass „mehr als ein resignierendes Kommentieren des Untergangs [...] bisher nicht auszumachen" sei.[822]

8.4 Die „Greening the Treaty Kampagne" und der Vertrag von Amsterdam

Ein Beispiel für die Umsetzung von am Allgemeinwohl ausgerichteten Partikularinteressen in die offiziellen Politikziele der Europäischen Union durch Partizipation von NGOs ist die „Greening the Treaty Kampagne" europäischer Umweltschutzverbände im Vorfeld der Verhandlungen zum Vertrag von Amsterdam. U. a. die als „Gruppe der Sieben"[823] bezeichneten und in Brüssel etablierten Umwelt NGOs[824] European Environmental Bureau (EEB), Friends of the Earth Europe (FoEE), Greenpeace International, World Wide Fund for Nature (WWF), Climate Network Europe (CNE), Birdlife International und die European Federation for Transport and Environment (T&E) erreichten mit ihrer Kampagne, dass die Europäische Union die Verpflichtung zu einer nachhaltigen Entwicklung zu einer ihrer wichtigsten politischen Aufgaben machte.

Die „Greening the Treaty Kampagne" basierte zunächst auf einem etwa 25 Seiten starken Pamphlet. „Dort war dargestellt, wie der Maastrichter EU-Vertrag seinerzeit aussah und wie sich die Umweltorganisationen eine ökologische Ergänzung des Vertrages vorgestellt haben."[825] Die Abstimmungsphase innerhalb der Umweltverbände begann im Jahre 1996. Innerhalb der G7 als Absprachegremium wurden die Vorschläge diskutiert und so kam eine Einigung auf das Papier als Grundlage der Kampagne zustande. Mit der Umsetzung wurde FoEE beauftragt. FoEE war zu dieser Zeit ein Netzwerk be-

---

[821] Vgl.: Luhmann, Niklas (1990): Ökologische Kommunikation, S. 236.
[822] Ebda.
[823] Gruppe der sieben (G7, Green 7) zum Zeitpunkt der Kampagne. Mittlerweile nennt sich das Netzwerk G10, weil International Friends of Nature (IFN), EPHA Environment Network (EEN; EPHA = European Public Health Alliance) und CEE Bankwatch Network (CEE = Central and Eastern Europe) dazugekommen sind.
[824] Mehr Informationen zur damaligen G7 bei: Webster, Ruth (1998): Environmental collective action. Stable patterns of cooperation and issue alliances at the European level, in: Aspinwall, Mark; Greenwood, Justin (Hg.): Collective Action in the European Union. London / New York, S. 178 ff.
[825] Interview mit Philipp Schepelmann, Wuppertal Institut für Klima, Umwelt, Energie, 10. Dezember 2001, Wuppertal.

8.4 Die „Greening the Treaty Kampagne" und der Vertrag von Amsterdam

stehend aus Organisationen in 12 der 15 EU-Länder. Die deutsche FoEE-Organisation ist der BUND. Alle Organisationen in diesen Ländern haben bei der Kampagne mitgewirkt. „Zur Vorbereitung [...] fand in Brüssel ein Treffen mit allen beteiligten Organisationen statt."[826]

Bei der anstehenden Regierungskonferenz waren es die Vertreter der einzelnen Mitgliedsstaaten, die die Verhandlungen führten. Um diesen Prozess beeinflussen zu können, mussten nicht die Brüsseler Institutionen lobbyiert werden, sondern die zuständigen Personen und Gremien in den nationalen Ministerien und Regierungen. Die Aufgabe der Kampagne war es nun, „sich in Brüssel zu verabreden und anschließend in den Außen- und Umweltministerien die jeweilige nationale Position zur Regierungskonferenz zu erfragen."[827] Damit war „Greening the Treaty" ein typischer Prozess indirekten Lobbyings, der über die Kommunikationen mit den nationalen Umweltministerien und Verhandlungsführern über die jeweiligen Regierungspositionen in die europäische Politik zurückgespeist wurde. Das organisierte Auftreten der Umwelt NGOs in diesem Prozess sorgte in den nationalen Institutionen für Überraschung. Es entstand so ein Handlungsbedarf in den Ministerien, die nicht damit gerechnet hatten, „dass speziell die Umweltministerien [...] unter der Beobachtung der Zivilgesellschaft standen."[828] Dass Anliegen der Umwelt NGOs und der positiv besetzte Wert, sich für Fragen der Umwelt zu engagieren, sorgte in den Nationalstaaten aber dafür, dass die Forderungen der G7 diskutiert wurden und in die nationalen Strategien zur Regierungskonferenz eingeflossen sind.[829]

Bei der Strategieentwicklung war es vor allem wichtig, dass die beteiligten Personen in den NGOs über gute rechtliche und institutionelle Kenntnisse verfügten. „Profis, die sich wie kein anderer damit auskennen."[830] Ferner war es das gut abgestimmte Timing der Kampagne, das dafür sorgte, dass die Forderungen der G7 bereits zu Papier gebracht waren, bevor die Vertreter der Regierungskonferenz zusammentraten. Die Umweltverbände waren „früher als jedes andere Netzwerk und auch früher als die Regierungen selber gut vorbereitet im Vorfeld dieser Regierungskonferenz positioniert".[831]

Die Kommunikation im Netzwerk verlief zum größten Teil gestützt auf elektronische Medien. Ferner gab es Workshops, eine große Konferenz und „entsprechenden Bemühungen auch für die Öffentlichkeit."[832] Die Abstimmungs- und Koordinationsprozesse etwa per E-Mail sorgten für den entsprechenden und schnellen Informationsaustausch. Die Vernetzung der „Greening the Treaty"-Vertreter mit ihren Kontakten sorgte zudem für eine höhere Transparenz der Verhandlungen während der Konferenz. „So kam es vor, dass uns bspw. geheime Verhandlungsprotokolle zugespielt wurden, die sich dann über unsere Kanäle in ganz Europa verbreitet haben."[833] Und die, wenn notwendig,

---

[826] Ebda.
[827] Ebda.
[828] Ebda.
[829] Vgl.: Ebda.
[830] Ebda.
[831] Ebda.
[832] Ebda.
[833] Ebda.

auch in die nationalen Ressorts hinein kommuniziert wurden, erinnert sich Philipp Schepelmann, seinerzeit der Koordinator der Kampagne.

Der Erfolg der „Greening the Treaty Kampagne" war das Resultat eines wissensbasierten Netzwerkes, für das der virtuelle Raum eine entscheidende Rolle bei der Kommunikation und Entscheidungsfindung gespielt hat. Die Wettbewerbsnachteile durch die begrenzten Ressourcen der Umweltverbände im Vergleich etwa mit den großen Industrie-Lobbyverbänden mussten „durch eine effiziente und rechtzeitige Information" wettgemacht werden.[834] „Wir haben da unsere Tentakeln. Die nehmen die Informationen auf und bereiten sie so auf, dass sie wieder in die Organisationen zurückgespielt werden können", so Philipp Schepelmann. Das Know-how der G7 über Brüsseler Abläufe, Prozesse und Institutionen sei in seiner Gesamtheit „sehr, sehr groß und sicherlich auch sehr viel mehr wert, als dafür eigentlich bezahlt wird. Weil eben auch viele in ehrenamtlicher Funktion und mit Leidenschaft dabei sind."[835] Es war ein kleine Gruppe von Leuten die zum einen wussten, dass sich die EU im Vertrag von Amsterdam neu konstituieren wird, und zum anderen über die notwendigen institutionellen und organisatorischen Kenntnisse verfügten und sich zudem das Wissen aneigneten, „wer an den Verhandlungen teilnimmt, welche Positionen diese Personen vertreten und wie man ihnen unsere Positionen näher bringen kann."[836] „Greening the Treaty" ist ein Beispiel für ökologische Kommunikation. Es ging darum, ökologisch bedeutsame Informationen „in die juristisch codierte Sprache dieses Apparates, der die Konstitution der EU ausarbeitete", zu transformieren.[837] So geht es in den Verträgen auch nicht „explizit um ökologische Inhalte".[838] Dort findet sich zwar das „ganze Prisma der Nachhaltigkeit" wieder und es wird auf „wirtschaftliche, soziale und ökologische Ziele als Ganzes" verwiesen, aber „letztlich bleibt es [...] eine rein abstrakte institutionelle Forderung."[839]

Das Netzwerk europäischer Umwelt-NGOs und ihre nationalen Mitgliederorganisationen haben so dazu beigetragen, dass Nachhaltigkeit ihre Legitimität auf europäischer Ebene erreicht hat, indem „moralische Argumentationen [...] mit rechtlichen Mitteln institutionalisiert" wurden.[840]

Auch die grünen Parteien Europas setzten sich im Vorfeld der Amsterdamer Regierungskonferenz für Veränderungen in Richtung Nachhaltigkeit im Vertrag ein – ebenfalls mit dem Ziel, in den Nationalstaaten darauf einzuwirken.[841] In ihrem "Green Consultation Paper on the Intergovernmental Conference – 1996" forderten sie, die Agenda der Regierungskonferenz "must aim to create stability and sustainability throughout the continent."[842] Die Forderungen nach der Einbeziehung einer nachhaltigen Entwicklung bezogen sich dabei im Wesentlichen auf die Regulierung des Binnenmarktes und der

---

[834] Ebda.
[835] Ebda.
[836] Vgl.: Ebda.
[837] Ebda.
[838] Ebda.
[839] Ebda.
[840] Vgl.: Habermas, Jürgen (1998a): Faktizität und Geltung, S. 542.
[841] European Greens (Hg.) (1995): Green Consultation Paper on the Intergovernmental Conference – 1996. Budapest, S. 1.
[842] Ebda., S. 4.

8.4 Die „Greening the Treaty Kampagne" und der Vertrag von Amsterdam

vier Basisfreiheiten (freier Verkehr von Waren, Personen, Dienstleistungen und Kapital) in Artikel 3 c (EGV) und verlangten diesbezüglich ihre Berücksichtigung. "Environmental protection must be incorporated as a higher goal than free competition."[843] Das erste und wichtigste Ziel der Europäischen Grünen für die Regierungskonferenz war, dass "the EU should include sustainable development among its objectives; environmental policy should become one of the common policies of the EU."[844]

Obwohl die Forderungen der Europäischen Grünen erfüllt wurden, nachdem die EU die nachhaltige Entwicklung in Art. 2 (EUV) als eines ihrer Ziele formulierte, war die Reaktion zumindest von Bündnis90/ Die Grünen in Deutschland reserviert. Sie kritisierten den Vertrag, weil Antworten auf die soziale und ökologische Krise fehlten:

> „Die Einführung des Prinzips der Nachhaltigkeit in den Vertrag droht ebenso symbolische Politik zu bleiben wie die nochmalige Betonung der Umweltpolitik als Querschnittsaufgabe, da daraus keine konkreten Verpflichtungen abgeleitet werden."[845]

Der Länderrat von Bündnis90/ Die Grünen kam auf seiner Sitzung am 26. und 27. April 1997 so auch zu dem Fazit:

> „Betrachtet man die gesamte Richtung, die mit der Regierungskonferenz von Amsterdam eingeschlagen wird, so müssen wir mit großer Sorge feststellen: Die EU steht am Scheideweg, und die Entwicklung geht in die falsche Richtung."[846]

Entsprechend fiel die Reaktion der Bundestagsfraktion von Bündnis90/ Die Grünen aus. Die Bundesdelegiertenkonferenz hatte in Kassel beschlossen, der Ratifizierung des Amsterdamer Vertrages nicht zuzustimmen mit der politischen Begründung, dass es zwar „integrationspolitische Fortschritte in Teilbereichen gibt", die Ergebnisse der Regierungskonferenz an sich jedoch „unzureichend sind und falsche Weichenstellungen enthalten".[847] Bei der Ratifizierung des Vertrages im Deutschen Bundestag hat sich – bis auf drei Stimmen – die gesamte Fraktion enthalten. Sie hat nur deshalb nicht mit Nein gestimmt, um „nicht als ‚anti-europäisch' wahrgenommen" zu werden.[848]

Noch im März 1998 auf der Bundesdelegiertenkonferenz in Magdeburg steht für die Bündnisgrünen mehrheitlich fest, dass der Vertrag von Amsterdam die Weichen falsch gestellt habe: „Im Vordergrund steht die Zusammenarbeit von Polizei und Militär. Entscheidend jedoch sind Schritte in Richtung auf ein soziales und ökologisches Europa."[849]

---

[843] Ebda., S. 9.
[844] Ebda., S. 12.
[845] Bündnis90/ Die Grünen, Bundestagsfraktion (Hg.) (1997): Euroinfo. Die Grünen im Europäischen Parlament. Nr. 3/97, 22. Mai 1997, S. 32.
[846] Ebda., S. 31.
[847] Bündnis90/ Die Grünen, Bundestagsfraktion (Hg.) (1998): Euroinfo. Die Grünen im Europäischen Parlament. Nr. 2/98, 14. Mai 1998, S. 27, S. 20.
[848] Ebda., S. 20.
[849] Ebda., S. 39.

8.5 Meilensteine der Integration – von Amsterdam nach Göteborg

Der Erfolg der Bemühungen zur Integration des Zieles einer nachhaltigen Entwicklung ist im Artikel 2, Absatz 1 (EUV) des Vertrages von Amsterdam nachzulesen: „Die Union setzt sich folgende Ziele: [...] sowie die Herbeiführung einer ausgewogenen und nachhaltigen Entwicklung [...]".[850] Artikel 6 (EGV) des Vertrages ist ebenfalls von großer Bedeutung, als dass sich hier die Union zur Einbeziehung des Umweltschutzes und der Förderung einer nachhaltigen Entwicklung bei „Festlegung und Durchführung der in Artikel 3 genannten Gemeinschaftspolitiken und –maßnahmen" verpflichtet.[851] Artikel 6 (EGV) fordert somit die Integration von Umweltschutz und Nachhaltigkeit in alle Politikbereiche.

Nach Amsterdam begann die institutionelle Auseinandersetzung mit den neuen politischen Vorgaben. Bereits auf dem Treffen des Europäischen Rates in Luxemburg (Dezember 1997) wurde der Kommission aufgrund der Schwedischen Initiative vorgeschlagen, eine Strategie für die Umweltintegration auszuarbeiten. Im Juni 1998 wurde das Kommissionspapier „Partnerschaft für Integration – eine Strategie zur Einbeziehung der Umweltbelange in die EU Politik", dem Europäischen Rat in Cardiff vorgelegt.[852] Unter britischer Ratspräsidentschaft wurde so in Cardiff ein Prozess in Gang gebracht, „in dessen Rahmen verschiedene Formationen des Ministerrates jeweils eigene Strategien zur Berücksichtigung der Erfordernisse des Umweltschutzes in ihrem Tätigkeitsbereich erarbeiten."[853] Unter diesen Voraussetzungen sollte „zur Erfüllung der Verpflichtungen des Artikels 6 des EG Vertrages" die „Berücksichtigung der Erfordernisse des Umweltschutzes" in alle Politikbereiche sichergestellt werden. Die Ergebnisse wurden in Göteborg (2001) präsentiert.[854]

In Helsinki forderte die finnische Ratspräsidentschaft die Europäische Kommission im Dezember 1999 dazu auf, „einen Vorschlag für eine langfristige Strategie auszuarbeiten, wie die verschiedenen Politiken im Sinne einer wirtschaftlich, sozial und ökologisch nachhaltigen Entwicklung aufeinander abzustimmen sind".[855] Gleichzeitig verabschiedete der Europäische Rat in Helsinki die Milleniumserklärung und unterstrich die Bedeutung des Umweltschutzes und der nachhaltigen Entwicklung für die Zukunft der Union:

„Europa ist sich voll bewußt, daß die Schädigung der Umwelt in den einzelnen Ländern und weltweit bekämpft werden muß. Wir werden gemeinsam handeln, um eine

---

[850] Quelle: Europäische Union (1999): Vertrag von Amsterdam. Texte des EU-Vertrages und des EG-Vertrages mit den deutschen Begleitgesetzen, hrsg. v. Thomas Läufer. Bonn, S. 20.
[851] Ebda., S. 58 f.
[852] Eine Darstellung des Umweltintegrationsprozesses mit zahlreichen Querverweisen ist zu finden auf der Webseite der EU-Kommission: Europäische Union: Die Kommission (2002c): Environmental Integration. Webseite: http://www.europa.eu.int/comm/environment/integration/integration.htm; zuletzt aufgerufen am 22. Juli 2005.
[853] Kraemer, R. Andreas (2001): Ergebnisse des "Cardiff-Prozesses" zur Integration der Erfordernisse des Umweltschutzes in andere Politiken – Bewertung des Zwischenstandes. Bericht an das Umweltbundesamt und das Bundesministerium für Umwelt, Naturschutz und Reaktorsicherheit. Forschungsbericht (BMU/UBA) Nr. 299 19 120. Berlin, S. 4.
[854] Ebda.
[855] Europäischer Rat (1999c): Schlussfolgerungen des Vorsitzes. Europäischer Rat (Helsinki), S. 9.

8.5 Meilensteine der Integration – von Amsterdam nach Göteborg

nachhaltige Entwicklung zu erreichen und künftigen Generationen eine bessere Lebensqualität zu garantieren." MILLENIUMSERKLÄRUNG (1999: 14)[856]

Im März 2000 ist der Europäische Rat in Lissabon zu einer Sondertagung zusammengekommen, um der Europäischen Union ein neues strategisches Ziel für das kommende Jahrzehnt zu setzen. Die Union solle zum „wettbewerbsfähigsten und dynamischsten wissensbasierten Wirtschaftsraum der Welt" gemacht werden. Ein Wirtschaftsraum, „der fähig ist, ein dauerhaftes Wirtschaftswachstum mit mehr und besseren Arbeitsplätzen und einem größeren sozialen Zusammenhalt zu erzielen."[857] Mit den Lissabonner Zielvorgaben, so PRODI (2001: 3), sollte in Göteborg ein „ambitioniertes, aber dennoch realistisches Projekt zur Förderung der nachhaltigen Entwicklung ins Leben gerufen werden." Der Kern der Überlegungen ist, dass eine nachhaltige Entwicklung nicht nur Umweltpolitik betrifft, sondern es müsse vielmehr „sichergestellt werden, dass Wirtschaftswachstum, sozialer Zusammenhalt und Umweltschutz miteinander Schritt halten."[858] Im Mai 2001 veröffentlichte die Kommission ihre „Strategie der Europäischen Union für eine nachhaltige Entwicklung" und schlug sie dem Europäischen Rat im Juni 2001 in Göteborg vor.[859] Zum Abschluss der Schwedischen Ratspräsidentschaft am 15. und 16. Juni 2001 in Göteborg formulierte der Europäische Rat daher in den „Schlussfolgerungen des Vorsitzes" zur „Festlegung politischer Leitlinien":

> „Der Europäische Rat ist am 15. und 16. Juni in Göteborg zur Festlegung politischer Leitlinien für die Union zusammengetreten. Er [...] einigte sich auf eine Strategie für die nachhaltige Entwicklung und gab dem Prozess von Lissabon für Beschäftigung, Wirtschaftsreform und sozialen Zusammenhalt eine Umweltdimension [...]."[860]

Im Zusammenhang mit der Nachhaltigkeitsstrategie wurden auch zahlreiche institutionelle Initiativen vorgeschlagen, um die anspruchsvolle Querschnittsaufgabe in die EU-Politik zu integrieren. So beschloss der Europäische Rat in Stockholm im März 2001, „dass alle Dimensionen der nachhaltigen Entwicklung auf der jährlichen Frühjahrstagung des Europäischen Rates überprüft werden sollen."[861] Ferner schlägt die Kommission dem Europaparlament vor, einen Ausschuss für die nachhaltige Entwicklung ins Leben zu rufen.[862] Auch wird sie „einen ‚Runden Tisch' für die nachhaltige Entwicklung mit etwa zehn unabhängigen Sachverständigen einrichten", der dem Kommissionspräsidenten Bericht erstatten soll.[863] Und ab dem Jahre 2002 will die Kommission „ein Forum für die Beteiligten" zur Bewertung der EU-Strategie organisieren, an dem sich aus-

---

[856] Europäischer Rat (1999d): Erklärung zur Jahrtausendwende, S. 14.
[857] Europäischer Rat (2000): Schlussfolgerungen des Vorsitzes. Europäischer Rat (Lissabon) 23. und 24. März 2000. SN 100/1/00.
[858] Prodi, Romano (2001): „Was ich von Göteborg erwarte – die Vision muss Realität werden". Rede des Präsidenten der Europäischen Kommission vor dem Europaparlament. Straßburg, 13. Juni 2001 (= Speech 01/281), S. 3.
[859] Europäische Union: Die Kommission (2001a): Mitteilung der Kommission: Nachhaltige Entwicklung in Europa für eine bessere Welt: Strategie der Europäischen Union für die nachhaltige Entwicklung (Vorschlag der Kommission für den Europäischen Rat in Göteborg). Brüssel, KOM(2001) 264, S. 2.
[860] Quelle: Europäischer Rat (2001a): Schlussfolgerungen des Vorsitzes. Europäischer Rat (Göteborg) 15. und 16. Juni 2001. SN 200/1/01.
[861] Europäische Union: Die Kommission (2001a): Mitteilung der Kommission: Nachhaltige Entwicklung in Europa für eine bessere Welt: Strategie der Europäischen Union für die nachhaltige Entwicklung, S. 17.
[862] Ebda.
[863] Ebda., S. 18.

drücklich auch der WSA beteiligen solle.[864] Die Kommission verpflichtete sich ebenfalls, die Nachhaltigkeitsstrategie „jeweils zu Beginn einer neuen Amtszeit der Kommission umfassend" zu überarbeiten.[865] Viel versprechend war auch die Ankündigung für eine „bessere Abstimmung der Politik"[866] unter der Prämisse, dass „die nachhaltige Entwicklung [...] zum Kernelement aller Politikfelder werden" müsse.[867]

Damit korrespondiert die Nachhaltigkeitsstrategie der Kommission mit der Reform „Europäischen Regierens", weil die erfolgreiche Umsetzung der Querschnittsaufgabe nachhaltige Entwicklung in vielfältigen Regelungsfeldern eine politikfeldübergreifende Koordination und Kommunikation voraussetzt. „Eine Politik wird künftig nur dann wirksam sein, wenn in ihre Vorbereitung, Anwendung und Durchsetzung möglichst viele Akteure einbezogen werden."[868] Denn „schlussendlich sind es [...] die einzelnen Bürger und Unternehmen, die die Veränderungen [...] vornehmen können, die für die Verwirklichung der nachhaltigen Entwicklung erforderlich sind."[869] Das geflügelte Wort des Agenda 21-Prozesses „Global denken – lokal handeln" ist somit nicht nur ein erfolgreiches Konzept zum Erreichen von Nachhaltigkeitszielen, sondern gleichzeitig Ausdruck der Realisierung des Subsidiaritätsprinzips.

„Kleine, aber entscheidende Änderungen an diesem Supertanker EU haben dazu geführt, dass er jetzt langsam aber spürbar seine Richtung ändert. Niemand hätte mit diesem Erfolg gerechnet", antwortet Philipp Schepelmann auf die Frage, wie er rückblickend die „Greening the Treaty Kampagne" beurteilt.[870] Ob die erzielten Fortschritte zur Umweltintegration alleine der Erfolg dieser Kampagne waren, muss offen bleiben. Nachhaltigkeit war auch schon im Vertrag von Maastricht erwähnt. Allerdings mit schwächerer Priorität in Art. 130 (EGV). Die Umwelt-NGOs haben aber sicherlich einen Beitrag dazu geleistet, dass die Verpflichtung zur nachhaltigen Entwicklung eines der wichtigen Politikziele der Europäischen Union geworden ist.

8.6 „Generation Attac" und „Die Krise der Umweltbewegung"

„Die Zeit der Ein-Punkt-Bewegungen" sei vorbei, „zumindest was die aktive Basis" angehe, konstatiert STAY (2003: 1), und beschreibt somit eine neue „Protestgeneration", die „über die Grenzen von Staaten und auch über die Grenzen unterschiedlicher politischer Milieus und Kulturen hinweg kooperativer" sei „als alles, was es in den Jahrzehnten davor gegeben hat." Die „Generation Attac" wende „sich gegen Krieg, Umweltzer-

---

[864] Ebda.
[865] Ebda.
[866] Ebda., S. 6.
[867] Ebda., S. 7.
[868] Europäische Union: Die Kommission (2001b): Europäisches Regieren. Ein Weissbuch, S. 14.
[869] Europäische Union: Die Kommission (2001a): Mitteilung der Kommission: Nachhaltige Entwicklung in Europa für eine bessere Welt: Strategie der Europäischen Union für die nachhaltige Entwicklung, S. 5.
[870] Interview mit Philipp Schepelmann, Wuppertal Institut für Klima, Umwelt, Energie, 10. Dezember 2001, Wuppertal.

störung, globale Ungerechtigkeit und Sozialabbau" und sei „immer dort aktiv, wo es gerade am Nötigsten ist."

Ein Jahr später, am 27. Oktober 2004, meldete sich der Geschäftsführer von ‚foodwatch' e.V., Thilo Bode, mit einem Beitrag über „Die Krise der Umweltbewegung" in der „taz". In dem auch in der November-Ausgabe der „Blätter für deutsche und internationale Politik" veröffentlichten Beitrag greift Bode die Umweltverbände scharf an. Insbesondere seit die rot-grüne Regierung in Deutschland an der Macht sei, würden sich die Umweltverbände „eher als mitregierend, denn als kontrollierend" sehen.[871] Mit ihrer Taktik, „Kritik an der staatlichen Umweltpolitik" zu äußern „unter dem Vorbehalt, bei einer anderen Regierung wäre es noch schlechter", hätten „sich die Verbände vollständig instrumentalisieren lassen und vom wirksamen Druck für gesellschaftliche Veränderungen verabschiedet."[872] Gegenwärtig seien es „nicht die Umweltverbände, sondern die globalisierungskritischen Organisationen, die die elementaren Defizite staatlicher Institutionen auf nationaler und internationaler Ebene aufgreifen."[873] BODE (2004a: 1351) fordert, die „Machtfrage zu stellen" und zu verhindern, „dass sich Partikularinteressen [...] auf Kosten des Gemeinwohls durchsetzten." Die politischen Institutionen hätten aber nicht die Durchsetzungskraft, „die Rahmenbedingungen derart zu verändern."[874] Daher fordert BODE (2004a: 1352) die Umweltverbände auf, ihre Kampagnenerfahrung zu nutzen, „um mit Hilfe der Medien Bewusstsein und öffentlichen Druck für Veränderungen zu schaffen." Die Verbände dürften „keinesfalls [...] ihre Kampagnenfähigkeit verlieren und zu theoretischen Diskussionszirkeln degenerieren."[875] Die Umweltverbände hätten „es sich schon zu lange im wärmenden Nest der politischen Systeme und Verhandlungen gemütlich gemacht" und müssten wieder „raus aus der Kuschelecke und die Gesellschaft und den Mainstream mit unangenehmen Wahrheiten konfrontieren."[876] Tun sie das nicht, so fährt er fort, verlieren sie „ihre Rolle und Legitimation als treibende Kraft für gesellschaftliche Veränderungen" und mutierten „dann endgültig von der Umweltbewegung zur Umweltgewerkschaft." So verwundert auch die Einstellung von BODE (2004b) zum deutschen Nachhaltigkeitsrat nicht: Er hält „solche Gremien für überflüssig" und im Zusammenhang mit der Arbeit in Gremien dieser Art meint er: „Die Frage ist doch, wofür setzen die Umweltverbände ihr Ressourcen ein. Ein Gremium wie der Rat" fördere den Konsens und „die Themen, über die es Dissens" gebe, kämen „nicht an die Öffentlichkeit.[877] BODE (2004b) fragt die Umweltverbände, ob es richtig sei, „sich so einbinden zu lassen?" Er sagt: „Das ist Inzucht, was der Rat treibt. Er macht Politikberatung, und das ist nicht Sache der Umweltverbände."[878]

---

[871] Bode, Thilo (2004a): Die Krise der Umweltbewegung, in: Blätter für deutsche und internationale Politik, Jg. 49, Heft 11/2004, S. 1349.
[872] Ebda.
[873] Ebda., S. 1351.
[874] Ebda.
[875] Ebda., S. 1352.
[876] Ebda.
[877] Bode, Thilo (2004b): „Wir duzen uns nicht!" Streit bei den deutschen Umweltschützern: Wie radikal dürfen, wie radikal müssen die Verbände sein? Angelika Zahrnt vom BUND setzt auf die Nähe zur Macht, der frühere Greenpeace-Chef Thilo Bode fordert harte Konfrontation. taz-Streitgespräch. Moderation: Hanna Gersmann und Bernhard Pötter, in: taz Nr. 7539, 14. Dezember 2004, S. 4 – 5.
[878] Ebda.

Bode greift in seiner harten Kritik mehrere Punkte auf, die auch in Zusammenhang mit der Arbeit europäischer Umwelt-NGOs problematisch erscheinen. Er markiert damit die Probleme, die für zivilgesellschaftliche Organisationen durch ihre Doppelfunktion einmal zur Selbstalarmierung der Gesellschaft und zum zweiten durch ihre gleichzeitige Verstrickung in die diskursiven Prozesse zur Lösung der Probleme unter veränderten Bedingungen der Politikgestaltung entstehen, die Auswirkungen auf das Selbstverständnis der Organisation haben können.[879] Mit seiner Kritik stellt Bode zum einen implizit ab auf die Gefahren durch eine Institutionalisierung von Protest, wobei es ihm weniger um die Institutionalisierung der Organisation selbst in Form einer Ausbildung professioneller organisationaler Strukturen zu gehen scheint, sondern vielmehr um deren Einverleibung in politischen Routinen. Damit deutet Bode auch die Gefahr der Domestizierung von Protest an. Zum zweiten beschreibt er den Unterschied zwischen den Umweltverbänden und den globalisierungskritischen Bewegungen. Dieser Unterschied, den auch Stay (s. o.) erkennt, lässt sich beschreiben als Wandel von der Ein-Punkt-Bewegung hin zur Organisation von Protest, um auf der Basis eines breiteren Themenspektrums die Verstrickung verschiedener Problemlagen und die dadurch wiederum entstehenden Probleme zu kommunizieren. Gegenüber den Umweltverbänden scheint die Kommunikationsstrategie der globalisierungskritischen Bewegungen damit eher der Komplexität globalisierter Problemlagen zu entsprechen, indem die Probleme in Bezug zueinander gestellt werden. Durch den so ausgedehnten, gleichzeitig entdifferenzierten und neu differenzierten Kontext bieten sich neue, multiple Identifikationsanlässe zur Protestmobilisierung, die auch zum Erfolg der Bewegung beitragen können.

Beim Vergleich der politischen Strategien der Umweltbewegung und der globalisierungskritischen Bewegung stellt KOLB (2003: 45 f.) zunächst fest, dass die Umweltbewegung „mittlerweile von großen Mitgliederverbänden dominiert" sei, was zur Folge habe, dass es „zu einer inhaltlich sinnvollen Arbeitsteilung [...] nur in Ausnahmefällen" komme, „weil organisationsinterne Interessen über denen einer schlagkräftigen Umweltbewegung" stünden. Dabei gingen den Umweltverbänden nicht etwa die Themen aus. Sie versäumten es aber, „Reformfenster" zu nutzen, die durch politische „Krisen und/ oder durch einen überraschend klaren Wahlausgang entstehen" und dadurch „einer Regierung ein Mandat für weitreichende Reformen verleihen" können.[880] KAUFMANN (1997: 180) beschreibt ein weiteres Problem, dass die Identität der Umweltverbände erschüttert. Er spricht von der „Konventionalisierung der ökologischen Bewegung", die nach der Gründung der ‚Grünen' auch mit ihrer Umstrukturierung „zur politischen Partei" zusammenhängt. Die Ziele der ökologischen Bewegung hätten sich in Deutschland als „Bestandteil eines politischen Grundkonsenses durchgesetzt" und es gebe „heute keinerlei grundsätzliche Opposition gegen ökologische Forderungen mehr, sondern nur noch Opportunitätseinwände gegen konkrete Vorschläge."[881] Dies kann ähnlich im eu-

---

[879] Vgl. Kapitel 4.7.
[880] Kolb, Felix (2003): Massenproteste als Schlüssel zur Macht. Politische Strategien von sozialen Bewegungen im Vergleich, in: Zeitschrift für politische ökologie : Machtspiel Globalisierung. Pokern um Ökologie und Gerechtigkeit. Jg. 21, Heft 85, S. 46.
[881] Kaufmann, Franz-Xaver (1997): Normative Konflikte in Deutschland: Basiskonsens, Wertewandel und soziale Bewegungen, in: Berger, Peter L. (Hg.): Die Grenzen der Gemeinschaft. Konflikt und Vermittlung in pluralistischen Gesellschaften. Ein Bericht der Bertelsmann Stiftung an den Club of Rome. Gütersloh, S. 181.

8.6 „Generation Attac" und „Die Krise der Umweltbewegung" 199

ropäischen Rahmen angenommen werden. KAUFMANN (1997: 182) meint daher, dass „die ökologische Bewegung [...] als Beispiel einer Erfolgsgeschichte im doppelten Sinne gelten" könne: „für die Bewegung selbst, aber auch für die Anpassungsfähigkeit des politischen Systems."

Somit scheint es in der Umweltpolitik auch keine „normativen Konflikte" mehr zu geben,

> „bei denen es nicht allein um konfligierende Interessen, sondern um >Grundsätzliches< geht, das nicht Gegenstand von Kompromissen sein kann, dessen Verfolgung also eventuelle Niederlagen im Prozeß politischer Willensbildung oder judizieller Überprüfung überdauert."
> KAUFMANN (1997: 156)

Wenn also die neuen sozialen Bewegungen „Ferment normativer Konflikte" sind,[882] dann ist in der Tat eine Identitätskrise der Umweltbewegung und ihrer Verbände, die in der Tradition der neuen sozialen Bewegungen stehen, zu konstatieren.

Ins konstruktive gewendet können jedoch die Umweltverbände als auch die globalisierungskritische Bewegung voneinander lernen. Der globalisierungskritischen Bewegung mangelt es an Kampagnenerfahrung, meint BODE (2004a: 1351 f.), und „ohne Kampagnenfähigkeit" hätten „die globalisierungskritischen Organisationen keine Zukunft."

> „Die Organisation von Massenprotesten, die verschiedene Richtungen integrieren, ist gelegentlich angesagt, nützt sich aber als zentrales strategisches Mittel sehr schnell ab."
> BODE (2004a: 1352)

Ähnlich argumentiert KOLB (2003: 48) der meint, die globalisierungskritische Bewegung könne von der Umweltbewegung lernen, indem der „Finger" solange „in die Wunde" gelegt werde, bis sich „die Kluft zwischen Rhetorik und Handeln der politischen Eliten" geschlossen habe mit der Konsequenz, „den Reden auch Reformen folgen zu lassen, um sich nicht der Lächerlichkeit preiszugeben."

Gleichzeitig kann die Umweltbewegung, die aufgrund der Analyse offensichtlich tatsächlich in einer ‚Sinnkrise' steckt, von den globalisierungskritischen Bewegungen lernen. Und zwar in der elementaren Weise, ihre Interessen mit einem breiteren Fundament zu untermauern. Eine Chance der Umweltbewegungen liegt diesbezüglich im Konzept der nachhaltigen Entwicklung. Damit verbunden eröffnen sich Möglichkeiten einer Ausdehnung des Themenspektrums durch die Zusammenarbeit von Akteuren, die grundsätzliche Interessen teilen. Das Konzept der Nachhaltigkeit bietet damit die Chance, Probleme wie etwa die Reformierung der Sozialsysteme, deren Debatte „ganz konkret" von der Umweltbewegung verschlafen werde,[883] in einen größeren Zusammenhang zu stellen. Die Nachhaltigkeitsdebatte in ihrer internationalen Dimension böte bei entsprechender Vernetzung von Themen und Akteuren damit auch die Chance zur Positionierung der Umweltverbände in der Diskussion um die Gestaltung der Globalisierung und würde vor allem zur Sichtbarkeit der Umweltbewegung in diesem Diskurs beitragen.

Auf der hochgradig lobbyierten europäischen Ebene sind es diese Strategien, die zum Erfolg der Umwelt-NGOs beitragen. Zum einen wird die Vernetzung von Akteuren mit

---

[882] Ebda., S. 177.
[883] Vgl.: Bode, Thilo (2004a): Die Krise der Umweltbewegung, S. 1350.

gleich gelagerten Interessen im Rahmen des Nachhaltigkeitsdiskurses praktiziert. Und ein anderer Grund für ihre erfolgreiche Arbeit ist, dass sie eine Arbeitsteilung praktizieren, die sich eben nicht nur in der Durchführung von Kampagnen erschöpft. Die Bedingungen, die auf europäischer Ebene an den Erfolg geknüpft sind, erfordern die Teilnahme der NGOs in den von Bode so geschmähten Diskussionszirkeln und Gremien. So findet die Expertise der NGOs den Weg in die politischen Institutionen und trägt damit, sowohl in Bezug auf eine erhöhte themenpolitische Komplexität als auch in ihrer demokratischen Funktion als Input intermediärer Kräfte, gerade dazu bei, die elementaren Defizite staatlicher Institutionen auf nationaler und internationaler Ebene auszugleichen.

Entsprechend fallen auch die Antworten der befragten Experten auf die Frage aus, inwieweit die europäischen Umwelt-NGOs bereits Teil des politischen Systems geworden seien.

> „Sie sind Teil des Brüsseler Politikapparates und das ist ihre Stärke. Sie wissen, mit welchen Argumenten sie überzeugen können. Sie sind Teil des Brüsseler Diskussionsprozesses. [...] Sie haben es gelernt, ihre Argumente so vorzutragen, dass sie von den anderen, die in Brüssel an den Diskussionen teilnehmen, akzeptiert werden. Sie haben sich als Insider etabliert, die an den Diskussionen selbstverständlich teilnehmen können." ANDREAS KRAEMER (8. September 2004, Berlin)[884]

Und in Bezug auf die Schaffung zusätzlich Kanäle durch elektronische Plattformen und Foren denkt Daniel Mittler,

> „dass das in diesem Fall nicht ein bewusstes Einverleiben von Protest ist, sondern wirklich eben das, was sich eine Bürokratie ausdenkt wenn sie versucht, über sich selbst hinaus zu reichen und irgendwie die Ebene weit unter ihnen einzubinden." DANIEL MITTLER (21. Juli 2004, Amsterdam)

Entscheidend für die Anerkennung der NGOs als Akteure in Prozessen europäischer Politik ist ihre Professionalität. In der Vergangenheit, so erinnert sich Sarah Blau, hätten „die NGOs häufig nur Kritik geübt und" seien „Neinsager" gewesen.[885] Diesbezüglich kommt auch Holger Benzing zu der Einschätzung, dass NGOs „wichtiger geworden" sind:

> „Und zwar vor allem deshalb, weil sie professioneller geworden sind und stärker versuchen – [...] mit realistischeren Zielvorstellungen [...], auf politische Entscheidungsprozesse einzuwirken." HOLGER BENZING (11. August 2004, Berlin)

Dabei sind die Techniken der NGO-Arbeit in Form von Kampagnen und „klassischem Lobbying" sowie die Teilnahme an Konsultationen und elektronischen Foren keine sich gegenseitig ausschließenden Strategien. Die Anerkennung und der Erfolg von NGOs sind vielmehr nur möglich durch eine Kombination der Strategien, um auf allen Stufen des politischen Prozesses präsent zu sein und ihren Einfluss geltend zu machen.[886]

---

[884] Herr Kraemer äußerte in dem Interview seine private Meinung. Er spricht nicht für die Organisationen und Gremien, für die er gearbeitet hat oder arbeitet.

[885] Interview mit Sarah Blau, ehemalige Mitarbeiterin beim EEB und ehemalige Fraktionsreferentin der Grünen im Europaparlament, 18. August 2004, Brüssel. Frau Blau äußerte in dem Interview ihre private Meinung. Sie spricht nicht für die Organisationen und Gremien, für die sie gearbeitet hat oder arbeitet.

[886] Vgl.: Kolb, Felix (2003): Massenproteste als Schlüssel zur Macht, S. 48.

8.7 Interorganisationale Vernetzung und intersystemische Kooperationen

Durch die Mehrdimensionalität des Nachhaltigkeitskonzeptes spielen die Umwelt-NGOs bei der Entwicklung funktional äquivalenter Organisationsstrukturen zur Stabilisierung der nachhaltigkeitsrelevanten gesellschaftlichen Kommunikation eine zentrale Rolle. Sie waren als Umwelt-NGOs nicht nur in entscheidender Weise daran beteiligt, das Thema als Politikfeld auf der politischen Agenda zu etablieren, sondern mussten selbst ihr inhaltliches und organisationales Profil der erhöhten Komplexität des Themas anpassen. Die so entstandenen Netzwerke haben sowohl interorganisationalen als auch intersystemischen Charakter und verflechten so potenziell auf der Basis gemeinsamer Interessen Kommunikationen zwischen verschiedenen Teilsystemen.

Die europäischen Umweltorganisationen sind i. d. R. Akteure in transnationalen Netzen, um den wechselseitigen Kommunikationsprozess zwischen europäischer Ebene und den Mitgliederorganisationen in den Nationalstaaten zu organisieren und zu gewährleisten. Gleichzeitig sind sie Akteure auf der Bühne europäischer Politik und versuchen dort durch ihre Arbeit, politische Entscheidungen mitzugestalten. Aus diesen zwei Arbeitsebenen ergeben sich drei Chancen zur Vernetzung von Akteuren und Wissen. Zum einen handelt es sich dabei um Netzwerke, die den Kontakt in die nationalen Mitgliederorganisationen sicherstellen. Zum zweiten sind es die Netzwerke in Brüssel, die eine Vernetzung von NGOs mit ähnlich gelagerten Interessen sicherstellen und drittens finden sich Netzwerke, die auch Akteure aus dem politisch-administrativen System und aus anderen gesellschaftlichen Gruppen einbeziehen. Hier versprechen wohl vor allem die letzten beiden Varianten am ehesten die Möglichkeiten intersystemischer Kommunikationsleistungen.

Als Musterbeispiel der Vernetzung von NGOs mit ähnlich gelagerten Interessen auf europäischer Ebene kann sicherlich der Zusammenschluss der großen in Brüssel vertretenen Umwelt-NGOs gelten. Nachdem das EEB 1974 als erste Umweltorganisation auf europäischer Ebene gegründet wurde, folgten FoEE (1986), Greenpeace (1988), WWF (1989), CNE / CAN-E (1989), T&E (1992) und Birdlife International (1993) mit eigenen Büros in Brüssel.[887] Die Kooperation dieser Organisationen begann aus zwei Gründen: Zum einen, um gemeinsam an der Revision der Römischen Verträge mitzuarbeiten, die zum Vertrag von Maastricht führte. Zum zweiten, um einen regelmäßigen Kontakt zur Generaldirektion Umwelt (DG XI) herzustellen, auch um damit die Verbindung der NGOs zur Kommission und Feedback-Möglichkeiten zu schaffen.[888]

Dem bis Ende der 1990er Jahre als „Green Seven" (G7) bekannten Netzwerk schlossen sich zunächst die International Friends of Nature (IFN) an, was zur Umbenennung zur G 8 führte. Seit 2004 ist bei der Entwicklung des Netzwerks ein Trend zu beobachten, der seine Ausrichtung sowohl in themenpolitischer als auch in territorialer Dimension erweitert. Im Jahr 2004 wurde das EPHA Environment Network (EEN; EPHA = European Public Health Alliance) Teil des Netzwerks (G9) und in der ersten Jahreshälfte

---

[887] Vgl.: Webster, Ruth (1998): Environmental collective action, S. 178 ff.
[888] Vgl.: Ebda., S. 184.

2005 kam das CEE Bankwatch Network (CEE = Central and Eastern Europe) dazu. Die bei dem sich nun G10 nennenden Netzwerk zu beobachtenden Veränderungen sind neben einer sich ausdifferenzierenden Beschäftigung mit umweltrelevanten Themenfeldern etwa in den Bereichen der Gesundheitspolitik und der internationalen Finanzkontrolle gleichzeitig Ausdruck der Verflechtung von Organisationen mit dem Anspruch zur Bearbeitung erhöhter Komplexität im Sinne einer nachhaltigen Gesellschaftspolitik. Die damit gleichzeitig stattfindende Arbeitsteilung und Vernetzung in einem umfassenderen Rahmen sind bezeichnend auch für die Vernetzung von Wissensressourcen aus speziellen Bereichen zur Vertiefung der Qualität alternativen Wissens für einen größeren und allgemeingültigeren Zusammenhang.

Ein weiterer wichtiger Akteurskreis, der für die Generierung und Kommunikation von nachhaltigkeitsrelevantem Wissen eine bedeutende Rolle spielt, sind die zunächst im Wissenschaftssystem angesiedelten Forschungsinstitute und Think Tanks.[889] Auch für sie scheint charakteristisch, dass sie im Interesse der Nachhaltigkeit interorganisationale und intersystemische Kommunikationsprofile entwickelt haben. Dies kann zumindest für die beiden im Rahmen dieser Studie auch zu ihren Beziehungen zu den NGOs befragten Wissenschaftsinstitute, das Institut für Internationale und Europäische Umweltpolitik (Ecologic) in Berlin und das Sustainable Europe Research Institute (SERI) in Wien, angenommen werden. Beide Institute sind „Think Tanks", die sich als hybride und multireferentielle Organisationen verstehen und sich im Vergleich mit Universitätsinstituten zwar auch, aber nicht exklusiv, im Wissenschaftssystem verorten, was auch von der Art ihrer Aufträge abhänge, wie Friedrich Hinterberger feststellt.[890] Ein wesentlicher Unterschied zu universitären Forschungsarbeiten ist darin zu sehen, dass nicht das theoretische Erkenntnisinteresse im Vordergrund steht, sondern die Praxisorientierung.[891] Anneke Klasing sieht Ecologic dabei „irgendwo zwischen Lobby, Wissenschaft und wissenschaftlichem Dienst der Bundesregierung angesiedelt."

> „Wir machen Politikberatung und würden uns irgendwo als wissenschaftlicher oder semi-wissenschaftlicher Think-Tank verstehen. Wir sind keine NGO. Wir beraten schon im Sinne der Umwelt und unser Ziel ist es, den Umweltschutz zu fördern."
> ANNEKE KLASING (8. September 2004, Berlin)[892]

Die thematische Ausrichtung beider Institute speist sich aus normativ-wertorientierten Zielsetzungen. Ecologic arbeitet entsprechend an „der Verfasstheit der Europäischen Union und [...] ihrer Ergrünung"[893] und das SERI versteht seine Arbeit „im Sinne von Interessen und Gedankengut [...], die es bei Greenpeace oder bei Friends of the Earth

---

[889] Es gebe keine „präzise Definition des Begriffs »Think Tank«, doch die gängigste Auslegung" laute: „»Forschungseinrichtung auf gemeinnütziger non-profit-Basis zu Themen staatlicher Politik«." Ausführlich in: Reinicke, Wolfgang H. (1996): Lotsendienste für die Politik. Think Tanks - amerikanische Erfahrungen und Perspektiven für Deutschland. Unter Mitarbeit von Jennifer Mitchell. Gütersloh, S. 7 ff.
[890] Interview mit Friedrich Hinterberger, SERI, in Gruppeninterview, 6. September 2004, Wien.
[891] Vgl.: Interview mit Anneke Klasing, Ecologic, 8. September 2004, Berlin. Frau Klasing äußerte in dem Interview ihre private Meinung. Sie spricht nicht für die Organisationen und Gremien, für die sie gearbeitet hat oder arbeitet.
[892] Dto.
[893] Vgl.: Ebda.; dto.

8.7 Interorganisationale Vernetzung und intersystemische Kooperationen

Europe auch gibt."[894] Dabei ist das SERI im Zuge seiner Professionalisierung an sich eine interessante Konstruktion geworden, da es gleichzeitig Verein und Firma ist.

> „Auf der einen Seite bewegen wir uns in diesem NGO Rahmen, obwohl wir de jure ja eine Firma sind im privaten Sektor. Die Firma ist ein Beratungsunternehmen und der Verein ist eine NGO. Und letztlich hält der Verein das Netzwerk auch zusammen."
> FRIEDRICH HINTERBERGER (6. September 2004, Wien)

Zur kommunikativen Aufgabe von Ecologic konstatiert Andreas Kraemer:

> „Wir sind eine Organisation, die Fachwissen nutzt, Analysen durchführt, Ergebnisse öffentlich bereitstellt und selber über die Grundlagen hinaus auch noch Impulse gibt, um die Diskussion in Gang zu bringen oder im Gang zu halten. [...] Wir liefern die Ideen, aus denen andere ihre Lobbyingstrategien [...] oder ihre Advocacystrategien machen können."
> ANDREAS KRAEMER (8. September 2004, Berlin)[895]

Auch das SERI sieht seine Rolle hinsichtlich der Zusammenarbeit mit den NGOs darin, Forschungsarbeiten im Sinne der Nachhaltigkeit einer breiteren Verwendung in nachhaltigkeitsrelevanten Prozessen zugänglich zu machen.

> „Aber wir sind nicht die Umsetzer der Ergebnisse. Wir sind die Denker für die NGO-Mitarbeiter und für die Politiker im Ministerium. Wir können denen Informationen liefern und wir können ihnen etwas vorbereiten. Wir können ihnen helfen. Oder es geht auch umgekehrt. Die werden vielleicht auf uns zurückkommen und sagen, dass sie ein Problem haben."
> FRIEDRICH HINTERBERGER (6. September 2004, Wien)

Damit erfüllen die Think Tanks als Advokaten des Nachhaltigkeitsgedankens auch Aufgaben der Vermittlung und Kommunikation. Ines Omann vom SERI sieht die Anknüpfungspunkte zu den NGOs primär darin, Nachhaltigkeit zu kommunizieren. Dadurch hätten die NGOs möglicherweise größere Chancen, um Entscheidungen kritisch zu beeinflussen. „Schön wäre es natürlich, wenn es bei der EU oder in den Ministerien eine Stelle geben würde, die die Projektergebnisse bereitstellt, die die NGOs so brauchen."[896] Die Zusammenarbeit mit den NGOs dient demnach dem Wissensfluss und kann dabei verschiedene Formen annehmen. Manchmal seien die NGOs auch ihre Auftraggeber, was aber selten vorkomme, so Anneke Klasing von Ecologic. Schon häufiger finde die Zusammenarbeit statt, „wenn es darum geht, Dialogprozesse zu initiieren" etwa „zwischen Zivilgesellschaft, Wirtschaft und Politik. Klar, dann sind die NGOs unsere Zielgruppe."[897]

„Es geht bei der Kommunikation mit den NGOs eher darum, Synergien zu finden", meint Doris Schnepf vom SERI. Synergien, die ihren Ausdruck finden etwa in der Erarbeitung gemeinsamer Strategien zu bestimmten Problemfeldern. Hier bilden sich in Form von strategischen Partnerschaften auch Lernallianzen in der Form, die jeweiligen Potenziale durch einen Austausch und eine Zusammenarbeit zu ergänzen und im Hinblick auf das gemeinsame Interesse nachhaltiger Entwicklung gezielt zu verbinden.

---

[894] Interview mit Friedrich Hinterberger, SERI, in Gruppeninterview, 6. September 2004, Wien.
[895] Herr Kraemer äußerte in dem Interview seine private Meinung. Er spricht nicht für die Organisationen und Gremien, für die er gearbeitet hat oder arbeitet.
[896] Interview mit Ines Omann, SERI, in Gruppeninterview, 6. September 2004, Wien.
[897] Interview mit Anneke Klasing, Ecologic, 8. September 2004, Berlin. Frau Klasing äußerte in dem Interview ihre private Meinung. Sie spricht nicht für die Organisationen und Gremien, für die sie gearbeitet hat oder arbeitet.

Die Auswirkungen der Arbeit des SERI, die gleichzeitig das Verständnis interorganisationaler Arbeitsteilung im Nachhaltigkeitssektor verdeutlicht, beschreibt Friedrich Hinterberger mit der Metapher der Akupunktur als ganzheitlichem Therapieverfahren. Einzelne nachhaltigkeitsrelevante Themen seien

> „wichtig [...] als Akupunkturpunkte für die Gesellschaft. Und wenn man das nur an einer Stelle macht ist die Wirkung auch nicht so groß. Das wissen wir schon. Also machen wir es an gewissen Ecken. Aber auch alle anderen. Die müssen zusammenhängen." FRIEDRICH HINTERBERGER (6. September 2004, Wien)

Und dieser Zusammenhang kann nur durch Kommunikation hergestellt und im Hinblick aufs Ganze nur durch Abstimmungsprozesse effektiv werden. Dabei ergänzen sich die Aufgaben zwischen Think Tanks und NGOs zunächst in der Weise, dass die NGOs das Wissen der Institute nutzen können, um es in politisch relevanten Kommunikationen zu multiplizieren, an denen die Institute nicht teilnehmen können. Die Umwelt-NGOs „sind Teil des Brüsseler Diskussionsprozesses, wogegen wir das nicht hinreichend sind."[898]

Dieser Austausch zwischen im Nachhaltigkeitssektor arbeitenden Instituten und NGOs wird durch multiple Mitgliedschaften und persönliche Beziehungen der Organisationsmitglieder unterstützt. Für die Kommunikation der Arbeitsergebnisse des SERI etwa ist dies insofern von Bedeutung, da es, außer den Kontakten „mit dem administrativen System – also mit der Verwaltung und den Leuten im Ministerium", Schnittstellen „mit dem politischen System [...] fast gar nicht" gebe.[899] Und auch „nach Europa" seien die „Kontakte relativ schlecht. Außer ein paar Kontakte in die Kommission. Aber da sind wir nicht so präsent."[900] Durch die Kontakte zu den NGOs wird somit gewährleistet, dass die Arbeitsergebnisse in Form von neuem Wissen und Handlungsempfehlungen aus europäischen Projekten nicht nur in die DG-Forschung kommuniziert werden, sondern eine breitere Rezeption erfahren. Ein anderer Aspekt der Zusammenarbeit ist, dass Institute wie Ecologic die NGOs als Vertreter der Zivilgesellschaft in Dialogprozesse einbinden. Die Fähigkeiten zur Vernetzung von Akteuren bleibt dabei nicht exklusives Terrain der NGOs.

> „Ecologic [...] hat viel Erfahrung mit der Moderation von Veranstaltungen, in denen wir Leute mit unterschiedlichen Interessen in einen Raum bringen und Dialogprozesse moderieren." ANDREAS KRAEMER (8. September 2004, Berlin)[901]

Und auch der SERI-Verein, der nicht nur durch die SERI-Konstruktion hybride und multireferentielle Charakteristika aufweist, zeichnet sich dadurch aus, Dialogprozesse zu initiieren. So wurden z. B. anlässlich des fünfjährigen Jubiläums zahlreiche Veranstal-

---

[898] Interview mit Andreas Kraemer, Ecologic, 8. September 2004, Berlin. Herr Kraemer äußerte in dem Interview seine private Meinung. Er spricht nicht für die Organisationen und Gremien, für die er gearbeitet hat oder arbeitet.

[899] Interview mit Friedrich Hinterberger, SERI, in Gruppeninterview, 6. September 2004, Wien.

[900] Ebda.

[901] Herr Kraemer äußerte in dem Interview seine private Meinung. Er spricht nicht für die Organisationen und Gremien, für die er gearbeitet hat oder arbeitet.

tungen organisiert, die Akteure aus Wissenschaft, Politik und Zivilgesellschaft zusammenführten.[902]

Sowohl die Umwelt-NGOs als auch die Think Tanks praktizieren Formen der Kooperation und Koordination, die im Hinblick auf die kommunikative Vermittlungsleistung potenziell intersystemischen Charakter haben. Beide Akteursgruppen agieren dabei vor dem Hintergrund gemeinsamer Interessen am Thema Nachhaltigkeit. Durch ihre funktionale Zuordnung entsteht eine, zunächst als Differenzierung beobachtbare, systemische Arbeitsteilung. Ein entscheidender Unterschied dieser Netzwerke ist jedoch, dass sie in einem gemeinsamen Kontext Formen der horizontalen Arbeitsteilung praktizieren und vor allem Akteure des intermediären Systems, des Wissenschaftssystems und des politischen Systems kommunikativ miteinander zu verbinden vermögen.

8.8 Nachhaltigkeit für die EU – Blockaden und Chancen

Nachhaltige Entwicklung gewinnt ihren verbindlichen Charakter auf europäischer Ebene durch die Bestimmung als Ziel der Union. Aus dieser institutionellen Forderung leitet sich der Geltungsanspruch der Querschnittsaufgabe ab. Der Querschnittscharakter nachhaltiger Entwicklung ist gleichzeitig eine Herausforderung für die Um- und Neugestaltung politisch-administrativer Zusammenarbeit und Entscheidungsfindung.

> „In allen Phasen des Gesetzgebungsprozesses der Gemeinschaft werden in den einzelnen Bereichen politische Vorschläge ausgearbeitet und erörtert, ohne dabei die Verbindungen zwischen den verschiedenen Politikbereichen in angemessener Form zu berücksichtigen. Die Struktur von Kommission, Rat und Parlament fördert diesen engen, sektoriellen Ansatz. Alle drei Institutionen sollten sich Gedanken machen, wie diese Schwäche überwunden werden kann." EUROPÄISCHE UNION: DIE KOMMISSION (2001a: 17)

Für die Gestaltung und Umsetzung nachhaltiger Entwicklung scheinen herkömmliche Mechanismen und Strukturen zur Bearbeitung einzelner und abgegrenzter Politikfelder überfordert. Aus diesem Grund werden Innovationen erforderlich, die der themenpolitischen Dimension nachhaltiger Entwicklung gerecht werden können und sich in institutionellen Arrangements wieder finden. Institutionelle Innovation in diesem Zusammenhang ist dabei aber nicht zu beschränken auf die Kommunikation quer zu den einzelnen Politikfeldern liegender themenpolitischer Kontexte. Denn nachhaltige Entwicklung als Kommunikationsproblem ist dauerhaft nur lösbar, wenn es sich gleichzeitig auch in veränderten Strukturen der Zusammenarbeit a) zwischen den EU-Organen und b) zwischen den EU-Organen und der Zivilgesellschaft niederschlägt.

> "A Sustainable Development perspective tends to highlight the fact that many current policies often do not pay enough attention to long term issues, or the inter-linkages between different policy areas (such as between energy and environment). Achieving Sustainable Development therefore means improving the quality of policy making."[903]

---

[902] Vgl. die Webseite zur Veranstaltungsreihe: http://www.sustainableeurope.net; zuletzt aufgerufen am 14. August 2005.
[903] Quelle: Webseite des Generalsekretariats der Europäischen Kommission - Sustainable Development: http://europa.eu.int/comm/sustainable/pages/idea_en.htm; zuletzt aufgerufen am 8. August 2005.

Die Umsetzung der Governance-Reform und die Nachhaltigkeitsstrategie sind somit aus zwei wichtigen Gründen miteinander verknüpft. Zum einen erlauben nur moderne Governance-Mechanismen die Bearbeitung von Problemen bei erhöhter Umweltkomplexität. Dabei ist es unverzichtbar, auch die Ressourcen zivilgesellschaftlicher Expertise zu nutzen. Zum anderen verspricht diese Form der Partizipation nicht nur ein höheres Kohärenzgefühl der EU-Bürger, sie ist auch eine grundlegende Bedingung für die demokratische Gestaltung und Umsetzung einer nachhaltigen Entwicklung.

Mit der Nachhaltigkeitsstrategie hat die Kommission Anstrengungen unternommen, um die Gestaltung und Umsetzung nachhaltiger Entwicklung auf europäischer Ebene zu operationalisieren. Dabei wurden auch Vorschläge für eine Institutionalisierung von Nachhaltigkeitspolitik entwickelt.

Um den Fortschritt der Verwirklichung der im Jahr 2001 in der Nachhaltigkeitsstrategie der Union postulierten Ziele zu überprüfen, sieht eines dieser Ziele die umfassende Überarbeitung der Strategie „jeweils zu Beginn einer neuen Amtszeit der Kommission" vor.[904] Dieses Ziel wurde verwirklicht und durch eine elektronisch basierte Konsultation eingeleitet. Vom 30. Juli bis 31. Oktober 2004 hatten die Teilnehmer dabei die Möglichkeit, einen Fragebogen zu beantworten. Durch die Analyse der bisher umgesetzten Ziele werden grundsätzlichen Blockaden und damit verbunden auch die Chancen zur Institutionalisierung nachhaltiger Entwicklung deutlich. Dass solche Überprüfungen notwendig sind zeigt eine Bilanz, inwieweit die Institutionalisierung des Querschnittsthemas Nachhaltigkeit durch die bereits in Kapitel 8.5 erwähnten Vorschläge der Kommission umgesetzt wurden.

So gibt es bis heute keinen Ausschuss für nachhaltige Entwicklung im Europaparlament, wie von der Kommission in der Nachhaltigkeitsstrategie gefordert. Auch der Erfolg des ‚runden Tisches' als Teil der Nachhaltigkeitsstrategie, der als „Strauss-Kahn-Gruppe" bekannt wurde, scheint zweifelhaft. Ein Grund dafür ist, dass das hochrangig besetzte Expertengremium nicht als dauerhafter Arbeitskreis für nachhaltige Entwicklung konzipiert war. Vielmehr verfasste die in Ihrer Zusammensetzung umstrittene Gruppe, die am 29. Januar 2003 erstmals zusammentraf, und der als Gastredner Jürgen Habermas und als Mitglied der ehemalige Präsident der Deutschen Bundesbank, Hans Tietmeyer,[905] angehörten, einen Bericht. Aus dem „sustainable development Round Table" wurde "A sustainable project for tomorrow's Europe" als Bezeichnung der Arbeitsgruppe, die im April 2004 ihren Bericht "Building a Political Europe – 50 proposals for tomorrow's Europe" vorstellte.[906] Hier wurden vor dem Hintergrund der Herausforderungen durch den internationalen Terrorismus, der EU-Osterweiterung und unter dem Eindruck der Verhandlungen zur europäischen Verfassung die großen Leitlinien

---

[904] Europäische Union: Die Kommission (2001a): Mitteilung der Kommission: Nachhaltige Entwicklung in Europa für eine bessere Welt: Strategie der Europäischen Union für die nachhaltige Entwicklung, S. 18.

[905] Weder Jürgen Habermas noch Hans Tietmeyer gelten als ausgewiesene Nachhaltigkeitsexperten. Hans Tietmeyer ist gegenwärtig vielmehr der Vorsitzende des Fördervereins der umstrittenen „Initiative Neue Soziale Marktwirtschaft". Vgl.: Webseite der Initiative: http://www.chancenfueralle.de/; zuletzt aufgerufen am 16. August 2005.

[906] Quelle: Webseite des Generalsekretariats der Europäischen Kommission - Bureau of European Policy Advisers: http://europa.eu.int/comm/dgs/policy_advisers/experts_groups/ex_gopa/index_en.htm; zuletzt aufgerufen am 16. August 2005.

8.8 Nachhaltigkeit für die EU – Blockaden und Chancen

europäischer Politik diskutiert. Darunter auch, aber keinesfalls in zentraler Perspektive, die nachhaltige Entwicklung in Europa.

Ein weiterer Schritt zur Institutionalisierung der Nachhaltigkeit war das erklärte Ziel in der Strategie, alle zwei Jahre ein „Stakeholder-Forum" zu organisieren, „in dessen Rahmen die EU-Strategie bewertet werden soll."[907] Diese vom WSA erstmals im September 2002 organisierte Veranstaltung brachte ca. 200-300 Interessierte zusammen. Am 14. und 15. April 2005 fand die zweite Veranstaltung dieser Art mit wiederum „mehr als 200 Teilnehmern" statt.[908] Die Veranstaltung 2005 war gleichzeitig Teil des Überarbeitungsprozesses der Nachhaltigkeitsstrategie. Seine Kritik am ersten Stakeholder-Forum 2002 fast DALAL-CLAYTON (2004: 4) vom International Institute for Environment and Development (IIEE) in London wie folgt zusammen:

> „The first of the two-yearly *Stakeholder Forums* to assess the SD strategy was organised in September 2002. Very few high level representatives of EC attended and no report was presented by the Commission or the EU Presidency. Broad but unfocused working sessions were held on transport and energy, sustainable production and consumption, agriculture and public participation."

Auch die Umsetzung des Beschlusses des Europäischen Rates in Stockholm vom März 2001, wonach „alle Dimensionen der nachhaltigen Entwicklung auf der jährlichen Frühjahrstagung des Europäischen Rates überprüft werden sollen",[909] steht in der Kritik. So schildert Daniel Mittler seinen Eindruck, dass „das Thema [...] bei den Frühjahrsgipfeln regelmäßig weggefegt" worden sei, wobei die Kommission „immer ohne große Emotionen zugesehen" habe, „obwohl es einen formalen Beschluss gibt, es immer zu behandeln."[910]

Die hier exemplarisch referierten Defizite bei der Institutionalisierung der nachhaltigen Entwicklung blockieren den weiteren Fortschritt ihrer Umsetzung. Diese institutionellen Blockaden können gleichzeitig als Ausdruck eines sich verändernden politischen Willens in den EU-Organen interpretiert werden, dessen Prioritäten in anderen Politikfeldern gesucht werden müssen. „Die 90er Jahre waren die goldene Zeit der Umweltbewegung", meint Sarah Blau und bringt damit auch für die europäische Politik auf den Punkt, dass aufgrund vielfältiger Probleme die Umweltpolitik und damit auch die Politik für Nachhaltigkeit an Bedeutung verlieren.

> „Leider hat man das Gefühl, wenn man [...] die politische Debatte in den letzten 1 ½ Jahren betrachtet, dass man immer wieder bei Lissabon stehen geblieben ist. Weil die wirtschaftliche Lage schwierig ist, geht es hier primär um Jobs und mehr Geld. Deshalb ist es umso wichtiger, immer wieder darauf zu pochen, dass der Lissabon-Prozess ja eigentlich erweitert wurde und dass es eben auch die Umweltaspekte gibt." SARAH BLAU (18. August 2004, Brüssel)[911]

---

[907] Europäische Union: Die Kommission (2001a): Mitteilung der Kommission: Nachhaltige Entwicklung in Europa für eine bessere Welt: Strategie der Europäischen Union für die nachhaltige Entwicklung, S. 18.

[908] Vgl. die Webseite des Wirtschafts- und Sozialausschusses:
http://www.esc.eu.int/sustainable_development/index_en.asp; zuletzt aufgerufen am 12. August 2005.

[909] Europäische Union: Die Kommission (2001a): Mitteilung der Kommission: Nachhaltige Entwicklung in Europa für eine bessere Welt: Strategie der Europäischen Union für die nachhaltige Entwicklung, S. 17.

[910] Interview mit Daniel Mittler, Greenpeace International, 21. Juli 2004, Amsterdam.

[911] Frau Blau äußerte in dem Interview ihre private Meinung. Sie spricht nicht für die Organisationen und Gremien, für die sie gearbeitet hat oder arbeitet.

Auch Martin Rocholl ist der Ansicht, dass „sich der Wind" in Brüssel „gedreht" habe. Man müsse „klar sehen", fährt er fort, dass gegenwärtig die absoluten Top-Prioritäten bei der Wettbewerbsfähigkeit, bei den Jobs und bei der Ökonomie lägen. „Und die anderen Sachen fallen ziemlich leicht hinten runter."[912] Und das obwohl die Bedeutung des Umweltschutzes in der europäischen Bevölkerung nach den regelmäßigen Umfragen von Eurobarometer relativ konstant als wichtig eingeschätzt wird. So lautet ein Ergebnis im Standard Eurobarometer 63 vom Juli 2005:

> „Der **Umweltschutz** ist die sechstwichtigste Priorität und kommt damit noch vor einer Verbesserung der Funktionsweise oder gar des Aufbauwerks der Europäischen Union. Tatsächlich scheinen die stärker institutionellen Bereiche wie die **Reform der europäischen Institutionen** oder eine **erneute Erweiterung** im Vergleich deutlich weniger Priorität zu genießen (ca. 5% der Nennungen)."[913]

Zusammen mit dem Kampf gegen die Arbeitslosigkeit als Top-Priorität und der Bekämpfung von Armut und sozialer Ausgrenzung an zweiter Stelle sind Aspekte aller Dimensionen des Drei-Säulen-Modells Nachhaltigkeit damit unter den ersten sechs Maßnahmen zu finden, die die Union nach Meinung der BürgerInnen vorrangig behandeln sollte.[914] Die Aufhebung der institutionellen Blockade zur Umsetzung von Nachhaltigkeitszielen müsste unter diesen Gesichtspunkten zu einer vorrangigen Aufgabe sowohl der neuen Kommission unter Präsident José Manuel Barroso als auch des Europäischen Parlaments werden.

> „Die Strategie für eine nachhaltige Entwicklung sollte in den nächsten Jahren als Katalysator für politische Entscheidungsträger und die öffentliche Meinung dienen und zur treibenden Kraft für institutionelle Reformen und ein verändertes Verhalten von Unternehmen und Verbrauchern werden."
> EUROPÄISCHE UNION: DIE KOMMISSION (2001a: 3)

Diese institutionelle Verankerung ist gleichzeitig verknüpft mit einer Verbesserung nachhaltigkeitsrelevanter, „ökologischer" Kommunikationen. Nachhaltige Entwicklung kann nur breitenwirksam und sinnstiftend wirksam werden, wenn ihre Inhalte in die Öffentlichkeit transportiert werden. Im Rahmen dieser neuen Kultur der Kommunikation bedeutet dies in kommunikationstheoretischer Dimension die Kommunikation von ‚Sinn'. Dabei kann die Politik die Funktion als Motor des Wertewandels übernehmen und Leitbilder einsetzen, die wie Katalysatoren dieser Prozesse wirken können. In diesem Zusammenhang wird das Konzept der Nachhaltigkeit als Symbolsystem der Steuerung relevant. Hier wird auch die Kommission stärker gefordert sein, Nachhaltigkeit zum Thema nicht nur in Sonntagsreden zu machen. Vergleicht man den hohen Anspruch aus o. g. Zitat, dass die Nachhaltigkeitsstrategie als „Katalysator für politische Entscheidungsträger und die öffentliche Meinung dienen und zur treibenden Kraft für institutionelle Reformen" werden sollte; und darüber hinaus auch noch ein „verändertes Verhalten von Unternehmen und Verbrauchern" angestrebt war, bleibt vier Jahre nach

---

[912] Interview mit Martin Rocholl, FoEE, 9. September 2004, Brüssel.

[913] Vgl.: Eurobarometer (2005): Standard Eurobarometer 63. Die öffentliche Meinung in der Europäischen Union. Erste Ergebnisse. Befragung: Mai – Juni 2005, Veröffentlichung: Juli 2005, S. 46 (Hervorhebungen im Original). Quelle: Webseite der Europäischen Kommission für öffentliche Meinung und Analyse, Eurobarometer: http://europa.eu.int/comm/public_opinion/index_en.htm; zuletzt aufgerufen am 19. September 2005.

[914] Vgl.: Ebda., S. 47.

8.8 Nachhaltigkeit für die EU – Blockaden und Chancen

ihrer Verabschiedung nur nüchtern festzustellen, dass die Strategie im Hinblick auf diese ambitionierten Ziele bislang gescheitert ist.

Die Gründe dafür sind zu suchen zum einen in der Konstruktion des Leitbildes selbst und zum anderen, damit zusammenhängend, in den Fragen der kommunikativen Anschlussfähigkeit. Diese Problemkonstruktion bringt Holger Benzing präzise auf den Punkt:

> „Ich glaube, es ist als Leitbild im Prinzip schon geeignet. Aber es ist zu abstrakt. Um Identität zu stiften ist es nicht hinreichend. Man muss dann schon aus diesem Leitbild heraus konkrete politische Projekte ableiten, die näher an die Menschen herankommen und für die man sich mehr begeistern kann."
> HOLGER BENZING (11. August 2004, Berlin)

Eine ähnliche Ansicht vertritt auch Andreas Kraemer. Nachhaltigkeit sei

> „ein Wort aus einer Elitesprache, das im Grunde genommen für den Politikdiskurs, der in einer Demokratie nun mal mit allen Menschen geführt werden muss, eine völlige Randposition hat. Das ist nicht wirklich hilfreich. "Umweltschutz" ist da schon stärker. Da versteht jeder, worum es hier geht. Aber für viele Menschen ist selbst Umwelt schon zu groß. Wenn sie Umwelt hören, dann denken sie an ein bestimmtes Biotop. Sie denken an Wasser, sie denken ans Klima, sie denken an Abfall. Und nur wenn sie die Verbindung zu einem konkreten Problem herstellen, können sie mit dem Begriff Umwelt etwas anfangen. Als übergreifender Begriff, der ein Politikcluster anspricht, können sie damit auch nichts anfangen. Mit Nachhaltigkeit noch viel weniger. Der Begriff "Nachhaltigkeit" ist eher dazu da, um auf der deklaratorischen Ebene so ein bisschen Frieden zu stiften, so dass sich alle irgendwie auf Texte und Floskeln verständigen können. Aber das zu dem Preis, dass sie im Grunde genommen konzeptionell leer sind. Und das hilft in einer Demokratie nicht, wenn es doch eigentlich um die Lösung anstehender Probleme geht."
> ANDREAS KRAEMER (8. September 2004, Berlin)[915]

Und Sarah Blau ist der Ansicht, die Diskussionen zur Nachhaltigkeit müssten „konkreter sein." Wenn man sich, so fährt sie fort, „aus der Nachhaltigkeitsdebatte Dinge herauspickt und sie als Beispiele erarbeitet, hat man auch etwas für die Nachhaltigkeitsdebatte gemacht."[916]

In Bezug auf Nachhaltigkeit als Symbolsystem der Steuerung teilt Daniel Mittler die Elitenthese von Andreas Kraemer. Nachhaltigkeit als Symbolsystem der Steuerung sei nur „im Sinne von Elitensteuerung" möglich. Aber selbst da, fährt er fort, sei ihm „nie aufgefallen", dass der ehemalige Kommissionspräsident Prodi, „zumindest in der wirklich öffentlichen Vermittlung [...] den Nachhaltigkeitsbegriff sonderlich oft im Munde" geführt habe.[917] „Es ist mir jetzt nicht aufgefallen, dass die Kommission darauf bestanden hätte, dass Thema nun zu behandeln, weil davon auch die Fähigkeit abhängt, Menschen zu integrieren."[918]

> „Die letzte These die ich dazu haben würde ist, dass ich es schon gerade bei dem Begriff Nachhaltigkeit – weil er sich so verselbstständigt hat, schwierig finde, dann

---

[915] Herr Kraemer äußerte in dem Interview seine private Meinung. Er spricht nicht für die Organisationen und Gremien, für die er gearbeitet hat oder arbeitet.

[916] Interview mit Sarah Blau, ehemalige Mitarbeiterin beim EEB und ehemalige Fraktionsreferentin der europäischen Grünen im Europaparlament, 18. August 2004, Brüssel. Frau Blau äußerte in dem Interview ihre private Meinung. Sie spricht nicht für die Organisationen und Gremien, für die sie gearbeitet hat oder arbeitet.

[917] Interview mit Daniel Mittler, Greenpeace International, 21. Juli 2004, Amsterdam.

[918] Ebda.

> noch zu definieren, was Steuerung ist und was [...] sich selbst immer wieder fütternde und perpetuierende Diskursentwicklung. Wir kommen ja alle aus dieser Nachhaltigkeitsdebatte nicht mehr raus. [...] Auch weil ganz viele Leute im Brüsseler Apparat dieses Wort einfach nur irgendwie aufschnappen und es dann weiterbenutzen weil sie merken, dass man es jetzt irgendwie benutzen muss. Da halte ich es für relativ unwahrscheinlich, dass die das bewusst tun, um irgendwen zu integrieren oder deren Anliegen formal aufzunehmen."
> DANIEL MITTLER (21. Juli 2004, Amsterdam)

Auch Evelin Lichtenberger kritisiert die Begrifflichkeit und die damit verbundenen Probleme ihrer Verwendung. Diesbezüglich adressiert sie die Forderung an die Wissenschaft, die „noch relativ viel aufzuarbeiten" habe, da „der Begriff Nachhaltigkeit [...] diffus" sei. „Und er ist auch stark missbraucht worden. Eine Präzisierung der Begrifflichkeit wäre wahrscheinlich von Seiten der Wissenschaft wirklich ganz sinnig."[919]

Diese Präzisierung durch die Wissenschaft ist meist an konkrete Aspekte aus der Nachhaltigkeitsdebatte geknüpft. Die kommunikative Anschlussfähigkeit nachhaltigkeitsrelevanter Arbeitsergebnisse und diesbezüglich auch von Präzisierungsbemühungen durch die Forschungsinstitute problematisiert Jill Jäger vom SERI. Sie fragt, ob die in die DG-Forschung kommunizierten Ergebnisse aus EU-Projekten auch „weitergeleitet werden in die Kommission, wo die Entscheidungen getroffen werden."[920] Nach ihren Informationen gebe es

> „zunehmend Beweise dafür, dass das nicht passiert und dass das, was wir machen in EU-Projekten, in der Generaldirektion bleibt und die Informationen wirklich nicht weitergegeben werden. Aber darauf können wir keinen Einfluss haben. Das ist einfach eine Tatsache, so wie es in Brüssel läuft." JILL JÄGER (6. September 2004, Wien)

Damit berührt sie den Punkt offensichtlich defizitärer Kommunikationsstrukturen innerhalb der Administration. Diesbezüglich ist der Vorschlag von Ines Omann ernst zu nehmen, die schließlich mit öffentlichen Mitteln produzierten Projektergebnisse einem breiteren Publikum zugänglich zu machen.[921]

Eine Chance, der zerfasert scheinenden europäischen Nachhaltigkeitsdebatte schärfere Konturen zu geben und gleichzeitig zu verhindern, dass das Drei-Säulen-Modell gegen die Umwelt verwendet wird, könnte in einer Umdefinition des Konzeptes liegen.

> „Wir haben mittlerweile recht deutlich gesagt, dass wir Nachhaltigkeit eigentlich anders definieren als das Drei-Säulen-Modell: Umweltschutz oder Ökologie ist erstmal die Basis, ohne die gar nichts funktioniert. Ökonomie ist ein Mittel, mit dem wir soziale Ziele erreichen können wie z. B. Wohlstand, Arbeit für alle usw. Es sind keine drei unabhängig nebeneinander stehenden Säulen, die man gegenseitig ausspielen kann. Aber da ist auch von uns noch einmal viel [...] Arbeit gefragt, um die Definition überhaupt erstmal zu schärfen und um diese Definitionsdebatte nicht zu verlieren."
> MARTIN ROCHOLL (9. September 2004, Brüssel)

Auch Andreas Kraemer kritisiert das Drei-Säulen-Modell der Nachhaltigkeit. Dahinter stecke der Gedanke, dass man „alle drei Ziele gleichzeitig verfolgen" könne. Allerdings

---

[919] Interview mit Evelin Lichtenberger, MdEP, 28. September 2004, Brüssel.
[920] Interview mit Jill Jäger, SERI, in Gruppeninterview, 6. September 2004, Wien.
[921] Interview mit Ines Omann, SERI, in Gruppeninterview, 6. September 2004, Wien.

8.8 Nachhaltigkeit für die EU – Blockaden und Chancen

seien „die natürlichen Lebensgrundlagen nicht eine beliebige Zieldimension wie die anderen". Sie stellten vielmehr „die Grundlage" dar „für alles andere."[922]

> „Wenn die natürlichen Systeme, auf denen unsere menschliche Existenz, die soziale Entwicklung und wirtschaftliche Tätigkeiten beruhen, wenn diese natürlichen Grundlagen zerstört werden und wegfallen, dann ist es völlig egal, wie viel Wirtschaftswachstum man vorher hatte. Es bricht dann alles zusammen."
> ANDREAS KRAEMER (8. September 2004, Berlin)[923]

Zwar besitze der „Nachhaltigkeitsdiskurs eine erstaunliche Resonanzfähigkeit", so HELLMANN (2002: 98), „ebenso unstrittig ist aber auch, dass dieser Diskurs eigentümlich konturlos und unpräzise bleibt und deshalb große Probleme bei der Anwendung bereitet." Eine Chance, der Nachhaltigkeit zu schärferen Konturen zu verhelfen, böte möglicherweise auch ein Verständnis von „Nachhaltigkeit als Nachfolgemodell fürs Gemeinwohl unter Einbeziehung des Zukunftsaspekts".[924] Zwar bietet dieses Nachhaltigkeitsverständnis zunächst auch keine detaillierten Bezugspunkte und bleibt hoch abstrakt. Allerdings schärft die prägnante Formel Gemeinwohl + Zukunft = Nachhaltigkeit die gesellschaftspolitische Dimension und Bedeutung des Nachhaltigkeitsbegriffes. Damit würde die unter gesellschaftspolitischen Aspekten unterkomplexe trisektorale Verknüpfung des Drei-Säulen-Modells ergänzt und könnte, durch den Rückgriff auf Bekanntes, dennoch das Leitbild zu konkretisieren helfen.

Martin Rocholl hat den Wettbewerb bei der Definition des Nachhaltigkeitsbegriffes im Kontext veränderter politischer Prioritäten in Brüssel angedeutet. Wenn allerdings dieser Wettbewerb als Konkurrenz der Dimensionen Ökologie, Ökonomie und Soziales verstanden wird, aus dem als Ergebnis eine „Siegerdimension" hervorgehen soll, droht dem Nachhaltigkeitskonzept, dabei selbst zum großen ‚Verlierer' zu werden. Daher ist es nötig, dass Konzept auf breitere Füße zu stellen, den Anwendungsbereich zu konkretisieren und es gleichzeitig als Leitbild so aufzubauen und kommunikativ anschließbar zu machen, dass Identifikationspotenziale jenseits etymologischer Doppeldeutigkeiten entstehen, die als Grundlage den für Nachhaltigkeit nötigen Wertewandel auf allen Ebenen der Gesellschaft beschleunigen helfen.

Aus den oben geschilderten Problemfeldern lassen sich als zentrale Handlungsoptionen sowohl für die EU-Organe (A1 bis A3) als auch für die Organisationen der Zivilgesellschaft (B1 bis B4) zusammenfassend folgende Thesen formulieren:

- A1: Die EU-Organe sollten aufgefordert sein, die Institutionalisierungsblockade gegen die Nachhaltigkeit aufzugeben. Mandat des Handelns sind die formellen Vorschläge der Kommission wie in der Nachhaltigkeitsstrategie formuliert. Dabei sollten sich die Bemühungen nicht auf temporäre Einrichtungen beschränken, sondern müssen entsprechend des Institutionalisierungsbegriffs auf Dauer gestellt angelegt sein, um die Querschnittsdimension Nachhaltigkeit institutionell zu verankern.

---

[922] Interview mit Andreas Kraemer, Ecologic, 8. September 2004, Berlin. Herr Kraemer äußerte in dem Interview seine private Meinung. Er spricht nicht für die Organisationen und Gremien, für die er gearbeitet hat oder arbeitet.

[923] Dto.

[924] Vgl. Hellmann, Kai-Uwe (2002): Rezension: Politik der Nachhaltigkeit, S. 98 f.

- A2: Es sollten konkrete Anstrengungen zur Entwicklung und Konkretisierung des Leitbildes nachhaltige Entwicklung unternommen werden. Hier sind Themenfelder fruchtbar zu machen, die abseits des komplexen und unklaren Begriffs Nachhaltigkeit durch konkrete und bebilderbare Bezüge auch die Leitfunktion erfüllen, um so Identifikationsanlässe zu ermöglichen. Dieser Prozess muss strategisch ausgerichtet und ebenfalls auf Dauer gestellt sein.

- A3: Die Kommunikationsstrukturen innerhalb und zwischen EU-Organen und Administration müssten, evtl. mit Hilfe elektronischer Medien, entscheidend verbessert werden. Dies betrifft sowohl die Öffentlichkeitsarbeit der EU-Organe als auch Anstrengungen, die internen Kommunikationskreisläufe in der Administration zu optimieren.

- B1: Zivilgesellschaftliche Akteure sollten hinsichtlich der Institutionalisierung der Nachhaltigkeit Druck ausüben und die europäischen Institutionen an die Vorschläge der Kommission erinnern. Dazu gehört es, konkrete Forderungen etwa nach einem Ausschuss für nachhaltige Entwicklung nicht nur im Europaparlament zu stellen, sondern bspw. auch für den Umbau des WSA zu plädieren, um Nachhaltigkeit auf Organebene zu installieren.

- B2: Die Organisationen der Zivilgesellschaft und auch die anderen intermediären Akteure einer nachhaltigen Gesellschaftspolitik sollten aufgefordert sein, der Nachhaltigkeitsdebatte Konturen zu geben und, abseits schwammiger Diskussionen, konkrete Zusammenhänge herzustellen. Dies betrifft sowohl Organisationen und Netzwerke mit europäischem Profil als auch die Organisationen in den Nationalstaaten.

- B3: Die Organisationen der Zivilgesellschaft sollten verstärkt eigene themenpolitische Akzente setzen und dafür sorgen, dass die Themenauswahl nicht alleine durch die EU-Organe vorgegeben wird. So aktiviert erhielten sie einen strategischen Vorteil und wären nicht immer nur zur Reaktion genötigt. Gleichzeitig würde so aktives Gestaltungspotenzial mobilisiert.

- B4: Zivilgesellschaftliche Akteure gerade aus dem Umweltbereich sollten die Frage stellen, inwieweit eine klassisch umweltbezogene Kampagnenorientierung noch hinreichend ist, um komplexe Themenfelder wie Nachhaltigkeit oder den Globalisierungsprozess kritisch zu begleiten. Um die Bearbeitung komplexer Problemlagen durch eine Verknüpfung von Expertise verschiedener Themenfelder sicherzustellen, müssten die Organisationen ihre Struktur anpassen und Wissensmanagement als Organisationsfunktion anerkennen und umsetzen. Der dafür erforderliche Umbau der Organisation vom Themenspezialisten zum Generalisten ermöglicht dann NGO-Strategien zur Bearbeitung von Themen, die quer zu den „reinen Kampagnenthemen" liegen.[925]

---

[925] Vgl.: Interview mit Daniel Mittler, Greenpeace International, 21. Juli 2004, Amsterdam.

9 Zivilgesellschaft und Konventsforum – empirische Befunde I

Am 17. und 18. Juni 2004 war es soweit. Auf der Regierungskonferenz in Brüssel nahmen die Staats- und Regierungschefs der 25 EU-Mitgliedstaaten und der drei Kandidatenländer den Vertrag über eine Verfassung für Europa einstimmig an. Am 29. Oktober 2004 erreichte die Geschichte des europäischen Verfassungsvertrages ihren vorläufigen Höhepunkt mit der feierlichen Unterzeichnung auf dem Kapitolhügel in Rom – an dem Ort, wo 1957 mit den Römischen Verträgen die Europäische Wirtschaftsgemeinschaft aus der Taufe gehoben wurde.

Die Geschichte des Verfassungsvertrages sollte gleichzeitig die Geschichte eines bisher in der Geschichte der Union einmaligen Prozesses werden, der die Beteiligung der organisierten Zivilgesellschaft an der Revision eines wichtigen europäischen Vertragswerkes sicherstellen sollte. So sprach Romano Prodi in seiner Rede anlässlich der Unterzeichnung der Europäischen Verfassung davon, dass diese wichtige Neuerungen enthalte, „die die Europäische Union demokratischer, effizienter und transparenter machen werden".[926]

Mehr Demokratie, mehr Effizienz und mehr Transparenz sind drei zentrale Themen der Reformbemühungen „Europäisches Regieren", die die Kommission mit ihrem Weißbuch aus dem Jahr 2001 auf den Weg gebracht hat. Und im Lichte der Reforminitiativen in Zusammenhang mit dem Weißbuch sind auch die Vorbereitungen für die Arbeit des verfassungsgebenden Europäischen Konvents zu sehen. Sie fanden in der Laeken-Erklärung zur Zukunft der Europäischen Union ihren Ausdruck. Hier wurde nicht nur die Einberufung des Konvents beschlossen, sondern auch die Einrichtung eines Forums, das im Hinblick auf eine umfassende Debatte allen Organisationen offen stehen sollte, welche die Zivilgesellschaft repräsentieren. „Es handelt sich um ein strukturiertes Netz von Organisationen, die regelmäßig über die Arbeiten des Konvents unterrichtet werden. Ihre Beiträge werden in die Debatte einfließen."[927]

In Nizza initiierte der Europäische Rat im Dezember 2000 die „Debatte über die Zukunft der Europäischen Union", wo zu einer eingehenden und breit angelegten Diskussion zur künftigen Entwicklung der Union aufgefordert wurde. Daraufhin richtete die Kommission für die Fragen rund um die künftige europäische Verfassung im März 2001 die Webseite „Futurum" ein.[928] Gleichzeitig wurde beim Generalsekretariat der Kommission die „Task Force – Future of Europe and Institutional Questions, Public debate and forum on the future of Europe" angesiedelt, die den Prozess betreute.

---

[926] Prodi, Romano (2004): Rede anlässlich der Unterzeichnung der Europäischen Verfassung. Rom, 29. Oktober 2004 (= Speech 04/479), S. 2.
[927] Europäischer Rat (2001b): Schlussfolgerungen des Vorsitzes. Europäischer Rat (Laeken) 14. und 15. Dezember 2001. SN 300/1/01, S. 25.
[928] Adresse der Webseite: http://europa.eu.int/constitution/futurum/index_de.htm; zuletzt aufgerufen am 25. Februar 2005.

Neben den Mitgliedern des Konvents und seiner Beobachter beteiligten sich zahlreiche Institutionen und Personen an der Debatte um die Europäische Verfassung. Die Dokumentation des Kommunikationsprozesses findet sich auf der Webseite „Futurum". Beiträge, Stellungnahmen und Reden mit Bezügen zur Verfassung sind hier veröffentlicht und machen die Webseite zu einer wichtigen Informationsquelle rund um den Konventsprozess. Die verschiedenen Beiträge waren in vier zentrale Kategorien sortiert: (1) Gemeinschaftsorgane und –institutionen,[929] (2) Nationale Regierungen und Parlamente, (3) Europäischer Konvent und (4) Organisationen der Zivilgesellschaft und politische Akteure.[930]

Für die letzte dieser Gruppen wurde das Forum eingerichtet. Die Fülle des alleine auf der Webseite Futurum zugänglichen Materials zum Konventsprozess verdeutlicht die Vielfalt und Komplexität des Prozesses. In diesem Kapitel wird der Konventsprozess für die Ausarbeitung einer Europäischen Verfassung näher beleuchtet. Dabei steht das Forum für die Beteiligung der organisierten Zivilgesellschaft im Mittelpunkt des Interesses.

9.1 Der Europäische Verfassungskonvent

> "It has been a privilege for me to chair your debates. In one's life, one is, if one is lucky, permitted once or twice to make a difference, to touch the hem of history. Together we have had that chance. Together we have taken it. We should all be proud of that. And, as your chairman and spokesman, I feel pride in what we have done together, thanks to you. So my last word is of warm gratitude to you and a touch of melancholy to be deprived of our regular meetings. Our debates are over: the Convention is closed."
> VALÉRY GISCARD D'ESTAING am 10. Juli 2003[931]

Der Europäische Konvent wurde am 28. Februar 2002 mit einer Plenartagung im Europaparlament zu Brüssel offiziell eröffnet. Die letzte Plenartagung fand am 10. Juli 2003 statt. Die Verhandlungen im Konvent waren gegliedert in die drei Abschnitte (1) Reflexionsphase von März 2002 bis Juli 2002, (2) Arbeitsphase von August 2002 bis Februar 2003 und (3) Vorschlagsphase von Februar 2003 bis Juli 2003.[932] Die Arbeit an der Verfassung war aufgeteilt in 26 sich meist über zwei Tage erstreckende Plenartagun-

---

[929] Europäischer Rat; Europäisches Parlament; Ministerrat; Europäische Kommission; Gerichtshof; Der Europäische Rechnungshof; Europäischer Wirtschafts- und Sozialausschuss; Ausschuss der Regionen; Europäischer Bürgerbeauftragter. Nach Abschluss der Verhandlungen wurden die Gemeinschaftsorgane und –institutionen um die Europäischen Zentralbank und ein am 19. September 2003 veröffentlichtes Papier ergänzt. Quelle: Futurum Webseite: http://europa.eu.int/constitution/futurum/index_de.htm; zuletzt aufgerufen am 4. August 2005.

[930] Vgl.: Ebda.

[931] Closing speech of Valéry Giscard d'Estaing, Chairman of the Constitutional Convention, Brussels, 10th July 2003. Quelle: Europäischer Konvent: Der Präsident (2003): La Convention européenne, session des 9 & 10 juillet 2003. Eléments d'intervention du Président Giscard d'Estaing en fin de séance. 76615.doc. Brüssel, S. 8.

[932] Vgl.: Peters, Anne (2004): Europäische Öffentlichkeit im europäischen Verfassungsprozess, S. 279.

9.1 Der Europäische Verfassungskonvent

gen,[933] in elf Arbeitsgruppen zur Vertiefung bestimmter Themen[934] und in drei Arbeitskreise.[935] Inklusive Stellvertreter zählte der Konvent 207 Mitglieder:

- 1 Vorsitzender und 2 Stellvertreter,
- 15 Vertreter der Staats- und Regierungschefs der Mitgliedstaaten (1 pro Mitgliedstaat plus Stellvertreter),
- 13 Vertreter der Staats- und Regierungschefs der beitrittswilligen Länder (1 pro Bewerberland plus Stellvertreter),
- 30 Vertreter der nationalen Parlamente der Mitgliedstaaten (2 pro Mitgliedstaat plus Stellvertreter),
- 26 Vertreter der nationalen Parlamente der beitrittswilligen Länder (2 pro Bewerberland plus Stellvertreter),
- 16 Vertreter aus den Reihen der Mitglieder des Europäischen Parlaments plus Stellvertreter,
- 2 Vertreter der Europäischen Kommission plus Stellvertreter.[936]

Die im Zusammenhang mit dem Konvent auch immer wieder genannte Zahl von 105 Mitgliedern berücksichtigt bis auf die zwei Stellvertreter des Vorsitzenden nicht die anderen Stellvertreter aus den Regierungen, Parlamenten und aus der Kommission. Dem Konvent wohnten ferner 13 Beobachter bei. Davon 6 vom Ausschuss der Regionen, 3 vom Wirtschafts- und Sozialausschuss, 3 Vertreter der Europäischen Sozialpartner und der Europäische Bürgerbeauftragte.

Das Präsidium des Konvents bildeten der Vorsitzende und seine beiden Stellvertreter, neun Mitglieder des Konvents als „Vertreter der Regierungen derjenigen Länder, die während des Konvents den Unionsvorsitz innehaben (Spanien, Dänemark und Griechenland), zwei Vertreter der nationalen Parlamente, zwei Vertreter des Europäischen Parlaments und die beiden Vertreter der Kommission."[937] „Gast" des Präsidiums war ein Konventsmitglied aus den Beitrittsländern.[938]

Die Arbeit des Konvents wurde von einem Sekretariat unterstützt. Die Aufgabe des Sekretariats war, den Konventsmitgliedern „in allen Aspekten der Arbeit des Konvents Unterstützung" zu leisten. Dies bezog sich insbesondere auf die „Ausarbeitung von

---

[933] Quelle: Webseite des Europäischen Konvents. Adresse: http://european-convention.eu.int/sessplen_all.asp?lang=DE; zuletzt aufgerufen am 4. August 2005.

[934] I: Subsidiarität; II: Charta; III: Rechtspersönlichkeit; IV: Einzelstaatliche Parlamente; V: Ergänzende Zuständigkeiten; VI: Ordnungspolitik; VII: Außenpolitisches Handeln; VIII: Verteidigung; IX: Vereinfachung; X: Freiheit, Sicherheit und Recht und XI: Soziales Europa. Quelle: Webseite des Europäischen Konvents. Adresse: http://european-convention.eu.int/doc_wg.asp?lang=DE; zuletzt aufgerufen am 4. August 2005.

[935] I: Arbeitskreis betreffend den Gerichtshof; II: Arbeitskreis Haushaltsverfahren und III: Arbeitskreis Eigenmittel. Quelle: Webseite des Europäischen Konvents. Adresse: http://european-convention.eu.int/doc_CIRCLE.asp?lang=DE; zuletzt aufgerufen am 4. August 2005.

[936] Quelle: Webseite des Europäischen Konvents. Adresse: http://european-convention.eu.int/organisation.asp?lang=DE; zuletzt aufgerufen am 4. August 2005.

[937] Quelle: Webseite des Europäischen Konvents. Adresse: http://european-convention.eu.int/praesidium.asp?lang=DE; zuletzt aufgerufen am 4. August 2005.

[938] Ebda.

Diskussionspapieren für den Konvent", das Abfassen „von Reflexionspapieren und" die „Erstellung von Zusammenfassungen der Debatten." Ferner unterstütze das Sekretariat „den Vorsitzenden, die beiden stellvertretenden Vorsitzenden und das "Praesidium"." Es war betraut mit der Logistik, den „praktischen Vorkehrungen für den Konvent [...] und mit der Organisation der Tätigkeiten des Forums." Zusammengesetzt war das Sekretariat mit Mitgliedern „aus dem Generalsekretariat des Rates", mit „Experten der Europäischen Kommission und des Sekretariats des Europäischen Parlaments" sowie mit „von außerhalb der Unionsorgane" abgestellten Mitgliedern.[939]

9.2 Das Konventsforum: Organisation und Strukturen

> „Willkommen auf der Website des Forums. Die Website soll über das Forum informieren und allen, die selbst einen Beitrag zur Diskussion über die Zukunft Europas vorlegen wollen, die Möglichkeit hierzu geben. Die Beiträge werden auf dieser Website veröffentlicht, so dass die Debatte von allen Interessierten verfolgt werden kann.
>
> Das Forum ist eine wichtige Ergänzung zum Konvent, der die wesentlichen Fragen der künftigen Entwicklung der Europäischen Union erörtern und Lösungsmöglichkeiten aufzeigen soll. Zwar gehört dem Konvent ein breites Spektrum von Regierungs-, Parlaments- und sonstigen Vertretern an, das Forum soll jedoch sicherstellen, dass eine wirklich umfassende Debatte geführt wird.
>
> Beim Forum handelt es sich in erster Linie um ein strukturiertes Netz von Organisationen, die die Zivilgesellschaft repräsentieren (Sozialpartner, Wirtschaftskreise, Nichtregierungsorganisationen, Hochschulen usw.). Auf diesen Seiten wird erläutert, wie sich solche Organisationen aktiv am Netz beteiligen können. Das Netz soll den Mitgliedern zum einen Gelegenheit geben, die Arbeit des Konvents zu verfolgen; zum anderen soll es ihnen aber auch ermöglichen, konkrete Diskussionsbeiträge vorzulegen. Wir bitten Sie, von dieser Möglichkeit Gebrauch zu machen.
>
> Ihre Beiträge werden auf dieser Website veröffentlicht und stehen allen Mitgliedern des Konvents als Diskussionsgrundlagen zur Verfügung. Außerdem besteht die Möglichkeit, dass der Konvent bestimmte Organisationen in einer späteren Phase direkt zu konkreten Themen konsultiert.
>
> Die Mitglieder des Forums erhalten Zugang zu regelmäßig aktualisierten Informationen über die Arbeit des Konvents. Viele dieser Informationen werden zwar auch auf der Website des Konvents veröffentlicht, es ist jedoch vorgesehen, gelegentlich tiefer gehende Briefings für interessierte Organisationen durchzuführen."[940]

Als der Rat in Laeken die Einrichtung eines Forums für die Mitwirkung der Zivilgesellschaft am Verfassungsprozess beschloss, war die Governance-Reform in vollem Gange und die Kommission hatte bereits erste Erfahrungen mit elektronischen Konsultationsprozessen gesammelt. Die Webseite des Forums wurde vom Sekretariat des Konvents eingerichtet und technisch von der Kommission betreut. Am 28. Februar 2002 wurde die Webseite des Forums zusammen mit der Webseite des Konvents eröffnet. Bis zum 31. Juli 2003 hatten die Organisationen der Zivilgesellschaft die Möglichkeit, ihre Beiträge einzusenden. Die Webseiten sollen der Öffentlichkeit nach dem 31. Juli 2003 für weitere 5 Jahre zugänglich bleiben.

---

[939] Vgl. für alle Zitate in dem Abschnitt über Aufgaben und Zusammensetzung des Konventssekretariats: Webseite des Europäischen Konvents. Adresse:
http://european-convention.eu.int/secretariat.asp?lang=DE; zuletzt aufgerufen am 4. August 2005.

[940] Quelle: Webseite des Konventsforums. Adresse:
http://europa.eu.int/futurum/forum_convention/index_de.htm; zuletzt aufgerufen am 22. April 2005.

9.2 Das Konventsforum: Organisation und Strukturen

Das Konventssekretariat gab am 8. März 2002 in einem Übermittlungsvermerk an die Mitglieder des Konvents (CONV 8/02) die Modalitäten für die Teilnahme am Forum bekannt. Hervorzuheben ist, dass an dem Forum ausschließlich Organisationen teilnehmen durften. Für einzelne Bürgerinnen und Bürger bestand die Möglichkeit der Meinungsäußerung in einem Diskussionsforum auf der Webseite „Futurum". Die europäischen und nationalen Organisationen hatten die Möglichkeit, einen „Grundsatzbeitrag" inklusive einer Zusammenfassung vorzulegen, um so ihre Standpunkte zu Fragen der Zukunft Europas zu kommunizieren. Ein Grundsatzbeitrag sollte ein speziell für den Konvent geschriebener Text sein, der Fragen und Themen der Erklärung von Laeken zur Zukunft der Union aufgreift. Bevor Beiträge allerdings angenommen, veröffentlicht und weitergeleitet wurden, bedurfte es einer Registrierung, einer eindeutigen Identifikation der Organisation sowie der Benennung eines gesetzlichen Vertreters. Bei der Anmeldung mussten sich die Organisationen für eine der vier Kategorien (1) Politik/ öffentlich-rechtliche Körperschaft, (2) Hochschulen und Think-Tanks, (3) Wirtschaft und Gesellschaft oder (4) Sonstige, Zivilgesellschaft, NRO und Bewegungen entscheiden. Die Bearbeitung der Beiträge erfolgte nur, wenn diese in elektronischer Form eingereicht wurden.

Abbildung 6: Schema der Rahmenbedingungen und Maßnahmen zur elektronisch gestützten Anhörung der Zivilgesellschaft während und nach den Verhandlungen für eine europäische Verfassung.

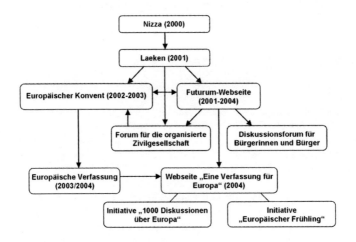

Neben der Möglichkeit der Veröffentlichung von Beiträgen im Forum wurden acht Kontaktgruppen gebildet aus den Bereichen: (1) Sozialer Sektor, (2) Umwelt, (3) Akademische Kreise und Think-Tanks, (4) Bürger und Institutionen, (5) Gebietskörperschaften, (6) Menschenrechte, (7) Entwicklung und (8) Kultur. In diesen Gruppen bot sich die Möglichkeit der Anhörung und Diskussion. Die Kontaktgruppen wurden ausschließlich von Präsidiumsmitgliedern des Konvents geleitet (CONV 120/02 v. 19. Juni 2002). Ferner wurde am 24. und 25. Juni 2002 eine „der Bürgergesellschaft" gewidmete Plenartagung zur Aussprache und Diskussion organisiert. Der 24. und 25. Juni sollten zu „offenen Tagen für die Bürgergesellschaft erklärt werden, und in den Gebäuden des Europäischen Parlaments sollte Platz zur Verfügung gestellt werden, um Nichtregierungs- und andere Organisationen in die Lage zu versetzen, Stände aufzubauen, an denen sie ihre Auffassungen erläutern können" (CONV 48/02 v. 13. März 2002).

Insgesamt umfasste der Konsultationsprozess vier Verfahren zur Anhörung der organisierten Zivilgesellschaft:

- Forum,
- Kontaktgruppen,
- Plenartagung,
- Und die auf nationaler Ebene durchgeführte Debatten.[941]

Nachdem die Verfassung Ende Oktober 2004 in Rom unterzeichnet war, wurde die Webseite „Eine Verfassung für Europa" eingerichtet, die sich speziell den Fragen rund um die Verfassung widmet. Die neue Seite dient der Information und Öffentlichkeitsarbeit. Anders als bei Futurum gibt es keine „Diskussionsecke". Die beiden Initiativen zur Kommunikation der Verfassung, „1000 Diskussionen über Europa" durch die gewählten Volksvertreter vor Ort und „Europäischer Frühling" für die Kommunikation an den Schulen Europas, sind von hier erreichbar. Die Futurum-Seite bleibt nach wie vor als Informationsquelle zum Verfassungsprozess und zur Regierungskonferenz bestehen.

9.3 Bemerkungen zu Auswertung und Operationalisierung

Die empirisch-gestützte Untersuchung des Konventsforums als zentralem Untersuchungsgegenstand der Arbeit verspricht Erkenntnisse über Strukturen und Organisationsgrad von auf europäischer Ebene tätigen Akteuren der organisierten Zivilgesellschaft. Mit der Analyse des Konventsforums kann gleichzeitig eine neue Form des politischen Vermittlungsprozesses auf die Frage hin überprüft werden, ob, wie und in welchem Ausmaß die Organisationen der Zivilgesellschaft an Gestaltungsprozessen europäischer Politik beteiligt sind. Dabei ist die These zu überprüfen, ob elektronische Foren ein Resultat gesteigerter Prozessabhängigkeit heutiger Steuerungs- und Legitimationsversuche in politischen Prozessen darstellen, um dabei die Verarbeitung erhöhter Komplexität zu ermöglichen. Die entscheidenden Kriterien zur Überprüfung der These ergeben sich aus der Qualität (1) der Beteiligung der organisierten Zivilgesellschaft und (2) der Qualität der Auswertung, bzw. Rezeption durch das politisch-administrative System der EU.

Die Akteursanalyse zeigt, dass ein breites Spektrum von gesellschaftlichen Gruppen in den verschiedensten Policy-Feldern europäischer Gesellschaftspolitik aktiv und engagiert ist. Die Bandbreite der im Konventsforum aktiven Akteure ist freilich nicht reprä-

---

[941] Vgl.: Liebert, Ulrike (2003b): Der Konvent auf dem Weg zur transnationalen Demokratie? S. 313 (Dort: Fußnote 31.).

9.3 Bemerkungen zu Auswertung und Operationalisierung

sentativ für die zahlreichen zivilgesellschaftlichen Engagements auf europäischer Ebene. Jedoch bietet die Auswertung als Momentaufnahme einen Einblick auch in das bereits bestehende intermediäre System auf europäischer Ebene, ohne dass die Rangfolge der Themen, Herkunft und Vernetzung allgemeingültigen Charakter haben können. Das Untersuchungsziel, Akteure, ihre Betätigungsfelder und den Grad der europäischen Vernetzung zu beleuchten, konzentriert sich auf die Rubrik 1 des Konventsforums als der umfangreichsten Rubrik mit den meisten Beiträgen und Akteuren, die auch explizit als Rubrik „Sonstige, Zivilgesellschaft, NRO und Bewegungen" den im Rahmen dieser Untersuchung interessanten Akteurskreis umschreibt.

In diesem Kapitel wird zunächst das komplette Konventsforum ausgewertet und hinsichtlich des Verhältnisses von Akteuren zu Beiträgen, der Herkunft der Forumsakteure und ihrer Betätigungsfelder untersucht. Zur Analyse der Betätigungsfelder der Akteure wurden die Rubriken 1, 3 und 4 ausgewertet. Eine detaillierte Auswertung der Rubrik 2, Hochschulen und Think Tanks, konnte vernachlässigt werden, da die aktiven Akteure fast ausnahmslos dem Wissenschaftssystem zuzuordnen sind und daher keine relevanten Erkenntnisse vor dem Hintergrund der Studie zu erwarten waren.

Anders als auf den Webseiten des Konventsforums, wo die Einteilung der Akteursgruppen als Kategorien bezeichnet wurde, findet hier der Begriff Rubrik Verwendung. Auch die Reihenfolge wurde verändert und anders als auf der Konventsseite erfolgte eine Nummerierung der Rubriken. Die hier verwendete neue Ordnung richtet sich nach der ermittelten Anzahl von Akteuren und Beiträgen in den jeweiligen Rubriken. Daraus ergibt sich folgende Anordnung:

- Rubrik 1: „Sonstige, Zivilgesellschaft, NRO und Bewegungen";
- Rubrik 2: „Hochschulen und Think Tanks";
- Rubrik 3: „Politik/ öffentlich-rechtliche Körperschaft" und
- Rubrik 4: „Wirtschaft und Gesellschaft".

Eine erste Annäherung an das Konventsforum erfolgte durch die Sichtung aller Beiträge und Akteure, die in den jeweiligen Rubriken des Forums abrufbar waren. Zur Auswertung wurden die Beiträge gespeichert und sind als Anlage A.4.3 in den Präsenzexemplaren dieser Arbeit auf der Daten-CD „Dokumentation zum Konventsforum" verfügbar.[942] Die Präsenzexemplare sind einsehbar in der Duisburger Bibliothek der Universität Duisburg-Essen. Jede Organisation, die einen Beitrag in das Forum eingestellt hat, war angehalten, mit dem Beitrag auch eine Zusammenfassung desselben einzureichen. Die Zusammenfassungen waren nicht Gegenstand der Auswertung. Der Grund hierfür war, dass die Zusammenfassungen ausschließlich zu Informationszwecken gedient haben und allein die Texte der vollständigen Beiträge bindend waren.[943]

---

[942] Hinweis: Die Publikationsrechte an den Beiträgen liegen bei den jeweiligen Autoren.

[943] „Die Zusammenfassungen sind in den elf EU-Amtssprachen verfügbar. Sie dienen jedoch ausschließlich zu Informationszwecken, d. h. bindend ist allein der Text des vollständigen Beitrags. Bei kurzen Beiträgen umfassen die Zusammenfassungen den gesamten Beitragstext." Quelle: Webseite des Konventsforums: http://europa.eu.int/constitution/futurum/forum_convention/doc_16_401_de.cfm#bottom; zuletzt aufgerufen am 16. April 2005.

Schon bei der ersten Sichtung der Beiträge wurde deutlich, dass es insbesondere in Rubrik 1 eine große Zahl von doppelt veröffentlichten Beiträgen gab. Ursache dieser Doppelnennung von Beiträgen ist die interorganisationale Zusammenarbeit von Akteuren, die offensichtlich gemeinsam Beiträge erarbeitet und diese anschließend jeweils im Namen der an dieser Zusammenarbeit beteiligten Organisationen in das Forum eingestellt haben. Doppelnennungen kamen auch dadurch zustande, da Organisationen sich zu Netzwerken zusammengeschlossen haben und der oder die Beiträge zusätzlich von diesem Netzwerkakteur als auch von den Organisationen selbst eingestellt wurde(n). Ein weiterer Grund für Doppelnennungen von Beiträgen und Akteuren war, dass der Name der Organisation einzelner Akteure teilweise in verschiedenen Sprachen registriert wurde. Ob die Organisationen sich allerdings bewusst in verschiedenen Sprachen am Konventforum angemeldet haben, um die Sichtbarkeit ihrer Beiträge zu steigern, oder ob die Gründe hierfür in der Verwaltung des Konventsforums zu suchen sind, bleibt im Dunkeln.

Anmerkungen zum Begriff „Akteur" und „Akteursgruppe"

Der Begriff Akteur findet im Rahmen der Auswertung häufige Verwendung und bezeichnet die handelnden Einheiten ausschließlich als *kollektive* Akteure. Diese Einschränkung des Akteursbegriffs, der sich ursprünglich auch auf individuell handelnde Einheiten ausdehnt, wird abgeleitet aus den Teilnahmerestriktionen für das Konventsforum, an dem nur Organisationen teilnehmen durften. Akteure in diesem Sinne sind alle am Konventsforum registrierten Teilnehmer, so wie sie auf den Webseiten des Konvents eingetragen waren.

Die aktiv am Konventsforum beteiligten kollektiven Akteure zeichnen sich durch unterschiedliche Organisationsgrade aus. Dazu zählen Vereine, Bürgergruppen und -bewegungen, Verbände, nationale, europäische und internationale Organisationen, Netzwerke, Parteien, politische Institutionen, Interessenverbände, wissenschaftliche Einrichtungen, Gewerkschaften, Kirchen und andere Gruppierungen, die mehr oder weniger stark organisiert Motive, Erwartungen, Ziele und Einstellungen gebündelt und sie im Forum an den Europäischen Konvent und auch an die europäische Politik adressiert haben.

Der Begriff „Akteursgruppe" bildet hier die Bezeichnung einer Einheit mehrerer kollektiver Akteure, die hinsichtlich ihrer Zugehörigkeit zu Ländergruppen und bezüglich gemeinsamer Betätigungsfelder subsumiert werden können.

Grundlage für die Auswertung des Forums war die Online-Recherchearbeit zu jedem am Forum angemeldeten Akteur. Auf einer eigenen Webseite des Konventsforums wurden alphabetisch und nach Rubriken unterteilt die Listen der am Forum teilnehmenden Organisationen verfügbar gemacht. Hier fanden sich Angaben zu den gesetzlichen Vertretern der Organisation, eine E-Mail Adresse und für den überwiegenden Teil der Organisationen war der Name als Link mit einer Internet-Adresse verknüpft.

Die Recherche auf den Webseiten der jeweiligen Akteure war hinsichtlich ihrer Zuordnung zu Ländergruppen nötig, um feststellen zu können, ob es sich um Repräsentanten eines europäisches Netzwerkes handelte, ob netzwerkartige Beziehungen offensichtlichen Charakter hatten oder ob es sich um Akteure mit hauptsächlich nationaler Basis handelte. Ferner war die Online-Recherche die Grundlage für die Zuordnung von Akteuren zu Betätigungsfeldern.

9.4 Forum komplett: Akteure und Beiträge im Detail

Nachdem die Beiträge, die alle im PDF-Format auf den Webseiten des Konventsforums abrufbar waren, auf einem Datenträger gesichert waren, konnten 1264 *Beiträge* gezählt werden. Diese Zahl stimmt auch mit der offiziellen Zahl des Konventssekretariats überein.[944] Die Anzahl der *Akteure*, die im Übermittlungsvermerk des Sekretariats nicht genannt wurde, konnte aufgrund der Informationen auf den Forumsseiten mit 551 ermittelt werden. Die Bereinigung um Doppelnennungen als Grundlage für die weitere Analyse begann bereits bei der Sichtung und Zuordnung der auf den Webseiten abrufbaren Beiträge. So war der Beitrag Nr. 196 in der Rubrik „Hochschulen und Think Tanks" keinem Akteur zugeordnet. Derselbe Beitrag taucht allerdings als Beitrag Nr. 5 des Akteurs mit der Nummer 46 in dieser Rubrik bereits auf.[945] So musste schon zu Beginn der Auswertung von nur 1263 gezählten Beiträgen ausgegangen werden.

Die folgende Abbildung verdeutlicht die Relationen von Beiträgen und Akteuren in den jeweiligen Rubriken des Forums und gibt Auskunft über die Verteilung der 1263 Beiträge und 551 Akteure auf die vier Rubriken des Forums.

Abbildung 7: Forum komplett – Gelistete Beiträge und Akteure auf den Webseiten des Konventsforums

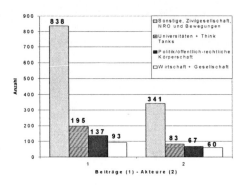

---

[944] Vgl.: Europäischer Konvent: Das Sekretariat (2003c): Übermittlungsvermerk des Sekretariats für den Konvent betreffend den Bericht des Vorsitzes des Konvents an den Präsidenten des Europäischen Rates. Brüssel, CONV 851/03, S. 3.
[945] Vgl. Tabelle 8 im Anhang A.4.1.2.

Für das komplette Forum wurde ermittelt, dass 308 (bzw. 309) oder ~ 24,4 % der 1263 (1264) Beiträge doppelt eingestellt wurden. Von den 551 Akteuren waren 14 oder ~ 2,5 % doppelt registriert. Davon alleine elf in Rubrik 1. Grundlage der weiteren Auswertung waren demnach 955 Beiträge von 537 Akteuren.

Abbildung 8 unten verdeutlicht die Anzahl der am Forum angemeldeten Organisationen zu verschiedenen Zeitpunkten des Konventsprozesses. Gegenüber der Zählung vom 7. Juni 2002 ist die Anzahl der 537 Akteure am 31. Juli 2003 um die Doppelnennungen bereinigt. Ebenfalls von Doppelnennungen bereinigt ist die Anzahl von Beiträgen und Akteuren in Abbildung 9, so wie sie sich nach der Beendigung des Forumsprozesses dargestellt hat. Doppelnennungen zwischen den Rubriken wurden nicht berücksichtigt.

Abbildung 8: Am Forum angemeldete Organisationen

Abbildung 9: Beiträge und Akteure

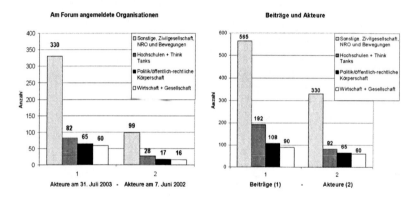

In Rubrik 1 des Forums fanden sich mit 273 doppelten Beiträgen von insgesamt 838 mit Abstand die häufigsten Doppelnennungen. Mit ~ 32,6 % hebt sich die Zahl der Doppelnennungen in Rubrik 1 damit deutlich ab von den Rubriken 2 und 4. Nur die Doppelnennungen in Rubrik 3 erreichen einen ebenfalls signifikanten Wert mit 29 von 137, was ~ 21,2 % entspricht. Für die detaillierte Auswertung der Rubrik 1 verbleiben damit 565 Beiträge von 330 Akteuren.

Tabelle 2: Doppelnennungen von Beiträgen und Akteuren nach Rubriken des Forums

Rubriken 1 bis 4	Doppelte Beiträge	Doppelte Akteure
Sonstige, Zivilgesellschaft, NRO und Bewegungen	273 = ~ 32,6 %	11
Hochschulen + Think Tanks	3 = ~ 1,5 %	1
Politik/ öffentlich-rechtliche Körperschaft	29 = ~ 21,2 %	2
Wirtschaft + Gesellschaft	3 = ~ 3,2 %	0
TOTAL	308 = ~ 24,4 %	14

9.4 Forum komplett: Akteure und Beiträge im Detail

In der Regel wurde entsprechend der im Konventsforum vorgegebenen alphabetischen Reihenfolge jeder Beitrag dem Akteur zugeordnet, unter dem der Beitrag erstmals in Erscheinung trat. Das heißt, dass ein so bereits gezählter Beitrag auch von einem Akteur in das Forum eingestellt worden sein kann, der im weiteren Verlauf der Untersuchung einem anderen Betätigungsfeld zugeordnet wurde. Über die Querschnittsdimension der Verflechtung von Beiträgen zwischen Akteuren verschiedener Betätigungsfelder kann diese Untersuchung daher keine Aussagen machen. Die dadurch entstehende Verzerrung der Zuordnung kann aber vernachlässigt werden, da von den insgesamt 273 doppelten Beiträgen in Rubrik 1 des Forums die größte Zahl eindeutig Akteuren des gleichen Betätigungsfeldes zuzurechnen ist.

Die folgende Tabelle verdeutlicht die signifikanten Doppelnennungen einzelner Beiträge, die von Akteuren des gleichen Betätigungsfeldes im Forum veröffentlicht wurden.

Tabelle 3: Signifikante Doppelnennungen von Beiträgen einzelner Akteursgruppen

Betätigungsfelder	Beiträge	doppelt veröffentlicht
Umwelt und Landwirtschaft (G 8)	9 x 20	160
Kultur und Sprachen	15 x 3	42
Tierschutz	16 x 1	15
Kirche und Religionsgemeinschaften	10 x 1	9

Alleine die vier ausführlicher beschriebenen und sich vom Rest abhebenden Doppelnennungen, die vier Betätigungsfelder betreffen, stellen zusammen genommen 226 oder knapp 83 % von 273 Doppelnennungen in Rubrik 1 des Konventsforums dar.

Die Tatsache der Einigung verschiedener Akteure auf einen gemeinsamen Text ist ein erstes Indiz für interorganisationale Kooperation, die gleichzeitig Rückschlüsse auf die Qualität der Zusammenarbeit und Vernetzung von Akteuren in ihren jeweiligen Betätigungsfeldern zulässt.

Sehr deutlich hebt sich hier das G 8 Netzwerk europäischer Umwelt-NGOs ab, die ihre 20 Beiträge zum Forum insgesamt 180 Mal eingestellt haben. Für die das G 8 Netzwerk darstellenden acht Organisationen, plus der G 8 selbst als Netzwerkakteur, bedeutet dies eine achtfache Doppelnennung der 20 Beiträge, was alleine schon 160 doppelten Beiträgen für die Akteure im Betätigungsfeld „Umwelt und Landwirtschaft" entspricht. Das gleiche gilt für den Netzwerkakteur mit der Ordnungsnummer 332[946], der viele an der Pluralität der Sprachen in Europa interessierte Akteure vereinigt. Hier haben 15 Akteure jeweils drei Beiträge insgesamt 45 Mal und damit 42 Mal doppelt eingestellt, die im Betätigungsfeld „Kultur und Sprachen" berücksichtigt wurden. Die Zusammenarbeit und Kommunikation zur Einigung auf einen gemeinsamen Text ist ebenfalls bei 16 Akteuren aus dem Betätigungsfeld „Tierschutz" zu beobachten, wo insgesamt 16 Akteure einen Text 15 Mal doppelt veröffentlicht haben. Gleiches gilt für einen Beitrag von zehn Akteuren, die zum Betätigungsfeld „Kirchen und Religionsge-

---

[946] Für Details zu diesem Akteur siehe Tabelle 7 in Anhang A.4.1.1.

meinschaften gezählt wurden, die einen Beitrag zehnmal und damit neunmal doppelt veröffentlichten.

9.4.1 Zuordnung der Akteure zu Ländergruppen

Um Akteure zu identifizieren, die als europäisches Netzwerk gelten können, und welche dann hinsichtlich ihrer Herkunft als Netzwerke, Think Tanks und Arbeitsgruppen der Ländergruppe EU zugeordnet wurden, lehnt sich die Einordnung an die Definition des ‚Yearbook of International Organizations' an, nachdem NGOs dann als international operierende Organisationen gelten, wenn sie in mindestens drei Ländern aktiv sind.[947] Entsprechend wurde hier verfahren und die Zuordnung zur Ländergruppe EU gilt nur für Netzwerke und Zusammenschlüsse, deren Akteure in mindestens drei EU-Ländern vertreten sind.[948] Entscheidend für diese Zuordnung war der Netzwerkcharakter mit europäischer Dimension. Daher gilt diese Zuordnung auch dann, wenn die Zentrale oder der Mittelpunkt des Netzwerks ihren Sitz in einem Nationalstaat hat, der nicht ein Zentrum europäischer Institutionen beherbergt.

Abbildung 10: Forumsteilnehmer (komplett) nach Ländergruppen[949]

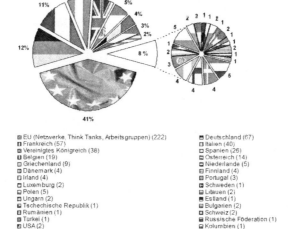

- ⊠ EU (Netzwerke, Think Tanks, Arbeitsgruppen) (222)
- ◻ Frankreich (57)
- ⊠ Vereinigtes Königreich (38)
- ◻ Belgien (19)
- ◻ Griechenland (9)
- ◻ Dänemark (4)
- ◻ Irland (4)
- ◻ Luxemburg (2)
- ◻ Polen (5)
- ◻ Ungarn (2)
- ◻ Tschechische Republik (1)
- ◻ Rumänien (1)
- ◻ Türkei (1)
- ◻ USA (2)
- ◻ UN (1)
- ◻ Deutschland (67)
- ◻ Italien (40)
- ◻ Spanien (26)
- ◻ Österreich (14)
- ◻ Niederlande (5)
- ◻ Finnland (4)
- ◻ Portugal (3)
- ◻ Schweden (1)
- ◻ Litauen (2)
- ◻ Estland (1)
- ◻ Bulgarien (2)
- ◻ Schweiz (2)
- ◻ Russische Föderation (1)
- ◻ Kolumbien (1)

Die Abbildung oben gibt Auskunft über die Herkunft und die geografische Verteilung der Akteure, die am Konventsforum teilgenommen haben. Bemerkenswert ist der mit 222 Akteuren, oder 41 %, relativ hohe Anteil an Akteuren, die entsprechend der Operationalisierungskriterien als EU Netzwerke, Think Tanks und Arbeitsgruppen eingestuft wer-

---

[947] Vgl.: Roth, Roland (2001): NGO und transnationale soziale Bewegungen, S. 45.
[948] Grundlage dafür ist die EU 15 vor der Osterweiterung der Union.
[949] Angaben in Prozent (linker Kreis, Zahlen gerundet) und Wert (rechter Kreis).

9.4 Forum komplett: Akteure und Beiträge im Detail

den können. Die restliche Verteilung bietet keine Überraschungen, da sich diesbezüglich die Größe und Einwohnerzahl der Nationalstaaten auch in den Forumsaktivitäten wider zu spiegeln scheint.

> **Anmerkungen zum Begriff „Ländergruppe"**
> Der Begriff Ländergruppe dient der Zuordnung der Akteure zu ihren Herkunftsländern. Er bezeichnet diesbezüglich als Sammelbegriff auch die Gruppe derjenigen Akteure, deren Aktivität ihren Mittelpunkt im jeweiligen Nationalstaat oder auf EU-Ebene hat.

Sonderfälle der Einordnung in Ländergruppen stellen die Akteure dar, die der USA und den UN zugerechnet wurden. Neben dem relativ eindeutig zuzuordnenden ‚Broward Community College' aus Fort Lauderdale in Florida (Akteur Nr. 8 in Rubrik 2), wurde ein weiterer US-amerikanischer Akteur identifiziert. Es handelt sich dabei um die ‚American Chamber of Commerce' (Akteur Nr. 96 in Rubrik 1), deren Brüsseler Büro zwei Beiträge in das Konventsforum eingestellt hat.[950] Dieser Akteur wurde weder als belgischer noch als europäischer Akteur gezählt, sondern den USA zugeordnet. Auch die im belgischen Brügge ansässige ‚United Nations University on Comparative Regional Integration Studies' (UNU-CRIS, Akteur Nr. 78 in Rubrik 2) wurde keinem Land zugeordnet, sondern findet ihre Einordnung bezüglich der Herkunft als Beitrag der UN.[951]

9.4.2 Beziehungen zur Europäischen Union

Eine deutliche Mehrheit der Forumsakteure stammt aus den Ländern der „alten" EU-15 vor der Osterweiterung am 1. Mai 2004. Die Kontakt- und Koordinierungsstellen mancher europaweit tätiger Akteure, die als EU (Netzwerke, Think Tanks, Arbeitsgruppen) gezählt wurden, sind in den einzelnen Nationalstaaten angesiedelt. An diesen der Ländergruppe EU zugeordneten Kooperationen waren z. T. auch Organisationen angeschlossen, die ihren Sitz in den Beitritts- und Kandidatenländern hatten. Daher kann die Zuordnung zu Ländergruppen keinen vollständigen Einblick über die tatsächliche Anzahl aller aus den Beitritts- und Kandidatenländern am Konventsprozess beteiligten Akteure geben.

Erwähnenswert ist diesbezüglich, dass jedoch kein als der Ländergruppe EU zugeordneter Akteur seine das Forum betreffende Kontakt- oder Koordinierungsstelle in einem Beitritts- oder Kandidatenland hatte. Eine Ausnahme bilden lediglich in der Schweiz angesiedelte Netzwerke, die nicht der Kategorie Rest der Welt (RdW) zugeordnet wurden, sondern als europäische Akteure gelten. Akteure mit deutlich nationalstaatlich akzentuierten Interessen wurden, auch wenn Sie in Brüssel mit einer Repräsentanz vertreten sind, weder als belgische noch als europäische Akteure eingeordnet. Beispielhaft ist das ‚Polish-NGO-Office' in Brüssel (Akteur Nr. 289 in Rubrik 1), das als Kontakt- und

---

[950] Für Details zu diesen Akteuren siehe die Tabellen 7 im Anhang A.4.1.1 und 8 im Anhang A.4.1.2.
[951] Für Details zu diesem Akteur siehe Tabelle 8 im Anhang A.4.1.2.

Informationsbörse für polnische NGOs dient.[952] Dieser Akteur wurde als polnischer Akteur gezählt.

Die folgende Abbildung verdeutlicht die geografische Verteilung der nach der Bereinigung um Doppelnennungen verbliebenen 537 Akteure, die in den Rubriken 1 bis 4 am Konventsforum teilgenommen haben, in Bezug auf ihre Beziehungen zur Europäischen Union. 515 Akteure oder ~ 96 % sind entweder den Nationalstaaten der alten EU 15 oder der Ländergruppe EU zuzuordnen. Nur 15 Akteure oder ~ 3 % repräsentieren die Beitritts- und Kandidatenländer und vermitteln so den Eindruck ihrer nur sehr schwach ausgeprägten Aktivitäten auf europäischem Parkett während des Konventsprozesses.

Abbildung 11: Beziehungen der Forumsakteure zur Europäischen Union

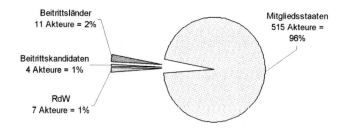

9.4.3 Akteure mit 10 und mehr Beiträgen

Erheblich zur Sichtbarkeit der Forumsakteure hat die Anzahl der in das Forum eingestellten Beiträge beigetragen. Bei der Auswertung fielen diese Akteure gleich ins Auge. Die nächste Abbildung gibt Auskunft über Akteure, die zehn und mehr Beiträge im Forum veröffentlicht haben. An der Spitze findet sich das Europabüro des World Wide Fund for Nature (WWF) mit 22 eingestellten Beiträgen. An zweiter Stelle ragt das G 8 Bündnis der europäischen Umwelt-NGOs mit 20 Beiträgen aus der Menge heraus. Die 20 Beiträge der G 8 wurden von jeder das Netzwerk bildenden Organisation sowie von der G 8 als Netzwerkakteur veröffentlicht. Dazu zählt auch der WWF, der zusätzlich zu den 20 Beiträgen zwei eigene Beiträge eingestellt hatte. Um die Übersicht in der Abbildung zu wahren, ist nur die G 8 als Netzwerkakteur genannt.

Das „Permanent Forum Civil Society" hebt sich mit 15 Beiträgen ebenfalls deutlich ab von den anderen Akteuren in der Rubrik 1. Dieser Akteur ist eingebunden in das europäische „NGO-Netzwerk der Zivilgesellschaft", welches aus zahlreichen Organisationen besteht und mit verschiedenen thematischen Schwerpunkten eine breite zivilgesellschaftliche Basis repräsentiert.[953]

---

[952] Für Details zu diesem Akteur siehe Tabelle 7 im Anhang A.4.1.1.
[953] Mehr Informationen zu diesem Akteur finden sich auf der Webseite des Ständigen Forums der Zivilgesellschaft in Brüssel. Adresse: http://www.forum-civil-society.org; zuletzt aufgerufen am 20. April 2005.

9.4 Forum komplett: Akteure und Beiträge im Detail

Abbildung 12: Forumsakteure mit 10 und mehr Beiträgen

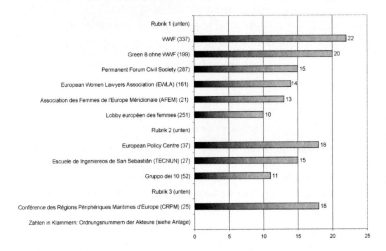

Stark vertreten sind ebenfalls die Organisationen, die dem Betätigungsfeld „Frauen und Geschlechtergerechtigkeit" zugeordnet wurden.[954] Gleich drei Akteure stellten zehn und mehr Beiträge ins Forum ein. In Rubrik 2 setzen sich diesbezüglich nur drei Akteure von den anderen ab. In der Rubrik 3 ragt nur ein Akteur mit 18 Beiträgen heraus und in Rubrik 4 findet sich kein Akteur mit zehn oder mehr Beiträgen.

9.4.4 Prozentuale Verteilung der Akteure nach Rubriken

Abbildung 13: Anteil der Akteure in Prozent nach Rubriken des Forums[955]

---

[954] Mehr Informationen zur Bestimmung der Betätigungsfelder und zu den Grundlagen der Zuordnung finden sich in Abschnitt 9.5.2 dieses Kapitels.
[955] Ausführliche Informationen über die Quellen der in den Diagrammen verwendeten Fotos sowie Hinweise zum Copyright finden sich in Anhang A.6, Bildrechte.

Die Abbildung 13 oben verdeutlicht die prozentuale Verteilung der Akteure nach Rubriken des Forums. Die Grundlage ist die um Doppelnennungen bereinigte Anzahl der Akteure. Mit 330 oder ~ 62 % von 537 gezählten Akteuren hebt sich die Rubrik 1, „Sonstige, Zivilgesellschaft, NRO und Bewegungen", deutlich von den anderen ab. Es folgen die Akteure der Rubrik 2, „Hochschulen + Think Tanks", mit 82 oder ~ 15 % Anteil und die Akteure aus Rubrik 3, „Politik/ öffentlich-rechtliche Körperschaft" mit 65 oder ~ 12 %. Schlusslicht ist die Rubrik 4, „Wirtschaft + Gesellschaft", mit nur 60 Akteuren, was einen Anteil von ~ 11 % entspricht.

9.4.5 Prozentuale Verteilung der Beiträge nach Rubriken

Bei der prozentualen Verteilung der Beiträge im Vergleich aller vier Forumsrubriken wird deutlich, dass die Rubrik 2, „Hochschulen und Think Tanks", hinsichtlich der eingestellten Beiträge in Relation zu ihrer Akteurspräsenz an Boden gewinnt. Dies geht zu Lasten der Beitragspräsenz der Akteure in den drei anderen Rubriken, die relativ zu ihrer Akteurspräsenz an Boden verlieren.

Abbildung 14: Anteil der Beiträge in Prozent nach Rubriken des Forums

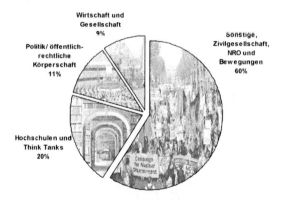

Ein Erklärungsversuch für diese Umverteilung zugunsten der Rubrik 2 könnte sein, dass die akademischen Kreise daran gewöhnt sind, sich stärker als andere über Publikationen und Textarbeit zu artikulieren. Ein Indiz dafür sind auch die oftmals sehr ausführlichen und umfangreichen Stellungnahmen, in denen komplexe Problemlagen systematisch aufgearbeitet werden. Im Gegensatz dazu stehen die teilweise in Form eines Flugblattes veröffentlichten Beiträge der NGOs, wo oft nur kurz und prägnant auf einzelne Problemfelder verwiesen wird.

In Tabelle 4 wird das Verhältnis von Beiträgen und Akteuren in den vier Forumsrubriken verdeutlicht. Die Akteure aus der Rubrik „Hochschulen und Think Tanks" stellten umgerechnet ~ 2,34 Beiträge pro Akteur in das Forum ein, gefolgt von den Akteuren der Rubrik 1 mit ~ 1,71 Beiträgen pro Akteur. Schlusslichter sind die Akteure der Rubriken 3 mit ~ 1,66 und 4 mit 1,5 Beiträgen pro Akteur.

9.5 Untersuchungsfeld Rubrik 1: Akteure im Detail

Tabelle 4: Ratio Beiträge : Akteure

Rubriken	Beiträge	Akteure	Ratio
Hochschulen + Think Tanks	192	82	~ 2,34
Sonstige, Zivilgesellschaft, NRO und Bewegungen	565	330	~ 1,71
Politik/ öffentlich-rechtliche Körperschaft	108	65	~ 1,66
Wirtschaft + Gesellschaft	90	60	1,5

9.4.6 Forumsrubriken im Vergleich: Anteile der EU-Akteure

Die nächste Abbildung zeigt einen Vergleich aller 222 der Ländergruppe der EU als Netzwerke, Think Tanks und Arbeitsgruppen zugeordneten Akteure aus den Rubriken 1 bis 4 des Konventsforums. Von allen Teilnehmern des Forums, die der EU-Ländergruppe zugeordnet wurden, ist ihr Anteil unter den Akteuren der Rubrik 1 mit 151 oder ~ 68 % am größten. Im Vergleich mit den Akteuren aus den anderen Gruppen scheint ihr europäisches Profil diesbezüglich stärker ausgeprägt zu sein.

Abbildung 15: Verhältnis der auf EU-Ebene vernetzten Akteure im Vergleich der Rubriken

9.5 Untersuchungsfeld Rubrik 1: Akteure im Detail

Die Rubrik 1 versammelt Akteure aus den Bereichen „Sonstige, Zivilgesellschaft, NRO und Bewegungen" und ist für die Studie die vielversprechendste Rubrik des Konventsforums. Sie steht im Zentrum der detaillierten Auswertung des Forums.

9.5.1 Herkunft der Akteure

In Bezug auf die Herkunft der Teilnehmer und ihrer Zuordnung zu Ländergruppen ist, wie in der Abbildung unten deutlich wird, nach wie vor festzustellen, dass auch hier die Quantität der Teilnahme von der Größe und Einwohnerzahl der EU-Nationalstaaten abhängig zu sein scheint. Allerdings ist in Bezug auf die europäische Dimension der

Zusammenarbeit in Rubrik 1 bereits ein Anteil von knapp 46 % gegenüber 41 % im gesamten Forum festzustellen.

Abbildung 16: Forum – Rubrik 1: Akteure nach Ländergruppen[956]

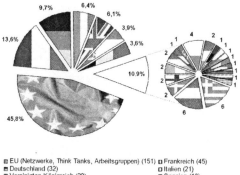

- EU (Netzwerke, Think Tanks, Arbeitsgruppen) (151)
- Deutschland (32)
- Vereinigtes Königreich (20)
- Belgien (12)
- Österreich (6)
- Finnland (2)
- Luxemburg (2)
- Portugal (1)
- Ungarn (2)
- Tschechische Republik (1)
- Rumänien (1)
- Russische Föderation (1)
- USA (1)
- Frankreich (45)
- Italien (21)
- Spanien (13)
- Griechenland (6)
- Dänemark (2)
- Irland (2)
- Niederlande (1)
- Polen (4)
- Estland (1)
- Bulgarien (1)
- Schweiz (1)
- Kolumbien (1)

9.5.2 Betätigungsfelder der Akteure

Die Abbildung 17 unten verschafft einen Überblick über die funktionale Operationsbasis der in Rubrik 1 des Konventsforums untersuchten Akteure. Dabei rief das Thema Europäische Verfassung zahlreiche Gruppen auf den Plan, die sich generell mit Fragen europäischer Politik beschäftigt haben und sich teilweise für die Diskussion im Rahmen des Verfassungsprozesses gebildet haben.

> **Anmerkungen zum Begriff „Betätigungsfeld"**
>
> Die Bezeichnung der Betätigungsfelder beschreibt sowohl Problem- und Themenfelder gesellschaftlichen Engagements als auch gesellschaftliche Gruppen, die sich spezifischen Aufgaben widmen und deren Bezeichnung gleichzeitig das Betätigungsfeld ihres Engagements ausdrückt.
>
> Die Zuordnung eines Akteurs zu einem Betätigungsfeld wird durch seine funktionale und durch den Organisationszweck bestimmte, primär themenpolitische Ausrichtung bestimmt. Entscheidend für die Zuordnung sind dabei nicht die inhaltlichen Schwerpunkte der in das Konventsforum eingestellten Beiträge, sondern die funktionale Ausrichtung des Akteurs.

---

[956] Angaben in Prozent (linker Kreis) und Wert (rechter Kreis).

9.5 Untersuchungsfeld Rubrik 1: Akteure im Detail

Abbildung 17: Forum – Rubrik 1: Betätigungsfelder der Akteure[957]

Das Betätigungsfeld Demokratiebewegung und politische Kultur stellt mit Abstand die größte Kategorie dar. Neben anderen Gruppen, die sich für Aspekte der demokratischen Kultur wie der Gewährleistung der Bürgerrechte etc. einsetzten, wurden in dieser Kategorie auch Gruppen subsumiert, die in keiner der anderen themenpolitischen Traditionen standen.

---

[957] Die Akteure in der Kategorie Sonstige/ nicht zu ermitteln konnten keinem Betätigungsfeld eindeutig zugeordnet werden. Es handelt sich um die Akteure 212 (Hnuti Pro zivot CR, CZ) und 333 (Verein für angewandte Evolutions-und Spieltheorie e.V., D). Vgl. Tabelle 7 in Anlage A.4.1.1.

9.6 Forum Rubriken 3 und 4: Wichtige Akteursgruppen

Der Schwerpunkt der Untersuchung richtet sich auf die Rubrik 1 des Konventsforums. Neben den Akteuren aus Rubrik 2, die fast ausnahmslos dem Wissenschaftssystem zuzuordnen sind, werden in den folgenden beiden Abbildungen der Vollständigkeit halber die Akteure aus den Rubriken 3 und 4 ebenfalls Betätigungsfeldern zugeordnet.

Abbildung 18: Forum – Rubrik 3: Wichtige Akteursgruppen aus Politik/ öffentlich-rechtliche Körperschaft

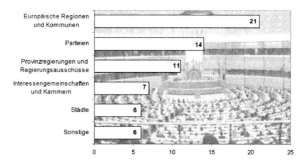

In Abbildung 18 oben wird die Zusammensetzung der Teilnehmer aus der Rubrik 3, „Politik/ öffentlich-rechtliche Körperschaft", dargestellt. Besonders deutlich wird hier die Teilnahme von intermediären Akteuren mit einem regionalpolitischen Bezug. Regionen, Kommunen, Provinzregierungen und Städte stellen mit 38 Akteuren knapp 59 % von allen in dieser Rubrik.[958]

In der Rubrik 4, „Wirtschaft und Gesellschaft", liegt der klare Schwerpunkt mit 33 Akteuren oder 55 % von allen bei den Akteuren, die wirtschaftliche Interessenverbände repräsentieren.[959] Das Forum diente der Beteiligung der organisierten Zivilgesellschaft. Zwar wurden in diesem Rahmen, bedingt durch die relativ weit gefasste EU-Definition, auch die „Wirtschaftskreise" zur Teilnahme am Forum eingeladen. Es ist jedoch hinsichtlich der Beteiligung am Forum ein Missverhältnis von zivilgesellschaftlichen Organisationen, die vornehmlich in Rubrik 1 gemeldet waren, gegenüber wirtschaftlichen Interessenverbänden festzustellen. Dieses Missverhältnis lässt es jedoch nicht zu, aus der Forumsbeteiligung auf die wahren Kräfteverhältnisse auf europäischer Ebene zu schließen. Im Gegenteil ist vielmehr zu vermuten, dass „Wirtschaftskreise" verstärkt

---

[958] Unter ‚Sonstige' wurden Akteure zusammengefasst, die jeweils nur einmal auftraten. Im Einzelnen handelt es sich hierbei um Akteure aus folgenden Bereichen: Betriebskrankenkassen, Landesmedienanstalten, Oberösterreichischer Konvent, Tierschutz, Vereinigung von ehemaligen Parlamentariern der Republik Italien, Vertretung der EU-Kommission in Deutschland (Berliner Jugendkonvent). Für weitere Details siehe die Tabelle 9 im Anhang A.4.1.3.

[959] Unter ‚Sonstige' wurden Akteure zusammengefasst, die jeweils nur einmal auftraten. Im Einzelnen handelt es sich hierbei um Akteure aus folgenden Bereichen: Bergregionen, Bildung, Demokratiebewegung und politische Kultur, Frauen und Geschlechtergerechtigkeit, Parteien, Sport, Öffentlichkeitsarbeit der EU sowie den sozialwirtschaftlichen Rat der Niederlande. Für weitere Details siehe die Tabelle 10 in Anhang A.4.1.4.

eigene Kanäle in ihrem Sinne zur Beeinflussung des Verfassungsprozesses genutzt haben.

Abbildung 19: Forum – Rubrik 4: Wichtige Akteursgruppen aus Wirtschaft und Gesellschaft

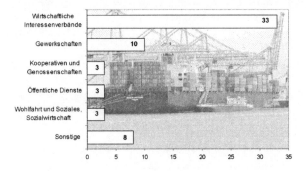

9.7 Analyse: Beteiligung und Defizite

Wie der erste Teil der Analyse des Forumsprozesses zeigt, scheinen die Organisationen der Zivilgesellschaft das Angebot der elektronisch gestützten Partizipationsschiene angenommen zu haben. Bis Mitte 2002 ließen sich 160 Organisationen registrieren. Ihre Zahl stieg dann bis Ende Juli 2003 auf 537 an und hat sich damit mehr als verdreifacht. Dies ist auf die zunehmende Bedeutung des Verfassungsprozesses aber auch auf den zunehmenden Bekanntheitsgrad des Forums zurückzuführen.[960] Die 537 Akteure beteiligten sich bis zum 31. Juli 2003 mit insgesamt 955 eingereichten Beiträgen am Forum. Die Beiträge reichten dabei von Flugblättern großer NGO-Netzwerke bis hin zu sehr umfangreichen wissenschaftlichen Arbeiten einzelner Wissenschaftsinstitute oder Think-Tanks.

Im Bericht des Vorsitzes des Konvents an den Präsidenten des Europäischen Rates, der vom Konventssekretariat am 18. Juli 2003 an die Mitglieder des Konvents übermittelt wurde, wird das Forum als ein Erfolg dargestellt („Der Konvent hat völlig transparent gearbeitet") und die Zahl der Beiträge wurde mit 1264 angegeben (CONV 851/03 v. 18. Juli 2003, S. 3). Die Auswertung der Forumsbeiträge hat jedoch ergeben, dass offiziell zwar 1264 Beiträge eingestellt wurden. Jedoch waren 309 oder knapp 25 % davon doppelt. Dies erklärt sich durch die zum Teil weit fortgeschrittene Vernetzung insbesondere der NGOs auf europäischer Ebene, die ihre gemeinsamen Arbeitspapiere teilweise vielfach eingestellt haben.

Die Bemühungen des Konvents und der Kommission, die Zivilgesellschaft am Konventsprozess teilhaben zu lassen, sind vor dem Hintergrund der in Kapitel 7 skizzierten Reforminitiativen der Europäischen Kommission und insbesondere im Zusammenhang

---

[960] Die zunehmende Bedeutung des Konventsprozesses wird auch dadurch deutlich, dass etwa die deutsche Bundesregierung ihren Vertreter im Konvent, Peter Glotz, im Herbst 2002 durch Außenminister Joschka Fischer ersetzte.

mit der Reform „Europäischen Regierens" zu sehen. Die Kommission hat für das Konventsforum ihre Infrastruktur und ihr Know-how zur Verfügung gestellt. Die Maßnahmen zur Beteiligung der europäischen Bürgerinnen und Bürger, einzeln oder organisiert, stellen sicherlich gegenüber Konsultationen zu speziellen Fragen einzelner Politikbereiche oder gegenüber den Praktiken zur Diskussion von Kommissionspapieren einen Sonderfall dar. Dennoch oder gerade deshalb muss sich die Praxis der Konsultation bei einem für die europäische Gesellschaft so wichtigen Projekt wie der Verfassung an den Zielen der Reformbemühungen messen lassen.

So wurde etwa in den ab Dezember 2002 gültigen Konsultationsstandards festgelegt, dass die Kommission eine Frist „von mindestens acht Wochen" für Antworten im Rahmen schriftlicher öffentlicher Konsultationen einräumen sollte, weil sechs Wochen, wie bislang gängig, nicht lang genug seien, um Kommentare zu erarbeiten. Für Sitzungen sei eine „Frist von 20 Werktagen vorzusehen" (KOM(2002) 704: 12 + 20). Diese Fristen wurden aber für den Konventsprozess nicht umgesetzt. Teilweise hatten die Organisationen der Zivilgesellschaft nur zehn Tage Zeit, um auf Texte des Präsidiums zu reagieren.[961] Auch Andreas Kraemer kritisiert die relativ kurzen „Einspruchsfristen" und formuliert eine generelle Kritik am Konvent:

> „Wir haben schon unsere Zweifel, ob da etwas von außen an den Konvent herangetragen worden ist und ob das intern richtig "verdaut" worden ist. Formal gesehen ist es wahrscheinlich alles abgearbeitet worden und die werden in ihrem Tätigkeitsbericht schreiben können, dass jede einzelne Eingabe auch gewürdigt worden ist. Aber das Ergebnis ist und bleibt unbefriedigend."
> ANDREAS KRAEMER (8. September 2004, Berlin)[962]

Der Feedback-Mechanismus ist eines der wichtigen Instrumente im Rahmen von IPM und von zentraler Bedeutung für Korrekturen in politischen Gestaltungsprozessen. Durch die kurzen Reaktionszeiten waren die Möglichkeiten für ein Feedback aber nur eingeschränkt möglich. Und am Ende des Konventsprozesses wurde auf Feedback offenbar überhaupt kein Wert mehr gelegt. So kritisiert Evelin Lichtenberger, Europaabgeordnete und stellvertretendes Konventsmitglied für den österreichischen Nationalrat, dass „kein Feedback der Zivilgesellschaft zum fast fertigen Entwurf" der Verfassung eingeholt wurde. „Insofern", fährt sie fort, „hat der Feedbackprozess gefehlt – eindeutig."[963] Auch die Betrachtung hinsichtlich der Bearbeitung und Kommunikation der Beiträge der Zivilgesellschaft durch das Konventssekretariat stützt diese Einschätzung. So hat das Konventssekretariat zur Vorbereitung der Tagung für die Bürgergesellschaft am 24. und 25. Juni 2002 die bis dato eingegangen Beiträge zum Forum zusammengefasst (CONV 112/02 v. 17. Juni 2002), eine Liste der teilnehmenden Organisationen erstellt (CONV 112/02 ADD 1 v. 19. Juni 2002) und in einem informatorischen Vermerk über die Sitzungen der Kontaktgruppen mit Vertretern der Zivilgesellschaft berichtet, die zwischen dem 10. und 18. Juni 2002 stattgefunden haben (CONV 120/02 v. 19. Juni 2002). Bis zum Abschluss des Konventsprozesses findet sich dann aber keine Zusam-

---

[961] Vgl.: Interview mit Martin Rocholl, FoEE, 9. September 2004, Brüssel.
[962] Herr Kraemer äußerte in dem Interview seine private Meinung. Er spricht nicht für die Organisationen und Gremien, für die er gearbeitet hat oder arbeitet.
[963] Interview mit Evelin Lichtenberger, MdEP und stellvertretendes Konventsmitglied für den österreichischen Nationalrat, 28. September 2004, Brüssel.

9.7 Analyse: Beteiligung und Defizite

menfassung der Forumsbeiträge durch das Konventssekretariat mehr; zumindest nicht als öffentlich zugängliches Dokument auf den Webseiten des Konvents. Es bleibt daher unklar, wie die Beiträge zumindest nach dem Sommer 2002 in die Debatte eingeflossen sind. Der Eindruck drängt sich auf, dass nach der Tagung für die Bürgergesellschaft im Juni 2002 die Feedback-Bemühungen zumindest für den elektronisch gestützten Teil der zivilgesellschaftlichen Partizipation zum Erliegen gekommen sind. Dabei gewann die Arbeit des Konvents erst ab Herbst 2002 richtig an Bedeutung und auch die Mehrzahl der zivilgesellschaftlichen Organisationen registrierte sich erst nach Juni 2002 zur Teilnahme am Forum. Auch findet sich keine Evaluation des Forumsprozesses wie bei anderen Konsultationsprozessen üblich. So ist etwa der Konsultationsprozess im Rahmen des Weißbuches „Europäische Regieren" evaluiert worden und floss ein in den „Bericht der Kommission über Europäische Regieren".[964] Im Rahmen des Konventsprozesses aber scheint es nur zwei interne und nicht adressierte Arbeitspapiere der oben erwähnten „Task Force – Future of Europe and Institutional Questions, Public debate and forum on the future of Europe" vom 12. und 16. Juni 2003 zu geben.[965]

Abbildung 20: Kleine Chronik der Konsultationen und Verfassungsentwürfe

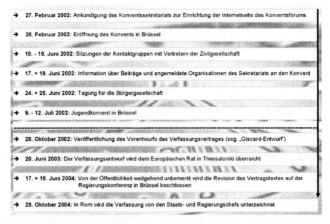

→ 27. Februar 2002: Ankündigung des Konventssekretariats zur Einrichtung der Internetseite des Konventsforums

→ 28. Februar 2002: Eröffnung des Konvents in Brüssel

→ 10. - 18. Juni 2002: Sitzungen der Kontaktgruppen mit Vertretern der Zivilgesellschaft

→ 17. + 19. Juni 2002: Information über Beiträge und angemeldete Organisationen des Sekretariats an den Konvent

→ 24. + 25. Juni 2002: Tagung für die Bürgergesellschaft

→ 9. - 12. Juli 2002: Jugendkonvent in Brüssel

→ 28. Oktober 2002: Veröffentlichung des Vorentwurfs des Verfassungsvertrages (sog. „Giscard-Entwurf")

→ 20. Juni 2003: Der Verfassungsentwurf wird dem Europäischen Rat in Thessaloniki überreicht

→ 17. + 18. Juni 2004: Von der Öffentlichkeit weitgehend unbemerkt wird die Revision des Vertragstextes auf der Regierungskonferenz in Brüssel beschlossen

→ 29. Oktober 2004: In Rom wird die Verfassung von den Staats- und Regierungschefs unterzeichnet

Die zahlreiche Beteiligung auf den verschiedenen Ebenen des Konventsprozesses stellt sich gleichzeitig als Problem dar, das auch für das Konventsforum zutrifft. Um überhaupt mit einem Anliegen sichtbar zu werden, setzten einige Forumsteilnehmer offenbar auf die Strategie, viel Input einzustellen. Und diese Strategie blieb nicht nur auf den Forumsprozess beschränkt, sondern galt auch für die anderen Ebenen und

---

[964] Vgl.: Europäische Union: Die Kommission (2003a): Bericht der Kommission über Europäisches Regieren.

[965] (1) Europäische Kommission: Generalsekretariat (2003a): The impact of civil society in the draft Treaty prepared by the European Convention. Information Note of the Task Force Future of Europe and institutional Questions, Public debate and forum on the future of Europe. Brüssel, 13. Juni 2003.
(2) Europäische Kommission: Generalsekretariat (2003b): Commentaires des participants au Forum au projet de Traité. Task Force Future of Europe and institutional Questions, Public debate and forum on the future of Europe. Brüssel, 16. Juni 2003.

Akteure im Konventsprozess. Auf die Frage, ob die Menge der Eingaben ein wesentlicher Grund für deren Wahrnehmung gewesen sei, antwortet Evelin Lichtenberger: „Na sicher. Das ist immer so." Sie bestätigt gleichzeitig, dass auch die Konventsmitglieder selbst der Notwendigkeit ausgesetzt waren, möglichst viele Eingaben zu formulieren,

> „weil in der Summe dann die Anzahl der Stellungnahmen doch wieder wichtig war zu einem Thema. Wenn nur fünf Umweltbewegte sich zu Wort melden, dann fällt das irgendwie von der Tischkante. Man musste irgendwo Anzahl durch verstärkte Arbeit und Präsenz kompensieren." EVELIN LICHTENBERGER (28. September 2004, Brüssel)

Gleichzeitig schildert sie als stellvertretendes Konventsmitglied die Probleme im Umgang mit der so entstandenen Materialfülle:

> „Das ist ja extrem viel Arbeit gewesen. Es war ja ganz einfach so zwischen Tür und Angel nicht zu erledigen, die ganzen Papiere zu lesen. Ich zum Beispiel habe nur sehr wenig Papier verwendet und vieles elektronisch erledigt. Trotzdem hatte ich letzten Endes 25 oder 30 Ordner voll mit Papieren."
> EVELIN LICHTENBERGER (28. September 2004, Brüssel)

Hinsichtlich der großen Anzahl von Stellungnahmen meint Martin Rocholl, man wisse „auch überhaupt nicht, was mit den ganzen tausenden von Inputs, die abgeliefert wurden, passiert" sei. Er könne es sich „auch gar nicht vorstellen, wie man so was überhaupt managt."[966] Und Anneke Klasing problematisiert „die pure Masse" an Eingaben in das Forum und fragt sich, „inwieweit der Konvent das systematisch ausgewertet" habe.[967] „Anspruch und Wirklichkeit" bei der Einbindung der Zivilgesellschaft durch den Forumsprozess klafften scheinbar auseinander, fährt sie fort.

> „Einerseits war beabsichtigt, dass dort diskutiert wird und die Zivilgesellschaft ihre Meinung sagen darf und berücksichtigt wird. Auf der anderen Seite war es dann aber doch schwierig, sich Gehör zu verschaffen."
> ANNEKE KLASING (8. September 2004, Berlin)[968]

Letzten Endes, so vermutet Anneke Klasing, wurde man „dann doch nicht so berücksichtigt, wie man es sich" gewünscht habe. Als Beispiel für die Entstehung zentraler Themen im Rahmen des Konventsprozesses, die trotz der Fülle an Material gute Chancen hatten, auch „aufgrund ihrer Exotik" an die Oberfläche zu kommen, verweist Evelin Lichtenberger auf die Berichterstattung in der Presse, die etwa die Diskussion um die Aufnahme des Gottbezuges in den Verfassungsentwurf öffentlich machte. Neben der Sichtbarkeit von Themen durch die Auseinandersetzung in der medialen Öffentlichkeit, war die Wahrnehmung von Themen auch stark geknüpft an die jeweiligen thematischen Präferenzen der Konventsmitglieder. Damit gewinnen die Fragen nach der Zusammensetzung des Konvents an Gewicht. So war der Anteil der Frauen an den Konventsmitgliedern „extrem niedrig", kritisiert Evelin Lichtenberger, und auch der Kreis der primär Umweltbewegten war sehr klein.

Die Notwendigkeit, durch Quantität Themen sichtbar zu machen, ist eng mit der Ressourcenfrage verknüpft, um entsprechend viele Papiere erarbeiten und zur Verfügung

---

[966] Interview mit Martin Rocholl, FoEE, 9. September 2004, Brüssel.
[967] Interview mit Anneke Klasing, Ecologic, 8. September 2004, Berlin. Frau Klasing äußerte in dem Interview ihre private Meinung. Sie spricht nicht für die Organisationen und Gremien, für die sie gearbeitet hat oder arbeitet.
[968] Dto.

9.7 Analyse: Beteiligung und Defizite

stellen zu können. In Bezug auf das Konventsforum allerdings, das hat die Befragung der Experten ergeben, handelt es sich dabei auch um Papiere, die nicht exklusiv für das Forum verfasst wurden. So meint Katrin Hugendubel für SOLIDAR, sie hätten das Forum zwar mitbenutzt,

> „allerdings nur, wenn es für uns keinen Zusatzaufwand erforderte. Wir haben die Sachen dort eingestellt, die wir sowieso schon hatten. Wir haben aber nicht extra Material für das Forum produziert." KATRIN HUGENDUBEL (19. Juli 2004, Brüssel)

Die gilt in ähnlicher Weise für das G 8 Netzwerk, in dessen und im Namen der daran beteiligten Organisationen auch Papiere in das Forum eingestellt wurden, die im Rahmen anderer Anlässe verfasst und bereits verwandt wurden. Ein Beispiel dafür, wie „wirklich erstaunlich improvisiert" die Strukturen „auf der europäischen Ebene sind",[969] schildert Martin Rocholl, angesprochen darauf, dass die G 8 als Netzwerk mit 20 (G 8) plus zwei (WWF) so viele Beiträge in das Konventsforum eingespeist hat wie sonst kein anderer Akteur:

> „Die Tatsache, dass wir da so effektiv tätig waren, entstand schlicht und ergreifend daraus, dass beim WWF zu dieser Zeit eine sehr [...] gute Praktikantin ohne Bezahlung für sechs Monate gearbeitet hat. Sie war intelligent und clever genug, uns alle zu diesem Thema zu koordinieren und sie wusste nachher besser Bescheid als wir alle zusammen".[970] MARTIN ROCHOLL (9. September 2004, Brüssel)

Nachdem der Verfassungsentwurf auf der Regierungskonferenz in Thessaloniki an den Europäischen Rat überreicht wurde, spielte die Online-Konsultation keine Rolle mehr für die weitere Arbeit an dem Text. Während der italienischen Ratspräsidentschaft in der zweiten Jahreshälfte 2003 scheiterte die Regierungskonferenz, sich auf den Entwurf des Verfassungsvertrages zu einigen. Seit Thessaloniki im Sommer 2003 verging ein Jahr, bis sich die Delegationen auf der Regierungskonferenz in Brüssel im Juni 2004 auf den endgültigen Text einigen konnten. Es liegt nahe, dass es gewichtige Gründe für diese Verzögerung gab und es wurden in diesem Zeitraum – exklusive der Zivilgesellschaft – wichtige Änderungen am Text vorgenommen.

Gleichzeitig stellt Eurobarometer im Juli 2004 bei einer Umfrage zum Thema „The Future European Constitution" fest, dass sich nur 30 % aller Befragten Bürgerinnen und Bürger (EU 25 und EU 15) gut informiert fühlten in Fragen bezogen auf die Verfassung (vgl. EUROBAROMETER, 2004: 3). Das Informationsdefizit war vielleicht auch dadurch begründet, dass die endgültige Version des Vertragstextes Ende Juni 2004 noch gar nicht in alle offiziellen Sprachen übersetzt war: „Please note that the Constitution has yet to be translated into all the official languages [...]" (vgl. CIG 85/04 v. 28. Juni 2004).

---

[969] Interview mit Martin Rocholl, FoEE, 9. September 2004, Brüssel.
[970] Mit „wir alle zusammen" ist das G 8 Netzwerk, bzw. sind die Direktoren der Organisationen gemeint.

10 Nachhaltigkeit und Konventsforum – empirische Befunde II

Die zentrale Fragestellung der Studie beschäftigt sich mit der Gestaltung und Veränderung der Mitwirkungsmöglichkeiten von Nicht-Regierungs-Organisationen im Prozess der Integration von Politikfeldern in das europäische politische System. Die Frage nach der Beteiligung von NGOs in Prozessen der Willensbildung ist insbesondere auf europäischer Ebene eng verknüpft mit der Existenz von Netzwerken, die die Interessen der Akteure zu bündeln und ihre Sichtbarkeit zu erhöhen vermögen. Das Politikfeld Nachhaltige Entwicklung bietet als Konzept zur Bearbeitung komplexer Problemlagen die Möglichkeit, den Leitfragen der Studie nach der Europäisierung intermediärer Organisationen nachzugehen und Grad und Charakter ihrer Vernetzung zu untersuchen. Dabei ist die These zu überprüfen, ob Nachhaltigkeit als Kooperationsimpuls Vernetzungsprozesse begünstigt und integrative Wirkungen zu entfalten vermag.

Gleichzeitig können durch die Analyse der Beiträge zum Konventsforum relevante Themenfelder für eine nachhaltige Gesellschaftspolitik und ihre Gewichtung identifiziert werden, die gleichsam als Forderungen der organisierten Zivilgesellschaft, adressiert an die europäische Politik, zu verstehen sind.

Schließlich kann die Überprüfung des Forumsprozesses, wie in Kapitel 9.3 dargestellt, anhand des themenpolitischen Fokusses vertieft werden und bietet damit Anhaltspunkte für die Bewertung der Qualität des Forumsprozesses als elektronischer Plattform zur Gestaltung politischer Ziele unter Einbezug der organisierten Zivilgesellschaft. Die Analyse ermöglicht so auch generelle Rückschlüsse auf die Tauglichkeit elektronischer Partizipation und diesbezüglich auf Kriterien, die für eine erfolgreiche Umsetzung vorauszusetzen sind.

10.1 Bemerkungen zu Auswertung und Operationalisierung

Die Untersuchung auf Akteure und Themen und ihrer Bezüge zu Problemfeldern nachhaltiger Gesellschaftspolitik knüpft an die in Kapitel 9 durch die Akteursanalyse gewonnenen Ergebnisse an. Neben der Herkunft, den Betätigungsfeldern und dem Grad der europäischen Vernetzung der Akteure werden wichtige Akteursgruppen und Themenfelder für eine nachhaltige Gesellschaftspolitik identifiziert.

Gegenstand der Untersuchung bleiben die Beiträge in Rubrik 1 des Forums. Die Auswahl der Beiträge konzentriert sich im Gegensatz zum ersten Teil der Untersuchung in Kapitel 9 allerdings auf die Beiträge in den drei Amtssprachen der Kommission: Englisch, Französisch und Deutsch. Für die Rubrik 1 bedeutet das, dass von den insgesamt 565 Beiträgen 530 oder 93,63 % von allen ausgewertet wurden. Von den 330

Akteuren in Rubrik 1 verblieben nach dieser Eingrenzung 304 oder 92,12 % von allen. 35 Beiträge von 26 Akteuren waren nur in anderen Sprachen verfügbar.[971]

Um eine Verbindung zwischen den Akteuren aus Rubrik 1 und ihrem Engagement für Themenfelder der Nachhaltigkeit herzustellen, sind die Ergebnisse der Akteursanalyse verknüpft worden mit einer Inhaltsanalyse der verbliebenen Forumsbeiträge zur Identifikation nachhaltigkeitsrelevanter Inhalte in den Beiträgen. In einem weiteren Schritt wurden aus den inhaltlichen Forderungen in den Beiträgen Themencluster gebildet, die in der Rangfolge der Häufigkeit ihrer Nennungen ein Spektrum nachhaltigkeitsrelevanter Themen und Policy-Felder darstellen.

Eine methodisch kontrollierte Auswertung von Beiträgen mit Bezügen zur nachhaltigen Entwicklung erfordert zunächst die Operationalisierung des Nachhaltigkeitsbegriffes für die Inhaltsanalyse. Bei der Operationalisierung stellen sich dabei die Probleme der etymologischen Bedeutungsbestände des Nachhaltigkeitsbegriffes.[972] Zusätzlich erschwert die Materialfülle das Erschließen kontextueller Bezüge in den Beiträgen. Um dennoch zu Ergebnissen zu kommen, und gleichzeitig die Beliebigkeit des Interpretationsspielraums zu vermeiden, werden im folgenden Bedeutung und Kontext der Verwendung des Nachhaltigkeitsbegriffes festgelegt. Diese Kriterien bilden dann die Grundlage der Inhaltsanalyse zur Identifikation der Nachhaltigkeitsbezüge.

Demnach wurden als nachhaltigkeitsrelevante Beiträge solche gewertet, die eine oder mehrere der folgenden Kriterien erfüllten:

- wo der Prozesscharakter des Wortes Entwicklung eindeutig mit Nachhaltigkeitszielen verknüpft war und ein Bezug zum Brundtland-Konzept mit großer Wahrscheinlichkeit vermutet werden konnte oder nahe lag;

- die in unmittelbarem Zusammenhang mit den drei originären Dimensionen Ökologie, Soziales und Ökonomie standen;

- die sich in etymologischer Hinsicht eindeutig auf das Konzept der nachhaltigen Entwicklung bezogen;

- die einen unmittelbaren Zusammenhang hergestellt haben mit einer nachhaltigen Entwicklung der Erde und Europas;

- die erkennbar waren als Zitate von Textstellen der Verfassungsentwürfe mit Bezügen zur nachhaltigen Entwicklung, auch wenn ein konkreter Veränderungsvorschlag in der zitierten Textstelle andere Themenfelder betraf. Angenommen wurde hier eine implizite Billigung der nachhaltigen Entwicklung;

---

[971] Sprachen der Beiträge: italienisch: 17; spanisch und portugiesisch: 14; griechisch: 3; niederländisch: 1. Die 26 nicht ausgewerteten Akteure sind folgenden Betätigungsfeldern zuzuordnen: Demokratiebewegung, politische Kultur: 4; Humanisten, Atheisten, Laizisten: 3; Behinderte und alte Menschen: 2; Juristinnen und Juristen: 2; Kirche und Religionsgemeinschaften: 2; Naturisten: 2; Regionale und ethnische Minderheiten: 2; Wissenschaft: 2; Bildung und Jugend: 1; Entwicklung und Gerechtigkeit: 1; Familie, Erziehung, Kinder: 1; Frauen und Geschlechtergerechtigkeit: 1; Ländliche Gebiete: 1; Umwelt und Landwirtschaft: 1; Wohlfahrt und Soziales; Sozialwirtschaft: 1.
[972] Siehe Kapitel 8.2 oben.

10.1 Bemerkungen zu Auswertung und Operationalisierung

- die entsprechend obiger Prämissen bezogen auf eine nachhaltige Entwicklung als Nicht-Nachhaltigkeit negativ formuliert waren.

Maßgeblich für die Ermittlung von Themen und Anzahl der Nachhaltigkeitsbezüge war die Auswahl der Begriffe, die der Inhaltsanalyse der Beiträge zugrunde lagen. Da die Untersuchung sich auf Beiträge in den Sprachen Englisch, Französisch und Deutsch konzentrierte, wurde eine im Weiteren Wortfamilie genannte Begriffsgruppe gebildet, um die Suche nach Bezügen zum Konzept der nachhaltigen oder dauerhaften Entwicklung zu ermöglichen.[973] Die Wortfamilie setzt sich wie folgt zusammen:

(EN) sustainable development, sustainability, sustainable, sustain, lasting development, lasting, durable development, durability, durable;

(FR) développement durable, durabilité, durable, développement soutenable, soutenabilité, soutenable;

(DE) nachhaltige Entwicklung, Nachhaltigkeit, nachhaltig, dauerhafte Entwicklung, Dauerhaftigkeit, dauerhaft.

Aufgrund der Fülle des Materials wurde die Analyse des Kontextes auf die Textstellen eingeschränkt, die in unmittelbarem Zusammenhang mit der Verwendung der Begriffe aus der Wortfamilie standen.

Die so identifizierten Nachhaltigkeitsbezüge wurden, sofern erforderlich, ins Deutsche übersetzt und unter Berücksichtigung der Themen und Kontexte zusammengefasst und in eine Tabelle übertragen (siehe Anhang A.4.2). Anschließend wurden thematische Schwerpunkte gebildet und zu Themenclustern zusammengefasst (siehe Kapitel 10.2.6, Tabelle 6: Spezifikation der Themencluster). Insgesamt wurden 20 Themencluster gebildet, deren Reihenfolge sich aus der Häufigkeit der ihnen jeweils zugeordneten Nachhaltigkeitsbezüge ergibt.

Grenzfälle und Ausnahmen, wo entsprechend der obigen Prämissen nicht sicher auf einen Bezug zum Nachhaltigkeitskonzept als solchem geschlossen werden konnte, wurden nicht berücksichtigt. Im Hinblick auf die Anzahl sämtlicher die Wortfamilie Nachhaltigkeit betreffender Bezüge in den Beiträgen stellten die nicht relevanten und Grenzfälle allerdings nur einen kleinen Teil dar.

Exemplarisch für diese Gruppe hier eine Auswahl:

Sustainable economic growth, sustainable human development, sustainable institutions, sustainable solution, sustainability of cohesion, financially sustainable social protection, sustainable peace/ -school system/ -human ressource/ -management, Nachhaltigkeit des Dialoges, Nachhaltigkeit des öffentlichen Dienstes, nachhaltig vergewissern/ - geändert/ -geeignet, nachhaltige Begeisterung, Gemeinschaft nachhaltig sichern.

Problematisch sind in diesem Zusammenhang insbesondere wirtschaftliche und finanzpolitische Kontexte der Begriffsverwendung. Der aus der Lissabon-Strategie bekannte

---

[973] In den von Tremmel (2003: 100 ff.) erarbeiteten „Nachhaltigkeitsdefinitionen von Wissenschaftlern" spielt der Begriffskomplex der Zukunftsfähigkeit nur eine untergeordnete Rolle. Der ebenfalls mit etymologischen Doppeldeutigkeiten behaftete Begriff war nicht Bestandteil der Inhaltsanalyse.

Begriff des „dauerhaften Wirtschaftswachstums" (in Englisch: „sustainable economic growth") zum Beispiel, auf den bei ihren Beiträgen im Konventsforum u. a. die ‚European Liberal Youth' (LYMEC) und die amerikanische Industrie- und Handelskammer Bezug genommen haben, lassen eher einen Kontext vermuten, der an der Definition des Nachhaltigkeits-Begriffes der Wirtschaftsverbände orientiert ist.[974] Die Mehrdimensionalität des Konzeptes und der Bezug zum Brundtland-Konzept waren allerdings entsprechend der Operationalisierung des Nachhaltigkeitsbegriffes die ausschlaggebenden Merkmale für die Untersuchung, sodass hier von Grenzfällen ausgegangen werden musste, die nicht in die Auswertung eingeflossen sind.

10.2 Forum und Nachhaltigkeit: Akteure und Beiträge im Detail

10.2.1 Herkunft der Akteure

Aus der Eingrenzung auf die Akteure in Rubrik 1, deren Beiträge in den Amtssprachen der Kommission verfasst waren, ergibt sich folgende, im Vergleich zu Abb. 16 in Kapitel 9.5.1 leicht veränderte, Zuordnung zu Ländergruppen.

Abbildung 21: Forum – Rubrik 1: Akteure nach Ländergruppen (Amtssprachen)[975]

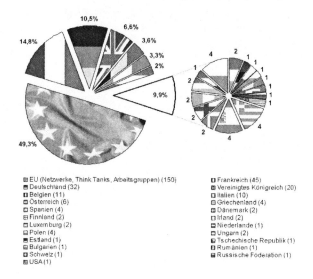

EU (Netzwerke, Think Tanks, Arbeitsgruppen) (150)
Deutschland (32)
Belgien (11)
Österreich (6)
Spanien (4)
Finnland (2)
Luxemburg (2)
Polen (4)
Estland (1)
Bulgarien (1)
Schweiz (1)
USA (1)

Frankreich (45)
Vereinigtes Königreich (20)
Italien (10)
Griechenland (4)
Dänemark (2)
Irland (2)
Niederlande (1)
Ungarn (2)
Tschechische Republik (1)
Rumänien (1)
Russische Föderation (1)

---

[974] Vgl. die Ausführungen in Kapitel 8.2 oben.
[975] Angaben in Prozent (linker Kreis) und Wert (rechter Kreis).

10.2.2 Betätigungsfelder der Akteure

Hinsichtlich der Betätigungsfelder der Akteure ergibt sich durch die reduzierte Akteurszahl folgende Verteilung:

Abbildung 22: Forum – Rubrik 1: Betätigungsfelder der Akteure (Amtssprachen)

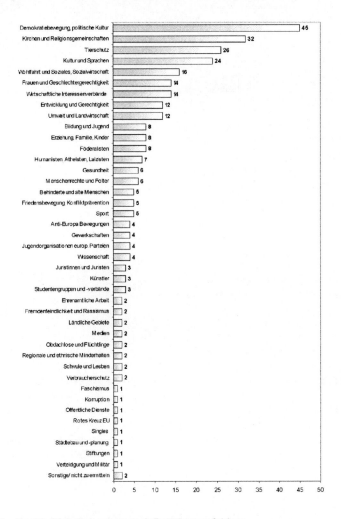

10.2.3 Nachhaltigkeitsbezüge nach Betätigungsfeldern

In Abbildung 23 wird differenziert dargestellt, wie viele Akteure der jeweiligen Betätigungsfelder Beiträge mit Nachhaltigkeitsbezügen in das Forum eingestellt hatten und wie viele nicht. Diese Darstellung ermöglicht einen ersten Überblick zur Relevanz des Themas Nachhaltigkeit für die Akteure der jeweiligen Betätigungsfelder.

Abbildung 23: Anzahl der Akteure mit/ ohne Nachhaltigkeitsbezug nach Betätigungsfeld[976]

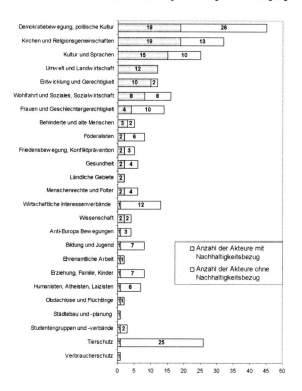

Von den Beiträgen der 42 ausgewerteten Akteursgruppen (siehe Abb. 22, Kap. 10.2.2 oben) äußerten sich Akteure aus 25 Betätigungsfeldern mehr oder weniger intensiv zu dem Thema; davon in zwölf Betätigungsfeldern 50 oder mehr Prozent aller Akteure. Signifikant sind hier die Akteure des Betätigungsfeldes Umwelt und Landwirtschaft, wo sich alle zwölf zum Thema Nachhaltigkeit äußerten. Auch die Akteure im Betätigungsfeld Tierschutz fallen auf, da hier trotz der hohen Akteursdichte nur ein Akteur Bezug nahm auf Fragen nachhaltiger Entwicklung. Bemerkenswert ist ebenfalls, dass Fragen

---

[976] Die Akteure aus den folgenden 17 Betätigungsfeldern bezogen sich in den Beiträgen *nicht* explizit auf nachhaltige Entwicklung: (1) Regionale und ethnische Minderheiten, (2) Jugendorganisationen europ. Parteien, (3) Sport, (4) Gewerkschaften, (5) Künstler, (6) Fremdenfeindlichkeit und Rassismus, (7) Öffentliche Dienste, (8) Medien, (9) Schwule und Lesben, (10) Faschismus, (11) Korruption, (12) Rotes Kreuz EU, (13) Singles, (14) Stiftungen, (15) Juristinnen und Juristen, (16) Verteidigung und Militär, (17) Sonstige/ nicht zu ermitteln.

der nachhaltigen Entwicklung nicht nur von Akteuren aus der Gruppe Umwelt und Landwirtschaft thematisiert wurden.

10.2.4 Verhältnis von Nachhaltigkeitsbezügen zu Akteuren und Beiträgen

In der Reihenfolge von Abbildung 23 oben stellt die Abbildung 24 unten das Verhältnis dar von der Anzahl der Akteure mit Nachhaltigkeitsbezügen pro Betätigungsfeld, der Anzahl ihrer Beiträge, in denen ein Bezug zur nachhaltigen Entwicklung hergestellt wird und der Anzahl der in den Beiträgen gezählten Bezugnahmen zum Themenfeld.

Abbildung 24: Anzahl der Akteure, Beiträge und Nachhaltigkeitsbezüge

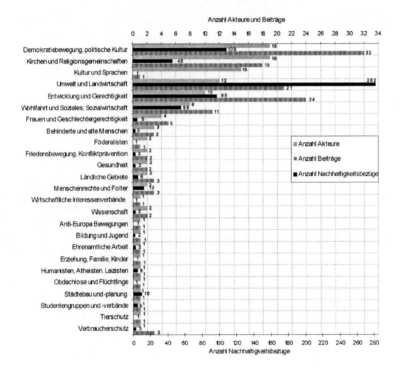

10.2.5 Beiträge mit Nachhaltigkeitsbezügen: Wichtige Akteursgruppen

Auf der Grundlage der ermittelten Werte, wie in Abbildung 24 oben dargestellt, konnten elf Akteursgruppen identifiziert werden, die aufgrund ihrer Beiträge zum Konventsforum in Bezug auf nachhaltige Entwicklung von besonderem Gewicht waren. Zur Darstellung des Verhältnisses von Akteuren, Beiträgen und Nachhaltigkeitsbezügen für diese elf Gruppen wird in der nächsten Abbildung eine andere Form der grafischen Darstellung gewählt. Dabei werden die Anzahl der Beiträge auf der x-Achse und die Anzahl der Akteure auf der y-Achse erfasst. Die Häufigkeit der Nachhaltigkeitsbezüge ist durch die

Größe der Blasen abgebildet. Die Zahlen in den Klammern der Legende stellen die Anzahl der Nachhaltigkeitsbezüge dar, um die Zuordnung zu erleichtern.

Abbildung 25: Beiträge mit Nachhaltigkeitsbezügen der wichtigsten Akteursgruppen

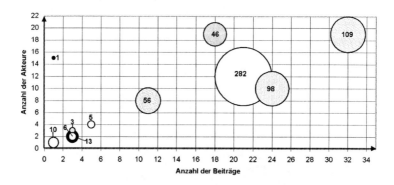

○ Umwelt und Landwirtschaft (282)
○ Entwicklung und Gerechtigkeit (98)
○ Kirchen und Religionsgemeinschaften (46)
○ Städtebau und -planung (10)
○ Frauen und Geschlechtergerechtigkeit (5)
○ Ländliche Gebiete (6)

○ Demokratiebewegung, politische Kultur (109)
○ Wohlfahrt und Soziales, Sozialwirtschaft (56)
● Menschenrechte und Folter (13)
○ Behinderte und alte Menschen (3)
● Kultur und Sprachen (1)

Die Darstellung verdeutlicht, dass sich fünf Akteursgruppen deutlich von den anderen absetzen. Der europäische Nachhaltigkeitsdiskurs in Rubrik 1 des Konventsforums wurde demnach insbesondere durch die Akteursgruppen (1) Umwelt und Landwirtschaft, (2) Demokratiebewegung und politische Kultur, (3) Entwicklung und Gerechtigkeit, (4) Wohlfahrt und Soziales, Sozialwirtschaft und (5) von den Kirchen und Religionsgemeinschaften bereichert. Das zunächst originär im Umfeld der Umweltbewegung angesiedelte Konzept scheint damit auch bei Akteuren anderer Betätigungsfelder eine große Resonanz zu finden. Die politikfeldübergreifende Beschäftigung mit Nachhaltigkeitspolitik verdeutlicht gleichzeitig die Gestaltungs- und Entwicklungspotenziale des Konzepts, dass sich eines breiten zivilgesellschaftlichen Interesses auf europäischer Ebene erfreut.

Die folgenden Akteursgruppen wurden aus Gründen der Übersichtlichkeit in obigem Schaubild nicht berücksichtigt:

Tabelle 5: Anzahl der Beiträge und Nachhaltigkeitsbezüge weiterer Akteursgruppen

Akteursgruppe	Anzahl Akteure	Anzahl Beiträge	Anzahl Nachhaltigkeitsbezüge
Friedensbewegung, Konfliktprävention	2	2	3
Gesundheit	2	2	3
Wissenschaft	2	2	3
Föderalisten	2	1	1
Verbraucherschutz	1	3	3

10.2 Forum und Nachhaltigkeit: Akteure und Beiträge im Detail

Humanisten, Atheisten, Laizisten	1	1	5
Studentengruppen und Verbände	1	1	5
Ehrenamtliche Arbeit	1	1	3
Bildung und Jugend	1	1	2
Anti-Europa Bewegungen	1	1	1
Erziehung, Familie, Kinder	1	1	1
Obdachlose und Flüchtlinge	1	1	1
Tierschutz	1	1	1
Wirtschaftliche Interessenverbände	1	1	1

10.2.6 Themencluster: Ein Spektrum nachhaltiger Entwicklung

Die Grundlage für die Bildung der Themencluster war die inhaltliche Einordnung der jeweiligen Bezüge zum Thema Nachhaltigkeit. Aus den Nachhaltigkeitsbezügen konnten thematische Schwerpunkte gebildet werden. Diese Schwerpunkte bilden die Themencluster, die in der Rangfolge der Häufigkeit der jeweiligen Bezüge angeordnet wurden. Mehrfache Bezüge eines Akteurs zu einem Themencluster in einem oder in mehreren seiner Beiträge wurden nicht doppelt gezählt. Damit konnten Redundanzen vermieden werden und die Reihenfolge der Themencluster ist im Vergleich aller Nachhaltigkeitsbezüge von akteursspezifischen Schwerpunkten weitgehend gelöst.

Abbildung 26: Themencluster nach Häufigkeit der Bezugnahme

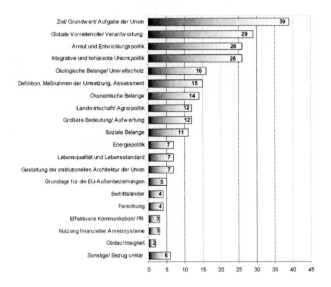

Zur Erläuterung der Themencluster werden in der folgenden Tabelle die Inhalte spezifiziert. Dabei wurden ähnliche inhaltliche Bezüge zum gleichen Themencluster sprachlich zusammengefasst und teilweise paraphrasiert, um sie, soweit möglich, vereinheitlicht darzustellen.

Tabelle 6: Spezifikation der Themencluster

Nr.	Themencluster	Spezifikation
1	Ziel/ Grundwert/ Aufgabe der Union	• Anerkennung der oder Forderung nach einer nachhaltigen Entwicklung als Ziel, Grundwert, Verpflichtung und Aufgabe der Union
2	Globale Vorreiterrolle/ Verantwortung der Union	• Gewünschte Rolle der EU als globaler Vorreiter für nachhaltige Entwicklung • Verantwortlichkeit Europas für globale und gerechte nachhaltige Entwicklung auch für globale Gerechtigkeit und Frieden/ Konfliktprävention • Für eine gemeinsame Stimme Europas in Fragen (globaler) nachhaltiger Entwicklung • Förderung internationaler Anstrengungen für eine globale nachhaltige Entwicklung • Nachhaltige Entwicklung als Konzept zur Humanisierung der Globalisierung (auch mit Bezug zur Laeken-Erklärung)
3	Armut und Entwicklungspolitik	• Nachhaltige Entwicklung als Weg und Mittel zur Bekämpfung von Armut in- und außerhalb der Union • Berücksichtigung und Stärkung nachhaltiger Entwicklung in der EU-Entwicklungspolitik • Kohärente Politik nach außen mit dem Ziel der nachhaltigen Entwicklung von Entwicklungsländern • Berücksichtigung von nachhaltiger Entwicklung in den Entwicklungsländern durch die EU-Agrarpolitik • Das dauerhafte Entwicklungskonzept als alternatives europäisches Entwicklungsmodell • Für eine nachhaltige ökologische, ökonomische und soziale Entwicklung in Entwicklungsländern • Nachhaltige Entwicklung als Grundlage zur Bekämpfung weltweiter Armut • Nachhaltigkeit mit dem primären Ziel, die Armut auszurotten
4	Integrative und kohärente Unionspolitik im Sinne der Nachhaltigkeit	• Nachhaltige Entwicklung als integrativer Politikansatz • Integration der drei Säulen Ökologie, Ökonomie und Soziales • Integration der Umweltpolitik in die Unionspolitiken entsprechend dem Ziel der nachhaltigen Entwicklung • Gleichberechtigung der Umweltdimension mit der ökonomischen und sozialen Dimension • Nachhaltige Entwicklung als Querschnittsaufgabe • Für eine Stärkung des Prinzips der Umweltintegration • Nachhaltigkeitsprinzipien sollen nach innen und außen gelten • Berücksichtigung der nachhaltigen Entwicklung in anderen Policy-Feldern der EU (Infrastruktur, Verkehr, Raumfahrt, technische Entwicklung und Forschung, Energie, Industrie-, Wirtschafts-, Handelspolitik, Investitionspolitik, Verbraucherschutz etc.) • Innen- und Außenpolitik der Union sollen dem Nachhaltigkeitsziel verpflichtet sein
5	Ökologische Belange/ Umweltschutz	• Nachhaltige Nutzung von Ressourcen • Größere Bedeutung des Umweltschutzes • Umweltschutz als Top-Priorität der Union • Expliziter Bezug auf die Säule Umweltschutz auch durch die Nennung bei den Unionszielen • Für lange Produktlebenszyklen, stärkere Nutzung erneuerbarer Energien, effizientere Nutzung von Ressourcen • Gegen nicht nachhaltige Nutzung globaler Ressourcen • Globale Vorreiterrolle der Union bei der Förderung des Umweltschutzes • Klares Bekenntnis der Union zum Umweltschutz
6	Definition, Maßnahmen der Umsetzung, Assessment	• Fehlende Definition von nachhaltiger Entwicklung, die auch den Umweltschutz integriert • Für ein Protokoll zur Nachhaltigkeit als Ergänzung der Verfassung • Klarstellung der Maßnahmen zum Erreichen des Nachhaltigkeitsziels • Assessment der Umsetzung von Nachhaltigkeitszielen • Assessment der Auswirkungen der EU-Politik auf nachhaltige Entwicklung • Schließen der Lücke zwischen Versprechen und Ankündigung von nachhaltiger Entwicklung und ihrer Umsetzung • Förderung und Erreichen von nachhaltiger Entwicklung • Maßnahmen zum Umweltschutz müssen integriert werden in die Definition der Unionspolitiken und -aktivitäten
7	Ökonomische Belange	• Nachhaltiger Binnenmarkt und Berücksichtigung von nachhaltiger Entwicklung bei der Wirtschaftspolitik • Verpflichtung von Unternehmen zur Nachhaltigkeit • Verantwortung der EU für eine gerechte Weltwirtschaftspolitik und für ein ökonomisches Modell auf der Basis nachhaltiger Entwicklung

10.2 Forum und Nachhaltigkeit: Akteure und Beiträge im Detail

		• Vorrang der nachhaltigen Entwicklung vor der Wirtschafts- und Handelspolitik • Berücksichtigung von nachhaltiger Entwicklung bei der Handelspolitik • Nachhaltige Entwicklung als Basis der sozialen Marktwirtschaft • Nachhaltige Entwicklung als Grundlage für den Binnenmarkt und Freihandel/ Freihandelsabkommen • Verpflichtung zu nachhaltiger Entwicklung als Grundlage für den Beitritt und die Gestaltung von Freihandelszonen (bspw. der ‚Euro-Mediterranen-Zone 2010') • Kein Freihandel ohne Umweltschutz
8	Landwirtschaft/ Agrarpolitik	• Für nachhaltige Landwirtschaft und Fischerei • Für eine nachhaltige ländliche Entwicklung (Stichworte: land-use, Agrarpolitik, Biodiversität, Kulturlandschaft, nachhaltige territoriale Entwicklung) • Kritik an den Forderungen nach einer ökologisch nachhaltigen ländlichen Entwicklung ohne Berücksichtigung und genaue Kenntnisse der Bedürfnisse der Landbevölkerung (der Landbesitzer) • Für ein Konzept, dass die Selbstbestimmung ländlicher Regionen hinsichtlich der Ziele und der praktischen Umsetzung einer nachhaltigen Entwicklung ermöglicht • Nachhaltigkeitsstandards für die landwirtschaftliche Produktion
9	Größere Bedeutung/ Aufwertung	• Für die Nennung von nachhaltiger Entwicklung in der Präambel des Verfassungsvertrages • Wunsch nach verstärkter Verpflichtung der Union zu (globaler) nachhaltiger Entwicklung • Nachhaltigkeitsbezug wird vermisst im 1. Entwurf vom 28.10.2002 • Für eine Aufwertung der europäischen Nachhaltigkeitsstrategie • Nachhaltige Entwicklung als übergeordnetes Ziel nach innen und außen • Wunsch nach stärkerer Bedeutung von nachhaltiger Entwicklung im Verfassungsentwurf (betrifft auch spätere Entwürfe)
10	Soziale Belange	• Nachhaltige Entwicklung als Grundlage für Solidarität, Gleichheit und Gerechtigkeit (auch Geschlechter- und Generationengerechtigkeit) • Nachhaltige Entwicklung zur Stabilisierung von Frieden und Sicherheit • Nachhaltige Entwicklung zur Gewährung von Lebenschancen und Sicherung der Ressourcen • Nachhaltige Entwicklung als Garant für den sozialen Frieden in Europa • Nachhaltige soziale Entwicklung • Nachhaltige Entwicklung als Bestandteil des Europäischen Sozialmodells
11	Energiepolitik	• Nachhaltige Entwicklung als primäres Ziel der Energiepolitik • Gegen die Aufnahme des EURATOM Vertrages in die Verfassung • Verstärkter Einsatz erneuerbarer Energien • Berücksichtigung des Nachhaltigkeitskonzeptes bei der Energieversorgungspolitik
12	Lebensqualität und Lebensstandard	• Nachhaltige Entwicklung als Grundlage zur Definition von Lebensstandards in den Bereichen Nahrung, Umwelt, Gesundheit • Nachhaltige Entwicklung als Grundlage für Verbraucherschutz • Gesundheit als Grundlage für nachhaltige Entwicklung • Verbesserung der Lebenssituation und Lebensbedingungen der Europäer u. a. auf der Grundlage und Förderung von nachhaltiger Entwicklung
13	Gestaltung der institutionellen Architektur der Union	• Forderung nach (effektiverer) institutioneller Architektur für die Umsetzung von nachhaltiger Entwicklung • Mehr Einfluss des Europaparlaments in Umweltfragen • Demokratische Governancestrukturen für die Umsetzung von nachhaltiger Entwicklung • Für eine klare Aufteilung der Kompetenzen hinsichtlich u. a. Umweltschutz und nachhaltiger Entwicklung zwischen der Union und den Mitgliedsstaaten
14	Grundlage für die EU-Außenbeziehungen	• Nachhaltige Entwicklung als Grundlage für die Außenbeziehungen der EU • Berücksichtigung von nachhaltiger Entwicklung in den Außenbeziehungen • Für Umweltintegration auch im Hinblick auf die Außenbeziehungen
15	Beitrittsländer	• Sicherung der Wettbewerbfähigkeit der „alten" Mitgliedsländer durch die Sicherstellung der Umsetzung von Nachhaltigkeitsprinzipien in den Beitrittsländern • Förderung der Umsetzung von nachhaltiger Entwicklung insbesondere in den Beitrittsländern (auch durch entsprechende Kooperationsprogramme) • Europäische Integration auf der Basis von nachhaltiger Entwicklung
16	Forschung	• Förderung der Forschung für nachhaltige Entwicklung • EU-Forschung für verstärkte nachhaltige ländliche Entwicklung
17	Effektivere Kommunikation/ PR	• Bessere Kommunikation für die Akzeptanz der Nachhaltigkeitspolitik bei den Unionsbürgern und bei jungen Leuten • PR-Initiative zur Umsetzung von nachhaltiger Entwicklung in ländlichen Gebieten; speziell in den Beitritts- und Kandidatenländern

		• Informationspflicht über die Umsetzung von (Nachhaltigkeits-)Politik zur Gewährleistung des sozialen Friedens
18	Nutzung finanzieller Anreizsysteme	• Für die Nutzung der Strukturfonds im Sinne der nachhaltigen Entwicklung • Berücksichtigung von nachhaltiger Entwicklung in den Regional-Entwicklungs-Fonds • Steuervorteile für nachhaltigkeitsorientierte Investments • Europäischer Fonds zur Bewältigung der internationalen Herausforderung und Aufgaben durch nachhaltige Entwicklung • Steuerliche Anreizsysteme für umweltschonende Produktionstechniken
19	Obdachlosigkeit	• Nachhaltige Entwicklung als Konzept gegen Obdachlosigkeit • Bezüge zum Wohnungsproblem in der Nachhaltigkeitsstrategie • Keine soziale Integration ohne ein Zuhause für jedermann (soziale Inklusion/ Armut)
20	Sonstige/ Bezug unklar	• Sonstige/ Bezug unklar

Bei der Analyse der Nachhaltigkeitsbezüge und ihrer systematischen Zusammenstellung in den Themenclustern konnten in zwei Fällen kritische Äußerungen festgestellt werden. Die ‚European Landowners Organization'[977] kritisiert die wachsende kulturelle Kluft zwischen Stadt und Land, die sich in der Diskussion um ökologische Fragen zuspitze. Die Organisation plädiert für freiwillige Abkommen anstatt verbindlicher gesetzlicher Regelungen im ländlichen Umweltschutz. Das ‚Mouvement Européen de la Ruralité (M.E.R.)'[978] fordert diesbezüglich ebenfalls mehr Selbstbestimmung.

10.2.7 Anteile der Akteure und Beiträge mit Nachhaltigkeitsbezügen

Die folgende Abbildung veranschaulicht die Anteile von Akteuren und Beiträgen mit Nachhaltigkeitsbezügen von allen ausgewerteten Beiträgen der Rubrik 1 des Forums in den drei Amtssprachen.

Abbildung 27: Anteile Akteure und Beiträge mit Nachhaltigkeitsbezügen

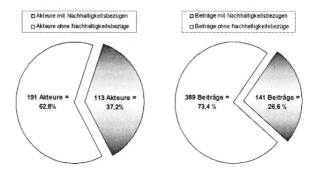

113 von 304 oder 37,2 % der Akteure äußerten sich in 141 von 530 oder 26,6 % der ausgewerteten Beiträge zu nachhaltigkeitsrelevanten Themen. Die Abbildung vermittelt nochmals einen Eindruck davon, dass das Thema Nachhaltigkeit in der Rubrik 1 des Forums auf beachtliche Resonanz gestoßen ist.

---

[977] Vgl. Akteur Nr. 137 in Tabelle 7, Anhang A.4.1.1.
[978] Vgl. Akteur Nr. 259 in Tabelle 7, Anhang A.4.1.1.

10.2.8 Nachhaltigkeitsbezüge nach Herkunft der Akteure

Schließlich sind die 113 Akteure, die sich mit Themenfeldern der Nachhaltigkeit befasst haben, Ländergruppen zuzuordnen. Hier setzen sich mit deutlicher Mehrheit die der EU-Ländergruppe zugeordneten Akteure ab. Aus den Beitritts- und Kandidatenländern äußerte sich lediglich ein polnischer Akteur zum Thema Nachhaltigkeit.

Abbildung 28: Nachhaltigkeitsbezüge nach Ländergruppen[979]

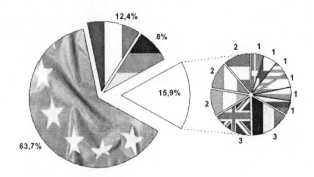

- EU (Netzwerke, Think Tanks, Arbeitsgruppen) (72)
- Deutschland (9)
- Vereinigtes Königreich (3)
- Italien (2)
- Dänemark (1)
- Griechenland (1)
- Polen (1)
- Frankreich (14)
- Belgien (3)
- Irland (2)
- Österreich (2)
- Finnland (1)
- Spanien (1)
- Russische Föderation (1)

10.3 Nachhaltigkeit und der Konventsprozess

Das Thema nachhaltige Entwicklung erfreute sich in den Beiträgen zur Rubrik 1 des Konventsforums einer großen Resonanz. Diese Feststellung lässt sich ableiten zum einen aus der Anzahl der Akteure und Beiträge, die sich mit dem Thema befasst haben, und zum anderen durch die relativ breite gesellschaftliche Auseinandersetzung auch jenseits der primär umweltpolitisch ausgerichteten Gruppen. Obwohl das Konventsforum vor dem Hintergrund der ambitionierten Reformbemühungen zur Beteiligung der organisierten Zivilgesellschaft an der Verfassungsdiskussion eingerichtet wurde, war es dennoch nicht selbstverständlich, dass Nachhaltigkeit auch seinen Weg in den Text des Verfassungsentwurfes gefunden hat. Als am 28. Oktober 2002 der erste Vorentwurf des Verfassungsvertrages veröffentlicht wurde, fanden sich weder in den Zielen der Union noch im Zusammenhang mit anderen Politikbereichen Bezüge zu nachhaltiger Entwicklung. Auch das wichtige Prinzip der Umweltintegration (Art. 6, EG-Vertrag) war

---

[979] Angaben in Prozent (linker Kreis) und Wert (rechter Kreis).

verschwunden (vgl.: CONV 369/02). Und das, obwohl Nachhaltigkeit im Vertrag von Amsterdam bereits als Ziel der Union formuliert war. Evelin Lichtenberger führt dafür im Wesentlichen drei Gründe an:

Erstens waren die wichtigen Fragen im Konvent die der „Außenrepräsentation von Europa und der gemeinsamen Außen- und Sicherheitspolitik [...], der Terrorbekämpfung", der Spaltung Europas durch den Irak-Krieg und „die Fragen der Integration von Sozialpolitiken in die europäische Politik [...]. Und dominant [...] war natürlich die Frage der Institutionenreform [...] und letzten Endes die Mehrheitsfindung. [...] Nachhaltigkeit oder etwa Umweltpolitik" kam nur „sehr am Rande" vor. „Es ging ja nicht so sehr um konkrete Politiken [...]. Der Konvent hat die Spielregeln gemacht, aber nicht das Spiel."

Zweitens war das Präsidium des Konvents das entscheidende Gremium, wo alle Fäden zusammenliefen. Und der Vorsitzende des Präsidiums, Giscard d'Estaing, betrieb eine „klare Machtpolitik". Wahrscheinlich habe sich Giscard d'Estaing mit Fragen von Umweltschutz oder Nachhaltigkeit in seinem politischen Werden nie auseinandergesetzt. „Und das gilt wahrscheinlich für das halbe Präsidium ganz genau so."

Drittens lag es an dem beharrenden „Faktor im System, dass Umwelt oder Nachhaltigkeit quer liegt zu den Prinzipien der klassischen Binnenmarktpolitik." Die beharrenden Kräfte in der Union sehen „die Aufgabe der Union schlicht nicht in der Nachhaltigkeit". Die „gesamte politische Klasse besteht zu 80 % aus Repräsentanten, die sich mit dieser Frage schlicht a) noch nie auseinander gesetzt haben, b) gar nicht gewillt sind, sich damit auseinanderzusetzen und c), das nicht als Aufgabe der Union sehen."[980]

Die Machtpolitik von Giscard d'Estaing, dessen Rolle als Vorsitzender des Konvents von MEYER (2004: 207) als ebenso trickreich wie autoritär beschrieben wird, ist Anlass für eine weitere Vermutung, warum Nachhaltigkeit und Umweltintegration im ersten Entwurf keine Rolle gespielt haben. „Manchmal glaube ich", so Martin Rocholl, dass „Giscard, der alte Fuchs", diesen ganzen Bereich bewusst komplett raus gelassen hat, „damit wir beschäftigt waren um das wieder reinzukriegen, was wir schon hatten."[981]

Auch Andreas Kraemer vermutet als Grund für das Fehlen der Nachhaltigkeit im ersten Verfassungsentwurf eine bewusste Strategie des Konventspräsidiums „oder von einzelnen Mitgliedern. Es müssen ja nicht alle eingeweiht gewesen sein." Dahinter habe die Taktik gesteckt, etwas rauszuschicken, „worüber sich alle aufregen können." So habe „man ein wenig Energie" raus genommen „aus dem Prozess."

> „Das war so ein typischer Luftballon, um mal zu sehen, was passiert. Schicken wir mal was hoch und gucken, woher die Schüsse kommen. Dann wissen wir, wo der Feind im Gebüsch sitzt. Genau die Wirkung hat das gehabt."
> ANDREAS KRAEMER (8. September 2004, Berlin)[982]

Evelin Lichtenberger teilt die These der bewussten Strategie „in der Schärfe nicht."

---

[980] Für alle Zitate im Zusammenhang mit den „drei Gründen" vgl.: Interview mit Evelin Lichtenberger, MdEP und stellvertretendes Konventsmitglied für den österreichischen Nationalrat, 28. September 2004, Brüssel.
[981] Interview mit Martin Rocholl, FoEE, 9. September 2004, Brüssel.
[982] Herr Kraemer äußerte in dem Interview seine private Meinung. Er spricht nicht für die Organisationen und Gremien, für die er gearbeitet hat oder arbeitet.

10.3 Nachhaltigkeit und der Konventsprozess

> „Ich würde es nicht als bewusstes Wirken böser Mächte beschreiben. [...] Ich sehe das weniger als bewusste Strategie – das kann schon auch stattgefunden haben, aber das war nicht dominant." EVELIN LICHTENBERGER (28. September 2004, Brüssel)

Zwar habe es, so fährt sie fort, „sicher Versuche gegeben [...] bei der Gelegenheit der Verfassungsreform diesen lästigen Nachhaltigkeitskomplex auszuräumen", und nennt dabei den ehemaligen Ministerpräsidenten von Baden-Württemberg, Erwin Teufel, der als Vertreter des Deutschen Bundestages Konventsmitglied war, „als einen dieser Exponenten". Allerdings ist ihnen das „nicht gelungen letzten Endes."[983]

Trotzdem waren diese Voraussetzungen nicht die Idealbedingungen für die Teile der organisierten Zivilgesellschaft mit dem Anliegen, das Ziel der nachhaltigen Entwicklung im Verfassungstext zu verankern. Das Forum „hatte zu wenig Einfluss", meint Martin Rocholl, und es sei von Giscard d'Estaing und dem Präsidium „sehr schlecht gemanagt worden. Das war kein sehr partizipativer Prozess." Mit seiner Meinung steht Martin Rocholl nicht alleine da. Der Einfluss des Forums wird generell als bescheiden eingeschätzt. So ist Sarah Blau der Meinung, dass es „sehr wenig mit dem Forum" zu tun hatte, dass am Ende des Prozesses wieder der Status Quo von Nizza erreicht werden konnte,

> „sondern vielmehr mit den Formen klassischer Lobbyarbeit wie dem Schreiben von Briefen und der Arbeit im Parlament. [...] Ich denke, die NGOs haben ziemlich schnell gemerkt, dass dieses Forum einfach nicht die Lösung war für ihr Problem."
> SARAH BLAU (18. August 2004, Brüssel)[984]

Auf die Strategien des klassischen Lobbying setzte auch FoEE. Martin Rocholl meint, befragt nach seiner Einschätzung zum Einfluss des Forums auf den Verfassungsentwurf, dass „teilweise alles zu schnell" ging und man auch nicht gewusst habe, „wo der eigene Input hinging." Dies habe für FoEE bedeutet,

> „dass wir einfach persönliche Kontakte zu bestimmten Personen im Präsidium und im Konvent genutzt haben, um die Hauptpunkte unterzubringen. Gerade was die Nachhaltigkeitsdefinition und das Integrationsprinzip angeht."
> MARTIN ROCHOLL (9. September 2004, Brüssel)

Einen weiteren Grund, warum es für die Umwelt und auch die Nachhaltigkeit so schwer war, in der Verfassung Beachtung zu finden, sieht Sarah Blau in der Zusammensetzung des Konvents. Den Staus Quo wieder zu erkämpfen sei „nicht einfach" gewesen,

> „weil die Leute, die in diesem Konvent saßen [...], alles Institutionenspezialisten waren. Die können sehr gut darüber verhandeln, wie viele Präsidenten und wie viele Sitze es geben soll. Es sind einfach Leute, die ihre Modelle und Ideen haben von Verfassungen. Aber was im Umweltkapitel steht, interessiert die sehr wenig."
> SARAH BLAU (18. August 2004, Brüssel)[985]

Evelin Lichtenberger bestätigt die Probleme bei der Zusammensetzung des Konvents:

---

[983] Vgl.: Interview mit Evelin Lichtenberger, MdEP und stellvertretendes Konventsmitglied für den österreichischen Nationalrat, 28. September 2004, Brüssel.

[984] Interview mit Sarah Blau, ehemalige Mitarbeiterin beim EEB und ehemalige Fraktionsreferentin der europäischen Grünen im Europaparlament, 18. August 2004, Brüssel. Frau Blau äußerte in dem Interview ihre private Meinung. Sie spricht nicht für die Organisationen und Gremien, für die sie gearbeitet hat oder arbeitet.

[985] Dto.

> "Um für einen Fortschritt zu kämpfen, waren wir zu wenige. Es gab ja nur fünf Grüne im Konvent und die anderen Parteien waren wirklich woanders hin fokussiert. Das wäre ein Kampf gegen Windmühlenflügel gewesen."
> EVELIN LICHTENBERGER (28. September 2004, Brüssel)

Evelin Lichtenberger glaubt in Bezug auf das Konventsforum, „das war ein wichtiger Versuch, das einmal so zu machen. Aber er war unzureichend. Weil ja die Kommunikation sich letzten Endes auf ein bis zwei Events beschränkte und dann nicht weiterging." Andreas Kraemer ist der Auffassung, dass es „völlig aussichtslos" gewesen sei, „von außen Dinge an den Konvent heranzutragen."

> „Es war im Grunde genommen ein Prozess, der zwar nach außen formal offen sein sollte, aber faktisch durch die Terminsetzung und durch die Aufnahmefähigkeit des Konvents praktisch Insidern vorbehalten war. Und unter den Insidern war niemand, der mit der nötigen Überzeugungskraft die politischen Schwergewichte, die im Präsidium saßen, zu überzeugen versuchte."
> ANDREAS KRAEMER (8. September 2004, Berlin)[986]

Generell bezweifelt Andreas Kraemer, dass die organisierte Zivilgesellschaft durch das Konventsforum Einfluss nehmen konnte auf die Gestaltung der Verfassung und speziell auf die Verankerung der Nachhaltigkeit als Ziel der Union. Er führt dabei zwei Gründe an, die im Medium des Internetforums begründet liegen. Zum einen habe „ein Internetforum [...] nicht die Wirkung, Menschen auf ein Ziel zu bringen." Der direkte „Frage-Antwort Dialog" könne im Gegensatz zu persönlichen Begegnungen und Gesprächen nicht „in Gang" kommen; Möglichkeiten zur Annäherung und Überzeugung seien nicht gegeben. „Und es geht noch weniger, wenn das Ganze über gefilterte Verfahren läuft." Entsprechend seien solche Verfahren „politisch irrelevant" und für die „politische Praxis" bedeutungslos. „Es ist eine Schwäche der Diskussionskultur die eben technisch bedingt in einem solchen Medium entsteht."

> „Und die zweite Barriere die wir haben ist, dass die Mitglieder des Präsidiums selber einer Generation angehören, die mit dem Internet nichts am Hut hat. Ich glaube nicht, dass Giscard d'Estaing selber gut einen Computer bedienen kann. Entsprechend wenig nehmen die ernst, was an Ideen aus einem auf so ein Medium zugeschnittenen Prozess herauskommt. Also das sind auch verständliche menschliche Barrieren – was die Aufnahmefähigkeit angeht."
> ANDREAS KRAEMER (8. September 2004, Berlin)[987]

Großen Einfluss auf die Verhandlungen zum Konvent hatten letzten Endes natürlich die Vertreter der nationalen Regierungen. Gegen die Aufnahme von EURATOM in die Verfassung sprach sich etwa der deutsche Außenminister Joschka Fischer aus. Er wurde diesbezüglich von den europäischen wie nationalen Umweltverbänden massiv unter Druck gesetzt. So kündigte FoEE für den Fall einer Aufnahme von EURATOM in die Verfassung eine Kampagne gegen die Verfassung an, die nicht nur EURATOM, sondern letztlich den kompletten Verfassungsprozess diskreditiert hätte.[988] Es scheint plausibel, dass u. a. diese Warnung den deutschen Außenminister dazu veranlasste, sein ganzes politisches Gewicht gegen eine Aufnahme von EURATOM in die Verfassung einzusetzen, was letztlich gelungen scheint. Die europäischen Umweltverbände

---

[986] Herr Kraemer äußerte in dem Interview seine private Meinung. Er spricht nicht für die Organisationen und Gremien, für die er gearbeitet hat oder arbeitet.
[987] Dto.
[988] Interview mit Martin Rocholl, FoEE, 9. September 2004, Brüssel.

schalteten sich auch über ihre nationalen Verbände in die nationalen Debatten ein. In Bezug auf das Umweltintegrationsprinzip geschah dies etwa in Deutschland durch Kontakte zum Arbeitskreis Verfassung der Bundestagsfraktion Bündnis90/ Die Grünen rund um die Abgeordnete Anna Lührmann. Hier haben FoEE/ BUND mit dem Naturschutzring Deutschland (DNR) zusammen gearbeitet.[989]

Damit ist das EURATOM-Thema ein offenbar gelungenes Beispiel für die Doppelstrategie der NGO-Arbeit, sowohl in Brüssel als auch indirekt über den Umweg der Nationalstaaten Einfluss mit europäischer Relevanz – und in Verbindung mit einer glaubhaften Drohung, auszuüben. Auch das Brüsseler Büro von SOLIDAR hat die Doppelstrategie der Einflussnahme gewählt und

> „versucht, die Debatte über die Zukunft Europas auszuweiten und unsere Mitgliedsorganisationen in den jeweiligen Nationalstaaten dafür zu sensibilisieren. Wir haben die Mitgliedsorganisationen über die Arbeit des Konvents informiert, damit dort durch die Webseiten, durch Briefings und Seminare, die veranstaltet wurden, auch weiterhin Einfluss genommen wird auch in Hinblick auf die Regierungskonferenz [...] in 2004."
> KATRIN HUGENDUBEL (19. Juli 2004, Brüssel)

In Bezug auf die Arbeit des Konvents gibt es allerdings nicht nur Kritik. Im Vergleich mit „vorherigen Vertragsrevisionen", deren „Verhandlungen im Rat ja sehr anonym und diskret verlaufen sind", meint Katrin Hugendubel, habe der Konvent dennoch „so partizipativ gearbeitet, wie keine andere Vertragsrevision vorher."[990]

10.4 Details: Nachhaltigkeit als Ziel der Union

Das Nachhaltigkeitsziel wurde in Artikel 3, Absatz 3, Bestandteil des Verfassungsentwurfes. Auf die Frage, wie dies gelingen konnte, meint Evelin Lichtenberger:

> „Ich glaube, dass das Ganze deswegen hineingekommen ist, weil eine Mehrheit dann doch die Erkenntnis gehabt hat, dass das nicht der Moment ist, es rauszuschmeißen."
> EVELIN LICHTENBERGER (28. September 2004, Brüssel)

Zur Rolle der Umwelt-NGOs meint Sarah Blau, dass, „wenn man die Ergebnisse" betrachte, „die Umwelt-NGOs sicherlich sehr gut gearbeitet" hätten. „Eine Zeitlang" sei „Umwelt eines der zehn bis zwölf wichtigen Themen" im Konvent gewesen. Und es sei „schon eine enorme Leistung" gewesen, „Umwelt überhaupt zu thematisieren und es als eines der Themen zu etablieren." Diesen Erfolg führt Sarah Blau auch auf die Organisation des G 8 Netzwerkes zurück. „Weil die eben durch die gemeinsame [...] Struktur auch gemeinsame Papiere hatten. Und weil sie sehr schnell und sehr professionell gearbeitet haben." Um das Thema auf die Agenda zu bringen, seien „eine ganze Reihe von Konferenzen auch in den Botschaften" veranstaltet worden. Und die damalige Umweltkommissarin, Margot Wallström, habe als Verbündete der Umwelt-NGOs diesbezüglich „auch Briefe an die Konventsmitglieder geschrieben." Und letztlich haben die Konventsmitglieder selbst viele Beiträge gerade auch zu Artikel 3 der Verfassung ein-

---

[989] Ebda.
[990] Interview mit Katrin Hugendubel, SOLIDAR, 19. Juli 2004, Brüssel.

gereicht, sagt Sarah Blau. Als Giscard d'Estaing und das Präsidium den Text überarbeitet haben „war klar, dass er da was machen musste".[991]

Als Verbündete im Konvent, um Nachhaltigkeit als ein Ziel der Union im Verfassungsentwurf zu verankern, nennt Evelin Lichtenberger „in erster Linie – und grob gesagt – Linke, Grüne und konservativ Aufgeklärte. Diese Allianz konzentrierte sich aber auf die "alten" Mitgliedsstaaten." Die Vertreter der Beitrittsländer hätten eher kein Interesse an dem Thema gezeigt.[992]

Abbildung 29: Definitionen des Nachhaltigkeitsziels in den Verfassungsentwürfen

---

Artikel 3: Die Ziele der Union – Absatz 3 – Fassung vom 20. Juni 2003
Die Union strebt ein Europa der nachhaltigen Entwicklung auf der Grundlage eines ausgewogenen Wirtschaftswachstums an, eine in hohem Maße wettbewerbsfähige soziale Marktwirtschaft, die auf Vollbeschäftigung und sozialen Fortschritt abzielt, sowie ein hohes Maß an Umweltschutz und Verbesserung der Umweltqualität. [...].
Druckversion, OPOCE, Luxemburg, 2003.

Artikel 3: Die Ziele der Union – Absatz 3 – Fassung vom 18. Juli 2003
Die Union strebt die nachhaltige Entwicklung Europas auf der Grundlage eines ausgewogenen Wirtschaftswachstums an, eine in hohem Maße wettbewerbsfähige soziale Marktwirtschaft, die auf Vollbeschäftigung und sozialen Fortschritt abzielt, sowie ein hohes Maß an Umweltschutz und Verbesserung der Umweltqualität. [...].
Version auf der Webseite des Konvents: http://european-convention.eu.int / CONV850/03

Artikel 3: Die Ziele der Union – Absatz 3 – Fassung vom 13. Oktober 2004
Die Union wirkt auf die nachhaltige Entwicklung Europas auf der Grundlage eines ausgewogenen Wirtschaftswachstums und von Preisstabilität, eine in hohem Maße wettbewerbsfähige soziale Marktwirtschaft, die auf Vollbeschäftigung und sozialen Fortschritt abzielt, sowie ein hohes Maß an Umweltschutz und Verbesserung der Umweltqualität hin. [...].
Text für die Regierungskonferenz in Rom am 29.10.2004, Brüssel, 13.10.2004, CIG87/1/04

Zwischen den ersten beiden Versionen für den Europäischen Rat in Thessaloniki sowie für den Europäischen Rat in Rom (beide 2003) und der (vorerst) endgültigen Version, erfährt das Nachhaltigkeitsziel im Verlauf der Textrevision eine semantische Abstufung. Die Aufnahme der Preisstabilität zusätzlich zu einem ausgewogenen Wirtschaftswachstum als Bedingung für die Nachhaltigkeit scheint die Dominanz der Lissabon-Agenda gegenüber dem Nachhaltigkeitsprinzip zu bestätigen.

Im Vergleich zu den Verträgen von Amsterdam und Nizza allerdings ist es gelungen – wie vielfach auch in den Forumsbeiträgen gefordert – das Ziel der nachhaltigen Entwicklung explizit um die Umweltdimension zu erweitern. Im Vertrag von Amsterdam, der den Umweltschutz so noch nicht als Ziel der Union kennt, heißt es in Art. 2 (EUV):

„Die Union setzt sich folgende Ziele: die Förderung des wirtschaftlichen und sozialen Fortschritts und eines hohen Beschäftigungsniveaus sowie die Herbeiführung einer ausgewogenen und nachhaltigen Entwicklung [...]".

---

[991] Für alle Zitate in diesem Abschnitt vgl.: Interview mit Sarah Blau, ehemalige Mitarbeiterin beim EEB und ehemalige Fraktionsreferentin der europäischen Grünen im Europaparlament, 18. August 2004, Brüssel. Frau Blau äußerte in dem Interview ihre private Meinung. Sie spricht nicht für die Organisationen und Gremien, für die sie gearbeitet hat oder arbeitet.

[992] Interview mit Evelin Lichtenberger, MdEP und stellvertretendes Konventsmitglied für den österreichischen Nationalrat, 28. September 2004, Brüssel.

10.4 Details: Nachhaltigkeit als Ziel der Union

Das Prinzip der Umweltintegration steht im Verfassungsentwurf nun als Artikel 119 mit zu Beginn des dritten Teils, der sich mit den Politikbereichen und der Arbeitsweise der Union beschäftigt:

> „Die Erfordernisse des Umweltschutzes müssen bei der Festlegung und Durchführung der Politik und der Maßnahmen in den in diesem Teil genannten Bereichen, insbesondere zur Förderung einer nachhaltigen Entwicklung, einbezogen werden."[993]

Andreas Kraemer spricht von einer doppelten Signalwirkung, die von der Verankerung der Nachhaltigkeit im Verfassungsentwurf ausgehe. Zum Ersten nennt er das Bekenntnis zur Nachhaltigkeit. Gleichzeitig kritisiert er aber, dass die Verfassung „keine Definition des Begriffes Nachhaltigkeit" beinhalte und der Begriff in „seiner Bedeutung unklar" bleibe.

> „Und zweitens: Durch die sprachliche Formulierung folgt eine Unterordnung dieser unklaren Nachhaltigkeit unter andere Ziele. Von außen gesehen könnte man das so sehen: Da haben die Europäer mal eine Zeit lang von und über Nachhaltigkeit geträumt. Dann haben sie aber eingesehen, dass es keinen Sinn hat und haben es wieder heruntergestuft." ANDREAS KRAEMER (8. September 2004, Berlin)[994]

Zur Konkretisierung des Nachhaltigkeitszieles auf europäischer Ebene hatte die ehemalige Umweltkommissarin der Kommission, Margot Wallström, Anfang Mai 2003 u. a. mit der Unterstützung der europäischen Umweltverbände ein „Protokoll über nachhaltige Entwicklung" als Anhang zum Verfassungsvertrag vorgeschlagen, das aber nicht durchgesetzt werden konnte.[995]

Stefan Giljum glaubt, „dass es ein ganz zentraler Schritt" sei, „Nachhaltigkeit in die Verfassung zu nehmen."

> „Auch wenn es schwammig ist und keiner weiß, wie das tatsächlich umgesetzt wird. Aber das ist vielleicht der erste Schritt für einen Anstoß dahin, der dann in 15 Jahren zu einer Entwicklung führt, wo sich bestimmte Dinge oder Sichtweisen oder Politik-Leitbilder [...] durchsetzen [...]. Aber ich denke, es gibt immer so ein Time lack."
> STEFAN GILJUM (6. September 2004, Wien)

Zur Rolle, die das Nachhaltigkeitsziel an seiner jetzigen Position im Verfassungsentwurf für die weitere Entwicklung der Union spielen wird, meint Evelin Lichtenberger, dass „Nachhaltigkeit [...] mit anderen Zielsetzungen der Union korrespondieren" werde. Daraus könne „sich etwas entfalten." Gleichzeitig sei „jetzt natürlich notwendig", die „konkreten Politiken" dem Ziel anzupassen „wie etwa in der Landwirtschaft", wo der Versorgungsauftrag zurückgeschraubt werden müsse „zugunsten von nachhaltiger Produktion ohne Überschüsse etc."[996]

Die Aufgabe der Zivilgesellschaft sei es dabei, „das einzumahnen". Dafür müssten die Organisationen der Zivilgesellschaft auch „bei den Flügeln der Parteien" andocken, wo

---

[993] Europäische Union (2004): Vertrag über eine Verfassung für Europa, in: Amtsblatt der Europäischen Union. Brüssel, 2004/C310/55.
[994] Herr Kraemer äußerte in dem Interview seine private Meinung. Er spricht nicht für die Organisationen und Gremien, für die er gearbeitet hat oder arbeitet.
[995] Vgl.: G 8 (2003): Towards a Green EU Constitution. Greening the European Convention Proposal. Editor Responsible: John Hontelez, European Environmental Bureau. Brüssel, S. 39 f.
[996] Interview mit Evelin Lichtenberger, MdEP und stellvertretendes Konventsmitglied für den österreichischen Nationalrat, 28. September 2004, Brüssel.

das auch gehört werde. Diesbezüglich nennt sie am Beispiel Österreichs die Arbeitskreise für Schöpfungsfragen innerhalb der konservativen Parteien, um dort aus einem christlichen Ansatz heraus zu argumentieren. „Daran muss man andocken. Man muss dann dieses christliche Verantwortungsgefühl auch irgendwann einmal einfordern."[997]

10.5 Konventsprozess und Kooperationsimpulse

Die Frage nach der Beteiligung von NGOs in Prozessen der Willensbildung ist insbesondere auf europäischer Ebene eng verknüpft mit der Existenz von Netzwerken, die die Interessen der Akteure zu bündeln und ihre Sichtbarkeit zu erhöhen vermögen. Im Rahmen der Untersuchung konnten dabei mit Hinblick auf den Verfassungsprozess, auf das Konventsforum und auf den themenpolitischen Schwerpunkt der Auswertung Erkenntnisse über Strukturen und Motive der Netzwerkbildung gewonnen werden. Dabei scheinen die Verhandlungen zur europäischen Verfassung sowohl eine Zusammenarbeit bestehender Netzwerke verstärkt als auch die Gründung neuer Netzwerke hervorgerufen zu haben.

Ein erstes Indiz für die Zusammenarbeit der organisierten Zivilgesellschaft im Rahmen des Konventsprozesses ist die Anzahl der doppelt oder mehrfach in das Konventsforum eingestellten Beiträge. Mit 273 von insgesamt 308 doppelten Beiträgen setzt sich die Rubrik 1 des Forums (Sonstige, Zivilgesellschaft, NRO und Bewegungen) deutlich von den anderen Rubriken ab. Dieser hohe Grad von doppelten oder mehrfach eingestellten Beiträgen drückt aus, dass sich verschiedene Akteure auf einen gemeinsamen Text geeinigt haben und ist, wie in Kapitel 9.4 bereits ausgeführt, ein Zeichen für interorganisationale Kooperation. Gleichwohl ist anzumerken, dass die durch gemeinsame Textarbeit zu vermutende Vernetzung der Akteure aus Rubrik 1 vielmehr interorganisationalen als intersystemischen Charakter zu haben scheint, da, wie in Tabelle 3, Kapitel 9.4, dargestellt, die Mehrzahl der doppelt oder vielfach eingestellten Beiträge unter Akteuren aus den gleichen Betätigungsfeldern auszumachen waren. Dennoch weist die Analyse der doppelt und mehrfach eingestellten Beiträge von Akteuren aus der Rubrik 1 im Gegensatz zu den Akteuren der anderen drei Rubriken auf eine stärker ausgeprägte Kultur der interorganisationalen Zusammenarbeit hin. Diese, funktional ausgerichtete, interorganisationale Kooperation, war verstärkt bei Akteuren aus den Betätigungsfeldern Umwelt und Landwirtschaft, Kultur und Sprachen, Tierschutz sowie Kirche und Religionsgemeinschaften zu beobachten. Auch zu nennen sind hier Akteure aus den Betätigungsfeldern Frauen und Geschlechtergerechtigkeit, Humanisten, Atheisten, Laizisten, Föderalisten und Akteure aus dem Bereich Wohlfahrt und Soziales, Sozialwirtschaft.

Die in Kapitel 9 gewonnenen Erkenntnisse zu Netzwerkstrukturen der organisierten Zivilgesellschaft auf europäischer Ebene können durch die themenpolitische Analyse der Beiträge zum Forum mit Blick auf die nachhaltige Entwicklung vertieft werden. So zeigt die nächste Abbildung die Zuordnung von Akteuren zur Ländergruppe der EU im

---

[997] Ebda.

10.5 Konventsprozess und Kooperationsimpulse

Verlauf der Auswertung. Waren von allen Forumsteilnehmern zunächst nur 41 % dieser Ländergruppe zuzuordnen, so stieg ihr Anteil mit der Spezifikation der Untersuchung (bezogen auf die inhaltliche Auswertung) auf 63,7 %. Dass diese 63,7 % von allen Akteuren, die in der Rubrik 1 des Konventsforums zu dem Thema nachhaltige Entwicklung Stellung bezogen haben, als Netzwerke, Think Tanks und Arbeitsgruppen der EU-Ländergruppe zuzuordnen waren, ist ein Indiz dafür, dass Nachhaltigkeit als komplexes Politikfeld verstärkt das Interesse von Netzwerkakteuren findet, deren Kooperation eine europäische Dimension aufweist. Die Mehrdimensionalität des Politikfeldes scheint damit die Zusammenarbeit auf organisatorischer wie inhaltlicher Ebene zu begründen.

Abbildung 30: Europäische Vernetzung der Akteure nach Relevanz für die Auswertung

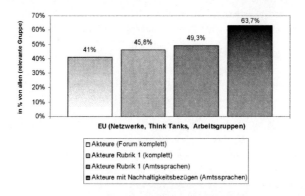

Der Konventsprozess scheint aber nicht nur bereits bestehende Akteure und Netzwerke aktiviert zu haben, sondern hat auch zur Entstehung neuer Kooperationen beigetragen. Ein Beispiel dafür ist die „Act4europe"-Kampagne der 2002 in Brüssel zur Förderung zivilgesellschaftlicher Interessen im Konventsprozess gegründeten ‚Civil Society Contact Group' (CSCG).[998] Diese Gruppe vernetzt Akteure aus den sechs NGO-Sektoren Umwelt, Soziales, Entwicklung, Frauen, Kultur und Menschenrechte. Der Zusammenschluss repräsentiert die Perspektiven von auf gemeinsamen Rechts- und Wertvorstellungen basierenden zivilgesellschaftlichen Organisationen in ganz Europa und arbeitet gemeinsam an wichtigen Querschnittsaufgaben, die jede Gruppe über ihren sektoriellen Ansatz hinaus betreffen. Nach eigenen Angaben vereinigt die CSCG, quasi als Dachverband der Dachverbände, damit viele Tausend organisierte Interessengruppen und Vereinigungen in Europa, um die Verbindung herzustellen zwischen der nationalstaatlichen und der europäischen Ebene. Generell geht es dabei um die Verbesserung eines transparenten und strukturierten zivilgesellschaftlichen Dialogs und um die Bildung von NGO-Kapazitäten. Die „Act4europe"-Kampagne war gedacht als Plattform, um eine Verbindung zwischen den themenpolitisch verschieden ausgerichteten und europaweit tätigen Netzwerken herzustellen und gemeinsame Querschnittsinte-

---

[998] Vgl. die Webseite der Civil Society Contact Group: http://www.act4europe.org/code/en/hp.asp; zuletzt aufgerufen am 25. August 2005.

ressen an den Europäischen Konvent und an die Regierungskonferenz sowohl auf nationaler wie auf europäischer Ebene zu adressieren. Im Rahmen der u. a. von der Europäischen Kommission finanziell unterstützten Kampagne wurden neben der gemeinsamen Arbeit an Beiträgen für den Konvent auch Veranstaltungen organisiert und zahlreiche „NGO-Toolkits" entwickelt. Diese Toolkits sind als Handbücher für eine erfolgreiche NGO-Arbeit zu verstehen und versorgen die NGOs mit allen wichtigen Informationen zum jeweiligen Arbeits- und Diskussionsstand, über Anlaufstellen und Adressen sowie mit Tipps zur Planung einer Lobbystrategie. Dabei werden Musterbriefe zur Verfügung gestellt und konkrete Handlungsempfehlungen für den Umgang mit den Repräsentanten des politisch-administrativen Systems gegeben.

Auch das G 8 Netzwerk hat an der „Act4europe" mitgearbeitet, was allerdings ein „mühsamer Prozess" gewesen sei, sagt Martin Rocholl. Die sektorübergreifende Zusammenarbeit an wichtigen Themen erfordert auch von den NGOs Kompromisse, um sich auf gemeinsame Positionen zu einigen. So meint Martin Rocholl, dass das, „was dann nachher als Konsens rausgekommen ist zur Beeinflussung der Verfassungsdebatte [...] zum Teil auch schon zu wenig" gewesen sei, „als das es für uns richtig effektiv gewesen wäre." Dennoch ist er der Meinung, dass die G 8 in Zukunft „den Schulterschluss mit anderen NGOs stärker" wird „suchen müssen." Er begründet dies mit den veränderten Bedingungen, unter denen die Nachhaltigkeitsdebatte nunmehr geführt werde und auch durch die „neuen Mehrheitsverhältnisse" nach der EU-Osterweiterung. Hier werde man sich „auf eine Neudiskussion der Nachhaltigkeit einstellen" müssen. Entsprechend hätten sich die G 8 dazu entschlossen, die Plattform der CSCG auch finanziell zu unterstützen, weil man glaubt, dass diese Zusammenarbeit „strategisch sehr wichtig sein wird in den nächsten fünf Jahren." Mit den Mitteln werde ein Sekretariat finanziert, „damit es eine bessere Koordination zwischen den verschiedenen NGO-Gruppen in Brüssel geben kann."[999]

Auch für das Thema Nachhaltigkeit, trotz aller Mühsal des Ringens um eine gemeinsame zivilgesellschaftliche Position, glaubt Martin Rocholl, es werde für die G 8

> „auch in der näheren Zukunft ganz entscheidend wichtig sein, solche Verbindungen herzustellen. Denn sonst werden wir stark in irgendeiner kleinen grünen Spielwiese-Ecke landen, weil diese Nachhaltigkeitsdiskussion breiter angelegt sein muss."
> MARTIN ROCHOLL (9. September 2004, Brüssel)

Auch das SOLIDAR-Netzwerk ist Mitglied der CSCG und hat an der „Act4europe"-Kampagne mitgearbeitet. An diesem Beispiel schildert Katrin Hugendubel die Bündelung von Interessen zum Erreichen gemeinsamer Ziele:

> „Bei dieser Allianz geht es natürlich darum, unsere gemeinsamen Anliegen auch gemeinsam vorzutragen, um so aufgrund der breiteren Basis auch besser gehört zu werden."
> KATRIN HUGENDUBEL (19. Juli 2004, Brüssel)

Allerdings scheint es auch zwischen den Organisationen der Zivilgesellschaft verschiedene Auffassungen über das Verständnis von Nachhaltigkeit zu geben, was insbesondere die von Martin Rocholl geschilderten Schwierigkeiten der Zusammenarbeit im Rahmen der CSCG erklären könnte. So meint Katrin Hugendubel, „das Thema nach-

---

[999] Interview mit Martin Rocholl, FoEE, 9. September 2004, Brüssel.

10.5 Konventsprozess und Kooperationsimpulse

haltige Entwicklung" werde „immer noch viel zu sehr von der ökologischen Seite her betrachtet". Und befragt nach dem Verständnis der Umweltverbände, ob diese sich als Hüter des Nachhaltigkeitsgedankens fühlten, antwortet Martin Rocholl, dass er das zwar nicht glaube – allerdings bedeutet Nachhaltigkeit „in unseren Köpfen ja immer noch, dass wir den Umweltgedanken endlich mal richtig gut verankert haben. Und insofern fühlt man sich da so ein bisschen als Gralshüter."[1000] Dennoch denke gerade FoE „den Begriff schon etwas weiter – inklusive Menschenrechtsfragen und natürlich auch [...] der ganzen sozialen Frage."[1001] Allerdings sei „auch mehr noch an Kontakt und Zusammenarbeit mit Gewerkschaften und sozialen Organisationen angesagt."[1002] Um Nachhaltigkeit auf einer breiten zivilgesellschaftlichen Basis zu fundieren und um ein Nachhaltigkeitskonzept zu entwickeln, dass ökologische, ökonomische und soziale Ziele erfolgreich miteinander verbindet, scheint die sektorübergreifende Kooperation innerhalb der organisierten Zivilgesellschaft eine wichtige Voraussetzung zu sein.

Die CSCG-Plattform und das „Act4europe" Projekt sind Beispiele dafür, dass der Konventsprozess zivilgesellschaftliche Vernetzungen ausgelöst hat. Gleichzeitig werden dabei die Probleme sektorübergreifender Zusammenarbeit in komplexen Politikfeldern deutlich. Neben den für den Konventsprozess initiierten Kooperationen und dafür gebildeter Mega-Netzwerke wie die CSCG, boten die Verhandlungen zur europäischen Verfassung auch die Gelegenheit, Kontakte für eine zukünftige Zusammenarbeit zu knüpfen. So ist Sarah Blau der Meinung, dass im Rahmen des Verfassungskonvents die Möglichkeit bestanden habe, „dass alle diese Leute mal zusammengearbeitet und gemeinsame Papiere geschrieben haben", was „sicherlich nicht schlecht" gewesen sei. Denn aus diesen Netzwerken könnten, zwar „nicht direkt im Prozess [...] sondern später", Kooperationen entstehen.[1003] „Von daher" solle „man die Netzwerke, die da entstanden sind, nicht unterschätzen".[1004]

Einen weiteren Aspekt, der die Entstehung von Netzwerken im Konventsprozess begünstigt hat, schildert Katrin Hugendubel im Zusammenhang mit der Tagung für die Bürgergesellschaft. Dabei geht es nicht nur um die Netzwerke der Organisationen der Zivilgesellschaft untereinander, sondern um die Kontakte der organisierten Zivilgesellschaft zu den Konventsmitgliedern. Zwar kritisiert sie an der Tagung, dass „jede Gruppe nur 15 Minuten Zeit für den Vortrag zu ihrem Anliegen" gehabt habe und die Anhörung „wohl [...] eher symbolischen Charakter" hatte, Dennoch sei die Tagung „politisch ein wichtiges Zeichen" gewesen und „positiv zu erwähnen" sei, „dass sich [...] auch aufgrund dieser Anhörung ein Kontakt entwickelt" habe „zu den Konventsmitgliedern."[1005]

[1000] Ebda.
[1001] Ebda.
[1002] Ebda.
[1003] Interview mit Sarah Blau, ehemalige Mitarbeiterin beim EEB und ehemalige Fraktionsreferentin der europäischen Grünen im Europaparlament, 18. August 2004, Brüssel. Frau Blau äußerte in dem Interview ihre private Meinung. Sie spricht nicht für die Organisationen und Gremien, für die sie gearbeitet hat oder arbeitet.
[1004] Ebda.; dto.
[1005] Interview mit Katrin Hugendubel, SOLIDAR, 19. Juli 2004, Brüssel.

Für eine Vernetzung ganz anderer Art, die auch den Charakter einer intersystemischen Vermittlungsleistung haben könnte, sorgte das Ecofuturum-Projekt des Berliner Think Tanks Ecologic zur Beobachtung der Entstehung des Verfassungsentwurfes.[1006] Ecologic habe eine „gewisse Tradition" darin, „die Überarbeitung der europäischen Verträge aus Umweltsicht zu begleiten." Und es „war klar, dass wir auch zur Verfassung was machen wollten." Dabei stand für Ecologic „im Vordergrund", sich unter „Umweltgesichtspunkten mit der Verfassung zu beschäftigen" verbunden mit dem „Wunsch, sie möglichst umweltfreundlich zu gestalten."[1007]

Mit vom Generalsekretariat der Kommission zur Verfügung gestellten Geldern zur Kommunikation und Diskussion der Verfassung wurde das Ecofuturum Projekt finanziert. Auf der Grundlage der von Ecologic erstellten Analysen wurden Seminare veranstaltet, um mit der Zivilgesellschaft „Ideen und Überlegungen zu diskutieren". Die in verschiedenen Mitglieds- und Kandidatenländern veranstalteten Diskussionen dienten „auch dazu, deren verschiedene Wünsche und Befürchtungen aufzugreifen und weiterzugeben." Der Prozess der Entstehung des Verfassungsentwurfes wurde im Rahmen des Ecofuturum-Projektes nicht nur beobachtet, sondern auch kommentiert und diskutiert mit dem Anspruch, die Ergebnisse der Diskussion auch „wieder zurückzufüttern."

Bei Ecofuturum ging es daher primär um Kommunikation und Anneke Klasing meint für Ecologic: „Wir sind gut darin, politische Prozesse zu modellieren und Leute zusammenzubringen."[1008] Bei den einzelnen Seminaren im Rahmen von Ecofuturum waren auch „Mitglieder des Konvents anwesend", die „mitdiskutiert und die Botschaften direkt mit auf den Weg bekommen" haben.[1009]

> „Der Ecofuturum-Prozess wurde mit großem Aufwand betrieben und hat eine große Legitimität erzeugt durch die wissenschaftliche Analyse, durch die Anreicherung der Fachdiskussion, wie sie in diesen Seminaren stattgefunden hat, durch eine entsprechende vorlaufende Analyse und durch die Hintergrundpapiere, die erstellt wurden. Dieser Prozess hat sehr dazu beigetragen, zivilgesellschaftliche Organisationen und Experten aus dem wissenschaftlichen Bereich zu befähigen, sich mit dem Thema Verfassungsentwurf auseinanderzusetzen und sich in diesen Verfassungsprozess einzuklinken." ANDREAS KRAEMER (8. September 2004, Berlin)[1010]

Auch wenn Andreas Kraemer nicht an einen „wirklichen Einfluss" auf die Meinungsbildung und die Textarbeit im Konvent glaubt, so ist er doch der Meinung, dass die Seminare nachwirken werden, weil damit „an verschiedenen Orten Kristallisationskeime geschaffen worden" seien.

> „Das hat niemand anderes geschafft, nämlich an so vielen Orten Menschen zusammenzubringen, die natürlich seitdem auch in Kontakt geblieben sind. Die Diskussionen und die Reflexionen sind dort weiter gegangen. Das war ein sehr wertvoller Teil dabei. Auch die Broschüren, die wir erstellt haben, waren ein sehr wertvoller Beitrag." ANDREAS KRAEMER (8. September 2004, Berlin)[1011]

[1006] Adresse der Projekt-Webseite: http://www.ecofuturum.de; zuletzt aufgerufen am 10. August. 2005.

[1007] Für alle Zitate in diesem Abschnitt vgl.: Interview mit Anneke Klasing, Ecologic, 8. September 2004, Berlin. Frau Klasing äußerte in dem Interview ihre private Meinung. Sie spricht nicht für die Organisationen und Gremien, für die sie gearbeitet hat oder arbeitet.

[1008] Für alle Zitate in diesem Abschnitt vgl.: Ebda.; dto.

[1009] Interview mit Andreas Kraemer, Ecologic, 8. September 2004, Berlin. Herr Kraemer äußerte in dem Interview seine private Meinung. Er spricht nicht für die Organisationen und Gremien, für die er gearbeitet hat oder arbeitet.

[1010] Dto.

[1011] Dto.

Insofern habe dieses Projekt auch „einen Einfluss" gehabt, der „aber nicht unbedingt nur auf diesen Verfassungsentwurf oder auf die endgültige Verfassung beschränkt" gewesen sei. Andreas Kraemer sieht durch Ecofuturum auch einen indirekten Einfluss ausgelöst, der sich „auf den weiteren Verfassungsdiskurs in den verschiedenen Hauptstädten Europas" niederschlage. Er glaubt, dass dadurch auch die Zahl derer, „die sich Gedanken machen über Umwelt im Primärrecht bzw. dann künftig im Verfassungsrecht der Europäischen Union [...] gestiegen ist und" Ecofuturum auch einen Beitrag dazu geleistet habe, „die Qualität des Diskurses zwischen den Personen" zu steigern.[1012]

10.6 Befunde: Nachhaltigkeit und Konventsprozess

Die Analyse des Konventsprozesses bot die Möglichkeit, Erkenntnisse darüber zu gewinnen, inwieweit NGOs auf europäischer Ebene neue Kooperationsformen praktizieren, die eine Vernetzung von Akteuren zum Ziel haben. Mit dem auf das Politikfeld Nachhaltigkeit gerichteten Fokus wurde damit auch die These überprüfbar, ob komplexe Themenfelder die Entstehung von Netzwerken begünstigen und Kooperationsimpulse auslösen. Die Ergebnisse der Auswertung scheinen diese These zu bestätigen und lassen darauf schließen, dass Nachhaltigkeit als Politikfeld im Prozess der europäischen Einigung integrative Wirkungen entfalten kann. Im Umkehrschluss bedeutet dies, unter differenzierungstheoretischen Gesichtspunkten betrachtet, dass die Bearbeitung komplexer Themen in besonderer Weise durch interorganisational angelegte Netzwerke geeignet erscheint, deren Kommunikationsprofile die harte Logik funktionaler Differenzierung abzufedern vermögen.

Insbesondere mit der Nachhaltigkeitsstrategie scheint es der Kommission gelungen zu sein, Nachhaltigkeit zumindest für eine europäische Elite als Identifikationsanlass mit der Union und ihren Organen zu etablieren. Gleichzeitig muss dennoch die Ernsthaftigkeit dieser Absicht hinterfragt werden, will man diese an den Ergebnissen der Umsetzung der in der Nachhaltigkeitsstrategie formulierten Ziele messen. Die Analyse zur Umsetzung institutioneller Reformen und diesbezüglich des Engagements der Kommission und des ehemaligen Präsidenten Romano Prodi lassen vermuten, dass das Thema Nachhaltigkeit seit Göteborg 2001 an Bedeutung verloren hat, was auch durch die Untersuchung des Konventsprozesses untermauert werden kann.

Nachhaltigkeit ist für die organisierte Zivilgesellschaft auf europäischer Ebene ein wichtiges Thema, wenn man für diese Feststellung die Ergebnisse der Forumsanalyse zugrunde legt. Alle Beiträge, auch die im Hinblick auf das Konzept als kritisch einzuschätzenden, widmeten sich einem konstruktiven Dialog, um das Konzept weiter zu entwickeln, auch wenn es hinsichtlich der konkreten Ausgestaltung unterschiedliche Zielvorstellungen gab. Zumindest im Rahmen der Auswertung des Konventsforums wird die These des breiten gesellschaftlichen Konsenses belegt, denn es sind längst nicht mehr nur die Umwelt-NGOs, die an der Gestaltung einer nachhaltigen Entwicklung mitarbeiten.

[1012] Für alle Zitate in diesem Abschnitt vgl.: Ebda.; dto.

Dabei praktizieren die NGOs und die im Rahmen der Interviews näher betrachteten Think Tanks als Akteure nachhaltiger Gesellschaftspolitik bereits Formen sektorüber- übergreifender und intersystemischer Kommunikation. Sie schaffen Kommunikationsräume für Prozesse politischer Meinungs- und Mehrheitsbildung. Der oftmals lockere, interorganisationale Rahmen ermöglicht es, den engen sektoriellen Blick auf einzelne Felder politischer Fragen zu verlassen und im Interesse übergreifender Fragestellungen zu kooperieren, um die jeweiligen Ziele gemeinsam besser erreichen zu können. Die Untersuchung hat am Beispiel der nachhaltigen Entwicklung gezeigt, dass verschiedene gesellschaftliche Gruppen das Konzept interessengeleitet definieren. Auch innerhalb der organisierten Zivilgesellschaft werden mit dem Nachhaltigkeitskonzept verschiedene konzeptuelle Schwerpunkte verfolgt, was an der Spezifikation der Themencluster, aber auch an den Schwierigkeiten der Zusammenarbeit im Mega-Netzwerk CSCG deutlich wird.

Nachdem die Notwendigkeit zu einer nachhaltigen Entwicklung allgemein akzeptiert scheint, richten sich nunmehr die Fragen nach dem „Wie" ihrer Umsetzung.[1013] Das zentrale Problem dabei ist die mangelnde Definition des Nachhaltigkeitskonzeptes und in der Folge die immer noch relativ unkonkreten Maßnahmen zur Umsetzung. Um die Gemeinsamkeiten der geteilten Zielvorstellung nachhaltige Entwicklung herauszuarbeiten, schaffen interorganisationale Netzwerke den Rahmen für Kommunikation. Sie bieten den Akteuren dabei die Möglichkeit, ihre unterschiedlichen und legitimen Interessen einzubringen und eröffnen so den Raum für Diskurse, deren Ergebnisse allerdings nicht auf der Betonung der Unterschiede liegen, sondern in der Ergänzung der jeweiligen Ressourcen. Damit bietet sich die Chance, gerade auch aufgrund unterschiedlicher und potenziell konfliktträchtiger Standpunkte, die Diskussion um die notwendigen Kontexte zu bereichern und den gesamten Prozess in seiner Komplexität erfassen und konstruktiv gestalten zu können. Die Netzwerke, die sich im Rahmen des Konventsprozesses gebildet haben, sind Ausdruck dieser Bemühungen und nicht auf das Politikfeld nachhaltige Entwicklung beschränkt.

Aufgrund der Vielfalt der im Forum aktiv gewordenen Akteure und der zum Teil hohen fachlichen Qualität der Beiträge, können die so artikulierten Inhalte gleichzeitig als Auftrag der Zivilgesellschaft an die europäische Politik gewertet werden, nachhaltige Entwicklung als ein Ziel der Union zu konkretisieren und umzusetzen. Dies beinhaltet zwangsläufig, dass sich die Querschnittsaufgabe niederschlägt in der institutionellen Architektur der Union und damit als verbindliches Modell des Handelns legitimiert wird. In den nächsten Schritten sind dann die Unionspolitiken entsprechend dieser Zielvorgabe anzupassen.

Bei der Beurteilung, welche Rolle das Konventforum als Einflusskanal für die organisierte Zivilgesellschaft tatsächlich auf den Text des Verfassungsentwurfs hatte, überwiegen die kritischen Einschätzungen. Das Nachhaltigkeit als Ziel der Union im Verfassungsentwurf verankert werden konnte, lag nach der Analyse des Konventsprozesses und nach den Meinungen der befragten Experten offensichtlich nicht am Konventsforum. Auch wenn man abschließend die ambitionierten Ziele des Reformprozesses „Eu-

---

[1013] Vgl.: Kopfmüller, Jürgen et al (2001): Nachhaltige Entwicklung integrativ betrachtet, S. 33.

10.6 Befunde: Nachhaltigkeit und Konventsprozess

ropäisches Regieren" mit der Untersuchung der Partizipationsmöglichkeiten durch das Konventsforum vergleicht, ist das Ergebnis ernüchternd. Zwar ist eine beachtliche Zahl von zivilgesellschaftlichen Organisationen in den Forumsprozess eingebunden worden, jedoch offenbarten sich bei der Moderation des Forums und bei der Kommunikation und Evaluation der Beiträge erhebliche Defizite. Ab Juli 2003 meldeten sich die Organisationen der Zivilgesellschaft über die Plattform „Futurum" zudem nur noch selten zu Wort und im Jahr 2004 ist eine Beteiligung kaum noch wahrnehmbar. Im Anschluss an die Konsultationen verlief die Revision des Vertragstextes auf den Regierungskonferenzen von Thessaloniki (2003) bis Brüssel (2004) in bewährter Ratsmanier nicht transparent.

Die Chance des Forums als Möglichkeit der Verarbeitung erhöhter Komplexität wurde durch gleichzeitigen Druck des Präsidiums konterkariert. Der Weg des klassischen Lobbying auf europäischen und nationalstaatlichen Ebenen schien für die Organisationen der Zivilgesellschaft der Erfolg versprechendere Weg gewesen zu sein, um ihre Anliegen vorzubringen. Das Ziel, die organisierte Zivilgesellschaft ernsthaft über elektronische Kanäle in politische Willensbildungsprozesse einzubinden, kann nur erreicht werden, wenn der Feedback-Mechanismus ernst genommen wird und Konsultationen gewissenhaft evaluiert werden.

Das junge Medium muss seinen Platz im Politikdiskurs offenbar erst finden. Mittelfristig werden daher die Internetforen auf europäischer Ebene ein relativ exklusiver Partizipationskanal bleiben mit der Gefahr, dass nur eine kleine europäische Elite, die über die nötigen Voraussetzungen verfügt, mit sich selbst kommuniziert.

11 Schlussbetrachtung

Ausgangspunkt für diese Studie war die Zeitdiagnose verstärkt prozessabhängiger Steuerungs- und Legitimationsversuche zur Herstellung von politischer Verbindlichkeit unter Bedingungen globaler Entgrenzung und einer gleichzeitigen Verdichtung sozialer Handlungszusammenhänge. Im Hinblick auf die Ursachen und Konsequenzen der Verlagerung von Entscheidungen auf supranationale Ebenen richtete sich der Fokus auf die Potenziale und Funktionen von Nicht-Regierungs-Organisationen zur Bearbeitung komplexer Problemlagen.

Dabei wurde zur Analyse der Möglichkeiten gesellschaftlicher Kommunikationen eine differenzierungstheoretische Perspektive fruchtbar gemacht, um Gründe für Kommunikationsblockaden zu identifizieren und daraus Chancen für intersystemische Vermittlung durch interorganisationale Kooperation abzuleiten. Die gesellschaftstheoretische Analyse kommunikativer Vermittlung durch Organisationen in der modernen Gesellschaft wurde im Hinblick auf die Gestalt von NGOs flankiert durch eine systematische Aufarbeitung des Forschungsstandes zur Theorie der Zwischengewalten in ihrer historischen Dimension bis hin zu den in dieser Tradition stehenden Konzepten der intermediären Instanzen und ihrer Verwendung in der Soziologie der Gegenwart.

Am Beispiel des europäischen Integrationsprozesses mit dem themenpolitischen Schwerpunkt auf nachhaltiger Entwicklung wurden die der Studie zugrunde liegenden Leitfragen nach dem Verhältnis von Organisationen und gesellschaftlichen Funktionssystemen, der Möglichkeiten politischer Vermittlung durch die organisierte Zivilgesellschaft auf europäischer Ebene sowie die Notwendigkeit zur Anpassung sowohl organisationaler als auch politisch-administrativer Strukturen zur Bearbeitung komplexer Problemlagen diskutiert. Die gesellschaftspolitische Dimension der Studie ist so konkretisiert worden durch die Analyse der Wechselwirkungen zwischen veränderten organisationalen Profilen und der Reaktionen des politisch-administrativen Systems der EU.

11.1 Intermediäre Kräfte in Europa

Am Tag, als der Deutsche Bundestag über die europäische Verfassung abstimmte, am 12. Mai 2005, meldete sich der Verfassungsrechtler Dieter Grimm in der FAZ und beklagte im Zusammenhang mit dem europäischen Demokratiedefizit u. a., dass die „intermediären Kräfte" in Europa „unterentwickelt" seien oder ganz fehlten (vgl.: GRIMM, 2005: 6). Damit bleibt Grimm seiner Argumentationslinie treu, die er seit mehr als elf Jahren verfolgt und ist dabei in Gesellschaft prominenter Autoren, die das Fehlen intermediärer Kräfte spätestens seit Maastricht (1992) kontinuierlich mit dem europäischen Demokratiedefizit in Verbindung bringen.

Die Arbeitsergebnisse dieser Studie erfordern allerdings eine Relativierung dieser These, denn der „Europäischen Gesellschaft" scheint es keineswegs an intermediären Kräften zu mangeln. Die Untersuchung des Konventsforums stellt gleichsam auch eine

11 Schlussbetrachtung

Analyse der europäischen intermediären Strukturen am Beispiel des Konventsprozesses dar. Betrachtet man die Bezeichnungen der Rubriken des Konventsforums, so bedeutet diese Einteilung im Kontext der Studie nichts anderes als eine Kategorisierung des intermediären Bereichs in Europa. Die in Kapitel 3 als Intermediäre identifizierten gesellschaftlichen Akteure können sich in den Rubriken des Konventsforums in ihren unterschiedlichen organisationalen und thematischen Ausprägungen i. d. R. wieder finden. Und von den 537 hier identifizierten Akteuren[1014] verbergen sich insbesondere hinter den als Netzwerken, Think Tanks und Arbeitsgruppen gezählten Akteuren noch zahlreiche Gruppen mehr, die die Stimmen von vielen Millionen Bürgerinnen und Bürgern repräsentieren, deren Interessen auf europäischer Ebene durch diese Netzwerke gebündelt werden, die aber nicht in die Zählung einfließen konnten, da sie nicht als Forumsakteure in Erscheinung traten.

Zwar ist der Organisationsgrad der verschiedenen Akteure, die am Konventsforum teilgenommen haben, unterschiedlich ausgeprägt. Dennoch kann weder von einem gänzlichen Fehlen intermediärer Kräfte gesprochen werden noch davon, dass die Organisationen sämtlich nationalstaatlich orientiert seien. Das Untersuchungsergebnis eines sehr wohl entwickelten und auch europäisierten intermediären Bereichs lässt daher vermuten, dass die Ursachen für das europäische Demokratiedefizit primär nicht durch das Fehlen intermediärer Kräfte zu begründen sind, sondern andere Faktoren entscheidenderen Einfluss haben. Gleichzeitig ist die Existenz und das Engagement der intermediären Kräfte in Europa ein Zeichen für bereits vorhandene Teilöffentlichkeiten. Die Struktur dieser Teilöffentlichkeiten, ihre Kommunikationsräume und die Kommunikationsmedien, sind jedoch als elitär einzuschätzen.

Dem „Flirt mit der Zivilgesellschaft" widmet RIFKIN (2004b: 253) eines der Kapitel seines Buches über den europäischen Traum, um die Konsequenzen der Offenheit des politisch-administrativen Systems der EU durch die Akzeptanz zivilgesellschaftlicher Organisationen als neue politische Partner zu diskutieren. Tatsächlich hat die Prodi-Kommission in ihren Amtsjahren wichtige Reforminitiativen für verbesserte zivilgesellschaftliche Partizipationschancen auf den Weg gebracht und diese sowohl vor dem Hintergrund des europäischen Demokratieproblems als auch in Bezug auf durch die Globalisierung ausgelöste Veränderungen theoretisch fundiert. Bei der Frage, *wer* dabei mit *wem* flirtet, ist allerdings nüchtern festzustellen, dass es sich wohl eher um ein kühl kalkuliertes Zweckbündnis anstatt um den Anfang einer stürmischen Liebe zu handeln scheint.

Fragt man danach, ob sich durch die Anerkennung der organisierten Zivilgesellschaft als gestaltende Akteure in politischen Willensbildungsprozessen tatsächlich Machtverhältnisse verschieben, so ist dies mit Blick auf die Verhandlungen zur europäischen Verfassung nur bedingt festzustellen. Letztlich waren die Entscheidungsprozesse auf das Präsidium des Konvents konzentriert und in den folgenden Regierungskonferenzen hatten die Delegationen der Nationalstaaten das letzte Wort bei der Textarbeit zum Verfassungsentwurf. Dennoch ist zu erwähnen, dass den Akteuren der organisierten Zivilgesellschaft ein Einflusspotenzial erwächst, welches sich, auch in der Folge der

---

[1014] Ohne Berücksichtigung von doppelten Akteuren *zwischen* den vier Kategorien.

11.1 Intermediäre Kräfte in Europa

Reformen, aus den Besonderheiten der Konstruktion des europäischen politischen Systems ergibt. Neben den bereits erprobten Methoden der NGOs zur Durchführung von Kampagnen und zur Mobilisierung von Massenprotest entstehen diese Einflusskanäle durch neue Formen des Regierens unter Einbezug zivilgesellschaftlicher Organisationen. Dieses Einflusspotenzial hat Beratungscharakter und kann u. a. dadurch erklärt werden, dass Europaparlamentarier und Kommissionsmitarbeiter nicht in dem Maße auf eine wissensbasierte Infrastruktur zurückgreifen können, wie ihre Kolleginnen und Kollegen in den Parlamenten und Regierungen der Nationalstaaten. Es gibt keinen wissenschaftlichen Dienst und auch keine mächtigen Ministerialverwaltungen, die Wissensbestände problemorientiert aufbereiten und bereitstellen könnten, was für die NGOs als Chance zu verstehen ist, diese Defizite insbesondere in wissensintensiven und komplexen Feldern auszugleichen. Damit scheint die These untermauert, dass NGOs als wissensbasierte Organisationen die mangelnden Problemverarbeitungskapazitäten staatlicher Aufgabenerfüllung, mit Blick auf die europäische Ebene, ausgleichen können. Zumindest aber ist ihre Teilhabe an Prozessen der politischen Willensbildung als ein Zeichen dafür zu deuten, dass ihnen dieses Potenzial zugetraut wird. Allerdings hat die Untersuchung auch gezeigt, dass das Bewusstsein über Wissen als eines der Machtmittel zumindest bei einzelnen NGOs nicht vollständig ausgeprägt zu sein scheint und die strukturierte Nutzung von Wissen teilweise dem Zufall überlassen ist. Dieser Umstand ist auf europäischer Ebene aber auch unter den Gesichtspunkten der Arbeitsteilung insbesondere im G 10 Netzwerk zu sehen, wo kampagnenorientierte mit verhandlungsorientierten NGOs kooperieren. Dennoch könnten sich bei einem veränderten Bewusstsein über die Ressource Wissen insbesondere in den kampagnenorientierten NGOs Potenziale eröffnen, von denen das gesamte Netzwerk profitiert.

Zivilgesellschaftliche und am Gemeinwohl orientierte Organisationen sind aber nicht die einzigen Akteure auf europäischem Parkett, was die Machtfrage zusätzlich verkompliziert. Die schöne Europa hat viele Verehrer, die in den Hauptquartieren des Lobbying in Brüssel und Straßburg heftig um ihre Gunst werben, um sie in ihre Interessenssphären zu entführen. Dies wird deutlich durch die Analyse der Dimensionen des europäischen Lobbyismus in Kapitel 6.3. Das fundamentale Missverhältnis von Akteuren im europäischen Lobbyismussystem, die private, wirtschaftliche und nicht-öffentliche Interessen repräsentieren, gegenüber von am Allgemeinwohl orientierten Akteuren und Interessen, impliziert die Notwendigkeit der Sensibilisierung über die Beteiligung von Akteuren an politischen Willensbildungsprozessen und gleichzeitig Handlungsbedarf bei den Bemühungen zur Herstellung des Interessenausgleichs. Problematisch ist Lobbying auf europäischer Ebene auch durch die persönlichen Verstrickungen von Mandatsträgern mit Lobbyistengruppen und insbesondere dann, wenn Personen im politisch-administrativen System selbst zu Anwälten von privaten oder verschleierten Interessen werden. Interessenkonflikte sind trotz der zirkulären und gegenteiligen Beteuerungen etwa der gewählten Volksvertreter vorprogrammiert.[1015]

[1015] Prominente Beispiele für solche Verstrickungen sind etwa die umstrittene Tätigkeit des Europaparlamentariers Elmar Brok, der in leitender Funktion gleichzeitig für den Bertelsmann-Konzern arbeitet oder Silvana Koch-Mehrin, die als „Botschafterin" der „Initiative Neue Soziale Marktwirtschaft (INSM)" tätig ist und aus dem Beratungsgeschäft in die europäische Politik wechselte.

Der Einfluss der Lobbyisten begründet auch die Frage nach der fünften Gewalt im Staate, in deren Konsequenz sich aufgrund der Nähe zur politischen Macht nicht nur Probleme hinsichtlich der Legitimität der Akteure ergeben. Betrachtet man Lobbyismus in ökonomischen Kategorien als Tausch zwischen den Anbietern politischen Einflusses gegen die Unterstützung durch die Nachfrager von Interessen, bestehen nicht nur Chancen zur Kooperation sondern auch Gefahren der Korruption. Lobbyismus als fünfte Gewalt zu beschreiben hat dennoch mehr symbolische als staatstheoretisch fundierte Aussagekraft, insbesondere wenn sich diese Argumentation an das Modell der Gewaltenteilung anlehnt. Montesquieus Modell der Gewaltenteilung und Gewaltenverschränkung sieht die Zwischengewalten, die pouvoirs intermédiaires, als zwischen Staat und Individuum vermittelnde gesellschaftliche Sicherungsstrukturen vor, „durch welche die Macht fließen" solle. Mit ihrer relativen Autonomie zu Staat und Markt dienen sie der Kontrolle und Balance der Machtteilung. Die symbolische Kraft der Bezeichnung von Lobbyismus als „fünfte Gewalt" ist dabei stärker zu akzentuieren auf die Probleme einer mangelnden Unterscheidung zwischen intermediären und nichtintermediären Kräften und nicht, um den Lobbyismus – diesbezüglich auch mit Blick auf die USA – generell und undifferenziert als eine tragende Säule im Modell der Gewaltenteilung zu legitimieren.

Die im Hinblick auf die Gestalt von NGOs im europäischen Lobbyismussystem zu bewertenden Untersuchungsergebnisse durch die systematische Aufarbeitung des Forschungsstandes zur Theorie der Zwischengewalten in ihrer historischen Dimension bis hin zu den in dieser Tradition stehenden Konzepten der intermediären Instanzen und ihrer Verwendung in der Soziologie der Gegenwart belegen, in Kombination mit den Ergebnissen der empirischen Untersuchung, die These, dass der Begriff des Lobbyismus, verstanden als organisierte Interessensvermittlung, die Beziehungen der NGOs zu den Organen der EU nicht hinreichend beschreibt. Zwar leistet der Begriff die Beschreibung von Aspekten der NGO-Arbeit, die politische Kommunikation betreffen; hinsichtlich der gesellschaftlichen Funktion intermediärer Kräfte, ihrer Sozialintegration nach innen sowie der Systemintegration nach außen, ist jedoch die Beschreibung von NGO-Arbeit als Lobbyismus nicht hinreichend. Dieses für das Selbstverständnis von NGOs, ihrer Anerkennung und Legitimation als Akteure in politischen Willensbildungsprozessen, zentrale Untersuchungsergebnis, bietet neue und fruchtbare Perspektiven für die zukünftige Debatte des europäischen Lobbyismusproblems, die im Rahmen der von Siim Kallas gestarteten Transparenzinitiative gegenwärtig an Dynamik gewinnt. Hier bietet sich für die NGOs die Chance, ihre Rolle und Funktion verfassungstheoretisch begründbar abzuleiten und diesbezüglich die Lobbyismusdebatte zu sensibilisieren.

11.2 Organisationsmacht und politische Dynamik

Beim Blick auf die Problemfelder gesellschaftlicher Kommunikationen konnte mit der differenzierungstheoretischen Perspektive der Blick auf die Systemgrenzen gerichtet werden. Dieser Fokus sensibilisierte im Hinblick auf Gestaltungs- und Steuerungsoptionen zum Ausgleich der durch die funktionale Differenzierung ausgelösten Widersprü-

11.2 Organisationsmacht und politische Dynamik

che für die Bedeutung von Kommunikation zwischen den gesellschaftlichen Teilsystemen zu deren wechselseitiger, kontextueller Kontrolle. In diesen Kommunikationsprozessen sorgen Organisationen für die Verdichtung von strukturellen Kopplungen zwischen Funktionssystemen und erzeugen Resonanz. Die Qualität dieser Organisationsleistungen ist dabei in Verbindung mit den Kommunikationsprofilen zu sehen, die je nach funktionaler Ausrichtung der Organisationen unterschiedlich konfiguriert sind. An komplexe Problemlagen, die integrative Lösungsansätze erfordern, sind die Organisationsstrukturen dabei entsprechend anzupassen. Wie die Analyse des Konventsforums gezeigt hat, scheinen sich für den Umgang mit erhöhter Umweltkomplexität insbesondere Netzwerke zu eignen, die interorganisational kooperieren und verschiedene Problemfelder zusammenführen, die jeweils als Widersprüche funktionaler Differenzierung unter übergreifenden Fragestellungen bearbeitet werden können. Im Umkehrschluss scheint die Beobachtung der durch die Differenzierung entstehenden Widersprüche dabei ebenfalls mit den kommunikativen Profilen der Organisationen zusammenzuhängen und erst durch eine entsprechende Konfiguration möglich zu werden.

Strukturell in vermittelnder Funktion angesiedelte Organisationen wie die Intermediäre bringen bereits günstige Voraussetzungen mit, um intersystemisch kommunizieren und beobachten zu können. Die Erarbeitung politischer Lösungen in komplexen Problemlagen unter Bedingungen der Globalisierung erfordert zur Ermöglichung kommunikativer Vermittlungsleistungen multilinguale und multireferentielle Kommunikationsprofile. Das Beherrschen verschiedener Programmsprachen und ihre Fähigkeit zur Vernetzung als Grundlage kommunikativer Vermittlungsleistungen sind auch Ausdruck der Kompetenz von NGOs. Insbesondere bezogen auf Problemfelder einer nachhaltigen Gesellschaftspolitik sind es die NGOs in der Tradition der neuen sozialen Bewegungen, denen multireferentielle und multilinguale Kommunikationsprofile zugeschrieben werden können und deren Funktion zur gesellschaftlichen Selbstalarmierung unter Gesichtspunkten ihrer Professionalisierung und einer Veränderung staatlicher Entscheidungsproduktion insbesondere in Bezug auf LUHMANN (1990: 236) neu beurteilt werden müssen. Die Professionalisierung der Organisationsstrukturen und die gleichzeitig stattfindenden Reformbemühungen auf der Suche nach neuen Regierungsformen auf sich entstaatlichenden Ebenen sind dabei sich wechselseitig bedingende Prozesse, die jeweils ohne das andere kaum vorstellbar wären. Das Politikfeld nachhaltige Entwicklung kann in diesem Kontext als ein solches Problem- und Politikfeld neuer Formen des Regierens gesehen werden, dass die Entstehung von Netzwerkstrukturen herausfordert, damit es in seiner Mehrdimensionalität zu bearbeiten ist.

Versteht man unter politischer Dynamik den Zusammenhang zwischen den sich verselbstständigenden Auswirkungen bestimmter Entscheidungen, Ereignisse und Entwicklungen auf die Gestalt eines politischen Referenzrahmens – auf Umwelten und Strukturen oder auf Programme wie etwa der Gesetzgebung, so ist für den europäischen Einigungsprozess zu konstatieren, dass diese Dynamik durchaus von Organisationen ausgelöst werden kann. Am Beispiel der Verankerung des Nachhaltigkeitskonzeptes als Ziel der Europäischen Union im Vertrag von Amsterdam (1997), die verbunden ist mit der „Greening the Treaty Kampagne" europäischer Umweltorganisationen, kann die dadurch entfaltete Wirkung als Prozess beschrieben werden, in dessen Folge ökologisch bedeutsame Informationen so codiert wurden, dass sie mittlerweile zum

Acquis Communautaire der Union gehören und durch die Verankerung im Rechtssystem der EU langfristige, verbindlichkeitserzeugende Wirkungen haben.

Gleichzeitig wurde so die Leitbildfunktion nachhaltiger Entwicklung für die zukünftige Ausrichtung der Union legitimiert. Mit der Nachhaltigkeitsstrategie setzte die Kommission auf Nachhaltigkeit als einem Leitbild der Union, welches Identifikationsanlässe anbieten und den Prozess ihrer Gestaltung und Umsetzung konkretisieren und beschleunigen sollte. Bei der Umsetzung der Nachhaltigkeitsstrategie und damit der Konzeptionalisierung des Leitbildes auch hinsichtlich seiner Funktion als Symbolsystem der Steuerung sind jedoch Defizite festzustellen, die sowohl auf die Institutionalisierungsblockade durch die EU-Organe als auch auf eine unzureichende Konkretisierung der Nachhaltigkeitsdefinition zurückzuführen sind. Damit wird versäumt, die Potenziale der generell durch Leitbilder möglich werdenden Anlässe zur Kooperation und Identifikation zu nutzen. Gleichzeitig werden dadurch die durch Leitbilder vermittelbaren Perspektiven und Vorstellungen nicht wirksam, die den Kontext für Steuerungsoptionen darstellen können. Anhand der Analyse der diesbezüglichen Defizite werden aber generell auch die Chancen deutlich, wie durch die intersystemische Vermittlung von Kontexten Steuerungsleistungen erbracht werden können. Die Qualität der Vermittlungsleistungen hängt dabei ab von ihrer Ermöglichung, die auf zwei Aspekte konzentriert zum einen die Kommunikationsprofile der Organisationen und zum anderen die institutionellen Rahmenbedingungen für Vermittlungsprozesse betreffen.

Um die Themen und Problemfelder zivilgesellschaftlich organisierter Interessenlagen zu entfalten und zu gewährleisten, dass sie auch politische Resonanz erzeugen, müssen sie vor allem kommunikativ angeschlossen werden. Zum kommunikativen Anschluss in den Foren und Plattformen neuer Formen des Regierens spielen auf europäischer Ebene die neuen Medien eine wichtige Rolle; nicht zuletzt, weil der Ausbau dieser Partizipationsschienen durch die Prodi-Kommission konsequent vorangetrieben wurde. Dabei können zumindest die Stakeholder-Dialoge sowie die problem- und akteurszentrierten Internet-Konsultationen zweifellos als Testfälle des deliberativen Regierens gelten. Inwieweit dies für den Konventprozess gelten kann, ist aufgrund der Machtkonzentration auf das Präsidium und des Einflusses der nationalen Delegationen auf die abschließende Textarbeit zum Verfassungsentwurf in den Verhandlungen der Regierungskonferenzen fraglich. Das Konventsforum als ein zentraler Bestandteil zur Beteiligung der organisierten Zivilgesellschaft jedenfalls ist aufgrund des zu konstatierenden schlechten Managements und aufgrund der mangelnden Evaluation und der unklaren Auswertung der Forumsbeiträge kaum als ein gutes Beispiel neuer Formen des Regierens zu bewerten.

Dabei können Online-Foren als zentrale Elemente im Rahmen der Reformbemühungen „Europäisches Regieren" durchaus Plattformen sein, die politische Kommunikationen ermöglichen und als deliberative Räume auch zur Entstehung europäischer Teilöffentlichkeiten beitragen. Der Einfluss der Teilnehmer auf den Politikgestaltungsprozess wird jedoch nur gewährleistet durch eine kompetente Moderation der Foren, „die als

11.2 Organisationsmacht und politische Dynamik

Bindeglied" zwischen den Teilnehmern und den Institutionen die „Ergebnisse und Meinungsbilder im Forum bündelt und weiterleitet."[1016]

Online-Foren sind eine Ergänzung aber kein Ersatz für die Verfahren und Entscheidungen der gesetzgebenden und demokratisch legitimierten Institutionen. Ihr Potenzial als zusätzliche Partizipationsschiene liegt in den erheblichen Chancen für eine effizientere Kommunikation der EU-Organe mit der Zivilgesellschaft und damit als Arena politischer Teilöffentlichkeiten. Die größere Informationsverarbeitungskapazität führt zu einer besseren Bewältigung der Repräsentation und Vielschichtigkeit von Identitäten, Interessen und Wissen. Die Möglichkeiten größerer Meinungs- und Themenvielfalt erhöhen die Komplexität und damit die Qualität des Diskurses. Nicht zu unterschätzen sind Online-Foren als ein Mittel zur Verbreitung von paneuropäischen politischen Signalen und Symbolen durch die angebotenen Themen. Online-Foren schaffen die Möglichkeit der Reaktion auf diese Signale und damit Identifikationsanlässe.

Die Zukunft der europäischen Internetforen und die Qualität der Nutzung hängt sowohl von der Kommission, ihren Feedback- und Evaluationsprozessen, als auch von den Organisationen der Zivilgesellschaft ab, die dieses Medium neben dem klassischen Lobbying gerade erst zu entdecken scheinen.[1017] Die Online-Foren als Plattformen für Konsultationen eignen sich für die Partizipation organisierter Interessen – insbesondere für zivilgesellschaftliche Organisationen mit europäischem Profil; d.h. sie sind nicht geeignet als Forum der Meinungsäußerung einzelner Bürgerinnen und Bürger. Den Bürgerinnen und Bürgern bietet sich aber sehr wohl neben der Mitarbeit in politischen Parteien oder durch Wahlen die Möglichkeit, sich durch „die Mitgliedschaft in einer Vereinigung [...] aktiv zu beteiligen."[1018]

Mehr Transparenz und eine stärkere Beteiligung von NGOs als Vertreterinnen zivilgesellschaftlicher Interessen hat die Kommission in ihrem Weißbuch „Europäisches Regieren" angemahnt. Dadurch ist es zu einer institutionellen Forderung mit Geltungsanspruch geworden und erfordert daher auch die Anpassung der institutionellen Rahmenbedingungen. Die fünf politischen Prinzipien Offenheit, Partizipation, Verantwortlichkeit, Effektivität und Kohärenz stellen die Grundlage der Vorschläge im Weißbuch Europäisches Regieren dar. „Zusammengenommen schaffen sie die Voraussetzungen dafür, dass die Grundsätze der Verhältnismäßigkeit und Subsidiarität besser befolgt werden können."[1019] Es fragt sich in diesem Zusammenhang, ob die Förderung von NGOs als wichtiger Säule bürgerschaftlicher Interessenvermittlung mit 1 Mrd. €,[1020] die rund 1 % des EU-Budgets ausmachen, ausreichend finanziert ist, oder ob nicht verstärkt Mittel durch Subventionsabbau zugunsten subsidiärer Interessenvermittlung und den Ausbau

---

[1016] Vgl.: Kaletka, Christoph (2003): Die Zukunft politischer Internetforen. Eine Delphi-Studie. Münster (= Medienzukunft heute; Bd. 9), S. 207.
[1017] Vgl.: Interview mit Martin Rocholl, FoEE, 9. September 2004, Brüssel.
[1018] Vgl.: Europäische Union: Die Kommission (2002b): Mitteilung der Kommission: Hin zu einer verstärkten Kultur der Konsultation und des Dialogs – Allgemeine Grundsätze und Mindeststandards für die Konsultation betroffener Parteien durch die Kommission, S. 5.
[1019] Europäische Union: Die Kommission (2001b): Europäisches Regieren. Ein Weissbuch, S. 42.
[1020] Zahl aus dem Jahr 2000. Vgl.: Europäische Union: Die Kommission (2000a): Ausbau der partnerschaftlichen Zusammenarbeit zwischen der Kommission und Nichtregierungsorganisationen. Diskussionspapier der Kommission, S. 2 f.

von Netzwerken und Kooperationen eingesetzt werden müssten, um den Prozess der europäischen Integration so zu unterstützen.

Dabei bezeichnet der Begriff der Integration in seiner differenzierungstheoretischen Dimension einen scheinbar widersprüchlichen Prozess – ein Paradox der Moderne. Integration bedeutet nicht nur das Herstellen einer Einheit durch die Auflösung bestehender Grenzen, denn durch diese Auflösung entstehen gleichzeitig auch immer neue Grenzen. Integration und Differenzierung markieren so die verschiedenen Seiten derselben Medaille. Im europäischen Maßstab verstanden bedeutet Integration dann nicht eine Gleichschaltung von Strukturen und Prozessen durch eine immer mächtiger werdende Verwaltung als einer gewaltigen, bevormundenden Macht, die die Oberfläche der Gesellschaft „mit einem Netz verwickelter, äußerst genauer und einheitlicher kleiner Vorschriften" bedeckt, um als Verwaltungsorganisation und Herrschaftsmittel des Staates alle Einzelheiten des sozialen Lebens zu regeln, wovor bereits TOCQUEVILLE (1840 / 1962: 342 f.) gewarnt hatte. Europäische Integration erfordert vielmehr einen umfassenderer Integrationsbegriff, um die damit einhergehenden Differenzierungsprozesse zu gestalten. Dann bedeutet Integration auch das Auskuppeln nationaler Prozesse der Politikgestaltung auf europäische Ebenen in neuen Räumen, Kommunikationskonfigurationen und Akteurskonstellationen, wo relevante gesellschaftliche Kräfte um politische Entscheidungen ringen. Diesen Prozess des deliberativen Regierens zu gestalten wird in einer immer größer werdenden Union und vor dem Hintergrund der Globalisierungsentwicklung die zentrale Herausforderung für die Zukunft der Europäischen Union sein – vielleicht sogar mit globalem Vorbildcharakter.

Im Rahmen dieses Prozesses werden auch die Organisationen der Zivilgesellschaft weiterhin aufgefordert sein, sich der europäischen Ebene zu öffnen. Europäisierung bedeutet dann sowohl die verstärkte Kommunikation von Themen mit europäischer Relevanz in die Kontexte nationalen Handelns als auch Anstrengungen, die Netzwerke und Kontakte auf nationaler wie europäischer Ebene auszubauen. Damit der „Europäische Traum" kein als realistisch erlebtes Zerrbild bleibt, sind auch die EU-Organe in der Pflicht, sich der organisierten Zivilgesellschaft weiter zu öffnen und sie als politische Partner ernst zu nehmen und ihre Vermittlungsleistungen anzuerkennen.

11.3 Zwischen Totalitarismusgefahr und Globalisierungskatastrophe

Mit der differenzierungstheoretischen Perspektive in Kombination mit der Theorie der intermediären Gewalten kann in einem übergeordneten Kontext der Globalisierungsprozess unter Gesichtspunkten der Sicherstellung eines globalen Interessenausgleichs problematisiert werden. Dabei ist als zentraler Aspekt der Problemdimension dieser Studie die Frage von FÜRSTENBERG / OESTERDIEKHOFF (2004: 9) nach der Gestaltung durchsetzbarer Ordnungsmuster aufzugreifen, die gesellschaftliche Dynamik ermöglichen, ohne dabei ihre Freiheitsräume zu gefährden. Tatsächlich stellt der Globalisierungsprozess eine ernsthafte Bedrohung der politischen Freiheit dar, weil die Bedingungen für Freiheit auf globaler Ebene nicht erfüllt sind. Die wesentlichen Bedingungen

11.3 Zwischen Totalitarismusgefahr und Globalisierungskatastrophe

für Freiheit nach Montesquieu sind der Rechtsanspruch und seine Sicherstellung, damit keiner in einer Weise handeln kann, die die Freiheit eines anderen einschränkt.

Theoretisch handelt es sich bei den Prozessen der Globalisierung zunächst und grundsätzlich um kein neues Phänomen, weil lediglich alte Grenzen zu verschwinden scheinen, wo neue Grenzen entstehen. Allerdings hat sich die Dimension der gegenwärtig zu beobachtenden Widersprüche funktionaler Differenzierung durch die technisch bedingte, kommunikative Beschleunigung und die territoriale Entgrenzung verändert und wird nun in globaler Perspektive beschreibbar. Anhand der Untersuchungsergebnisse der Studie können jedoch zwei Faktoren als zentrale Defizite im Globalisierungsprozess identifiziert werden. Erstens hat sich auf globaler Ebene noch so gut wie keine verbindliche Rechtsordnung ausgebildet, die als Rahmen für die Verantwortbarkeit von Entscheidungen dienen könnte und damit die Freiheit sichert. Zweitens fehlt ein global strukturiertes politisches System, das Verantwortungsstrukturen und damit durchsetzbare Rechtsansprüche legitimieren könnte. Die Folge davon ist, dass sich auch ein intermediäres System auf globaler Ebene nicht entfalten kann, da Sicherungsstrukturen nur dort wirken, wo eine verbindliche Rechtsordnung inklusive wirksamer Sanktionsmechanismen eine Kontrolle ermöglicht. Mit DURKHEIM (1930 / 1992: 479) könnte man im globalen Maßstab gegenwärtig die Voraussetzung für Anomie als gegeben ansehen durch eine, wie MÜLLER (1983: 132) es formuliert, „Ungleichzeitigkeit im Transformationsrhythmus zwischen Struktur [...] und kollektiv verbindlichen Regeln".

Die unverbindlichen Verantwortungsstrukturen auf globaler Ebene erzeugen ein Machtvakuum jenseits nationalstaatlicher Einflusssphären, sorgen für Intransparenz und verschleiern die Zurechenbarkeit von Entscheidungen. Gleichzeitig haben die Entscheidungen einzelner Akteure globale Auswirkungen und betreffen nicht nur einzelne Menschen, sondern die Sozialstruktur ganzer Staaten. Prozesse globaler Arbeitsteilung und damit verbundene Standortwettbewerbe haben verheerende soziale, ökologische und kulturelle Auswirkungen, die nicht nur die schwächeren Länder benachteiligen und ihnen Entwicklungschancen versagen, sondern auch die hart erkämpften Standards in den Industrienationen gefährden.

Auch wenn angenommen werden kann, dass jeder Versuch einer Re-Integration globalisierter Prozesse in die nationalstaatlichen Grenzen zum Scheitern verurteilt wäre, ist dennoch zu vermuten, dass das durch die Globalisierung erzeugte politische Machtvakuum Gefühle politischer Ohnmacht auslöst, die ein erhebliches Frustrationspotenzial bergen. Die Folgen dieser politischen Ohnmacht und das Gefühl, den Prozessen und Konsequenzen hilflos ausgeliefert zu sein, können entweder zu lähmender Resignation führen oder aber den Ruf nach einer ‚starken Hand' laut werden lassen, die eine Ideologie mit Heilsanspruch verficht und „endlich durchgreift".[1021] Zu erwarten wären in der Folge Bestrebungen nationalstaatlicher und regionaler Separation und im schlimmsten Fall die Ausprägung totalitärer Herrschaftsformen mit all ihren negativen Folgen für die innere und äußere Stabilität auch mit Konsequenzen für die gesamte Staatengemeinschaft. Eine Ursache für die Ausprägung totalitaristischer Regimes wäre dann die Un-

---

[1021] Vgl.: Hinterberger, Friedrich; Luks, Fred; Stewen, Marcus (1996): Ökologische Wirtschaftspolitik. Zwischen Ökodiktatur und Umweltkatastrophe. Berlin (= Wuppertal Paperbacks), S. 20.

möglichkeit der Gewährung politischer Freiheit in ihrem globalen Maßstab, die zu Abschottung und Militarisierung führen kann. Dabei drückt sich politische Ohnmacht auf Organisationsebene bereits mit Waffengewalt aus und ist auch als globalisierter Terror zu beschreiben. Beide Phänomene stehen in unmittelbarem Zusammenhang mit der Asymmetrisierung der politischen Weltordnung, wie sie in Kapitel 5.6 diskutiert wird.

Der politische Sprengstoff, der im Globalisierungsprozess steckt, birgt bislang offenbar unterschätzte Gefahren für die Gestaltung einer Weltordnung, die auf Frieden, Chancengerechtigkeit und damit auf Freiheit beruht. Um die despotischen Formen ökonomischer und politischer Willkür einzudämmen und damit Probleme mit globaler Dimension beherrschen zu können, gewinnt die Suche nach Governance-Mechanismen eine zentrale Bedeutung, um Souveränität und damit auch Gestaltungsspielräume zurück zu gewinnen. Diese neuen Formen des Regierens erfordern zum einen die Bereitschaft der Nationalstaaten, Teilsouveränitäten abzutreten und auf supranationale Ebenen zu verlagern, um dort in territorial und thematisch durchlässigen Netzwerkstrukturen politische Probleme zu verhandeln. Um die Legitimität dieser Entscheidungen zu gewährleisten, die Politikvermittlung in beide Richtungen sicherzustellen und um Sozial- und Systemintegration voranzutreiben werden zum anderen globale intermediäre Kräfte als Sicherungsstrukturen von zentraler Bedeutung sein. In diesen Gestaltungsprozessen wird daher auch die Beteiligung der organisierten Zivilgesellschaft zu einer wichtigen Bedingung. In differenzierungstheoretischer Perspektive leisten diese Konfigurationen als institutionelle Innovationen dann gleichzeitig den Ausgleich von Steuerungsdefiziten unter komplexen Umweltbedingungen und ersetzen so eine fehlende, wechselseitige Kontrolle der Funktionssysteme.

Die Fähigkeiten zur Steuerung der durch die Widersprüche funktionaler Differenzierung entstehenden Weltprobleme durch die Wiederherstellung von Symmetrien, eine Rückgewinnung von Souveränitäten und damit von Freiheit sind die zentralen Herausforderungen des 21. Jahrhunderts. Um die aufgeworfenen Fragen nach der Lösung globaler Steuerungsprobleme zumindest im Ansatz zu beantworten, führt am ‚Laboratorium Europa' kein Weg vorbei, da hier Prozesse des Regierens unter entstaatlichten Bedingungen zu beobachten sind. Durch die Reformen der Vereinheitlichung des Rechts, durch die europäische Grundrechte-Charta, durch den Reformprozess „Europäisches Regieren" und nicht zuletzt durch die Erarbeitung einer gemeinsamen europäischen Verfassung hat die Europäische Union auf supranationaler Ebene Entscheidungs- und Verantwortlichkeitsstrukturen geschaffen, die weltweit beispiellos sind.

Dabei ist die Grundlage für den Erfolg der Union die Institutionalisierung des Umgangs mit politischen Kontroversen. Die politischen, sozialen und religiösen Konflikte und Rivalitäten in Europa sind aber nicht etwa gelöst, sondern als auf Dauer gestellte Diskurse zur Koordination und Zusammenarbeit der Nationalstaaten und der organisierten Zivilgesellschaft angelegt. Neben dem politischen Ausgleich wird so gleichzeitig auch die kontextuelle Kontrolle funktionaler Differenzierung mit Blick auf das Wohl für das Ganze auf Dauer gestellt, die in ihrer Konsequenz auf die europäische Werteebene ausstrahlt und sich z. B. auf das Rechtssystem auswirkt, wie die Verankerung der nachhaltigen Entwicklung als Ziel der Union in den europäischen Verträgen beweist. Gleichzeitig ist die Formulierung universalistischer Ansprüche, die sich auf das Wohl

11.3 Zwischen Totalitarismusgefahr und Globalisierungskatastrophe

der gesamten Menschheit und des Planeten beziehen, eine Konsequenz aus der Gestaltung von durchsetzbaren Rechtsansprüchen in supranationalen Kontexten und beweist den konstruktiven Charakter europäischer Kooperation mit globalem Vorbildcharakter. Das Ziel der Sicherung von Frieden und Freiheit, der partizipativen Demokratie und Gerechtigkeit, hängt dabei unmittelbar zusammen mit dem Modell einer nachhaltigen Gesellschaftspolitik. Der Schutz von Menschen und ihrer Umwelt sowie die Gestaltung eines ökonomischen Systems, dass den Menschen dient und die Lebensräume schützt, kann der Globalisierung ein humanes Antlitz verleihen. Die Strahlkraft einer nachhaltigen Entwicklung Europas kann so als Vorbild für andere Staaten, Regionen und Gemeinschaften für das Wohlergehen der Menschen und unseres Planeten fruchtbar gemacht werden.

Der Wunsch, den Frieden in Europa langfristig zu sichern, war der Grundgedanke der Europäischen Union. Der lange Weg von den blutigen Schlachtfeldern Europas und heraus aus der nationalistischen Borniertheit, Rohheit und Unbildung führte dabei in die stürmischen Zeiten der Globalisierung, in denen die gemeinsamen europäischen Werte, aber auch die sozialen, kulturellen und ökologischen Errungenschaften der Union in Frage gestellt werden. Die elementare Frage für die Zukunft der Union wird sein, wie sie sich im Globalisierungsprozess positioniert, der gleichwohl gestaltbar ist und auch große Chancen birgt, um die Wege zur Ausformung einer globalen Ordnungspolitik zu ebnen.

Literatur

Alber, Erdmute (2003): Machttheorien, in: Sociologus – Zeitschrift für empirische Ethnosoziologie und Ethnopsychologie. Jg. 53, Heft 2, S. 143 – 165.

Albert, Mathias (1998): Entgrenzung und Formierung neuer politischer Räume, in: Kohler-Koch, Beate (Hg.): Regieren in entgrenzten Räumen. (= Politische Vierteljahresschrift; Sonderheft 29/1999), S. 49 – 75.

Altvater, Elmar; **Brunnengräber**, Achim; **Haake**, Markus; **Walk**, Heike (Hg.) (2000): Vernetzt und verstrickt. Nicht-Regierungs-Organisationen als gesellschaftliche Produktivkraft. Vorwort. 2. Auflage. Münster, S. 7 – 9.

Altvater, Elmar (2002): Mehr systemische Intelligenz, bitte! Der Nachhaltigkeitsdiskurs missachtet die Naturgesetze, in: Zeitschrift für politische ökologie : Nachhaltigkeit im Zeichen der Globalisierung. Jg. 20, Heft 76, S. 24 – 25.

Angerhausen, Susanne; **Backhaus-Maul**, Holger; **Schiebel**, Martina (1993): In "guter Gemeinschaft"? Die sozial-kulturelle Verankerung von intermediären Organisationen im Sozialbereich der neuen Bundesländer. Zentrum für Sozialpolitik der Universität Bremen. ZeS-Arbeitspapier Nr. 14/93.

Anheier, Helmut; **Salamon**, Lester M. (1993): Die internationale Systematik der Nonprofit-Organisationen: Zur Definition und Klassifikation des "Dritten Sektors" intermediärer Organisationen, in: Bauer, Rudolph (Hg.): Intermediäre Nonprofit-Organisationen in einem Neuen Europa. Rheinfelden / Berlin (= Gesellschaft, Erziehung, Bildung; 34 : Studien zur vergleichenden Sozialpädagogik und internationalen Sozialarbeit; Bd. 7), S. 1 – 16.

Bach, Maurizio (2001): Beiträge der Soziologie zur Analyse der europäischen Integration. Eine Übersicht über theoretische Konzepte, in: Loth, Wilfried; Wessels, Wolfgang (Hg.): Theorien europäischer Integration. Opladen, S. 147 – 173.

Bacon, Francis (1982): Neu-Atlantis, hrsg. v. Jürgen Klein. Stuttgart.

Backhaus-Maul, Holger; **Olk**, Thomas (1992): Intermediäre Organisationen als Gegenstand sozialwissenschaftlicher Forschung. Theoretische Überlegungen und erste empirische Befunde am Beispiel des Aufbaus von intermediären Organisationen in den neuen Bundesländern, in: Schmähl, Winfried (Hg.): Sozialpolitik im Prozeß der deutschen Vereinigung. Frankfurt am Main / New York (= Schriften des Zentrums für Sozialpolitik; Bd. 1).

Bauer, Rudolph; **Grenzdörffer**, Klaus (1997): Jenseits der egoistischen Ökonomie und des methodologischen Individualismus: Die Potential des intermediären Bereichs, in: Leviathan, Zeitschrift für Sozialwissenschaft, Heft 3/1997, S. 338 – 361.

Beck, Ulrich (2002): Macht und Gegenmacht im globalen Zeitalter. Neue weltpolitische Ökonomie. Frankfurt am Main.

Behr, Hartmut (2002): Transnationale Politik und die Frage der Territorialität, in: Schmitt, Karl (Hg.): Politik und Raum. Baden-Baden (= Veröffentlichungen der Deutschen Gesellschaft für Politikwissenschaft (DGfP); Bd. 19), S. 59 – 78.

Benz, Arthur (1997): Kooperativer Staat? Gesellschaftliche Einflussnahme auf staatliche Steuerung, in: Klein, Ansgar; Schmalz-Bruns, Rainer (Hg.): Politische Beteiligung und Bürgerengagement in Deutschland. Möglichkeiten und Grenzen. Baden-Baden, S. 88 – 113.

Berger, Peter L. (1996): Demokratie und geistige Orientierung. Sinnvermittlung in der Zivilgesellschaft, in: Weidenfeld, Werner (Hg.): Demokratie am Wendepunkt. Die demokratische Frage als Projekt des 21. Jahrhunderts. Berlin, S. 450 – 468.

Beyme, Klaus von (1995): Zentripetale Kräfte und funktionale Sachzwänge, in: Weidenfeld, Werner (Hg.): Reform der Europäischen Union. Materialien zur Revision des Maastrichter Vertrages 1996. Gütersloh, S. 97 – 110.

Birgelen, Georg (1998): Europapolitische Meinungsbildung in Deutschland. Institutionelle Struktur der Formulierung europapolitischer Positionen, dargestellt am Beispiel der Regierungskonferenz zur Revision des Maastrichter Vertrages, in: Weidenfeld, Werner (Hg.): Deutsche Europapolitik. Optionen wirksamer Interessenvertretung. Bonn (= Münchner Beiträge zur europäischen Einigung; Bd. 2), S. 103 – 127.

Birke, Adolf M. (1978): Voluntary Associations. Aspekte gesellschaftlicher Selbstorganisation im frühindustriellen England, in: Böckenförde, Ernst-Wolfgang; Grawert, Rolf; Ossenbühl, Fritz; Quaritsch, Helmut (Hg.): Gesellschaftliche Strukturen als Verfassungsproblem. Intermediäre Gewalten, Assoziationen, Öffentliche Körperschaften im 18. und 19. Jahrhundert. Berlin (= Beihefte zu „Der Staat" : Zeitschrift für Staatslehre, Öffentliches Recht und Verfassungsgeschichte; Heft 2), S. 79 – 91.

Bode, Ingo; **Brose**, Hanns-Georg (2001): Zwischen den Grenzen. Intersystemische Organisationen im Spannungsfeld funktionaler Differenzierung, in: Tacke, Veronika (Hg.): Organisation und gesellschaftliche Differenzierung. Wiesbaden, S. 112 – 140.

Bode, Thilo (2001): „Umweltpolitik ist inzwischen Gesellschaftspolitik". Interview mit Thilo Bode, in: Zeitschrift für politische ökologie : Vom David zum Goliath? NGOs im Wandel. Jg. 19, Heft 72, S. 54 – 55.

Bode, Thilo (2004a): Die Krise der Umweltbewegung, in: Blätter für deutsche und internationale Politik, Jg. 49, Heft 11/2004, S. 1346 – 1352.

Bode, Thilo (2004b): „Wir duzen uns nicht!" Streit bei den deutschen Umweltschützern: Wie radikal dürfen, wie radikal müssen die Verbände sein? Angelika Zahrnt vom BUND setzt auf die Nähe zur Macht, der frühere Greenpeace-Chef Thilo Bode fordert harte Konfrontation. taz-Streitgespräch. Moderation: Hanna Gersmann und Bernhard Pötter, in: taz Nr. 7539, 14. Dezember 2004, S. 4 – 5.

Bora, Alfons (2001): Öffentliche Verwaltungen zwischen Recht und Politik. Zur Multireferentialität der Programmierung organisatorischer Kommunikationen, in: Tacke, Veronika (Hg.): Organisation und gesellschaftliche Differenzierung. Wiesbaden, S. 170 – 191.

Borowsky, Rainer (2000): Wissensgemeinschaften – Konzeption und betriebliche Umsetzung eines Knowledge Management-Instruments, in: Scheer, A.-W. (Hg.): Veröffentlichungen des Instituts für Wirtschaftsinformatik der Universität des Saarlandes, Heft 163, Saarbrücken.

Bossi, Tania (2001): Die Grundrechtecharta – Wertekanon für die Europäische Union, in: Weidenfeld, Werner (Hg.): Nizza in der Analyse. Gütersloh, S. 203 – 262.

Bowley, Graham (2004): Brussels' rise draws lobbyists in numbers, in: International Herald Tribune, Internet-Ausgabe vom 18. November 2004. Webseite von The IHT-Online: http://www.iht.com/bin/print_ipub.php?file=/articles/2004/11/17/news/lobby.html; zuletzt aufgerufen am 4. Februar 2005.

Brand, Karl-Werner (Hg.) (2002): Politik der Nachhaltigkeit. Voraussetzungen, Probleme, Chancen – eine kritische Diskussion. Berlin (= Global zukunftsfähige Entwicklung – Perspektiven für Deutschland; Bd. 3).

Brand, Ulrich; **Demirovic**, Alex; **Görg**, Christoph; **Hirsch**, Joachim (Hg.) (2001): Nichtregierungsorganisationen in der Transformation des Staates. Münster.

Braun, Dietmar (1993): Zur Steuerbarkeit funktionaler Teilsysteme: Akteurtheoretische Sichtweisen funktionaler Differenzierung moderner Gesellschaften, in: Héritier, Adrienne (Hg.): Policy-Analyse. Kritik und Neuorientierung (= Politische Vierteljahresschrift; Sonderheft 24/1993, S. 199 – 224.

Brinkmann, Volker (1998): Intermediäre Engagements als Herausforderung an die Sozialpolitik in Deutschland. Münster (= Sozialpädagogik/Sozialarbeit im Sozialstaat; Bd. 9).

Brodocz, André (1996): Strukturelle Kopplung durch Verbände, in: Soziale Systeme, Jg. 2, Heft 2, S. 361 – 387.

Literatur

Brodocz, André (2003): Das politische System und seine strukturellen Kopplungen, in: Hellmann, Kai-Uwe; Fischer, Karsten; Bluhm, Harald (Hg.): Das System der Politik. Niklas Luhmanns politische Theorie. Opladen, S. 80 – 94.

Brozus, Lars; **Zürn**, Michael (1999): Globalisierung – Herausforderung des Regierens, in: Informationen zur politischen Bildung Nr. 263/1999, Neudruck 2000, S. 59 – 65.

Brozus, Lars; **Take**, Ingo; **Wolf**, Klaus D. (2003): Vergesellschaftung des Regierens? Der Wandel nationaler und internationaler politischer Steuerung unter dem Leitbild der nachhaltigen Entwicklung. Opladen.

Brühl, Tanja (2003): Nichtregierungsorganisationen als Akteure internationaler Umweltverhandlungen. Ein Erklärungsmodell auf der Basis der situationsspezifischen Ressourcennachfrage. Frankfurt am Main / New York.

Brunnengräber, Achim; **Walk**, Heike (2000): Die Erweiterung der Netzwerktheorien: Nicht-Regierungs-Organisationen verquickt mit Markt und Staat, in: Altvater, Elmar; Brunnengräber, Achim; Haake, Markus; Walk, Heike (Hg.): Vernetzt und verstrickt. Nicht-Regierungs-Organisationen als gesellschaftliche Produktivkraft. 2. Auflage. Münster, S. 66 – 85.

Brunnengräber, Achim; **Klein**, Ansgar; **Walk**, Heike (Hg.) (2001): NGOs als Legitimationsressource. Zivilgesellschaftliche Partizipationsformen im Globalisierungsprozess. Opladen.

Bündnis90/ Die Grünen, Bundestagsfraktion (Hg.) (1997): Euroinfo. Die Grünen im Europäischen Parlament. Nr. 3/97, 22. Mai 1997.

Bündnis90/ Die Grünen, Bundestagsfraktion (Hg.) (1998): Euroinfo. Die Grünen im Europäischen Parlament. Nr. 2/98, 14. Mai 1998.

Bundesregierung (2002): Perspektiven für Deutschland – Unsere Strategie für eine nachhaltige Entwicklung. Berlin.

Cabrera, Marcelino (2001): Einführung von Wissensmanagement in Europa: eine Herausforderung für Forschung und technologische Entwicklung, in: The European Commission (Hg.): IPTS Report Nr. 56, JRC, Sevilla, S. 34 – 42.

Campagna, Norbert (2001): Charles de Montesquieu – Eine Einführung. Düsseldorf.

Chaimowicz, Thomas (1985): Freiheit und Gleichgewicht im Denken Montesquieus und Burkes. Ein analytischer Beitrag zur Geschichte der Lehre vom Staat im 18. Jahrhundert. Wien / New York (= Forschungen aus Staat und Recht; 68).

Cohen, Jean L.; **Arato**, Andrew (1995): Civil Society and Political Theory. 3. Auflage. Cambridge (= Studies in Contemporary German Social Thought).

Commission on Global Governance (CGG) (2002): How the Commission Was Formed. Webseite erreichbar im „Internet Archive" (www.archive.org): http://web.archive.org/web/20020204001556/www.cgg.ch/TheCommission.htm; zuletzt aufgerufen am 24. Juni 2005.

Corporate Europe Observatory (Hg.) (2004): Lobby Planet: Brussels – the EU quarter. Explore the corporate lobbying paradise. 2nd edition. Amsterdam.

Dagger, Steffen (2004): Brüssel hautnah. Wo treffe ich die Lobbyisten? In: politik&kommunikation, Ausgabe 21, November 2004, S. 18.

Dagger, Steffen; **Lianos**, Manuel (2004): Public Affairs in Brüssel. Neues Spiel, altes Glück? In: politik&kommunikation, Ausgabe 21, November 2004, S. 14 – 18.

Dalal-Clayton, Barry (2004): The EU Strategy for Sustainable Development: Process and Prospects. London (International Institute for Environment and Development: Environmental Planning Issues; No. 27).

Degele, Nina (2000): Informiertes Wissen. Eine Wissenssoziologie der computerisierten Gesellschaft. Frankfurt am Main / New York.

Dehaene, Jean-Luc; **Simon**, David, **Weizsäcker**, Richard von (1999): Die Institutionellen Auswirkungen der Erweiterung. Bericht an die Europäische Kommission. Brüssel, 18. Oktober 1999.

Diekmann, Andreas; **Jaeger**, Carlo C. (1996): Aufgaben und Perspektiven der Umweltsoziologie, in: Dies. (Hg.): Umweltsoziologie. Opladen (= Kölner Zeitschrift für Soziologie und Sozialpsychologie; Sonderheft 36), S. 11 – 27.

Diekmann, Andreas; **Preisendörfer**, Peter (2001): Umweltsoziologie. Eine Einführung. Reinbek bei Hamburg.

Dierkes, Meinolf; **Hoffmann**, Ute; **Marz**, Lutz (1992): Leitbild und Technik. Zur Entstehung und Steuerung technischer Innovationen. Berlin.

Drepper, Thomas (2003): Organisationen der Gesellschaft. Organisation und Gesellschaft in der Systemtheorie Niklas Luhmanns. Wiesbaden.

Durkheim, Emile (1893 / 2002): De la Division du Travail Social, Livres I, II et III, (Digitalisate), in: Tremblay, Jean-Marie (Hg.): "Les classiques des sciences sociales", Université du Quebec à Chicoutimi, Chicoutimi (Québec, CA). Adresse der Webseite: http://www.uqac.uquebec.ca/zone30/Classiques_des_sciences_sociales/index.html; zuletzt aufgerufen am 19. August 2005.

Durkheim, Emile (1930 / 1992): Über soziale Arbeitsteilung. Studie über die Organisation höherer Gesellschaften. Mit einer Einleitung von Niklas Luhmann: Arbeitsteilung und Moral. Durkheims Theorie. Mit einem Nachwort von Hans-Peter Müller und Michael Schmid: Arbeitsteilung, Solidarität und Moral. Eine werkgeschichtliche und systematische Einführung in die »Arbeitsteilung« von Emile Durkheim. Frankfurt am Main (= suhrkamp taschenbuch wissenschaft; 1005).

Durkheim, Emile (1897 / 1983): Der Selbstmord. Übersetzt von Sebastian und Hanne Herkommer. Frankfurt am Main (= suhrkamp taschenbuch wissenschaft; 431).

Edwards, Michael (1997): Organizational learning in non-governmental organizations: What have we learned? In: Public Administration and Development, Vol. 17, Issue 2 1997, New York, S. 235 – 250.

Esser, Hartmut (2000): Soziologie. Spezielle Grundlagen, Band 5: Institutionen. Frankfurt am Main / New York.

Eurobarometer (2004): Flash Eurobarometer 159/2. "The Future European Constitution", (Wave 2). Fieldwork: June – July 2004, Publication: July 2004. Quelle: Webseite der Europäischen Kommission für öffentliche Meinung und Analyse, Eurobarometer: http://europa.eu.int/comm/public_opinion/index_en.htm; zuletzt aufgerufen am 19. September 2005.

Eurobarometer (2005): Standard Eurobarometer 63. Die öffentliche Meinung in der Europäischen Union. Erste Ergebnisse. Befragung: Mai – Juni 2005, Veröffentlichung: Juli 2005, Quelle: Webseite der Europäischen Kommission für öffentliche Meinung und Analyse, Eurobarometer: http://europa.eu.int/comm/public_opinion/index_en.htm; zuletzt aufgerufen am 19. September 2005.

Europäische Kommission: Generalsekretariat (2003a): The impact of civil society in the draft Treaty prepared by the European Convention. Information Note of the Task Force Future of Europe and institutional Questions, Public debate and forum on the future of Europe. Brüssel, 13. Juni 2003.

Europäische Kommission: Generalsekretariat (2003b): Commentaires des participants au Forum au projet de Traité. Task Force Future of Europe and institutional Questions, Public debate and forum on the future of Europe. Brüssel, 16. Juni 2003.

Europäische Union (1999): Vertrag von Amsterdam. Texte des EU-Vertrages und des EG-Vertrages mit den deutschen Begleitgesetzen, hrsg. v. Thomas Läufer. Bonn.

Europäische Union (2000): Vertrag von Nizza. Von der Regierungskonferenz über die institutionelle Reform vereinbarter vorläufiger Text. Brüssel, SN 533/00.

Europäische Union (2004): Vertrag über eine Verfassung für Europa, in: Amtsblatt der Europäischen Union. Brüssel, 2004/C310/1-474.

Europäische Union: Der Ausschuss der Regionen (2001): Bericht des Ausschusses der Regionen über die „Bürgernähe". Brüssel, CdR 436/2000.

Europäische Union: Der Wirtschafts- und Sozialausschuss (1999): Stellungnahme des Wirtschafts- und Sozialausschusses zum Thema „Die Rolle und der Beitrag der organisierten Zivilgesellschaft zum europäischen Einigungswerk", in: Amtsblatt der Europäischen Gemeinschaften. Brüssel, 1999/C 329/10, S. 30 – 38.

Europäische Union: Der Wirtschafts- und Sozialausschuss, Unterausschuss „Die Kommission und die NRO" (2000): Stellungnahme des Wirtschafts- und Sozialausschusses zum Diskussionspapier der Kommission „Ausbau der partnerschaftlichen Zusammenarbeit zwischen der Kommission und Nichtregierungsorganisationen" (KOM(2000) 11 end.). Brüssel, CES 811/2000.

Europäische Union: Die Kommission (1998): List of organisations having received Community funding for environmental purposes, in: Webseite der Generaldirektion Umwelt: http://europa.eu.int/comm/environment/funding/ngo/1998/list98_en.htm; zuletzt aufgerufen am 8. Juni 2004.

Europäische Union: Die Kommission (1999a): eEurope. Eine Informationsgesellschaft für alle. Mitteilung über eine Initiative der Kommission für den Europäischen Sondergipfel von Lissabon am 23./24. März 2000. Brüssel, KOM(1999) 687 final.

Europäische Union: Die Kommission (1999b): List of organisations having received Community funding for environmental purposes, in: Webseite der Generaldirektion Umwelt: http://europa.eu.int/comm/environment/funding/ngo/1999/list99_en.htm; zuletzt aufgerufen am 8. Juni 2004.

Europäische Union: Die Kommission (2000a): Ausbau der partnerschaftlichen Zusammenarbeit zwischen der Kommission und Nichtregierungsorganisationen. Diskussionspapier der Kommission. Brüssel, KOM(2000) 11.

Europäische Union: Die Kommission (2000b): Die Reform der Kommission. Ein Weißbuch – Teil I. Brüssel, KOM(2000) 200 endgültig/2.

Europäische Union: Die Kommission (2000c): Die Reform der Kommission. Ein Weißbuch – Teil II. Aktionsplan. Brüssel, KOM(2000) 200 endgültig/2.

Europäische Union: Die Kommission (2000d): List of organisations having received Community funding for environmental purposes, in: Webseite der Generaldirektion Umwelt: http://europa.eu.int/comm/environment/funding/ngo/2000/list00_en.htm; zuletzt aufgerufen am 8. Juni 2004.

Europäische Union: Die Kommission (2001a): Mitteilung der Kommission: Nachhaltige Entwicklung in Europa für eine bessere Welt: Strategie der Europäischen Union für die nachhaltige Entwicklung (Vorschlag der Kommission für den Europäischen Rat in Göteborg). Brüssel, KOM(2001) 264.

Europäische Union: Die Kommission (2001b): Europäisches Regieren. Ein Weissbuch. Brüssel, KOM(2001) 428.

Europäische Union: Die Kommission (2001c): Auf dem Weg zur „elektronischen Kommission". Europa zweite Generation. Moderne Internetdienste für Bürger, Unternehmen und andere professionelle Nutzer. Brüssel.

Europäische Union: Die Kommission (2001d): Kommunikation mit der Bürgergesellschaft, in: Bulletin der Europäischen Union Nr. 6/2001. Webseite der Online Edition: http://europa.eu.int/abc/doc/off/bull/de/200106/p104043.htm; zuletzt aufgerufen am 8. April 2002.

Europäische Union: Die Kommission (2001e): Liste der Organisationen, die Gemeinschaftsmittel für Umweltprojekte erhalten haben, in: Amtsblatt der Europäischen Gemeinschaften. Brüssel, 2001/C 306/23-24.

Europäische Union: Die Kommission (2002a): Mitteilung der Kommission: Europäisches Regieren: Bessere Rechtsetzung. Brüssel, KOM(2002) 275 endgültig/2.

Europäische Union: Die Kommission (2002b): Mitteilung der Kommission: Hin zu einer verstärkten Kultur der Konsultation und des Dialogs – Allgemeine Grundsätze und Mindeststandards für die Konsultation betroffener Parteien durch die Kommission. Brüssel, KOM(2002) 704.

Europäische Union: Die Kommission (2002c): Environmental Integration. Webseite: http://www.europa.eu.int/comm/environment/integration/integration.htm; zuletzt aufgerufen am 22. Juli 2005.

Europäische Union: Die Kommission (2002d): Liste der Organisationen, die Gemeinschaftsmittel für Umweltprojekte erhalten haben, in: Amtsblatt der Europäischen Gemeinschaften. Brüssel, 2002/C 279/20-21.

Europäische Union: Die Kommission (2002e): Liste der Organisationen, die Gemeinschaftsmittel für Umweltprojekte erhalten haben, in: Amtsblatt der Europäischen Gemeinschaften. Brüssel, 2002/C 324/15.

Europäische Union: Die Kommission (2003a): Bericht der Kommission über Europäisches Regieren. Luxemburg.

Europäische Union: Die Kommission (2003b): Liste der Organisationen, die Gemeinschaftsmittel für Umweltprojekte erhalten haben, in: Amtsblatt der Europäischen Union. Brüssel, 2003/C 147/10-11.

Europäische Union: Die Kommission (2003c): Kommission leitet wichtige Initiative zur Vereinfachung und Verschlankung der EU-Rechtsvorschriften ein. Pressemitteilung vom 11. Februar 2003. Brüssel, IP/03/214.

Europäische Union: Die Kommission (2003d): Aufforderung zur Einreichung von Vorschlägen im Rahmen eines Aktionsprogramms der Gemeinschaft zur Förderung von hauptsächlich im Umweltschutz tätigen Nichtregierungsorganisationen, in: Amtsblatt der Europäischen Union. Brüssel, 2003/C 232/6-7.

Europäische Union: Die Kommission (2003e): Vorschlag für eine Verordnung des Europäischen Parlaments und des Rates über die Anwendung der Bestimmungen des Århus-Übereinkommens über den Zugang zu Informationen, die Öffentlichkeitsbeteiligung an Entscheidungsverfahren und den Zugang zu Gerichten in Umweltangelegenheiten auf Organe und Einrichtungen der Europäischen Gemeinschaft. Brüssel, KOM(2003) 622 endgültig vom 24. Oktober 2003.

Europäische Union: Die Kommission (2003f): Ökologische Demokratie: Die Kommission fördert die Beteiligung der Bürger an Umweltangelegenheiten. Pressemitteilung vom 28. Oktober 2003. Brüssel, IP/03/1466.

Europäischer Konvent: Das Sekretariat (2002a): Übermittlungsvermerk des Sekretariats für den Konvent betreffend den Entwurf der Geschäftsordnung. Brüssel, CONV 3/02.

Europäischer Konvent: Das Sekretariat (2002b): Übermittlungsvermerk des Sekretariats für den Konvent betreffend der Nachreichung von Dokumenten im Anschluss an die Eröffnungstagung des Konvents. Brüssel, CONV 8/02.

Europäischer Konvent: Das Sekretariat (2002c): Übermittlungsvermerk des Präsidiums für den Konvent betreffend die Note mit den Arbeitsmethoden. Brüssel, CONV 9/02.

Europäischer Konvent: Das Sekretariat (2002d): Informatorischer Vermerk des Sekretariats für den Konvent betreffend den Jugendkonvent. Brüssel, CONV 15/02.

Europäischer Konvent: Das Sekretariat (2002e): Informatorischer Vermerk des Sekretariats für den Konvent betreffend Beiträge. Brüssel, CONV 43/02.

Europäischer Konvent: Das Sekretariat (2002f): Vermerk des Sekretariats für den Konvent betreffend: Der Konvent und die Bürgergesellschaft. Brüssel, CONV 48/02.

Europäischer Konvent: Das Sekretariat (2002g): Vermerk des Präsidiums für den Konvent betreffend Arbeitsgruppen. Brüssel, CONV 52/02.

Europäischer Konvent: Das Sekretariat (2002h): Übermittlungsvermerk des Sekretariats für den Konvent betreffend die Zusammenfassung der Beiträge für das Forum. Brüssel, CONV 112/02.

Europäischer Konvent: Das Sekretariat (2002i): Addendum zum Übermittlungsvermerk des Sekretariats für den Konvent betreffend die Liste der Beiträge für das Forum. Brüssel, CONV 112/02 ADD 1.

Europäischer Konvent: Das Sekretariat (2002j): Informatorischer Vermerk des Sekretariats für den Konvent betreffend die Sitzungen der Kontaktgruppen mit Vertretern der Zivilgesellschaft. Brüssel, CONV 120/02.

Europäischer Konvent: Das Sekretariat (2002k): Informatorischer Vermerk des Sekretariats für den Konvent betreffend Gruppen. Brüssel, CONV 124/02.

Europäischer Konvent: Das Sekretariat (2002l): Übermittlungsvermerk des Sekretariats für den Konvent betreffend das Schlussdokument des Europäischen Jugendkonvents. Brüssel, CONV 205/02.

Europäischer Konvent: Das Sekretariat (2002m): Übermittlungsvermerk des Präsidiums für den Konvent betreffend den Vorentwurf des Verfassungsvertrages. Brüssel, CONV 369/02.

Europäischer Konvent: Das Sekretariat (2002n): Vermerk des Präsidiums für den Konvent betreffend die Gruppe „Soziales Europa". Brüssel, CONV 421/02.

Europäischer Konvent: Das Sekretariat (2003a): Vermerk des Präsidiums für den Konvent betreffend das demokratische Leben der Union. Brüssel, CONV 650/03.

Europäischer Konvent: Das Sekretariat (2003b): Übermittlungsvermerk des Sekretariats für den Konvent betreffend den Entwurf eines Vertrages über eine Verfassung für Europa. Brüssel, CONV 850/03.

Europäischer Konvent: Das Sekretariat (2003c): Übermittlungsvermerk des Sekretariats für den Konvent betreffend den Bericht des Vorsitzes des Konvents an den Präsidenten des Europäischen Rates. Brüssel, CONV 851/03.

Europäischer Konvent (2003): Entwurf eines Vertrages über eine Verfassung für Europa. Dem Europäischen Rat überreicht auf seiner Tagung in Thessaloniki am 20. Juni 2003. Luxemburg.

Europäischer Konvent: Der Präsident (2003): La Convention européenne, session des 9 & 10 juillet 2003. Eléments d'intervention du Président Giscard d'Estaing en fin de séance. Brüssel (76615.doc).

Europäischer Rat (1999a): Schlussfolgerungen des Vorsitzes. Europäischer Rat (Köln) 3. und 4. Juni 1999. 150/99 REV1.

Europäischer Rat (1999b): Schlussfolgerungen des Vorsitzes. Europäischer Rat (Tampere) 15. und 16. Oktober 1999. SN 200/1/99.

Europäischer Rat (1999c): Schlussfolgerungen des Vorsitzes. Europäischer Rat (Helsinki) 10. und 11. Dezember 1999. SN 300/1/99.

Europäischer Rat (1999d): Erklärung zur Jahrtausendwende. Anlage I zu den Schlussfolgerungen des Vorsitzes, in: Ders.: Schlussfolgerungen des Vorsitzes. Europäischer Rat (Helsinki) 10. und 11. Dezember 1999. SN 300/1/99, S. 13 – 14.

Europäischer Rat (2000): Schlussfolgerungen des Vorsitzes. Europäischer Rat (Lissabon) 23. und 24. März 2000. SN 100/1/00.

Europäischer Rat (2001a): Schlussfolgerungen des Vorsitzes. Europäischer Rat (Göteborg) 15. und 16. Juni 2001. SN 200/1/01.

Europäischer Rat (2001b): Schlussfolgerungen des Vorsitzes. Europäischer Rat (Laeken) 14. und 15. Dezember 2001. SN 300/1/01.

Europäischer Rat (2004a): Summary of the agreement on the Constitutional Treaty. Brüssel, 28. Juni 2004. CIG 85/04.

Europäischer Rat (2004b): Vertrag über eine Verfassung für Europa. Text der Regierungskonferenz. Brüssel, 13. Oktober 2004. CIG 87/1/04 REV 1.

European Environmental Bureau (2003): EEB Annual Report 2002 and Plans for 2003. Editor Responsible: John Hontelez. Brussels (= EEB Publication Number: 2003/007).

European Environmental Bureau (2004a): EEB Annual Report 2003 and Plans for 2004. Editor Responsible: John Hontelez. Brussels (= EEB Publication Number: 2004/005).

European Environmental Bureau (2004b): The Europe we want. Annual Conference Report of the European Environmental Bureau. Editor Responsible: John Hontelez. Brussels (= EEB Publication Number: 2004/002).

European Greens (Hg.) (1995): Green Consultation Paper on the Intergovernmental Conference – 1996. Budapest.

Evers, Adalbert (1990): Im intermediären Bereich – Soziale Träger und Projekte zwischen Haushalt, Staat und Markt, in: Journal für Sozialforschung, 30. Jg., Heft 2/1990, S. 189 – 210.

Feldhoff, Jürgen (1968): Die Politik der egalitären Gesellschaft. Zur soziologischen Demokratie-Analyse bei Alexis de Tocqueville. Opladen.

Feldmann, Klaus (2000): Soziologie kompakt. Eine Einführung. Wiesbaden (= WV Studium; Bd. 188).

Fingerle, Jörg (2000): Die Kirche als intermediäre Institution. Grundlinien einer theologischen Theorie zur Sozialgestalt der Kirche. Dissertation: Humboldt-Universität zu Berlin.

Fischer, Joschka (2000): Vom Staatenverbund zur Föderation. Gedanken über die Finalität der europäischen Integration. Rede in der Humboldt-Universität in Berlin am 12. Mai 2000. Frankfurt am Main.

Fischer, Klemens H. (1997): Lobbying und Kommunikation in der Europäischen Union. Berlin / Wien.

Fischer, Klemens H. (2003): Konvent zur Zukunft Europas. Texte und Kommentar mit einem Geleitwort von Dr. Benita Ferrero-Waldner. Baden-Baden.

Flottenkommando der Deutschen Marine (Hg.) (2003): Fakten und Zahlen zur maritimen Abhängigkeit der Bundesrepublik Deutschland. Jahresbericht 2003. 16. Auflage. Hgg. im Auftrag des Bundesministeriums der Verteidigung. Glücksburg.

Fraenkel, Ernst (1973): Universitas litterarum und pluralistische Demokratie (1967), in: Ders.: Reformismus und Pluralismus. Materialien zu einer ungeschriebenen politischen Autobiographie. Zusammengestellt und herausgegeben von Falk Esche und Frank Grube. Hamburg, S. 354 – 368.

Frey, Bruno S. (1997): Ein neuer Föderalismus für Europa: Die Idee der FOCJ. Tübingen (= Beiträge zur Ordnungstheorie und Ordnungspolitik; Walter Eucken Institut; Bd. 151).

Frischknecht, Peter; **Schmied**, Barbara (2003): Umgang mit Umweltsystemen. Methodik zum Bearbeiten von Umweltproblemen unter Berücksichtigung des Nachhaltigkeitsgedankens. 2. Auflage. München (= Hochschulschriften zur Nachhaltigkeit; Bd. 2).

Froehlich, Pia Maria (2001): Das Problem der Politikvermittlung in der Demokratie. Die Öffentlichkeitsarbeit der Bundesregierung bei der Einführung des Euro. Würzburg (= Spektrum Politikwissenschaft; Bd. 19).

Früh, Werner (2001): Inhaltsanalyse. Theorie und Praxis. 5., überarbeitete Auflage. Konstanz (= Reihe Uni-Papers; Bd. 3).

Fuchs, Peter (2004): Das System „Terror". Vorlesung über eine Unausweichlichkeitsbewandtnis der Moderne. Manuskript.

Fuchs-Heinritz, Werner (1994): Art. „Institution, intermediäre", in: Ders.; Lautmann, Rüdiger; Rammstedt, Otthein; Wienold, Hanns (Hg.).: Lexikon zur Soziologie. 3., völlig neu bearbeitete und erweiterte Auflage. Opladen, S. 302.

Fürstenberg, Friedrich (2004): Das Machtpotenzial globaler Netzwerke. Entwicklungschancen und Kontrollprobleme, in: Ders.; Oesterdiekhoff, Georg W. (Hg.): Globalisierung ohne Grenzen? Soziologische Beiträge zum Entgrenzungsdiskurs. Vorwort. Hamburg, S. 35 – 56.

Fürstenberg, Friedrich; **Oesterdiekhoff**, Georg W. (Hg.) (2004): Globalisierung ohne Grenzen? Soziologische Beiträge zum Entgrenzungsdiskurs. Vorwort. Hamburg, S. 7 – 9.

G 8 (2003): Towards a Green EU Constitution. Greening the European Convention Proposal. Editor Responsible: John Hontelez, European Environmental Bureau. Brüssel.

Gebauer, Thomas (2001): "… von niemandem gewählt!" Über die demokratische Legitimation von NGO, in: Brand, Ulrich; Demirovic, Alex; Görg, Christoph; Hirsch, Joachim (Hg.): Nichtregierungsorganisationen in der Transformation des Staates. Münster, S. 95 – 119.

Gehring, Thomas (2002): Die Europäische Union als komplexe internationale Organisation. Wie durch Kommunikation und Entscheidung soziale Ordnung entsteht. Baden-Baden (= Weltpolitik im 21. Jahrhundert; Bd. 8).

Giddens, Anthony (1995): Die Konstitution der Gesellschaft. Grundzüge einer Theorie der Strukturierung. 2., durchgesehene Auflage. Frankfurt am Main / New York.

Gminder, Beate (2004): „Wir werden die informellen Kanäle austrocknen". Interview mit Manuel Lianos, in: politik&kommunikation, Ausgabe 21, November 2004, S. 21.

Götz, Markus (2001): Politische Steuerung in der Kommune. Die Reform der Kommunalpolitik durch Netzwerke und Verhandlungssysteme. Münster (= Schriftenreihe der Sozialdemokratischen Gemeinschaft für Kommunalpolitik Nordrhein-Westfalen Düsseldorf; Bd. 19).

Gormsen, Erdmann; **Thimm**, Andreas (1992): Vorwort, in: Dies. (Hg.): Zivilgesellschaft und Staat in der Dritten Welt. Mainz (= Interdisziplinärer Arbeitskreis Dritte Welt, Veröffentlichungen; Bd. 6), S. 3 – 5.

Granovetter, Mark S. (1973): The Strength of Weak Ties, in: American Journal of Sociology, 78, S. 1360 – 1380.

Greenwood, Justin (1997): Representing Interests in the European Union. London / New York.

Greenwood, Justin (2002): EU public affairs and the White Paper on Governance, in: Journal of Public Affairs, Vol. 1 No. 4 & Vol. 2 No. 1, S. 423 – 435.

Greenwood, Justin (2003): Interest Representation in the European Union. Basingstoke / New York.

Grimm, Dieter (1995): Braucht Europa eine Verfassung? München (= Themen; Bd. 60).

Grimm, Dieter (2005): Der Vertrag. Die „europäische Verfassung" ist keine echte Verfassung – aus der Europäischen Union wird kein Bundesstaat, in: FAZ Nr. 109, 12. Mai 2005, S. 6.

Groß, Matthias (2001): Die Natur der Gesellschaft. Eine Geschichte der Umweltsoziologie. Mit einem Vorwort von Wolfgang Krohn. Weinheim / München.

Grothe, Thorsten; **Sievert**, Holger (1997): Wege aus der Politikverdrossenheit. Neue Medien und neue Strukturen in der politischen Kommunikation, in: Hamm, Ingrid; Mann, Thomas E. (Hg.): Politische Kommunikation in der Informationsgesellschaft. Ergebnisse eines deutsch-amerikanischen Workshops. Gütersloh, S. 37-41.

Güdler, Jürgen (2003): Kooperationsnetzwerke in der Forschung. Entstehung, Struktur und Wirkung am Beispiel der Soziologie. Bonn (= Forschungsberichte : Informationszentrum Sozialwissenschaften; Bd. 5).

Guggenheim, Michael (2005): Organisierte Umwelt. Umweltdienstleistungsfirmen zwischen Wissenschaft, Wirtschaft und Politik. Bielefeld.

Gukenbiehl, Hermann L. (1998): Art. „Beziehung, soziale", in: Schäfers, Bernhard (Hg.): Grundbegriffe der Soziologie. 5. Auflage. Opladen (= UTB für Wissenschaft 1416), S. 40 – 41.

Gustedt, Evelyn (2000): Nachhaltige Regionalentwicklung durch intermediäre Organisationen? Erwartungshaltungen, Hemmnisse und Möglichkeiten, dargestellt vor dem Hintergrund intermediärer Organisationen in vier peripheren, touristisch orientierten Regionen. Stuttgart.

Habermas, Jürgen (1998a): Faktizität und Geltung. Beiträge zur Diskurstheorie des Rechts und des demokratischen Rechtsstaates. Frankfurt am Main (= suhrkamp taschenbuch wissenschaft; 1361).

Habermas, Jürgen (1998b): Die postnationale Konstellation. Politische Essays. Frankfurt am Main (= edition suhrkamp; 2095).

Habermas, Jürgen (1999a): Strukturwandel der Öffentlichkeit: Untersuchungen zu einer Kategorie der bürgerlichen Gesellschaft. Mit einem Vorwort zur Neuauflage 1990, 6. Auflage. Frankfurt am Main (= suhrkamp taschenbuch wissenschaft; 891).

Habermas, Jürgen (1999b): Braucht Europa eine Verfassung? Eine Bemerkung zu Dieter Grimm, in: Ders.: Die Einbeziehung des Anderen. Studien zur politischen Theorie. Frankfurt am Main (= suhrkamp taschenbuch wissenschaft; 1444), S. 185 – 191.

Habermas, Jürgen (2001): Warum braucht Europa eine Verfassung? In: DIE ZEIT Nr. 27, 28. Juni 2001, S. 7.

Hamacher, Hendrik (2001): Carl Schmitts Theorie der Diktatur und der intermediären Gewalten. Neuried (= Reihe politisches Denken; Bd. 6).

Hassemer, Volker (2003): Das Management der öffentlichen Dinge. Wirtschaft und Politik an ihren Grenzen. Challenger Report für den Rat für Nachhaltige Entwicklung. Berlin.

Hauff, Volker (Hg.) (1987): Unsere gemeinsame Zukunft. Der Brundtland-Bericht der Weltkommission für Umwelt und Entwicklung. Greven.

Hauff, Volker (2004): Wer bestimmt die Agenda? Governance, Wissenschaft und Nachhaltigkeit. Vortrag im Wissenschaftszentrum Berlin für Sozialforschung am 27. April 2004. Berlin.

Hegel, Georg W. F. (1821 / 1972): Grundlinien der Philosophie des Rechts. Hrsg. und eingeleitet von Helmut Reichelt. Frankfurt am Main et al.

Hegmann, Horst (2000): Die Konsequenzen des wissenschaftlich-technischen Fortschritts für die normative Demokratietheorie, in: Simonis, Georg; Martinsen, Renate; Saretzki, Thomas (Hg.): Politik und Technik. Analysen zum Verhältnis von technologischem, politischem und staatlichem Wandel am Anfang des 21. Jahrhunderts. Wiesbaden (= Politische Vierteljahresschrift; Sonderheft 31/2000), S. 19 – 36.

Hellmann, Kai-Uwe (1996): Systemtheorie und neue soziale Bewegungen. Identitätsprobleme in der Risikogesellschaft. Opladen.

Hellmann, Kai-Uwe (2002): Rezension: Politik der Nachhaltigkeit, in: FJNSB (Forschungsjournal Neue Soziale Bewegungen). 15 Jg., Heft 4, S. 97 – 99.

Hellmann, Kai-Uwe; **Klein**, Ansgar; **Rohde**, Markus (1998): Editorial: Neue Soziale Bewegungen – Impulse, Bilanzen und Perspektiven, in: FJNSB, Jubiläumsausgabe: 10 Jahre Forschungsjournal NSB, 11. Jg., Heft 1, S. 2 – 13.

Hellmann, Kai-Uwe; **Schmalz-Bruns**, Rainer (Hg.) (2002): Theorie der Politik. Niklas Luhmanns politische Soziologie. Frankfurt am Main.

Hellmann, Kai-Uwe; **Fischer**, Karsten (2003): Niklas Luhmanns politische Theorie in der politikwissenschaftlichen Diskussion, in: Hellmann, Kai-Uwe; Fischer, Karsten; Bluhm, Harald (Hg.): Das System der Politik. Niklas Luhmanns politische Theorie. Opladen, S. 9 – 16.

Hellmann, Kai-Uwe; **Fischer**, Karsten; **Bluhm**, Harald (Hg.) (2003): Das System der Politik. Niklas Luhmanns politische Theorie. Opladen.

Henschel, Alexander (2001): Communities of Practice. Plattform für individuelles und kollektives Lernen sowie den Wissenstransfer. Dissertation: Universität St. Gallen.

Herb, Karlfriedrich (2001): Alexis de Tocqueville (1805–1859), in: Maier, Hans; Denzer, Horst (Hg.): Klassiker des politischen Denkens. Zweiter Band. Von John Locke bis Max Weber. Völlig neu überarbeitete Ausgabe der 5., gebundenen Auflage. München, S. 145 – 156.

Héritier, Adrienne (1993): Policy-Netzwerkanalyse als Untersuchungsinstrument im europäischen Kontext: Folgerungen aus einer empirischen Studie regulativer Politik, in: Dies. (Hg.): Policy-Analyse. Kritik und Neuorientierung (= Politische Vierteljahresschrift; Sonderheft 24/1993), S. 422 – 447.

Héritier, Adrienne (2001): New Modes of Governance in Europe: Policy-Making without Legislating? Bonn (= Preprints aus der Max-Planck-Projektgruppe Recht der Gemeinschaftsgüter, Nr. 51, (2001/14)).

Herrmann, Peter (1993): Intermediäre Organisationen im Spannungsfeld von Zentralisierung und Dezentralisierung: Die Rolle der Wohlfahrtsverbände im Prozeß der "EG-isierung", in: Bauer, Rudolph (Hg.): Intermediäre Nonprofit-Organisationen in einem neuen Europa. Rheinfelden / Berlin (= Gesellschaft, Erziehung, Bildung; 34 : Studien zur vergleichenden Sozialpädagogik und internationalen Sozialarbeit; Bd. 7), S. 99 – 123.

Hey, Christian (2003): Environmental Governance and the Commission White Paper: The wider Background of the Debate, in: Meuleman, Louis; Niestroy, Ingeborg; Ders. (Hg.): Environmental Governance in Europe. Utrecht / Den Haag, S. 125 – 143.

Hilliges, Gunther (2001): Internationale Vernetzung im Agenda-21-Prozess, in: Berndt, Michael; Sack, Detlef (Hg.): Glocal Governance? Voraussetzungen und Formen demokratischer Beteiligung im Zeichen der Globalisierung. Wiesbaden, S. 193 – 204.

Hinterberger, Friedrich; **Luks**, Fred; **Stewen**, Marcus (1996): Ökologische Wirtschaftspolitik. Zwischen Ökodiktatur und Umweltkatastrophe. Berlin (= Wuppertal Paperbacks).

Hinterberger, Friedrich; **Zacherl**, Renata (2003): Ways towards Sustainability in the European Union – beyond the European Spring Summit 2003. Study commissioned by the Austrian Ministry of Agriculture, Forestry, Environment and Water Management. Vienna.

Höffe, Otfried (1999): Demokratie im Zeitalter der Globalisierung. München.

Hofmann, Gunter (2002): Siezen oder duzen? Zu Beginn der Streiksaison: In der radikal veränderten Arbeitswelt steckt die IG Metall in der Defensive. Ein Sittenbild, in: DIE ZEIT Nr. 15, 4. April 2002, S. 6-7.

Hörnlein, Frank (2000): Leitbilder im Zielsystem der europäischen Integration. Berlin (= Berliner Europa-Studien; Bd. 7).

Hugelmann, Frank (1992): Die Anfänge des englischen Liberalismus. John Locke und der first Earl of Shaftesbury. Frankfurt am Main (= Europäische Hochschulschriften, Reihe III, Geschichte und ihre Hilfswissenschaften; Bd. 514).

Jachtenfuchs, Markus (2002): Die Konstruktion Europas. Verfassungsideen und institutionelle Entwicklung. Baden-Baden (= Weltpolitik im 21. Jahrhundert; Bd. 9).

Jarren, Otfried (1998): Medien, Mediensystem und politische Öffentlichkeit im Wandel, in: Sarcinelli, Ulrich (Hg.): Politikvermittlung und Demokratie in der Mediengesellschaft. Beiträge zur politischen Kommunikationskultur. Opladen / Wiesbaden, S. 74 – 94.

Jarren, Otfried; **Donges**, Patrick (2002): Politische Kommunikation in der Mediengesellschaft. Eine Einführung. Band 1: Verständnis, Rahmen und Strukturen. Wiesbaden (= Studienbücher zur Kommunikationswissenschaft).

Jonas, Friedrich (1966): Die Institutionenlehre Arnold Gehlens. Tübingen (= Soziale Forschung und Praxis; Bd. 24).

Kaletka, Christoph (2003): Die Zukunft politischer Internetforen. Eine Delphi-Studie. Münster (= Medienzukunft heute; Bd. 9).

Kallas, Siim (2005): The need for a European transparency initiative. Vortrag bei der European Foundation for Management. Nottingham Business School, 3. März 2005 (= Speech/05/130).

Kaufmann, Franz-Xaver (1987): Zur Einführung: Ein sozialpolitisches Schwerpunktprogramm der DFG – und was daraus wurde, in: Ders. (Hg.): Staat, intermediäre Instanzen und Selbsthilfe. München (= Soziologie und Sozialpolitik; Bd. 7), S. 9 – 40.

Kaufmann, Franz-Xaver (1997): Normative Konflikte in Deutschland: Basiskonsens, Wertewandel und soziale Bewegungen, in: Berger, Peter L. (Hg.): Die Grenzen der Gemeinschaft. Konflikt und Vermittlung in pluralistischen Gesellschaften. Ein Bericht der Bertelsmann Stiftung an den Club of Rome. Gütersloh, S. 155 – 197.

Kemp, René; **Loorbach**, Derk (2003): Governance for Sustainability Through Transition Management. Paper for Open Meeting of the Human Dimensions of Global Environmental Change Research Community, Oct 16-19, 2003, Montreal, Canada. Maastricht.

Kimmel, Adolf (1995): Vorwort des Herausgebers, in: Ders. (Hg.): Verfassungen als Fundament und Instrument der Politik. Baden-Baden (= Veröffentlichungen der Deutschen Gesellschaft für Politikwissenschaft (DGfP); Bd. 13).

Klein, Ansgar (2000): Die NGOs als Bestandteil der Zivilgesellschaft und Träger einer partizipativen und demokratischen gesellschaftlichen Entwicklung, in: Altvater, Elmar; Brunnengräber, Achim; Haake, Markus; Walk, Heike (Hg.): Vernetzt und verstrickt. Nicht-Regierungs-Organisationen als gesellschaftliche Produktivkraft. 2. Auflage. Münster, S. 316 – 339.

Klein, Ansgar (2001): Der Diskurs der Zivilgesellschaft. Politische Hintergründe und demokratietheoretische Folgerungen. Opladen (= Bürgerschaftliches Engagement und Nonprofit-Sektor; Bd. 4).

Kneer, Georg (2001): Organisation und Gesellschaft. Zum ungeklärten Verhältnis von Organisations- und Funktionssystemen in Luhmanns Theorie sozialer Systeme, in: Zeitschrift für Soziologie, Jg. 30, Heft 6, S. 407 – 428.

Koch-Mehrin, Silvana (2004): „Ich habe einen klaren Schnitt gemacht". Interview mit Manuel Lianos, in: politik&kommunikation, Ausgabe 21, November 2004, S. 20 f.

Kohler-Koch, Beate (1996): Die Gestaltungsmacht organisierter Interessen, in: Jachtenfuchs, Markus; Dies. (Hg.): Europäische Integration. Opladen, S. 193 – 222.

Kohler-Koch, Beate et al (1998): Interaktive Politik in Europa: Regionen im Netzwerk der Integration. Opladen (= Gesellschaftspolitik und Staatstätigkeit; Bd. 12).

Kohler-Koch, Beate; **Conzelmann**, Thomas; **Knodt**, Michèle (2004): Europäische Integration – Europäisches Regieren. Wiesbaden (= Grundwissen Politik; Bd. 34).

Kolb, Felix (2003): Massenproteste als Schlüssel zur Macht. Politische Strategien von sozialen Bewegungen im Vergleich, in: Zeitschrift für politische ökologie : Machtspiel Globalisierung. Pokern um Ökologie und Gerechtigkeit. Jg. 21, Heft 85, S. 45 – 48.

Kopfmüller, Jürgen; **Brandl**, Volker; **Jörissen**, Juliane; **Paetau**, Michael; **Banse**, Gerhard; **Coenen**, Reinhard; **Grunwald**, Armin (2001): Nachhaltige Entwicklung integrativ betrachtet. Konstitutive Elemente, Regeln, Indikatoren. Berlin (= Global zukunftsfähige Entwicklung – Perspektiven für Deutschland; Bd. 1).

Kopfmüller, Jürgen (Hg.) (2003): Den globalen Wandel gestalten. Forschung und Politik für einen nachhaltigen globalen Wandel. Berlin (= Global zukunftsfähige Entwicklung – Perspektiven für Deutschland; Bd. 6).

Kraemer, R. Andreas (2001): Ergebnisse des "Cardiff-Prozesses" zur Integration der Erfordernisse des Umweltschutzes in andere Politiken – Bewertung des Zwischenstandes. Bericht an das Umweltbundesamt und das Bundesministerium für Umwelt, Naturschutz und Reaktorsicherheit. Forschungsbericht (BMU/UBA) Nr. 299 19 120. Berlin.

Krause, Detlef (2001): Luhmann-Lexikon. Eine Einführung in das Gesamtwerk von Niklas Luhmann. 3., neu bearbeitete und erweiterte Auflage. Stuttgart.

Krause, Detlef; **Rammstedt**, Otthein (1994): Art.: „spill-over", in: Fuchs-Heinritz, Werner; Lautmann, Rüdiger; Rammstedt, Otthein; Wienold, Hanns (Hg.): Lexikon zur Soziologie. 3., völlig neu bearbeitete und erweiterte Auflage. Opladen, S. 634.

Kreutz, Christian (2003): Protestnetzwerke. Eine neue Dimension transnationaler Zivilgesellschaft? Münster (= Region – Nation – Europa; Bd. 23).

Krüger, Sabine (2001): Netzwerke für eine nachhaltige Gesellschaft? Zur Realität sozialökologischer Bündnisse zwischen Gewerkschaften und NGOs, in: Brunnengräber, Achim; Klein, Ansgar; Walk, Heike (Hg.): NGOs als Legitimationsressource. Zivilgesellschaftliche Partizipationsformen im Globalisierungsprozess. Opladen, S. 215 – 238.

Krüger, Sabine (2002): Nachhaltigkeit als Kooperationsimpuls. Sozial-ökologische Bündnisse zwischen NGOs und Gewerkschaften. Münster.

Kuhfuß, Walter (1975): Mäßigung und Politik. Studien zur politischen Sprache und Theorie Montesquieus. München (= Münchener Romanistische Arbeiten; Heft 42).

Kühl, Stefan (2003): Das Theorie-Praxis-Problem in der Soziologie, in: Soziologie, Jg. 32, Heft 4, 2003, S. 7 – 19.

Kühl, Stefan (2004): Warum sich soziologisches Wissen so schwer in der Praxis umsetzen lässt – und weswegen das auch ganz gut sein kann, in: Journal Praxis, Jg. 2, Heft 1, 2004, S. 7 – 8.

Lamla, Jörn (2003): Kopplung versus Dualität. Ein Vergleich der Strukturbegriffe von Niklas Luhmann und Anthony Giddens, in: Hellmann, Kai-Uwe; Fischer, Karsten; Bluhm, Harald (Hg.): Das System der Politik. Niklas Luhmanns politische Theorie. Opladen, S. 255 – 270.

Lang, Klaus (2002): Die Politik der Mitte ist nicht rot, sondern blutleer. Die Gewerkschaften sind von der Arbeit der rot-grünen Bundesregierung enttäuscht. Klaus Lang legt einen Forderungskatalog für die nächste Wahlperiode vor, in: Frankfurter Rundschau Nr. 54, 5. März 2002, S. 14.

Lautmann, Rüdiger (1994): Art. „intermediär", in: Fuchs-Heinritz, Werner; Ders.; Rammstedt, Otthein; Wienold, Hanns (Hg.): Lexikon zur Soziologie. 3., völlig neu bearbeitete und erweiterte Auflage. Opladen, S. 313.

Leibfried, Stephan (2000): Nationaler Wohlfahrtsstaat, Europäische Union und ‚Globalisierung'. Erste Annäherungen, in: Allmendinger, Jutta; Ludwig-Mayerhofer, Wolfgang (Hg.): Soziologie des Sozialstaats. Gesellschaftliche Grundlagen, historische Zusammenhänge und aktuelle Entwicklungstendenzen. Weinheim / München, S. 79 – 108.

Lepsius, M. Rainer (1990): Interessen, Ideen und Institutionen. Opladen.

Lepsius, M. Rainer (1991): Nationalstaat oder Nationalitätenstaat als Modell für die Weiterentwicklung der Europäischen Gemeinschaft, in: Wildenmann, Rudolf (Hg.): Staatswerdung Europas? Optionen für eine Europäische Union. Baden-Baden (= Studien zur gesellschaftlichen Entwicklung (SGE); Bd. 9), S. 19 – 40.

Liebert, Ulrike (2003a): Transformationen europäischen Regierens: Grenzen und Chancen transnationaler Öffentlichkeiten, in: Klein, Ansgar; Koopmans, Ruud; Trenz, Hans-Jörg; Klein, Ludger; Lahusen, Christian; Rucht, Dieter (Hg.): Bürgerschaft, Öffentlichkeit und Demokratie in Europa. Opladen, S. 75 – 100.

Liebert, Ulrike (2003b): Der Konvent auf dem Weg zur transnationalen Demokratie? Zwischenbilanz, in: Dies.; Falke, Josef; Packham, Kathrin; Allnoch, Daniel (Hg.): Verfassungsexperiment. Europa auf dem Weg zur transnationalen Demokratie? Münster (= Europäisierung : Beiträge zur transnationalen und transkulturellen Europadebatte; Bd. 1), S. 297 – 319.

Liebert, Ulrike; **Falke**, Josef; **Packham**, Kathrin; **Allnoch**, Daniel (Hg.) (2003): Verfassungsexperiment. Europa auf dem Weg zur transnationalen Demokratie? Münster (= Europäisierung : Beiträge zur transnationalen und transkulturellen Europadebatte; Bd. 1).

Linne, Gudrun; **Schwarz**, Michael (Hg.) (2003): Handbuch Nachhaltige Entwicklung. Wie ist nachhaltiges Wirtschaften machbar? Opladen.

Lipp, Wolfgang (1998): Art. „Institution", in: Schäfers, Bernhard (Hg.): Grundbegriffe der Soziologie. 5. Auflage. Opladen (= UTB für Wissenschaft 1416), S. 148 – 151.

Loo, Hans van der; Reijen, Willem van (1997): Modernisierung. Projekt und Paradox. 2., aktualisierte Auflage. München.

Loth, Wilfried; Wessels, Wolfgang (Hg.) (2001): Theorien europäischer Integration. Opladen.

Loth, Wilfried; Wessels, Wolfgang (2001): Auf dem Weg zur Integrationswissenschaft, in: Dies. (Hg.): Theorien europäischer Integration. Opladen (= Grundlagen für Europa; Bd. 7), S. 7 – 15.

Luckmann, Thomas (1998): Gesellschaftliche Bedingungen geistiger Orientierung, in: Ders. (Hg.): Moral im Alltag. Sinnvermittlung und moralische Kommunikation in intermediären Institutionen. Gütersloh, S. 19 – 46.

Luckmann, Thomas (Hg.) (1998): Moral im Alltag. Sinnvermittlung und moralische Kommunikation in intermediären Institutionen. Gütersloh.

Luhmann, Niklas (1970): Soziologische Aufklärung, in: Ders. (Hg.): Soziologische Aufklärung. Aufsätze zur Theorie sozialer Systeme. Köln / Opladen, S. 66 – 91.

Luhmann, Niklas (1981): Politische Theorie im Wohlfahrtsstaat. München (= Analysen und Perspektiven; Bd. 8/9).

Luhmann, Niklas (1987): Soziale Systeme. Grundriß einer allgemeinen Theorie. Frankfurt am Main (= suhrkamp taschenbuch wissenschaft; 666).

Luhmann, Niklas (1988): Macht. 2., durchgesehene Auflage. Stuttgart.

Luhmann, Niklas (1989): Politische Steuerung: Ein Diskussionsbeitrag, in: Politische Vierteljahresschrift, 30 Jg., Heft 1, S. 4 – 9.

Luhmann, Niklas (1990): Ökologische Kommunikation. Kann die moderne Gesellschaft sich auf ökologische Gefährdungen einstellen? 3. Auflage. Opladen.

Luhmann, Niklas (1994): Die Gesellschaft und ihre Organisationen, in: Derlien, Hans - U.; Gerhardt, Uta; Scharpf, Fritz W. (Hg.): Systemrationalität und Partialinteresse. Festschrift für Renate Mayntz. Baden-Baden, S. 189 – 201.

Luhmann, Niklas (1997a): Protest – Systemtheorie und soziale Bewegungen. Herausgegeben und eingeleitet von Kai-Uwe Hellmann. 2. Auflage. Frankfurt am Main (= suhrkamp taschenbuch wissenschaft; 1256).

Luhmann, Niklas (1997b): Legitimation durch Verfahren. 4. Auflage. Frankfurt am Main (= suhrkamp taschenbuch wissenschaft; 443).

Luhmann, Niklas (1998): Die Gesellschaft der Gesellschaft, 2 Bände. 1. Auflage. Frankfurt am Main (= suhrkamp taschenbuch wissenschaft; 1360).

Luhmann, Niklas (1999): Öffentliche Meinung und Demokratie, in: Maresch, Rudolf; Werber, Niels (Hg.): Kommunikation – Medien – Macht. Frankfurt am Main (= suhrkamp taschenbuch wissenschaft; 1408), S. 19 – 34.

Luhmann, Niklas (2000): Organisation und Entscheidung. Opladen.

Luhmann, Niklas (2002): Die Politik der Gesellschaft. Frankfurt am Main (= suhrkamp taschenbuch wissenschaft; 1582).

Luks, Fred (2001): Die Zukunft des Wachstums. Theoriegeschichte, Nachhaltigkeit und die Perspektiven einer neuen Wirtschaft. Marburg.

Marhold, Hartmut (2001): Die neue Europadebatte, in: Ders. (Hg.): Die neue Europadebatte. Leitbilder für das Europa der Zukunft. Hgg. von Hartmut Marhold für die Europäische Bewegung Deutschland. Bonn, S. 9 - 23.

Marx, Karl (1890 / 1968): Das Kapital. Kritik der politischen Ökonomie. Erster Band. Buch I: Der Produktionsprozeß des Kapitals. Nach der vierten, von Friedrich Engels durchgesehenen und herausgegebenen Auflage. Frankfurt am Main.

May, Hermann (1985): Arbeitsteilung als Entfremdungssituation in der Industriegesellschaft von Emile Durkheim bis heute. Baden-Baden.

Mayntz, Renate (1993): Policy-Netzwerke und die Logik von Verhandlungssystemen, in: Héritier, Adrienne (Hg.): Policy-Analyse. Kritik und Neuorientierung (= Politische Vierteljahresschrift; Sonderheft 24/1993), S. 39 – 56.

Mayntz, Renate (1997): Soziale Dynamik und politische Steuerung. Theoretische und methodologische Überlegungen. Frankfurt am Main / New York (= Schriften des Max-Planck-Instituts für Gesellschaftsforschung Köln; Bd. 29).

Mayntz, Renate (2000): Politikwissenschaft in einer entgrenzten Welt. Köln (= MPIfG Discussion Paper 00/3).

Meadows, Dennis; **Meadows**, Donella; **Zahn**, Erich; **Milling**, Peter (1972): Die Grenzen des Wachstums. Bericht des Club of Rome zur Lage der Menschheit. Stuttgart.

Menzel, Ulrich (1998): Globalisierung versus Fragmentierung. Frankfurt am Main.

Merkel, Angela (2005): Deutschland braucht eine Politik aus einem Guss. Rede der Partei- und Fraktionsvorsitzenden der CDU in der Debatte am 1. Juli 2005 im Deutschen Bundestag anlässlich der Vertrauensfrage. Auszug aus dem Stenografischen Bericht, S. 3. Quelle: Webseite von Angela Merkel: http://www.angela-merkel.de; zuletzt aufgerufen am 11. Juli 2005.

Messner, Dirk; **Nuscheler**, Franz (1996): Global Governance. Organisationselemente und Säulen einer Weltordnungspolitik, in: Dies. (Hg.): Weltkonferenzen und Weltberichte. Ein Wegweiser durch die internationale Diskussion. Institut für Entwicklung und Frieden (INEF), Bonn, S. 12 – 36.

Metzner, Andreas (1993): Probleme sozio-ökologischer Systemtheorie. Natur und Gesellschaft in der Soziologie Luhmanns. Opladen (= Studien zur Sozialwissenschaft; Bd. 129).

Meuleman, Louis; **Niestroy**, Ingeborg; **Hey**, Christian (Hg.) (2003): Environmental Governance in Europe. Utrecht / Den Haag.

Meyer, Christoph O. (2003): Konstitutionalisierung ohne Öffentlichkeit? Die Konventsmethode als Testfall deliberativen Regierens, in: Liebert, Ulrike; Falke, Josef; Packham, Kathrin; Allnoch, Daniel (Hg.): Verfassungsexperiment. Europa auf dem Weg zur transnationalen Demokratie? Münster (= Europäisierung : Beiträge zur transnationalen und transkulturellen Europadebatte; Bd. 1), S. 241 – 253.

Meyer, Thomas (2004): Die Identität Europas. Der EU eine Seele? Frankfurt am Main (= edition suhrkamp; 2355).

Meyers, Reinhard; **Frantz**, Christiane (2002): Global Governance, NGOs und die transnationale Zivilgesellschaft, in: Frantz, Christiane; Zimmer, Annette (Hg.): Zivilgesellschaft international. Alte und neue NGOs. Opladen (= Bürgerschaftliches Engagement und Nonprofit-Sektor; Bd. 6), S. 393 – 408.

Michalski, Krzysztof (Hg.) (1991): Europa und die Civil Society. Castelgandolfo-Gespräche 1989. Institut für die Wissenschaften vom Menschen. Stuttgart.

Mill, John Stuart (1848 / 1921): Grundsätze der politischen Ökonomie mit einigen ihrer Anwendungen auf die Sozialphilosophie. Nach der Ausgabe letzter Hand (7. Auflage 1871) übersetzt von Wilhelm Gehrig und durchgesehen von Dr. Johannes Müller-Weimar. Zweiter Band. Jena (= Sammlung sozialwissenschaftlicher Meister; Band 18), S. 387 – 396.

Montesquieu (1748 / 1951): Vom Geist der Gesetze. In neuer Übertragung eingeleitet und herausgegeben von Ernst Forsthoff. Erster Band. Tübingen.

Montesquieu (1748 / 2002): De l'Esprit des Lois. Partie 1 à 6 (Livres I à XXXI) (Digitalisate), in: Tremblay, Jean-Marie (Hg.): "Les classiques des sciences sociales", Université du Quebec à Chicoutimi, Chicoutimi (Québec, CA). Adresse der Webseite: http://www.uqac.uquebec.ca/zone30/Classiques_des_sciences_sociales/index.html; zuletzt aufgerufen am 19. August 2005.

Müller, Hans-Peter (1983): Wertkrise und Gesellschaftsreform. Emile Durkheims Schriften zur Politik. Stuttgart.

Müller, Hans-Peter (1999): Emile Durkheim (1858–1917), in: Kaesler, Dirk (Hg.): Klassiker der Soziologie. Band 1. Von Auguste Comte bis Norbert Elias. München, S. 150 – 170.

Münch, Richard (1992): Gesellschaftliche Dynamik und politische Steuerung: Die Kontrolle technischer Risiken, in: Bußhoff, Heinrich (Hg.): Politische Steuerung: Steuerbarkeit und Steuerungsfähigkeit. Beiträge zur Grundlagendiskussion. Baden-Baden, S. 81 – 106.

Münkler, Herfried (2002): Die neuen Kriege. 2. Auflage. Reinbek bei Hamburg.

Münkler, Herfried; **Sens**, Eberhard (2002): Postklassische Kriege. Staatszerfall und Gewaltepidemien im Schatten der Globalisierung. Herfried Münkler im Gespräch mit Eberhard Sens, in: Lettre International, Nr. 59, IV/2002, S. 14 – 18.

Muhlack, Ulrich (1989): Montesquieu in seiner Zeit, in: Merten, Detlef (Hg.): Gewaltentrennung im Rechtsstaat. Zum 300. Geburtstag von Charles de Montesquieu. Vorträge und Diskussionsbeiträge der 57. Staatswissenschaftlichen Fortbildungstagung 1989 der Hochschule für Verwaltungswissenschaften Speyer. Berlin (= Schriftenreihe der Hochschule Speyer; Bd. 106), S. 37 – 45.

Nicolaï, Atzo (2004): "Closing remarks by Minister for European Affairs Atzo Nicolaï at the informal ministerial meeting on communicating Europe", 5. Oktober 2004, Amsterdam. Quelle: Webseite der niederländischen Ratspräsidentschaft: http://www.eu2004.nl/; zuletzt aufgerufen am 28. Februar 2005.

Niedermayer, Oskar (1996): Vorwort, in: Ders. (Hg.): Intermediäre Strukturen in Ostdeutschland. Opladen (= Beiträge zu den Berichten der Kommission für die Erforschung des sozialen und politischen Wandels in den neuen Bundesländern e.V.; Beiträge zum Bericht 3 : „Politisches System"; Bd. 3.2), S. 9 – 10.

Nipperdey, Thomas (1972): Verein als soziale Struktur in Deutschland im späten 18. und frühen 19. Jahrhundert, in: Boockmann, Hartmut; Esch, Arnold; Heimpel, Hermann; Ders.; Schmidt, Heinrich (Hg.): Geschichtswissenschaft und Vereinswesen im 19. Jahrhundert. Beiträge zur Geschichte historischer Forschung in Deutschland. Göttingen (= Veröffentlichungen des Max-Planck-Instituts für Geschichte; Bd. 1), S. 1 – 44.

Nohlen, Dieter (2001): Art. „NGO", in: Ders. (Hg.): Kleines Lexikon der Politik. München (= Beck'sche Reihe; 1418), S. 324 – 326.

North, Klaus; **Romhardt**, Kai; **Probst**, Gilbert (2000): Wissensgemeinschaften: Keimzellen lebendigen Wissensmanagements, in: io Management, 69 (2000) 7/8, S. 52 – 62.

Nuscheler, Franz (2001): Art. „Global Governance", in: Nohlen, Dieter (Hg.): Kleines Lexikon der Politik. München (= Beck'sche Reihe; 1418), S. 181 – 182.

Omann, Ines; **Nordmann**, Axel (2000): Gutes Leben statt Wachstum des Bruttosozialprodukts, in: Boeser, C.; Schörner, T.; Wolters, D. (Hg.): Kinder des Wohlstands - Auf der Suche nach neuer Lebensqualität. Mit einem Vorwort von Hans-Peter Dürr. Frankfurt am Main.

Packham, Kathrin (2003): Konstitutionalisierung als Motor europäischer Öffentlichkeit? Der Konvent in der Medienberichterstattung der Mitgliedsstaaten, in: Liebert, Ulrike; Falke, Josef; Packham, Kathrin; Allnoch, Daniel (Hg.): Verfassungsexperiment. Europa auf dem Weg zur transnationalen Demokratie? Münster (= Europäisierung : Beiträge zur transnationalen und transkulturellen Europadebatte; Bd. 1), S. 255 – 275.

Pankoke, Eckart (2002) (Hg.): Wert- und Wissensmanagement, Motivations- und Evaluationsprozesse. Lehrforschungsprojekt im Studiengang ‚Praktische Sozialwissenschaft'. Universität Essen.

Pankoke, Eckart (2004): ‚Beton' und ‚Bambus'. Globalisierungsdruck und nachhaltige Entwicklung, in: Fürstenberg, Friedrich; Oesterdiekhoff, Georg W. (Hg.): Globalisierung ohne Grenzen? Soziologische Beiträge zum Entgrenzungsdiskurs. Hamburg, S. 257 – 286.

Pankoke, Eckart; **Stellermann**, Rolf (2000): Werte und Wissen im Wandel. Zur kommunikativen Kultur organisationalen Lernens. Lehrforschungsprojekt im Studiengang ‚Praktische Sozialwissenschaft'. Universität Essen, 2000.

Peters, Anne (2004): Europäische Öffentlichkeit im europäischen Verfassungsprozess, in: Franzius, Claudio; Preuß, Ulrich K. (Hg.): Europäische Öffentlichkeit. Baden-Baden, S. 271 – 288.

Pirker, Theo (1991): Soziologie intermediärer Institutionen, in Weinert, Rainer (Hg.): Theo Pirker – Soziologie als Politik. Schriften von 1949 bis 1990. Berlin, S. 241 - 271.

Plake, Klaus; **Jansen**, Daniel; **Schuhmacher**, Birgit (2001): Öffentlichkeit und Gegenöffentlichkeit im Internet. Politische Potenziale der Medienentwicklung. Wiesbaden.

Platzer, Hans-Wolfgang (1997): Europäische Verbände und Parteien. Zur Rolle gesellschaftlicher Akteure im Integrationsprozeß, in: Woyke, Wichard (Hg.): Die Europäische Union. Schwalbach/Ts. (= Uni-Studien Politik), S. 66 – 84.

Platzer, Hans-Wolfgang (2002): Interessenverbände und europäischer Lobbyismus, in: Weidenfeld, Werner (Hg.): Europa-Handbuch. 2. aktualisierte und völlig überarbeitete Auflage. Gütersloh, S. 409 – 422.

Preisendörfer, Peter; **Franzen**, Axel (1996): Der schöne Schein des Umweltbewusstseins. Zu den Ursachen und Konsequenzen von Umwelteinstellungen in der Bevölkerung, in: Diekmann, Andreas; Jaeger, Carlo C. (Hg.): Umweltsoziologie. Opladen (= Kölner Zeitschrift für Soziologie und Sozialpsychologie; Sonderheft 36), S. 219 – 244.

Preuß, Ulrich K. (1994): Europäische Einigung und die integrative Kraft von Verfassungen, in: Gebhardt, Jürgen; Schmalz-Bruns, Rainer (Hg.): Demokratie, Verfassung und Nation. Die politische Integration moderner Gesellschaften. Baden-Baden, S. 271 – 287.

Priller, Eckhard; **Zimmer**, Annette (2001): Der Dritte Sektor: Wachstum und Wandel. Aktuelle deutsche Trends. The John Hopkins Comparative. Nonprofit Sector Projekt, Phase II. Gütersloh (= Konzepte Stiftungen 2).

Probst, Gilbert; **Raub**, Steffen; **Romhardt**, Kai (1999): Wissen managen. Wie Unternehmen ihre wertvollste Ressource optimal nutzen. 3. Auflage. Wiesbaden.

Prodi, Romano (2000): 2000-2005 : Umrisse des neuen Europas. Rede des Präsidenten der Europäischen Kommission vor dem Europaparlament. Straßburg, 15. Februar 2000 (= Speech 00/41).

Prodi, Romano (2001): „Was ich von Göteborg erwarte - die Vision muss Realität werden". Rede des Präsidenten der Europäischen Kommission vor dem Europaparlament. Straßburg, 13. Juni 2001 (= Speech 01/281).

Prodi, Romano (2004): Rede anlässlich der Unterzeichnung der Europäischen Verfassung. Rom, 29. Oktober 2004 (= Speech 04/479).

Rat für Nachhaltige Entwicklung (2004): TV-Medien und Nachhaltigkeit. Kurz-Studie zur Ermittlung von Formen, Hindernissen und Potenzialen der Darstellung von Nachhaltigkeitsthemen in ausgewählten deutschen Fernsehprogrammen. Studie des Adolf Grimme Instituts Gesellschaft für Medien. Marl / Berlin (= texte Nr. 13, Juli 2004).

Redclift, Michael R.; **Skea**, James F. (1996): Globale Umweltveränderungen: Der Beitrag der Sozialwissenschaften, in: Diekmann, Andreas; Jaeger, Carlo C. (Hg.): Umweltsoziologie. Opladen (= Kölner Zeitschrift für Soziologie und Sozialpsychologie; Sonderheft 36), S. 380 – 389.

Reese-Schäfer, Walter (2002): Parteien als politische Organisationen in Luhmanns Theorie des politischen Systems, in: Hellmann, Kai-Uwe; Schmalz-Bruns, Rainer (Hg.): Theorie der Politik. Niklas Luhmanns politische Soziologie. Frankfurt am Main, S. 109 – 130.

Reimann, Bruno W. (1994): Art. „Dysfunktion", in: Fuchs-Heinritz, Werner; Lautmann, Rüdiger; Rammstedt, Otthein; Wienold, Hanns (Hg.): Lexikon zur Soziologie. 3., völlig neu bearbeitete und erweiterte Auflage. Opladen, S. 154.

Reinicke, Wolfgang H. (1996): Lotsendienste für die Politik. Think Tanks - amerikanische Erfahrungen und Perspektiven für Deutschland. Unter Mitarbeit von Jennifer Mitchell. Gütersloh.

Reinicke, Wolfgang H.; **Witte**, Jan Martin (1999): Globalization and Democratic Governance: Global Public Policy and Trisectoral Networks, in: Lankowski, Carl (Hg.): Governing Beyond the Nation-State. Global Public Policy, Regionalism or Going Local? Washington D.C. (= American Institute for Contemporary German Studies; AICGS Research Report No. 11), S. 1 – 39.

Renn, Ortwin (1996): Rolle und Stellenwert der Soziologie in der Umweltforschung, in: Diekmann, Andreas; Jaeger, Carlo C. (Hg.): Umweltsoziologie. Opladen (= Kölner Zeitschrift für Soziologie und Sozialpsychologie; Sonderheft 36), S. 28 – 59.

Rheingans-Heintze, Anke (2003): Lokale Akteursnetzwerke als lernende Organisationen. Analysen am Beispiel von „Lokale Agenda 21"-Prozessen. München (= Hochschulschriften zur Nachhaltigkeit; Bd. 8).

Rifkin, Jeremy (2004a): Europa, du hast es besser. Der Amerikanische Traum inspiriert nicht mehr, doch es gibt einen neuen: die EU / Eine Hommage an den alten, jungen Kontinent, in: Süddeutsche Zeitung Nr. 181, 7./8. August 2004, S. 11.

Rifkin, Jeremy (2004b): Der Europäische Traum. Die Vision einer leisen Supermacht. Frankfurt am Main / New York.

Riklin, Alois (1988): Montesquieus freiheitliches Staatsmodell. Institut für Politikwissenschaft der Hochschule St. Gallen. St. Gallen (= Beiträge und Berichte; 120/1988).

Roose, Jochen (2003a): Die Europäisierung von Umweltorganisationen. Die Umweltbewegung auf dem langen Weg nach Brüssel. Wiesbaden.

Roose, Jochen (2003b): Umweltorganisationen zwischen Mitgliedschaftslogik und Einflusslogik in der europäischen Politik, in: Klein, Ansgar; Koopmans, Ruud; Trenz, Hans-Jörg; Klein, Ludger; Lahusen, Christian; Rucht, Dieter (Hg.): Bürgerschaft, Öffentlichkeit und Demokratie in Europa. Opladen, S. 141 – 158.

Roth, Roland (1992): Jenseits von Markt und Staat. Dritter Sektor und neue soziale Bewegungen, in: FJNSB (Forschungsjournal Neue Soziale Bewegungen), 5. Jg., Heft 4, S. 12 – 20.

Roth, Roland (2001): NGO und transnationale soziale Bewegungen: Akteure einer „Weltzivilgesellschaft"?; in: Brand, Ulrich; Demirovic, Alex; Görg, Christoph; Hirsch, Joachim (Hg.): Nichtregierungsorganisationen in der Transformation des Staates. Münster, S. 43 – 63.

Roth-Behrendt, Dagmar; **Detken**, Dirk (2002): Die Umweltpolitik der EU, in: Weidenfeld, Werner (Hg.): Europa-Handbuch. 2. aktualisierte und völlig überarbeitete Auflage. Gütersloh, S. 503 – 514.

Rucht, Dieter (1995): Soziale Bewegungen und Initiativgruppen, in: Flick, Uwe; Kardorff, Ernst v.; Keupp, Heiner; Rosenstiel, Lutz v.; Wolff, Stephan (Hg.): Handbuch Qualitative Sozialforschung. Grundlagen, Konzepte, Methoden und Anwendungen. 2. Auflage. Weinheim, S. 408 – 411.

Rucht, Dieter (1997): Soziale Bewegung als demokratische Produktivkraft, in: Klein, Ansgar; Schmalz-Bruns, Rainer (Hg.): Politische Beteiligung und Bürgerengagement in Deutschland. Möglichkeiten und Grenzen. Baden-Baden, S. 382 – 403.

Rucht, Dieter; **Blattert**, Barbara; **Rink**, Dieter (1997): Soziale Bewegungen auf dem Weg zur Institutionalisierung. Zum Strukturwandel »alternativer« Gruppen in beiden Teilen Deutschlands. Frankfurt am Main / New York.

Rucht, Dieter; Richter, Emanuel; **Klein**, Ansgar (2003): Einführung: Zugänge zur Demokratiefrage in der EU, in: Klein, Ansgar; Koopmans, Ruud; Trenz, Hans-Jörg; Klein, Ludger; Lahusen, Christian; Rucht, Dieter (Hg.): Bürgerschaft, Öffentlichkeit und Demokratie in Europa. Opladen, S. 23 – 29.

Sarcinelli, Ulrich (1987): Politikvermittlung und demokratische Kommunikationskultur, in: Ders. (Hg.): Politikvermittlung. Beiträge zur politischen Kommunikationskultur. Stuttgart, S. 19 – 45.

Sarcinelli, Ulrich (1997): Demokratiewandel im Zeichen medialen Wandels? Politische Beteiligung und politische Kommunikation, in: Klein, Ansgar; Schmalz-Bruns, Rainer (Hg.): Politische Beteiligung und Bürgerengagement in Deutschland. Möglichkeiten und Grenzen. Baden-Baden, S. 314 – 345.

Sarcinelli, Ulrich (1998): Politikvermittlung und Demokratie: Zum Wandel der politischen Kommunikationskultur, in: Ders. (Hg.): Politikvermittlung und Demokratie in der Mediengesellschaft. Beiträge zur politischen Kommunikationskultur. Opladen / Wiesbaden, S. 11 – 23.

Sarcinelli, Ulrich (Hg.) (1998): Politikvermittlung und Demokratie in der Mediengesellschaft. Beiträge zur politischen Kommunikationskultur. Opladen / Wiesbaden.

Scaglia, Antonio (2003): Stadt und nichtlegitime Herrschaft bei Max Weber. Philologie und Methode, in: Fischer, Joachim; Joas, Hans (Hg.): Kunst, Macht und Institution. Studien zur Philosophischen Anthropologie, soziologischen Theorie und Kultursoziologie der Moderne. Festschrift für Karl-Siegbert Rehberg. Frankfurt am Main / New York, S. 257 – 269.

Schade, Jeanette (2002): „Zivilgesellschaft" – eine vielschichtige Debatte. INEF Report, Institut für Entwicklung und Frieden der Gerhard-Mercator-Universität Duisburg, Heft 59 / 2002.

Schäfer, Jürgen (2002): Wissensgemeinschaften – Zur (Selbst-)Organisation ökologischer Kommunikation, in: Pankoke, Eckart (Hg.): Wert- und Wissensmanagement, Motivations- und Evaluationsprozesse. Lehrforschungsprojekt im Studiengang ‚Praktische Sozialwissenschaft'. Universität Essen, 2002, S. 139 – 165.

Schäfer, Jürgen (2005): Die Reform Europäischen Regierens und der Konventsprozess. Eine kritische Bestandsaufnahme am Beispiel der nachhaltigen Entwicklung, in: Loth, Wilfried (Hg.): Europäische Gesellschaft. Grundlagen und Perspektiven. Wiesbaden, S. 187-210.

Schäfers, Bernhard (1998): Art. „Öffentlichkeit", in: Ders. (Hg.): Grundbegriffe der Soziologie. 5. Auflage. Opladen (= UTB für Wissenschaft 1416), S. 259 – 261.

Scharpf, Fritz W. (1989): Politische Steuerung und Politische Institutionen, in: Politische Vierteljahresschrift, 30 Jg., Heft 1, S. 10 – 21.

Scharpf, Fritz W. (1994): Optionen des Föderalismus in Deutschland und Europa. Frankfurt am Main / New York (=»Theorie und Gesellschaft«; Bd. 31).

Scharpf, Fritz W. (1999): Regieren in Europa: effektiv und demokratisch? Frankfurt am Main.

Schimank, Uwe (2000): Theorien gesellschaftlicher Differenzierung. 2. Auflage. Opladen (= UTB für Wissenschaft; 1886).

Schmidt, Manfred G. (1999): Der konsoziative Staat. Hypothesen zur politischen Struktur und zum politischen Leistungsprofil der Europäischen Union. Bremen (= ZeS-Arbeitspapier Nr. 2/99).

Schmidt, Michael P. (2000): Knowledge Communities: Mit virtuellen Wissensmärkten das Wissen in Unternehmen effektiv nutzen. München et al.

Schmitt, Carl (1928 / 1978): Die Diktatur. Von den Anfängen des modernen Souveränitätsgedankens bis zum proletarischen Klassenkampf. Vierte Auflage. Unveränderter Nachdruck der 1928 erschienenen zweiten Auflage. Berlin.

Schmitter, Philippe C. (1994): Interests, Associations and Intermediation in a Reformed Post-Liberal Democracy, in: Streeck, Wolfgang (Hg.): Staat und Verbände. Politische Vierteljahresschrift, 35. Jg., Sonderheft 25/1994, S. 160 – 171.

Schneidewind, Uwe (1998): Die Unternehmung als strukturpolitischer Akteur. Kooperatives Schnittmengenmanagement im ökologischen Kontext. Marburg (= Theorie der Unternehmung; Bd. 6).

Schneidewind, Uwe (2000): Nachhaltige Informationsgesellschaft – eine institutionelle Annäherung, in: Schneidewind, Uwe; Truscheit, Anke; Steingräber, Gerriet (Hg.): Nachhaltige Informationsgesellschaft. Analyse und Gestaltungsempfehlungen aus Management- und institutioneller Sicht. Marburg, S. 15 – 35.

Schneidewind, Uwe (2002): Nachhaltige Wissensgesellschaft, in: Bleicher, K.; Berthel, J. (Hg.): Auf dem Weg in die Wissensgesellschaft. Frankfurt am Main (erschienen 2001), S. 190-203.

Schneidewind, Uwe (2003): Symbolsysteme als Governance-Strukturen für nachhaltiges Wirtschaften, in: Linne, Gudrun; Schwarz, Michael (Hg.): Handbuch Nachhaltige Entwicklung. Wie ist nachhaltiges Wirtschaften machbar? Opladen, S. 135 – 146.

Schneidewind, Uwe; **Petersen**, Holger (1998): Changing the Rules: Business – NGO Partnerships and Structuration Theory, in: Greener Management International, GMI 24 (Winter 1998), S. 105 – 114.

Schneidewind, Uwe; **Feindt**, Peter H.; **Meister**, Hans – P.; **Minsch**, Juerg; **Schulz**, Tobias; **Tscheulin**, Jochen (1997): Institutionelle Reformen für eine Politik der Nachhaltigkeit: Vom Was zum Wie in der Nachhaltigkeitsdebatte, in: Gaia 6 (1997), No. 3, S. 182-196.

Schnoor, Herbert (1998): Föderalismus – Chance für Europa? Grundzüge der Maastrichter Beschlüsse, in: Timmermann, Heiner (Hg.): Subsidiarität und Föderalismus in der Europäischen Union. Berlin (= Dokumente und Schriften der Europäischen Akademie Otzenhausen; Bd. 83), S. 87 – 100.

Scholz, Christian (2000): Strategische Organisation. Multiperspektivität und Virtualität. 2., überarbeitete Auflage. Landsberg/Lech.

Schülein, Johann A.; **Reitze**, Simon (2002): Wissenschaftstheorie für Einsteiger. Wien.

Schulz, Knut (1995): „Denn sie lieben die Freiheit so sehr ..." Kommunale Aufstände und Entstehung des europäischen Bürgertums im Hochmittelalter. 2., verbesserte Auflage. Darmstadt.

Schwarz, Sabine (2002): Die Europäisierung der Umweltpolitik. Politisches Handeln im Mehrebenensystem. Berlin.

Selle, Klaus (1992): Neue Institutionen für die Entwicklung städtischer Quartiere, oder: Warum entstehen intermediäre Organisationen? In: FJNSB (Forschungsjournal Neue Soziale Bewegungen), 5. Jg., Heft 2, S. 48 – 61.

Siebenhüner, Bernd (2001): Homo sustinens – Auf dem Weg zu einem Menschenbild der Nachhaltigkeit. Marburg.

Sieferle, Rolf Peter (1987): Rezension: Ökologische Kommunikation, in: Politische Vierteljahresschrift – PVS Literatur, 28 Jg., Heft 2, S. 194.

Simsa, Ruth (2002): Strukturelle Kopplung: Die Antwort der Theorie auf die Geschlossenheit sozialer Systeme und ihre Bedeutung für die Politik, in: Hellmann, Kai-Uwe; Schmalz-Bruns, Rainer (Hg.): Theorie der Politik. Niklas Luhmanns politische Soziologie. Frankfurt am Main, S. 149 – 170.

Spangenberg, Joachim H. (2003): Global Governance und Institutionen für nachhaltige Entwicklung, in: Kopfmüller, Jürgen (Hg.): Den globalen Wandel gestalten. Forschung und Politik für einen nachhaltigen globalen Wandel. Berlin (= Global zukunftsfähige Entwicklung – Perspektiven für Deutschland; Bd. 6), S. 285 – 300.

Spinner, Helmut F. (2004): Über Funktionale, Graduelle und Fundamentale Ungleichheit in der asymmetrischen Gesellschaft, in: Fürstenberg, Friedrich; Oesterdiekhoff, Georg W. (Hg.): Globalisierung ohne Grenzen? Soziologische Beiträge zum Entgrenzungsdiskurs. Hamburg, S. 159 – 204.

Stay, Jochen (2003): Die Renaissance der Protestbewegungen, in: Bewegungsstiftung (Hg.): Bewegungsstiftung – Anstöße für soziale Bewegungen. Beilage zur taz vom 14. November 2003.

Stehr, Nico (2001): Wissen und Wirtschaften. Die gesellschaftlichen Grundlagen der modernen Ökonomie. Frankfurt am Main (= suhrkamp taschenbuch wissenschaft; 1507).

Sterzing, Christian (2002): Umweltschutz und Nachhaltigkeitsprinzip in der Europäischen Verfassung verankern. Beitrag des europapolitischen Sprechers der Bundestagsfraktion Bündnis90 / Die Grünen zum Konventsforum.

Streeck, Wolfgang (1987): Vielfalt und Interdependenz. Überlegungen zur Rolle von intermediären Organisationen in sich ändernden Umwelten, in: Kölner Zeitschrift für Soziologie und Sozialpsychologie, Jg. 39, S. 471 – 495.

Streeck, Wolfgang (1994): Einleitung des Herausgebers. Staat und Verbände: Neue Fragen. Neue Antworten? In: Ders. (Hg.): Staat und Verbände. Politische Vierteljahresschrift, 35. Jg., Sonderheft 25/1994, S. 7 – 34.

Streeck, Wolfgang (1999): Korporatismus in Deutschland. Zwischen Nationalstaat und europäischer Union. Frankfurt am Main, S. 67 – 111.

Tacke, Veronika (Hg.) (2001): Organisation und gesellschaftliche Differenzierung. Wiesbaden.

Take, Ingo (2002): NGOs im Wandel. Von der Graswurzel auf das politische Parkett. Opladen.

Teuber, Jörg (2001): Interessenverbände und Lobbying in der Europäischen Union. Frankfurt am Main (= Europäische Hochschulschriften : Reihe 31, Politikwissenschaft; Bd. 423).

Teusch, Ulrich (2004): Was ist Globalisierung? Ein Überblick. Darmstadt.

Tiepelmann, Klaus; **Beek**, Gregor van der (Hg.) (1997): Politik der Parafiski. Intermediäre im Balanceakt zwischen Staats- und Bürgernähe. Hamburg.

Tocqueville, Alexis de (1835 / 1959): Über die Demokratie in Amerika. Erster Teil. Aus dem Französischen neu übertragen von Hans Zbinden. Nach der 12. Auflage von 1848. Stuttgart (= Alexis de Tocqueville, Werke und Briefe; Bd. 1).

Tocqueville, Alexis de (1840 / 1962): Über die Demokratie in Amerika. Zweiter Teil. Aus dem Französischen neu übertragen von Hans Zbinden. Stuttgart (= Alexis de Tocqueville, Werke und Briefe; Bd. 2).

Tocqueville, Alexis de (1835 / 2002): De la Démocratie en Amérique I. Première et deuxième parties (Digitalisate), in: Tremblay, Jean-Marie (Hg.): "Les classiques des sciences sociales", Université du Quebec à Chicoutimi, Chicoutimi (Québec, CA). Adresse der Webseite: http://www.uqac.uquebec.ca/zone30/Classiques_des_sciences_sociales/index.html; zuletzt aufgerufen am 19. August 2005.

Tocqueville, Alexis de (1840 / 2002): De la Démocratie en Amérique II. Partie 1 á 4 (Digitalisate), in: Tremblay, Jean-Marie (Hg.): "Les classiques des sciences sociales", Université du Quebec à Chicoutimi, Chicoutimi (Québec, CA). Adresse der Webseite: http://www.uqac.uquebec.ca/zone30/Classiques_des_sciences_sociales/index.html; zuletzt aufgerufen am 19. August 2005.

Tremmel, Jörg (2003): Nachhaltigkeit als politische und analytische Kategorie. Der deutsche Diskurs um nachhaltige Entwicklung im Spiegel der Interessen der Akteure. München (= Hochschulschriften zur Nachhaltigkeit; Bd. 4).

Trenz, Hans-Jörg (2002): Zur Konstitution politischer Öffentlichkeit in der Europäischen Union. Zivilgesellschaftliche Subpolitik oder schaupolitische Inszenierung? Baden-Baden (= Regieren in Europa; Bd.1).

Troper, Michel (1989): Die Zwischengewalten in der politischen Philosophie Montesquieus, in: Merten, Detlef (Hg.): Gewaltentrennung im Rechtsstaat. Zum 300. Geburtstag von Charles de Montesquieu. Vorträge und Diskussionsbeiträge der 57. Staatswissenschaftlichen Fortbildungstagung 1989 der Hochschule für Verwaltungswissenschaften Speyer. Berlin (= Schriftenreihe der Hochschule Speyer; Bd. 106), S. 55 – 62.

Uhde, Ute (1978): Politik und Religion. Zum Verhältnis von Demokratie und Christentum bei Alexis de Tocqueville. Berlin (= Beiträge zur Politischen Wissenschaft; Bd. 29).

Voigt, Rüdiger (Hg.) (1995): Der kooperative Staat. Krisenbewältigung durch Verhandlung? Baden-Baden.

Vowe, Gerhard (2003): Interessenkommunikation. Lobbyismus als „Fünfte Gewalt" im Interaktionsfeld von Politik und Medien, in: Sarcinelli, Ulrich; Tenscher, Jens (Hg.): Machtdarstellung und Darstellungsmacht. Beiträge zu Theorie und Praxis moderner Politikvermittlung. Baden-Baden, S. 105 – 112.

Wahl, Peter (2000): Mythos und Realität internationaler Zivilgesellschaft. Zu den Perspektiven globaler Vernetzung von Nicht-Regierungs-Organisationen, in: Altvater, Elmar; Brunnengräber, Achim; Haake, Markus; Walk, Heike (Hg.): Vernetzt und verstrickt. Nicht-

Regierungs-Organisationen als gesellschaftliche Produktivkraft. 2. Auflage. Münster, S. 294 – 315.

Walk, Heike; **Brunnengräber**, Achim (2000): Die Globalisierungswächter. NGOs und ihre transnationalen Netze im Konfliktfeld Klima. Münster.

Walk, Heike; **Brunnengräber**, Achim; **Altvater**, Elmar (2000): Einleitung, in: Altvater, Elmar; Brunnengräber, Achim; Haake, Markus; Walk, Heike (Hg.): Vernetzt und verstrickt. Nicht-Regierungs-Organisationen als gesellschaftliche Produktivkraft. 2. Auflage. Münster, S. 10 – 25.

Weber, Max (1921 / 1980): Wirtschaft und Gesellschaft. Grundriss der verstehenden Soziologie. 5., revidierte Auflage, besorgt von Johannes Winckelmann, Studienausgabe. Tübingen.

Webster, Ruth (1998): Environmental collective action. Stable patterns of cooperation and issue alliances at the European level, in: Aspinwall, Mark; Greenwood, Justin (Hg.): Collective Action in the European Union. London / New York, S. 176 – 195.

Wegmann, Jutta; **Zimmermann**, Gunter E. (1998): Art. „Netzwerk, soziales", in: Schäfers, Bernhard (Hg.): Grundbegriffe der Soziologie. 5. Auflage. Opladen (= UTB für Wissenschaft 1416), S. 251 – 255.

Weidenfeld, Werner (Hg.) (1995): Reform der Europäischen Union. Materialien zur Revision des Maastrichter Vertrages 1996. Gütersloh.

Weizsäcker, Ernst U. von (2001): Zur Frage der Legitimität der NGOs im globalen Machtkonflikt. Ein einführender Beitrag, in: Brunnengräber, Achim; Klein, Ansgar; Walk, Heike (Hg.): NGOs als Legitimationsressource. Zivilgesellschaftliche Partizipationsformen im Globalisierungsprozess. Opladen, S. 23 – 26.

Weizsäcker, Ernst U. von (2003): Wann wird die Politik wach und wann wird sie handlungsbereit? Vortrag bei der Tagung „Globaler Wandel" in Berlin. 4. Juli 2003.

Wenger, Etienne C. (1999): Communities of practice: Learning, meaning and identity. First paperback edition. Cambridge.

Wenger, Etienne C.; **Snyder**, William M. (2000): Communities of Practice: Warum sie eine wachsende Rolle spielen, in: Harvard Business Manager 4/2000, S. 55 – 62.

Wernicke, Christian (1999): Die Krise in Brüssel. Europa leidet weniger an Korruption als an seiner Konstitution, in: DIE ZEIT Nr. 12, 18. März 1999, S. 1.

Wesselius, Erik (Corporate Europe Observatory) (2004): European Commission Must Act to Curb Excessive Corporate Lobbying Power. Open Letter to José Manuel Barroso, President of the European Commission. 25. October 2004. Amsterdam.

Wessels, Wolfgang (1993): Auf dem Weg zur Staatswerdung? 27 Politikwissenschaftliche Anmerkungen, in: Hrbek, Rudolf (Hg.): Der Vertrag von Maastricht in der wissenschaftlichen Kontroverse. Baden-Baden (= Schriftenreihe des Arbeitskreises Europäische Integration e.V.; Bd. 34), S. 65 – 75.

Wessels, Wolfgang (1996): Europäische Union – Entwicklung eines politischen Systems, in: Ohr, Renate (Hg.): Europäische Integration. Stuttgart / Berlin / Köln, S. 19 – 45.

Wessels, Wolfgang (2001): Politikwissenschaftliche Beiträge zur Integrationswissenschaft: Vielfalt und Vielklang, in: Loth, Wilfried; Ders. (Hg.): Theorien europäischer Integration. Opladen (= Grundlagen für Europa; Bd. 7), S. 19 – 34.

Weyer, Johannes (2000): Einleitung. Zum Stand der Netzwerkforschung in den Sozialwissenschaften, in: Ders. (Hg.): Soziale Netzwerke. Konzepte und Methoden der sozialwissenschaftlichen Netzwerkforschung. München / Wien, S. 1 – 34.

Weyer, Johannes (Hg.) (2000): Soziale Netzwerke. Konzepte und Methoden der sozialwissenschaftlichen Netzwerkforschung. München / Wien.

Wiebusch, Dagmar (2002): Public Affairs: Unentbehrlich für den Erfolg, in: Schönborn, Gregor; Dies. (Hg.): Public Affairs Agenda. Politikkommunikation als Erfolgsfaktor. Neuwied / Kriftel, S. 3 – 5.

Wienold, Hanns (1994): Art. „Theorie", in: Fuchs-Heinritz, Werner; Lautmann, Rüdiger; Rammstedt, Otthein; Ders. (Hg.): Lexikon zur Soziologie. 3., völlig neu bearbeitete und erweiterte Auflage. Opladen, S. 676-677.

Wildenmann, Rudolf (Hg.) (1991): Staatswerdung Europas? Optionen für eine Europäische Union. Baden-Baden (= Studien zur gesellschaftlichen Entwicklung (SGE); Bd. 9).

Willke, Helmut (1996): Die Steuerungsfunktion des Staates aus systemtheoretischer Sicht. Schritte zur Legitimierung einer wissensbasierten Infrastruktur, in: Grimm, Dieter (Hg.): Staatsaufgaben. Frankfurt am Main (= suhrkamp taschenbuch; 2630), S. 685 – 711.

Willke, Helmut (1998a): Systemisches Wissensmanagement. Stuttgart (= UTB für Wissenschaft 2047).

Willke, Helmut (1998b): Systemtheorie III: Steuerungstheorie. Grundzüge einer Theorie der Steuerung komplexer Sozialsysteme. 2. Auflage. Stuttgart (= UTB für Wissenschaft; 1840).

Willke, Helmut (1999): Systemtheorie II: Interventionstheorie. Grundzüge einer Theorie der Intervention in komplexe Systeme. 3., bearb. Auflage. Stuttgart (= UTB für Wissenschaft; 1800).

Windeler, Arnold (2003): Spuren im Netzwerkdschungel: Typen von Unternehmungsnetzwerken und Besonderheiten ihrer Koordination, in: Hirsch-Kreinsen, Hartmut; Wannöffel, Manfred (Hg.): Netzwerke kleiner Unternehmen. Praktiken und Besonderheiten internationaler Zusammenarbeit. Berlin, S. 35 – 60.

Zbinden, Martin (1999): Die Institutionen und die Entscheidungsverfahren der Europäischen Union nach Amsterdam. Bern.

Zellentin, Gerda (1993): Staatswerdung Europas? Politikwissenschaftliche Überlegungen nach Maastricht, in: Hrbek, Rudolf (Hg.): Der Vertrag von Maastricht in der wissenschaftlichen Kontroverse. Baden-Baden (= Schriftenreihe des Arbeitskreises Europäische Integration e.V.; Bd. 34), S. 41 – 63.

Ziemer, Klaus (Hg.) (2000): Die Neuorganisation der politischen Gesellschaft. Staatliche Institutionen und intermediäre Instanzen in postkommunistischen Staaten Europas. Berlin (= Osteuropaforschung; Bd. 40).

Zimmer, Annette; **Nährlich**, Stefan (Hg.) (2000): Engagierte Bürgerschaft. Traditionen und Perspektiven. Opladen (= Bürgerschaftliches Engagement und Nonprofit-Sektor; Bd. 1).

Zimmer, Annette; **Weßels**, Bernhard (Hg.) (2001): Verbände und Demokratie in Deutschland. Opladen (= Bürgerschaftliches Engagement und Nonprofit-Sektor; Bd. 5).

Zimmer, Annette (2002): NGOs als Akteure einer internationalen Zivilgesellschaft, in: Frantz, Christiane; Dies. (Hg.): Zivilgesellschaft international. Alte und neue NGOs. Opladen (= Bürgerschaftliches Engagement und Nonprofit-Sektor; Bd. 6), S. 9 – 22.

Zimmer, Annette; **Sittermann**, Birgit (2005): Brussels Civil Society. Publikation der Nachwuchsgruppe Europäische Zivilgesellschaft. Institut für Politikwissenschaft. Universität Münster.

Zimmer, Dieter E. (2000): Die Welt ist eine Scheibe, in: DIE ZEIT Nr. 7, 10. Februar 2000, S. 45.

Zimmermann, Gunter E. (1998): Art. „Organisation", in: Schäfers, Bernhard (Hg.): Grundbegriffe der Soziologie. 5. Auflage. Opladen (= UTB für Wissenschaft 1416), S. 261 – 264.

Zürn, Michael (1998): Regieren jenseits des Nationalstaates. Globalisierung und Denationalisierung als Chance. Frankfurt am Main.

Anhang

A.1 Verzeichnis der Abbildungen

Abbildung 1: Phasenmodell der Entwicklung interorganisationaler kommunikativer Strukturen in Anlehnung an Güdler (2003: 28) 97

Abbildung 2: Mittelvergabe im Rahmen des EU-Aktionsprogramms zur Förderung von Umwelt-NGOs 139

Abbildung 3: Schema wichtiger Rahmenbedingungen, Initiativen und Maßnahmen in Zusammenhang mit der Reform Europäischen Regierens und der Integration der Zivilgesellschaft 157

Abbildung 4: Auswahl wichtiger im Weißbuch postulierter Ursachen, Maßnahmen und Ziele im Rahmen der Reform Europäischen Regierens 160

Abbildung 5: Kommunale Netzwerksteuerung: Beteiligte Ebenen im politischen Prozess 173

Abbildung 6: Schema der Rahmenbedingungen und Maßnahmen zur elektronisch gestützten Anhörung der Zivilgesellschaft während und nach den Verhandlungen für eine europäische Verfassung 217

Abbildung 7: Forum komplett – Gelistete Beiträge und Akteure auf den Webseiten des Konventsforums 221

Abbildung 8: Am Forum angemeldete Organisationen 222

Abbildung 9: Beiträge und Akteure 222

Abbildung 10: Forumsteilnehmer (komplett) nach Ländergruppen 224

Abbildung 11: Beziehungen der Forumsakteure zur Europäischen Union 226

Abbildung 12: Forumsakteure mit 10 und mehr Beiträgen 227

Abbildung 13: Anteil der Akteure in Prozent nach Rubriken des Forums 227

Abbildung 14: Anteil der Beiträge in Prozent nach Rubriken des Forums 228

Abbildung 15: Verhältnis der auf EU-Ebene vernetzten Akteure im Vergleich der Rubriken 229

Abbildung 16: Forum – Rubrik 1: Akteure nach Ländergruppen 230

A.1 Verzeichnis der Abbildungen

Abbildung 17: Forum – Rubrik 1: Betätigungsfelder der Akteure 231

Abbildung 18: Forum – Rubrik 3: Wichtige Akteursgruppen aus Politik/ öffentlich-rechtliche Körperschaft 232

Abbildung 19: Forum – Rubrik 4: Wichtige Akteursgruppen aus Wirtschaft und Gesellschaft 233

Abbildung 20: Kleine Chronik der Konsultationen und Verfassungsentwürfe 235

Abbildung 21: Forum – Rubrik 1: Akteure nach Ländergruppen (Amtssprachen) 242

Abbildung 22: Forum – Rubrik 1: Betätigungsfelder der Akteure (Amtssprachen) 243

Abbildung 23: Anzahl der Akteure mit/ ohne Nachhaltigkeitsbezug nach Betätigungsfeld 244

Abbildung 24: Anzahl der Akteure, Beiträge und Nachhaltigkeitsbezüge 245

Abbildung 25: Beiträge mit Nachhaltigkeitsbezügen der wichtigsten Akteursgruppen 246

Abbildung 26: Themencluster nach Häufigkeit der Bezugnahme 247

Abbildung 27: Anteile Akteure und Beiträge mit Nachhaltigkeitsbezügen 250

Abbildung 28: Nachhaltigkeitsbezüge nach Ländergruppen 251

Abbildung 29: Definitionen des Nachhaltigkeitsziels in den Verfassungsentwürfen ... 256

Abbildung 30: Europäische Vernetzung der Akteure nach Relevanz für die Auswertung 259

Abbildung 31: Verzeichnisbaum der auf den Präsenzexemplaren dieser Dissertation beiliegenden Daten-CD gespeicherten Forumsbeiträge .. 339

A.2 Verzeichnis der Tabellen

Tabelle 1: Anteil der G 8 im Wettbewerb der Akteure 140

Tabelle 2: Doppelnennungen von Beiträgen und Akteuren nach Rubriken des Forums 222

Tabelle 3: Signifikante Doppelnennungen von Beiträgen einzelner Akteursgruppen 223

Tabelle 4: Ratio Beiträge : Akteure 229

Tabelle 5: Anzahl der Beiträge und Nachhaltigkeitsbezüge weiterer Akteursgruppen 246

Tabelle 6: Spezifikation der Themencluster 248

Tabelle 7: Forum Rubrik 1 – Informationen zu Akteuren und Beiträgen 307

Tabelle 8: Forum Rubrik 2 – Informationen zu Akteuren und Beiträgen 318

Tabelle 9: Forum Rubrik 3 – Informationen zu Akteuren und Beiträgen 321

Tabelle 10: Forum Rubrik 4 – Informationen zu Akteuren und Beiträgen 324

Tabelle 11: Forum Rubrik 1 – Akteure und Nachhaltigkeitsbezüge 328

A.3 Abkürzungsverzeichnis

AdR (CdR)	Ausschuss der Regionen (Comité des Régions)
ALDE	Alliance of Liberals and Democrats for Europe
CAP	Common Agricultural Policy
CEE Bank-watch Network	CEE = Central and Eastern Europe
CEO	Corporate Europe Observatory
CGG	Commission on Global Governance
CNE/CAN-E	Climate Network Europe/ Climate Action Network Europe
CoP	Community of Practice
CSCG	Civil Society Contact Group
CSR	Corporate Social Responsibility
EAG EURATOM	Europäische Atomgemeinschaft
ECO(s)	Environmental Citizens Organisation(s)
EEA	Einheitliche Europäische Akte
EEB	European Environmental Bureau
EEN	EPHA Environment Network
EG	Europäische Gemeinschaft
EGKS	Europäische Gemeinschaft für Kohle und Stahl
EGV (ECT)	EG-Vertrag (EC-Treaty)
EP	Europäisches Parlament
EPHA	European Public Health Alliance
EK	Europäischer Konvent
EU	Europäische Union
EUV (EUT)	EU-Vertrag (EU-Treaty)
EWG	Europäische Wirtschaftsgemeinschaft
FoE	Friends of the Earth
FoEE	Friends of the Earth Europe
G7/G8/G9/G10	Green seven/ Green eight/ Green nine; neuerdings Green ten: Zusammenschluss der in Brüssel vertretenen Umweltverbände

G8	Gruppe der Acht: Zusammenschluss der sieben führenden Industrieländer plus Russland.
GASP	Gemeinsame Außen- und Sicherheitspolitik
GD (DG)	Generaldirektion (Directorate General)
IGC (CIG)	Intergovernmental Conference (Conférence intergouvernementale)
IIED	International Institute for Environment and Development
INSM	Initiative Neue Soziale Marktwirtschaft
IuK	Informations- und Kommunikationstechnologien
KMU	Kleine und mittlere Unternehmen
NABU	Naturschutzbund Deutschland
NGO(s)	Non-Governmental-Organisation(s)
NRO	Nicht-Regierungs-Organisation(en)
OECD	Organisation for Economic Cooperation and Development (Organisation für wirtschaftliche Zusammenarbeit und Entwicklung)
OPOCE	Office des publications officielles des Communautés européennes (Amt für amtliche Veröffentlichungen der Europäischen Gemeinschaften)
SD	Sustainable Development (Nachhaltige Entwicklung)
T&E	European Federation for Transport and Environment
UN	United Nations (Vereinte Nationen)
UNCED	United Nations Conference on Environment and Development (Konferenz für Umwelt und Entwicklung der UN)
WCED	World Commission on Environment and Development (Weltkommission für Umwelt und Entwicklung)
WSA (CES; ECOSOC)	Europäischer Wirtschafts- und Sozialausschuss (Comité économique et social européen; European Economic and Social Committee)
WTO	World Trade Organization (Welthandelsorganisation)
WWF	World Wide Fund for Nature (auch bekannt als World Wildlife Fund)

A.4 Ausgewertete Quellen

A.4.1 Tabellen der Forumsakteure zur Bestimmung ihrer Anzahl, Betätigungsfelder und Ländergruppenzugehörigkeiten

A.4.1.1 Rubrik 1: „Sonstige, Zivilgesellschaft, NRO und Bewegungen"

Tabelle 7: Forum Rubrik 1 – Informationen zu Akteuren und Beiträgen

Spalte 1 Nummer und Name des Akteurs/ des Netzwerkes[1022]	Spalte 2 Ländergruppe/Betätigungsfeld	Spalte 3 Anzahl der Beiträge[1023]
1 Académie Francophone	F – Kultur und Sprachen	3
2 Action Catholique Generale Feminine (ACGF)	F – Frauen und Geschlechtergerechtigkeit	1
3 Action Préventive contre le Martyre des Animaux de Laboratoire asbl – APMA	F – Tierschutz	1
4 Active Citizenship – Cittadinanzattiva	I – Demokratiebewegung und politische Kultur	3
5 Adrien, Citoyens d'Europe	F – Demokratiebewegung und politische Kultur	1
6 All Party Alliance Against Brussels	U.K. – Anti-Europa Bewegungen	1
7 Alleanza Evangelica Italiana	I – Kirchen und Religionsgemeinschaften	1
8 Almadreams Ltd	U.K. – Demokratiebewegung und politische Kultur	1
9 Animal Christian Concern – ACC	U.K. – Tierschutz	1
10 Animal Defenders International	U.K. – Tierschutz	(1)
11 Anti Bullfighting Committee Belgium	B – Tierschutz	1
12 Anti-Maastricht Alliance	U.K. – Anti-Europa Bewegungen	1
13 APRODEV	EU – Entwicklung und Gerechtigkeit	1
14 Arbeiterwohlfahrt Bundesverband e.V. – AWO	D – Wohlfahrt und Soziales; Sozialwirtschaft	1
15 Asociación para la Cooperación con el Sur " Las Segovias " - ACSUR Las Segovias	ES – Entwicklung und Gerechtigkeit	1
16 Asociación para la Defensa del Derecho al Desnudo – ADDAN	ES – Naturisten	2
17 ASPAS	F – Tierschutz	(1)
18 Association 3D Dimensions Dialogue Dignité	F – Demokratiebewegung und politische Kultur	1
19 Association des Citoyens pour la Promotion de la Monnaie européenne – PROMEURO	EU – Demokratiebewegung und politische Kultur	1
20 Association des Etats Généraux des Etudiants d'Europe - AEGEE	EU – Studentengruppen und -verbände	1
21 Association des Femmes de l'Europe Méridionale – AFEM	EU – Frauen und Geschlechtergerechtigkeit	13

[1022] Sämtliche Informationen zu den Akteuren wurden von den Webseiten des Konvents übernommen. Die Nummerierung der Akteure erfolgte entsprechend der Sortierung im Konventsforum in alphabetischer Reihenfolge. Nummern in Klammern bedeuten eine Doppelnennung des Akteurs in der jeweiligen Rubrik. Dieses Verfahren gilt für alle Tabellen der Anlage A.4.1.

[1023] Sämtliche Beiträge, die in das Konventsforum eingestellt wurden, sind zur Auswertung gespeichert und ausgedruckt worden. Die Anzahl der Beiträge des jeweiligen Akteurs findet sich in Spalte 3 der Tabelle. Zahlen in Klammern bedeuten die Doppelnennung eines oder mehrerer Beiträge in der jeweiligen Rubrik. Teilweise kommt es vor, dass in Spalte 3 eines als doppelt identifizierten Akteurs dennoch Beiträge ausgewiesen sind, die nicht in Klammern stehen. Hier hat der bereits genannte Akteur neue Beiträge eingestellt, die in die Zählung eingeflossen sind. Ferner sind teilweise dieselben Beiträge von mehreren Akteuren oder Netzwerken in das Forum eingestellt worden. Hier wurden die entsprechenden Beiträge i. d. R. dem ersten Akteur in der Reihenfolge der Auswertung zugeordnet. Dieses Verfahren gilt für alle Tabellen der Anlage A.4.1.

22 Association départementale des Francas de Vendée	EU – Erziehung, Familie, Kinder	1
23 Association Internationale de la Mutualité – AIM	EU – Wohlfahrt und Soziales; Sozialwirtschaft	1
24 Association internationale pour la promotion des Femmes d'Europe – AIPFE	EU – Frauen und Geschlechtergerechtigkeit	1
25 Association pour la Promotion de la Francophonie en Flandre	B – Kultur und Sprachen	(3)
26 Association pour la taxation des transactions financières et l'aide aux citoyens – ATTAC	EU – Demokratiebewegung und politische Kultur	3
27 Association pour le Pluralisme Linguistique et Culturel en Europe	F – Kultur und Sprachen	(3)
28 Associations Familiales & Culturelles	B – Demokratiebewegung und politische Kultur	4
29 Autisme – Europe	EU – Behinderte und alte Menschen	2
30 Birdlife International	EU – Umwelt und Landwirtschaft	20
31 British Humanist Association	U.K. – Humanisten, Atheisten, Laizisten	2
32 British Overseas NGOs for Development – BOND	U.K. – Entwicklung und Gerechtigkeit	2
33 Bundesarbeitsgemeinschaft der Freien Wohlfahrtspflege – BAGFW	D – Wohlfahrt und Soziales; Sozialwirtschaft	1
34 Bundesvereinigung der Deutschen Arbeitgeberverbände e.V.	D – Wirtschaftliche Interessenverbände	1
35 Bureau européen pour les Langues Moins Répandues – BELMR	EU – Kultur und Sprache	2
36 Camera Penale di Roma	I – Juristinnen und Juristen	1
37 Campaign for an Independent Britain	U.K. – Anti-Europa Bewegungen	1
38 Caritas Europa	EU – Wohlfahrt und Soziales; Sozialwirtschaft	1 + (1)
39 Catholic European Study and Information Centre (the) – OCIPE	EU – Kirchen und Religionsgemeinschaften	1
40 CCME	EU – Kirchen und Religionsgemeinschaften	(1)
41 Centre Européen du Conseil International des Femmes - CECIF	EU – Frauen und Geschlechtergerechtigkeit	1
42 Centro de Estudios Naturistas de Barcelona	ES – Naturisten	2 + (1)
43 Cercle Condorcet Picardie, Groupe de Mons des Amis du Monde Diplomatique, Association pour la Paix Mons-Borinage et groupe ATTAC de 44 Mons-Borinage	B – Demokratiebewegung und politische Kultur	1
44 Chrétiens pour les droits de l'homme / Christians for Human Rights	EU – Menschenrechte und Folter	1
45 Church and Society Commission of the Conference of European Churches – CEC	EU – Kirchen und Religionsgemeinschaften	2 + (1)
46 Church and Society Commission of the Conference of European Churches – CEC, Commission of the Bishops' Conferences of the European Community – COMECE	EU – Kirchen und Religionsgemeinschaften	(3)
47 Church and Society Commission of the Conference of European Churches, Commission of the Bishops' Conferences of the European Community – COMECE, Caritas Europa, Eurodiaconia, APRODEV, CIDSE, CCME, ESPACES, Office catholique d`informations et d`initiatives pour l`Europe – OCIPE	EU – Kirchen und Religionsgemeinschaften	(1)
48 Church of Greece	GR – Kirchen und Religionsgemeinschaften	1
49 CIDSE	EU – Entwicklung und Gerechtigkeit	(1)
50 Circle (The)	U.K. – Künstler	1
51 Citizens Union Paremvassi	GR – Demokratiebewegung und politische Kultur	2
52 Citizens` Movement for an Open Society	GR – Demokratiebewegung und politische Kultur	1

A.4 Ausgewertete Quellen

53	Civil Society Contact Group - Joint group of the 4 large NGO families (social - SOLIDAR, environmental - EEB, developmental and human rights – AI European Office) plus the ETUC	EU – Demokratiebewegung und politische Kultur	3
54	Climate Action Network Europe	EU – Umwelt und Landwirtschaft	(20)
55	Collectif pour la Citoyenneté et les Droits Fondamentaux – CCDF	F – Menschenrechte und Folter	1
56	Comite des Organisations Professionnelles Agricoles de l'Union Européennes – COPA, Comité Général de la Coopération Agricole de l'Union Européenne – COGECA	EU – Umwelt und Landwirtschaft	1
57	Comité Anti Stierenvechten vzw	B – Tierschutz	2
58	Comité de liaison des organisations non-gouvernementales de développement auprès de l'Union Européenne – CLONG	EU – Entwicklung und Gerechtigkeit	1
59	Comité européen de liaison sur les services d'intérêt général – CELSIG	EU – Öffentliche Dienste	1
60	Comité International Olympique – CIO	CH – Sport	1
61	Comité national olympique et sportif français	F – Sport	1
62	Comité Pauvreté et Politique	F – Entwicklung und Gerechtigkeit	8
63	Comité Radicalement Anti Corrida – CRAC	F – Tierschutz	(1)
64	Commission of the Bishops' Conferences of the European Community – COMECE	EU – Kirchen und Religionsgemeinschaften	3 + (3)
65	Committee for International Relations, Diocese of Copenhagen (Evangelical-Lutheran)	DK – Kirchen und Religionsgemeinschaften	1
66	Compassion in World Farming	U.K. – Tierschutz	1
67	Concord - The European Confederation for Relief and Development	EU – Entwicklung und Gerechtigkeit	1
68	Confederation of British Industry - The Voice of Business	U.K. – Wirtschaftliche Interessenverbände	1
69	Conference of European Churches – CEC	EU – Kirche und Religionsgemeinschaften	2
70	Confédération des organisations familiales de l'Union européenne – COFACE	EU – Erziehung, Familie, Kinder	3
71	Conférence Européenne Permanente des Coopératives, Mutualités, Associations et Fondations - CEP-CMAF	EU – Wohlfahrt und Soziales, Sozialwirtschaft	4
72	Conseil des Associations d'Europe – CAE	F – Demokratiebewegung und politische Kultur	1
73	Consejo de la Juventud de España – CJE	ES – Bildung und Jugend	1
74	Consejo General de la Abogacía Española (CGAE)	ES – Juristinnen und Juristen	1
75	Convention Européenne des Etudiants de Sciences Po	F – Studentengruppen und –verbände	1
76	Coordinadora Estatal para la Reforma de la Ley Electoral	ES – Demokratiebewegung und politische Kultur	1
77	Council of Environmental Law	EU – Umwelt und Landwirtschaft	2
78	Council of the Bars and Law Societies of the European Union – CCBE	EU – Juristinnen und Juristen	7
79	Courrier Sud – Association Francophone des Professionnels de l'Aéronautique	F – Kultur und Sprache	(3)
80	D.I.E.A. (Documental Center of Engeneering and Environmental Ethics)	I – Wissenschaft	1
81	Democrat Youth Community of Europe	EU – Jugendorganisationen europ. Parteien	1
82	Department for external Church relations of the Moscow Patriarchate, Russian Orthodox Church	RUS – Kirchen und Religionsgemeinschaften	2

83	Deutsche in der Résistance, in den Streitkräften der Antihitlerkoalition und der Bewegung "Freies Deutschland" e.V. – DRAFD	D – Faschismus	1
84	Deutsche Vereinigung für Parlamentsfragen – DVParl	D – Wissenschaft	1
85	Deutscher Caritasverband e.V.	D – Wohlfahrt und Soziales; Sozialwirtschaft	1
86	Deutscher Juristinnenbund – DJB	D – Juristinnen und Juristen	3
87	Deutscher Kulturrat e.V.	D – Kultur und Sprache	1
88	Deutscher Sportbund / Nationales Olympisches Komitee für Deutschland	D – Sport	1
89	Deutscher Verein für öffentliche und private Fürsorge e.V.	D – Wohlfahrt und Soziales; Sozialwirtschaft	2
90	Diakonisches Werk der EKD – DIAKONIE	D – Wohlfahrt und Soziales; Sozialwirtschaft	1
91	Défense de la Langue Française	F – Kultur und Sprache	(3)
92	Délégation Européenne du Mouvement Mondial des Mères – MMMEurope – zus. mit Coface und Fefaf	EU – Erziehung, Familie, Kinder	1 + (1)
93	Equilibres et Populations	F – Entwicklung und Gerechtigkeit	1
94	Espaces	EU – Kirchen und Religionsgemeinschaften	(1)
95	Esperanto-Weltbund	EU – Kultur und Sprache	(3)
96	EU Committee of the American Chamber of Commerce in Belgium (The)	USA – Wirtschaftliche Interessenverbände	2
97	EURIMA - European Insulation Manufacturer Association	EU – Wirtschaftliche Interessenverbände	1
98	Euro Citizen Action Service – ECAS	EU – Demokratiebewegung und politische Kultur	5
99	Eurocare-Advocacy for the Prevention of Alcohol related Harm in Europe	EU – Gesundheit	2
100	EuroDefense-Portugal	EU – Verteidigung und Militär	1
101	Eurodiaconia	EU – Wohlfahrt und Soziales; Sozialwirtschaft	2 + (2)
102	Eurogroup for Animal Welfare	EU – Tierschutz	2
103	Europa-Sekretariat des Jesuitenordens – OCIPE	EU – Kirchen und Religionsgemeinschaften	(1)
104	Europa-Union Deutschland e. V.	D – Föderalisten	2
105	European AgriCultural Convention	EU – Umwelt und Landwirtschaft	1
106	European Alliance of Companies for Energy Efficiency in Buildings	EU – Wirtschaftliche Interessenverbände	1
107	European Alliance of EU-critical Movements (The) – TEAM	EU – Anti-Europa Bewegungen	3
108	European Anti-Poverty Network – EAPN	EU – Entwicklung und Gerechtigkeit	6
109	European Association For the Defence of Human Rights	EU – Menschenrechte und Folter	1
110	European Association of Service Providers for Persons with Disabilities – EASPD	EU – Behinderte und alte Menschen	1
111	European Blind Union	EU – Behinderte und alte Menschen	1
112	European Broadcasting Union – EBU	EU – Medien	1
(113)	European Bureau for Lesser Used Languages – EBLUL (Akteur und zwei der Beiträge identisch mit 35)	Akteur doppelt	2 + (2)
114	European Children´s Network (The) – Euronet	EU – Erziehung, Familie, Kinder	5
115	European Citizen Action Service – ECAS, The European Network Against Racism – ENAR, Youth Forum Jeunesse - YFJ	EU – Demokratiebewegung und politische Kultur	1
116	European Citizen's Network, EUROPE NOW !	EU – Demokratiebewegung und politische Kultur	1

A.4 Ausgewertete Quellen

117 European Community Organisation of Socialist Youth – ECOSY	EU – Jugendorganisationen europ. Parteien	(1)
118 European Confederation of Police	EU – Gewerkschaften	1
119 European Confederation of Young Entrepreneurs	EU – Wirtschaftliche Interessenverbände	1
120 European Consumers Organisation – BEUC	EU – Verbraucherschutz	3
121 European Council for Steiner Waldorf Education	EU – Bildung und Jugend	1
122 European Council for Voluntary Organisations – CEDAG	EU – Ehrenamtliche Arbeit	3
123 European Council of Artists – ECA	EU – Künstler	2
124 European Council of National Associations of Independent Schools - E.C.N.A.I.S.	EU – Bildung und Jugend	1
125 European Cultural Foundation	EU – Kultur und Sprache	1
126 European Disability Forum (The)	EU – Behinderte und alte Menschen	3
127 European Environmental Bureau	EU – Umweltschutz und Landwirtschaft	(20)
128 European Evangelical Alliance	EU – Kirchen und Religionsgemeinschaften	2
129 European Federation for the Education of Occupational Travellers	EU – Bildung und Jugend	1
130 European Federation for Transport and Environment	EU – Umweltschutz und Landwirtschaft	(20)
131 European Federation of National Associations Working with the Homeless – FEANTSA	EU – Obdachlose und Flüchtlinge	1
132 European Forum for the Arts and Heritage – EFAH	EU – Kultur und Sprache	1
133 European Foundation Centre – EFC	EU – Stiftungen	1
134 European Health Policy Forum	EU – Gesundheit	1
135 European Heart Network – EHN	EU – Gesundheit	1
136 European House, Budapest	H – Demokratiebewegung und politische Kultur	1
137 European Landowners Organization	EU – Ländliche Gebiete	2
138 European Law Students Association - Saarbrücken e.V. – ELSA	D – Juristinnen und Juristen	1
139 European League for Economic Cooperation – ELEC	EU – Wirtschaftliche Interessenverbände	1
140 European liaison Committee for social housing	EU – Wohlfahrt und Soziales; Sozialwirtschaft	1
141 European Liberal Youth – LYMEC	EU – Jugendorganisationen europ. Parteien	4 + (1)
142 European movement in Estonia	EST – Demokratiebewegung und politische Kultur	1
143 European Movement Ireland	IRL – Demokratiebewegung und politische Kultur	2
144 European Network against Racism – Réseau Européen contre le Racisme	EU – Fremdenfeindlichkeit und Rassismus	3
145 European Network Church on the Move	EU – Kirchen und Religionsgemeinschaften	5
146 European Network for Smoking Prevention –ENSP	EU – Gesundheit	2
147 European Non-Governmental Sports Organisation – ENGSO	EU – Sport	1
148 European Older People's Platform – AGE	EU – Behinderte und alte Menschen	5
149 European Organisation of Military Associations – EUROMIL	EU – Gewerkschaften	2
150 European Parents Association	EU – Erziehung, Familie, Kinder	1
151 European Peace Building Liaison Office – EPLO	EU – Friedensbewegung, Konfliktprävention	1
152 European Policy Centre, European Cultural Foundation, European Forum for the Arts and Heritage	EU – Kultur und Sprache	3
153 European Public Health Alliance	EU – Gesundheit	2

Anhang

154 European Region of the International Lesbian and Gay Association (The) - ILGA-Europe	EU – Schwule und Lesben	2
155 European Region of the World Union of Catholic Women's Organisations - WUCWO- Europe	EU – Frauen und Geschlechtergerechtigkeit	1
156 European Round Table of Charitable Social Welfare Associations – ETWelfare	EU – Wohlfahrt und Soziales; Sozialwirtschaft	2
157 European Social Action Network – ESAN	EU – Wohlfahrt und Soziales; Sozialwirtschaft	2
158 European Solidarity Towards Equal Participation of People – EUROstep	EU – Entwicklung und Gerechtigkeit	7 (1)
159 European Vegetarian Union	EU – Tierschutz	1
160 European Volunteer Centre – CEV	EU – Ehrenamtliche Arbeit	1
161 European Women Lawyers Association – EWLA	EU – Frauen und Geschlechtergerechtigkeit	13 + (1)
162 Europäischer Kartellverband Christlicher Studentenverbände – EKV	EU – Studentengruppen und -verbände	1
(163) Europäisches Bürgernetzwerk EUROPA JETZT! (Akteur und Beitrag identisch mit 116 + 302)		(1)
164 Europäisches Forum für Freiheit im Bildungswesen e.V. – EFFE	EU – Bildung und Jugend	6
165 Evangelical Lutheran Church of Finland	FIN – Kirchen und Religionsgemeinschaften	1
166 Evangelische Kirche in Deutschland – EKD	D – Kirchen und Religionsgemeinschaften	1
167 Evropaiki Ekfrasi	GR – Demokratiebewegung und politische Kultur	1
168 Famiglie italiane associate Difesa diritti audiolesi – FIADDA	I – Behinderte und alte Menschen	1
169 Famille Franciscaine de France(Coordination Justice - Paix - Intégrité de la Création)	F – Kirchen und Religionsgemeinschaften	1
170 Federal Union of European Nationalities – FUEN	EU – Kultur und Sprache	1
171 Federation Euro-Arménienne pour la justice et la démocratie (Comité Européen de la Cause Arménienne - CDCA Europe)	B – Regionale und ethnische Minderheiten	1
172 Federazione Italiana Donne Arti Professioni Affari - F.I.D.A.P.A.	I – Frauen und Geschlechtergerechtigkeit	1
173 Federazione nazionale dei parchi e delle riserve	I – Umwelt und Landwirtschaft	1
174 FONDA / Carrefour pour une Europe civique et sociale-CAFECS	F – Demokratiebewegung und politische Kultur	6
175 Fondation Charles Léopold Mayer Pour le Progrès de l'Homme – FPH	F – Demokratiebewegung und politische Kultur	2
176 Fondation Ligue française des droits de l`animal	F – Tierschutz	1
177 Fondazione "montagna e europa" arnaldo colleselli	I – Ländliche Gebiete	1
178 Fondazione Sublacense Vita e Famiglia	I – Kirchen und Religionsgemeinschaften	1
179 Forum for language rights and cultural diversity	EU – Kultur und Sprache	5
180 Forum for the future of Europe (The) - Forum 2004	RO – Demokratiebewegung und politische Kultur	1
181 Forum francophone international-France	F – Kultur und Sprache	4
182 Forum Menschenrechte	D – Menschenrechte und Folter	1
183 Forum of European Muslim Youth and Student Organisations	EU – Kirchen und Religionsgemeinschaften	1
184 Foyer Catholique Européen	EU – Kirchen und Religionsgemeinschaften	3
185 Free Church Council of Finland	FIN – Kirchen und Religionsgemeinschaften	1
186 Friends of Nature International	EU – Umwelt und Landwirtschaft	(20)
187 Friends of the Earth Europe	EU – Umwelt und Landwirtschaft	(20)

A.4 Ausgewertete Quellen 313

188 Fundacion nahumpro siglo XXI" naturaleza humana y del medio proyectada al siglo XXI "	CO (Kolumbien) – Demokratiebewegung und politische Kultur	1
189 Fédération de la Fonction Publique Européenne / Section Conseil	EU – Kultur und Sprache	(3)
190 Fédération de Liaisons Anti Corrida – FLAC	F – Tierschutz	1
191 Fédération Européenne de l'Education et de la Culture - FEEC, section européenne de la Ligue Internationale de l'Education et de la Culture Populaire (LIEECP)	B – Bildung und Jugend	1
192 Fédération Européenne des Retraités et des Personnes Agées – FERPA (Federation of Retired and Elderly Persons)	EU – Gewerkschaften	1
193 Fédération Européenne des Réalisateurs de l'Audiovisuel	EU – Künstler	2
194 Fédération Humaniste Européenne - EHF-FHE	EU – Humanisten, Atheisten, Laizisten	4
195 Fòrum Català pel Dret a l'Autodeterminació – FOCDA	ES – Regionale und ethnische Minderheiten	1
196 Fòrum Civic per una Constitució Europea (Foro Cívico por una Constitución Europea)	ES – Regionale und ethnische Minderheiten	1
197 Föderation der katholischen Familienverbände in Europa – FAFCE	EU – Erziehung, Familie, Kinder	3
198 Förderverein Bairische Sprache und Dialekte e.V.	D – Kultur und Sprache	(3)
199 G 8 : (Birdlife International, Climate Action Network Europe, European Environmental Bureau, Friends of Nature International, European Federation for Transport and Environment, Friends of the Earth Europe, Greenpeace EU Unit, WWF European Policy Office)	EU – Umwelt und Landwirtschaft	(20)
200 GAVEA asbl. Groupe d'Action Végétarien pour l'Egalité Animale	L – Tierschutz	1
201 GESAC - Secrétariat Général	EU – Wirtschaftliche Interessenverbände	1
202 Gesellschaft für bedrohte Völker Südtirol – GFBV	EU – Regionale und ethnische Minderheiten	1
203 Grand Orient de France	F – Demokratiebewegung und politische Kultur	1
204 Greek Animal Welfare Fund	U.K. – Tierschutz	(1)
205 Greenpeace EU Unit	EU – Umwelt und Landwirtschaft	(20)
206 Greyhounds in Nood Nederland	NL – Tierschutz	(1)
207 Groupe des douze	EU – Demokratiebewegung und politische Kultur	1
208 Groupement de Réflexion et d'Action Animal Libération - G.R.A.A.L.	F – Tierschutz	1
209 Grup: Història i Fe	ES – Kirchen und Religionsgemeinschaften	1
210 Grupo de trabajo para la Convención Europea	ES – Demokratiebewegung und politische Kultur	1
211 Habitat International Coalition	EU – Obdachlose und Flüchtlinge	1
212 Hnuti Pro zivot CR	CZ – Sonstige/ nicht zu ermitteln	1
213 Human Rights, Democracy and Conflict Prevention NGO Network	EU – Menschenrechte und Folter	2
214 Humanistischer Verband Deutschlands	D – Humanisten, Atheisten, Laizisten	1
215 Hungarian Civil Society Council	HU – Demokratiebewegung und politische Kultur	1
216 IALANA - Italia, associazione italiana dei giuristi contro le armi nucleari	I – Friedensbewegung, Konfliktprävention	2 + (1)
217 Initiative Netzwerk Dreigliederung	D – Demokratiebewegung und politische Kultur	1

218	Initiativgesellschaft zur Förderung der europäischen Integration durch 218 neue Ideen und demokratische Projekte IG EuroVision e.V.	D – Demokratiebewegung und politische Kultur	1 + (1)
219	Initiativkreis Wirtschaft e.V.	D – Wirtschaftliche Interessenverbände	1
220	Initiativkreis zur Förderung des öffentlich-rechtlichen Rundfunks, Köln	D – Medien	1
221	Institut d'Humanisme Méthodologique	F – Humanisten, Atheisten, Laizisten	1
222	Instituto de Estudos Estratégicos e Internacionais – IEEI	PT – Wissenschaft	1
223	Instituto Norte-Sur – Research Institute	ES – Entwicklung und Gerechtigkeit	1
224	Interessengemeinschaft Muttersprache in Österreich, Graz e.V.	A – Kultur und Sprache	(3)
225	International Association of Lawyers Against Nuclear Arms (Germany, deutsche Sektion) – IALANA	D – Friedensbewegung, Konfliktprävention	1
226	International Communications Round Table –ICRT	EU – Wirtschaftliche Interessenverbände	2
227	International European Movement – IEM	EU – Demokratiebewegung und politische Kultur	5
228	International Humanist and Ethical Youth Organisation	EU – Humanisten, Atheisten, Laizisten	2
229	International Movement ATD Fourth World	EU – Entwicklung und Gerechtigkeit	5
230	International Planned Parenthood Federation, European Network - IPPF EN	EU – Erziehung, Familie, Kinder	3
231	Internationale Vereinigung der ehemaligen Angehörigen der Europäischen Gemeinschaften (Deutsche Sektion e. V.)	D – Kultur und Sprache	(3)
232	Istituto nazionale di Urbanistica	I – Städtebau und -planung	1
233	Italia International Peace Bureau – IPB	I – Friedensbewegung, Konfliktprävention	(2)
234	JADE, European Confederation of Junior Enterprises	EU – Wirtschaftliche Interessenverbände	2
235	Jane Goodall Instituut Belgie	B – Tierschutz	(1)
236	Jesuit Refugee Service Europe - JRS-E	EU – Kirchen und Religionsgemeinschaften	1
237	Jeunes Européens (Les) – France	F – Föderalisten	1
238	Jumelage Münich, Guildford, Evry	F – Kirchen und Religionsgemeinschaften	1
239	Junge Europäische Föderalisten Deutschland e. V. – JEF	D – Föderalisten	1
240	Justice	U.K. – Entwicklung und Gerechtigkeit	2
241	JUSTICE ET PAIX- France	F – Kirchen und Religionsgemeinschaften	1
242	KARAT COALITION	PL – Frauen und Geschlechtergerechtigkeit	1
243	Katafygion Adespoton Zoon – K.A.Z.	GR – Tierschutz	(1)
244	Katholischer Familienverband Österreichs	A – Erziehung, Familie, Kinder	1
245	Katholischer Deutscher Frauenbund e.V. – KDFB	D – Frauen und Geschlechtergerechtigkeit	2
246	Kleis vzw	B – Wohlfahrt und Soziales; Sozialwirtschaft	1
247	Kolpingwerk Europa	EU – Wohlfahrt und Soziales; Sozialwirtschaft	3
248	Landeskomitee der Katholiken in Bayern	D – Kirchen und Religionsgemeinschaften	2
249	Leuenberg Church Fellowship (Fellowship of Protestant Churches in Europe)	EU – Kirchen und Religionsgemeinschaften	1
(250)	Ligue Européenne de Coopération Economique – ELEC (Akteur und Beitrag doppelt: siehe 139)		(1)
251	Lobby européen des femmes	EU – Frauen und Geschlechtergerechtigkeit	10
252	Lord Dowding Fund For Humane Research	U.K. – Tierschutz	(1)

A.4 Ausgewertete Quellen

253 Main transpersonale Käer, Lëtzebuerger Gesellschaft fir Transpersonal Psychologie a.s.b.l. - MTKIDEE, EAPN Lëtzebuerg	L – Demokratiebewegung und politische Kultur	1
254 Maison de l`Europe de Lyon et du Rhône (La)	F – Demokratiebewegung und politische Kultur	1
255 Maison de l'Europe en Mayenne	F – Demokratiebewegung und politische Kultur	1
256 Marches européennes-Euromarches	EU – Demokratiebewegung und politische Kultur	1
257 Mouvement Europe et laïcité - Centre d'Action Européenne Démocratique et Laïque - C.A.E.D.E.L.	F – Humanisten, Atheisten, Laizisten	1
258 Mouvement Européen - France – MEF	F – Demokratiebewegung und politische Kultur	1
259 Mouvement Européen de la Ruralité (M.E.R.)	EU – Ländliche Gebiete	2
260 Mouvement Européen Indre et Loire Touraine	F – Demokratiebewegung und politische Kultur	1
(261) Mouvement Européen International – MEI (Akteur und fünf Beiträge identisch mit 227)	EU – Demokratiebewegung und politische Kultur	2 + (5)
262 Mouvement pour les Etats-Unis d'Europe Gauche européenne	EU – Demokratiebewegung und politische Kultur	1
263 Mouvement pour l'Initiative Citoyenne – MIC	F – Demokratiebewegung und politische Kultur	3
264 Mouvement POURSUIVRE – groupe de REIMS département de la Marne – France	F – Demokratiebewegung und politische Kultur	2
265 Movimento Antispecista	I – Tierschutz	1 + (1)
266 Movimento Europeo per la Difesa della Vita e della Dignitá Umana – MEVD	I – Familie, Kinder, Erziehung	2
267 Movimento politico per l'unita'	I – Demokratiebewegung und politische Kultur	1
268 National Anti-Vivisection Society	U.K. – Tierschutz	(1)
269 National Consumer Council – NCC	U.K. – Verbraucherschutz	1
270 National Forum on Europe, Ireland	IRL – Demokratiebewegung und politische Kultur	2
271 National Secular Society	U.K.– Humanisten, Atheisten, Laizisten	1
272 National Secular Society on behalf of GALHA - Gay and Lesbian Humanist Association	U.K. – Schwule und Lesben	1
273 Noi Siamo Chiesa -aderente all'International Movement We Are Church – IMWAC	I – Kirchen und Religionsgemeinschaften	1
(274) North-South Institute (The) (Akteur und ein Beitrag doppelt: siehe 223)	ES - Entwicklung und Gerechtigkeit	1 + (1)
275 Nyt Europa / New Europe	DK – Demokratiebewegung und politische Kultur	1
276 Observatoire Européen des Phénomènes Racistes et Xénophobes – EUMC	EU – Fremdenfeindlichkeit und Rassismus	1
277 Observatoire international de la langue Française	F – Kultur und Sprache	(3)
(278) Office catholique d'informations et d'initiatives pour l'Europe – OCIPE (Beitrag und Akteur doppelt: siehe 39)		(1)
279 Organisation internationale pour le developpement de la liberte d'enseignement – OIDEL	EU – Bildung und Jugend	2
280 Organisation Mondiale Contre la Torture - OMCT Europe	EU – Menschenrechte und Folter	3 (1)
281 Organizacion Nacional de Ciegos Españoles – ONCE	ES – Behinderte und alte Menschen	1
282 Österreichische Bundes-Sportorganisation – BSO	A – Sport	1
283 Paideia Foundation	BG – Bildung und Jugend	1
284 Paneuropabewegung Österreich	A – Demokratiebewegung und politische Kultur	1
285 Paritätischer Wohlfahrtsverband (Der) - Gesamtverband e.V	D – Wohlfahrt und Soziales; Sozialwirtschaft	1
286 Pax Christi Wallonie – Bruxelles	B – Friedensbewegung, Konfliktprävention	1

287 Permanent Forum Civil Society	EU – Demokratiebewegung und politische Kultur	15
288 Platform of European Social NGOs	EU – Wohlfahrt und Soziales; Sozialwirtschaft	3 + (1)
289 Polish NGO Office in Brussels	PL – Demokratiebewegung und politische Kultur	1
290 Polish Robert Schuman Foundation (The)	PL – Demokratiebewegung und politische Kultur	1
291 Polo Europeo Jean Monnet Università degli Studi di Padova	I – Wissenschaft	1
292 Pre-election Coalition of Women	PL – Frauen und Geschlechtergerechtigkeit	1
293 PRISMA - Progetto per la Rivalutazione dell'Insegnamento e dello Studio del Mondo Antico	I – Humanisten, Atheisten, Laizisten	1
(294) Président de l'Observatoire International de la Langue Française (Akteur und Beitrag doppelt : siehe 277)		(1)
295 Quaker Council for European Affairs – QCEA	EU – Kirchen und Religionsgemeinschaften	7
296 Red Ciudadanas de Europa – RCE	ES – Frauen und Geschlechtergerechtigkeit	5
297 Red Cross EU Office	EU – Rotes Kreuz EU	1
298 Regards de femmes	F – Frauen und Geschlechtergerechtigkeit	1
299 Respect for Animals	U.K. – Tierschutz	(1)
300 Région Paris-Ile de France - UEF France	F – Föderalisten	1
(301) Réseau Citoyennes d'Europe – RCE (Akteur und Beiträge doppelt: siehe 296 + 336)		(5)
(302) Réseau de Citoyens européens EUROPE MAINTENANT ! (Akteur und Beitrag doppelt: siehe 116 + 163)		(1)
303 Réseau des chrétiens sociaux européens	F – Kirchen und Religionsgemeinschaften	2
304 Réseau EUROMED – Femmes	EU –Frauen und Geschlechtergerechtigkeit	1
305 S.O.S. Grand Bleu	F – Tierschutz	(1)
306 Shambhala Europe	EU – Kirchen und Religionsgemeinschaften	1
307 Sinistra europea sezione italiana aderente alla gauche europeenne	I – Demokratiebewegung und politische Kultur	2
308 Società laica e plurale	I – Humanisten, Atheisten, Laizisten	1
309 Société Protectrice des Animaux	F – Tierschutz	(1)
310 SOLIDAR	EU – Wohlfahrt und Soziales; Sozialwirtschaft	4 + (1)
311 SOS Democracy	EU – Demokratiebewegung und politische Kultur	2
312 SOS Sexisme	F – Frauen und Geschlechtergerechtigkeit	2
313 Standing Committee of European Doctors –CPME	EU – Gesundheit	4 + (1)
314 Stiftung "LIVING TOGETHER IN A NEW EUROPE"	A – Wissenschaft	2
315 Stiftung Europaverständigung e.V. – SEV	D – Kultur und Sprache	1
316 Stiftung Wissenschaft und Politik	D – Wissenschaft	1
317 Stop Experimenten op levende Dieren vzw S.E.D.	B – Tierschutz	(1)
(318) Suppression des Expériences sur l'Animal vivant asbl S.E.A. (Akteur und Beitrag identisch mit 317)		(1)
319 Syndicat CFDT Postes & Télécoms du Rhône	F – Gewerkschaften	1
320 Transparency International-Brussels asbl	EU – Korruption	2
321 UNIAPAC – Union internationale chrétienne des dirigeants d'entreprise	EU – Wirtschaftliche Interessenverbände	1
322 Union Belge pour l'Abolition de l'Expérimentation sur l'Animal	B – Tierschutz	(1)
323 Union Européenne de l'Artisanat et des Petites et Moyennes Entreprises – UEAPME	EU – Wirtschaftliche Interessenverbände	6

A.4 Ausgewertete Quellen

324 Union Européenne des Fédéralistes - Groupe-Europe	EU – Föderalisten	4
325 Union Nationale des Groupes d'Action des Personnes qui vivent Seules – UNAGRAPS	F – Singles	1
326 Union of European Federalists - U.E.F	EU – Föderalisten	8
327 Union of Industrial and Employers' Confederations of Europe – UNICE	EU – Wirtschaftliche Interessenverbände	1
328 Union pour l'Europe Fédérale U.E.F. France	F –Föderalisten	1 + (1)
329 Unione degli Atei e degli Agnostici Razionalisti – UAAR	I – Humanisten, Atheisten, Laizisten	2
330 Vaisnava Communications Institute, Oxford	U.K. – Kirchen und Religionsgemeinschaften	1
331 Verein Deutsche Sprache e. V.	D – Kultur und Sprache	(3)
332 Verein Deutsche Sprache e.V., Académie Francophone, Association pour le Pluralisme Linguistique et Culturel en Europe, Association pour la Promotion de la Francophonie en Flandre, Courrier Sud – Association Francophone des Professionnels de l'Aéronautique, Défense de la Langue Française, Esperanto-Weltbund, Fédération de la Fonction publique européenne, Förderverein Bairische Sprache und Dialekte e.V., Interessengemeinschaft Muttersprache in Österreich, Graz e.V., Internationale Vereinigung der ehemaligen Angehörigen der Europäischen Gemeinschaften, Observatoire International de la langue Française, Verein Muttersprache, Wien e.V., Wilhelm von Humboldt Gesellschaft e.V.	EU – Kultur und Sprache	(3)
333 Verein für angewandte Evolutions-und Spieltheorie e.V.	D – Sonstige	1
334 Verein Muttersprache, Wien e. V.	A – Kultur und Sprache	(3)
335 Wilhelm von Humboldt Gesellschaft e. V.	D – Kultur und Sprache	(3)
(336) Women Citizens of Europe Network (Akteur und Beiträge doppelt: siehe 296 und 301)		(5)
337 WWF European Policy Office	EU – Umwelt und Landwirtschaft	2 + (20)
338 Young European Federalists – JEF	EU – Föderalisten	7 + (1)
339 Young People of the Greek Orthodox Church for the Future of the European Union	GR – Kirchen und Religionsgemeinschaften	1
340 Youth Forum	EU – Bildung und Jugend	4
341 Youth of the European People's Party – YEPP	EU – Jugendorganisation europ. Parteien	(1)
TOTAL: (341)		(838)
TOTAL um Doppelnennungen bereinigt: 330		**565**

Quelle: Webseiten des Forums zum Europäischen Verfassungskonvent (Rubrik 1). Adresse: http://europa.eu.int/futurum/forum_convention/doc_3_502_de.cfm; zuletzt aufgerufen im Zeitraum von September 2003 bis Juni 2004.

A.4.1.2 Rubrik 2: „Hochschulen und Think Tanks"

Tabelle 8: Forum Rubrik 2 – Informationen zu Akteuren und Beiträgen

Spalte 1 Nummer und Name des Akteurs/ des Netzwerkes	Spalte 2 Ländergruppe/ Organisation	Spalte 3 Anzahl der Beiträge
1 Advisory Council on International Affairs	NL – Sachverständigenrat	2
2 Association Internationale des Amis de Robert Schuman en Grèce	GR – Think Tank	5 + (1)
3 Atelier Brozyna de Recherche fondamentale et appliquée en vytvorologie	PL – Think Tank	3
4 Avosetta-Group	EU – Arbeitskreis	2
5 Bartholdi – Liberté	F – Sonstige/ nicht zu ermitteln	2
6 Bertelsmann Stiftung	D – Think Tank	3
7 Bow Group (The)	U.K. – Think Tank	1
8 Broward Community College	USA – Universität	1
9 Business Advisors International - BAI Inc.	EU – Sachverständigengruppe	1
10 Center for Research on Geopolitics	SE – Forschungsinstitut	1
11 Centre for European Policy Studies - CEPS	B – Forschungsinstitut	4
12 Centre for European Reform	EU – Forschungsinstitut	4
13 Centro interdipartimentale ricerche sul Diritto delle Comunità europee - Università di Bologna - CIRDCE	I – Universitätsinstitut	1
14 Centrum für angewandte Politikforschung Ludwig-Maximilians-Universität München	D – Universitätsinstitut	3
15 Cercle Condorcet de Bourges et du Cher	F – Arbeitskreis/ Studiengruppe	1
16 Cercle Condorcet de Limoges	F – Arbeitskreis/ Studiengruppe	1
17 Chaire Européenne de Recherche et d'Enseignement - CERE	F – Universitätsinstitut	1
18 College of Europe	B – Postgraduiertenkolleg	1
19 Collegio Europeo di Parma	I – Postgraduiertenkolleg	1
20 Confrontations. Association d'Intellectuels Chrétiens	EU – Transuniversitäre Arbeitsgruppe	1
21 Consejo de la Comunidad Valenciana para el Debate sobre el Futuro de Europa	ES – Arbeitskreis	1
22 Conservative Democratic Alliance	U.K. – Arbeitskreis	1
23 Deutscher Verband für Wohnungswesen, Städtebau und Raumordnung e.V.	D – Verband	1
24 Dipartimento di Scienze Religiose Università Cattolica del S. Cuore - Milano	I – Universitätsinstitut	1
25 Dipartimento di studi giuridici e sociali. Universita' di Parma	I – Universitätsinstitut	2
26 Eiroforum	EU – Think Tank	1
27 Escuela de Ingenieros de San Sebastián - TECNUN	ES – Universität	15
28 Etudiants Musulmans de France- EMF	F – Arbeitskreis/ Studiengruppe	1
29 Europa Diversa	ES – Think Tank	1
30 EUROPE 2020	EU – Think Tank	3
31 European Academy Bolzano/Bozen - EURAC	I – Europäische Akademie	1
32 European Academy of Sciences and Arts-EASA	A – Europäische Akademie der Wissenschaften und Künste	3

A.4 Ausgewertete Quellen

33 European Constitutional Group	EU – Think Tank	1
34 European Documentation and Research Centre	EU – Universitätsinstitut	1 + (1)
35 European Environmental Advisory Councils – EEAC	EU – Sachverständigenrat	1
36 European Institute of Public Administration - EIPA	EU – Forschungsinstitut	1
37 European Policy Centre (The)	EU – Think Tank	18
38 European Policy Centre - European Cultural Foundation - European forum for the Arts and Heritage	EU – Arbeitskreis	3
39 European Public Law Center	EU – Forschungsinstitut	1
40 European Research Advisory Board - EURAB	EU – Sachverständigenrat	3
41 European Studies Center, St Antony's College Oxford University	U.K. – Universitätsinstitut	1
42 Eusko Ikaskuntza-Sociedad de Estudios Vascos (EI-SEV)	ES – Arbeitskreis/ Studiengruppe	1
43 Facoltà di Scienze Politiche dell'Università Statale di Milano	I – Universitätsinstitut	1
44 Federal Trust (The)	U.K. – Think Tank	2
(45) Federal Trust for Education and Research (Akteur ist identisch mit 44)		3
46 Fondazione Lelio e Lisli Basso	I – Forschungsinstitut	6
47 Foreign Policy Centre (The)	U.K. – Think Tank	2 + (1)
48 Foro generacion del 78	ES – Think Tank	1
49 Fundación Academia Europea de Yuste - FAEY	ES – Europäische Akademie	1
50 Gepolis – Centro de Estudos de Ética Política e Religião	PT – Universitätsinstitut	1
51 Groupe du Parti Populaire Européen au Comité des Régions	EU – Parteien	1
52 GRUPPO DEI 10	I – Think Tank	11
53 Initiative & Referendum Institute - IRI Europe	NL – Forschungsinstitut	4
54 Institut d'Estudis d'Economia Política Natural - C.E.E.P.N.	ES – Studienzentrum	1
55 Institut européen de Cluny - ENSAM	EU – Europäisches Forschungs- und Bildungszentrum	1
56 Institut für Europäische Politik e.V.	D – Forschungsinstitut	4
57 Institut für Höhere Studien - IHS / Institute for Advanced Studies	A – Forschungsinstitut	1
58 Institut für Staats- und Verwaltungsrecht Universität Wien - Juridicum	A – Universitätsinstitut	1
59 Instituto de Estudos Estratégicos e Internacionais – IEEI	PT – Forschungsinstitut	7
60 Instituto Mediterráneo de Estudios Europeos, Fundación de la Comunidad Valenciana	ES – Forschungsinstitut	2
61 ISTITUTO LUIGI STURZO	I – Forschungsinstitut	1
62 Lithuanian Free Market Institute	LT (Litauen) – Forschungsinstitut	1
63 Marangopoulos Foundation For Human Rights - Mfhr	GR – Think Tank	1
64 Max-Planck-Institut für Ausländisches und Internationales Privatrecht	D – Forschungsinstitut	1
65 Movement for a better Europe	EU – Online-Forum/ Arbeitskreis	1
66 National Centre for Marine Research	GR – Forschungsinstitut	3
67 Pan-European Circle "Coudenhove-Kalergi" - a Citizen's Europe !	EU – Think Tank	1

68 Right Now Press Ltd	U.K. – Politisches Magazin	1
69 Standing Committee of experts on international immigration, refugee and criminal law - Meijers Committee	EU – Sachverständigenrat	1
70 Stiftung Wissenschaft und Politik	D – Forschungsinstitut	9
71 Studienstiftung des deutschen Volkes, Sommerakademie 2002 Arbeitsgruppe	D – Studiengruppe/ Arbeitskreis	1
72 Study Group for European Policies	B – Studiengruppe/ Arbeitskreis	2
73 Study Group on a European Civil Code	D – Studiengruppe/ Arbeitskreis	1
74 Swiss Consulting Group	CH – Berater	1
75 Torhout Sint-Jozefsinstituut	B – Schule, Bildungsinstitut	1
76 Trans European Policy Studies Association - TEPSA	EU – Think Tank	1
77 Turkish Economic and Social Studies Foundation - TESEV	TR – Forschungsinstitut	1
78 United Nations University - UNU Comparative Regional Integration Studies -CRIS	UN – Universität	2
79 Universita' Di Foggia	I – Universität	1
80 Universitá di Tor Vergata Roma	I – Universität	1
81 Unió Democràtica del Poble Valencià (UDPV)	ES – Bürgerbewegung	1
82 Walter Hallstein Institut für Europäisches Verfassungsrecht der Humboldt-Universität zu Berlin	D – Universitätsinstitut	7
83 Young European Federalists – JEF	EU – Föderalisten	1
	Beitrag Nr. 196 (des Online-Archivs) ist keinem Akteur zugeordnet; taucht aber als Beitrag Nr. 5 des Akteurs 46 in dieser Rubrik bereits auf.	(1)
TOTAL: (83)		(196)
Total um Doppelnennungen bereinigt: 82		**192**

Quelle: Webseiten des Forums zum Europäischen Verfassungskonvent (Rubrik 2). Adresse: http://europa.eu.int/futurum/forum_convention/doc_3_501_de.cfm; zuletzt aufgerufen im Zeitraum von September 2003 bis Juni 2004.

A.4.1.3 Rubrik 3: „Politik/ öffentlich-rechtliche Körperschaft"

Tabelle 9: Forum Rubrik 3 – Informationen zu Akteuren und Beiträgen

Spalte 1 Nummer und Name des Akteurs/ des Netzwerkes	Spalte 2 Ländergruppe/ Betätigungsfeld	Spalte 3 Anzahl der Beiträge
1 Amministrazione Provinciale di Pesaro e Urbino	I – Provinzregierungen und Regierungsausschüsse	2
2 Arbeitsgemeinschaft Europäischer Grenzregionen - AGEG	EU – Europäische Regionen und Kommunen	8
3 Arco Latino / Arc Llatí/ Arc Latin	EU – Europäische Regionen und Kommunen	1
4 Assembly of European Regions – AER	EU – Europäische Regionen und Kommunen	6 + (3)
(5) Assemblée des Régions d'Europe –ARE (Akteur und Beiträge identisch mit 4)		(6)
6 Association européenne des élus de montagne – AEM	EU – Europäische Regionen und Kommunen	4
7 Association of Irish Regions	IRL – Europäische Regionen und Kommunen	1
8 Association of Local Authorities in Lithuania - ALAL	LT (Litauen) – Europäische Regionen und Kommunen	1
9 Association of London Government European Service	U.K. – Städte	1
10 Associations representing local and regional authorities to the members of the european convention submitted on behalf of AER - AEBR - CEMR - CPMR – EUROCITIES	EU – Europäische Regionen und Kommunen	1 + (3)
11 Associazione degli ex Parlamentari della Repubblica Italiana	I – Sonstige/ Vereinigung ehemaliger Parlamentarier	1 + (1)
12 Associazione delle regioni Europee con potere legislativo	EU – Provinzregierungen und Regierungsausschüsse	1
13 Ausschuss für Familie, Senioren, Frauen und Jugend des Deutschen Bundestages	D – Provinzregierungen und Regierungsausschüsse	1
14 BANU - Union Populaire	BG – Parteien	1
15 Bundeskammer für Arbeiter und Angestellte Federal Chamber of Labour	A – Interessengemeinschaften und Kammern	3
16 Bundesnotarkammer	D – Interessengemeinschaften und Kammern	2
17 Bundessteuerberaterkammer	D – Interessengemeinschaften und Kammern	2
18 Bündnis 90/ Die Grünen	D – Parteien	2
19 Comitato per l'Ulivo di Bruxelles	I – Parteien	1
20 Commission consultative du dialogue sur la construction européenne (CDE)	B – Europäische Regionen und Kommunen	1
21 Commission des îles de la Conférence des régions périphériques maritimes CRPM	EU – Europäische Regionen und Kommunen	1 + (1)
22 Conferenza dei Presidenti dell'Assemblea, dei Consigli regionali e delle Province autonome	I – Provinzregierungen und Regierungsausschüsse	2
23 Conférence des assemblées législatives régionales européennes - CALRE	EU – Provinzregierungen und Regierungsausschüsse	2
24 Conférence des Notariats de l'Union Européenne - CNUE	EU – Interessengemeinschaften und Kammern	1
25 Conférence des Régions Périphériques Maritimes d'Europe – CRPM	EU – Europäische Regionen und Kommunen	14 + (4)
26 Conseil Régional d'Ile-de-France, Ile de France	F – Provinzregierungen und Regierungsausschüsse	1
27 Council of European Municipalities and Regions - CEMR / Conseil des Communes et Régions d'Europe – CCRE	EU – Europäische Regionen und Kommunen	2 + (4)

28	Deutscher Städtetag, Deutscher Städte- und Gemeindebund, Deutscher Landkreistag	D – Europäische Regionen und Kommunen	1
29	Direktorenkonferenz der Landesmedienanstalten - DLM	D – Sonstige/ Landesmedienanstalten	1
30	Eurogroup for Animal Welfare	EU – Sonstige/ Tierschutz	1
31	Europabüros der Baden-Württembergischen, Bayerischen und Sächsischen Kommunen	D – Europäische Regionen und Kommunen	1
32	European Alliance Political Group – Committee of the Regions	EU – Europäische Regionen und Kommunen	1
33	European Community Organisation of Socialist Youth - ECOSY	EU – Parteien	1
34	European network of major cities (The) - EUROCITIES	EU – Städte	1 + (4)
35	Europäische Union Christlich Demokratischer Arbeitnehmer – EUCDA	EU – Parteien	1
36	Fachausschuss EU Angelegenheiten der Berliner SPD	D – Parteien	1
37	Federation nationale des societes d'economie mixte locales francaises - FNSEM	F – Interessengemeinschaften und Kammern	1
38	Greater London Authority on behalf of London European Forum	U.K. – Städte	4
39	Handwerkskammer Niederbayern-Oberpfalz	D – Interessengemeinschaften und Kammern	1
40	Hessen	D – Provinzregierungen und Regierungsausschüsse	1
41	Irish Delegation to the EU Committee of the Regions	IRL – Europäische Regionen und Kommunen	(1)
(42)	Irish Delegation to the EU Committee of the Regions / Association of Irish Regions (Akteur und Beitrag doppelt: siehe 7 und 41)		(1)
43	JuniBevægelsen Mod Union	DK – Parteien	1
44	Konferenz der Präsidentinnen und Präsidenten der deutschen Landesparlamente	D – Provinzregierungen und Regierungsausschüsse	1
45	Local Government International Bureau	U.K. – Europäische Regionen und Kommunen	1
46	Northern Ireland Executive	U.K. (Nordirland) – Provinzregierungen und Regierungsausschüsse	1
47	Oberösterreich Konvent	A – Sonstige/ Regionaler Konvent	1
48	Österreichische Notariatskammer	A – Interessengemeinschaften und Kammern	(1)
49	Parlamento de Andalucia	ES – Provinzregierungen und Regierungsausschüsse	1
50	Parlamento Vasco - Eusko Legebiltzarra	ES – Provinzregierungen und Regierungsausschüsse	1
51	Partido Nacionalista Vasco (EAJ-PNV)	ES – Parteien	1
52	Partij voor de Dieren	NL – Parteien	1
53	Pluriel	F – Parteien	1
54	REGIONE DEL VENETO	I – Europäische Regionen und Kommunen	2
55	Scottish Executive EU Office	U.K. – Europäische Regionen und Kommunen	3
56	Siemens-Betriebskrankenkasse/SBK-Pflegekasse, Körperschaften des öffentlichen Rechts	D – Sonstige/ Betriebskrankenkasse	2
57	Solidarietà - Libertà, Giustizia e Pace	I – Parteien	1
58	Sozialdemokratische Partei Deutschland - SPD – Regional-Organisation Hamburg	D – Parteien	1
59	Stadt Köln, Amt des Oberbürgermeisters, Europabüro	D – Städte	1
60	Südtiroler Volkspartei - SVP	I – Parteien	1

A.4 Ausgewertete Quellen

61 Suomen Kuntaliitto, The Association of Finnish Local and Regional Authorities	FIN – Europäische Regionen und Kommunen	2
62 U.K. Central Local Partnership Working Group on the Future of Europe (The)	U.K. – Europäische Regionen und Kommunen	1
63 Union of Capitals of the European Union	EU – Städte	1
64 Vertretung der Europäischen Kommission in der Bundesrepublik Deutschland	EU – Sonstige/ Berliner Jugendkonvent	1
65 Wales Council of the European Movement	U.K. – Europäische Regionen und Kommunen	1
66 Wicks working group	U.K. – Städte	1
67 Youth of the European People's Party - YEPP	EU – Parteien	1
TOTAL: (67)		(137)
TOTAL um Doppelnennungen bereinigt: 65		**108**
Quelle: Webseiten des Forums zum Europäischen Verfassungskonvent (Rubrik 3). Adresse: http://europa.eu.int/futurum/forum_convention/doc_3_401_de.cfm; zuletzt aufgerufen im Zeitraum von September 2003 bis Juni 2004.		

A.4.1.4 Rubrik 4: „Wirtschaft und Gesellschaft"

Tabelle 10: Forum Rubrik 4 – Informationen zu Akteuren und Beiträgen

Spalte 1 Nummer und Name des Akteurs/ des Netzwerkes	Spalte 2 Ländergruppe/ Betätigungsfeld	Spalte 3 Anzahl der Beiträge
1 Association of Commercial Television - ACT	EU – Wirtschaftliche Interessenverbände	1
2 Assolombarda (Confindustria) – Gruppo Giovani Imprenditori	I – Wirtschaftliche Interessenverbände	2
3 Austrian Federal Economic Chamber	A – Wirtschaftliche Interessenverbände	3
4 Austrian Federation of Trade Unions	A – Gewerkschaften	1
5 British Bankers' Association - BBA	U.K – Wirtschaftliche Interessenverbände	1
6 British Medical Association - BMA	U.K – Wirtschaftliche Interessenverbände	3
7 Bundesverband der Freien Berufe - BFB	D – Wirtschaftliche Interessenverbände	1
8 Bundesverband deutscher Banken e.V.	D – Wirtschaftliche Interessenverbände	1
9 Bundesverband Deutscher Privatschulen (VDP)	D – Bildung	1
10 Bundesverband Deutscher Unternehmensberater - BDU e.V.	D – Wirtschaftliche Interessenverbände	1
11 Bundesverband Informationswirtschaft, Telekommunikation, Neue Medien e.V. - BITKOM	D – Wirtschaftliche Interessenverbände	1
12 Bundesverband Öffentlicher Banken Deutschlands, VÖB, e.V.	D – Wirtschaftliche Interessenverbände	2
13 Centre des Jeunes Dirigeants d'Entreprise	F – Wirtschaftliche Interessenverbände	1
14 Centre Européen des entreprises à participation publique et des entreprises d'intérêt économique général – CEEP	EU – Öffentliche Dienste	7
15 Civil Society Contact Group - Joint group of the 4 large NGO families (social, environmental, developmental and human rights) plus the ETUC	EU – Demokratiebewegung und politische Kultur	3
16 Club de Venise	EU – Sonstige/ Öffentlichkeitsarbeit der Union	1
17 Comité européen de liaison sur les services d'intérêt général – CELSIG	EU – Öffentliche Dienste	2 + (1)
18 Confederacion empresarial Española de la economia social (CEPES)	ES – Wohlfahrt und Soziales, Sozialwirtschaft	1
19 Confederation of British Industry - The Voice of Business	U.K. – Wirtschaftliche Interessenverbände	1
20 Confederation of Unions for Academic Professionals in Finland (The) - Akava ry	FIN – Gewerkschaften	1
21 Confédération fiscale Européenne – CFE	EU – Wirtschaftliche Interessenverbände	1
22 Confédération Européenne des Coopératives de Production et de Travail Associé, des Coopératives Sociales et des Entreprises Participatives - CECOP	EU – Kooperativen und Genossenschaften	1
23 Confédération Générale du Travail - CGT	F – Gewerkschaften	1
24 Conseil Européen des Professions Libérales - CEPLIS	EU – Wirtschaftliche Interessenverbände	1
25 Danske Mediers Forum	DK – Wirtschaftliche Interessenverbände	1
26 Deutscher Gewerkschaftsbund	D – Gewerkschaften	2
27 Deutscher Industrie- und Handelskammertag - DIHK	D – Wirtschaftliche Interessenverbände	1
28 Deutscher Sparkassen- und Giroverband	D – Wirtschaftliche Interessenverbände	1
29 Deutscher Steuerberaterverband e.V.	D – Wirtschaftliche Interessenverbände	1

A.4 Ausgewertete Quellen 325

30 Eurochambres the association of European Chambres of Commerce and Industry	EU – Wirtschaftliche Interessenverbände	3
31 Eurocommerce a.i.b.s.	EU – Wirtschaftliche Interessenverbände	2
32 Euromontana	EU – Bergregionen	2
33 European Banking Federation	EU – Wirtschaftliche Interessenverbände	2
34 European Community of Consumer Cooperatives. EURO COOP	EU – Kooperativen und Genossenschaften	2
35 European federation of employee share ownership - EFES	EU – Wirtschaftliche Interessenverbände	1
36 European Federation of Public Service Unions – EPSU	EU – Gewerkschaften	4 + (1)
37 European Film Companies Alliance, Independent Music Companies Association -IMPALA	EU – Wirtschaftliche Interessenverbände	1
38 European Metalworkers' Federation -EMF	EU – Gewerkschaften	1
39 European Round Table of Industrialists - ERT	EU – Wirtschaftliche Interessenverbände	1
40 European Social Insurance Partners	EU – Wohlfahrt und Soziales, Sozialwirtschaft	1
41 European Trade Union Confederation Youth Committee	EU – Gewerkschaften	1
42 Europäische Vereinigung der Verbände Kleiner und Mittlerer Unternehmen -EV-KMU	EU – Wirtschaftliche Interessenverbände	1
43 Fishermen's Association Limited (The)	U.K. – Wirtschaftliche Interessenverbände	1
44 Fédération Belge des Coopératives - FEBECOOP	B – Kooperativen und Genossenschaften	1
45 Fédération des Employeurs Européens / The Federation of European Employers	EU – Wirtschaftliche Interessenverbände	2
46 Fédération Européenne des Femmes Actives au Foyer - FEFAF	EU – Frauen und Geschlechtergerechtigkeit	1
47 GdW Bundesverband deutscher Wohnungsunternehmen e.V.	D – Wirtschaftliche Interessenverbände	1
48 Group of National Travel Agents' and Tour Operators' Associations within the EU, ECTAA	EU – Wirtschaftliche Interessenverbände	(1)
49 Hotrec - Hotels, Restaurants and Cafés in Europe	EU – Wirtschaftliche Interessenverbände	1
50 Initiative for public utility services - ISUPE	EU – Öffentliche Dienste	1
51 International and European Public Services Organisation - IPSO	EU – Gewerkschaften	1
52 Mouvement des entreprises de France – MEDEF	F – Wirtschaftliche Interessenverbände	1
53 Platform of European Social NGOs	EU – Wohlfahrt und Soziales, Sozialwirtschaft	1
54 Sociaal-Economische Raad	NL – Sonstiges/ Sachverständigenrat	1
55 Société des Auteurs et Compositeurs Dramatiques - SACD	F – Wirtschaftliche Interessenverbände	2
56 Standing Committee of European Central Bank Unions	EU – Gewerkschaften	1
57 UEFA -Union des associations européennes de football	EU – Sport	1
58 ULA – Deutscher Führungskräfteverband	D – Gewerkschaften	1
59 Union of Industrial and Employers` Confederations of Europe - UNICE	EU – Wirtschaftliche Interessenverbände	5
60 VIVANT	B – Parteien	1
TOTAL: 60		(93)
TOTAL um Doppelnennungen bereinigt: 60		**90**
Quelle: Webseiten des Forums zum Europäischen Verfassungskonvent (Rubrik 4). Adresse: http://europa.eu.int/futurum/forum_convention/doc_3_402_de.cfm; zuletzt aufgerufen im Zeitraum von September 2003 bis Juni 2004.		

A.4.2 Tabelle der Forumsakteure aus Rubrik 1 zur Bestimmung der Anzahl von Beiträgen mit Nachhaltigkeitsbezügen, der Zuordnung zu Ländergruppen und der Zuordnung der Nachhaltigkeitsbezüge zu Themenclustern

Erläuterungen zur Tabelle 11:
Der Begriff Nachhaltigkeit und/ oder nachhaltige Entwicklung wird in dieser Tabelle überwiegend mit „SD" als der Abkürzung des englischen Begriffes „Sustainable Development" bezeichnet. Unter dieser Bezeichnung werden i. d. R. alle nachhaltigkeitsrelevanten Inhalte zusammengefasst, die sich entsprechend der gebildeten Wortfamilie und der begrifflichen Operationalisierung ergeben.

Erläuterungen zu Spalte 1:
Die erste Zahl in Spalte 1 ist die für diese Tabelle neu vergebene Ordnungsnummer. Die Zahl in Klammern ist die Ordnungsnummer der Akteure, wie sie in den Tabellen der Anlage A.4.1 vergeben wurde.

Erläuterungen zu Spalte 3:
Die Zahl in Klammern markiert i. d. R. die Reihenfolge der Nennungen von Nachhaltigkeitsbezügen im Verlauf des Textes/ der Texte. Die jeweiligen Nachhaltigkeitsbezüge wurden, sofern erforderlich, ins Deutsche übersetzt und unter Berücksichtigung der Themen und Kontexte zusammengefasst und in die Tabelle übertragen. Anschließend wurden thematische Schwerpunkte gebildet und zu Themenclustern zusammengefasst (siehe Tabelle 6: Spezifikation der Themencluster, Kapitel 10.2.6, ab S. 248 oben). Insgesamt wurden 20 Themencluster gebildet, deren Reihenfolge sich aus der Häufigkeit der ihnen jeweils zugeordneten Nachhaltigkeitsbezüge ergibt. Die Kodierung der einzelnen Nachhaltigkeitsbezüge zu den Themenclustern erfolgte dann aufgrund der thematischen Schwerpunkte entsprechend dieser Reihenfolge. Bleibt die Spalte 3 bei einzelnen Akteuren hinsichtlich der Nachhaltigkeitsbezüge leer, handelt es sich um im Rahmen von Kooperationen mit anderen Akteuren doppelt veröffentlichte Beiträge, deren Inhalte bereits an anderer Stelle in die Auswertung eingeflossen sind. Der jeweilige Akteur wird jedoch gezählt.

Erläuterungen zu Spalte 4:
Die erste Zahl in Spalte 4 markiert die Anzahl der Nachhaltigkeitsbezüge im jeweiligen Text. Wenn vorhanden, zeigt die Zahl in der Klammer die Nummer des Beitrages mit Nachhaltigkeitsbezügen an. Wenn nicht, hat der Akteur nur einen Text im Forum veröffentlicht, der Nachhaltigkeitsbezüge enthält. Die Beiträge sind auf der beiliegenden Daten-CD 1 verfügbar. Dabei ist die Nummerierung Teil des jeweiligen Dateinamens. Relevant für die Zuordnung sind hier die in Klammern stehenden Ordnungsnummern aus Spalte 1 (ursprüngliche Ordnungsnummern aus Tabelle 7, A.4.1.1 Rubrik 1: „Sonstige, Zivilgesellschaft, NRO und Bewegungen", ab S. 307 oben) und für Akteure mit mehr als einem nachhaltigkeitsrelevanten Beitrag zusätzlich die in Klammer stehende Zahl aus Spalte 4 der Tabelle unten. So findet sich z. B. der nachhaltigkeitsrelevante Beitrag des Akteurs mit der Ordnungsnummer 5 (21) aus Tabelle 11 auf der Daten-CD 1 unter dem Dateinamen, der mit der Ordnungsnummer 21_7 beginnt. Die Anzahl genannter Nachhaltigkeitsbezüge in Spalte 4 ist i. d. R. nicht gleichbedeutend mit der gezählten Häufigkeit, die entscheidend war für die Rangfolge der Themencluster (siehe Abbildung 26: Themencluster nach Häufigkeit der Bezugnahme, Kapitel 10.2.6, S. 247 oben). Viel-

A.4 Ausgewertete Quellen

mehr wurden inhaltlich gleiche und ähnliche Nachhaltigkeitsbezüge eines Akteurs nur einmal gezählt. Dies traf in der Mehrheit auf Akteure zu, die mehrere Beiträge mit Bezügen zur Nachhaltigkeit eingestellt hatten. Verschiedene Facetten eines Themas, die ein Themencluster bilden, wurden aber gezählt und flossen in die Spezifikation der Themencluster ein. Umgekehrt gilt, dass eine nur einmalige Bezugnahme zur Nachhaltigkeit durchaus in mehrere Themenclustern ihren Niederschlag finden konnte, wenn der Kontext dies erlaubte.

Erläuterungen zu Spalte 5:
Die erste Zahl steht für die Anzahl der ausgewerteten Texte mit Nachhaltigkeitsbezügen. Die Zahl in der ersten Klammer – soweit vorhanden – bezeichnet die Texte des Akteurs ohne Nachhaltigkeitsbezüge, die auch nicht relevant für die Auswertung waren. Die Zahl in der dritten Klammer – soweit vorhanden – markiert die Anzahl der bereits in der Auswertung der Tabelle 7, A.4.1.1 Rubrik 1: „Sonstige, Zivilgesellschaft, NRO und Bewegungen", ab S. 307 oben, nicht gezählten doppelten Beiträge eines Akteurs.

Tabelle 11: Forum Rubrik 1 – Akteure und Nachhaltigkeitsbezüge

Spalte 1 Nummer und Name des Akteurs/ des Netzwerkes	Spalte 2 Ländergruppe/ Betätigungsfeld	Spalte 3 Art der SD-Bezüge und Nummer der Themencluster	Spalte 4 Anzahl der SD-Bezüge	Spalte 5 Anzahl der Texte mit SD-Bezügen
1 (1) Académie Francophone	F – Kultur und Sprachen	(1) SD als Ziel der Union; (2) Globale nachhaltige Entwicklung der Erde. Themencluster: 1, 2	1 (2)	1 + (2)
2 (6) All Party Alliance Against Brussels	U.K. – Anti-Europa Bewegungen	(1) Befürchtungen hinsichtlich einer Entwicklung in Richtung Nicht-Nachhaltigkeit durch den Beitritt der neuen Länder im Osten Europas. Themencluster: 15	1	1
3 (8) Almadreams Ltd	U.K. – Demokratiebewegung und politische Kultur	(1) Sonstiges. Themencluster: 20	1	1
4 (13) APRODEV	EU – Entwicklung und Gerechtigkeit	(1) SD als ein Grundwert der Union; (2) Verantwortlichkeit Europas in der Welt für globale und nachhaltige Entwicklung. Themencluster: 1, 2	2	1
5 (21) Association des Femmes de l'Europe Méridionale – AFEM	EU – Frauen und Geschlechtergerechtigkeit	(1) SD als Ziel der Union. Themencluster: 1	1 (7)	1 + (12)
6 (25) Association pour la Promotion de la Francophonie en Flandre	B – Kultur und Sprachen	Nur als Akteur relevant.		
7 (26) Association pour la taxation des transactions financières et l'aide aux citoyens – ATTAC	EU – Demokratiebewegung und politische Kultur	(1) SD als Aufgabe der Union; (2) Nennung in Verbindung mit Zuständigkeiten/ Kompetenzverteilung in der Union (Subsidiaritätsprinzip, Anwendung, Planung, Durchsetzung der Gemeinschaftspolitiken). Themencluster: 1, 13	5 (1)	1 + (2)
8 (27) Association pour le Pluralisme Linguistique et Culturel en Europe	F – Kultur und Sprachen	Nur als Akteur relevant.		
9 (28) Associations Familiales & Culturelles	B – Demokratiebewegung und politische Kultur	(1) Europa als Spitzenreiter nachhaltiger Entwicklung; (2) Verpflichtung zur Nachhaltigkeit für Unternehmen. Themencluster: 2, 7	2 (1)	1 + (3)
10 (29) Autisme – Europe	EU – Behinderte und alte Menschen	(1) SD als integrativer Politik-Ansatz, der die drei Säulen integriert. Themencluster: 4	2 (1)	1 + (1)
11 (30) Birdlife International	EU – Umwelt und Landwirtschaft	(1) Globale Führerschaft der EU bei der Förderung des Umweltschutzes und der praktischen Umsetzung von SD. Themencluster: 2, 5 (2) Fehlende Definition von SD, welche die Umweltdimension ausdrücklich berücksichtigt; (11) Für ein Protokoll für SD, das die erforderlichen Maßnahmen zum Erreichen des SD-Ziels klarstellt; (29) Maßnahmen zum Umweltschutz müssen integriert werden in die Definition sowie in die Unionspolitiken/ -aktivitäten. Themencluster: 6, 6, 6 (3) Berücksichtigung der drei Säulen von SD in Art. 3 (insbs. die Umweltdimension); (10) Umweltdimension muss gleichberechtigt mit der sozialen und ökonomischen Dimension sein. Themencluster: 4 (4) Für Umweltintegration auch im Hinblick auf die Außenbeziehungen mit Entwicklungsländern. Themencluster: 14 (5) Kohärenz der Prinzipien nach innen und außen; (26) EU-Politik muss konform sein mit den Anforderungen der SD. Themencluster: 4	5 (11) 9 (12) 73 (13) 8 (14) 1 (15) 1 (16) 10 (17) 9 (18) 9 (1) 74 (20) 4 (2) 4 (3) 2 (4) 2 (5) 10 (7) 7 (8)	16 + (4)

A.4 Ausgewertete Quellen

			(7) Verfassungsentwurf zu schwach in Bezug auf SD (28.5.03); (12) Für eine prominentere Stellung des Prinzips der Umweltintegration; (6) Viele Grundsätze, Ziele und Politikfelder erfüllen nicht die Verpflichtung zur Integration der Umweltpolitik; (27) Umweltintegration hat nicht mehr den Stellenwert, die es im Amsterdamer Vertrag hatte. Themencluster: 9, 9 (13) Politik-Kohärenz der Außenbeziehungen trägt zur nachhaltigen Entwicklung von Entwicklungsländern bei; (20) Berücksichtigung von SD in Entwicklungsländern durch die EU-Agrarpolitik; (23) SD zur Bekämpfung von Armut. Themencluster: 3, 3, 3 (15) SD als Ziel der Union. Themencluster: 1 (16) Mehr Einfluss des EP in Umweltfragen für SD. Themencluster: 13 (17) Für die nachhaltige Nutzung von Strukturfonds, Berücksichtigung von SD in den Regional-Entwicklungs-Fonds; Themencluster: 18 (19) Für nachhaltige Landwirtschaft und Fischerei und nachhaltige ländliche Entwicklung. Themencluster: 8 (22) SD hinsichtlich Lebensstandards, Nahrung, Gesundheit, Umwelt. Themencluster: 12 (24) Berücksichtigung von SD in Feldern der Infrastrukturpolitik, bei Transport, Verkehr, Raumfahrt, technischer Entwicklung und Forschung, Energie, Industrie, Wirtschafts- und Handelspolitik, Investitionspolitik. Themencluster: 4, 16, 11, 7 (25) SD als primäres Ziel der Energiepolitik; (28) Aufnahme des Euratom Vertrages ist nicht nachhaltig und widerspricht dem Stellenwert des Umweltschutzes für die EU-Bevölkerung in den Eurobarometer Umfragen (energy poll). Themencluster: 11, 11 Themencluster (Zusammenfassung): 2, 5, 6, 6, 4, 14, 4, 9, 9, 3, 3, 3, 1, 13, 18, 8, 12, 4, 16, 11, 7, 11, 11		
12 (32) British Overseas NGOs for Development – BOND	U.K. – Entwicklung und Gerechtigkeit	(1) SD für EU-Entwicklungspolitik zur Bekämpfung von Armut; (2) Forcierung nachhaltiger und gerechter Entwicklung; (3) SD u. a. als oberstes Ziel der Unions-Entwicklungspolitik; (4) Institutionelle Forderung für effektive Entwicklungspolitik mit Fokus auf nachhaltige und soziale Entwicklung. Themencluster: 3, 9, 13	4 (1) 2 (2)	2
13 (38) Caritas Europa	EU – Wohlfahrt und Soziales; Sozialwirtschaft	(1) Wunsch nach verstärkter Verpflichtung der Union zu (globaler) SD; (2) Verankerung der Entwicklungen der Globalisierung auf der Grundlage von SD und Solidarität (Laeken Erklärung); (3) Europa als Vorreiter für eine globale Version von sozialer und ökologischer Verantwortung. Themencluster: 9, 2	3 (1)	1 +(1)
14 (40) CCME	EU – Kirchen und Religionsgemeinschaften	Nur als Akteur relevant.		
15 (41) Centre Européen du Conseil International des Femmes – CECIF	EU – Frauen und Geschlechtergerechtigkeit	(1) SD als Ziel der Union inklusive der expliziten Nennung des Umweltschutzes. Themencluster: 1, 5	1	1
16 (45) Church and Society Commission of the Conference of European Churches – CEC	EU – Kirchen und Religionsgemeinschaften	Nur als Akteur relevant.		
17 (46) Church and Society Commission of the Conference of European Churches – CEC / Commission of the Bishops'	EU – Kirchen und Religionsgemeinschaften	Nur als Akteur relevant.		

Conferences of the European Community – COMECE				
18 (47) Church and Society Commission of the Conference of European Churches, Commission of the Bishops' Conferences of the European Community – COMECE, Caritas Europa, Eurodiaconia, APRODEV, CIDSE, CCME, ESPACES, Office catholique d'informations et d'initiatives pour l'Europe – OCIPE	EU – Kirchen und Religionsgemeinschaften	Netzwerkakteur - Nur als Akteur relevant.		
19 (49) CIDSE	EU – Entwicklung und Gerechtigkeit	Nur als Akteur relevant.		
20 (53) Civil Society Contact Group - Joint group of the 4 large NGO families (social - SOLIDAR, environmental - EEB, developmental and human rights – AI European Office) plus the ETUC	EU – Demokratiebewegung und politische Kultur	(1) Für ein Protokoll für SD; (2) Festlegung der Konditionen zum Erreichen einer SD; (3) SD als Ziel der Union; (4) Klarere Definition der SD als Ziel der Union und der Instrumente, um sie zu erreichen; (5) Explizite Nennung der EU-SD-Strategie im Protokoll; (6) Regelmäßige Überprüfung und Anpassung der Ziele und Zeitpläne der Strategie; (7) SD-Impact Assessment als integrativer Prozess; (8) Dabei Berücksichtigung der drei Säulen von SD; (9) Stärkung der Verantwortlichkeit der Union für die Erreichung globaler SD; (10) Berücksichtigung der Politikauswirkung der Union im Hinblick auf die nachhaltige Entwicklung von Entwicklungsländern; (11) Brundtland Satz im SD-Protokoll; (12) Sämtlich EU-Politik soll mit SD-Zielen vereinbar sein. Themencluster: 6, 6, 1, 9, 6, 4, 2, 3, 4	29 (2) 7 (3)	2 + (1)
21 (54) Climate Action Network Europe	EU – Umwelt und Landwirtschaft	Nur als Akteur relevant.		
22 (56) Comite des Organisations Professionnelles Agricoles de l'Union Européennes – COPA, Comité Général de la Coopération Agricole de l'Union Européenne – COGECA	EU – Umwelt und Landwirtschaft	(1) Für nachhaltige Landwirtschaft; (2) Für eine kohärente CAP (Common Agricultural Policy) im Sinne der drei Säulen von SD; (3) Nachhaltiger Binnenmarkt; (4) Für Kohärenz der CAP mit anderen Politikfeldern: Handels-, Haushalts- und Umweltpolitik, Preis- und Marktpolitik; (5) Nachhaltigkeitsstandards für die landwirtschaftliche Produktion; (6) Für eine nachhaltige agro-ländliche Entwicklungspolitik; (7) Für die Berücksichtigung des SD-Konzeptes bei der Energieversorgungspolitik (verstärkter Einsatz erneuerbarer Energien). Themencluster: 8, 4, 7, 4, 8, 8, 11	25	1
23 (58) Comité de liaison des organisations non-gouvernementales de développement auprès de l'Union Européenne - CL ONG	EU – Entwicklung und Gerechtigkeit	(1) Globale Rolle der EU zur Unterstützung von SD; (2) Für internationale SD auf den drei Säulen Ökologie, Ökonomie und Soziales zur Armutsbekämpfung, Gleichheit und Gerechtigkeit zur Stabilisierung von Frieden und Sicherheit; (3) SD zur Armutsbekämpfung, Entwicklungspolitik; (4) Schaffung eines Rahmens für die Politik der EU-Außenbeziehungen u. a auf der Grundlage/ durch die Förderung von SD. Themencluster: 2, 4, 10, 3, 14	11	1

A.4 Ausgewertete Quellen

24 (62) Comité Pauvreté et Politique	F – Entwicklung und Gerechtigkeit	(1) Humanisierung der Globalisierung; (2) Bekämpfung der Armut; (3) Art. 99/13 – Beschlüsse des Ministerrates sollen sich u. a. nach den Zielen der SD richten und die Erfolge gemessen werden; (4) SD als Ziel der Union; (5) Dauerhafte globale Entwicklung mit der EU als Vorreiter; (6) Umsetzung der Ziele von Johannesburg (2002); (7) SD als Querschnittsaufgabe. Politiken müssen SD integrieren und nicht nur den Umweltschutz als nur einen Teil des SD-Konzeptes. Themencluster: 2, 3, 6, 1, 2, 4	2 (2) 3 (4) 3 (5) 17 (6) 6 (8)	5 + (3)
25 (64) Commission of the Bishops' Conferences of the European Community – COMECE	EU – Kirchen und Religionsgemeinschaften	(1) Gutheißen von SD als Wertebasis/ Ziel der Union. Themencluster:1	1 (5)	1 + (2) + (3)
26 (65) Committee for International Relations, Diocese of Copenhagen (Evangelical-Lutheran)	DK – Kirchen und Religionsgemeinschaften	(1) Gutheißen von SD als Wertebasis/ Ziel der Union. Themencluster: 1	1	1
27 (67) Concord - The European Confederation for Relief and Development	EU – Entwicklung und Gerechtigkeit	Nur als Akteur relevant.		
28 (69) Conference of European Churches – CEC	EU – Kirchen und Religionsgemeinschaften	(1) SD als Grundlage für Europas Handeln in der globalisierten Welt; (2) SD als Wert der Union; (3) Soziales und ökologisches Verantwortungsbewusstsein der Marktwirtschaft; (4) EU-Aufgabe für Nachhaltigkeit, Solidarität, Friedenssicherung. Themencluster: 2, 1, 7, 10	4 (1) 1 (2)	2
29 (70) Confédération des organisations familiales de l'Union européenne – COFACE	EU – Erziehung, Familie, Kinder	(1) In Zusammenhang mit der Nennung eines Projektes über Migrantenfamilien: „in a sustainable development perspective". Unklarer Bezug → Sonstiges. Themencluster: 20	1 (2)	1 + (2)
30 (71) Conférence Européenne Permanente des Coopératives, Mutualités, Associations et Fondations – CEP-CMAF	EU – Wohlfahrt und Soziales, Sozialwirtschaft	(1) SD als Teil der strategischen Zielsetzung der Union; (2) Für die Nennung u. a. von SD in der Präambel des Verfassungsvertrages; (3) Sonstiges. Themencluster: 1, 9, 20	1 (1) 1 (2) 1 (3)	3 + (1)
31 (75) Convention Européenne des Etudiants de Sciences Po	F – Studentengruppen und – verbände	(1) Bekämpfung der Armut; (2) Entwicklungspolitik: Das dauerhafte Entwicklungskonzept als europäisches alternatives Entwicklungsmodell; (3) Nachhaltige Entwicklung als Garant für den sozialen Frieden in Europa (Verantwortung der Unternehmen und Sozialpartner). Themencluster: 3, 3, 10	5	1
32 (77) Council of Environmental Law	EU – Umwelt und Landwirtschaft	(1) SD als Ziel der Union; (2) Vermisst wird SD als Ziel im 1. Entwurf vom 28.10.2002; (3) Für die Nennung der drei Säulen inkl. Umweltschutz; (4) Für eine größere Bedeutung des Umweltschutzes. Themencluster: 1, 9, 4, 5	5 (2)	1 + (1)
33 (79) Courrier Sud – Association Francophone des Professionnels de l'Aéronautique	F – Kultur und Sprachen	Nur als Akteur relevant.		
34 (82) Department for external Church relations of the Moscow Patriarchate, Russian Orthodox Church	RUS – Kirchen und Religionsgemeinschaften	(1) Unklarer Bezug → Sonstiges. Themencluster: 20	1 (1)	1 + (1)

35 (84) Deutsche Vereinigung für Parlamentsfragen – DVParl	D – Wissenschaft	(1) Fortschritte durch den Nizza Vertrag: Steuerliche Anreize für umweltschonende Produktionstechniken und (2) möglichst nachhaltige Energieerzeugung. Themencluster: 18, 11	1	1
36 (90) Diakonisches Werk der EKD – DIAKONIE	D – Wohlfahrt und Soziales, Sozialwirtschaft	(1) Orientierung der Union am Prinzip der SD; (2) SD als Ziel der Union in Zusammenhang mit Generationengerechtigkeit, Armutsbekämpfung und Entwicklungspolitik, Ressourcen und Lebenschancen. Themencluster: 1, 3, 10	4	1
37 (91) Défense de la Langue Française	F – Kultur und Sprachen	Nur als Akteur relevant.		
38 (93) Equilibres et Populations	F – Entwicklung und Gerechtigkeit	(1) Für die Umsetzung der Laeken Erklärung: The European Union as "a power seeking to set globalisation within a moral framework, in other words to anchor it in solidarity and sustainable development." Themencluster: 2	1	1
39 (94) Espaces	EU – Kirchen und Religionsgemeinschaften	Nur als Akteur relevant.		
40 (95) Esperanto – Weltbund	EU – Kultur und Sprachen	Nur als Akteur relevant.		
41 (98) Euro Citizen Action Service – ECAS	EU – Demokratiebewegung und politische Kultur	(1) Umweltschutz als Top-Priorität für die Union; (2) Reform der Landwirtschaftspolitik zu einer gemeinsamen landwirtschaftlichen und ländlichen Politik basierend auf den Prinzipien von SD; für eine Politik zur Überbrückung der Kluft zwischen urbanen und ländlichen Interessen; (3) SD Prinzipien als Grundlage für die EU-Entwicklungspolitik. Themencluster: 5, 8, 3	2 (2)	1 + (4)
42 (101) Eurodiaconia	EU – Wohlfahrt und Soziales, Sozialwirtschaft	Nur als Akteur relevant.		
43 (102) Eurogroup for Animal Welfare	EU – Tierschutz	(1) SD als Ziel der Union. Themencluster: 1	1 (2)	1 + (1)
44 (105) European AgriCultural Convention	EU – Umwelt und Landwirtschaft	(1) Führungsrolle Europas in der Welt bei der Umsetzung von Nachhaltigkeit; (2) Verstärkte Nutzung erneuerbarer Energien; (3) Lange Produktlebenszyklen; (4) Erhalt der Diversität von Landschaften und der Biodiversität; (5) Effizientere Nutzung von Ressourcen; (6) Gegen eine nicht-nachhaltige Nutzung globaler Ressourcen; (7) Themen nachhaltiger ländlicher Entwicklung sollen sich stärker in EU-Forschungsprogrammen niederschlagen; (8) Initiative einer PR Kampagne zur Umsetzung von SD in ländlichen Gebieten, speziell in den Beitritts- und Kandidatenländern. Themencluster: 2, 11, 5, 8, 16, 17	6	1
45 (108) European Anti-Poverty Network – EAPN	EU – Entwicklung und Gerechtigkeit	(1) Nachhaltige soziale Entwicklung; (2) SD als Ziel der Union; (3) Förderung von SD zur Bekämpfung von Armut. Themencluster: 10, 1, 3	1 (1) 1 (3) 1 (4)	3 + (3)
46 (115) European Citizen Action Service – ECAS; + The European Network Against Racism – ENAR; + Youth Forum Jeunesse - YFJ	EU – Demokratiebewegung und politische Kultur	(1) Steuervorteile für nachhaltigkeitsorientierte Investments in Zusammenhang mit einem europäischen Fonds zur Bewältigung der internationalen Herausforderung und Aufgaben durch nachhaltige Entwicklung. Themencluster: 18	1	1
47 (116) European Citizen's Network, EUROPE NOW !	EU – Demokratiebewegung und politische Kultur	(1) Demokratische Governancestrukturen für die Umsetzung von nachhaltiger Entwicklung. Themencluster: 13	1	1

A.4 Ausgewertete Quellen

48 (120) European Consumers' Organisation – BEUC	EU – Verbraucherschutz	(1) SD als Querschnittsaufgabe; begrüßt werden „cross cutting policy agendas", wünschenswert auch für den Verbraucherschutz; (2) Für SD als Ziel der Union (im Kontext der Berücksichtigung von Verbraucherrechten). Themencluster: 4, 1, 12	1 (1) 1 (2) 1 (3)	3
49 (127) European Environmental Bureau	EU – Umwelt und Landwirtschaft	Nur als Akteur relevant.		
50 (130) European Federation of Transport and Environment	EU – Umwelt und Landwirtschaft	Nur als Akteur relevant.		
51 (131) European Federation of National Associations Working with the Homeless – FEANTSA	EU – Obdachlose und Flüchtlinge	(1) EU SD-Strategie sollte starke Bestimmungen im Hinblick auf Wohnen haben mit dem Hintergrund der Bekämpfung der Obdachlosigkeit. Themencluster: 19	1	1
52 (135) European Heart Network – EHN	EU – Gesundheit	(1) Gesundheit als Ziel der Union; eine gesunde Bevölkerung ist essentiell zum Erreichen des Zieles der nachhaltigen Entwicklung; für starken Gesundheitsschutz. Themencluster: 12	2	1
53 (137) European Landowners Organization	EU – Ländliche Gebiete	(1) Kritik an den Forderungen nach einer ökologisch nachhaltigen ländlichen Entwicklung ohne Berücksichtigung und genaue Kenntnisse der Bedürfnisse der Landbevölkerung. Themencluster: 8	3 (2)	1 + (1)
54 (140) European liaison Committee for social housing	EU – Wohlfahrt und Soziales, Sozialwirtschaft	(1) Für die Prinzipien der europäischen SD-Strategie; (2) Platz der Strategie in der europäischen Architektur muss nennenswert aufgewertet werden; (3) Verfassung soll die Kohärenz zwischen Wirtschafts- und Sozialpolitik sicherstellen; (4) Beachtung der Wohnsituation im Hinblick auf die Umsetzung der SD-Strategie (keine soziale Integration ohne ein Zuhause für jedermann); Hintergrund: Obdachlosigkeit. Themencluster: 9, 4, 19	4	1
55 (143) European Movement Ireland	IRL – Demokratiebewegung und politische Kultur	(1) Für SD und Umweltschutz im Zentrum der allgemeinen Politik; (2) Berücksichtigung von SD und Umweltschutz in jeglichen Aspekten der Außenbeziehungen zum Rest der Welt. Themencluster: 5, 14	1 (1)	1 + (1)
56 (148) European Older People`s Platform – AGE	EU – Behinderte und alte Menschen	(1) Verbesserung der Lebenssituation der Europäer unter Wahrung des europäischen Sozialmodells und u. a. durch die Förderung von SD. Themencluster: 12, 10	1 (2)	1 + (4)
57 (151) European Peace Building Liaison Office – EPLO	EU – Friedensbewegung, Konfliktprävention	(1) EU-Entwicklungspolitik soll die nachhaltige wirtschaftliche und soziale Entwicklung von Entwicklungsländern fördern. Themencluster: 3	1	1
58 (153) European Public Health Alliance	EU – Gesundheit	(1) Nennung von SD als Unionsziel in Zusammenhang mit der Nicht-Nennung der Gesundheit. Themencluster: 1	1 (2)	1 + (1)
59 (157) European Social Action Network – ESAN	EU – Wohlfahrt und Soziales, Sozialwirtschaft	(1) SD als Aufgabe der Union; (2) Für ausgewogene nachhaltige Entwicklung und eine gerechte Sozial- und Wirtschaftspolitik (für eine gerechte Verteilung des Wohlstandes). Themencluster: 1, 10	1 (2)	1 + (1)
60 (158) European Solidarity Towards Equal Participation of People – EU-ROstep	EU – Entwicklung und Gerechtigkeit	(1) SD als Ziel der Union; (2) Nachhaltige soziale Entwicklung; (3) Berücksichtigung ökologischen und sozialen Schutzes bei der Gestaltung und Durchführung der Unionspolitiken (Bezug zu Art. 6 EG-Vertrag, Integrationsprinzip); (4) Stärkung der nachhaltigen Entwicklung in der Entwicklungspolitik; (5) SD zur Bekämpfung von weltweiter Armut; (6) Nachhaltige ökonomische, ökologische und soziale Entwicklung in Entwicklungsländern; (7) SD mit dem primären Ziel,	4 (1) 9 (2) 1 (3) 8 (4) 3 (5) 9 (8)	6 + (2)

			Armut auszurotten; (8) Berücksichtigung von SD bei der EU-Handelspolitik; (9) Innen- und Außenpolitik der Union sollen dem SD-Ziel verpflichtet sein/ dazu beitragen. Themencluster: 1, 10, 3, 3, 7, 4		
61 (160) European Volunteer Centre – CEV	EU – Ehrenamtliche Arbeit	(1) Entwicklung integrativer Politik (insbes. Sozial- und Wirtschaftspolitik) zur Sicherstellung von SD als „key issue". Themencluster: 4		3	1
62 (161) European Women Lawyers Association – EWLA	EU – Frauen und Geschlechtergerechtigkeit	(1) SD als Ziel der Union; (2) SD zur Verbesserung der Lebensbedingungen der Europäer; (3) SD als Bestandteil des Europäischen Sozialmodells. Themencluster: 1, 10, 12		1 (10) 1 (7)	2 + (11) + (1)
63 (165) Evangelical Lutheran Church of Finland	FIN – Kirchen und Religionsgemeinschaften	(1) SD als Grundwert der Union. Themencluster: 1		2	1
64 (167) Evropaiki Ekfrasi	GR – Demokratiebewegung und politische Kultur	(1) Engagement der EU für globale SD. Themencluster: 2		1	1
65 (169) Famille Franciscaine de France (Coordination Justice - Paix - Intégrité de la Création)	F – Kirchen und Religionsgemeinschaften	(1) Für SD und eine nachhaltige Bewirtschaftung der Ressourcen, Umweltschutz und Gerechtigkeit in der Entwicklungspolitik, in der Landwirtschaft, für erneuerbare Energien, sauberen Verkehr. Themencluster: 5, 3, 8, 11, 4		1	1
66 (174) FONDA / Carrefour pour une Europe civique et sociale - CAFECS	F – Demokratiebewegung und politische Kultur	(1) Für eine klare Aufteilung der Kompetenzen hinsichtlich u. a. Umweltschutz und nachhaltiger Entwicklung zwischen der Union und den Mitgliedsstaaten; (2) SD und Armutsbekämpfung als Ziel der Union; (3) Rolle der Union als Vorbild für weltweite SD. Themencluster: 13, 1, 3, 2		2 (1) 4 (2)	2 + (4)
67 (183) Forum of European Muslim Youth and Student Organisations	EU – Kirchen und Religionsgemeinschaften	(1) SD als Verpflichtung, Ziel und Prinzip der Union; (2) Beitrag der EU zur SD der Welt (Verbreitung der europäischen Werte in der Welt). Themencluster: 1, 2		5	1
68 (184) Foyer Catholique Européen	EU – Kirchen und Religionsgemeinschaften	(1) Förderung von SD als Politikziel; (2) Sicherstellung nachhaltiger Entwicklung von ländlichen/ benachteiligten Regionen. Themencluster: 1, 8		1 (2) 1 (3)	2 + (1)
69 (186) Friends of Nature International	EU – Umwelt und Landwirtschaft	Nur als Akteur relevant.			
70 (187) Friends of the Earth Europe	EU – Umwelt und Landwirtschaft	Nur als Akteur relevant.			
71 (189) Fédération de la Fonction Publique Européenne / Section Conseil	EU – Kultur und Sprachen	Nur als Akteur relevant.			
72 (194) Fédération Humaniste Européenne - EHF-FHE	EU – Humanisten, Atheisten, Laizisten	(1) Forderung nach Programmen zur Zusammenarbeit im Sinne der SD mit der Priorität auf die Beitrittsländer; (2) SD als Ziel der Union; (3) Reduzierung sozialer Ungleichheiten, Bekämpfung sozialer Ausgrenzung, Generationengerechtigkeit; (4) Bekämpfung der Armut; (5) Erhaltung der Umwelt; (6) Integration der drei Säulen Soziales, Ökonomie und Ökologie; (7) SD als Konstante der Unionspolitiken entspricht den Grundsätzen „guten Regierens"; (8) Wirksame Umsetzung; (9) SD als integrative Politik; (10) SD als Grundlage, der Globalisierung ein menschlicheres Antlitz zu geben; (11) Forderung nach deutlich klarerer Bestätigung von SD als grundlegender Zielsetzung der Union. Themencluster: 15, 1, 10, 3, 5, 4, 13, 6, 4, 2, 9		5 (1)	1 + (3)

A.4 Ausgewertete Quellen

73 (198) Förderverein Bairische Sprache und Dialekte e.V.	D – Kultur und Sprachen	Nur als Akteur relevant.			
74 (199) G 8	EU – Umwelt und Landwirtschaft	Netzwerkakteur – Nur als Akteur relevant.			
75 (205) Greenpeace EU Unit	EU – Umwelt und Landwirtschaft	Nur als Akteur relevant.			
76 (207) Groupe des douze	EU – Demokratiebewegung und politische Kultur	(1) Globale Verantwortung der EU bei Fortschritten der SD. Themencluster: 2	1	1	
77 (213) Human Rights, Democracy and Conflict Prevention NGO Network	EU – Menschenrechte und Folter	(1) Für eine umfassende Vision, die zivilgesellschaftliche, politische, soziale, ökonomische, kulturelle und ökologische Dimensionen mit nachhaltiger Entwicklung, Gleichheit und Gerechtigkeit vereinbart, um Frieden und Stabilität zu sichern (Stärkung der EU-Wertebasis); (2) SD für globale und gerechte Weltordnung; (3) Schließen der Lücke zwischen Versprechen und Umsetzung der SD; (4) SD als Ziel der Union inklusive einem expliziten Umweltbezug; (5) Für weltweite SD. Themencluster: 6, 2, 6, 1, 5	4 (1) 4 (2)	2	
78 (217) Initiative Netzwerk Dreigliederung	D – Demokratiebewegung und politische Kultur	(1) SD als Ziel der Union; (2) Umsetzung von SD in den Politikfeldern Landwirtschaft und Fischerei, Umwelt (nachhaltige Regulierung der Verfügbarkeit über nicht vermehrbare Güter wie Boden, Wasser, Rohstoffe), Verbraucherschutz, Verkehr, Forschung und technologische Entwicklung; (3) Nachhaltige Landwirtschaft; (4) Verpflichtung zum Grundsatz der Nachhaltigkeit. Themencluster: 1, 8, 5, 12, 16, 4	6	1	
79 (224) Interessengemeinschaft Muttersprache in Österreich, Graz e.V.	A – Kultur und Sprachen	Nur als Akteur relevant.			
80 (227) International European Movement – IEM	EU – Demokratiebewegung und politische Kultur	(1) Eine Stimme der EU für globale SD; (2) Gemeinsame SD-Politik; (3) Globaler Einfluss für eine Weltpolitik im Sinne der SD; (4) Für eine Stimme in der Welt für Lebensqualität und SD; (5) Institutionelle Architektur für die Umsetzung von SD. Themencluster: 2, 12, 13	3 (1) 3 (4) 1 (5)	3 + (2)	
81 (229) International Movement ATD Fourth World	EU – Entwicklung und Gerechtigkeit	(1) Förderung/ Unterstützung der Umsetzung von SD insbesondere mit einem Fokus auf die Beitrittsländer; (2) Generelle Förderung von SD; (3) Armutsbekämpfung und soziale Inklusion als wichtige Faktoren des SD-Konzeptes; (4) SD als prinzipielles Ziel europäischer Politik, (5) SD als Ziel / Wert der Union. Themencluster: 15, 9, 3, 1	3 (1) 3 (2) 1 (3) 1 (4) 2 (5)	5	
82 (231) Internationale Vereinigung der ehemaligen Angehörigen der Europäischen Gemeinschaften (Deutsche Sektion e.V.)	D – Kultur und Sprachen	Nur als Akteur relevant.			
83 (232) Istituto nazionale di Urbanistica	I – Städtebau und -planung	(1) Verstärkte Anerkennung des Umweltschutzes als Grundlage für eine dauerhafte und balancierte Entwicklung; (2) Nachhaltige territoriale Entwicklung/ Landwirtschaft. Themencluster: 5, 8	10	1	
84 (238) Jumelage Münich, Guildford, Evry	F – Kirchen und Religionsgemeinschaften	(1) Unklarer Bezug → Sonstiges. Themencluster: 20	1	1	

85 (241) JUSTICE ET PAIX- France	F – Kirchen und Religionsgemeinschaften	(1) SD für globale Gerechtigkeit und (2) Erforschung von SD. Themencluster: 2, 16	1	1
86 (248) Landeskomitee der Katholiken in Bayern	D – Kirchen und Religionsgemeinschaften	(1) Nachhaltiges Wirtschaften und Verantwortung für gerechte Weltwirtschaftspolitik. Themencluster: 7	1 (1)	1+ (1)
87 (249) Leuenberg Church Fellowship (Fellowship of Protestant Churches in Europe)	EU – Kirchen und Religionsgemeinschaften	(1) Für größere Bedeutung des Prinzips der SD. Themencluster: 9	1	1
88 (251) Lobby européen des femmes	EU – Frauen und Geschlechtergerechtigkeit	(1) Für mehr Kohärenz zwischen Sozial-, Wirtschafts- und Beschäftigungspolitik sowie der Politik für nachhaltige Entwicklung zur Stärkung von sozialer Gerechtigkeit, Gleichheit und Solidarität in Europa. Themencluster: 4, 10	1 (1)	1+ (9)
89 (254) Maison de l'Europe de Lyon et du Rhône (La)	F – Demokratiebewegung und politische Kultur	(1) Nachhaltige Entwicklung des Planeten als ein Ziel der Union; (2) SD in Europa für globale Gerechtigkeit. Themencluster: 1, 2	2	1
90 (259) Mouvement Européen de la Ruralité (M.E.R.)	EU – Ländliche Gebiete	(1) Für ein Konzept, dass die Selbstbestimmung ländlicher Regionen hinsichtlich der Ziele und der praktischen Umsetzung einer nachhaltigen Entwicklung ermöglicht; (2) SD als Ziel der Union. Themencluster: 8, 1	1 (1) 2 (2)	2
91 (262) Mouvement pour les Etats-Unis d'Europe Gauche européenne	EU – Demokratiebewegung und politische Kultur	(1) SD-Modell der EU mit weltweitem Beispielcharakter. Themencluster: 2	1	1
92 (267) Movimento politico per l'unita'	I – Demokratiebewegung und politische Kultur	(1) EU als Vertreterin von SD auf dem internationalen Parkett. Themencluster: 2	1	1
93 (270) National Forum on Europe, Ireland	IRL – Demokratiebewegung und politische Kultur	(1) Sicherung der Wettbewerbsgerechtigkeit durch die Umsetzung von SD in den Beitrittsländern; (2) Ökologische SD ist wichtig und die Gefahr, dass der Freihandel den Umweltschutz außer Acht lässt, muss vermieden werden; (3) EU Integration auf der Basis von SD. Themencluster: 15, 5, 4, 7	2 (1) 2 (2)	2
94 (277) Observatoire international de la langue Française	F – Kultur und Sprachen	Nur als Akteur relevant.		
95 (280) Organisation Mondiale Contre la Torture - OMCT Europe	EU – Menschenrechte und Folter	(1) SD als Ziel/ Prinzip der Union; (2) Forderung nach systematisierter und formalisierter Bewertung der Auswirkung der EU-Politik auf SD; (3) Menschenrechte als Garant für SD. Themencluster: 1, 6	5 (3)	1 + (2) + (1)
96 (281) Organizacion Nacional de Ciegos Españoles – ONCE	ES – Behinderte und alte Menschen	(1) Bedeutung der sozialen Marktwirtschaft für ein nachhaltiges Europa. Themencluster: 7	1	1
97 (286) Pax Christi Wallonie – Bruxelles	B – Friedensbewegung, Konfliktprävention	(1) Informationspflicht über die Umsetzung von Politik zur Gewährleistung des sozialen Friedens; (2) Gerechte und nachhaltige Handelspolitik/ Entwicklung, globale Gerechtigkeit. Themencluster: 17, 7, 3, 2	2	1
98 (287) Permanent Forum Civil Society	EU – Demokratiebewegung und politische Kultur	(1) SD als Ziel der Union; (2) Union muss SD auf globalem Niveau unterstützen; (3) SD für globale Gerechtigkeit und Frieden; (4) Für Verbesserung der Umweltqualität; (5) Im Kampf gegen Armut; (6) Für ein Europa der SD; (7) Wechsel zu einem ökonomischen Modell für nachhaltigen Entwicklung; (8) SD als elementare Aufgabe der Union; (9) Erfüllung von SD u. a. als Bedingung für die Aufnahme in Freihandelszonen mit der EU (hier insbes. die Euro-Mediterrane Zone 2010); (10) Bekämpfung der Armut als Grund-	6 (10) 4 (1) 1 (2) 3 (9) 1 (2) 2 (3) 1 (5) 1 (6) 4 (7)	9 + (6)

A.4 Ausgewertete Quellen 337

		lage für SD. Themencluster: 1, 2, 5, 3, 7, 7	7 (8)	
99 (288) Platform of European Social NGOs	EU – Wohlfahrt und Soziales, Sozialwirtschaft	(1) SD als Ziel der Union; (2) SD als übergeordnetes Ziel nach innen und außen; (3) SD als Querschnittsaufgabe. Themencluster: 1, 9, 4	14 (1) 6 (3)	2 + (1) + (1)
100 (289) Polish NGO Office in Brussels	PL – Demokratiebewegung und politische Kultur	(1) Entwicklung und Implementierung der Prinzipien von SD für die Effizienz der EU-Politik. Themencluster: 6	1	1
101 (295) Quaker Council for European Affairs – QCEA	EU – Kirchen und Religionsgemeinschaften	(1) Verpflichtung in der Verfassung zu SD; (2) SD als Ziel der Union; (3) SD mit Priorität vor Wirtschafts- und Handelspolitik; (4) SD als Grundlage für Konfliktprävention; (5) Explizite Nennung des Umweltschutzes in Zusammenhang mit dem Ziel der SD, Verdeutlichung der drei Säulen und Verstärkung der Bedeutung des Umweltschutzes in diesem Zusammenhang; (6) Europa soll einen Beitrag leisten für globale SD; (7) SD als integrative-/ Querschnittsaufgabe; (8) EU-Entwicklungspolitik soll basieren auf den Werten und Zielen der Union, insbes. bezüglich SD und der Bekämpfung der Armut; (9) Förderung von SD als Aufgabe der EU-Außenpolitik. Themencluster: 1, 7, 5, 2, 4, 3, 14	6 (2) 13 (3) 4 (5)	3
102 (306) Shambhala Europe	EU – Kirchen und Religionsgemeinschaften	(1) Globale Verantwortung/ Führungsrolle Europas; (2) Ausbau der Position der EU zum Schutze der Umwelt mit globalem Beispielcharakter. Themencluster: 2, 5	1	1
103 (310) SOLIDAR	EU – Wohlfahrt und Soziales, Sozialwirtschaft	(1) Unterstützung nachhaltiger ökonomischer, ökologischer und sozialer Entwicklung von Entwicklungsländern; (2) SD mit dem primären Ziel der Ausrottung der Armut; (3) Berücksichtigung von SD bei der Handelspolitik zur Bekämpfung der Armut; (4) Integrative Politik um SD zu erreichen; (5) Definition von SD in Art. 3 inkl. Umweltdimension; (6) Soziale Marktwirtschaft soll basieren auf SD; (7) SD als Ziel der Union; (8) Für ein Protokoll für SD; (9) Für SD Assessment. Themencluster: 3, 7, 4, 4, 7, 1, 6, 6	8 (3) 13 (4)	2 + (2) + (1)
104 (316) Stiftung Wissenschaft und Politik	D – Wissenschaft	(1) Sonstiges. Themencluster: 20	2	1
105 (323) Union Européenne de l'Artisanat et des Petites et Moyennes Entreprises – UEAPME	EU – Wirtschaftliche Interessenverbände	(1) SD als Ziel der Union. Themencluster: 1	1 (5)	1 + (5)
106 (326) Union of European Federalists - U.E.F	EU – Föderalisten	(1) Nachhaltige Entwicklung als eines der allgemeinen Prinzipien und Ziele der Union zu Beginn des Verfassungstextes. Themencluster: 1	1	1
107 (328) Union pour l'Europe Fédérale U.E.F. France	F – Föderalisten	Nur als Akteur relevant.		
108 (331) Verein Deutsche Sprache e. V.	D – Kultur und Sprachen	Nur als Akteur relevant.		
109 (332) Verein Deutsche Sprache e.V. , Académie Francophone, Association pour le Pluralisme Linguistique et Culturel en Europe, Association pour la Promotion de la Francophonie en Flandre, Courrier Sud – Association Francophone des	EU – Kultur und Sprachen	Netzwerkakteur - Nur als Akteur relevant.		

Professionnels de l'Aéronautique, Défense de la Langue Française, Esperanto-Weltbund, Fédération de la Fonction publique européenne, Förderverein Bairische Sprache und Dialekte e.V., Interessengemeinschaft Muttersprache in Österreich, Graz e.V., Internationale Vereinigung der ehemaligen Angehörigen der Europäischen Gemeinschaften, Observatoire International de la langue Française, Verein Muttersprache Wien e.V., Wilhelm von Humboldt Gesellschaft e.V.				
110 (334) Verein Muttersprache Wien e. V.	A – Kultur und Sprachen	Nur als Akteur relevant.		
111 (335) Wilhelm von Humboldt Gesellschaft e. V.	D – Kultur und Sprachen	Nur als Akteur relevant.		
112 (337) WWF European Policy Office	EU – Umwelt und Landwirtschaft	(1) Integration von SD und des Umweltschutzes in alle Politik-Felder; (2) Förderung und Erreichen von SD; (3) SD und die ökologische Integration als Ziel der Union; (4) Integration von SD und Umweltschutz in die einzelnen spezifischen Politikbereiche; (5) SD als Ziel der Unions-Außenpolitik; (6) Rolle der EU als Welt-Führer für die praktische Umsetzung von SD; (7) Klares Bekenntnis der Union zum Umweltschutz auch aufgrund der regelmäßigen Meinungsumfragen unter Unionsbürgern, die Umwelt als Top-Priorität ansehen; (8) Drei-Säulen-Modell der SD soll gefördert werden, Umweltschutz muss explizit genannt werden; (9) Rolle der Union als Vorreiter für globale SD, Förderung internationaler Anstrengungen für globale SD; (10) Unterstützung der Entwicklungsländer für SD; (11) SD als Konzept zur Bekämpfung der Armut. Themencluster: 4, 6, 1, 14, 2, 5, 3, 3	7 (21) 11 (22)	2 + (20)
113 (340) Youth Forum	EU – Bildung und Jugend	(1) Verbesserung der Kommunikation der Unionspolitiken auch hinsichtlich der Unionsrolle bspw. bei der nachhaltigen Verwendung von natürlichen und ökonomischen Ressourcen zur Förderung der Akzeptanz der Union bei jungen Leuten; (2) SD zur Humanisierung der Globalisierung (Laeken Erklärung). Themencluster: 17, 2	2	1
TOTAL: 113 Akteure			662 Bezüge	141 Beiträge

A.4 Ausgewertete Quellen

A.4.3 Dokumentation zum Konventsforum auf Daten-CD

Die Daten-CD wird im Rahmen dieser Buchpublikation nicht verbreitet, ist aber in den Präsenzexemplaren dieser Dissertation in der Bibliothek der Universität Duisburg-Essen, Standort Duisburg, einsehbar.

Die auf der Daten-CD unter den Rubriken 1 bis 4 verfügbar gemachten 1264 Beiträge waren so wie sie sind auf der Webseite des Konventsforums verfügbar. Die 530 auf Nachhaltigkeitsbezüge zu überprüfenden Beiträge aus Rubrik 1 sind hinsichtlich Akteuren und Beiträgen von Doppelnennungen bereinigt. Es handelt sich um die Beiträge in den Kommissionssprachen Englisch, Französisch und Deutsch, die für die weitere Auswertung relevant waren. Schließlich finden sich diejenigen 141 der 530 Beiträge aus der Rubrik 1, die relevante Bezüge zum Thema nachhaltige Entwicklung aufweisen. Die Einordnung in Ländergruppen und Betätigungsfelder sowie die Ordnungsnummern auf der CD, die nicht Bestandteil des Forums waren, entsprechen den Tabellen in Anlage A.4.1.

Abbildung 31: Verzeichnisbaum der auf den Präsenzexemplaren dieser Dissertation beiliegenden Daten-CD gespeicherten Forumsbeiträge

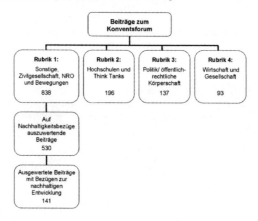

Hinweise zum Erschließen der Beiträge auf der Daten-CD:
Die CD ist mit einer Benutzeroberfläche im HTML-Format ausgestattet, die eine Navigation durch die oben dargestellten Rubriken und Unterrubriken ermöglicht. Die CD ist so programmiert, dass sich der Browser automatisch öffnet, nachdem die CD in den Computer eingelegt ist. Sollte dies nicht der Fall sein, ist möglicherweise die automatische Startoption des CD-Laufwerks abgeschaltet. Um dennoch den Komfort der Browsernavigation nutzen zu können ist es notwendig, die Oberfläche manuell zu laden. Dazu muss zunächst der „Arbeitsplatz" geöffnet und das relevante CD-ROM Laufwerk ausgewählt werden. Das Verzeichnis der CD lässt sich dann entweder mit einem Doppelklick auf das Laufwerk oder durch Betätigen der rechten Maustaste bei markiertem Laufwerk öffnen. Nach einen Doppelklick auf die Datei „index.html" im CD-Verzeichnis

öffnet sich evtl. ein Fenster, um das Programm auszuwählen, mit dem die Datei geöffnet werden soll. Hier ist es notwendig, den bevorzugten und auf dem Computer installierten Internet-Browser auszuwählen (z. B. Internet-Explorer). Nach der Bestätigung der Auswahl mit ‚OK' öffnet sich das Programm. Nun erscheint u. U. eine Meldung des Browsers, um vor der Anzeige „aktiver Inhalte" zu warnen, die evtl. Schaden auf dem Rechner anrichten können. Durch Anklicken des Sicherheitshinweises können die „geblockten Inhalte" bedenkenlos zugelassen werden. Die Beiträge sind auf der CD als PDF-Dokumente hinterlegt. Um die Dateien anzuzeigen, wird das Programm „Adobe Reader" benötigt. Sollte dies nicht auf dem Rechner installiert sein findet sich in der linken Navigationsleiste ein Button, der durch anklicken und bei bestehender Internetverbindung direkt auf die Internetseite der Firma Adobe führt. Die „Freeware" Adobe Reader kann dann abgespeichert und installiert werden.

Hinweise zur Adobe Reader Suchfunktion:
Die Programmoberfläche der CD bietet in der Browseransicht keine Suchfunktion. Um dennoch den Komfort der Adobe Reader Suchfunktion nutzen zu können ist es notwendig, über den „Arbeitsplatz" das Verzeichnis der CD wie oben beschrieben zu öffnen. Hier finden sich vier Ordner mit den Namen Rubrik1 bis Rubrik4. In diesen Ordnern sind die Forumsbeiträge entsprechend der vorgenommenen Kategorisierung einsortiert. Im Ordner Rubrik1 finden sich entsprechend die Unterordner der auszuwertenden und ausgewerteten Beiträge. Um zur Suchfunktion zu gelangen muss zunächst ein beliebiges PDF-Dokument geöffnet werden. Nach Anklicken des Suchbuttons in der oberen Navigationsleiste des Adobe Readers öffnet sich ein Fenster auf der rechten Seite des Bildschirms. Nun besteht die Möglichkeit, das einzelne Dokument oder eine Gruppe von Dokumenten zu durchsuchen. Zum Durchsuchen aller Beiträge in einem Ordner ist nach der Aktivierung des Feldes „Alle PDF-Dokumente in" aus einer Liste die Auswahl „Ordner suchen" zu markieren. Im sich dann öffnenden Fenster kann der jeweilige Ordner ausgewählt und durch Bestätigung mit ‚OK' durchsucht werden.

A.5 Interviews und Konferenzteilnahmen

A.5.1 Verzeichnis der InterviewpartnerInnen und Organisationen

Bundestagsfraktion Bündnis 90/ Die Grünen, Holger Benzing, Referent für Europapolitik, Interview am 11. August 2004 in Berlin.

Ecologic, Institut für Internationale und Europäische Umweltpolitik, Anneke Klasing, Projektleiterin „Ecofuturum" und R. Andreas Kraemer, Direktor, Interviews am 8. September 2004 in Berlin.

European Environmental Bureau (EEB); Fraktion der Grünen/ Freie Europäische Allianz im Europaparlament (EP), Sarah Blau, ehemalige Mitarbeiterin beim EEB und ehemalige Fraktionsreferentin für Umweltpolitik, Interview am 18. August 2004 in Brüssel.

Fraktion der Grünen/ Freie Europäische Allianz im Europaparlament, MdEP Evelin Lichtenberger, Vertreterin des österreichischen Nationalrats im EU-Verfassungs-Konvent, Interview am 28. September 2004 in Brüssel.

Friends of the Earth Europe, Martin Rocholl, Direktor, Interview am 9. September in Brüssel.

Greenpeace International, Daniel Mittler, Political Advisor, Interview am 21. Juli 2004 in Amsterdam.

SOLIDAR, Katrin Hugendubel, Social Affairs Campaigns Officer, Interview am 19. Juli 2004 in Brüssel.

Sustainable Europe Research Institute (SERI), Arno Behrens, Gabriela Christler, Stefan Giljum, Mark Hammer, Friedrich Hinterberger (Präsident), Jill Jäger, Ines Omann, Doris Schnepf, Sophie Strasser, Gruppeninterview am 6. September 2004 in Wien.

Europäische Kommission – Generalsekretariat, Ariane Moret und Pascal Lefèvre, Task Force Future of Europe and Institutional Questions, Public debate and forum on the future of Europe, E-Mail Korrespondenz vom 5. September 2003 bis 6. September 2004 und Telefoninterview mit Ariane Moret am 7. September 2004.

Wuppertal Institut für Klima, Umwelt, Energie, Philipp Schepelmann, Projektleiter in der Abteilung Stoffströme und Strukturwandel und ehemaliger FoEE Koordinator der „Greening the Treaty Kampagne", Interview am 10. Dezember 2001 in Wuppertal.[1024]

[1024] Das Interview aus dem Jahr 2001 wurde im Rahmen der Magisterarbeit geführt.

A.5.2 Informationen zu den Interviewprotokollen

Bis auf das Gespräch mit Katrin Hugendubel sind alle Interviews mit einem Tonbandgerät aufgezeichnet worden. Die Interviews wurden vollständig transkribiert, der Text anschließend geglättet und teilweise paraphrasiert. Jeder Interviewpartner und jede Interviewpartnerin hatte die Möglichkeit, den Wortlaut des ursprünglichen Protokolls zu überarbeiten. Größtenteils ist von dieser Möglichkeit Gebrauch gemacht worden. Dieses Zugeständnis war nötig, da die Mehrzahl der befragten Personen diesen Wunsch explizit geäußert hat und teilweise erst dadurch ein Interview möglich geworden ist. Die Gründe hierfür sind nach Angaben der Befragten zu finden einmal in Bedenken, dass Aussagen möglicherweise und in einem falschen Zusammenhang interpretiert werden könnten. Zum Zweiten handelt es sich in mancher Hinsicht um politisch sensible Aussagen, die – gerade im Rahmen einer Dissertation und der damit verbundenen Publikation – auch öffentlich werden können. Jeder Interviewpartner und jede Interviewpartnerin ist um das Einverständnis der Verwendung des überarbeiteten Interviewprotokolls im Rahmen der Dissertation gebeten worden.

Den Interviewpartnern und Interviewpartnerinnen wurde dabei folgendes zugesichert, bzw. mitgeteilt:

- Das komplette Interview wird nicht mit der Dissertation veröffentlicht.

- Der vollständige Text wird nur den Gutachtern zugänglich sein.

- Einzelne Zitate in direkter oder indirekter Rede werden in der Dissertation Verwendung finden.

Und zusätzlich ist folgenden Interviewpartnern und Interviewpartnerinnen auf ausdrücklichen Wunsch hin zugesichert worden:

- R. Andreas Kraemer und Anneke Klasing vom Institut für Internationale und Europäische Umweltpolitik in Berlin (Ecologic): Es ist deutlich zu machen, dass beide in dem Interview ihre private Meinung äußern und es sich dabei nicht um eine offizielle Stellungnahme von Ecologic handelt. Jedes Zitat von Herrn Kraemer erforderte zudem seine ausdrückliche Genehmigung.

- Sarah Blau (ehemalige Mitarbeiterin des EEB und ehemalige Fraktionsreferentin der Grünen Fraktion im EP): Da Frau Blau während der Ratspräsidentschaft Mitarbeiterin der luxemburgischen Vertretung bei der EU in Brüssel war, soll deutlich werden, dass sie in dem Interview Ihre private Meinung äußert und es sich dabei nicht um eine offizielle Stellungnahme in Ihrer Position als Mitarbeiterin des luxemburgischen Außenministeriums handelt.

- Daniel Mittler von Greenpeace: Der ursprüngliche Wunsch von Herrn Mittler, das Interviewprotokoll anonymisiert auszuwerten konnte abgewendet werden, indem jedes Zitat inklusive thematischem Zusammenhang einzeln genehmigt wurde.

A.5.3 Informationen zur Anwendung des Interview-Leitfadens

Auf den nächsten zwei Seiten findet sich der Interview-Leitfaden, der allen Interviews zugrunde lag. Dieser Leitfaden wurde den Interviewpartnerinnen und Interviewpartnern rechtzeitig vor dem Gespräch zugeschickt, um sie auf das Thema einzustimmen. Somit war gewährleistet, zumindest im Rahmen der Skizze, dass allen Gesprächspartnerinnen und Gesprächspartnern der Rahmen des Themas bekannt war.

Der Leitfaden sollte die Interviews auf bestimmte Fragestellungen fokussieren und den InterviewpartnerInnen flexible Antworten ermöglichen. Der Leitfaden umfasst eine kurze Darstellung der Untersuchung, aus der drei Themenblöcke für die Fragen abgeleitet wurden. Die Themenblöcke waren in Form von Stichpunkten untergliedert in jeweils fünf Schwerpunkte. Diese Anordnung ermöglichte eine flexible Befragung, die dem Verlauf des Gesprächs Rechnung tragen und individuell wie situativ angepasst werden konnte.

Bei zwei Interviews war es jedoch notwendig, von dem Leitfaden abzuweichen und sich schwerpunktmäßig auf die Fragenkomplexe b) und c) des Leitfadens zu konzentrieren:

- R. Andreas Kraemer, Direktor des Instituts für Internationale und Europäische Umweltpolitik in Berlin (Ecologic);

Die Gründe hierfür: Zum einen wurde Anneke Klasing von Ecologic ausführlich zum Fragenkomplex a) und den organisationalen Bedingungen befragt. Die Befragung des Direktors R. Andreas Kraemer sollte sich daher auf relevante Themen rund um den Verfassungsprozess konzentrieren. Als Experte für Nachhaltigkeit in Bezug auf den Verfassungsentwurf standen hier die Fragen zum Konventsprozess im Vordergrund. Fragen zur Organisation Ecologic wurden weniger ausführlich behandelt.

- Evelin Lichtenberger, MdEP und stellvertretendes Konventsmitglied für den österreichischen Nationalrat;

Die Gründe hierfür: Frau Lichtenberger signalisierte schon zu Beginn des Interviews, dass sie nur sehr wenig Zeit hatte, da am Tag des Interviews die Anhörungen zur neuen Kommission im EP in Brüssel stattgefunden haben. Die knapp etwas mehr als 30 Minuten, die sie für ein Interview Zeit hatte, wurden vor allem dazu genutzt, um Fragen zum Konventsprozess zu stellen. Hier konnten daher nicht ausführlich die Fragen zu organisationalen Bedingungen innerhalb ihrer Organisation, der Grünen Partei in Österreich oder der Grünen Fraktion im EP, diskutiert werden.

Einen dritten Sonderfall stellt das Gruppeninterview beim Sustainable Europe Research Institute (SERI) dar. Als Mitglied des SERI-Vereins, durch vorangegangene Tätigkeiten für das Institut und durch eine Untersuchung des Wissensmanagements im Rahmen eines universitären Lehrforschungsprojekts, habe ich auf grundsätzliche Fragen bezüglich der Organisation und des Wissensmanagements verzichtet. Relevant im Hinblick auf Teil a) des Leitfadens waren hier vielmehr Fragen bezüglich der Entwicklung und Veränderung des SERI seit seiner Gründung.

A.5.4 Interview-Leitfaden

Wissen ist Macht – das berühmte Zitat von Francis Bacon ist als Grundlage meiner Arbeit zu verstehen, die sich mit der veränderten Rolle von NGOs in Willensbildungsprozessen beschäftigt. Eine zentrale Hypothese der Untersuchung ist, dass im strategischen Umgang mit Wissen geübte Netzwerke, die als intermediäre Instanzen zwischen Mikro- und Makroebene der Gesellschaft angesiedelt sind, für eine verdichtete Kommunikation der gesellschaftlichen Funktionssysteme sorgen. Durch diese „strukturellen Kopplungen", wie der Soziologe und Systemtheoretiker Niklas Luhmann sagt, sorgen Sie für Resonanz und kommunikative Anschlussfähigkeit in anderen Systemen. Neben der Systemtheorie sind als Grundlage für das Verständnis ebenso die Organisationstheorie und Fragen des Wissensmanagements auf Organisations- und Netzwerkebene von Bedeutung.

Zweite zentrale These ist, dass der Begriff Lobbying nicht mehr hinreicht. Lobbying als kommunikative Einbahnstraße zur Berücksichtigung von Spezialinteressen weicht Dialogen und Arenen der Kommunikation; die ehemals oder immer noch als Lobbyisten Bezeichneten werden zu respektierten Anbietern von Wissen in politischen Entscheidungsprozessen.

Theorie und Thesen sollen abgearbeitet werden durch eine Untersuchung der von der Prodi-Kommission eingeleiteten Innovationen zur Partizipation der Zivilgesellschaft an der europäischen Politik. Gegenstand der konkreten empirisch gestützten Untersuchung ist das anlässlich der Verhandlungen zum europäischen Konvent eingerichtete Forum für die Zivilgesellschaft. Dabei liegt der thematische Fokus auf dem Thema nachhaltige Entwicklung, um in diesem europäischen Politikfeld Akteure und Netzwerke zu identifizieren und die Kontexte der Verwendung des Begriffs der Nachhaltigkeit freizulegen.

Die Themenblöcke des Interviews ergeben sich stichpunktartig wie folgt:

a) Organisation und Netzwerk

- Aufgabe der Organisation
- Struktur der Organisation und gesellschaftlicher Wandel
- Lernallianzen, strategische Partnerschaften im/ durch das Netzwerk
- Wissensmanagement, bzw. Wissenstransfer im Netzwerk
- Partizipative Strukturen des Netzwerks (top down oder bottom up)/ Mitglieder

b) Praktiken der Politikvermittlung

- Historische Entwicklung/ Veränderung in Politikvermittlungsprozessen
- Kommunikation
- Strategien
- Machtfragen, Beurteilung der Einflussmöglichkeiten
- Schnittstellen mit dem politischen System

c) Institutionelle Innovation, Foren und Formen der Partizipation auf europäischer Ebene

- Die Reformen der Prodi-Kommission
- Das Forum des Konvents
- Zusammenarbeit mit anderen NGOs
- Vernetzung von Plattformen
- Stellungnahmen zum Thema Nachhaltigkeit und Stellenwert des Themas

A.5.5 Konferenzteilnahmen

- RWTH Aachen: Technik Welt Kultur – Technische Zivilisation und kulturelle Identitäten im Zeitalter der Globalisierung. 6. Interdisziplinäres Kolloquium des Forums „Technik und Gesellschaft". 1.-2. Oktober 2002, Aula I der RWTH, Aachen.

- Universität Essen: Nachhaltig Wirtschaften!? Zielkonflikte und Steuerungsmechanismen im Spannungsfeld Ökonomie und Ökologie. Symposium/ Scientist in Residence. 26.-27. November 2002, Audimax der Universität Essen.

- Deutsche Vereinigung für Politische Wissenschaft (DVPW), Arbeitskreis Umweltpolitik/ Global Change: Knowledge for the Sustainability Transition: The Challenge for Social Science. Berlin Conference on the Human Dimensions of Global Environmental Change. 6.-7. Dezember 2002, Freie Universität, Berlin.

- Heinrich Böll Stiftung/ Forschungsjournal Neue Soziale Bewegungen/ Bundeszentrale für politische Bildung (bpb): Lobbyismus in Deutschland. Fünfte Gewalt – Unkontrolliert und einflussreich? Fachtagung. 24.-26. Januar 2003, Hackesche Höfe, Berlin.

- Ecologic/ Institute for European Environmental Policy (IEEP): EcoFuturum – A Sustainable Constitution for Europe. Panel discussion. 30. September 2003, Ständige Vertretung der Republik Österreich, Brüssel.

- European Environmental Bureau: The Europe we want. Annual Conference. 16. Oktober 2003, International Trade Union House (ITUH), Brüssel.

- Universität Duisburg-Essen: Supra-nationality, Citizenship and Political Life in Europe. International Conference. 23.-24. Oktober 2003, Glaspavillon der Universität Duisburg-Essen, Campus Essen.

- Deutsche Gesellschaft für Soziologie (DGS), Sektion soziologische Theorien: Methodologien, Perspektiven, Modelle – Was erklärt die Soziologie? Herbsttagung. 21.-22. November 2003, Arcadeon, FernUniversität Hagen.

- Bewegungsakademie: Gesteuerte Demokratie? Wie neoliberale Eliten die Politik beeinflussen. Kongress. 25.-27. Juni 2004, Studierendenhaus der Universität Frankfurt am Main.

- Centrum für bürgerschaftliches Engagement (CBE), Mülheim/ Projekt Ruhr GmbH/ Universität Duisburg-Essen: Lernalliance im Ruhrgebiet – Bürgerschaftliches Engagement. Abschlusskonferenz. 7. Juli 2004, Stadthalle, Mülheim an der Ruhr.

- Universität Duisburg-Essen: Auf dem Weg zu einer europäischen Gesellschaft? Abschlusskolloquium des Graduiertenkollegs „Europäische Gesellschaft". 3.-4. November 2004, Sitzungssaal des Senats, Universität Duisburg-Essen, Campus Essen.

- Deutsche Sektion der Internationalen Gesellschaft für Wissensorganisation (ISKO): Wissensorganisation und gesellschaftliche Verantwortung. Informationstheoretische, ökonomische und ethische Aspekte. 9. Jahrestagung. 5.-7. November 2004, Mercatorhaus, Universität Duisburg-Essen, Campus Duisburg.

A.6 Bildrechte

Für die grafische Illustration wurden in den Abbildung 13, 14, 15, 18 und 19 zur Darstellung der vier Forumsrubriken Fotografien verwandt, die teilweise urheberrechtlich geschützt sind. Durch die eingeholten Genehmigungen wurde die Verwendung der Fotos im Rahmen dieser Arbeit gestattet.

Rubrik 1 - „Sonstige, Zivilgesellschaft, NRO und Bewegungen":

Das Foto mit dem Titel „Fahnenmeer in Pariser Straße" stammt von Herrn Malte Kreutzfeldt, Pressesprecher von Attac Deutschland, und zeigt eine Demonstration gegen neoliberale Globalisierung während des Europäischen Sozialforums in Paris vom 12.-15. November 2003.

Rubrik 2 - „Hochschulen und Think Tanks":

Das Foto zeigt die Oberlausitzische Bibliothek der Wissenschaften in Görlitz und wird veröffentlicht mit freundlicher Genehmigung von Frau Ballerstedt, zuständig für Öffentlichkeitsarbeit, Städtische Sammlungen für Geschichte und Kultur Görlitz.

Rubrik 3 – „Politik/ öffentlich rechtliche Körperschaft":

Das Foto zeigt die Plenartagung zur Eröffnung des europäischen Verfassungskonvents am 28. Februar 2002 im Europaparlament zu Brüssel. Quelle: Fotogallerie auf der Webseite des Europäischen Konvents. Webadresse: http://european-convention.eu.int/static.asp?lang=DE&content=PhotoIndex; zuletzt aufgerufen am 21. April 2005. Copyright-Restriktionen sind nicht bekannt.

Rubrik 4 - „Wirtschaft und Gesellschaft":

Das Foto zeigt das Hapag-Lloyd Containerschiff „Berlin Express" im Hafen von Rotterdam und stammt von Herrn Frans Sanderse aus Spijkenisse (NL), Offizier zur See und Lotse im Gebiet Rotterdam-Rijnmond.